Ukraina i Zaporoże czyli Historya Kozaków od pojawienia się ich w dziejach do czasu ostatecznego przyłączenia do Rossyi według najlepszych źródeł napisana.

Jan Nepomucen Czarnowski

The Biblical Life Network

This project is a minute possible to put books Biblical the Network (BLN), a project aimed at addressing some of the huge challenges facing book publishing around the world in the Biblical Life area. BLN networks, archives, collects master copies, computerizes manuscripts and timely service providers. With better every book ever published should be available and high quality print reproduction publication on demand anywhere in the world. This is aimed at ongoing usefulness of the original and helps generate sustainable revenue for the libraries and organizations that work to preserve these important materials.

The following text is in public domain and free to use, an attribution acknowledging the source should be used. The author does not ask for a royalty on the original. It is worth preserving as a resource that are specific to certain subjects and may be of interest to others which the text having been digitized originally printed versions of contributions. If unable to source your interested party would buy to begin use copyright.

UKRAINA I ZAPOROŻE

CZYLI

HISTORYA KOZAKÓW

OD POJAWIENIA SIĘ ICH W DZIEJACH,
DO CZASU OSTATECZNEGO PRZYŁĄCZENIA
DO ROSSYI.

WEDŁUG NAJLEPSZYCH ŹRÓDEŁ NAPISANA,

przez

J. N. Czarnowskiego

TOM I.

WARSZAWA,

Nakładem J. BRESLAUERA.

1854.

HISTORYA KOZAKÓW.

UKRAINA I ZAPOROŻE

CZYLI

HISTORYA KOZAKÓW

OD POJAWIENIA SIĘ ICH W DZIEJACH,

DO CZASU OSTATECZNEGO PRZYŁĄCZENIA DO ROSSYI

WEDŁUG NAJLEPSZYCH ŹRÓDEŁ NAPISANA.

przez

J. N. Czarnowskiego.

TOM I.

WARSZAWA,

Nakładem J. A. BRESLAUERA

—

1854.

w Drukarni pod fir. J. Kaczanowskiego
przy ulicy Senatorskiéj N. 463.

SŁÓW KILKA

DO

CZYTELNIKA.

Ukraina, ziemia zamieszkana przez jednoplemienny z nami naród, mimo tak ścisłego związku z Polską, mimo swéj krwawéj sławy klęsk naszych przodków pod Żółtowodami, Piławcami, Zbarażem i Humaniem, zbyt mało nam jest znana pod względem swéj historyi, dawnych zwyczajów i wewnętrznego urządzenia, a do dziś, żaden z światłych naszych pisarzy nie przedsięwziął objaśnić nas w tym ciekawym przedmiocie.

Literatura nasza posiada oryginalnie napisane dzieje Krzyżaków, nawet Francyi, Anglii i Hiszpanii, narodów wprawdzie znakomitych potęgą i oświeceniem, ale zawsze dalszych dla nas jak Kozacy; a nie mamy historyi Ukrainy, która była nas tak bliską, bo stanowiła część jednego kraju.

Tom I.   1

Czytając znakomite czyny Kozaków, przejęty podziwem, ośmieliłem się skreślić ich dzieje, napisać historyą Ukrainy, dać poznać sprawy jéj mieszkańców, tego rycerstwa dzielnego, bitnego i wytrwałego, które swojem męstwem zdumiewało okoliczne narody; napełniało trwogą brzegi Krymu, Turcyi i samą stolicę władzcy wschodu, przed którym drżały najpotężniejsze państwa Europy; ludu, który swemi piersiami zasłaniał granice nasze od najazdu hord dzikich a przez swe przywiązanie do wiary ojców, chorągwi i ziemi, swą stałość, omało nie przywiódł do zguby Polski, która zamiast matki, macochą mu się stała.

Nie zamierzyłem tu współzawodniczyć ze znakomitemi talentami rossyjskich pisarzy: Bantysza Kamieńskiego, Markiewicza i Skalkowskiego, owszem wyznaję, że dzieła ich były dla mnie wskazówką i przewodnikiem na drodze poszukiwań; ale przytém nie zaniedbując żadnych źródeł jakie mogły mi być dostępne, odczytując wszystkich historyków i kronikarzy polskich począwszy od Bielskiego, Piaseckiego, Kochowskiego, Pastorjusza, Grondzkiego i Rudawskiego; starałem się drogą porównania i krytyki pośród sprzecznych zwykle podań historyków obu narodów, wyśledzić czystą prawdę, by utworzyć jak najdokładniejszą całość.

Mimo to jednák, moja historja Kozaków może mieć wiele niedostatków, lecz niech dobre chęci zjednają mi pobłażanie i będą obroną przed sądem czytelników.

WSTĘP.

Mamy mówić o Kozakach. — Kozak — ileż wspomnień przywodzi ten wyraz? Lud ów, lub raczéj bractwo, zakon rycerski, posiadał tyle męztwa, nieustraszonéj odwagi i stałości charakteru, iż słusznie budzi w nas podzi:ienie połączone z uwielbieniem; bo ileż to świetnych czynów, miłości dla kraju, swéj chorągwi i religii wpośród nich widzimy, ileż wytrwałości, męztwa i poświęcenia dali dowodów Kozacy w ciągu swego istnienia? Czyż który z ucywilizowanych zachodnich zakonów, więcéj cnót razem przedstawi?

Zkąd wojownicze to zgromadzenie otrzymało miano Kozaków, trudna do rozwiązania kwestya.

Naród kozacki, mówi Siestrzeńczewicz (*) początek swój i nazwisko wziął z Azyi, od dawnego ludu *Kozary*, okcło morza Kaspijskiego żyjącego, który potém ztamtąd aż do Azowskiego morza siedziby swoje rozciągnął;

(*) Recherches historiques sur l'origine des Sarmates. Tom I. roz. XXIV i XXV.

a pomimo, że doznał różnych kolei losu od przemagających sąsiadów, utrzymał się jednak aż do początku XIV
wieku. Że zaś lud ten zajmował część kraju w sąsiedztwie Tartaryi i Persyi, a Persowie kraj ten nazywali
Kazachja, co w ich języku miało znaczyć Scytyą górzy-
stą; zatém Kozary, zaczęli nazywać się Kozachi; nakoniec z czasem jak z Kozara Persowie zrobili Kozach, tak
z tego sławianie utworzyli Kozak.

Lecz podobniejsza do prawdy, iż nazwa Kozaków
wzięła początek od wyrazu tatarskiego kozak co ma
znaczyć jeźdzca lekko uzbrojonego.

Podobnie jak początek wszelkich politycznych towarzystw, tak i historya Kozaków rozpoczyna się zjawieniem
bohaterów, których czyny przetrwawszy wiele wieków,
stanowią pierwsze karty dziejów ich historyi. Pierwsi
bohaterowie kozaccy ukazują się w historyi około 1500
roku za dnieprowskiemi porochami; Eustachy Daszkiewicz i Pracław Lanckoroński.

Kozacy małorossyjscy, ukraińscy, zostali przyłączeni
do Polski w r. 1340 na prawach: *jako równi do równych i wolni do wolnych*. Za czasów Stefana Bąto-
rego 1576 r. 20 Września otrzymują wraz z Zaporożcami przywileje i pewną organizacyą. Batory zatwier-
dzając prawa i przywileje Kozaków hetmańskich (małorossyjskich) daje im za stolicę Baturyn zamiast dawnéj Czerkasów, Zaporożcy wtedy podobnież otrzymują
potwierdzenie na posiadanie wszystkich ziem pomiędzy
Dniestrem i Bohem leżących i stolicę przy ujściu Dniepru, gdzie wpada w niego rzeczka Czartomlik i Pod-
pilna.

Organizacya i przywileje Batorego, wzmocniły i powiększyły wojska kozackie, one to postawiły je na téj

stopie szczęścia i potęgi, przed którą drżały później Tatarzy, Turcy a nawet sama Polska. Lecz niedługo Kozacy cieszyli się swą pomyślnością i prawami, umarł wielki Batory 1586 r. 12 Grudnia i rozpoczęły się uciemiężenia skutkiem wpływu Jezuitów. Narzucono Kozakom religią, którzy swoją najwięcéj szanowali, którzy całą duszą przywiązani byli do swego prawosławia, a powstanie przeciw tak srogiemu uciskowi nazwano buntem i na sejmie 1638 r. postanowiono, że Kozacy Zaporożcy z powodu rebelii wszystkie swoje prawa, przywileje, starszyznę i dochody utracają.

Chmielnicki oddaje się r. 1654 z Ukrainą i Zaporożem Rossyi, pod którój zwierzchnictwem zostawali Kozacy do 1775 r. Zdrada Mazepy była początkiem upadku Kozaków. Piotr wielki ścieśnił wolności Zaporożców, a Katarzyna II-a dopełniła myśli Jego; za Jéj panowania zniesiono hetmańszczyznę i kosz zaporożski.

Oto rzut oka na historyą Kozaków.

Zaginęli Kozacy, lecz sławne ich czyny pozostały w pamięci ludu i na kartach historyi. Nie znajdziemy nigdzie ani kamiennéj piramidy, ani wspaniałego mauzolu, strzegących prochu walecznego rycerza na świadectwo prawnukom jego sławy, lecz w pośród stepu, przy nieznajomym kurhanie, usłyszysz nieraz smętną pieśń pasterza głoszącą waleczność nieustraszonego wojownika.

Kozacy w ogólności.

Wprzód nim zaczniemy opowiadanie dziejów sławnego wojska kozackiego, przedstawiemy czytelnikowi we-

wnętrzną organizacyą, obyczaje, obrzędy, zwyczaje małorossyjskich i zaporożskich Kozaków. (*)

W ogólności Kozacy nazywali się: Walecznem rycerstwem ukraińskiem, lub Zaporożskiem nizowem wojskiem.

KOZACY UKRAIŃSCY czyli małorossyjscy, albo
hetmańscy, czy to regestrowi, to jest w regestr wpisani,
regularni, czy po miastach i wsiach zamieszkali i żonaci, stanowili zupełnie oddzielny stan; prawa ich były
jak szlachty polskiej; wybierali sobie hetmanów, pułkowników i sotników; odbywali sądy według własnych
praw; dwaj Kozacy sądzili trzeciego; dzierżeli ziemię
sukcessyjnie i posiadali prawo palenia wódki, sprzedaży piwa, miodu i zajmowania się wszelkim handlem.
Karany sądownie Kozak był pozbawiony tych praw, nie
mógł być wpisany w regestr, a tem samem nie posiadał
prawa głosowania na wyborach.

Kozak obowiązany był posiadać własne uzbrojenie.
Konny, dobrego wierzchowca, spisę (kopią), samopał
lub muszkiet, pistolety i szable; piesi, używali prócz tego sztyletów; broń otrzymywali z Polski, Turcyi i Szwecyi. Będący w służbie, zapisywali się w regestr, (komput) i nazywali się wyborowemi albo regestrowemi.
Biedniejsi byli uzbrajani przez braci (towarzyszy)
i przyjmowali nazwę podpomocników. Regestrowi liczyli się na głowy, podpomocnicy chatami. Jak pierwszych tak i ostatnich liczba w sotniach była nierówna,
pierwszych niekiedy sto do dwustu, a ostatnich do tysiąca i więcej. W czasie wojny Kozak otrzymywał żołdu

(*) P. Gliszczyński w wewnętrznem znaczeniu Zaporoża dał nam
poznać prawa i zwyczaje samych Zaporożców, my mówić będziemy
zarazem i o Kozakach ukraińskich.

po dukacie na rok, przytém kurtkę i kożuch, a za granicą dostawał furaż i życie. Rycerze służyli oznaczoną liczbę lat, to jest od 5 do 7-u, poczém mieli prawo żądać uwolnienia, co jednak bardzo rzadko się trafiało, zwykle służyli jako ochotnicy i wtedy nazywali się *towarzyszami*. Towarzysze mieli przed innemi pierwszeństwo głosu, i sąd ich zawsze był szanowany.

Towarzysz zajmujący jakąś godność a późniéj opuszczający ją, nazywał się starszyną.

Odzież Kozaków małorossyjskich w początkach była bardzo prosta, hetmanowie nawet nie lubili się stroić, kiedy wychodzono na wojnę. Czapka dosyć niska z baraniego futra z sukiennym wierzchem, opończa czyli kobeniak z grubego szarego sukna, kaftan granatowy, czerwony wełniany pas, za którym tkwiły: nóż i mała fajka, szarawary płócienne lub sukienne i juchtowe buty, składały cały ubiór; w lecie, w czasie upałów, wszystko to zrucano w obozie, a Kozak zostawał w koszuli i szarawarach. Ubiór świąteczny był nieco wyszukańszy.

Ukraińcy podgalali głowę nieco wyżéj uszów i podstrzygali włosy okrągło, wąsy nosili ogromne, często zachodzące za uszy.

ZAPOROŻE nie zależało w niczém od Kozaków małorossyjskich ale przeciwnie miało wszystko swoje rodzime: pewne tylko zewnętrzne oznaki świadczyły, że przyznawali zwierzchność Polski.

Zdaje się, że początek Zaporoża dali wychodźcy południowéj Rusi, którzy gnębieni częstemi napadami Tatarów, Litwinów i innych dzikich hord tułających się po nad Wołgą, Donem i Dnieprem, chronili się na wysepki i niedostępne miejsca przy porochach dnieprowych, które jako za porochami leżące, nazwano Zaporożem.

Beauplan porochów tych, czyli skał przerzynających poprzecznio koryto Dniepru wylicza 13-cie.

1. Kudacki, blisko ujścia Samary.
2. Surski, gdzie wpada do Dniepru rz. Sura.
3. Łochany, o trzy wersty od poprzedniego.
4. Dzwoniecki o trzy wersty od poprzedniego.
5. Strzelecki o dwie wersty.
6. Kniahinin o sześć werst.
7. Nenasytec o trzy   —
8. Woronow o cztery   —
9. Budiło o dwie   —
10. Liszni.
11. Tawalszanski.
12. Liniec.
13. Wolny niedaleko siebie.

Porochy te przy wezbraniu wód nikną pod wodą, jeden tylko Nienasytny zawsze wystaje nad wodę i sam przeszkadza żegludze na Dnieprze.

Zaporożscy towarzysze, czyli sławne zaporowskie nizowe wojsko było bezżenne. Od czasów Batorego udarowane godnością szlachecką, posiadało właściwe sobie prawa (o których niżej powiemy) wybierało sobie atamana koszowego, kurennych atamanów, sędziego, pisarza i esaułów.

Właściwe Zaporoże składało się z wojska (towarzystwa) które od siedliska swego na niższym Dnieprze nazwało się Nizowem: Zaporożskie nizowe wojsko tytułowało się pomiędzy sobą towarzyszami, albowiem wszyscy Kozacy bez różnicy stopnia, lat i pochodzenia, związani byli świętemi węzły, stawali się braćmi, towarzyszami, nazywali swego kurennego atamana ojcem (bat'kiem), a Kozaków braciszkami (brat'czykami). Wszyscy wyznawali religią prawosławną, i nikt nie mógł być Zaporożcem, kto nie był prawosławny, a przybysze z innych krajów i innéj religii, czy chrześcijanie, czy nie, nie inaczéj byli wcieleni do towarzystwa, aż przyjęli religią prawosławną. Wszyscy byli bezżenni i kobiet wcale nie było na Zaporożu, tak dalece, że nawet ukrycie matki lub córki uważane było za zbrodnią i surowo karane.

Chociaż Zaporożcy nie odmawiali przyjęcia do swego towarzystwa każdemu kto przybywał i wyprobowawszy jego męztwo i wytrwałość(*) zapisywali do kurenia w towarzystwo; jednak zawsze zwracali na to uwagę, aby to byli ludzie wolni, szlachta, synowie duchownych greckich, Tatarzy, czy Kozacy z Małorossyi: chociażby zbrodnia lub infamia na nich ciążyła, byli przyjęci, zmieniwszy nazwisko, chłopi tylko i małoletni zostali wyłączeni, chyba, że przedstawiający ich i poręczyciele inaczéj rzecz wystawili (**). Każdy towarzysz zaporożski, na zażądanie uwolniony był z towarzystwa. Każdy miał równe prawo w głosowaniu w czasie wyborów i każdy mógł być na każdą godność wybrany. Towarzystwo opuszczało Zaporoże albo dla ożenienia się, albo dla służby w Małorossyi gdzie dostawali stopnie i ziemię. U Zaporożców wszystko było wspólne wyjąwszy konia i zbroi, zdobycz nawet na wojnie wziętą równo dzielili nietylko między tych co się bili, ale i między tych, co wewnątrz obozu czynili służbę, aby przez to niezgód i sporów uniknąć

(*) Beauplan mówi, że tego tylko przyjmowali do swego towarzystwa, który przepłynął łódką porochy.
(**) Starowolski Institutorum Rei militaris Lib. VIII cap. 7.

a drugich na takie wyprawy łatwiéj przywabić. Dla tego przed wyprawą każdy Kozak składał przysięgę, że nic ze zdobyczy nie utai i wszystko odda do swego kurenia do podziału (*). Stolicą i sercem tego zaporożskiego nizowego wojska była Sicz, albo Kosz.

Zkąd powstała ta nazwa *Kosz* i co oznaczał ten wyraz, trudno z pewnością powiedziéć. Nikita Korz zaporożski opowiadacz utrzymuje, iż Nizowcy nazwali swoją siedzibę przez podobieństwo do kosza czyli plecionego z chrustu szałasu, jaki stawiali sobie kozaccy pasterze w stepie w czasie zimy, dla ochrony od wiatru, lecz podobniejsze do prawdy będzie, iż nazwa ta wzięła początek od wyrazu tureckiego kosz, który oznacza zebranie, to też wyraz ten u Zaporożców oznaczał punkt zebrania całego wojska.

Sicz, a właściwiéj sidcz od wyrazu sidet'.

Kobietom na zawsze wzbroniony był wstęp nietylko do siczy, ale nawet w pewnéj od niéj odległości znajdować się nie mogły.

Początek siczy niknie w oddalonéj przeszłości, co było na Zaporożu przed Daszkiewiczem i Lanckorońskim nie wiadomo, jest to peryód bohatersko-mistyczny Zaporoża; dopiero od czasów Batorego mamy pewniejszą historyą Kozaków.

Sicz czyli Kosz w ścisłém znaczeniu tego wyrazu, była osada ufortyfikowana, otoczona wałem i palisadami, z trzech stron oblana wodą i uzbrojona armatami; baszta z bramą prowadziła do téj warowni, wewnątrz na obszernym placu stały w koło budynki podłużne, podobne do składów, które nazywano kureniami, były to

(*) Starowolski Instit. Rei milit. Lib. IV.

koszary wojska (towarzyszy), w środku stało mieszkanie atamana koszowego, starszyn, oraz wznosiła się cerkiew Boga-Rodzicy opiekunki zakonu.

Wszystkie te budynki nie wyłączając domu samego atamana były drewniane i przeznaczone na mieszkanie samego towarzystwa, czyli właściwego wojska. Towarzystwo to mieściło się w 38-u kureniach, których nazwa była:

1. Briuchowieckie.	20. Myszawstowskie.
2. Baturyńskie.	21. Niezamojskie.
3. Dzerelejewskie.	22. Popowiczowskie.
4. Dońskie.	23. Peryasławskie.
5. Diadkowskie.	24. Połtawskie.
6. Derewianiwskie.	25. Płastuniwskie.
7. Humańskie.	26. Płatnirewskie.
8. Iwanowskie.	27. Paszkowskie.
9. Irkielewskie.	28. Rogiejewskie.
10. Kałnibołotskie.	29. Steblowskie wyższe.
11. Kaniowskie.	30. Steblowskie niższe.
12. Kisląkowskïe.	31. Sergiejewskie.
13. Krylewskie.	32. Szkuryńskie.
14. Kruszowskie.	33. Szczerbinowskie.
15. Korsuńskie.	34. Tomaszowskie.
16. Koniełowskie.	35. Titorowskie.
17. Koreniszcwskie.	36. Wieliczkowskie.
18. Lewuszkowskie.	37. Wiedmiedowskie.
19. Mińskie.	38. Wasiuryńskie.

W każdém takiém kureniu było 250 do 400 towarzystwa, lecz według świadectwa Nikity Korza, mogło pomieścić do 600 Kozaków. Wewnątrz nie miało żadnych przegród prócz na kuchnią i piekarnią, a na oko-

ło ścian stały stoły i ławy. Pierwszy pod obrazami zajmował ataman kurenny.

Zaporożcy nosili odzież jednakową na wojnie i w czasie pokoju. Kaptan (skurzana kurtka), pułkontusz z wylotami, szarawary sukienne jaskrawych kolorów, szero-
kie do kilku łokci, czapka barania z czerwonym wo-
reczkiem obszytym galonem, a w czasie święta kontusz
polskiego kroju i pas jedwabny złotem lub srebrem
przetykany. Uzbrojenie ich składało się z kopji (ratisz),
szabli, dwóch par pistoletów, z których jedna za pasem
druga przy siodle, przez ramie ładownica z prochem
i kulami, samopałów i muszkietów konni nie używali,
lecz je brali z sobą w czasie morskich swych wypraw.

Zaporożcy golili całą głowę zostawując na wierzchu
czub, który zapletali jak warkocz i zakręcali za lewe
ucho, co nazywali *oseledec*. Wąsy nosili ogromne, a te
były niejako oznaką rycerskiéj godności. Waleczność
i śmiałość Zaporożców była postrachem niewiernych.
O nich to miał wyrzec sułtan turecki: „gdy sąsiednie
państwa powstają przeciwko mnie, śpię na obadwa-
uszy, lecz o kozakach słucham jedném uchem. ·Kozacy
nigdy nie żyją w pokoju, ale zaledwie w ich ziemi
ogłoszony pokój, to samowolnie idą pomagać innym
królestwom i małe szeregi ludzi, wielką czynią pomoc.''

I w istocie, życie wszystkich w ogólności Kozaków
do Batorego przedstawia obraz samowolnych napadów
i strasznych zniszczeń sąsiednich krajów. Kozacy zbierali się wielkiemi partyami pod naczelnictwem jakiego
watiażki, charakternika (walecznik, czarownik) lub nieustraszonego atamana, szli przez stepy, lasy, rzeki i góry i niespodziewanie jak jastrzębie na gniazdo gołębie,
napadali na Polskę, Rossyą, Turcyą i Krym.

Jedna z niedrukowanych jeszcze ruskich kronik tak mówi o Kozakach. (*)

„Przebiegając te puste, nieprzejrzane stepy, gdzie nie było ani jednéj ścieżki, ani żadnego śladu, jak na morzu, jednak owe zuchy dobrze znając przechody jak po wiadomych gościńcach, z wielkiem niebezpieczeństwem aby gdzie nie wpaść na tatarską zasadzkę, jeździli, nie paląc jeden i drugi miesiąc ognia, raz tylko na dzień biorąc bardzo skąpe pożywienie, kukurydzy i tłuczonych sucharów zjadłszy, koniom zarżeć nawet nie pozwalali, jakby dzikie zwierzęta w czerniach i kamieniach kryjąc się, z wielką bacznością dróg swoich rozbiegając się w różne strony krzakami, zchodzili się w umówioném miejscu; poznawali też na tych dzikich stepach swą drogę, w dzień po słońcu, wzgórkach i mogiłach, w nocy po gwiazdach, wiatrach i rzeczkach; a tak wypatrzywszy Tatarów, niespodzianie napadali i małą liczbą ludzi wielkie kupy rozbijali, a odprowadzając jeńców do Polski lub Rossyi, zyskiwali za to względy monarsze.''

Lękali się sąsiedzi kozackich najazdów, lękali — albowiem nie zdołali żadnemi sposobami uprzedzić ich napadów i ocalić się od zniszczenia; wśród stepu. „Kozak szedł w trawie równy z trawą'', rycerze i konie w pochodzie, umieli ze wszystkiego korzystać: wysoka trawa, krzak, drzewo, łozy, ukrywały tych synów stepu i nieprzyjaciel nie zdołał ich odkryć.

Zdarzyło się w drodze przeprawić przez szeroką i bystrą rzekę, Kozacy zwięzywali snopy z trzciny, które przyczepiali koniom do szyi lub ogona, na nich kładli broń i odzież a sami trzymając się konia puszczali wpław.

Przewodnicy ich zawsze jechali naprzód, umieli oni

(*) Bautysz Kamieński posiadał tę kronikę.

rozróżniać na piasku, przy brzegach rzek i na trawie w stepie, ślady nieprzyjaciela, z łatwością poznawali jego liczbę, gdzie się udał a mianowicie kto to był. Jeżeli spodziewali się spotkania z wrogami, to na ich drodze wśród stepu pokrytego trawą, rozrzucali kilka tysięcy żelaznych koziołków, złożonych z czterech ostrych z jednego punktu w różne strony rozchodzących się ramion, tak, że gdy trzy w kształcie trójnoga stały na ziemi, czwarty prostopadle zawsze sterczał do góry. Żelazka te przebijały kopyta koni, które w takim wypadku nie mogły ścigać daléj, ani uchodzić i konnica ginęła na miejscu od kozackich szabel.

Jeżeli zechcieli pohulać sobie na morzu, wtedy zgromadzały się partye ochotników i wybierali z pośród siebie pochodnego atamana, po wyborach rozpoczynali szumną hulankę nad brzegiem Dniepru która trwała dzień cały. Nazajutrz rozpoczynano budowę floty albo naprawę staréj.

Przedsiębrali zwykle wyprawę corocznie po Ś. Janie, lub zaraz z początkiem wiosny a nie wracali aż w póżnéj jesieni, chyba, że ważne przeszkody wstrzymywały ich w domu.

Flota ich składała się z 80 do 100 czajek, na każdéj mieściło się do 60 ludzi. Statki te miały szkielet z twardego drzewa, obite deskami i lipowem łykiem, nakoniec wylane smołą i po obudwu stronach miały pęki trzciny, które broniły je od kul nieprzyjacielskich, chybotania i utonięcia, wrazie napełnienia się wodą. Czajka długą była na 60, szeroką 10, a głęboką na 12 stóp, i nie miała pokładów, oba burty uzbrojone były 12-tu wiosłami, żagli używano tylko w czasie pogody. Nadto posiadały rudle po obu końcach, co nadawało im szybkość i pewność obrotów przy znacznéj długości, tak, że tureckie galery nie były w stanie ich dopędzić. Na statku atamana były armaty i kompas, i ten zwykle płynął naprzód z wywieszonym znakiem na maszcie. Na czajkach znajdowała się słodka woda, tłuczone suchary, sucha ryba, suszone baranie mięso i sałamak (cudowna potrawa) składająca się z mąki i kaszy jaglanéj. Wódki nie wolno było zabierać, a gdy kto pokryjomu wziął z sobą jakiego trunku i upił się w czasie pochodu, wedle praw zakonu bywał w morze wrzucony.

Odzieżą rycerzy w czasie morskiéj wyprawy były: koszula dziegciem napuszczona i szarawary oraz burka. Jeżeli który posiadał polerowaną broń, lub błyszczącą szablę, natychmiast je czernił, albowiem „na jasném żelazie igra wroga oko", mówili Kozacy. W łódź wsiadało 60 do 100 ludzi, a cała flota z 80 do 100 czajek złożona, puszczała się Dnieprem ku brzegom Anatolii, Bulgaryi, Rumelii lub murom Konstantynopola; wyprawy pod Azow lub Karasów uważano za domowe.

Zrana w wigilią odpłynięcia, Kozaki zbierali się do cerkwi, odprawiwszy nabożeństwo do Boga-Rodzicy i wykonawszy przysięgę, że żaden nic nie utai ze zdobyczy a wszystko wiernie odda do swego kurenia do podziału, wychodzili na plac, bankietowali cały dzień, nazajutrz wypiwszy pożegnalną czarę miodu i zawiązawszy każdy w koszulę rodzinnéj ziemi siadali do łódek i z pieśniami odpływali na morze.

Łodzie płynęły zwykle tak gęsto, że ledwie wiosłami nie dostawały do siebie. Flaga atamańska powiewała zawsze na przedzie.

Turki ze swéj strony lękając się corocznych napadów kozackich, stawiali swe galery na straży, przy ujściu Dnieprn na Czarne morze. Lecz przebiegli i śmieli Kozacy, w krótkim czasie oszukiwali czujność straży tureckiéj; zwykle w najciemniejszą noc kryli się w trzciny nadbrzeżne, gdzie galery tureckie iść się nie odważą, i tędy wypływali na morze Czarne zdala od prześladowców. Ukazanie się téj strasznéj floty rodzi okropny przestrach i trwogę na wszystkich brzegach, dają znać do Stambułu, iż Kozacy weszli na morze, a sułtan rozsyła gońców do Natolii, Bulgaryi i Rumelii, by każdy miał się na ostrożności.

Ale próżne usiłowania, bo kozackie czajki szybsze jak tureckie gońce i nim ostrzeżenie dojdzie celu, oni przybijają do jakiego brzegu Natolii i zostawiwszy w każdéj łodzi po dwóch ludzi na straży, sami uzbrojeni rusznicami, napadają miasto, palą i łupią wszystko co im się nawinie pod ręce, wracają na statki obciążeni zdobyczą, i płyną daléj za nowemi łupy, dopuki widzą się bezpiecznemi.

Jeżeli w drodze spostrzegą turecki okręt, wtedy natychmiast zdejmują wszystkie maszty na swéj flocie, uważają kierunek wiatru i krążą doputy, dopuki nie staną przeciw słońcu i na godzinę przed zachodem wszystkiemi wiosłami przypływają do okrętu na milę, by go nie stracić z oczu w czasie nocy. Turkom niepodobna spostrzedz kozackich łodzi zaledwie wystałych nadwodą.

O północy okrążają okręt, i za danym znakiem wdzierają się nań; opór nieprzyjaciół na nic się nie przyda, prośba jest napróżną, zabierają złoto, srebro i inne przydatne im towary lub przedmiota, dziurawią statek i zatapiają go z całym ekwipażem.

Turcy postanowili przeciąć powrót, by odbić zdobycze i podwoili straże będąc pewni zwycięztwa.

Kozacy nie lękają się tego i jeżeli nie posiadają sił do przebicia się przez nieprzyjaciół, to kierują się ku dolinie na 4 mile od Oczakowa, gdzie morze zaledwie na stopę jest głębokie, wyskakują w wodę i ciągną swe czajki, a we dwa, lub trzy dni już są na Dnieprze, gdzie kończą swą drogę z pieśniami, któremi wyśmiewają czujność tureckiéj straży.

Jeżeli się zdarzyło, że Kozacy spotkali tak licznego nieprzyjaciela, iż niepodobna ani przerznąć się, ani oszukać jego baczności, ani nawet ukryć przed nim, wtedy bez straty czasu przypływali do najbliższego lądu, wchodzili w ujścia rzek i w krzakach lub zaroślach, albo między skałami zatapiali swe łódki a sami rozsypywali się po lądzie; lecz skoro tylko niebezpieczeństwo minęło, natychmiast się zbierali, wydobywali z wody swe czajki, wylewali z nich wodę i puszczali w dalszą drogę.

Czasem i na Zaporożców przychodziła koléj i oni ponosili porażki od Turków, wtedy zwykle ginęli do ostatniego, bo przekładali śmierć nad niewolę.

Łącząc z przebiegłością, dowcipem i walecznością, niedbałość i rozrzutność, wszyscy w ogólności Kazacy nad wszystko miłowali swobodę, dla tego mało cenili życie. Złą godzinę—czarny dzień, Kozak znosił bez szemrania. Obrona prawosławia była świętym obowiązkiem Kozaków.

W roku 1657, Wezyr Kara Mustafa pokonał Kozaków pod Tasminą i zaczął okropną rzeź. W tłumie spostrzegł dwóch dorodnych rycerzy rodzonych braci i pragnąc im darować życie, rzekł przez tłumacza.

— „Daruję wam życie, lecz wyrzeknijcie się swéj wiary.”

Tom I.   3

— Nigdy, odrzekł starszy, wiara moja to życie moje, na, rąb moją głowę, i wyciągnął szyję, odcięto mu ją. Eh! kiedy rzecz doszła już do Ś. wiary, to rąb i moją! rzekł młodszy, oprawca odciął głowę i młodszemu bratu.

Radośne i uroczyste było spotkanie powracających z wyprawy towarzyszy. Wojenne chorągwie powiewały w przystani, i na cześć rycerzy dawano ognia z armat twierdzy siczowéj. Duchowieństwo spotykało ich z krzyżami, chorągwiami i prowadziło do cerkwi. Kozacy po odprawieniu nabożeństwa, na placu rozdzielali zdobycze i bankietowali kilka dni bez przerwy. Szczęście lub nieszczęście wyprawy przypisywali woli Boskiéj.

Kozacy lubili muzykę i pieśni, namiętnie słuchali dumy śpiewane przez bandurzystów, w których opiewano ich rycerskie czyny, dla tego też całe życie Kozaka odmalowane jest w pieśni. Lubili bankietować *i wypić czaroczku dla wesełosti*, lecz pijakami nigdy nie byli, jak utrzymują niektórzy.

Kozacy będąc przedmurzem muzułmańskiego fanatyzmu i hamulcem grabieży tatarskiéj, lada chwila oczekiwali ich napadu, utrzymywali przeto baczne straże; wiedzieli bowiem że mieli sprawy z podobnemi sobie śmiałkami i takiemiż najezdnikami, dla tego baczność i przebiegłość z obu stron były równe.

Z lewéj strony Dniepru, zaczynając od północnowschodniéj strony hetmańszczyzny, od ujścia rzeki Oreli do Końskiéj wody, na Krymskiéj granicy, pobudowane były reduty. Były to obszerne budynki podobne do siczowych kureníj, otoczone płotem, za którym stały szopy dla koni, tu mieszkali Zaporożcy, odbywający straż graniczną. W każdéj reducie znajdowało się do 50 Kozaków, pod komendą asauła, którzy zmieniali się corocznie. Reduta jedna od drugiéj była oddalona na 10, 20 do 30 wiorst, to jest tyle, żeby jedna z drugiéj mogła bydź widzianą. Na pół, lub ćwierć wiorsty od każdéj reduty, na wzgórku lub jakiemkolwiek wyższém miejscu stała figura urządzona z 20 beczek smołowych, w ten sposób: w podstawie stało 6 beczek, w kółko ściśle jedna przy drugiéj tak, by w środku było próżne miejsce, koło to związywali smolanemi linami. Potrzeba zwrócić uwagę, iż każda beczka miała tylko spodne dno. Na tych sześciu beczkach stawiano pięć i związywano podobnie jak poprzednie, trzeci rząd składał się tylko z trzech a czwarty z dwóch beczek, na samém wierzchu stała jedna bez żadnego dna i przykryta słomą. W téj bezdennéj beczce urządzony był bloczek i przezeń przewleczony długi sznur, którego jeden koniec wisiał zewnątrz, drugi w środku figury, do tego ostatniego przywiązany był wielki pęk pakuł nasaletrowanych. Przy każdéj figurze stało po dwóch a w nocy po czterech strażników; inni kozacy odbywali rozjazdy i patrole, rozdzielając się na oddziały po 5-ciu do 10-ciu ludzi liczące. Niektóre oddziały zapędzały się do saméj granicy i wypatrywały nieprzyjaciela z któréj pokaże się strony. Jeżeli te oddziały lub patrole ujrzały hordę zbliżającą się do granic zaporożskich, lub hetmańszczyzny, natychmiast pędzą do najbliższych redut i robią alarm, że nieprzyjaciel blizko, wtedy asauł biegnie z kozakami do figury i zapala ją za pomocą sznuru z pakułami. Kiedy figurę obejmie płomień, ostrzega tem inne reduty, a tak w jednym czasie i w jeden prawie dzień wszystkie figury zajaśnieją i wszyscy mieszkańcy okolicznych miejsc, w stepach, lasach i przy spławach zajmujący się robotami, mogli ujść ze stadami do słobód i ocalić życie. Wtedy także już wszystkie pułki zaporożskie stojące po polankach, zebrały się w jedno miejsce, uderzali na nieprzyjaciela i wypędzali z granic: (Nikita Korż),

Zwykle patrolujący Kozacy wjeżdżali na kurhany dla czynienia spostrzeżeń po jednym tylko, by łatwo rozróżnić ich było można od nieprzyjaciół Tatarów, którzy zwykle wjeżdżali na wysokie mogiły po sześciu, do dziesięciu osób razem i patrzyli gdzie ludzie znajdują się na robocie i stada, by napaść na robotników lub pasterzy, odbić bydło, a ludzi zabrać w jassyr.

W pochód, pułki występowały w porządku, po trzech w rzędzie, u hetmańskich przodem szła muzyka a za nią pułkowa chorągiew, sztandary zaś setniowe (znaczki) każden przy swéj setni. Przy spotkaniu z nieprzyjacielem w konieczności, formowali się w kolumnę co nazywało się *soganą*. Zamiast karre, formowali *trijangul*, po rogach stawiali armaty, w środku chorągwie i starszyznę. Uformować się we front nazywali *wławę*.

Stając obozem, rozpinali na kopii namioty jeżeli to było nie na długo, w środku znajdował się namiot atamana i w koło starszyzny. Tabor z wszystkich stron otaczano wozami, pomiędzy któremi stawiano armaty, przed namiotem atamana stały buńczuki.

ORGANIZACYA UKRAIŃSKICH KOZACKICH PUŁKÓW wzięła początek od czasu przyjęcia buławy hetmańskiéj, przez księcia Eustachego, Rożyńskiego 1575 r. On podzielił okolicznych i kurennych Kozaków na pułki; każdemu pułkowi przeznaczył na rezydencyą miasto, nazwawszy od jego imienia i pułk. Owczesne pułki zawierały do 2,000 ludzi. Głównym naczelnikiem pułku był pułkownik, pułki dzieliły się na setnie, temi dowodzili setnicy, podlegli pułkownikom. Urzęda te były obieralne na całe życie.

Utworzone przez Rożyńskiego dwadzieśćia pułków, Stefan Batory zredukował na dziesięć, tym sposobem przestrzeń ziemi zajmowana przez każden pułk znacznie się powiększyła i pułki Batorego stanowiły już nie powiaty jak przedtém, ale całe prowincye.

Stolica każdego pułku była rezydencyą pułkownika, i została uzbrojona wałem, rowem i palisadą, a wewnątrz miasta znajdował się zamek. Była to budowa wystawiona z dębowych okrąglaków, z czterema silnemi basztami po rogach i piątą ze strony głównego wjazdu nad bramą.

Zamki te ogradzane bywały częstokołem, za którym na wale stały armaty; w czasie oblężenia, w zamku chroniono wszystkie skarby pułkowego miasta. Od czasu Batorego przy budowie w pułkowych rezydencyach tych warowni, urządzano podziemne przejścia (tajniki) służące do wychodu na rzekę, dla ocalenia oblężonych wrazie wielkiego niebespieczeństwa. Takie podziemia istnieją dotąd jeszcze w niektórych dawnych rezydencyach.

Mimo okropnych prześladowań w czasie unji wojska kozackie pozostawały niezmiennie w téjże formie, jaką nadał im Batory, taż sama pozostała liczba pułków, chociaż niekiedy liczba rycerzy znącznie się zmniejszała. Postanowienie sejmu odbierające Kozakom wszystkie prawa, równające ich z każdym chłopem, odejmujące przywiléj obierania sobie wolnym głosem hetmanów, oddające ich pod władzę polskich kommissarzy, nie zdołały zmienić dawnych form. Kozacy prawa swoje bronili orężem.

W ciągu tych krwawych wojen przerzedziły się ich pułki, Chmielnicki pragnąc pomnożyć siły kozackie dopełnił je napływem licznego ludu małorossyjskiego, biorącego w ręce oręż na sam wyraz nienawistnéj unji, i powiększył liczbę pułków do piętnastu. Podział ten trwał dosyć długi czas, lecz Skoropacki znów powrócił do dawnéj Batorego organizacyi i z 15-tu małorossyjskich pułków zrobił 10, i pułkowe stolice ustanowił: w Starodubie, Łubnach, Pryłukach, Hadiczu, Czernichowie, Mirgorodzie, Perejasławlu, Nieżynie, Kijowie i Połtawie.

ZAPOROŻSKIE NIZOWE WOJSKO zajmowało przestrzeń ziemi pomiędzy Dniestrem i Bohem leżącą.

Do roku 1735 na całéj téj przestrzeni nie było nigdzie miast, wsi, ani folwarków, nie było tém samém żadnych związków familijnych, ani stosunków cywilnych, lecz wszystko zostawało na stopie wojenno-zakonnéj.

W roku dopiero 1765, kiedy czas wprowadził zmiany w wewnętrzny skład Zaporoża, pozwolili Kozacy osiedlić się na swych ziemiach familiom, które utworzyły tak nazwane poddaństwo wojska zaporożskiego.

Pięć było głównych punktów na granicach Zaporoża, w których znajdowały się zarządy graniczne; okręgi ziemi do tych miast należące nazywano palankami. Tam mieszkali pułkownicy ze swoją starszyzną, dla nadzoru granic od pogranicznych sąsiadów.

Palanki takie były:

1. W Perewołocznie od strony hetmańszczyzny.
2. W Bachmatowie obok poprzedniéj ku wschodowi.
3. Na rzece Kałmiusie od Dońców.
4. W gardzie od strony Polski.
5. Na przewozie rzeki Bohu.

W tych palankach trudniono się rybołówstwem, chowem bydła i stad, oraz rolnictwem, co rok na wiosnę wysyłane tam były oddziały na całe lato i jesień, na zimę oddziały te posuwały się bliżéj siczy do zimowników. Zimowniki, był to rodzaj folwarków pod nadzorem starszyny pułkowego.

NACZELNICY KOZACCY.
(Starszyny.)

Jużeśmy wyżéj powiedzieli, że Kozacy dawnemi laty swego istnienia zamyślając udać się na jaką wyprawę, zbierali się z wszystkich okolic i kureni w jedno miejsce, gdzie naradzali się dokąd iść mają i wybierali z pośród siebie starszyn i naczelników, którym powierzali nad sobą zupełną władzę.

Wszystkie urzęda i godności kozackie były tylko czasowe: na Zaporożu jednoroczne, w hetmańszyznie do Rożyńskiego tylko na czas wyprawy, po którój każdy wracał do pierwotnego stanu. Rożyński pierwszy raz wprowadził prawo, by raz wybrany starszyna, pozostawał przy swéj godności do śmierci i to postanowienie nie zmieniło się do końca istnienia Kozactwa.

W wojsku zaporożskiem godności trwały przez rok jeden i wybory miały miejsce zawsze 1-go stycznia. Trafiało się często, że lubiony od rycerstwa ataman, był potwierdzony na rok następny, lecz to było tylko zdarzenie wyjątkowe i nigdy nie stało się prawem.

Po zmianie starszyn, składający urząd powracali do zwykłego stanu towarzysza (bratczyka), i wykonywali obowiązki prostego Kozaka.

Hetman.

Główny naczelnik w hetmańszczyznie tytułował się Jaśnie Wielmożnym panem hetmanem, władza i prawa jego były królewskie, mimo to, iż hetmańszczyzna zawsze znajdowała się pod władzą Litwy, Polski a nakoniec Rossyj.

Władza atamana koszowego, pierwszego Kozaka nizowego zaporożskiego wojska, była podobnież obszerna, lecz ten zależał poniekąd od całego towarzystwa, i w każdym ważnym razie powszechnéj rady zasięgał.

Do Rożyńskiego hetmanowie byli tylko wodzami Kozaków podczas wojny, Rożyński pierwszy staje się zupełnym władcą ziem małorossyjskich, i najwyższym sędzią ludu, od tego czasu hetman posiadał prawo życia i śmierci winowajcy, zatwierdzania wyborów wojskowych urzędów i według woli rozdawania sioł i ziemi; bił monetę, przyjmował posłów, i prowadził korrespondencyą z monarchami, nie zdając rachunku ze swych czynności nikomu, wypowiadał wojnę i podpisywał pokój.

Lecz sam za winę był sądzony przez prostych Kozaków i każdy regestrowy Kozak miał jeden głos ze starszyną; według sądu rycerstwa hetman mógł być pozbawiony buławy, być wsadzony do więzienia a nawet karany śmiercią. Od Bogdana Chmielnickiego hetmana za występek sądził car moskiewski.

Od czasów Zygmunta III, częste postanowienia seymowe i sami królowie starali się ograniczyć władze hetmanów, lecz wszystkie usiłowania rozbiły się o wytrwałość kozacką i hetmani obierani przez nich, używali wszystkich swych praw. W czasie wojen o unią, gdy kozactwo było już nad brzegiem przepaści i godność hetmańska zupełnie została zniesioną, albowiem prawdziwych hetmanów nie było wcale, pojawiali się naczelnicy noszący nazwę hetmanów, lecz ci naczelnicy zmieniali się prawie co tydzień, gdyż nie byli obierani przez ogół, ale tylko przęz gromadę kozaków.

Lecz w takim stanie było tylko hetmaństwo do Bohdana Chmielnickiego. Ten pełen przebiegłości bohatyr Ukrainy jednozgodnie przez swoich i Zaporożców obrany został hetmanem obu stron Dniepru i wszystkie dawne prawa znów były dlań potwierdzane przez króla. Lecz ten nie posiadając ufności w przebaczeniu rzeczy pospolitéj, lękając się kary za swe przewinienia, oddał się pod protekcyą ruskiego Cara.

Powiedziawszy o prawach i losie hetmanów, spojrzyimy teraz na sposób ich obierania przez rycerstwo. Do Teodora Bohdana obrządek wyborów był bardzo prosty:

Na wezwanie setników zbiorało się kozactwo, na obszernym majdanie (kurhan w kształcie półkola) i naradzało się pomiędzy sobą kogo wybrać na godność hetmańską. Wojskowy starszyna odbierał głosy pułkami i imiona kandydatów wymieniał w głos a wtedy kozactwo z pośród dwóch lub trzech przedstawionych nazwisk po długich sporach a niekiedy i walkach wybierało jednego. Obranego wyprowadzali na środek, stawiali na wzniesieniu i starszyna wziąwszy ze stołu buławę i chorągiew podawał nowo wybranemu, który według zwyczaju wymawiał się od urzędu mówiąc, że niegodzien takiego honoru, że nie jest zdolny do rządzenia rycerstwem, i t. p. Starszyna i naród prosili go o przyjęcie władzy a za czwartym razem wybrany odbierał insygnia swéj godności i kłaniał się wojsku na cztery strony.

Kozacy w radości wykrzykiwali, rzucali do góry czapki i strzelali z muszkietów, Beauplan powiada że nieprzyjmujących hetmaństwa Kozacy zabijali, niewiem czy można temu wierzyć, byłaby to skromność większa jak Cyncynata by dozwolić się zabić z przekonania braku zdolności do wykonania powierzonej nam godności. Zwykle ludzie posiadający najmniej zdolności są najzarozumialsi.

Po skończeniu wyboru starszyny wiedli nowego hetmana do cerkwi gdzie po skończonym nabożeństwie kropiono go święconą wodą i dawano do całowania krzyż. Ztamtąd dopiero wprowadzano do hetmańskiego zamku, gdzie rozpoczynała się uczta, po domach i na placach ciągnęły się bankiety kilka dni bez przerwy.

Po przysłaniu przez Batorego naczelnikom kozackim insygnii, wybór hetmana był więcéj uroczystym.

W dzień wyborów od samego rana bito w bębny i kotły, rycerstwo, towarzystwo i wojskowa starszyzna zbierała się na placu, na środku którego urządzone było wznie-

sienie wyłożone kobiercami, na tym podwyższeniu stał
stół pokryty czerwonem suknem a na nim lezały buława i wojskowa pieczęć, buńszczuk trzymał z jednéj strony stołu generalny buńczuczny, a z drugiej
chorągiew buńczukowy towarzysz. Potem rozpoczynano wybór.

Nowo wybranego wprowadzano na wzniesienie,
przybyli królewscy posłowie wręczali mu buławę
i pieczęć, starszyni generalni przykrywali go buńczukiem i chorągwią a wojsko rzucało nań czapki, nareszcie prowadzili hetmana starszyny i pułkownicy do
cerkwi szpalerem wytkniętym pułkowemi chorągwiami.

Po dokonanym wyborze bito salwy na zamku z armat i moździerzy.

Po przyłączeniu Ukrainy do Rossyi wybór co raz więcéj się zmieniał, aż nakoniec ostatni hetman został
wprost przysłany z Moskwy.

Od samego początku zjawienia się hetmańskiej godności w Małorossyi, hetmanowie władali rangowemi
dobrami, prócz tego na buławę otrzymywali buławne
ziemie w różnych pułkach składające się z kilku miast.
Od Bohdana Chmielnickiego pobierali od wielkiego
księcia rossyjskiego pensye tysiąc dukatów, i co rok
dochody hetmańskie znacznie się powiększały, tak że
Mazepa podniósł swój dochód do sto tysięcy rubli.
Wielu hetmanów żyło po królewsku.

Od Sahajdacznego który jednozgodnie obrany był
przez małorossyjskich i zaporożskich Kozaków, hetmanowie tytułowali się hetmanami obu stron Dniepru
i wojska zaporożskiego.

W uniwersałach i innych papierach hetmanowie
pisali, My, Nas. Dawny uroczysty ubiór hetmanów do

Bohdana Chmielnickiego składał się z polskiego kaftana wyszywanego na piersiach złotemi sznurami, czapki sobolowej z sukiennym wierzchem, jedwabnego pasa, butów safianowych czerwonych, spodni sajetowych błękitnych, szabli przy boku i noża za pasem, zimą nosili szuby z drogich futer polskiego kroju.

Na wojnie hetmanowie używali hełmów i pancerzy a w takim ubraniu byli bardzo podobni do polskich pancernych rycerzy.

Jeżeli się zdarzyło, że hetman nie mógł sam z jakichkolwiek przyczyn wystąpić na wyprawę na czele swych pułków, wtedy naznaczał według swego wyboru zastępcę i dawał mu tytuł nakaznego hetmana. Lub jeżeli sam wychodził na wojnę nakazanemu hetmanowi powierzał zarząd kraju. W pierwszym i drugim wypadku, nakazni hetmani postępowali jak rzeczywiści i tylko w bardzo ważnych okolicznościach znosili się z hetmanami i pytali ich o radę.

Sagajdaczny Konaszewicz sprzykrzywszy sobie w starości trudy wojenne, zdał dowództwo nad wojskiem nakaznemu hetmanowi, a sam został spokojnym rządcą kraju, który w wielu przedmiotach przyprowadził do lepszego stanu.

Chmielnicki oddawszy .W. księciu Ukrainę, a niechcąc ulegać ruskim wojewodom dowodzącym rossyjskiemi wojskami, nie wychodził sam na wojnę, ale wysyłał od siebie nakaźnych.

Mazepa wyjeżdżając do polski, naznaczył od siebie nakaźnego, generalnego sędziego Koczubeja.

Nakazni otrzymywali od hetmana mniejsze klejnoty.

Zaporożcy atamani.

Na Zaporożu wybór atamana koszowego był nieco prostszy jak hetmanów.

Towarzystwo zaporożskiego nizowego wojska na wezwanie wojskowego asauła chodzącego po kureniach z wojskowym piernaczem (mała buława, oznaka ich godności) zbierali się na radę przed liturgją na majdanie, i tam według dawnego obyczaju odbywali swoje wybory, które się nieobeszły bez silnego wzburzenia i walki pomiędzy kureniami, kończącej się często śmiercią kurennych atamanów. Przy wyborze nowych starszyn i samego atamana, dawni urzędnicy stali o podal od radzących i milczeli. Zresztą każdy Kozak miał głos.

Do nas doszedł jeden wzór wyborów który nam pozostawił historyk zaporożskiego kosza.

Wojskowa rada 1770 r.

„Po zebraniu się 1 Stycznia, starszyn, starców i atamanów kurennych, przy rozwiniętej wielkiej choręgwi i buńczukach, wyszedł przed cerkiew przed liturgją według zwyczaju nowego roku dla ogólnych głosów, ja, (koszowy ataman Alexéj Bielicki) po mnie sędzia i pisarz wojskowy, dziękowali wojsku i żądali uwolnienia od obowiązku. Lecz starcy i atamani pozwolili tylko dziękować wojskowemu sędziemu Grzegorzowi Loburowskiemu i uwolnili go, a mnie i starszynom wojskowym: pisarzowi Iwanowi Czugulec i asaułowi Filipowi Iwanow, zrzec się niedopuścili, prosili by jesz-

cze przy obowiązkach pozostać, przeto ja i pisarz wojskowy, chociażeśmy się wymawiali i domagali zmiany,
przedstawiając nasze potrzeby i powody; lecz widząc
zbyt ważne obecne okoliczności, do pełnienia nadal naszych wiernie zaprzysiężonych obowiązków, za obja-
wieniem nam od towarzystwa tych potrzeb i przyczyn
wiele sił stanie, znagleni zostaliśmy.

Na wojskowego sędziego, starszyna wojskowy i kurenny kalnibołotskiego kurenia ataman Fiodor Sochat-
ski, zaraz przed cerkwią przez atamanów wybrany
i wojskowy klejnot (pieczęć) został mu wręczony.

Zkąd zaraz udali się wszyscy na wysłuchanie mszy
świętéj, a potem starszyny i atamani według zwyczaju odprowadzając mnie do kurenia i zostawszy u mnie
z powinszowaniem nowego roku, rozeszli się.”

Koszowy opisawszy radę dodaje: że w zebraniu
wzburzenia, sporów, ani walk nie było.

Nakazni koszowi i wojskowi atamani byli także
i w wojsku zaporożskiem, ubiór koszowych atamanów
składał się z czapki axamitnéj obszytéj sobolem, wierz-
chniego kaftana polskiego kroju po większéj części
granatowego koloru; spodniego żupana z jedwabnéj
materyi, szarawarów czerwonych i czobotów (butów)
z długiemi cholewami.— Uzbrojeniem była szabla i nóż
obosieczny.

Klejnoty (insignia).

BUŃCZUKI. Z przywileju danego hetmanowi Bogda-
nowi Rożyńskiemu przez Stefana Batorego, widziemy,
że król dał hetmanowi buńczuk „na znak zwytiaż-

stwa jego z wojskom swoim nad narodom aziatskim, ot kogo i klejnot siéj dobutyi praceju hetmańskoju i krowju Kozackoju"

Najważniejszy sztandar kozackiego rycerstwa jest koński ogon zrobiony sztucznie i ufarbowany czerwoną farbą, a przy osadzie tego rzęsistego ogona na który musiało się składać kilka, jest wsadzona czapeczka upleciona z włosia czerwonego z czarnym, z pod któréj wypływają warkocze tegoż koloru i łączą się z włosami ogona, na ćwierć łokcia po nad czapeczką, na końcu drzewca, osadzona była mosiężna wyzłocona gałka. Hetmański buńczuk był długi na cztery łokcie a nawet więcéj.

Zaporożskie buńczuki dane im współcześne przez Batorego były podobne, lecz zamiast czarnego znajdował się kolor czerwony z białym.

W roku 1647 hetman Chmielnicki wybrany atamanem na zaporożu, zaczął używać i na swoich buńczukach zamiast czarnego, białego włosia, i wtedy były wprowadzone mniejsze buńczuki, które dawano nakaznemu hetmanowi, nadto przywiązywano do buńczuka dwa srebrne kutasy, na takimże sznurze, spadające u drzewca od gałki aż poniżéj ogonów.

Do dziś jeszcze znajdują się w Moskwie buńczuki wojska zaporożskiego i te są kształtu powyżéj opisanego.

Znacznie buńczuków było: władza i zwycięztwo nad niewiernemi.

W czasie wojny, gdy wojsko stawało taborem, buńczuki stawiano przed namiotami naczelników.

Dawszy hetmanowi buńczuk, Batory ustanowił urząd generalnego wojskowego buńczucznego, który strzegł je i w chwilach uroczystych sam nosił przy hetmanie.

Przy generalnym buńczucznym, byli towarzysze buńczuczni, którzy nosili w czasie uroczystości małe buńczuki, służyli honorowo, bez płacy. W czasie wojny, towarzysze buńczuczni postępowali za hetmanem i wypełniali różne wojskowe zlecenia, był to rodzaj adjutantów.

Generalny buńczuczny i jego towarzysze nosili szuby sobolowe z rękawami, pokryte aksamitem i kaftany jedwabne wyszywane złotem na piersiach.

Na Zaporożu urzędów tych nie było, buńczuki nosili chorążowie.

BUŁAWY. Buławy jak i buńczuki dzieliły się na wielkie i małe, piernacze albo szestopióry.

Zwykła hetmańska buława, składała się z laski orzechowego lub innego twardego drzewa, długiéj na łokieć, z jednego końca któréj była osadzona główka kulista, owalna, lub sześciograniasta, srebrna, złocona i ozdobiona drogiemi kamieniami, cyframi lub herbami. Często na buławach znajdował się napis do kogo należała i od kogo była darowana, lub jaka myśl wyjęta z Pisma świętego. Buława Mazepy była ozdobiona jego herbem, Samujłowicza cyframi. Drugi koniec laski także oprawny był w srebro, czasem gładko, ale częściéj rzeźbiony.

Niekiedy buławy były całe srebrne bez drzewa, taką Chmielnicki otrzymał od króla Jana Kazimierza i od tureckiego sułtana, osypaną perłami i drogiemi kamieniami.

Doroszeńko dostał podobną buławę od hana krymskiego.

Przeto niektórzy hetmanowie mieli kilka buław i używali ich stosownie do ważności uroczystości na których mieli być obecni.

Buławę hetman nosił w ręce i przy wyborze razem z nią odbierał rangowe dobra, nazwane *bulawińskiemi*. Dochody z nich należały do rozrządzenia hetmanów a były bardzo znaczne.

Pułkownicy mieli także swoje buławy czyli piernacze albo szestopiory, różniące się od hetmańskich mniejszym rozmiarem i sześciogranną gałką zkąd nazywały się szestopiórami. Każdy pułkownik obowiązany był zawsze mieć przy sobie swój szestopiór i dla tego nosił go za pasem.

Zaporożcy atamani mieli swoje buławy i piernacze, które podobnie jak hetmańskie dzieliły się na wielkie i małe. Wielkie były srebrne, małe żelazne.

Buława wojska zaporożskiego dotąd w liczbie klejnotów chroniona w Moskwie, ma w kształcie gruszki gałkę srebrną i takąż oprawę na końcu, laska jest z drzewa orzechowego.

Piernacze mieli na Zaporożu atamani kurenni i pułkownicy.

Jak w hetmańszczyznie tak i na Zaporożu, piernacze posyłano podróżnym na znak obrony i bezpieczeństwa (Sauf conduit).

CHORĄGWIE. Kronikarze często wspominają o kozackich chorągwiach (korogwach), istniejących jeszcze przed Stefanem Batorym; w tych kronikach znajdujemy nawet opis tych sztandarów. Chorągwie bywały jedwabne, jaskrawych kolorów, najczęściéj czerwone; z jednéj strony często wyobrażano Boga-Rodzicę; z drugiéj krzyż z kopią a w koło napis do jakiego pułku należała chorągiew, przez kogo i kiedy nadana. Umieszczano także i świętych, którzy uważani byli za patronów kozackich, aniołów, ogniste miecze i inne wyobrażenia. Chorągwie takie istniały do pierwszego podziału na pułki. Rożyński ustanowił w każdym pułku i setni oddzielne chorągwie podobne do polskich wówczas używanych, na tych chorągwiach zamiast świętych obrazów ukazały się już orły, miecze, lwy, herby powiatów i inne wyobrażenia. W sotniach były trójkątne różnych kolorów znaczki (chorągiewki setniane) z nazwaniem setni.

Batory udarował rycerstwo kozackie tak zaporożskie, jako też i małorossyjskie, chorągwiami z jedwabnéj materyi, różowéj barwy z wyhaftowanym na niéj srebrnym polskim orłem. Wojsku, oddzielnie prócz hetmańskiéj dał podobnąż chorągiew, która zawsze winna znajdować się przy hetmanie i nazywała się wielką narodową chorągwią. Sztandar zaś właściwie należący do hetmana, nazywał się małą chorągwią.

Od czasu Batorego, królowie polscy stale przy wyborze każdego nowego hetmana przysyłali mu podobną chorągiew. Bogdan Chmielnicki 19 Lutego 1649 r. odebrał ostatnią już chorągiew od króla Jana Kazimierza.

Podkomorzy lwowski będący w liczbie Kommissarzy królewskich przysłanych do Chmielnickiego tak opisuje wręczenie chorągwi. (*)

„Miejscem dla téj uroczystości przeznaczona była szeroka ulica przed dworem Chmielnickiego, niedaleko od mieszkania posłów: moskiewskiego i węgierskiego. Przed kommissarzami nieśli buławę, pan Krę-

(*) Dyarusz drogi do wojska zaporożskiego Kommissarzy J. K. M. r. 1649. Źródła do dziejów polskich Malinowskiego i Grabowskiego. Tom I. k. 3.

towski łowczy, a chorągiew p. Kiełtyński skarbnik
kijewski, na przodzie grzmiały hetmańskie trąby
i kotły. Chmielnicki oczekiwał nas stojąc obok buńczuka, otoczony swemi pułkownikami i innemi starszynami. Ubrany był w karmazynową sobolową szu-
bę. W chwili gdy pan wojewoda (Kisiel) zaczął
oświadczać królewską łaskę hetmanowi i wojsku,
pułkownik Dzialik stojący niedaleko od hetmana za-
wołał: Król jak król, ale wy królewięta robiliście
głupstwa i narobili, i ty Kisiel kość kości naszych,
odłączyłeś się od nas i przystałeś do Lachów.

Następnie p. wojewoda wręczył hetmanowi buławę
osypaną kamieniami, a p. chorąży. nowogrodzki, brat
rodzony p. wojewody przyniósł chorągiew czerwoną
z białym orłem i napisem *Joannes Casimirus Rex*.
Chmielnicki przyjął buławę i chorągiew, nie okazu-
jąc radości!, pokłonił się po kozacku i potém zaprosił nas do siebie do pałacu."

Chmielnicki mając zamiar oddzielić się od Polski,
już nie starał się o łaski rządu polskiego.

Prócz wymienionych chorągwi mieli Zaporożcy chorągwie w swych kureniach i stannicach i nakoniec
znaczki w każdéj sotni.

Hetmańska artyllerya i pułkowe miasta miały oddzielne chorągwie.

Artyllerya, na czerwonéj materyi miała armatę
i trzy kule, pułkowe herby i inne wyobrażenia.

Wielką narodową chorągiew strzegł i nosił w czasie uroczystości generalny wojskowy chorąży. W pułkach, pułkowe sztandary były strzeżone i noszone
przez pułkowych chorążych, w setniach, przez setnia-
nych chorążych.

Przy generalnym wojskowym chorążym, utrzymywana była na żołdzie z funduszu wojskowego skarbu, konna komenda, która tytułowała się komendą przy narodowéj chorągwi (komandoju u narodnoj korogij). Oddział ten stale przebywał w stolicy hetmana a w czasie jego podróży zawsze mu towarzyszył.

Na Zaporożu, wielką chorągiew nosił wojskowy starszyna i podobnież nazywał się chorążym.

PIECZĘCIE WOJSKOWE. Używanie pieczęci przez Kozaków jest bardzo dawne, od czasu Batorego pieczęcie liczyły się do klejnotów hetmańskich i atamana, a bywały im wręczane przy wyborze. Herb pieczęci był następujący.

Rycerz w kołpaku na bakier, z muszkietem na ramieniu przy boku szabla i róg kozacki z prochem.

Pieczęć znajdowała się pod strażą generalnego wojskowego pisarza.

U Zaporożców którzy otrzymali pieczęć od Stefana Batorego razem z małorossyjskiemi, herb różnił się tém, że w pobliżu Kozaka była wyryta kopia, wetknięta na kurhanie: znak pogranicznéj służby Zaporożców. W 1760 roku zamiast kopii wyobrażony był jakiś budynek kilku-piętrowy, który według sądu p. Skalkowskiego autora nowéj siczy, mógł oznaczać sicz albo signałową figurę. Pieczęcią zawiadował wojskowy sędzia.

Prócz tego, każdy pułk na Zaporożu i starszyny, posiadali pieczęci, których używali do pieczętowania wychodzących od nich papierów; wyobrażenia na nich były rozmaite, naprzykład: na pieczęci łubeńskiego pułku wyrżnięte były: chorągiew i krzyż.

Na pieczęci bohogardowskiéj palanki, był jeleń i kopia.

Pieczęci te były w ręku asaułów.

KOTŁY. Przy wyborze nowych hetmanów i atamanów koszowych, kotły, trąby, bębny i janczary, były przysyłane zwykle przez królów polskich. Zwyczaj ten zaczął się od Batorego, on pierwszy wprowadził muzykę do pułków kozackich. W liczbie podarunków, sułtan turecki często przysyłał także kotły.

Muzyką w pułkach zawiadywali asauły. Na Zaporożu zaś był oddzielny urząd wojskowego dobosza, który corocznie w dzień 1 stycznia, bił w kotły i dawał znać towarzystwu, że ataman koszowy stoi pod buńczukiem i oczekuje rozpoczęcia rady.

Kotły te były miedzianne i wysrebrzane, a wierzch i obwód zawsze srebrny.

Generalni Starszyny.

Rycerze obydwóch towarzystw byli rządzeni przez swych wojskowych starszyn, którzy w Małorossyi tytułowali się generalnymi starszynami, wielmożnymi panami. Oni zasiadali w generalnéj wojskowéj kancellaryi, która była najwyższym sądem, znajdującym się w bezpośredniém zawiadywaniu hetmana, ztąd wychodziły hetmańskie uniwersały i najwyższe rozkazy, tu układano nowe prawa i rozbierano wojskowe i obywatelskie sprawy, dochodzące tu appellacyjnym porządkiem. Generalna kancellarya była bowiem najwyższą appellacyą.

Pierwszy starszyna w generalnéj wojskowéj kancellaryi był GENERALNY OBOŹNY, naczelnik obozów i całéj w ogólności artyleryi. W Małorossyi jemu podlegli byli wszyscy pułkowi obożni dowodzący artylleryami pułkowemi. Pensyi pobierał 1,000 złotych polskich i młyn.

GENERALNY WOJSKOWY PISARZ, prowadzący w ogóle wszystkie wojskowe interesa, doglądał wykonania hetmańskich rozkazów. Pensya jego była podobna jak obożnego.

GENERALNY WOJSKOWY ASAUŁ. Pierwszy urzędnik po generalnym obożnym, lecz trzeci według miejsca zajmowanego w generalnéj kancellaryi. Zarządzał całem kozackiem wojskiem tak wczasie pokoju jak wojny, pod rozkazami hetmana; wszyscy pułkownicy byli jemu podlegli. Pensyi pobierał 400 złotych polskich, młyn i rangowe ziemie.

GENERALNY SĘDZIA. Zawiadywał właściwie cywilnym wydziałem, lecz zasiadał w generalnéj kancellaryi i wspólnie rozbierał sprawy wojskowe. Pobierał płacy 100 złotych polskich, młyn i grunt.

Wszyscy ci urzędnicy jako też i zawiadujący wojskowemi klejnotami, o których powiedzieliśmy wyżéj składali świtę hetmana (koło arystokracyi) i byli niejako ministrami. Różnili się od innych urzędników bogactwem, ukształceniem i dawnem szlacheckiem pochodzeniem. Niekiedy na te urzęda naznaczano ludzi nie mających tych zalet, jeżeli sobie zjednali do tego prawo przez osobiste zasługi.

Inaczéj było na Zaporożu, tam tylko zasługa wynosiła na urzęda. Pierwszym starszyną w siczy po atamanie koszowym był:

1. WOJSKOWY SĘDZIA, był on wyobrazicielem wojskowego sądu do rozbierania i rozstrzygania cywilnych i kryminalnych spraw, w nieobecności koszowego zarządzał całém Zaporożem i wtedy nazywał się nakaźny koszowy ataman. Nadto pełnił obowiązki koszowego kassyera i strzegł ogólnego skarbcu, oraz doglądał artyleryi.

2. PISARZ WOJSKOWY, byłgeneralnym sekretarzem w koszu, gdzie koszowy ani sędzia zwykle nie umieli pisać, z jego przeto tylko podpisem wychodziły wszystkie papiery, lecz podpisywał nie swoje imie, ale zwykłą formułę.

3. ASAUŁ WOJSKOWY, wypełniał obowiązki policyjne, był nadto niejako generał-adjutantem. Często dowodził osobnym oddziałem który mu powierzano dla ścigania Hajdamaków. On także wczasie pochodów doglądał porządku i wykonywał rozporządzenia koszowego. Asauł wojskowy odbierał i dzielił żołd i prowiant, a jego pomocnikiem był wojskowy dobosz.

Pułkownicy.

Hetmański pułkownik był kommendantem i głównym naczelnikiem swego pułku, składającego od czasów Batorego okrąg, z miastami, miasteczkami, wsiami, folwarkami i osadami.

Na Zaporożu pułkownicy byli głównemi naczelnikami powierzonych im palanek, które podobnież zajmowały obszerną przestrzeń.

Hetmańskiemu pułkownikowi byli podlegli wszyscy pułkowi urzędnicy, dla tego jego władza była bardzo wielka; pułkownik miał zupełne prowo życia i śmierci każdego Kozaka spełniającego ważny występek.

Pułkownicy bywali wybierani przez Kozactwo a potwierdzani przez hetmanów lub atamanów. Dochody pułkowników były okropne, tak, że często generalni starszyni przyjmowali niższe urzęda pułkowników dla zysku. Klejnotami pułkowemi były: piernacz albo szestopiór, pułkowa chorągiew, pieczęć i muzyka. Przy każdym pułkowniku była kancellarya złożona z pułkowych starszyn.

Pułkownicy zaporożscy byli dwojacy: pochodni i z palanek. Pierwsi w czasie wojny dowodzili oddziałem wojsk, jak na morzu, tak i na lądzie, albo byli wysełani dla zajęcia stanowisk granicznych i corocznie wybrani z nich jeżdzili do Moskwy po odbiór żołdu, gdy Zaporoże przeszło pod panowanie Rossyi.

Uroczysta odzież hetmańskiego pułkownika składała się: z lisiéj lub sobolowéj szuby z rozprówanemi rękawami, pokrytéj axamitem i wyszywanéj złotemi sznurami i kutasami, żupanu materyalnego, zwykle bardzo jaskrawych kolorów; często z wylotami, które zapinały się na drobne guziczki z pereł, turkusów, lub innych drogich kamieni. Kontusze zimowe bywały sukienne, letnie atłasowe i z innych materyi, szarawary także bardzo krzykliwéj barwy, materyalne, czapki obszywane sobolem z wierzchem axami-

tnym, na środku któréj był złoty guz z kamieniem.
Z pasa jedwabnego nadzwyczajnéj ceny, czasem
skórzannego pokrytego srebrnemi lub złotemi bla-
chami. Pasy te, jak i całą prawie odzież, dostawali
w podarunkach od hetmanów, królów polskich, carów moskiewskich, tureckich sułtanów i krymskich
hanów. Buty nosili zawsze z czerwonego krymskiego safianu ze srebrnemi podkówkami, haftowane je-
dwabiem, srebrem i złotem.

Ubiór zaś zaporożskich pułkowników był następujący: Kontusz z cienkiego sukna, zwykle granatowy, żupan jaskrawéj barwy jedwabny, szarawary
bawełniane, czasem axamitne, drogi pas, turecka
szabla, czerwone buty, a w zimie szuby z drogich
futer. Do konnéj zaś jazdy używali burki z kapturem.

Pułkownicy hetmańscy żyli nadzwyczaj rozkosznie.
Do Mazepy, byli to mali wazale nie chcący znać
nikogo. W ich rękach była cała wojenna siła i dla
tego od nich wiele zależał wybór generalnych starszyn, jak i samego hetmana.

Pułkowi Starszyny.

OBOŹNY PUŁKOWY, był pierwszym starszyną
w pułku po pułkowniku i często w jego nieobecności rządził pułkiem. Był on pierwszym członkiem
pułkowéj kancellaryi, sam zawiadywał całą pułko-
wą artylleryą, w pochodach doglądał wszelkich po-

trzeb pociągu i obozów. Pieniężnéj płacy nie pobierał, lecz posiadał rangowe dobra i ciągnął znaczne dochody z pułku. Żył prawie tak jak pułkownik, starając się naśladować go we wszystkiem. Ubiór jego był takiż jak pułkownika, lecz nie posiadał piernacza.

PUŁKOWY PISARZ, był nadzwyczaj znakomitą osobą w pułku, prowadził całą korrespondencyą i gdy pułkownik nie umiał pisać, on sam podpisywał. W jego ręku znajdowała się pułkowa pieczęć. Płacy pobierał 50 złotych polskich, przytém posiadał rangowe grunta. Ubiór jego był taki: kontusz sukienny, żupan z bawełnianéj materyi, drogi jedwabny pas ze złotą frendzlą, szarawary jaskrawe i szuba lisia.

Na Zaporożu pisarze uważani byli także za wielkich ludzi, uczonych i mędrców, a nawet za teologów, dla tego tylko, że czytali święte księgi.

Podpisarze, czyli pomocnicy pisarzy i kancellarzyści, składali pół-państwo, (podpanki) jednak także byli w wielkiem poważaniu u Kozaków.

PUŁKOWY ASAUŁ i ASAUŁA W PAŁANKACH i STANNICACH doglądali porządku w pułkach i pałankach i wypełniali wszelkie policyjne powinności, prowadzili śledztwa, oraz wykonywali wyroki. Na hetmańszczyznie w późniejszych czasach utworzony był drugi asauła, pierwszy zajmował się właściwemi policyjnemi obowiązkami, drugi odbierał wojenne zlecenia. Płacy pobierali po 200 złotych polskich, a późniéj posiadali rangowe ziemie.

Na Zaporożu asauła brał bardzo małą płacę.

POD-ASAUŁA, był pomocnikiem asauły i należał

do podpanków, na Zaporożu pełnili obowiązki hetmańskich setników.

SETNIKI, tak jak i pułkownicy byli wybierani przez setnie i podobneż sprawiali obowiązki. Setnia, był to wielki obwód, często zawierający w sobie prócz setnianego miasta kilka innych. Pieniężnéj płacy nie pobierali, bardzo niewielu posiadało rangowe dobra, jednak żyli dostatnio a nawet rozkosznie, albowiem ze swych secin ciągnęli znakomite dochody. Ubiór ich składał się z kaftana sukiennego, szarawarów w lecie z bawełnianéj materyi, w zimie sukiennych, pasa jedwabnego, szabli, i czapki baraniej z axamitnym wierzchem.

PODPANKI. Znajdowali się w komendzie setnika na Ukrainie, lub Stannicznych i palankowych asaułów na Zaporożu.

WOJSKOWY TOWARZYSZ był pierwszym podpankiem w setni, obowiązki jego odpowiadały pułkowego oboźnego.

ASAUŁ, CHORĄŻY, KURENNI ATAMANI HETMAŃSCY, wykonywali w setni też obowiązki, jakie spełniali odpowiednie im urzęda w pułkach. Kurenni atamani rządzili kureniami składającemi się z kilku chat (dymów).

Sielscy atamani rządzili siołami: oznaką ich godności były palice (laski).

Podpanków lud tytułował panami dobrodziejami.

STANY.

—

Szlachectwo.

Przejrzawszy wszystkie stopnie i urzęda w wojsku małorossyjskiem i zaporożskiem, widzieliśmy, że ci dzielili się na panów i podpanków, jaśnie wielmożnego hetmana i atamana koszowego i jaśnie wielmożnych generalnych starszyn. Panami tytułowali się pułkownicy i starsi urzędnicy w pułku, oraz wszyscy stanniczni i kurenni atamani w hetmańszczyznie; a sędzia, pisarz, asauł i pułkownicy w siczy; panowie w hetmańszczyznie składali stan szlachecki a tytuły te odnosiły się i do ich żon. Wielmożni panowie i panie, licząc do tych i pułkowników stanowili w Małorossyi wyższe towarzystwo, arystokracyą, głową któréj był zawsze hetman, klassa ta zwykle pochodziła z dawnéj litewskiéj lub polskiéj szlachty.

Na Zaporożu zaś, całe rycerstwo bez różnicy stopni miało jedne prawa, żonaci tylko je utracali, więc byli: towarzysze, czyli szlachta i poddaństwo, nadto' służba i parobcy.

Arystokracya małorossyjska zawsze i we wszyst-kiém starała się naśladować swego naczelnika, z te-go powodu prawie zawsze żyła rozkosznie, na wzór bogatych panów polskich i nie mieszkała w chatach co to we dwa dni stawia Kozak a zamiast tynku maże gliną, zmięszaną z nawozem, ale w pięknie wybudo-wanych z drzewa domach, gdzie bogactwo i prze-pych widać we wszystkiem. Różnokolorowe tureckie i perskie dywany. pokrywały ściany i podłogi w tych domach, a eleganckie polskie meble, złocone i obi-te weneckim axamitem, zdobiły każdą komnatę. Okna zasłaniały jedwabne firanki, u sufitów wisia-ły bogate żyrandole (lustra) sprowadzane z zagra-nicy.

W tych pysznych domach u wchodów cisnęła się ciżba hajduków, kozaczków i niższych urzędników należących do nadwornego sztabu wielmożnych panów.

. Uczty i ciągłe uroczystości były całém prawie zajęciem hetmańskiéj arystokracyi, wcale nie obcią-żonéj obowiązkami swych urzędów.

Na [j]ich stołach jaśniały srebrne i złote czary, kie-lichy, bogate serwisy wytwornéj roboty, kryształ i drogie porcelany przywożone z Czech. Stoletnie miody, naliwki, węgrzyn, małmazya i tokaj płynęły rzekami.

Kuchnia była polska; na stół hetmana lub gene-ralnego starszyny sprowadzano produkta z odległych okolic Turcyi, Azyi i Afryki. Gromady hajduków w ja-skrawe barwy jak papugi poubieranych, uwijały się około stołów w czasie arystokratycznych uczt. Polska muzyka dobrze skompletowana nie umilkła w czasie obiadu, po którym zwykle rozpoczynały się tańce polskie i narodowe, trwające zawsze długo po północy.

Wesołość towarzyska była nieudana, obliczonéj grzeczności nigdzieś nie spotkał. Arystokracya odwiedzała się nawzajem bez przerwy, często jedna rodzina przyjeżdżała do drugiéj na kilka niedziel, a po ucztach i zabawach razem udawały się do trzeciéj rodziny, z tą jechano do czwartéj, piątéj i tak daléj po drodze.

W czasie wojny panowie występowali z wojskiem, a za niem ciągnęły się nieskończone karawany wozów, napełnione przedmiotami służącemi do przyjemności i rozweselenia życia i skoro tylko zwycięztwo było na stronie Kozaków, panowie już bankietowali w taborze.

Lecz te bezprzestanne uczty nie miękczyły charakterów i nie osłabiały męztwa; na polu bitwy każdy zapomniał o przyjemnościach i biegł na nieprzyjaciela w jedném rzędzie z regestrowemi Kozakami, wśród walki, jako prawdziwy rycerz szukał sławy, i tylko osobistą walecznością mógł jéj dostąpić.

Powiedziałem wyżéj, że w ogólności małorossyjskie *państwo* przejmowało całe obyczaje od Polaków, a z obyczajami wzięło i ubiory. Narodowy strój małorossyjski ciągle zmieniał się, stosownie do polskiéj mody.

Lecz nie tak było na Zaporożu, tam twarde wojenno-zakonne życie było prawem, a na złagodzenie jego nie wpływało ani sąsiedztwo, ani bogactwa zdobywane w Turcyi i Krymie, ani czas nawet, bo też prawdziwe Kozactwo było tylko na Zaporożu.

Tam wszyscy w kureniu razem ze swoim atamanem jadali. Korz tak opisuje siczowe obiady.

„Kiedy już czas trapczy (obiadu) nadejdzie, kucharze nalewają w drewniane wagany (wazy) i stawiają na stół, około wraz rzędem rozmaite napoje: gorzałkę, miód, piwo i brahę w wielkich konwiach także drewnianych i zawieszają na nich drewniane michajłyki (kubki) bo kieliszków w siczy nie używano. Kiedy Kozacy przyjdą już z atamanem na obiad, to pomodliwszy się Panu Bogu siadają: ataman na pierwszem miejscu, w końcu stołu pod obrazami, a potém Kozacy na ławach na około stołów. Kucharze podając ryby na stiabło (podkładka z sitowia) stawiają je według ich zwyczaju głową do atamana, po obiedzie Kozacy znów modlą się, kłaniają atamanowi i jedni drugim, a potém dziękują kucharzowi, dziękujemy bracie, żeś nakarmił Kozaków.

Wychodząc z kurenia ataman i każdy Kozak, kładzie po dwa grosze w puszkę, a kto chce to i więcéj, a potém każdy idzie gdzie mu się podoba. Za zebrane pieniądze, kucharz kupował wszystko, co było na jutro do obiadu potrzebne. Jedzenia gotowano trzy razy na dzień w miedzianych kotłach, na kominie a nie w piecu."

Kiedy chcieli sobie zrobić ucztę, wtedy kazali przyrządzić suszonéj ryby, prosiąt na zimno, ogórków kwaszonych, a mianowicie kiełbasy, przytém pito warenichę (napój z wódki, miodu, suszonych owoców i pachnących korzeni). Starszyzna żyła podobnież.

Oto wszystkie ich rozkosze i uczty, twarde i surowe jak całe życie.

Mieszkania nietylko towarzyszy, ale i starszyzny były skromne a nawet ubogie. Cały zbytek i przepych obracali na konie i broń.

Żadnych publicznych zabaw nie było na Zaporożu. Szynk i gorące napoje stanowiły całą rozrywkę. Jedyną zabawką dla uprzyjemnienia nudów jednostajnego życia był taniec, charakterysteczne te pląsy znamionują doskonale życie i ducha owego wojowniczego bractwa. *W kozaku* nie widać miłości, bo Zaporożcy byli bractwem zakonném, ale w jego ruchach odbija się charakter życia obozowego, ich napadów, bitew, zwycięztw, lub porażek. Nuta śpiewu jest smętna i dzika, lecz pełna życia i wybitności.

Życie starszyzny w palankach było zupełnie podobném do bytu uboższych panów małorossyjskich. Tutaj uczty były rzadkie i ograniczone, bez szumu i zbytku, jednak niepozbawione szczerości i wesela.

Ukształcenie było na zbyt niskim stopniu. Wojskowy pisarz liczył się do mędrców. Starszyzna zupełnie nie umiała czytać, a ten stopień cywilizacyi dotrwał do końca istnienia zaporożskiéj siczy.

GMIN.

Poddaństwo.

Przechodząc do drugiego stanu narodowego, do gminu, to jest do poddaństwa, trudno nie dostrzedz rażącéj sprzeczności w prawach i życiu tych dwóch stanów. Nigdzie i żadni włościanie byli tak poniżeni i obciążeni jak na Ukrainie. Począwszy od najdawniejszych czasów, stan ten, wypełniał wszelkie wymagania swych władców, litewskich i polskiéj szlachty, nieznającéj nigdy granic umiarkowania. Szlachta przywiodła swych włościan do największéj nędzy.

Zygmunt I. zniósł to ciężkie jarzmo, téj nieszczęśliwéj klassy społeczeństwa, wyswobodził ją od wszelkich ciężarów i postanowił, że włościanin płacić ma tylko z dziesiątka ziemi po dwa polskie grosze, a bezrolny po groszu z dymu.

Ale niedługo poddaństwo korzystało z tych dobroczynnych praw, znów rozpoczęło się uciemiężanie

przez właścicieli, samowolne podatki i pobory i wło
ścianie powrócili do dawnéj nędzy. Unja jeszcze pogorszyła ich położenie.

Mieszczanie po miastach żyli daleko spokojniéj
i szczęśliwiéj od włościan. Magdeburskie prawa nadane zostały przez królów, mieszczanom: kijowskim,
perejasławskim; czernichowskim, niezyńskim, starodubskim, pogarskim, mglińskim, ostrogskim, nowogród-siewierskim i królewieckim. Ci byli podlegli jedynie tylko swemu magistratowi czyli ratuszom, wybór starszyn na te urzęda był wolny, mieszczanie mogli przedawać, kupować i budować domy na gruntach
miejskich, nabywać samą ziemię i inne własności.

NA ZAPOROŻU, jeżeli nie było stanu włościańskiego w prostém znaczeniu, to był stan żonatych
Kozaków, którzy podobnie wolnemu włościaństwu
hetmańskiemu płacili podatki i wypełniali różne powinności względem kosza.

Żonaci Kozacy mieszkali w palankach, mających
liczne sioła, wsie i folwarki, mieli przy sobie sługi
czyli właściwe poddaństwo mieszkające na folwarkach
i pracujące dla swych właścicieli.

Wdali od wszelkich nieprzyjaciół niszczących poddaństwo hetmańskie, zaporożcy żonaci Kozacy i ich
poddani, żyli spokojnie, nie lękając się przygnębień
panów ani unji. Oni podobnie jak małorossyanie
zajmowali się chodowaniem bydła, stanowiącego
główny majątek Kozaków, oraz stad pięknych koni,
które pasąc się na tucznych stepach, rozmnażały się
szybko i bez żadnych zabiegów ich pana.

Sady i pszczoły, także stanowiły niepoślednią ga
łęż gospodarstwa. Lecz rolnictwo stało na bardzo

nizkim stopniu i zbiór nawet nie wystarczał na potrzeby miejscowe, dla tego, mianowicie w późniejszych czasach, Zaporożcy brali żołd w produktach, kaszy, mące i t. p.

Wódki pędzono bardzo wiele, bo gorzałka była koniecznym żywiołem dla Kozaka, a pokazuje się jak jéj wiele potrzebowano, kiedy w saméj siczy było 73 szynków (*) gdzie mogło żyć Kozaków w najpomyślniejszych czasach około 10,000.

Życie żonatych Kozaków zaporożskich jest zupełnie toż samo jak w hetmańszczyznie, oni tylko płacili podatki, które były bardzo małe, bo nie przenosiły rsr. 1· kop. 50 rocznie z chaty.

Dochody skarbu wojskowego były:

1. Żołd pieniężny.
2. Dochód z szynków w siczy i palankach.
3. Podatki od pospólstwa.
4. Z przewozów po rzekach.
5. Ze zdobyczy wojennéj.

Wpływy te rozdzielane były na 8 części równych następującym sposobem:

Jedna dla koszowego.

Druga dla wojskowego sędziego.

Trzecia dla wojskowego pisarza.

Czwarta dla wojskowego asauły.

Piąta dla 38 kurenii.

Szósta na utrzymanie wojska.

Siódma na cerkiew.

Ósma doboszowi i puszkarzowi po połowie. (**)

(*) Skalkowski, nowa sicz.

(**) Pierwszy, naczelnik muzyki, drugi artyleryi siczowéj.

Sądownictwo było attrybucyą sędziego wojskowe-go, lecz prócz tego drobne spory rozstrzygali: na-przód, ataman kurenny, następnie sędzia, a w naj-wyższéj instancyi koszowy.

Sprawy kryminalne rozstrzygała wojskowa kancel-larya, czyli wojskowi starszyni o których wyżéj mó-wiliśmy.

Nikita Korz powiada, że główne kary kryminalne były:

1. *Szubienica.* Zwykle stawiano ją nad wiel-kiemi drogami, by widok ukaranego delikwenta bu-dził postrach i wstręt do zbrodni. Exekucya odbywa-ła się w ten sposób: podprowadziwszy przestępcę na koniu ze związanemi rękoma pod szubienicę, zakła-dano petlę na szyję i uderzywszy konia popędzono go, a nieszczęśliwy tym sposobem zawisł na sznu-rze. Czasami wieszano za nogi, niekiedy za żebro na żelaznym haku.

2. *Pal.* Był to słup drewniany wysoki na 15 stóp, żelaznem ostrzem na pięć stóp długiem zakoń-czony u góry. Wbijano nań skazanego tak, że ostry koniec wychodził plecami.

3. *Kije.* Pręty niezbyt grube.—Przestępcę przy-kuwano na placu do słupa, w około stawiano roz-maite napoje: wódkę, miód, piwo i wiele kołaczy a za-razem pęki kijów. Skazanego przymuszano do picia i jedzenia, nakoniec każdy Kozak brał kij i wy-piwszy czarkę, winien był uderzać przestępcę, tym spo-sobem bito go aż na śmierć.

Wszelkie przestępstwa przeciw ogólnéj zasadzie kozackiéj, wszelkie podburzania, bunty, nieposłuszeństwo przełożonym, karano u nich najsurowiéj i zwykle w nocy, aby zły przykład nie działał.

NAJWYŻSZĄ MAGISTRATURĄ NA UKRAINIE był trybunał małorossyjski.

Trybunał ten składał się z siedmiu departamentów.

1. Generalna kancellarya z najwyższą appellacyą; zkąd wychodziły hetmańskie rezolucye, uniwersały i rozkazy.

2. Generalny sąd grodzki dla mieszczan.

3. Generalny sąd ziemski dla szlachty.

4. Kommissoryat sprawdzający rachunki podkomorskie, kierujący i doglądający publicznych budowli, dróg i przewozów.

5. Kancellarya skarbowa, kontrollująca dochody i rozchody krajowe.

6. Wojenny regiment zawiadujący sprawami wojskowemi.

7. Komitet rewizyjny, przeglądający wszelkie rachunki skarbowe i wojskowe, od którego zawisła fiskalność nad urzędami i adwokatami.

HISTORJA KOZAKÓW.

PERJOD I.

Od pierwszego zjawienia się w dziejach Kozaków do Lanckorońskiego.

ROZDZIAŁ I.

Początek Kozaków, pierwsze ich osady.

Widzieliśmy już życie domowe Kozaka, jego zwyczaje, obyczaje, organizacyą, przywileje i prawa; wejrzyjmy teraz na jego czyny wojenne, zwycięztwa, porażki, usługi dla polski i szkody przez niego zrządzone, czyli właściwą historyą Małorossyi i Zaporoża.

Część Europy od gór karpackich do Azowskiego, i od Kijowa do Czarnego morza, od najdawniejszych czasów zamieszkana była przez pokolenia sławiańskie: Polan nad rzeką Dnieprem, Suliczan nad Sułą, Sewierzan nad Desną, Drewlan nad Słowieczną i Prypecją, Buzan nad Bugiem. Oskald i Dyr Rusowie przybyli ze Skandynawij zawojowali Polan, zabrali miasto ich Kijów i dali początek Rusi.

W roku 882 Oleg wielki książe ruski zrobiwszy wyprawę na południe, wziął Kijów, nazwał go matką miast ruskich, podbił inne drobne narody: Suliczów, Siewierzan i Drewlan, połączył w jedną całość, nadając jéj kształt spółecznego porządku pod nazwaniem Rusi.

Po podziale Rusi na dzielnice ze śmiercią Włodzimierza, powstały domowe zaburzenia pomiędzy książętami, ztąd Kijów znosił bezprzestanne napady i pożogi tak od własnych braci, jak od obcych nieprzyjaciół.

Rok za rokiem domowe spory i rozlew krwi powiększały się, a osłabiwszy całą Ruś, oddały ją pod władzę najeźdźców, Mongołów.

Roku 1240 dzikie te hordy wyparte przez nieprzyjaciół, czyli też pociągnięte żądzą łupu z głębin Azyi, wylały się na Europę. Nieszczęście to dotknęło najwięcéj południową Ruś. Najeźdźcy zniszczywszy do gruntu ogniem i mieczem wszystkie miasta z lewéj strony Dniepru, przygnębili jarzmem poniżającéj niewoli narody.

Po zburzeniu przez Mongołów Kijowa, Czernichowa, Halicza i wielu innych siół i miast, znakomitsze rodziny z kilkoma książęcemi domami uszły do Litwy i połączyły się z tamtejszemi książętami i szlachtą. Lud prosty pozostał pod jarzmem zdobywców, garsztka tylko tułaczy bez domów, lecz niechcących się poddać pod władzę hana, uszła ze zgliszczów swéj ojczyzny na wyspy dnieprowskie, zasłonięte nieprzebytemi trzcinami i przez nikogo nie zaludnione, lub na ziemię Drewlan nazwaną dziś Polesiem. Tam mieszkali bez żon, żywili się łowionemi rybami i zwierzyną, mszcząc się na wrogoch wiary i ojczyzny. napadając i rwąc ich z nienacka.

Tatarzy dręczeni ich ciągłemi a nieprzewidzianemi napadami przezwali Kozakami, co znaczy w ich języku zwinnego jeźdca lekko uzbrojonego, którą to nazwę zatrzymali sami Kozacy.

Bardzo szczupłe. było z początku towarsystwo kozackie, lecz.kiedy wieść o ich schronieniu rozeszła się wokoło, szybko wzrastała ich liczba, bo lud będąc gnębiony niewolą Tatarów, lub unikając prześladowania i kary, albo ciągniony nadzieją lepszej doli, biegł licznie w tamte strony z Rusi, Polski, Mołdawij, Wołoszczyzny a nawet Krymu.

Pierwsi mieszkańcy przyjmowali każdego, byle tylko przyjął ich religją i dał dowody nieustraszonej odwagi.

Rozważywszy wszystko cośmy dotąd powiedzieli, z łatwością przyjdzie nam pojąć, iż Kozacy są w prawdzie pochodzenia sławiańskiego, ale nie oddzielnem pierwotnem plemieniem, że powstali przez zbieg wypadków na Rusi, a nie są pierwotnemi mieszkańcami swych siedzib, że nie byli narodem ani plemieniem, zatem przyjęli nazwę od upodobania, przyjęli taką jaka najlepiej przypadała do ich charakteru i sposobu życia, to jest Kozaków.

Widzieliśmy że język i wiara były ruskie, to dowodzi, że lud początkowo przybyły pochodził z Rusi, że ubiór był mocno zbliżony do polskiego, że prawa i zwyczaje były bardzo podobne do praw innych wojowniczo zakonnych towarzystw zachodniej Europy, a zatem z tamtąd do nich wejść musiały, a wejść mogły tylko przez Polskę, zatem ci którzy im te prawa nadali, musieli z tąd pochodzić. Jakoż pierwszym znanym w historyi ich bohaterem był Eustachy Daszkiewicz, Polak.(*)

Niedługo ukazał się nowy wojownik, który wyrwał południową Ruś z pod jarzma Tatar. Był to Giedymin.— Najprzód koniuszy księcia Litwy, potem zabójca swego pana, nakoniec waleczny i szczęśliwy zdobywca księstwa Pińskiego a nareszcie wielki książe litewski i ruski.

Poraziwszy Tatarów w dwóch bitwach, spotkał się z niemi po raz trzeci nad rzeką Prypecją. Zwycięztwo było na jego stronie. Dwaj znakomici książęta tatarscy Tymar i Dywat zginęli w téj bitwie a Gedymin stał się panem południowéj Rusi i Kijowa, gdzie Mindogwa osadził na namiestnikostwie.

Tak skończyło się panowanie Tatarów w południowéj Rossyi á ta połączyła się z Litwą.

W cztery lata po tem połączeniu, wstąpił na księztwo czerwonej Rusi książe Jerzy Andrejewicz Galicki, on pierwszy zaczął nazywać się księciem Małorossyi. W roku 1339 umarł bez potomnie a Kazimierz wielki król polski zajął tegoż roku Galicją z miastem Lwowem, przyłączył ją do polski, rozdzieliwszy na województwa.

Tak gdy jedna część Małorossyi połączyła się w 1320 roku z Litwą, druga w 1339 z Polską, oba te połączenia odbyły się bez rozlewu krwi, dobrowolnie z zachowaniem własnych praw, religii, obyczajów i zwyczajów.

Z wdzięczności za wyswobodzenie z pod jarzma Ta-

(*) E. Daszkiewicz starosta Czerkaski, o jego urodzeniu i związkach familijnych, patrz Niesiecki Tom III. k. 356.

tarów, małorossyanie w czasie wszystkich wojen Litwy uzbrajali się na jej pomoc, i walczyli razem, a mianowicie przeciw Prusakom Liwończykom, i Krzyżakom. Dalej widziemy ich w wyprawie przeciw Polsce: przy wzięciu Lublina i Sandomierza. Ale kiedy Jagiełło ożenił się z Jadwigą i został obrany królem polskim, wtedy Litwa przyłączyła się do Polski a razem z nią pod imieniem Rusi i Małorossya, na warunkach: (pacta conventa) jako równi do równych i wolni do wolnych.

Wtedy ustanowiono dla każdego z trzech połączonych narodów oddzielnego hetmana, to jest koronnego, litewskiego i małorossyjskiego.

Ostatni z prawem namiestnika mieszkał w Czerkasach nad Dnieprem. Druga połowa Rusi, Galicja nie weszła w skład tego potrójnego związku, tam jeszcze przed 40 laty ustanowione było województwo Ruskie, i zrównane z innemi województwami królestwa.

Ówcześni hetmani małorossyiscy byli tylko wodzami wojsk, bo namiestnikami w tych ziemiach byli książęta naznaczani przez wielkich książąt litewskich z swej familii. Jacy byli ci początkowi hetmani, co robili przed tém, nim do nich przeszła władza namiestnika i zarząd kraju, historja nic o tém nie wzmiankuje, i prócz jednego imienia takich hetmanów, nic więcéj nie wiemy.

Wencesław Swietołdowicz, mówi Jerzy Koniski pomagał Jagielle w wyprawie przeciw Krzyżakom, przyprowadził z sobą 37,000 wojska pod Dynaburg i miał udział w bitwie pod Grunwaldem i Tanenbergiem. Tam piechota małorossyjska pod dowództwem Rogdaja obeszła drugim brzegiem Dzwiny i uderzyła na Krzy-

żaków z boków i z tyłu i dała początek zwycięztwu,
a jeżeli mamy wierzyć kronice, liczba poległych nieprzyjaciół dochodziła 50,000.

Za swe przysługi Wencesław wyjednał dla Małorossyan nowy przywilej do dawnych praw, który był
tym potrzebniejszy, iż Litwa rościła sobie pretensye do
zwierznictwa nad Małorossją, do praw i władzy nad
urzędami małorossyjskiemi, na zasadzie, iż Litwini
oswobodzili Małorossją od jarzma tatarskiego.

Przywiléj ten brzmi jak następuje:

„Z opatrzności boskiej i dobréj woli naszéj i stanów
naszych, zjednoczywszy dziedziczne księstwo nasze
litewskie i podległe mu księstwa ruskie z narodem
i królestwem polskiem, ustanowiliśmy na to i podpisali dostateczne pacta zjednoczenia i zdawało by się
tego dosyć; lecz niektóre władze litewskie jak oskar-
ża je nam hetman ruski, nie chamują się zaprzeczać
zupełnéj jedności z niemi czynów ruskich i szlachty
tamtejszéj, z powodu oswobodzenia ich od Tatarów,
przeto stanowiemy i powtórnie zatwierdzamy zasadni-
cze i zatwierdzone pacta połączenia narodu ruskiego
z narodem polskim i litewskim, i mają być: jako równi z równemi i wolni z wolnemi wiecznie i niezaprze-
czenie i prawa swe ruskie trzymać nienaruszone, gdyż
te są dobre i dla tego przyjęte w naszém księstwie Litewskim rázem z pismem ruskiem czyli sławiańskiem;
podług nich mają mieć wszelkie sądy i rozstrzygać
spory, i dobrami swemi dziedzicznemi i nabytemi rządzić i jak chcą używać bez przeszkody i bez naru-
szenia innemi prawami. Rycerstwo téż ruskie z rycerstwem polskiem i litewskiem jedność ma trzymać
jak równe z równemi, na wszelkich rozprawach i urzę-

dach bez żadnego sprzeciwiania się i przeszkody; a pretensje i wszelkie upokorzenia z powodu dawnego wyzwolenia ludu ruskiego od jarzma Tatarów najbardziej zabraniamy i kasujemy, jako, że te sprawy znacznie odpłacone i odsłużone przez rycerstwo ruskie, przeciw nieprzyjaciół litewskich, zdradliwych Liwońców i tych niestatecznych Krzyżaków i innych napastników na ojczyznę, od jakich Ruśniaki nas bronili i głowy swoje na miejscu położyli; więc za upokarzanie ich, srogie kary na winowajców postanawiamy."—

Lecz w krótce umarł Jagiełło, pozostawiwszy tron Polski synowi swemu Władysławowi Warneńczykowi a powyższy przywilej został zapomniany i Małorossya znów była obciążoną niesłusznemi ciężary i krzywdy. Zbigniew Oleśnicki wyrobił znowu u młodego króla (7 Marca 1435 r.) nowy przywilej w następnych słowach:

„Województwa Ruskie z tamtejszém rycerstwem postanawiamy i utwierdzamy na tych przywilejach i wolnościach, które zatwierdzone i postanowione dla nich były przez ojca naszego przy dobrowolnym zjednoczeniu Rusi i Litwy z królestwem polskiem i niech nikt nie waży się w innych wojewodztwach tych praw i przywilejów zaprzeczać. W sprawach ziemskich i rycerskich równie jak w wierze od ojców otrzymanéj, dobra wola i swoboda niech im nie będzie odjęta; niech nie zachodzi w spory szlachetne rycerstwo ruskie z szlachetném rycerstwem polskiém i litewskiém, i niech te narody będą połączone jak równi z równemi, i wolni z wolnemi; gdyż są jednoplemienne i z dobréj połączone woli i oswobodzone od jarzma tatarskiego wspólnem wojskiem ruskiem i litewskiem.

I tak w posiadłościach swoich i nabytkach niech mają Rusniaki swobodę, nieprześladowaną wolę i niegwałconą i niech się sądzą sami przez siebie, a na sędziów ziemskich i grodzkich niech wybierają sędziów i urzędników wolnemi głosami według praw, statutów które zatwierdzamy i oddajemy do zachowania i wykonania, ręcząc, za nas i za następców naszych na wieczne czasy."—

Kazimierz brat króla, i synowie jego Jan Albrycht i Alexander przy wstępowaniu na tron przysięgali na nietykalność tych paktów, a każdy potem następca toż samo czynił.

W następnym roku (1435) wojska małorossyjskie uczestniczyły w wojnie Zygmunta Keystutowicza wielkiego księcia litewskiego z Swidrygajłem.

W 1439. Władysław wziąwszy stronę Węgier, wydał wojnę Porcie. Małorossjanie w liczbie 43,700 walczyli z nim w Transylwanii a potem na brzegach Dunaju gdzie król rozbił samego sułtana. W nagrodę za tę wojnę Władysław nadał herby pułkownikom małorossyjskim Błudiczowi, Dalepie, Pretyczowi, Stanajowi, Burlijowi, i Artazjemu.

Nakoniec w 1444 roku walczyli obok króla pod Warną, i ulegli powszechnéj klęsce, połowa ich nawet nie ocalała, i ta schroniła się aż do Bulgarji, skąd skrytemi drogami powróciła za Dunaj. Królowie polscy wyznaczali dotąd namiestników w Małorossyi, ostatnim z nich był Symeon Olelkowicz. Według świadectwa kronikarzy litewskich a mianowicie Stryjkowskiego, był to mąż rozumny i sprawiedliwy, miłość i uszanowanie dlań nie tylko Małorossyan ale i Litwinów była tak wielka, że kiedy Kazimierz wojował w Prusach, wtedy Litwini. ofiarowali Symeonowi godność wielko książęcą.

Po jego śmierci król mszcząc się za przywiązanie Małorossjan do zgasłego ich rządcy, usunął od namiestnikostwa syna Symeonowego ale powierzył ją z naruszeniem praw i przywilejów nadanych Małorossyi przez jego poprzedników a nawet przez niego samego zaprzysiężonych, człowiekowi obcemu. Marcinowi Gastoldowi Litwinowi.

Z wyniesieniem na godność rządcy Gastolda, ginie w Małorossyi namiestnikostwo książęce, a nastają województwa, Starodub i Mglin przyłączone zostały do województwa Smoleńskiego, reszta podzielona na cztery województwa: Podolskie, Bełzkie, Ruskie i Kijowskie. Później podział ten zmienia się na Bracławskie, Kijowskie i Wołyńskie a Siewierskie z Czernichowem nazwano (ducatus severiae) księstwo Siewierskie.

Wkrótce potem książęta Symeon Mozajski i Wasili Szemiaki, niezadowoleni z władzy króla Alexandra udali się do wielkiego księcia Jana z prośbą by ich wybawił od jarzma litewskiego, a wielki książę Moskiewski posłał do zięcia swojego z oznajmieniem, że Czernichów, Starodub, Homel, Lubecz, Nowygród Siewierski i Rylsk dobrowolnie przyłączają się do Moskwy.

Taki wypadek bardzo naturalnie spowodował wojnę pomiędzy teściem i zięciem.

PERJOD II.

Od Lanckorońskiego, do początku Unij.

———

ROZDZIAŁ II.

Czyny Lanckorońskiego i Daszkiewicza.

Początek XVI wieku przynosi ważną zmianę w politycznym bycie małorossyan. Zięć księcia Ostrogskiego Precław Lanckoroński, zostaje pierwszym hetmanem i od niego rozpoczyna się hetmańszczyzna wojska małorossyjskiego. Tu także po raz pierwszy spotykamy prawodawcę zaporożskiéj siczy, jéj pierwszego koszowego Eustachego Daszkiewicza.

Kiedy w skutek prośby książąt: Symeona Mozajskiego i Wasilia Szemiaki o przyjęcie ich pod opiekę, Jan, wielki książę moskiewski wysłał do Ukrainy swe wojska, zaszła pamiętna bitwa pod Dorohobuzem, gdzie książę Ostrogski, wojewoda trocki, wielki hetman litewski został rozbity. Wielki ten wódz swojego czasu z 35 bitew dwie tylko przegrał w swém życiu, lecz za to przegrana była tak ważną i sta-

nowczą, iż namiestnik smoleński, marszałkowie: Ostin-
kowicz i Chrektowicz, oraz książęta: Druccy i Mas-
salscy byli zabrani do niewoli, odwiezieni do Moskwy i obciążeni łańcuchami.

Zagrożony wiecznem więzieniem, książę Ostrogski,
przyjął służbę u wielkiego księcia moskiewskiego.
Już lat parę spędził w Rossyi, gdy ukazał się w Moskwie znakomity zbieg z kraju rodzinnego, Eustachy
Daszkiewicz.

Niewiadomo co było powodem ucieczki Daszkiewicza wtedy starosty czerkaskiego, lecz rozpatrując
wzajemne stosunki znamienitych ludzi onego czasu,
sądzićby można, iż przyjaźń dla Ostrogskiego do
tego go pobudziła; ucieczka jego powtórna z Moskwy
razem z Ostrogskim, sprawdza ten domysł. Książę
Konstanty Ostrogski, był znakomitym wodzem, waleczny, hojny, przystępny dla każdego, i litościwy dla
jeńców; a czyż tego nie dosyć by uczestnicy jego sławy byli mu z duszą poświęceni; ale prócz tego Ostrogski miał za żonę córkę Symeona Olelkowicza, ostatniego tak czczonego i uwielbianego księcia namiestnika
kijowskiego. I czyż mogli jego ziomkowie patrzeć
obojętnie na niewolę kochanego wodza?

Zapewne i król polski Alexander, nie wiedział
o przyczynie zbiegostwa Daszkiewicza i dla tego
przy zawieraniu pokoju domagał się wydania go od
swego teścia, lecz wielki książę Jan IV-ty odpowiedział, że w warunkach wyrażono: aby obie strony
wydały sobie wzajemnie 'złodziei, zbrodniarzy, dłużników i chłopów, a Daszkiewicz nie jest żadnym
z tych winowajców, był u króla wojewodą i dobrowolnie wszedł w służbę wielkiego księcia.

Tom I.   9

Ale zaledwie tylko Ostrogski, pod pozorem przeglądu wojsk zbliżył się do granicy litewskiéj i uciekł z niewoli, Daszkiewicz tuż za niém powrócił do króla.

Lanckoroński, hetman małorossyjski, Niemirowicz, wojewoda Kijowski, a najwięcéj Ostrogski, pomagali mu w uzyskaniu przebaczenia u króla. Daszkiewicz tymczasem, gdy przyjaciele jego pracowali nad powróceniem mu łask królewskich, udał się na wyspy dnieprowskie do tamecznych rozproszonych rycerzy, szarpiących się w nieustannych walkach z niewiernemi, Eustachy miał tam sposobność ocenienia jch męztwa, odwagi, poświęcenia i użytku, jaki rzeczpospolita wyciągnąć by mogła z tych nieuorganizowanych band odważnych zapastników, zrozumiał, że ich pierś mogłaby stać się szańcem dla ludów sławiańskich przeciwko ciągłym napadom dzikich Tatarów i fanatycznych Turków.

Otrzymawszy przebaczenie, przybył w roku 1511 na sejm do Piotrkowa, na którym byli obecni posłowie tatarscy, domagając się przyrzeczonéj im daniny. Wystawił z całym zapałem przekonywającéj wymowy jaki to wstyd dla tak silnego i chrześcijańskiego państwa, płacić barbarzyńcom daninę, kiedy rzeczpospolita z łatwością może zamknąć im wyjście z Krymu, i nie obawiać się ich najazdów. „Potrzeba urządzić tylko czynną straż z 2000 chociaż ludzi, któraby na małych statkach krążyła po Dnieprze między wyspami i porochami i przeszkadzała Tatarom w ich przeprawach. Dla zasłonienia téj straży potrzeba wzmocnić wyspy; a dla dostarczenia jéj potrzeb do życia, potrzeba tylko 500 jeźdców.

A więc do roku 1511 nie było jeszcze Zaporożców, wtedy dopiero postanowiono utrzymywać 4000
ludzi kawaleryi i na ich utrzymanie zebrać z dziesiątka ziemi pierwszego roku po 18 a następnego
po 12 groszy. Wojsko to miało ochraniać Podole.
Rzecz jasna, że dwa tysiące zmieniały się co
dwa lata, dopóki wojownicy nie przywykli żyć
ciągle na swych wyspach. Daszkiewicz powraca na
Zaporoże, ofiaruje rozproszonym i w nieładzie żyją-
cym wojownikom swą pomoc, broń palną i rady,
a Zaporożcy widząc w nim wysoką znajomość sztuki
wojennéj, niezwykłe męztwo, ruchliwą i niezmor-
dowaną działalność, tak przypadające do ich charakteru, obierają go swym koszowym.

Nowy ataman rozdzielił swych rycerzy na setnie,
dał im prawa i naczelników, lecz Kozaków było
wtedy bardzo mało, bo cała ich liczba zaledwie
2000 dochodziła.

Pogarda życiem, znoszenie wszelkich trudów, śle-
pe posłuszeństwo przełożonym w czasie wojny, równy podział zdobyczy i wolny wybór naczelników,
były główne prawa tego nowo uorganizowanego
wojska.

Tymczasem Zygmunt I-szy pozwala im zaprowa-
dzać folwarki (futory) powyżéj porochów i daje
Daszkiewiczowi Kaniów i Czerkasy. Nadto Kozakom
nadane są ziemie po obu stronach Dniepru pomiędzy rzekami Końską wodą, Samarą, Kalmiusą, Ta-
szliką i Bohem.

Takim sposobem powstała i ukształciła się ta tak
mało znacząca w swym początku pograniczna straż,

która w przyszłości stała się wojskiem licznem i potężnem.

Z ich małéj liczby za czasów Daszkiewicza, widziemy, że Kozacy nie mogli być oddzielném plemieniem ani narodem dającym początek Kozakom małorossyjskim, lecz byli to tułacze, zbiegi od tychże Małorossyan, którzy tylko nazwisko i wzór organizacyi dać mogli hetmańskim sąsiadom.

Z początku ta dnieprowska pograniczna straż, zmieniana była przez swych towarzyszy mieszkających na futorach; potém rycerze przywykli do tego życia na wyspach, do ciągłych napadów, za którę podobnemiż odpłacali najazdami i utworzyli towarzystwo, zawsze gotowe na wszelkie przedsięwzięcia; dla lepszej obrony zaczęli stawiać warownie i zasieki i postanowili na zawsze pozostać bezżenni.

Oto początek zaporożskiéj siczy.

Król oddał ją pod władzę hetmana małorossyjskiego, któremu zawsze stosownie do woli mniéj lub więcéj była posłuszną; a hetmani nie przeszkadzając im napadać na nieprzyjaciół Małorossyi, mawiali tylko uśmiechając się kiedy zażalenia na Kozaków do nich dochodziły: „*A szczosz, treba chłopcom pogulaty*".

I czyny Zaporożców zaraz w pierwszéj chwili ich zjawienia się były głośne pomiędzy sąsiadami Małorossyi.

Od czasu ukazania się na Zaporożu Daszkiewicza, zaczyna się pewniejsza historya bytu Kozactwa. Współczesny jemu w Ukrainie podobnyż bohater, był Przecław Lanckoroński. Czyny obudwóch tych mężów tak są z sobą powikłane, że czasami wprowadza

ją nas w powątpiewanie który był właściwie hetmanem, niektórzy nawet historycy zaczynają poczet hetmanów od Daszkiewicza. Zdaje się jednak, że Lanckoroński był hetmanem a Daszkiewicz atamanem koszowym zaporożców i jego wspoł zawodnikiem na
polu sławy.

Tatarzy mając sobie odmówioną wypłatę daniny
na sejmie piotrkowskim, następnéj zaraz wiosny w liczbie 60,000 wtargnęli do Polski, straż zaporożska
nie była w stanie wstrzymać tak silnego napadu, lecz
hetman małorossyjski Przecław Lanckoroński z księciem Ostrogskim wielkim hetmanem litewskim spotkali ich pod Wiśniowcem i pobili na głowę, tak, że
w téj bitwie Tatarów zginąć miało 24,000.

W cztery lata później Przecław Lanckoroński znudzony kilkoletniem jednostajném życiem, składa hetmaństwo, i połączywszy się z przyjacielem swym
atamanem koszowym; z 1200 Zaporożcami udaje się
na Muzułmanów by pomścić się za ich poprzednie
napady. We dwóch wspólnie, doszli aż do Bilagrodu, zajątego przez Turków, rozbili kilka tatarskich
oddziałów i przygnali do Siczy 500 koni i 3000
sztuk bydła.

Po tak szczęśliwej próbie, dwaj przyjaciele nie
przestawali niszczyć Krymu a owocem tych walk było powrócenie ziem nad Dniestrem i przy ujściu
Dniepru, zajętych przez Tatarów jeszcze za czasu
najścia Batja.

Lecz po trzech latach przemieniło się szczęście.
Syn Mahmeta Gereja, wszedł do Litwy, opustoszył
całą przestrzeń kraju prawie do samego Krakowa,

pobił księcia Ostrogskiego pod Sokalem nad Bohem i uprowadził w niewolą do 60,000 mieszkańców.

W owym czasie nie można było być bezpiecznym pomimo traktatów pokoju, ani liczyć na związki i przymierza szczególniéj z Tatarami. Ujrzemy w krótkim bardzo czasie koszowego w przymierzu z hanem i w niewoli u niego. Podmówiwszy do powstania mieszkańców Kazania i osadziwszy na ich tronie brata swego Said Gireja, han zawiera przymierze z Zygmuntem i połączony z Daszkiewiczem poszedł na Rossyą. Cała część kraju od niższego Nowogrodu do Moskwy została zniszczoną, miasta i wsie popalone, a lud uprowadzony w niewolą. Moskwę ocalił tylko wielki książę przyrzekając płacić daninę. Tatarzy cofnęli się, bo hana doszła wieść, że sąsiedzi jego z Astrachania wpadli do Krymu, lecz po drodze zawdzięczając się koszowemu za jego pomoc napadł niespodzianie na Kozaków, gdy spokojnie obozowali nad Dnieprem, rozbił Daszkiewicza, wziął do niewoli i uwiózł z sobą, 1522 roku.

Niedługo Tatarzy nagajscy zabili władcę Krymu, i koszowy uważany za straconego nagle zjawia się w Czerkasach, niewiadomo co za wypadek nastręczył mu sposobność ucieczki z niewoli, ale zaledwie przybył, natychmiast zebrał swych Zaporożców, poszedł pomścić się na niewiernych, wpadł do Oczakowa, spalił tameczną warownią i połączony z Nogajcami, sprawił okropne spustoszenia na całym półwyspie krymskim, 1522 r.

Soliman 2-gi sułtan turecki w 300,000 wojska wszedł do Węgier, lecz lękając się połączenia Polaków z Węgrami, postanowił ich zatrudnić we własnym kraju i polecił hanowi krymskiemu pustoszyć Litwę. Książe Ostrogski, Niemirowicz i Daszkiewicz spotkali Tatarów pod Kijowem, rozbili i zmusili 7000 barbarzyńców do złożenia broni, odebrawszy z niewoli kilka tysięcy chrześcijan.

Nareszcie rozproszywszy Tatarów pod Czerkasami i Kaniowem, Daszkiewicz przybył do Krakowa gdzie został przez króla przyjęty z największemi honorami.

Po dwóch latach spokojnego życia, koszowy razem ze swym przyjacielem Lanckorońskim który jeszcze w 1512 roku złożył hetmaństwo znów wyprawiają się na Tatarów. W 1300 Kozaków poszli na Oczaków. Trzy razy pobili wrogów a zabrawszy wiele koni i bydła powrócili na Zaporoże. Była to ostatnia wyprawa bohatera kozackiego, w krótce umarł i Lanckoroński.

Książę Dymitr Wiszniowiecki od 1512 do 1514 r.

Skoro Lanckoroński znudzony jednostajném i bezczynném życiem hetmańskiem złożył to dostojeństwo, Małorossjanie wybrali na jego miejsce Wiszniowieckiego sławnego ze swych cnót obywatelskich.

Był to czas pokoju. Nowy hetman wznosił z gruzów poniszczone przez nieprzyjaciół miasta, zamki, doglądał sprawiedliwości w sądach grodzkich i ziemskich, opiekował się rolnictwem i handlem, a lud odetchnąwszy i odżywszy po niszczących wojnach, uczcił go imieniem ojca narodu.

Jednak i za jego rządu Tatarzy napadli kraj. Przebiwszy się przez pograniczną straż do niższego Podola nazwanego Nabereżem, w czasie jarmarku zrabowali kilka miasteczek i zabrali mnóstwo bydła; lecz w czasie powrotu zaskoczyły ich pierwsze mrozy jesienne, i spadł tak ogromny śnieg w stepie, że niepodobna było odbywać dalszego marszu. Najeżdcy szukając ratunku przed zimnem rznęli zrabowane bydło i kryli się w ich wnętrznościach, lecz spadły nowe zaspy śniegów i jak tumany arabskich uraganów zasypały cały obóz. Zginął ślad barbażyńców, na wiosnę dopiero znaleziono szkielety tatarskie razem z ich zdobyczą, gdy słońce śnieg stopiło.

Wkrótce po tym wypadku, to jest w końcu drugiego roku swego hetmaństwa, Wiszniowiecki złożył urząd, niewiadomo z jakiego powodu i na czas jakiś niknie z pola historyi.

Książe Eustachy Rożyński od **1514** *do* **1534** *r.*

W młodych jeszcze latach podróżując po Francyi i Niemczech oddany naukom, Rożyński nabył wiele wiadomości, a szczególniej w sztuce wojennéj.

Pierwszym jego czynem było przekształcenie małorossyjskiego wojska; według dawnego urządzenia Kozacy liczyli się na okolice, lub kurenja, i nazywali kurenną lub okoliczną szlachtą; kurenja lub okolice były rządzone przez wybieranych kurennych atamanów i towarzyszy którzy sądzili kłótnie i spory mniejszej wagi, znaczniejsze zaś processa lub zatargi o ziemie rozstrzygały sądy powiatowe i obywatelskie. Co się zaś tyczy służby wojskowéj, ustanowieni byli powiatowi chorążowie, oni czynili lustracje i doglądali uzbrojenia. Pod wiedzą chorążych zostawały powiatowe chorągwie, oddane straży towarzyszy. Kiedy miano wychodzić w pochód, chorążowie dawali znać po kureniach, wskazując miejsce zebrania, które zwyklé bywało albo w Białych Mieczach pomiędzy Borzną, Konotopem i Nieżynem, albo w Kryłowie za Dnieprem. Z zebranych dopiero Kozaków formowano pułki i setnie w nich wybierano naczelników wolnemi głosami, których władza trwała do końca wyprawy; po powrocie każdy wracał do pierwszego stanu z nazwiskiem wszakże towarzysza i pierwszeństwem w głosie.

Takie formy były powodem różnych nadużyć. Często Kozaki bez *powiestki* od chorążych wybierali starszynów. Najwięcéj to zdarzało się w miejscach nadgranicznych; wtedy nagle zjawiały się pułki, które nazywano ochotnikami, napadały na Turcyą, Krym i Mołdawią, mówiąc, że pragną wyswobodzić niewolników, a w istocie szli za zdobyczą.

Wszystkie te nieporządki i swawole, zniósł hetman Rożyński. Jakeśmy widzieli na wstępie, ustanowił dwadzieścia pułków po 2000 Kozaków i dał im nazwiska od głównych miast, z których pierwsze było Kijow, pułki rozdzielił na setnie, a setnie nazywały się od miasteczek. Pułki te były sformowane i kompletowane młodemi Kozakami, wybieranemi z kurenij i okolic szlacheckich i zapisywanemi w regestr. Połowa ich była konna, i ta zostawała zawsze w polu, a druga piesza, i stanowiła garnizon miast. Odzież i broń była u wszystkich jednakowa i sprawiana własnym kosztem według danego wzoru, życie każdy miał z domu. W czasie wojny pobierali żołd ze skarbu małorossyjskiego.

Mustra z małemi poprawkami została ta sama.

Dla zachęcenia ochotników ustanowiono pięć puł-

ków ochotniczych, (ochoczomonnych) które brały nazwy od imienia ich pułkowników, a tych stanowił
hetman. W ogólności nazywano ich *hultajami*, pobierali oni bardzo mały żołd, a najwięcéj zajmowali
się rybołówstwem i myśliwstwem, i mieszkali nad
rzekami Samarą, Bohem i Dniestrem.

Wszystkie te zmiany zatwierdził Zygmunt I-szy,
a wkrótce przekonał się jaką z nich mieć będzie korzyść.

W 1516 roku, han krymski wyruszył na Polskę
i Małorossyą. Hetman wystąpił przeciw niemu, spotkał go na granicy pod Bilagrodem nad Dońcem
i pozwolił się atakować. Han natychmiast otoczył go
z trzech stron według zwyczaju azjatyckiego i z okropnym krzykiem wypuściwszy chmury strzał rzucił
się na niego. Wojska hetmana z jednéj strony do-
tykały rzeki a z tyłu do obozu. Konnica zsiadła
z koni i wraz z piechotą sformawała się w trójkąt.
Attak barbarzyńców wstrzymany został silnym ogniem
kartaczowym. Tatarzy spostrzegłszy ogromne i nagłe
spustoszenie w swych tłumach, wstrzymali się. Hetman rozkazał nie ruszać się swym wojskom, Tatarzy rozumiejąc, że Kozacy zdołają się tylko bronić
ale nie śmią zaczepiać, przez dzień cały ponawiali
ataki. Na noc odstąpili w step na kilka wiorst i tam
rozłożyli się obozem z całą azyatycką niedbałością.

Po północy wyszedł hetman z Kozakami i w największéj spokojności przysunął się ku taborowi Tatarów, przybył o samym świcie kiedy konie były
jeszcze nie na uzdeczkach, ale na arkanach, uwią-
zanych do ręki żołnierza śpiącego na ziemi.

Hetman wysłał naprzód oddział konnicy z rakietami, który przybywszy pod obóz Tatarów, puścił rakiety pomiędzy konie. Przelęknione bieguny stepu, zaczęły rozbiegać się, włócząc za sobą i tratując swych panów, tymczasem nadeszła reszta wojsk kozackich z artyleryą, uderzyła na uciekających w nieładzie i wpół śpiących Tatarów i zniosła ich do szczętu. Cały obóz i bagaże dostały się w ręce zwycięzców.

Niedobitki tatarscy rozbiegłszy się na różne strony, roznieśli trwogę i wieść o porażce po krajach muzułmańskich. Bisurmanie z Bilagrodu tatarskiego nad Dunajem dowiedziawszy się o rozbiciu hana i zabraniu jego obozu przez Kozaków, postanowili odbić im zdobycz, i gdy hetman wracał z Bilagrodu małorossyjskiego zastąpili mu drogę, Rożyński odesłał łupy do Humania a sam przeprawiwszy się przez Boh ukrył się na bagnach w trzcinie nad rzeką Kadymą, i zaledwie ukazali się nieprzyjaciele, otoczył ich, pobił na głowę i resztki zagnał do Akermanu pomnożywszy zdobycze, zabrane hanowi.

Od tego czasu wielbiąc męztwo i zapał wojenny Kozaków, wielu Polaków zaczęło wstępować do pułków małorossyjskich i z dumą nazywać się Kozakami.

Wkrótce umarł Rożyński, a Wężyk Chmielnicki został wybrany na jego miejsce.

———

Daszkiewicz żył jeszcze na Zaporożu i co rok prawie imie jego brzmiało na polu sławy w wojnach i napadach na Krym i Turcyą.

Islam syn Machmet Gireja po dwa razy strącany z tronu krymskiego przez Sajdet Gireja uciekł do Zaporożców. Mściwy Sajdet z liczném wojskiem i 50 armatami przyszedł pod Czerkasy, obległ miasto i trzynaście dni dobywał go, lecz Daszkiewicz tak umiejętnie i mężnie stawiał mu odpór, iż znudzony najezdca straciwszy cierpliwość, postanowił zawrzéć umowę z koszowym i zaprosił Daszkiewicza do swego obozu; koszowy zatrzymawszy w zakład kilku znakomitych Tatarów wysłanych doń w poselstwo, udał się do nieprzyjaciela jako rycerz bezbronny. Sajdet tknięty jego odwagą, zaprosił go na ucztę i bankietował, po uczcie rozpoczęto układy. Han domagał się wydania Islama, koszowy stanowczo odmówił, twierdząc: „że osoba gościa jest świętą". Han przyjął warunki podane przez Daszkiewicza.

ROZDZIAŁ III.
Od Chmielnickiego do Teodora Bogdana.

—

Wężyk Chmielnicki, od r. 1534 do 1567.

Zaledwie obrany został hetmanem Chmielnicki, gdy Tatarzy niosąc mordy i pożogę wpadli na Wołyń, i nowy hetman odebrał polecenie od króla wstrzymać najezdniczą hordę. Chmielnicki wystąpił w pole z regestrowemi Kozakami, a na Wołyń dla zasłony granic z tych stron któremi szli Tatarzy posłał Zaporożców i ochotników, polecając im rozdzielić się na kilka partij, bezprzestannie napastować wrogów w ich pochodach i noclegach i zaraz cofać się ku głównemu korpusowi swemu.

Ten rodzaj partyzanckiej wojny oszukał Tatarów; myśleli oni że to są małe oddziały kozackie, które łatwo znieść i nie troszcząc się o nie, szli zawsze naprzód, aż napotkali na wojska hetmańskie pod Zasławiem.

Hetman wzmocnił obóz wozami i zostawiwszy w nim nieco piechoty z ciężką artylleryą, sam z głównem wojskiem ukrył się za gaje i zaledwie Tatarzy podług zwyczaju otoczyli kozacki obóz i z krzykiem zaczęli go atakować, hetman uderzył na nich z tyłu i boków i raz tylko dawszy ognia z dział, wziął ich na kopije. Strwożeni strzałem, otoczeni ze wszech stron Tatarzy, zadziwieni niespodziewaném podejściem, osłupieli i poszli w rozsypkę. Wtedy hetman posłał za niemi w pogoń oddział by dopełnić rozpoczęte dzieło, najsurowiej mu zalecając porządek, wiedział bowiem jak zręcznie Tatarzy uciekając gromadzą się i napadają na goniących bez ładnie.

Sam zaś z głównym korpusem poszedł środkiem, zabrał nieprzyjacielskie bagaże oraz zapasy i z bogatą zdobyczą i sławą wrócił do Zasławia, przyjmowany wszędzie z tryumfem. Król przysłał mu pochwalny reskrypt z oświadczeniem wdzięczności.

Gdzie i co robił przez ten czas książe Dymitr Wiszniowiecki, o tém nic nie wspominają kroniki, aż za czasów Wężyka Chmielnickiego nakoniec zjawia się na wyspie Hortycy 1556 r. Wiszniowiecki wziąwszy ochotników zaporożskich zajął wyspę Hortycę nie daleko ujścia Dniepru na przeciw końskich wód, wybudował tam fortecę i napisał do Iwana groźnego, że bez wojska będzie strzegł wejścia Tatarów do jego kraju jeżeli tylko car policzy go do liczby swych poddanych. Potem spalił Islam Kermen i wywiózł z tamtąd wszystkie armaty do swéj fortecy; han poszedł za nim w pogoń, lecz Wiszniowiecki zamknął się na Hortycy i han na próżno oblegał ją przez 24 dni.

Pomiędzy innemi ulepszeniami Wiszniowiecki wprowadził do siczy ważną nowość, on pierwszy kazał urządzić łodzie z bawolej skóry, by je łatwiej w razie potrzeby można przenosić lądem, prócz tego ufortyfikował wyspę Tamakówkę.

Jednakowoż nie zdołał utrzymać się na swéj wyspie, bo przybyli na pomoc hanowi Turki i Wołochy od Sułtana. Gdy wyczerpnął żywność i zapasy wyszedł ze swéj fortecy, zajął Czerkasy i Kaniów i oddał je carowi; lecz wtedy właśnie wojna z Rossyą się skończyła, Jan IV-ty oddał oba miasta królowi a Wiszniowieckiego wezwał do siebie, gdzie go obsypał łaskami i udarował dobrami. Jego nagłe złożenie hetmaństwa i niewytłomaczone zniknięcie, potém przejście na stronę Rossyi i działanie bez polecenia swego pana ze szkodą jego, wprowadza na domysł, że jakieś nieporozumienie pomiędzy hetmanem a rzeczą-pospolitą, musiało skłonić go do tego.

W 1558 roku, Jan IV, jako sprzymierzeniec króla, wezwał Wiszniowieckiego, dał mu 5000 bojarskich dzieci, strzelców i kozaków i polecił iść do Krymu, lecz imię Wiszniowieckiego napełniało takim strachem barbarzyńców, iż han dowiedziawszy się że były hetman idzie przeciwko niemu, cofnął się na półwyspę, i Wiszniowiecki doszedłszy do samego ujścia Dniepru a nie spotkawszy nikogo, powrócił do Moskwy.

Na drugi rok Donem udał się do Azowa, zniósł na Isparze kilka band tatarskich idących do Kazania, lecz nigdzie nie spotkał większych wojsk barbarzyńców.

Nakoniec w r. 1560, kiedy książęta czerkiescy prosili cara o wodza przeciwko hanowi krymskiemu, Jan wysłał znowu Wiszniowieckiego.

Lecz niedługo umarła żona Jana IV, carowa Anastazyą, a silny charakter i niezłomna wola jego, na złe się zmieniły; któż nie zna jego srogości. Wtedy Wiszniowiecki lękając się zapewne popaść w niełaskę jaką i nie zostać skazany na kaźń, opuścił na zawsze Moskwę, powrócił do Polski i był łaskawie przyjęty przez króla. Lecz wkrótce Wiszniowiecki zachorował mocno, król posłał mu swego lekarza, i pokazało się, że dawny hetman był otruty; kto był sprawcą tego otrucia niewiadomo, czy to była zemsta, czy też bojaźń nieprzyjaciół Polski, lękających się wojownika, trudno odgadnąć. Za staraniem lekarzy Wiszniowiecki przyszedł do zdrowia, a Zygmunt dowiadując się o przyczynie ucieczki księcia z Moskwy, otrzymał odpowiedź od Jana groźnego: *„przyszedł jak pies i uciekł jak pies, a mnie monarsze i ziemi żadnego ubytku nie zrządził”*.

Zgrzybiały wojownik od lat i trudów, już nie mógł jeździć na koniu, ani chodzić, lecz żądza sławy ani ambicya, nie opuściły go razem z siłami.

Mołdawscy bojarowie wezwali go do siebie, by niemi rządził w miejsce Stefana IX-go, lecz było to tylko podejście, książę z małym pocztem Kozaków pojechał, został złapany przez Stefana i odesłany do Konstantynopola. Sułtan rozkazał z wysokiéj wieży zrzucić go na ostre pale; nieszczęśliwy bohater zaczepił się za żebro, przez trzy doby wisiał tak chwaląc Chrystusa i przeklinając Mahometa. Jakiś Turek usłyszawszy te przekleństwa, życie męczennika zakończył strzałą.

Mówią, że przed skazaniem na śmierć, sułtan

kazał mu wyrzec się wiary, przyrzekając nietylko darować życie, ale i wolność, lecz książę odrzucił propozycyą. Po śmierci, Turcy rozerznęli mu piersi i spodziewając się, że zostaną tak odważnemi jak hetman, wydobyli jego serce, podzielili się niem i zjedli.

Tymczasem Wężyk Chmielnicki na walnym sejmie Warszawskim r. 1563, 7 Czerwca wyrobił przywiléj, mocą którego szlachta litewska i ruska, porównane zostały w prawach z polską. Wszystkie umowy, przywileje i postanowienia dotąd wydane, zostały potwierdzone.

Oto jest ten przywiléj:

„Dozwalamy rycerstwu litewskiemu i ruskiemu przywileje, prawa i wolności ziemskie wnieść i wpisać w nowo układany statut, takim sposobem jak i w koronie polskiéj one są wpisane, i równie używać i z wolności swoich korzystać, tak jak i przedtém stan rycerski i szlachecki narodu litewskiego i ruskiego używał i korzystał.”

Statut o którym tu mowa, byłto statut wielkiego księcia Gedymina, poprawiony przez Zygmunta I-go.

W roku 1568, 30 Czerwca na sejmie grodzieńskim, Małorossyanie otrzymali prawo na stopnie senatorskie i inne, jakie używali tylko rzymsko-katolicy.

Nakoniec roku 1569, 5 Lipca, na sejmie w Lublinie na skutek wniesiania małorossyjskich deputowanych, połączono na zawsze Małorossyą z Polską, wyzwalając ją z wszelkiéj zależności od Litwy i zapewniając jéj wszelkie przywileje i prawa, bez względu na religią.

Tom I.   11

„Ziemię ruską i księstwo kijowskie i ich mieszkańców w ogólności i każdego z osobna od posłuszeństwa, władzy, powinności i z rozkazów wielkiego księstwa litewskiego na wieczny czas wyjmuje-
my, oswobadzamy, do królestwa polskiego jak równych do równych i wolnych do wolnych, do pierwszego i właściwego ciała ze wszystkiemi w ogólności
i każdym z osobna, z jéj miastami, miasteczkami
i siołami, powiatami i wszystkiemi ich jakiemi bądź
majątkami, też ziemię i księstwo kijowskie przyłą-
czamy, przyrzekając zarówno rzymskiego jak i ruskiego wyznania ludziom, promocye senatorskie
i wszystkie inne godności."

Województwo kijowskie pozostało przy wielkiem
księstwie litewskiem; tameczny wojewoda otrzymał
prawo zasiadania w senacie, mieszkańcy uwolnieni
od wszelkich ciężarów i podatków; właściciele ziem-
scy płacili po dwa grosze polskie z dziesiątka a bez
ziemi mieszkańcy po groszu z dymu; potwierdzono
wolność wyznań religijnych; wielu miastom nadano
prawa magdeburskie; wojewodowie kijowscy byli
zarazem starostami; województwo wysyłało po dwóch
deputowanych do trybunału i czterech posłów na
sejm.

Wszystkie te prawa i przywileje otrzymała Ukraina za czasów hetmaństwa Wężyka Chmielnickiego,
który umarł tegoż roku wkrótce po sejmie lubel-
skim, na jego miejsce wybrany został książę Michał Wiszniowiecki brat Dymitra.

Michał Wiszniowiecki, od r. 1569 *do* 1570.

Zaledwie został wybrany z wojewody na hetmana, natychmiast odebrał polecenie od Zygmunta Augusta wyruszenia z wojskiem na pomoc carowi moskiewskiemu pod Astrachań, gdzie ciągnęły ogromne wojska Turków i Tatar.

Wyszedłszy z Czerkas, po drodze zabrał z sobą pułki Hultai i Zaporożców, lecz kiedy przybył do Astrachania, basza i han byli już pod murami miasta. Hetman rozłożył swój obóz po-nad Wołgą, powyżej nieprzyjacielskiego i wzmocnił go wałem i armatami, rozkazawszy harcownikom niepokoić nieprzyjaciół częstemi napadami i ogniem ręcznéj broni; tymczasem obmyślał plan głównego ataku. Pewnego razu kiedy na zgromadzeniu rady wojennéj wyrzekł: gdyby można dostać skrzydła i przelecieć w powietrzu do miasta a zawiadomić Astrachańczyków o godzinie attaku, zapewne rozbilibyśmy bisurmanów.

„Ja bez skrzydeł JW. hetmanie będę w mieście kiedy rozkażecie! rzekł jeden ze starszyn zaporożskich.

— Będziesz bracie?

„Raczcie sprobować, więcéj nie stracicie w najgorszym razie, nad jednego Zaporożca, a bez jednego żołnierza wojna się skończy.

Hetman dał mu polecenie by zawiadomił garnizon, aby w oznaczony dzień i godzinę zrobił wycieczkę i uczynił fałszywy attak na tureckie szańce.

Zaporożec w czasie ciemnéj nocy przepełz placówki i linije oblegających, dostał się do miasta a nazajutrz powrócił z oznajmieniem gotowości garnizonu.

Wiszniowiecki umówiwszy się następnie z wojewodą wojsk pomocniczych rossyjskich, którzy stali okopani nad odnogą Wołgi, by zajął Tatarów swym napadem, sam w oznaczony dzień o świcie wyszedł z obozu uszykowawszy konnice w długą linię a za nią postawił 15,000 piechoty w ściśnionych kolumnach.

Zaledwie z murów miasta dostrzeżono posuwające się wojsko Kozaków, natychmiast zrobiono wycieczkę i garnizon rozsypał się w około szańców tureckich.

Bisurmani widząc w bliskości obozu konnice Kozaków, byli pewni, że to są zwykli harcownicy i nie wiele przywięzywali do tego wagi, ale rzucili się ku swym szańcom gdzie przypuścili attak Astrachanie. Tymczasem konnica kozacka zbliżywszy się do obozu nieprzyjacielskiego, rozstąpiła się z nadzwyczajną szybkością i piechota za nią ukryta, rzuciła się na szańce tureckie, wdarła się wewnątrz i opanowała działa.

Pozostali w obozie Turcy niespodziewając się takiego attaku, zaczęli przyzywać swych towarzyszy, zajętych wtedy na przeciwnéj stronie bitwą z Astrachańczykami, lecz nim ci zdążyli przybyć swym na pomoc, Kozacy już obrócili ich własne armaty i przyjęli ich morderczym ogniem. Turki zaczęli pierzchać, hetman postępował za niemi aż do obozu Tatarów; tymczasem Astrachanie zajęli szańce naprzeciw ich miastu wystawione.

W nocy, basza uszedł pod zasłoną hana, a Astrachań został oswobodzony.

Wiszniowiecki zabrał w obozie tureckim ogromne zdobycze w broni, zapasach i bogactwach. Kosztowności i szaty podzielił między wojsko tak swoje jak i rossyjskie, oddawszy ostatnim ciężką artylleryą turecką, przytém część zdobyczy oddzielił na skarb małorossyjski. Tym postępkiem Hultaje i Zaporożcy tak się oburzyli, iż głośno szemrali przeciwko hetmanowi, a nawet jednéj nocy oddzieliło się ich więcéj jak 5,000, wyszło z obozu hetmańskiego i udawszy się ku ujściu rzeki Donu, zatrzymali się nad małą rzeczką do Donu wpadającą powyżéj miasta Azowa i na przeciwnym brzegu założyli miasto Czerkask, od imienia swych Czerkas. Tam mieszkali bezżennie na wzór Zaporożców; lecz późniéj wezwali do siebie Dońców w małéj liczbie żyjących w swém miasteczku dońskim, połączyli się z nim i pożenili, przyjąwszy wszystkie obyczaje tych Kozaków, zrobili swe miasto stolicą całego bractwa dońskich Kozaków, które to tym sposobom powiększyło się i stało głośniejszém w historyi.

W roku 1569 był starszyną na Zaporożu Grzegorz Swiergoski, szlachcic polski, waleczny, niespokojny, zawalidroga, który z powodu jakiejś kłutni zabiwszy w pojedynku przeciwnika, uszedł z Lublina na Zaporoże.

Pod jego przewodnictwem Kozacy nie przestawali napadać Tatar i grabić tureckich kupców. Sułtan żalił się nań przez posłów, lecz król przez szpary patrzył na czyny Swiergowskiego. Niedługo waleczny Zaporożec znudził sobie zakonne życie w Siczy, zażądał uwolnienia i udał się na Ukrainę. Imie jego było głośnem, wkrótce przeto (1570) został obrany generalnym obożnym, a na drugi rok wystawił nad Dnieprem twierdzę przeciwko Tatarom, Krzemieńczuk dziś zwaną.

W roku 1573 umarł Zygmunt August, na sejmie konwokacyjnym potwierdzono prawa małorossyjskie, a potém 1574 gdy hetman był jako poseł wysłany od korony za granicę, w jego miejsce wybrano Grzegorza Swiergowskiego.

Grzegorz Świergowski, od r. 1574 do 1576.

Wkrótce po objęciu rządu Małorossyi przez Swiergowskiego, przybyli do niego posłowie z Mołdawii od hospodara Jana nazwanego Ormianinem z prośbą o pomoc przeciwko Turkom. Hospodar już odnosił się do króla Henryka Walezyusza, lecz ten odmówił mu; teraz przeto korzystając z odjazdu króla do Francyi, udał się do hetmana, Swiergowski otrzymał pozwolenie rzeczypospolitéj i wyruszył ze swemi Kozakami.

Dowiedziawszy się o zbliżaniu hetmana, hospodar Mołdawski wyjechał naprzeciw niemu z bojarami i spotkał go salwą armatnią, potém wprowadził do namiotu naumyślnie przygotowanego i zaprosił na ucztę. Po obiedzie zamiast deseru, Mołdawianie podali półmiski napełnione dukatami, mówiąc do starszyn kozackich:

One sprawią wam wypoczynek po znojach marszu i zmyją z was pył podróżny.

Lecz Kozacy z dumą odpowiedzieli hospodarowi:

„Przyszliśmy do waszéj ziemi nic po złoto ale po sławę i bitwy z wrogami chrześcijaństwa; zamiast złota przyjmiemy chętnie węgierskiego wina a przy niem zapomniemy o dnieprowskiéj wodzie."

Hospodar rozkazał wytoczyć Kozakom sześć beczek.

23 kwietnia 1575 r., hetman po raz pierwszy spotkał Turków pod miastem Soroką nad Dniestrem, naprzeciw Cechinówki, rozbił na głowę nieprzyjaciół, zabrał do niewoli ich naczelnego wodza Karę Mustafę oraz wielu znakomitych urzędników i odesłał do Polski wraz ze zdobyczą.

Następnie wziąwszy z sobą 6,000 Mołdawian, Swiergowski poszedł pod Bracław, pod miastem stał obóz turecki, hetman rozkazawszy pogasić ognie w swym taborze, w nocy uszykował wojska i przed świtem uderzył na Turków, rozbił i zabrał cały obóz ze wszystkiemi zapasami. Miasto jednak mimo cztero-dniowego oblężenia i attaków broniło się dzielnie.

Szesnaście tysięcy Turków szło na pomoc rozbitym wojskom, Swiergowski przeciął im drogę i w jedném spotkaniu rozproszył, położywszy na placu 7,000 trupem. Ztamtąd skierował swój zwycięzki pochód ku Belgradowi nad Dniestrem, spalił przedmieścia, wyrznął część garnizonu, który zrobił przeciwko niemu wycieczkę i powrócił do Mołdawii 1576 r. Tu rozdzielił na dwa oddziały wojsko swoje, jeden pod dowództwem Sawy Hanży, byłego pułkownika, wysłał do Bukarestu; drugi pod naczelnictwem samego hetmana udał się ku Gołacom, zarazem wysłał do koszowego na Zaporoże, by wypra-

wił piechotę swoją na morze Czarne, dla nieprze-
puszczenia Turków na Dunaj i Dniepr, spodziewał
się bowiem, że bisurmanie dowiedziawszy się o po-
biciu swych wojsk, nadeszlą im posiłki wodą. Zaporożcy krążąc po morzu w pobliżu ujścia obu tych
rzek, chwytali statki płynące z posiłkami, wojskiem
i zapasami, a wszedłszy w Dunaj, wypalili nadbrzeżne
fortyfikacye i miasteczka.

Hetman tymczasem i Hanża chodzili swobodnie po
Mołdawii i Wołoszczyznie i w każdém spotkaniu
z wojskiem tureckiem wychodzili zwycięzko.

Lecz szczęście hetmana i hospodara w końcu roku
zmieniło się. Turcy widząc niepowodzenie swego
oręża, postanowili użyć złota w pomoc. Hospodar dowiedziawszy się, ze Sułtan dla powetowania swych
klęsk, wysłał liczne hufce do Mołdawii, polecił
bojarowi Czerniewiczowi, aby wziąwszy 12,000
wojska udał się nad Dunaj, dla uważania obrotów
nieprzyjaciela i wzbronienia mu przeprawy. Lecz
Czerniewicz zostawszy przekupiony za 30,000 ceki-
nów, przepuścił Turków bez żadnego oporu i doniósł
hospodarowi, iż ich jest tylko zaledwie 30,000.

W kilka dni spotkały się oba wojska, Czerniewicz przy pierwszym attaku przeszedł na stronę nieprzyjaciela; hospodar został otoczony i wzięty do niewoli, przywiązano go do dwóch wielbłądów i rozer-
wano.

Kozacy bronili się z rozpaczą i z całego wojska
tylko 250 pozostało przy życiu, a z tych 16 wraz
z hetmanem, upadających od znużenia i ran, wzięto
do niewoli, gdzie pomarli w więzach. Turcy bowiem
naznaczyli za Swiergowskiego i jego towarzyszy tak

ogromny okup, iż nie zdołano zebrać tak wielkiéj summy.

Tymczasem Tatarzy korzystając z bezkrólewia w Polsce i nieobecności strasznego hetmana Kozaków którego samo imie zdolne było powstrzymać ich żądze łupienia, wpadli na Wołyń. Zaporożcy uprzedzeni o ich napadzie krzykliwym przelotem ptaków (*) dali znać o tem księciu Ostrogskiemu. Hetman litewski o ile mógł spiesznie zebrał Kozaków w Kijowie, Kaniewie i Czerkasach, połączył się z Zaporożcami i pospieszył naprzeciw najezdcom.

Tatarzy stali już nad Dnieprem; przysunąwszy się ku nim przez zarośla i trzciny, Kozacy uderzyli na ich obóz. Okropne powstało zamieszanie w pośród najezdców i już zaczęli się cofać, Kozacy ich ścigali, gdy na otwartém polu Tatarzy spostrzegli jak szczupłe jest wojsko ich nieprzyjaciół, wstrzymali się w ucieczce i uderzyli na wojewodę. Mimo męztwa Kozaków, Tatarzy przemogli, rozproszyli i bez dalszego oporu wtargnęli na Wołyń, zabrawszy pięćdziesiąt kilka tysięcy ludzi zdolnych do pracy, ogromne mnóstwo owiec, bydła i koni.

Tak skończyło się szczęśliwie zaczęte hetmaństwo Swiergowskiego.

(*) Zwykle Tatarzy na każdém obozowisku w stepie pozostawiali reszty swych biesiad to jest bite konie i bydło, wtedy ptastwo drapieżne nęcone zapewne zapachem mięsa z wrzaskiem ciągnęło z dalekich stron.

ROZDZIAŁ IV.

Od Teodora Bohdana do Skołozuba,
od r. 1576 do 1592.

Teodor Bohdan.

Po Swiergowskim został obrany hetmanem znakomity w podaniach i kronikach Teodor Bohdan. Pierwszy to ich naczelnik do którego Kozacy tak prawdziwie przywiązani byli, którego po prostu między sobą Bohdankiem nazywali.

Nowy hetman zebrawszy i skompletowawszy wojska rozproszone po zgonie Swiergowskiego, rozpoczął swe wojenne dzieła napadem z polecenia króla Batorego na Krym. Tatarzy bowiem jak widzieliśmy, wczasie nieobecności Swiergowskiego grabili Wołyń.

Wyprawił naprzód na łodziach pięć tysięcy pieszych Zaporożców pod dowództwem wojskowego asauła Nieczaja. Nieczaj wypłynąwszy na morze Czarne skierował się pod Kozłów i Kaffe, a oczekując przybycia hetmana, zamknął tamtejsze przystanie.

Hetman tymczasem przechodząc przez krymskie stepy spotkał i rozbił kilka band tatarskich, lecz mimo to zachował ostrożność, przewidywał bowiem, że te drobne potyczki skończą się rzeczywistą bitwą, jakoż w istocie na zawrocie od odnogi ku Perekopskiéj twierdzy, pomiędzy Kuczugurami, Cymburyńskim półwyspem i mostem Daryusza, spotkał całą hordę tatarską pod dowództwem Dawlet Gireja.

Armija hetmańska szła czterema kolumnami; wozy i rezerwa były w środku; artylerya rozstawiona po skrzydłach mogła w każdym punkcie razić nieprzyjaciela.

Zaledwie ukazali się Tatarzy, rozpoczął się ogień ze wszystkich dział i nie ustawał całą godzinę; lecz wśród okropnego dymu i tumanów kurzu trudno było sądzić o jego skutku; pancerni i najezdnicy tatarscy wszystką massą natarli na cały front Kozaków, lecz zostali porażeni ich kopjami. Tymczasem wiatr uniósł dym i ukazał Kozakom straszne kupy tatarskich trupów na całéj linii gdzie stała ich armija.

Hetman spostrzegłszy, że Krymcy cofając się rozciągnęli się po obu stronach mostu łączącego Cymburyński półwysep z Perekopskim stepem; pospieszył ku mostowi i wierzchołkowi półwyspu, odciął znaczną część Tatarów od ich armii i wysłał przeciwko nim rezerwę kawaleryi wspartą jedną kolumną. Oddział ten napędził Tatarów ku wierzchołkowi półwyspu rozbił i potopił.

Ztamtąd posunął się do miasta Perekopu, lecz widząc obronne jego mury i spodziewając się licznej załogi, w nocy przeprawił część konnicy wpław

przez Siwacz; która dopadłszy pierwszéj bramy z tam-
téj strony, wyłamała ją, wpadła do miasta, wy-
rznęła garnizon i warownię zrujnowała. Z perekopu
pociągnęli w bojowym szyku do miasta Kaffy zastali je oblężonem od strony morza przez Zaporożców, przypuścili przeto ogólny attak i Kaffa wkrótce dostała się w moc hetmana, była zburzoną, mieszkańcy wyrznięci, prócz 500 ludzi obojéj płci niewolników.

Wtedy hetman postanowił obszedłszy góry, napaść na Bachczysaraj i Kozłów, lecz nad rzeką
Salgirją spotkali go posłowie hana z bogatemi darami i prośbą o pokój. Odebrawszy 713 niewolników
i oswobodziwszy wszystkich chrześcijan będących
w jasyrze u Tatarów, hetman wziął 15 murzów
w zakład i powrócił do Małorossyi, obciążony zdobyczą. Zaporożcom zaś polecił nawiedzić te miasta
tureckie, gdzie prowadzono handel polskiemi i ruskiemi niewolnikami, napaść na Synopę i Trapezont
i wyswobodzić ztamtąd swych współwyznawców.

W owym czasie Turcy bezprzestannie niepokoili nad-
dunajskich chrześcian; ich rząd prosił króla o pomoc, i hetman otrzymał polecenie wtargnięcia na
ziemię turecką. Bohdanek wyprawił na morze Czarne asauła Zaporożców Nieczaja z 3,000 Kozaków,
sam udał się w Krymskie stepy przeszedł je w obliczu Tatar w bliskości perekopskiéj linij, a nikt mu
nie śmiał wzbronić przechodu, taki postrach wraża-
ło jego męztwo.

Nareszcie wszedł na ziemię Dońskich Kozaków,
został przyjaźnie od nich przyjęty, i wspierany
w przeprawach przez rzekę Don i Kubań, przebył

bez przeszkód ziemię Czerkasów i wszedł do prowincyi tureckich. Lud tamtéjszy nie spodziewając się napadu, nieprzygotowawszy się do obrony, uchodził wgłąb kraju, Kozacy łupili tym sposobem bez oporu i niszczyli wsie i miasta.

Tymczasem Zaporożcy krążąc po morzu w bliskości brzegów pustoszyli napadami z drugiéj strony tęż krainę.

Takim sposobem hetman przeszedłszy całą Anatolią przybył do Synopu i Trapezontu, spalił i złupił przedmieścia, posunął się dalej ku Carogrodowi i zbliżył się ku cieśninie Konstantynopolitańskiéj. Turcy chronili się do stolicy przez cieśninę. Złupiwszy brzegi azyatyckie około morza Czarnego, Kozacy przeprawili się do Europejskiéj Turcyi i wkroczyli do Bulgaryi, zapewniwszy mieszkańców, że jako współwyznawców lękać się nie powinni. Tu hetman zaopatrzywszy się we wszelkie potrzebne zapasy, został przez krajowców przeprowadzony do Dunaju, gdzie otrzymał wiadomość, że Turcy powróciwszy z napadu Serbii z pośpiechem udali się ku Adryanopolowi.

Bohdan na Zaporożskich i zdobytych statkach, przepłynąwszy Dunaj pomiędzy Warną i Sylistryą wszedł do Mołdawii. W nocy napadł na miasto Kilią, wziął go szturmem, wyrznął Turków i Ormjan, a mszcząc się za śmierć Swiergowskiego, złupił miasto, spalił do fundamentu i wrócił do ojczyzny, obszedłszy w około Czarne i Azowskie morze i pozostawiwszy wszędzie na swéj drodze ślady zniszczenia i trwogi. Widzieliśmy, iż w całym tym długim pochodzie jego, nikt nie śmiał stawić czoła bohaterowi na otwartem polu, a później, w kilkadziesiąt lat jeszcze, imie jego postrachem było dla niewiernych.

„Wtedy to, mówi arcybiskup Koniski, za jego hetmaństwa był złoty wiek dla Małorossyi. Król Batory lubiał nasz naród i wojsko nasze. W trzech połączonych narodach był duch jedności i braterskiej zgody. Nie było słychać sporów ni o narodowość ani o religją. Wiara prawosławna i rzymska były jednakowo opiekowane; często się zdarzało że kiedy oddalał się ze swéj dyecezyi biskup rzymski, prawosławny zastępował go do powrotu; albo w czasie nieobecności ruskiego, rzymski rządził, a trzoda nie szemrała."

Batory, ów wielki polityk i monarcha postrzegł zaraz, jak wielkie korzyści Polska mieć może z Kozaków, posiadając na swém pograniczu tak silną i wojowniczą straż, byle ta zupełnie w swych ruchach od Polski zależną była, przeto postanowił tym mocniej przywiązać do królestwa Kozaków, nie zmieniając ich praw i form do których oni tak wielkie okazywali przywiązanie, ale powiększając te prawa i nadając przywileje przez które uczynił ich już zależnymi.

Ze słów jego przywileju pojmiemy lepiej ducha polityki Batorego.

„Przez wzgląd i uwagę na wielkie prace rycerstwa i wojsk ruskich, jakie wojownicy ci okazali i zawsze okazują w obronie i rozszerzaniu powszechnéj ojczyzny; od supostatów i zwykłych pretendentów zewnętrznych a najbardziej od tych przeklętych Machometanów i Bisurmanów plądrujących ojczyznę, zabierających w niewolą lud chrześcijański, jak to się niedawno za kró-

lestwa naszego stało; ale łaską Bożą, walecznością
wiernego hetmana naszego Bohdana i wojsk kozackich
sprawą znacznie odwrócone i odpłacone zostało; usta-
nawiamy i zatwierdzamy wszelkie prawa, wolności
i przywileje tegoż wojska i całego narodu ruskiego,
przez antecessorów naszych postanowione i zatwierdzone, i jak od wieków bywało, tak niech będzie
na wieczne czasy i niech się nikt nieważy odéjmo-
wać i naruszać praw i swobód w dobrach wieczy-
stych i nabytych i wszelkich majątkach; a mają oni
moc szafować niemi według świéj woli i rozsądzać
się o nie w swych grodzkich i ziemskich sądach,
w jakich zasiadać będą wybrane od rycerstwa
osoby, i sądzić według swych praw statutów ruskich; a kto należy do rycerstwa wojskowego ma
być sądzonym w obozach i taborach swoich, przez
sędziów wojskowych jakich w każdym pułku ustanowić polecamy. Jednak, do nich należą sprawy o winy
rycerza i majątek jego, dopóki kozakuje i wpisany
jest w regestr wojskowy; a za powrotem do powiatu
i okolic, sądzić się zacznie w sądach powiatowych
i grodzkich, jako stan szlachetny.

Szlachta ruska na urzędach i w regestrowém ko-
zactwie znajdująca się, jedność rówieństwo mają ze
szlachtą polską i litewską, jako przy pierwszym zjednoczeniu Rusi z Polską i Litwą ułożono i ustanowiono i my to potwierdzamy i zachowujemy trybunałowi ruskiemu.

Odprawiać sprawy swoje jak przystoi w nowo za-
łożonym mieście Baturynie, a jak potrzeba wskaże
to i w Czerkasach także i hetman ruski rezydować
ma w temże mieście, a w Czerkasach mieć namie-

stnika swego z generalitetu jakowy my znacznie roz-
szerzyliśmy i ozdobili, pomnożywszy i klassy towarzystwa buńczukowego, wojskowego i znaczkowego
(towarzysze o których we wstępie mówilismy) którzy
pomieszczać się mają pod buńczukiem i przy pułkowych chorągwiach, buńczuk dajemy hetmanowi na
znak zwycięztwa jego z wojskiem swym, nad narodem azjatyckim od którego i klejnot ten zdobyty
jest pracą hetmańską i krwią kozacką."

Udarowawszy Bohdana buńczukiem, król jak widzieliśmy we wstępie dał mu buławę i chorągiew
z herbem królestwa. W generalitecie (generalnym
sztabie) który jak mówi przywilej został powiększo-
ny; zaszły następujące zmiany.

1° Dodani dwaj generalni asaułowie i generalny
buńczuczny.

2° W każdym pułku ustanowiony sędzia i pisarz.

3° Podzielono sądownictwo na dwa oddziały: wojenne i szlacheckie od nich brały nazwisko i sądy.
Kozakom polecono sądzić się sądem wojskowym
w sprawach o służbę i do służącego wojskowo dotyczących, a w sprawach innych sądzić się jak szlachta
w sądach powiatowych.

Dla nagród towarzyszy w pułkach i setniach nad-
kompletnych, król postanowił trzy stopnie wojskowych towarzyszy.

1° Towarzysza buńczukowego.

2° Towarzysza wojskowego.

3° Towarzysza znaczkowego, o znaczeniu których
mówiliśmy na wstępie.

Wszyscy posiadali uniwersały na swe stopnie od

hetmana, służyli na swym koszcie, a za odznakę byli nagradzani od hetmana dobrami, folwarkami i innemi beneficyami.

Dwadzieścia dawnych pułków zostało zmienionych na dziesięć, dla tego prowincja do każdego pułku należąca stała się znacznie większą. Jak powiedzieliśmy wyżej sądzono się tam prawami wojennemi i cywilnemi, ale od czasów unij obu tych wydziałów prawnych naczelnikiem był pułkownik.

Swą organizacją Batory rozdzielił Kozaków na dwie części: na Kozaków ukraińskich i Zaporożców.

Pierwsi uorganizowani na pułki, ujęci zostali w karby posłuszeństwa, stanowili prawie wojsko regularne pod głównem zwierzchnictwem hetmana; drudzy ruchomi, burzliwi i swobodni, żyli w swéj siczy, zawsze niezależni, napadali na kogo chcieli, szli na pomoc każdemu kto ich wezwał, byle wzywał przeciwko Tatarom lub Turkom.

Batory jakeśmy mówili niechciał ścieśniać tych wolności Zaporożców, bo wiedział, że oni swą swobodę najwięcéj cenią, ale owszem dodawał im więcej przywilejów, by tę burzliwą pograniczną straż przywiązać do siebie.

Oto przywilej nadany 1576 r. 20 Sierpnia.

„Jego królewska mość, widząc Kozaków zaporożskich dla jego królewskiego majestatu życzliwą przychylność i rycerskie odważne służby, któremi zawsze wielkie bisurmańskie gromili siły i chciwe ich pragnienie na krew chrześcjańską do końca zatłumili i paszczę ich na koronę polską i na naród prawowierny ukraiński otwartą zamknęli, a wchód do Polski i Ukrainy zagrodzili, wszystkie ich niezliczone siły i nagłe na chrześcjański naród napady, piersiami swemi odparli; jakie to służby ich nagradzając, aby oni, wojska zaporożskiego Kozacy, na zimowe stancje mieli gdzie się schronić, także od nieprzyjaciela ranionych swoich zachować i leczyć, i w innych dolegających potrzebach mieć odpoczynek, wszelki dobytek podług woli swojej zbierać i żeby także nadal zachęceni byli, życzliwo w wojsku służyć i przeciw nieprzyjaciół ojczyzny swojéj ochoczy i nie mylny odpór czynić mogli: nadaje Jego królewska mość Kozakom nizowym zaporożskim wiekuiście gród Trechtymirów z monasterem i przewozem, oprócz starego ich składowego zaporożskiego miasta Czychryna, i od tego grodu Trechtymirowa niżéj ponad Dnieprem do samego Czyhryna i zaporożskich stepów, ziemiom czyhryńskim przyległych, wszystkie ziemie ze wszystkiemi na tych ziemiach nasadzonemi miasteczkami, siołami i futorami rybnemi, po tym brzegu na Dnieprze łowami i innemi dogodnościami, a w szerz od Dniepru na step jak tych miasteczek, sioł i futorów ziemie z dawna znajdowały się, tak i teraz się też w ich władzy mają znajdować. Grodek zaś stary zaporożski Samar z przewozem i ziemiami do góry Dniepru po rzekę Orel, a nadół do samych stepów nogajskich i krymskich, a przez Dniepr i zaliwy dnieprowski i bohowy jak od wieków bywało, do Oczakowskich osad i do góry rzeki Boh do rzeki Siniuchy; od Tamarskich ziem, do saméj rzeki Donu, gdzie jeszcze za Przecława Lanckorońskiego Kozacy zaporożscy swoje zimowiska mieli, żeby wszystko nienaruszenie na wieki przy Kozakach zaporożskich znajdowało się, jego królewska mość pismem swém Kozakom zaporożskim utwierdził i umocnił."

Tak to Stefan Batory łaską swoją przyciągał ku sobie Małorossyą i Zaporożców, którzy nadali mu miano ojca ludu. Służyli mu też Kozacy ochoczo w wojnie przeciwko Rossyi, spalili Starodub, byli przy oblężeniu Wielkich Łuk i w perzynę zamienili Rusę. (1579).

Zaporożcy ze swojéj strony zachęceni otuchą królewską, tak rozpastwili się nad Krymem, że Batory zmuszony był polecić Janowi Oryszewskiemu, by wstrzymał ich od napadów na prowincye hańskie.

Bogdanek niedługo po powrocie z wyprawy Rossyjskiéj zakończył życie, a na jego miejsce obrany został krewny hospodara Mołdawskiego, a według innych Wołoch, pułkownik Paweł Podkowa.

Paweł Podkowa, od r. 1579 do 1582.

Nazwisko to nadali mu Kozacy, wpośród których służył pułkownikiem lat kilka i odznaczył się wielu czynami waleczności. Posiadał tak nadzwyczajną siłę, iż końskie podkowy łamał w ręku, zkąd powstała i nazwa jego.

Oddawna Podkowa rościł pretensyą do tronu Mołdawskiego jako brat hospodara Jana od Turków zabitego, i przemyślał nad sposobami dobicia się do téj godności. Dziś, gdy został hetmanem i posiadał pod swém rozporządzeniem kilkanaście tysięcy wojska słynnego z waleczności, postanowił marzenia swoje przywieść do skutku. Lecz hetman nie mógł przedsięwziąść żadnéj wyprawy bez pozwolenia króla.

Podkowa lękając się by mu nie odmówiono pozwolenia dopominania się o dziedzictwo, zbiera ochotników i skrycie w czasie jesiennéj nocy 1581 r.
w 1400 tylko ludzi bez żadnéj armaty wpadł do
Mołdawii. Spotkawszy liczne wojska mołdawsko-tu-
reckie, hetman pomyślał dopiero o tém, jak małe
posiada siły, postanowił przeto przebiegłością nagrodzić szczupłość swych hufców.

Za pierwszym wystrzałem nieprzyjaciół, Kozacy
rozsypali się a częścią popadali na ziemię; Mołdawianie rzucili się na nich w nieładzie, lecz zaledwie
się zbliżyli, Kozacy zrywają się z ziemi, gromadzą,
uderzają na nieprzyjaciela, wzniecają powszechny
popłoch i zabierają ich działa i bagaże.

Rozbiwszy wojsko, poszli prosto do stolicy, hospodar Piotr VI, nazwiskiem chromy, przerażony wieścią
o napadzie Kozaków i porażce swych wojsk opuścił
Jassy.

Podkowa zagarnął rząd kraju, lecz spostrzegłszy
nieprzychylność ku sobie tamtejszych bojarów, i znudzony życiem pełném podejrzliwości i niedowierzania,
po miesiącu panowania wraca do Polski. Sieniawski
kommendant Kamieńca Podolskiego, przyrzekł mu
imieniem króla przebaczenie winy, ale zaledwie hetman wstąpił w granice rzeczypospolitéj, został aresztowany, okuty i w kajdanach odesłany do Lwowa,
gdzie na mocy wyroku sądu, został ścięty w przyto-
mności posła tureckiego skarżącego się na napad
Podkowy i żądającego surowéj dlań kary.

Kozacy co razem z nim byli na wyprawie moł-
dawskiéj, wykradli ciało swego hetmana i ze czcią
pochowali je w monastyrze kaniewskim.

Po wydaleniu się z Ukrainy do Mołdawii Podkowy, hetmanem na jego miejsce obrany był generalny · asauł, Szach v. Schech.

Szach albo Szech, od r. 1582 *do* 1583.

Pierwszem jego staraniem było odemścić się na Mołdawianach i Wołochach mniemaną winę względem jego przyjaciela i kochanego powszechnie hetmana Podkowy. Kozacy utrzymywali, że Małdawianie przysiągłszy posłuszeństwo nowemu hospodarowi, winni mu go dotrzymać, a że częstém powstawaniem zmusili go do opuszczenia ich kraju i powrotu do Polski, przeto stali się powodem jego śmierci. Szech by nie uledz losowi swego poprzednika postanowił wyjednać sobie pozwolenie wtargnięcia do Mołdawij i użył do tego następnego podstępu.

Doniósł królowi, że Turcy idąc na. pomoc Wołochom i Mołdawii zbliżają się do granic polskich. Batory dał mu polecenie strzedz granic, zgromadzić wojska i powiększyć nadgraniczne rozjazdy, Zebrawszy · pułki, hetman posłał kilka oddziałów ku ujściu Dniepru, a sam z licznemi hufcami udał się w górę téj rzeki. Ująwszy kilku uzbrojonych Turków na swych granicach, odesłał ich królowi na dowód swego doniesienia, sam zaś wtargnął natychmiast na Wołoszczyznę, obległ Bukarest, zrujnował i spalił przedmieście, otoczył zamek i zażądał od obywateli winowajców śmierci Podkowy (*), w przeci-

(*) Według niektórych historyków, Podkowa miał zginąć przez zdradę Wołochów, którzy zaprosili go do siebie na hospadarstwo, lecz skoro odjechali jego Kozacy, zabili go w domu bojara gdzie był Podkowa na chrzcinach.

wnym razie groził zamienieniem wszystkiego w stosy gruzów i popiołu. Bojarzyn i 17 urzędników zostało wydanych. Hetman rozkazawszy pourzynać im uszy i uciąć nogi, powiesił przed kościołem św. Mikołaja z napisem przybitym na ścianie: „tako karajutsa wirołomcy i zdradcy, proliwajuszczyj krow christianskuju niepowinnuju." (Tak karzą się wiarołomcy i zdrajcy przelewający krew chrześcijańską niewinną.)

Skoro wiadomość o tym napadzie doszła do sułtana, Amurat zażądał od króla kary na Szacha i zniesienia Kozaków.

Sułtan rozkazał natychmiast zatrzymać wszystkich kupców polskich i małorossyjskich znajdujących się obecnie w Mołdawii, Wołoszczyźnie i Krymie. Król oddał hetmana pod sąd uniwersałem nadesłanym małorossyjskiemu trybunałowi. Skutkiem czego Szach został przez generalnych i wojskowych starszyn złożony z godności i skazany na wieczne zamknięcie w monastyrze kaniewskim. Tam z własnéj woli został mnichem i spokojnie zakończył życie. Tak jedno schronienie przyjęło zwłoki dwóch przyjaciół, dwóch hetmanów kozackich.

W tymże czasie umarł książę Michał Wiszniowiecki, były hetman kozacki, a późniéj kasztelan kijowski, starosta czerkaski, lubacki i kaniewski, pochowany został w kijewskim pieczarkim monastyrze.

Po osądzeniu Podkowy, wybrany został na hetmaństwo pułkownik Damian Skałozub.

Damian Skałozub, od r. 1583 *do* 1585.

Tatarzy krymscy napadłszy na granice Ukrainy wzięli do niewoli kilkaset ludzi około miasteczek Kotylwy i Opoczynnego; hetman otrzymawszy o tem wiadomości, zebrał naprędce konnicę i puścił się w pogoń za łupieżcami, pragnąc w stepie krymskim przebiedz drogę Tatarom; lecz najezdniki minęli już Perekop i na dzień drogi przed tem miastem wypalili trawę w stepie. Hetman napisał o tém rapport do Warszawy.

Król polecił mu by nie wszczynając jawnéj wojny podstępem wyswobodził jeńców. Batory obawiał się, aby Turcy niczem wtedy nie zajęci nie wmieszali się w tę sprawe. Hetman nie znając innych podstępów nad szablę, polecił koszowemu Zaporożców Nieczajowi przysposobić flotę i wojsko do tajemnéj expedycyi. Wkrótce sam przybył do siczy z konnicą, spieszył trzy pułki jazdy i wyprawił je w łodziach na morze, dodawszy im drugie tyle Zaporożców pod dowództwem wojskowego zaporożskiego pisarza Jana Bogusławca i małorossyjskiego pułkownika Karpa Perebinosa. Expedycja ta miała rozkaz udać się zatoką i brzegiem morskim ku Krymowi, zamknąć tamtejsze porta, przeglądać wszystkie statki z nich wychodzące, i odbierać swych niewolników jeżeli jakich znajdą.

Wtedy także wyprawiwszy jeden oddział w górę perekopskiej zatoki, powyżéj serbułackiej twierdzy, sam z liczną konnicą i piechotą zbliżył się do linii orskiéj, opanował jéj bramy i udał, że pragnie się za nią przedrzeć.

Tymczasem przypłynął do perekopskiej zatoki oddział statków zaporożskich. Hetman niezawiadamiając o tém wojska, polecił generalnemu oboźnemu, Jakóbowi Surmile ciągnąć daléj napady udane, na linją, by tym postrachem skłonić Tatarów do przewiezienia niewolników w przeciwną stronę kraju, to jest do miast nadmorskich; a sam w nocy przeszedł na zaporożskie łodzie i wypłynąwszy na morze połączył się ze swą flotyllą. Wtedy rozdzieliwszy ją na oddziały, wyznaczył jej różne porta, sam popłynął w zatokę kierczyńską w któréj spodziewał się spotkać największą liczbę niewolników. Lecz skoro tylko wszedł w odnogę, natychmiast tureckie statki ukazały się od strony Czarnego i Azowskiego morza otoczyły go i po długiej i uporczywéj walce wzięli do niewoli z niewielu którzy przeżyli bitwę. Odesłano hetmana do Carogrodu i umorzono głodem.

W tymże czasie pisarz Bogusławiec został zabrany do niewoli przez Turków pod Kozłowem, lecz przy pomocy Zaporożców i Semiry żony baszy tureckiego wydobył się z jassyru, powrócił do Małorossyi uwiozłszy swą wybawczynię gdzie się z nią ożenił. Surmiło i Perebinos powrócili szczęśliwie na Zaporoże ze swą flotą.

Tu zmienia się wiek złoty, wiek szczęścia Ukrainy a nawet Polski, dnia 12 Grudnia 1586 roku umarł wielki Batory jeden z najdzielniejszych i najmądrzejszych królów polskich, kochany od narodu, szanowany od możnowładców i poważany od wszystkich monarchów Europy.

Po roku bezkrólewia obrany był na jego miejsce

syn króla szwedzkiego Jana III i Katarzyny córki Zygmunta 1, Jagielonki, pod tytułem Zygmunta III.

Człowiek ten który mógł tak łatwo połączyć z Polską, Litwą i Małorossyą, Szwecję, i Rossję, który mógł się stać panem większej połowy Europy, postawił Polskę na brzegu przepaści i założył fundamenta jej upadku.

O, żaden z monarchów nie przyjął berła w tak szczęśliwych okolicznościach i żaden tak źle nie wywiązał się z obowiązków!

Duma i zarozumiałość, właściwe nizkim umysłom kierowały każdym jego postępkiem. Zygmunt wierzył tylko pochlobcom; kto nieumiał mu pochlebiać był jego wrogiem. Na domiar złego, był zabobonnym, namiętny alchemik i narzędzie bierne Jezuitów.

Za jego czasów zjawiła się unija, to jest połączenie wiary greckiéj z rzymsko-katolicką. Dwór rzymski a raczéj jezuici, wspierali całemi siłami tę nową wiarę, a co chcieli jezuici tego pragnął i Zygmunt III-ci, bo nauczyciel jego i spowiednik Piotr Skarga, jezuita, był duszą i wolą króla.

Zygmunt przeto całą duszą protegował Unią, która odebrała mu jego spadek — Szwecyą, niedopuściła syna Władysława wstąpić na ofiarowany mu tron rossyjski i spowodowała oderwanie się Małorossyi, zostającéj 300 lat w połączeniu z Polską i Litwą.

Tak ten missyonarz jezuicki siedzący na tronie polskim blisko pół wieku, pierwszy przyłożył się do zguby państwa, które go do rządów wezwało.

Rozpoczął swe panowanie od prześladowania Kozaków, którzy stanowili strażniczą ścianę jego mo-

narchii od najezdniczych bisurmanów. Stefan Batory
zwykł wymawiać się niezawisłością Zaporożców, gdy
Turcy lub Tatarzy zanosili skargę na Kozaków; nie
przeszkadzał on im ścigać i brać Kozaków nawet
na porochach, byle nie wchodzili w granice Polski,
lecz Zygmunt inaczej czynił. Jemu podobna polityka
zdawała się ubliżająca, pragnął okazać swą władzę.

W roku 1589 w marcu, Tatarzy wtargnęli do Litwy, Kozacy odemścili się napadem na Krym, lecz
tak okropnym, iż droga, którą postępowali, oznaczona była kupami gruzów i popiołu. Z tego powodu sułtan turecki wyprawił Betlerbeja baszę Romelii
z·wojskiem ku granicom polskim, z poleceniem do-
magania się zadosyć uczynienia za napady Kozaków.

Hetman koronny z garsztką wojska powiększej
części nadwornego i panów polskich, udał się na
Ukrainę i zdołał skłonić baszę do odstąpienia od
granic, przyobiecawszy, iż rozpusta Kozaków skara-
na i pohamowana będzie, a rzeczpospolita dla dalszych układów posłów do Porty wyprawi.

Zygmunt przeto obawiając się wojny z Turcyą na
sejmie r. 1589 następujące przeciw Kozakom postanowienie wydał:

„Aby przeszkodzić Zaporożcom i małorossyjskim
Kozakom do napadania krajów obcych a tém samém
do zrywania pokoju z Turkami, będą odtąd zostawać
pod władzą hetmana koronnego, który ma mianować
wszystkich ich dowódzców.

Kozacy mają przysięgać, że bez woli hetmana
nie będą wojować na lądzie, ani na morzu;· nie będą napadać na sąsiedzkie krainy i kupców, i nikogo nie będą przyjmować do swojego towarzystwa.

Hetman koronny ma odtąd mieć u siebie regestr Kozaków o ubyłych, starszyzna ma natychmiast donosić.

Skazani na śmierć nie mogą być przyjmowani do Kozaków.

Kozaki nie mogą oddalać się z miejsc swoich, bez wiedzy starszyn.

Rządcom prywatnych dóbr rozkazano mieć baczność, aby włościanie nie uciekali na wyspy dnieprowskie, karać tych którzy ze zdobyczą ztamtąd powrócą, lub którzy przedawać będą Kozakom proch, saletrę, broń a nawet zapasy żywności.

Za przestąpienie tych postanowień, właściciele mają prawo karać śmiercią rządców.

Przechowujący zrabowaną rzecz przez Kozaka, jak również i sam właściciel postępujący przeciwnie temu postanowieniu, oddany będzie pod sąd wojenny.

Włościanom nie wolno wydalać się z ich siół.

Każdy Kozak płacić będzie dziesięcinę ze swych stad i zebranego miodu ze swych uli, trudniący się myśliwstwem dziesięcinę w skurach, jak również i z rybołówstwa."

Z początku Kozacy szemrali na tak uciążliwe i nie zgadzające się z ich bytem, prawa, później zaczęli uciekać do Zaporożców i ukrywali się w niedostępnych miejscach, zamieniając ostatnią własność za wolność osobistą.

Zaporożcy zaś nie lękając się groźb i postanowień, po dawnemu odbywali wyprawy, tegoż roku połączywszy się z Dońcami, napadli na Woronez, zrabowali i spalili miasto, i zabili tamtejszego wojewodę księcia Dołgorukiego Szabańskiego. Następnie wypłynąwszy na morze Czarne, zabrali i złupili kilka tureckich okrętów, a przybiwszy do brzegów Azyi mniejszéj, powtórnie wyrżnęli i spalili Synepę i Trapezont.

Wtedy liczba Kozaków zaporoźskich ciągle powiększana zbiegami doszła do 20,000, Ukraińcy zaś nie zwrącając uwagi na postanowienie królewskie, według którego winni byli zostawać pod władzą hetmana koronnego, wybrali sobie hetmana, generalnego asaułę Teodora Kosińskiego.

PERJOD III.

Od początku unij do Bohdana Chmielnickiego.

——

ROZDZIAŁ V.
Teodor Kosiński, od r. 1592 do 1596.

Za hetmana Kosińskiego powstała unija—byłto pomysł papieża Klemensa VIII, połączenie dogmatów wiary rzymsko-katolickiéj z greckiemi obrzędami. Odmiana ta religijna, podobnie wielu innym sektom, powstała z prywatnych widoków. Oddawna celem dążności dworu rzymskiego, było połączenie kościoła wschodniego z zachodnim, by kierując umysłami i sumieniem całéj Europy, mógł władać jéj skarbami i orężem.

Ale gdy pomimo licznych starań i prób, papieże ujrzeli pracę swoją bezowocną, bo przyjęte od pradziadów zasady religijne kościoła greckiego, zrosły się, że tak rzekę z bytem mieszkańców Rusi. Przeto dla zaspokojenia umysłów i sumienia, a zarazem dla dopięcia długo oczekiwanego celu, Klemens VIII wynalazł środek nie kasując żadnéj z wiar, połączyć obie razem; połączenie to nazwał uniją, i tę unią, tę plagę Ukrainy, jeden z prałatów, Kunicki, przyniósł z Rzymu do Polski.

Z drugiéj strony, duchowieństwo małorossyjskie było niezadowolone z niektórych patryarchów konstantynopolitańskich, którzy przedawali swój sąd i winny często bywał uznany za usprawiedliwionego, jeżeli umiał złotem otworzyć sobie drogę do ich przychylności. Przeto biskupi nie posiadający środków posyłania im bogatych podarunków, mimo swéj niewinności często bywali potępiani. Taka przedajność i chciwość bardzo naturalnie rodziła nieufność ku patryarchom greckim.

Cyryl Terlecki biskup łucki i zarazem exarcha czyli namiestnik metropolity w Kijowie, pierwszy podał myśl przyjęcia unij. Metropolitą był wtedy Michał Rogaza, który zastąpił miejsce złożonego z urzędu przez patryarchę Onixyfora i obadwa z Terleckim zwołali w Kijowie sobór, celem naradzenia się względem przyjęcia dogmatów kościoła rzymskiego 1595 roku.

Na ich wezwanie zjechali się biskupi: włodzimierski, Hipacy Pociéj, połocki Hermogen, hełmski Dyonizyusz i piński Leontjusz Pelczyński.

Michał Rogaza potwierdził ich sąd i przyjęto unją.

Jedni tylko biskupi: lwowski, Gedeon Bałaban i przemyślski Michał Kopyteński, stanowili oppozycyą, jednakowoż niewiadomo, jakim sposobem skłonieni zostali do podpisu dwóch not: jednéj do papieża, w któréj wyrażali swą chęć przyłączenia się do kościoła rzymskiego, drugiej podobnéj do króla polskiego.

Pociej i Terlecki, podawszy te noty królowi, wysłani byli do Rzymu, gdzie przybywszy 23 Grudnia 1595 r., zostali przypuszczeni do ucałowania nogi Klemensa, wręczyli mu notę, przyjęli zwierzchnictwo papieża i wykonali przysięgę wierności, za co otrzymali prawo zasiadania w senacie polskim razem z duchowieństwem rzymsko-katolickiem.

W Rzymie został wybity medal, „na pamiątkę przyłączenia Rossjan.” Lecz obaj biskupi powróciwszy do Kijowa spotkali w większej części ruskiego duchowieństwa a nawet w świeckich urzędnikach silną opozycją i wstręt do unij. Bałaban 1 Lipca ogłosił żałobę, wyjaśniając ludowi, że biskupi przyjęli zupełnie wiarę rzymską, zatrzymawszy tylko greckie obrzędy dla pozoru, naród zaczął szemrać, Konstanty Ostrogski wojewoda kijowski oznajmił, że unja została przyjęta bez jego wiedzy i zezwolenia a zatem ją odrzuca.

Sprawa ta wywołała okropne zamieszanie i protestacje, dla uspokojenia których zwołany był synod w Brześciu 6 Listopada 1596 r., gdzie przybyło ośmiu biskupów, zwolenników unij z kilkoma przywiązanemi do prawosławja.

Na stronie Unij byli:

1. Ilipacy Pociej, biskup włodzimierski i brzeski.
2. Cyryl Terlecki, łucki i ostrogski.
3. Hermogen, połocki i witebski.
4. Jan Gogol, piński i turowski.
5. Dyoniżjusz, chełmski i bialski.
6. Inocenty Borkowski, czernichowski.
7. Herakljusz Szewernicki, wołyński.
8. Teokryst, biskup galicki.

Do oppozycyi należeli:

1. Jan Leokajski, biskup siewierski.
2. Sylwester Jaworski, biskup perjasławski.
3. Inocenty Tuptało, biskup podolski, i
4. Symeon Paszyński, protojerej nowogrodzki.

Ci ostatni uroczyście oznajmili i protestowali, że stanowiąc hierarchje kościoła greckiego i jerozolimskiego a nieposiadając zgody patryarchów całego świata, na przyjęcie nowości wprowadzanych do ich wiary, nieuznają w niej żadnych zmian i od nowotarjuszów jako od obłąkanych samozwańców odstępują. Michał Łukarjusz rektor szkoły ostrogskiej będący później patryarchą konstantynopolitańskim i biskup lwowski, oraz przemyślski, nadto wielu bojarów i książąt, przyłączyło się do nich.

Ostrogski przyjął także stronę swych współwyznawców, zapewniając ich, że cała ta sprawa zostanie załatwioną spokojnie i cicho. Rozpoczęły się rozprawy i teologiczne dysputy.

Dziewiątego Listopada opozycja podała zgromadzeniu pismienną notę, świadcząc się: „że się starała rozumowaniami odwieść metropolitę kijowskiego od wprowadzania samowolnych nowości do wiary, ale gdy Michał Ragoza z gniewem i zapamiętałością odrzucił ich napomnienia, przeto pozbawiają wszystkich godności odstępców prawosławja i kładą za niezmienne prawo, kierowania się wolą patryarchy konstantynopolitańskiego.

Wtedy według słów kroniki, po groźbach i sporach, katolicy widząc niewzruszoność tych filarów kościoła, wypędzili ich z soboru, oberznęli im brody, skazali na pozbawienie stopni i obowiązków a udawszy się do świątyni ś. Mikołaja, po przeczytaniu przez biskupa połockiego uchwały podpisanéj 'od unijatów, ogłosili połączenie greków z kościołem rzymskim.

Mimo wszelkich usiłowań Zygmunta III. którego imieniem działali unijaci o pogodzenie stron, greko-katolicy podpisali następny dekret:

„Metropolitę Michała Rogazę że wszystkiemi władykami, którzy odłączyli się od prawosławnego wschodnio-greckiego kościoła, pozbawia się stopnia i mieszkańcom nakazuje niesłuchać ich w niczém, jako zepsutych pasterzy, kłamliwych proroków, ślepych wodzów, upartych w wierze chrześcijańskiej, kwasem fałszywéj nauki napojonych, przeciwników słowa bożego i prawideł ojców świętych."

Wtedy obiedwie strony oddały się wzajemnym prześladowaniom, powstały przezwania unijatów i nie-unijatów; pierwsi nazywali drugich schizmatykami, a nieunijaci siebie błagoczestiwemi.

Skoro tylko Kosiński dowiedział się o wypadkach brzeskich, natychmiast posłał przedstawienia, jedno do króla i senatu, drugie do zebrania brzeskiego. Jako namiestnik królewski i hetman Ukrainy pisał w pierwszém:

„ ...... Zmiana wiary i obyczajów narodowych w Brześciu wprowadzana bez zezwolenia narodu, jest sprawą bardzo niebezpieczną i niełatwą do spełnienia. Zgodzić umysły ludzkie z ich sumieniem jest dziełem nie ludzkiem, lecz boskiem. Utrzymać naród w ślepem posłuszeństwie względem duchowieństwa i prawideł samowolnie do kościoła wprowadzanych, jest niepodobna, i dla tego niech rząd odwróci to złe, albo niech da narodowi czas do namysłu."

Do zgromadzenia brzeskiego pisał „że zebrane tam duchowieństwo nie posiada od urzędów ani od narodu żadnego pełnomocnictwa na wprowadzanie do ich wiary nowych form; przeto nie ma ani siły, ani władzy obciążać naród samowolnemi prawidłami i wymysłami. Duchowieństwo to będąc wybrane na swe godności przez władze i naród i utrzymywane kosztem narodu, może utracić tę godność i byt z woli tychże władz i narodu. A on (hetman) za nic nie ręczy i radzi zgromadzeniu wstrzymać swe postanowienia do powszechnego porozumienia się i roztrząśnięcia tego przedmiotu.

Zgromadzenie po otrzymaniu téj noty wezwało hetmana na swą radę do Brześcia, a skoro tylko tam przybył, został aresztowany i oddany pod sąd duchownych, którzy wyrokiem swym skazali go na zamknięcie w klatce klasztornej i pozbawienie światła i pożywienia.

Kozacy skoro się dowiedzieli o uwięzieniu ich wodza, natychmiast zebrawszy się w liczbie 7000, udali do Brześcia dla wyswobodzenia Kosińskiego; pod miasteczkiem Piątką, spotkali wojska polskie, lecz rozbili je i udali się dalej, ale hetmana już nieznaleźli żywym.

Na tę wieść wzburzyła się cała Małorossja od początku do końca, śmierć Kosińskiego stała się hasłem do powszechnej walki.

Hetman koronny wkroczył na Ukrainę; w miastach i miasteczkach rozstawiono liczne garnizony, które przeszkadzały Kozakom zbierać się dla obioru starszyn. Lud i władze kozackie odwoływały się do paktów, połączenia Małorossyi z Litwą i Polską, ja-

ko narodu równego do równych i wolnego do wolnych, za przyrzeczoną swobodę wyznawania wiary,
prosząc króla o wygnanie biskupów którzy przyjęli
uniją; lecz jakże podobne żądanie mogło być speł-
nione, kiedy król sam opiekował się unijatami.

Owszem zabroniono stawiać cerkwi greckich, oddano unijatom najznaczniejsze klasztory i parafie, inne
pieczętowano.

Lud musiał na modlitwę zgromadzać się do sza-
łasów, zbudowanych na pustkach, aby nie były od
unijatów dostrzeżone.

Wtedy zwolennicy nowej wiary wydali cyrkularz,
w którym zachęcali dawnych swych braci do przystąpie-
nia do unii i połączenia się z kościołem rzymskim.

Cyrkularz ten był ogłaszany po wszystkich cer-
kwiach i siołach, wydrukowane były osobne wezwania do ludu, skłaniające go do posłuszeństwa dla
władz, działających z woli boskiej na korzyść jego
duchowną i cielesną.

Lecz wszelkie te środki mało skutkowały, wzburzenie umysłów nie ustawało, a gwałty i przymus
jeszcze go powiększały. Gdyby rząd rozszerzanie się
unij pozostawił jej własnemu biegowi, możeby z czasem
więcej na Ukrainie znalazła zwolenników.

ROZDZIAŁ VI.

Paweł Naliwajko, od r. 1596 do 1597.

Naprożno wojska polskie wszelkiemi siłami prze- szkadzały zgromadzaniu się Kozaków, by nie- dozwolić im obioru naczelnika, bo ci, widząc, że Czerkasy zajęte są garnizonem i sztabem hetmana koronnego, zebrali się w Czychryniu; a opie- rając się na prawach i dawnych przywilejach kró- lewskich, po długich sporach, wybrali na hetmana generalnego asaułę, Pawła Naliwajkę.

Nowy hetman wysłał do króla deputacyą naczele pułkownika Łobody, z następującem pismem:

„Naród ruski, połączony naprzód z księstwem li- tewskiem a potém z królestwem polskiem, nie był ni- gdy przez nich zawojowany ani niewolniczy, lecz ja- ko związkowy i jednoplemienny z jednego szczepu sławiańskiego czyli sarmackiago pochodzący, dobro- wolnie połączył się na jednakowych i równych

z niemi prawach, przymierzami i pactami uroczyście
zatwierdzonych, a opieka i ochrona tych przymierz
i pactów i sam byt narodu, powierzone wam pomazańcom boskim, najjaśniejszym królom polskim, jakoż i waszéj królewskiéj mości, któryś przysiągł na
to przy koronacyi przed samym Bogiem, dzierżącym
w swéj prawicy świat cały, jego monarchów i mo-
narchije.”

„Naród ten odznaczył się zawsze w potrzebach
pomocą dla połączonéj nacyi, jak równie jednością
braterską, a rycerstwo ruskie uczyniło sławną Polskę i zadziwiło świat męztwem w walkach, obronie
i rozszerzaniu monarchii polskiéj. I któż ustał z sąsiednich krajów przeciwko rycerzy ruskich i ich
wojsku?

Zajrzyj najjaśniejszy panie w kroniki ojczyste a one
to dowiodą.

Zapytaj starców, a odpowiedzą ci wiele przelano
potoków krwi ruskich wojowników i wiele tysięcy
rycerzy ruskich upadło pod mieczem na polach bitwy za sprawę Polski. Lecz wróg nienawistny do-
bremu, wyszły z piekła, zamącił świętą tę jedność
narodów na wspólną zgubę. Panowie polscy, ci magnaci rządu, zawistni naszych majątków, potem i krwią
zebranych, i poduszczani przez duchowieństwo zawsze
mieszające się do spraw świeckich, do nich nie należących, podbudzili najjaśniejszego króla a pana naszego i ojca miłościwego, by nas pozbawiono prawa
wyboru hetmana na miejsce zgasłego Kosińskiego,
niedawno straconego najniegodniejszym, hańbiącym
i barbarzyńskim sposobem, a naród wzburzyli gwał-
towném zmuszaniem go do unii. Przy takowych od

panów i duchowieństwa wyrządzanych nam uciskach i frasunkach, nie przedsięwzięliśmy jednak nic bezprawnego, ani nieprzyjacielskiego, ale wybrawszy sobie hetmana według praw i przywilei naszych, oddajemy go i samych siebie, najmiłościwszéj opiece, i upraszamy najuniżeniéj monarszego respektu i potwierdzenia praw naszych i wyborów, a my zawsze jesteśmy gotowi przelać naszą krew za honor i sławę waszéj królewskiéj mości i całéj nacyi."

Po przeczytaniu téj noty, król objawił zadziwienie i udał zupełną niewiadomość o tych postępkach polskiego ministerstwa, przyrzekł Łobodzie na pierwszym sejmie uczynić staranie zniszczenia zamysłów panów i duchowieństwa. Jednak nie odpowiedział deputacyi piśmiennie na przedstawienie, ustnie tylko polecił hetmanowi i Kozakom, zachować się względem wojsk polskich spokojnie i przyzwoicie.

Hetman na téj zasadzie ogłosił po wszystkich miastach i powiatach, że został wybrany hetmanem przez naród a z zezwolenia królewskiego przyjął buławę i poleca władzom, wojsku i narodowi nie przedsiebrać nic nieprzyjaznego przeciw wojsk polskich rozłożonych po miastach, dopóki nie przyjdzie rozkaz królewski wyprowadzenia ich z Małorossyi. Co się zaś tyczy unii, aby każdy postępował według swego sumienia.

Współcześnie zawiadomił hetmana koronnego o swym wyborze na hetmaństwo.

Lecz pomimo tych wszystkich postanowień pokojem tchnących ze strony hetmana Kozaków, nieustawało wzburzenie umysłów i niechęć pomiędzy oboma stronami. Małorossyanie nienawidzili uniatów

i tych którzy wprowadzili unją, jako swych ciemięź-
ców. Wojska zaś polskie, szlachta, mając się za
coś wyższego, dumnie i poniżająco traktowali Kozaków, nazywając ich ukraińskiem chłopstwem. Dla
tego zaledwie odjechali urzędnicy hetmańscy dla ogłoszenia jego uniwersału, zaczęły przychodzić z miast
i powiatów wiadomości o pokrzywdzeniu towarzystwa kozackiego, na obronę którego zgromadziły się
pułki, oraz o zbieraniu się w Czerkasach i Białéj
Cerkwi wojska polskiego.

Naliwajko ściągnął i swoje pułki do Czychrynia, rozłożył się nad Tasminą, wzmocnił swój obóz
okopami, oraz artyleryą i oczekiwał wojska polskiego. Wkrótce przybył hetman koronny Żołkiewski
i uszykował swe hufce naprzeciw Kozaków. Nale-
wajko pragnąc uniknąć rozlewu krwi, wystawił na
wzniesieniu trzy białe chorągwie z napisem: „pokój
chrześcijaństwu a na jego obronę Bóg i krzyż.”
Żołkiewski, ów sławny wojownik, pełen męztwa
i rozsądku, naprzeciw tych godeł pokoju wystawił
trzy szubienice z powieszonemi trzema starszynami
kozackiemi, nie podobna by uwierzyć temu dzikiemu
postępkowi, uwłaczającemu pamięci sławnego męża,
gdyby go tyle kronik nie poświadczało.

Łatwo wyobrazić sobie, jak postępek ten wzburzył umysły Kozaków, to też natychmiast rozpoczął
się krwawy bój. Żołkiewski zaczął attak obozu Kozaków.

Naliwajko wybrawszy część najlepszego swego
wojska, uczynił zasadzkę i wczasie powszechnego
ognia dział i ręcznéj broni, korzystając z gęstego dymu, poprowadził z tyłu wyborową swą drużynę i ude-

rzył nią w centro polskiéj armii; w tymże czasie Kozaki wyszli z obozu i wzięli wojska królewskie pomiędzy dwa ognie. Polacy zmięszali się, rozpoczęła się okropna bitwa i wzajemna rzeź, która trwała siedm godzin.

Honor wzmagał męztwo rot polskich, nienawiść i zemsta Kozaków.

Małorossyanie bili się w około szubienic swych braci, a widok ten do tego stopnia doprowadził ich zajadłość i okrucieństwo, iż rąbali ranionych i poległych już nieprzyjaciół. Z armii Żołkiewskiego, kawalerya tylko posiadająca dobre konie, zdołała się ocalić, a Kozacy według słów kroniki, nakarbowali na swych karbach 17,330 poległych nieprzyjaciół.

Wtedy Naliwajko podzielił swe wojsko: jedną połowę pod dowództwem pułkownika Łobody wysłał do miast nad Dnieprem, z rozkazem uwolnienia ich od Polaków i Unijatów, z drugą udał się sam pomiędzy Dniepr i Dniestr; dla oswobodzenia téj części kraju. W drodze spalił Mohilew i Słuck, wyrznąwszy mieszkańców katolickich.

Nareszcie po trzech miesiącach krwawego pochodu, połączył się zé swym pułkownikiem nad rzeką Słuczą pod Łubnami, gdzie stali hetmani polscy: koronny i polny, w obozie otoczonym wałem i palisadą.

Kozacy rozpoczęli szturm, lecz rycerstwo polskie dzielny stawiało im odpór pomimo mniejszych sił i wojska, Naliwajko z zapamiętałością przez cztery dni ponawiał ciągłe attaki i już pierwsze ufortyfikowania były zniszczone, gdy przybył goniec królewski z pismem Zygmunta.

Król rozkazał zaprzestać walk i przelewu krwi wszystkim trzem hetmanom, zawrzeć traktat wiecznego pokoju, zatwierdzić prawa Ukrainy i podpisując ten traktat w obliczu obudwu wojsk, wzmocnić go przysięgą.

Zygmunt zaś przyrzekając wojsku i ludowi ukraińskiemu ogólne przebaczenie, potwierdził na wieczne czasy wszelkie przywileje i pacta.

Rozkaz był wykonany, wojna została ukończoną, a wojska rozeszły się z wzajemną lecz tajną nienawiścią.

Teraz hetman zajął się wewnętrznym stanem kraju, urządzeniem i porządkiem w pułkach i powiatach, oraz podźwignięciem miast i sioł, zniszczonych w czasie wojny. Naród zaczął przychodzić do siebie po ciężkim ucisku, ustały gwałty i nawracania do unij; okropne opłaty od szlubów małżeńskich, pogrzebów i chrzcin, zmniejszono.

W czasie pomyślnych czasów Małorossyi, przywilejem Batorego postanowiono, iż na główny warszawski sejm, wysyłano z Ukrainy deputowanych, czterech z województw, trzech od wojska i hetmana, a od miast i gmin pięciu.

Czas tego sejmu zbliżał się i na deputowanych wybrano: pułkownika Łobodę, sędziego pułkowego Teodora Mazepę i setnika kijowskiego pułku Jakóba Kizimę. Prócz tego i sam hetman postanowił jechać z nimi, by oświadczyć królowi swe pokorne służby.

Ale zaledwie deputowani przybyli do Warszawy, zostali pochwyceni i zamknięci w lochach a trzeciego dnia straceni wśród najochydniejszych męczarni. (*)

(*) Byli upieczeni na metalowym koniu przy wolnym ogniu.

Król i senat a mianowicie jezuici, sprawcy tego szka-
radnego i nieludzkiego czynu, rozumieli, że barbarzyńską kaźnią natchną bojaźnią i posłuszeństwem
Kozaków, lecz przeciwnie, oburzyli ich tym mocniéj
i zrodzili w ich duszach tę srogość i sprawiedliwą
zemstę, którą się odznaczały późniéj krwawe ich
zwycięztwa.

Bo w istocie, postąpienie z Naliwajką i jego bar-
barzyńska śmierć nie może być usprawiedliwioną,
nawet przez samych prześladowców, oto słowa
współczesnych kronikarzy odznaczających się zwykle
stronnością.

„Missya duchowieństwa rzymskiego, zamyślając
zaprowadzić w ziemi ruskiéj reformę religii, dla jedności ze swoją, zbyt pospieszyła dokonywając ją
tak gwałtownie i przymusowo w narodzie nieukształ-
conym i zawsze wojowniczym, a stany dążąc do
zagarnięcia starostw i majątków urzędników ruskich,
jeszcze więcéj narobiły błędów, dawszy bowiem
amnestyą naczelnikowi Kozaków Naliwajce i jego
wspólnikom, w uroczystych z nim traktatach zatwierdzonych przysięgami, przez duchowieństwo nieprawnie rozwiązanemi, zabrali fortelem na sejmie przez
narody za świętość uważanym, potraciły ich barbarzyńskim sposobem, wbrew zasadom honoru, sumienia i wszelkich praw narodowych, a zamiast leczyć
słabość narodową, tym więcéj jéj gwałtowność roz-
sroźyły.”

Król był bezsilny przeciw swawoli możnowładców i chciwości duchowieństwa, tym więcéj, że
stawszy się tylko narzędziem jezuitów, ulegając ich
sofizmatom, ślepo wykonywał co mu doradzali; nie

mógł przeto wstrzymać bezpraw szlachty, i te prześladowania religijne, te gwałty, oderwały nareszcie
od królestwa, naród silny, waleczny i niepokonany;
ze śmiercią Naliwajki rozpoczęły się niesłychane
nieszczęścia Małorossyi.

Sejm wydał uchwałę, mocą któréj deputaci kozaccy zostali na zawsze wyłączeni z sejmu narodowego; pozbawiono Małorossyan prawa wyborów
i piastowania urzędów administracyjnych i sądo-
wych; odebrano starostwa, dobra rangowe i inne
skarbowe posiadłości wszystkim urzędnikom i starszynom ruskim i zniesiono ich samych. Rycerstwo
ruskie nazwano chłopami, lud odrzucający uniją,
schizmatykami. Na wszystkie godności i urzęda przysłani zostali Polacy z licznemi sztabami. Miasta zajęte zostały polskiemi garnizonami, sioła ich wojskami. Grabieże, gwałty i rozboje przechodziły granice podobieństwa, jednak władze przez szpary pa-
trzały na takie nadużycia, a wojsko i szlachta
nazywając lud ukraiński niewolnictwem polskiem,
uważali ich własność za swoją. Duchowieństwo
gwałtem nawracało na uniją a cerkwie nie chcące
jéj przyjąć, wypuszczano żydom w arendę, którym
trzeba było płacić za każdy obrządek.

Słabsi duchem i więcéj przywiązani do swéj własności i wygodnego życia niżeli wiary, lękając się
utracić posady a jeszcze więcéj swe rangowe ziemie, przyjęli uniją a nawet niektórzy rzymsko-katolicką wiarę.

Wojsko kozackie osłabło, bo poniósłszy znaczne
straty w czasie ostatnich wojen, nietylko nie było
kompletowane, ale nawet wszelka pomoc ze skarbu

małorossyjskiego i kurenij była zabronioną. Wszyscy prawie ochotnicy przenieśli się na Zaporoże, szczególniej nie żonaci.

———————

W ciągu takiego prześladowania, Zaporożcy byli swobodni. Pod dowództwem atamana Kuszki wojowali wspólnie z Polakami przeciwko księciu siedmiogrodzkiemu, który opanował Multany i pokonawszy 70000 Tatar którzy Siedmiogrodzianom w pomoc przybyli, dopomogli do osadzenia na hospodarstwie mołdawskim Jeremjasza Mogiły hołdownika polskiego, następnie uczestniczyły w wojnie przeciwko Szwedom.

Będąc tak użyteczni Polsce, otrzymali od Zygmunta III. przebaczenie za napady sąsiadów i potwierdzenie swych przywilejów.

———————

Jednakowoż Małorossja niedługo pozostawała bez wodza własnego wyboru. Chociaż niektóre pułki uległy hetmanowi koronnemu, lecz większa część ich jednozgodnie z Zaporożcami wybrali sobie hetmana, człowieka wielkiego duchem, walecznego, gwałtownego, nieprzyjaciela rozkoszy, czasami okrutnego do zwierzęcości, niekiedy nieumiarkowanego w uczuciach słodkich, lecz zawsze strasznego dla nieprzyjaciół Małorossyi, dla Turków i Polski.

Takim był generalny oboźny Piotr Konaszewicz Sahajdaczny, *szczo prominiaw żynku na tiutiun i lulku nieobacznyj.*"

ROZDZIAŁ VII.

Piotr Konaszewicz Sahajdaczny.

Przyjąwszy buławę z rąk narodu, wojska i urzędów, Sahajdaczny nazwał się hetmanem obu stron.
Dniepru i wojska zaporożskiego; za jego przykładem poszli pułkownicy, setnicy, i Kozacy ukraińscy zaczęli bez różnicy nazywać się Zaporożcami.
Ta nazwa jakby odróżniała pułki podległe hetmanowi, od uznających władze Polski. Konaszewicz
zbliżył Zaporoże z hetmańszczyzną; dotąd bowiem
oddaleni od sił i miast ci wolni synowie Ukrainy,
ukrywając się za dnieprowskiemi porochami nie za-
leżeli w niczem od hetmana, nie wpływali na jego
wybór, nie słuchali jego rozkazów, chyba gdy ich
wzywał na bisurmana; lecz dziś zbliżyli się do swych
starszych braci i powodowani powszechném dobrem,
wybrali dla wszystkich jednego naczelnika. Zasłonięci od Polski rzeką, trzcinami i nieprzystępnością wysp,

Zaporożcy mogli pewniej i łatwiej strzedz prawa, i swobodę wspólnéj ojczyzny.

Za jego to czasów zjawili się w Rossyi samozwańcy, a walka ta fałszu z prawdą, miała wielki wpływ na Ukrainę. Pierwszym bowiem jéj polem był Kijów, Czernichów, Nowogród Siewierski i cała północna Ukraina.

Samozwaniec jeszcze w 1602 roku zostając jakiś czas w monastyrze Nowogrodu siewierskiego, uszedł ztamtąd do Kijowa, zostawiwszy w celi przełożonego kartkę z następującemi słowy: „Jestem carewicz Dymitr, syn Cara Jana, i gdy będę na tronie ojca mego, wywdzięczę ci za to, żeś mi dał przytułek w tym schronieniu."

W Kijowie książę Bazyli Ostrogski przyjął go łaskawie, lecz gdy z powodu skarg mnichów Ostrogski polecił odesłać go do spaskiego drewlańskiego monastyru, samozwaniec zbiegł do Polski, gdzie zdołał sobie zjednać pomoc Wiśniowskiego i Mniszka, a przez nich został przedstawiony królowi; przyjęty za carewicza, przyrzekł Zygmuntowi powrócić Smoleńsk i całą północną Małorossją, otrzymał wojsko i wszedł do Rossyj jako pretendent. W Kijowie przyłączyli się do niego (15 Sierpnia 1604 r.) Kozacy i armja rozdzielona została na dwa oddziały, jeden udał się w kierunku rzeki Desny, drugi ku Białogrodowi.

Czernichowcy wydali mu bez bitwy wojewodów: księcia Andrzeja Tatewa, księcia Piotra Szachowskiego i Grzegorza Korkodynowa.

Kozacy ulegając woli króla, którego władzy jeszcze nie śmieli się oprzeć, przytem w prostocie swego serca uznając samozwańca za prawdziwego cara, zatem sprawę jego za świętą, poszli z Dymitrem na Rossyą.

Pułki kozackie pociągnęły ku Putywlowi, w drodze spotkali stryjecznego brata carskiego okolniczego Stefana Godunowa, rozbili go, a resztę wzięli do niewoli i wyprawili do Moskwy do Borysa zwiadomością, że w krótce przybędą sami z carewiczem Dymitrem.

Bez żadnéj przeszkody doszedł samozwaniec do Nowogrodu Siewierskiego, lecz tu już na górach nowogrodzkich ujrzał rossyjski obóz. W Nowogrodzie byli wojewodami: książę Nikita Trubecki i Piotr Baśmanów. Od czasu pokrzywdzenia biskupa Lézajskiego i Protopopa Tyszyńskiego przez unijatów na soborze w Brześciu, mieszczanie nowogrodzcy i wszyscy tamtejsi mieszkańcy żywili nienawiść ku Polakom, przeto nietylko nie przeszkadzali rossyjskim wojskom przysunąć się do miasta ale nawet okazywali im wszelką pomoc.

Kalinowski był wodzem wojsk polskich, pułkownik Zarucki był nakaźnym hetmanem wyznaczonym przez króla nad wojskami kozackiemi.

Armia polska zbliżywszy się do miasta, stanęła obozem przy Słonem jeziorze nad brzegiem obszernych i lesistych rowów ciągnących się w około Nowogrodu i niegdyś napełnionych wodą.

Upłynęło trzy dni na drobnych bitwach, w ciągnięty podstępem do miasta Dymitr, utracił w jego ulicach do 4000 ludzi, lecz ta strata wcale nie wstrzymała go od oblężenia. 21 Grudnia postanowił rozpocząć ogólny attak.

Małorossyjska piechota w nocy ukryła się w rowach a o świcie wojska samozwańca uderzyły na obóz moskiewski; rossyjska konnica wyszła z obozu i zaczęła się bitwa, tymczasem piechota kozacka któréj dotąd nie widziano ukazała się i wdarła do obozu. Po długiéj z obu stron walce, wyparto wojska Godunowa z obozu i spędzono po spadzistości góry ku Desznie. Tu korzystając z zarośli część ich schroniła się do Nowogrodu i zamknęła za sobą bramy, a druga przeprawiła się przez rzekę.

Kalinowski przystąpił do miasta i zaczął go szturmować, Rossjanie tymczasem wyszli przeciwną bramą od strony rzeki i zapaliwszy Nowygród przeprawili się na drugą stronę. Żołnierze samozwańca współcześnie wybili bramę i wpadli do miasta, lecz już nieznaleźli nieprzyjaciół.

W tymże czasie wojsko Borysa zniszczyło miasto Pryłuki należące do Wisniowieckiego i 300 mieszkańców wyrznęło (1605 r.)

Kozaków było w téj bitwie 12,000, to jest 8000 konnicy i cztery piechoty.

Po wzięciu Nowogrodu Kozacy z samozwańcem udali się w głąb Rossyi. Pięćset z nich wyprawił Dymitr pod miasteczko Kromy, gdzie wojska cara Borysa od trzech miesięcy oblegały miasto, Kromy jeszcze trzymały się mężnie, lecz już zbywało im na żywności. Kozacy wśród białego dnia, zdołali przewieść oblężonym prowianty na stu podwodach, tak że oblegający tego niedostrzegli, ani się domyślili.

Tegoż roku ich towarzysze Zaporożcy napadli na Turcją, zrabowali i spalili Warnę; potem udawszy się na morze, opanowali i zabrali dziesięć okrętów. Wkrótce przyszły wieści z Ukrainy do Warszawy że Tatarzy ciągną z Krymu na Polskę. Król bezzwłocznie wyprawił wojsko nad Dniepr, lecz nim ono zdołało ściągnąć na miejsce przeznaczenia, Zaporożcy już wdarli się na ziemię Tatar, zrabowali Oczaków i Perekop i powrócili ze zdobyczą, ścigani tylko przez skargi sułtana.

Lecz wszystkie te przysługi nie zdołały wyjednać im dawnych praw i swobody, owszem w tymże roku na sejmie warszawskim wydano postanowienie zabraniające zaciągania Kozaków na służbę królewską, wyjmując nadzwyczajne wydarzenia.

Jednakowoż żadne postanowienia sejmowe nie były wstanie ukrócić wojowniczego ducha Sahajdacznego. W tym czasie gdy jedna część Kozaków pod dowództwem księcia Romana Różyńskiego była z samozwańcem przy oblężeniu Smoleńska i Moskwy, Sahajdaczny działał przeciw bisurmanom.

Dowiedziawszy się, że Tatarzy krymscy korzystając z nieporządku panującego na Ukrainie, wpadli wpograniczne sioła i upędzili na półwysep wielką liczbę niewolników, popłynął na zaporożskich czajkach na morze Czarne, jednéj części swego wojska rozkazał obledz miasto Kaffę, a z drugą wysiadł na ląd w przystani Serbułatskiéj niedaleko gór kafskich i uderzył na miasto ze strony lądu, w jednym dniu miasto było w ręku Kozaków. Niewolnicy ukraińscy zostali uwolnieni i zabrani, mieszkańcy wyrznięci, a miasto zrabowane i spalone 1612 r.

Ztamtąd hetman przez góry udał się do Kozłowa, spalił przedmieścia, lecz mieszkańcy składając mu bogate dary i wydając wszystkich niewolników chrześcijańskich, prosili o łaskę. Sahajdaczny odstąpił od Kozłowa i obciążony łupami wrócił do Ukrainy.

Tymczasem pułki które przyjęły uniją i władze hetmana korennego, z upoważnienia króla wybrały sobie innego hetmana Zaporożca, Damiana Kuszkę, który wsławił się jeszcze za czasów Naliwajki.

Wypadek ten groził rozdzieleniem Ukrainy, i był-by może przyspieszył oderwanie się Małorossyi od korony, lecz nowy hetman nie długo cieszył się swą godnością, albowiem udawszy się na wyprawę prze-ciwko Tatarom do Besarabii, został zabity pod Aker-manem. Na jego miejsce wybrano starszynę Boro-dawkę, ale wkrótce znów Sahajdaczny ujął go, gdy ten jeździł po Ukrainie i wzywał Kozaków do je-jedności i powrócenia do posłuszeństwa królowi. Nieszczęśliwy został oddany pod sąd wojenny i jako samozwaniec rozstrzelany 1613 r.

Król wydał prawo znoszące Kozaków, pozosta-wiwszy hetmanom koronnym moc czynienia z niemi jako przestępcami stanu, dla ukarania zuchwałości Sahajdacznego.

Konaszewicz nie zwracając na to uwagi, przyje-chał do swej stolicy, Kozacy przyjęli go z zapałem i wkrótce przedsięwziął nową wyprawę na bisur-manów.

Roku 1614, wypłynąwszy na morze Czarne, opustoszył brzegi tureckie, sułtan wysłał przeciwko niemu flotyllę, złożoną z 6 galer i 20 mniejszych statków, Kozacy opanowali ją, statki popalili a ekwi-paże wyrznęli; potém udali się do Trebizondu, spalili jego arsenał, Sinopę zamienili w stos gruzu i popio-łów, zrabowali brzegi Azyi mniejszéj i zapuścili swe zagony aż blisko Konstantynopola 1615 r.

Sułtan turecki pragnąc pomścić się za napady ko-zackie, wysłał Skinder Baszę z 80,000 wojska ku granicom polskim. Czyny wojenne Sahajdacznego były głośne na Ukrainie, w Turcyi i Polsce, a jego imie już stało się postrachem. Stany rzeczypospolitéj postanowiły korzystać z waleczności hetmana i wojennego zapału Kozaków, tem więcéj, że on sam stał się przyczyną wojny, sam przeto od jéj nieszczęść uchronić winien.

Zygmunt przyznawszy go hetmanem, polecił, by ze swemi pułkami połączył się z Żółkiewskim i udał przeciw Turkom. Sahajdaczny był posłuszny i wojska nieprzyjazne spotkały się w Bukowinie nad Dniestrem. Hetman kozacki uczynił fałszywy atak na bisurmanów samemi lekkiemi pułkami jazdy, piechotę zaś swoją z artylleryą rozłożył na dwóch wzniesionych wzgórkach zakrytych zaroślami.

Turcy z zapałem fanatyzmu i wściekłości przez opium przysporzonéj, uderzyli na Kozaków, lekkie pułki kawaleryi zaczęły się cofać odstrzelając i niekiedy wstrzymując dla większego rozdrażnienia machometan, nakoniec wprowadzili ich pomiędzy owe dwa wzniesienia zarosłe. Wtedy dopiero odezwał się ogień z obydwu stron, Turcy się wstrzymali postrzegając podejście i zaczęli nieporządny odwrót, lecz kawalerya nieprzyjacielska otoczyła ich z boków i tyłu. Tu zaczęły się rozpaczne zapasy. Turcy zmieszani rzucali się w tę i drugą stronę, lecz nigdzie nie znajdując ocalenia, brodząc wśród stosów trupów i krwi swych braci, zaczęli szukać ratunku w ucieczce pojedynczéj. Rzucając broń i chorągwie rozbiegali się, lub padając na ziemię prosili o życie. Zwyciężcom dostała się cała artyllerya, obóz, bagaże, wszystka broń odebrana tak żywym, jak i poległym. Trupów naliczono 9,700 ludzi i przeszło tysiąc jeńców, a w téj liczbie było siedmiu baszów i siedmnastu znaczniejszych officerów.

Hetman odprawił niewolników i ciężary do Kamieńca Podolskiego dla przeprowadzenia ich w dalsze ztamtąd przeznaczenie, sam zaś udał się w dalszy pochód między Mołdawią i Wołochy, dla ścigania Turków, których przy każdem spotkaniu pokonywał z wielkiemi dla nich stratami.

Nakoniec przy Galacu spotkał główną turecką armiją pod dowództwem Seraskiera, baszy sylistryjskiego. Obejrzawszy pozycyą, wzmocniwszy swój obóz okopami i artylleryą, oczekiwał napadu ze strony Turków; lecz spostrzegłszy, że Dunajem na statkach przybywają coraz większe siły nieprzyjaciołom, postanowił bezzwłocznie attakować tabor turecki.

Następnego dnia przeto o świcie wyszedł z okopów, uformował piechotę we dwie kolumny, zasłonił ją konnicą i powiódł na nieprzyjaciela dotykającego tyłem i jednem skrzydłem do rzeki i przedmieścia.

Gdy Kozacy zbliżyli się do obozu nieprzyjacielskiego, Turcy dali ognia ze wszystkich dział i zrządzili znaczną szkodę w pośród kawaleryi kozackiéj; lecz mimo to, konnica natychmiast się rozstąpiła na dwie strony i odsłonięta piechota szybko spuściła się ku rzece, a obszedłszy u samego brzegu skrzydłową bateryę turecką, wpadła do ich obozu i przedmieścia, nie dozwoliwszy Turkom nabić powtórnie armat.

Dáwszy ognia, kolumna ta uderzyła na nieprzyjaciół i rozpoczęły się ręczne zapasy. Tymczasem druga kolumna przypełznąwszy na okopy tureckie, wypaliła z muszkietów do strzegących je Turków i zawiesiwszy muszkiety na ramionach, uderzyła na nieprzyjaciół kopiami. Nareszcie konnica czyniła ataki z drugich stron obozu, by rozwlec siły bisurmanów.

Po parogodzinnéj walce Turcy zostali wyparci z obozu i ustąpili do miasta, a odstrzelając się z muszkietów i pistoletów, nie mieli czasu na nowo ich nabijać, bo Kozacy razili ich kopijami, przeciw którym niepodobna było bronić się szablami ani sztyletami.

Hetman zabronił Kozakom ścigać daléj Turków jak do rzeki i zamku. Wszystko cokolwiek znajdowało się w obozie tureckim, mnóstwo zapasów żywności, broni i amunicyj dostało się w ręce zwycięzców.

Nieprzyjaciele zamknęli się w zamku; zatoczono przeto ciężkie działa i rozpoczęto szturm, warownia była silną i Turcy trzymali się długo, nakoniec gdy mury zaczęły się walić, bisurmanie rzucili się na śtatki i przeprawili przez Dunaj, pozostawiwszy miasto w ręku Kozaków.

Opuściwszy Galace, Sahajdaczny skierował swój pochód do Besarabij, lecz przybył goniec z Warszawy, przywiózł mu polecenie króla, by powrócił w swe granice, i poprzestał ścigać Turków, albowiem Porta zawarła z rzecząpospolitą zawieszenie broni i zgadza się na wieczny pokój.

Hetman zbliżając się do granic, uwolnił posiłkowe hufce polskie i idąc ku swéj stolicy spotkał drugiego gońca nad rzeką Bohem, wysłanego z Siczy zaporożskiéj: Koszowy Dypdiło zawiadamiał, że

Tatarzy Krymscy korzystając z oddalenia się za granicę hetmana, przeszli przez rzekę Samarę na rabunek do wschodniej Ukrainy. Wtedy hetman rozkazawszy piechocie zwykłym marszem iść do swych mieszkań, z konnicą pospieszył ku Dnieprowi spiesznym pochodem i przeprawiwszy się przez rzekę, rozłożył się na łęgach dnieprowskich w pobliżu ujścia końskich wód; zkąd wysyłał częste patrole i rozjazdy ku Samarze dla wywiadywania się o powrocie Tatar z Małorossyj.

Ścigać ich bowiem po kraju było niepodobna. Tatarzy zwykle w czasie rabunku rozdzielali się na wiele oddziałów i z szybkością jastrzębi, lub szarańczy napadając na sioła i miasta łupili je, obdzierali, palili i ze zdobyczą natychmiast uchodzili ku granicom, w odwrocie dopiero łączyli się. Łatwo zatem było zapędziwszy się za jednym oddziałem, postradać inne i wypuścić je z łupami, hetman zaś chciał ująć wszystkie na granicy.

Jakoż po kilku dniach przybiegł oddział rozjazdowy zawiadamiając że *Tatary z jasyrom prewielikom* przeprawiają się przez Samarę i przy niej będą mieli nocleg, za niemi pędzą bowiem ogromną liczbę bydła. Hetman ze swym wojskiem na całą noc udał się we wskazane miejsce ku Samarze; o świcie napadł na tabor tatarski szeroko rozłożony nad korytem rzeki. Niespodziewany grzmot armat rozpędził ich koni niepopętanych i pobudził samych Tatarów. Strwożeni niespodziewanym napadem, biegali po obozie niewiedząc co czynić. Kozacy rozciągnięci potrójnym szeregiem przechodząc cały ich tabor, kłóli i rąbali prawie bez żadnego oporu. Niewolnicy obojej płci, widząc niespodziewaną pomoc, rozwiązywali jeden drugiego i chwytali oręże powodowani zemstą za zniszczenie swych siedzib i majątków. Kopie i szable tatarskie ustawione na noc w piramidy, były gotową dla nich bronią i bisurmanie padali tysiącami od własnego oręża.

We dwie godziny zginęli wszyscy, ani jeden z nich nie pozostał przy życiu, by zanieść do Krymu wiadomość o porażce braci. Cały tabor tatarski, wszystkie plony i zdobycze nagrabione na Ukrainie i kilka tysięcy niewolników obojej płci, nietylko zostali oswobodzeni, ale jeszcze opatrzeni na drogę w konie tatarskie.

W następnym roku (1617) Polska by uspokoić Portę oburzoną za dawne porażki, odstąpiła jéj Chocim i zburzyła dwie nowo wystawione warowne osady kozackie na Dnieprze.

Wkrótce (1618 r.) Sahajdaczny przenosi swój oręż do Rossyi. Są historycy którzy napróżno starają się okryć hańbą imie wielkiego tego wojownika za spustoszenia i trwogę jakie rozsiewał w Rossyi, wśród swych współwyznawców; zapominają że Konaszewicz Sahajdaczny był hetmanem niezawisłym, hołdownik Polski. Skoro tylko król powrócił Małorossyi prawa od wieków nadane i równe litewskim i polskim, wtedy już Kozacy obowiązani byli iść na wojnę za Litwę i Polskę przeciw każdemu, czy słuszna lub nieprawa była ta wojna, a wypłata przez Polskę 20,000 złotych polskich Kozakom niebyła przekupem jak utrzymują. Rzeczpospolita obowiązana była płacić Kozakom tak jak i wszystkiej szlachcie w czasie wojny, a więc summa jaką odebrał hetman Kozaków była zwykłym żołdem.

Sahajdaczny przeło z 20,000 Kozaków pociągnął ku Moskwie, wziął miasto Liwny, wojewoda tamtejszy książę Nikita Czerkaski i jego towarzysz Piotr Daniłowicz polegli w bitwie. Z Liwnów hetman udał się ku Elcom — wojewoda Andrzej Polew mężnie bronił miasta, lecz zbyt ufny w swych siłach wyszedł z grodu z całém swém wojskiem i stoczył bitwę z hetmanem. Sahajdaczny rozbił go, i zabrał do niewoli wraz ze znajdującemi się wówczas posłami carskiemi, wysłanemi z darami do hana tatarskiego; Tatarów znajdujących się w mieście wyrżnął i podarunki przeznaczone dla hana wartujące 10,000 rubli zabrał i rozdzielił pomiędzy Kozaków.

Z Elca ruszył w dalszy pochód ku Moskwie.

Car polecił księciu Pożarskiemu udać się naprzeciw hetmana. Znakomity ten wódz przybył do Sierpuchowa; wzmocnił go wałem i palisadą i był gotów spotkać hetmana, gdy zapadł na zdrowiu, tak iż miejsce jego zastąpić musiał książę Wołkoński; może sam los strzegł głowy cnotliwego bohatera i ulubieńca swego. Nowy wódz nie zdołał współzawodniczyć z Sahajdacznym; w bliżu całego wojska hetman przeprawił się przez Okę i wtedy gdy Wołkoński cofnął się ku Kołomnie; niby dla obrony jej przed nieprzyjacielem, hetman zwrócił się na drogę kaszyrską i stanął pod monastyrem dońskim.

Wojsko będące w Moskwie usłyszawszy o zwycięztwach i zbliżaniu się groźnego pogromcy, zaczęło się burzyć, zaledwie zdołano przytłumić to wzburzenie bez żadnego rozlewu krwi, gdy Car polecił wo-

dzom swego wojska zatrzymać hetmana w jego po-
stępach, Sahajdaczny na czele swego hufcu wyjechał z taboru naprzeciw nieprzyjaciół i swą hetmańską buławą zwalił z konia przeciwnika, naczelnego
wodza wojsk wielko-rossyjskich, Buturlina.

Na ten widok, taka trwoga przejęła zastępy cara,
iż bez bitwy zostały rozproszone, a hetman poszedł
mimo Moskwy ku obozowi królewicza Władysława,
rozłożonego w kierunku drogi zwienigrodskiéj. 23
Października połączyły się oba oddziały wojska i ułożyli plan oblężenia Moskwy.

Plan ten był doskonały i nadzwyczaj pewny, chociaż bowiem car i bojary przedsięwzięli wszelkie mo-
żliwe środki obrony, lecz te zapewne nie ocaliłyby
Moskwy gdyby opatrzność nie zesłała jéj pomocy.

Dwaj francuzcy inzynierowie służący w wojsku
królewicza powodowani zapewne nadzieją wysokiéj
nagrody, uszli do miasta i wydali carowi cały plan
attaku.

Według umowy, puszczona petarda była znakiem
powszechnego szturmu, ze wszech stron oblegający
rzucili się na mury, lecz znaleźli nieprzewidziane
przeszkody. Hetman i Władysław cofnęli się poniósłszy znaczne straty. Sahajdaczny przeszedłszy powiat
sierpuchowski stanął pod Kaługą, a gdy wkrótce
zawarty został pokój z Rossyą, hetman powrócił do
Ukrainy, pozostawiwszy carowi jakby w oznakę sza-
cunku 300 Kozaków na służbę, 1619 r.

Zaledwie podpisano przymierze z Rossyą, Polska
zmuszona była rozpocząć wojnę z Turcyą. Ferdynand
II cesarz niemiecki prosił króla polskiego o pomoc
przeciwko buntującym się Węgrom i Czechom. Zy-

gmunt posłał mu oddział Kozaków Lisowczyków od naczelnika swego Lisowskiego tak nazwanych, sławnych już ze swego awanturniczego męztwa i nieustraszonéj odwagi.

Betlem Gabar iksiążę siedmiogrodzki korzystając z zamieszek węgierskich, na tamtejszym tronie osieść zamierzał, widząc zawiedzione swe nadzieje i zupełnie inny wypadek powstania węgierskiego z powodu męztwa pomocy polskiéj, rozgniewany, zaczął Portę przeciwko Polsce podburzać. Gaspar Gracjan hospodar multański przychylny Polsce przestrzegał ją o tajemnych porty sposobieniach się do wojny, Sułtan zaś dowiedziawszy się o związkach hospodara z rzecząpospolitą, wysłał do Multan Skinder Baszę by go schwytał i do Stambułu odesłał. Gracjan widząc niebezpieczeństwo, błaga Stanisława Żołkiewskiego kanclerza i hetmana koronnego o ratunek. Powodowany szlachetnością hetman, bierze sześć pułków kozackich nadesłanych mu przez Sahajdacznégo pod dowództwem generalnego asauły Potrebnicza, niecco wojska regularnego i wstępuje do Multan przeciwko dziesięć razy liczniejszemu nieprzyjacielowi. Lecz hetmana Kozaków niebyło tu zniemi, albowiem w bitwie pod Cecorą nad Prutem wszyscy prawie zginęli. Polska utraciła tutaj prócz wielu walecznych ludzi kanclerza i hetmana wielkiego Żołkiewskiego, który walcząc do ostatnich sił został rozsiekany przez janczarów. Turcy uciąwszy głowę wspaniałego wojownika, zatknęli ją na dzidę, z tryumfem obnosili po obozie i odesłali do Konstantynopola, zkąd dopiero wykupioną została i razem z ciałem pochowana w Żółkwi.

W téj bitwie poległ także setnik czyhryński Michał Chmielnicki, syn jego Bogdan, późniéj tak głośny w dziejach, na widok ojca zbroczonego krwią, popychany zemstą, na czele garstki wdarł się w szeregi bisurmanów, został otoczony i wzięty do niewoli, gdzie przez lat dwa jęczał w pętach.

Po téj porażce Tatarzy rozumiejąc że będą mogli bezkarnie rabować Polskę i Ruś, wpadli do kraju, lecz Zaporożcy zebrawszy się pod przewodnictwem atamana Piotra Odińca w liczbie 5000, dościgli najezdników we własnym ich kraju blisko Perekopu, pobili na głowę, odebrali łupy, i wyswobodzili jeńców.

Turcy dumni ze zwycięztwa, korzystając ze sposobności, wypowiadają Polsce wojnę.

Rzecz-pospolita dla zapobieżenia grożącemu nieszczęściu, zbiera stany w Warszawie, które uchwaliły, aby dla zobowiązania Kozaków, wypłacić im tytułem żołdu 30,000 złp. nadać konstytucyą duchowieństwu i narodowi wyznania greko-rossyjskiego i zażądać, by hetman kozacki przyłączył się do hufców hetmana koronnego; napróżno dywan starał się wszelkiemi środkami skłonić na swoją stronę groźnego naczelnika Kozaków, Sahajdaczny pozostał wiernym królowi.

Wojska królewskie okopały się na równinach niedaleko Chocimu, w dwóch oddzielnych taborach kozackim i polskim, ogólne siły wynosiły 64,000.

Wkrótce ukazały się ogromne wojska nieprzyjacielskie, bo 312,000 wynoszące, pośród których 80,000 było samych Tatar. Sam sułtan był na czele swych zastępów. Bisurmanie rozpoczęli attak ale ze znaczną stratą cofnąć się musieli. Po kilka razy przez dzień ponawiano szturmy do obozów królewskich, ale zawsze niepomyślnie, Turcy przed wieczorem odstąpili do swego taboru, Kozacy wyszli z szańców i udali się za niemi w pogoń, korzystając z zaczynających się rozszerzać ciemności wdarli się do obozu nieprzyjacielskiego, rozpoczęła się straszna walka, Sahajdaczny posłał po posiłki do Hodkiewicza, i byłby niezawodnie opanował całym taborem Turków gdyby żądana pomoc nadeszła, lecz Hodkiewicz niewiadomo z jakiego powodu odmówił jego żądaniu.

Kozacy zniechęceni niedostatkiem żywności, furażu i odmową tą hetmana koronnego, oburzyli się tym mocniej, zaczęli szemrać a nawet Zaporożcy postanowili opuścić obóz. Sahajdaczny zawiadomił o tem naczelników polskich.

Dla zapobieżenia zmniejszeniu sił i rozdwojenia, wyprawiono do obozu Kozaków trzech deputowanych, w liczbie których znajdował się Jakób Sobieski ojciec Jana IIIgo którzy dla pojednania zniechęconych, przyrzekli Zaporożcom nagrody, za poniesione straty i przywileje od króla, a ponieważ Hodkiewicz wtedy właśnie umarł na grasującą zarazę, całą winę zwaliwszy na niego, powrócili jedność w obozie.

Sahajdaczny napadami swemi tak dokuczył Turkom że sułtan wyznaczył nagrody za każdą głowę kozacką po 50 dukatów. Nareszcie niepowodzenia, męztwo przeciwników, głód i choroby, skłoniły Turków do zawarcia pokoju. Lecz pierwszym ich warunkiem ugody było żądanie głowy Sahajdacznego i wszystkich starszyn kozackich.

Po długich układach nastąpił pokój.

Lecz jakież było zadziwienie hetmana gdy się dowiedział że Polacy zobowiązali się „ukrucić swawolę

Zaporożców i położyć tamę ich morskim rozbojom."
Oburzony zbiera obóz i przeprawiwszy się przez Dniestr
wraca do Ukrainy.

Wkrótce znużony trudami wojennemi i wiekiem
Konaszewicz oddał dowództwo nad wojskiem naka-
źnemu hetmanowi Piotrowi Życkiemu, a sam został
spokojnym rządcą Ukrainy. Teraz zajął się urządzeniem wewnętrzném i poprawieniem bytu ludu małorossyjskiego. Powracał prawosławnym odebrane cerkwie,
wznosił i odbudowywał poniszczone miasta, nadał mona-
styrom sioła, założył szkołę w Kijowie i przeznaczył jéj
cały swój majątek, nakoniec po 24 letniem hetmaństwie
wstąpił do klasztoru gdzie życie zakończył, 1622 roku.

Za jego hetmaństwa, Starodub, Perejasław i Nowygród Siewierski otrzymały od króla prawa magdeburg-
skie i herby (1620 r.) Starodub: miał dąb z gniazdem;
Perejasław: w srebrném polu basztę o trzech wieżach
z kościelną kopułą i zębatym murem; na nowogrodzkim,
mur z basztą na któréj była gwiazda a po bokach
kopja i złota szabla.

Miasta Kozielec i Oster zostały obwarowane, Humań
Borzna, Sosnica, Pirjatin, Mirgoród, i Zołotonosza były
znaczniejszemi miastami. Prytuki i Romen należały
do książąt Wiszniowieckich, Czernichów w roku 1618
został odstąpiony przez Rossyą Polsce.

Za czasów także Konaszewicza, Kijowianie otrzymali przywiléj, zabraniający żydom mieszkać w mieście,
zakładać handle, kupować domy, na jarmarkach nawet
nie wolno było im pozostawać dłużéj jak tydzień,
i stawać tylko w zajazdach a nie w domach prywatnych. (*)

(*) Volumina legum, Tom 3. k. 712.

Wtedy także umarł książę Konstanty Ostrogski, wojewoda kijowski, marszałek wołyński, starosta włodzimirski, był on synem księcia Konstantego Janowicza hetmana litewskiego. Założył szkołę w Ostrogu dla nieuniatów, zaprowadził drukarnią i wydrukował biblją. Byłto magnat jeden z najznakomitszych swego czasu, utrzymywał do 2000 dworzan, posiadał milion dwa-kroć sto tysięcy złotych dochodu, był szczodry dla ubogich i rycerstwa, przyjacielem oświecenia i wierny swéj wierze. Umarł, mając blisko lat sto.

ROZDZIÁŁ VIII.

Hetmani wybierani przez pojedyncze oddziały Kozaków.

———

Oliwer Steblewiec, Bogdan Konha, Zara, Maksim Grigorewicz, Michał Doreszeńko i Hrycko Czarny, od 1622 do 1628 r.

P o śmierci Sahajdacznego przez lat sześć Małorossya nie posiadała hetmana; wybierano naczelników, lecz ci nie byli przyznawani przez cały naród i wkrótce składani ze swego dostojeństwa, przysyłała im i Polska hetmanów przez siebie narzucanych, ale i ci także nie długo cieszyli się władzą.

Za życia zmarłego hetmana, szanowano prawa Kozaków, już to z potrzeby, już z bojaźni, nie zmuszano do unii, bo Sahajdaczny opiekował się wiarą grecką, szanowano własności i uposażenie cerkiewne, bo sam hetman je strzegł i nadawał. Lecz skoro tylko zniknął Konaszewicz, rozpoczęły się prześladowania przez unijatów.

W 1623 roku w Witebsku, lud wyznania greko-rossyjskiego gnębiony przez unijatów, zabił ich ar-cybiskupa Józefata Kącewicza, a skoro wieść o po-stępku tym doszła do Warszawy, król rozkazał po-zamykać cerkwie greckie, pozbawił wyznawców téj wiary wszelkich praw, zabronił nawet mieszkać w miastach i zniósł przywiléj wybierania sobie het-manów.

Ziemie rangowe hetmańskie zostały rozdzielone pomiędzy panów i urzędników polskich. Prócz zwy-kłych opłat z dymów i od łanów, zostały nałożone *inducta i evecta*, to jest opłaty celne od sprzeda-wanych i kupowanych wszelkich zapasów żywności, wszelkich zwierząt, bydła wprowadzanego i wy-prowadzanego.

Ale mimo wszelkich obostrzeń i zakazów, część Kozaków wybrała sobie na hetmana Oliwera Ste-blewca (1622 do 1623), lecz jak o nim, tak i o jego następcach Bogdanie Konha i Zara, nic pewnego nie wiemy. Ostatniego Maksyma Grygorewicza, który bę-dąc zapewne poświęcony królowi, wzbraniał Koza-kom wypraw morskich na Turków, Zaporożcy zabili, po jego śmierci Kozacy puścili się na morze Czarne, wysiedli na ląd na milę od Konstantynopola, spalili kilka wsi i zagrozili saméj stolicy.

Samowolne podatki, uciemiężenia i prześladowania nareszcie tak wzmogły się na Ukrainie, że wojewo-da kijowski został znaglony uczynić przedstawienie królowi i senatowi o smutnym stanie ludu doprowa-dzonego do ostateczności przez wojska polskie, pa-nów i urzędników tamtejszych. Królewicz Włady-sław, który po kilka razy miał pod swém dowództwem pułki kozackie, poznał i ocenił przymioty i przysługi ich w wojnach przeciwko Liwonii, Pomeranii i Gdańskowi, gdy Polska była w związku ze Szwecyą; oraz król szwedzki Gustaw Adolf, wzięli stronę Kozaków. Królewicz był ich orędownikiem u Zygmunta, Gustaw zaś pisał przez swego posła bawiącego w Warszawie, że Kozacy, którzy tyle świetnych czynów i przedsięwzięć dokonali z takiem poświęceniem na korzyść obydwóch związkowych królestw, którzy bezprzykładném posłuszeństwem, wytrwaniem na trudy i niewygody wojenne, zawsze jednali sobie podziwienie i uwielbienie jego, jako naocznego świadka i uczestnika ich zwycięztw, zasługują na większą wdzięczność i łaskawsze obejście jak doznają; nie może przeto obojętnie patrzéć na czynione im nieludzkie gwałty i uciemiężenia przez samowolność panów polskich; że rząd który wojska własne i szlachtę doprowadził do anarchii a właścicieli ziemskich i możnowładców do despotyzmu, pogardzającego prawami i przywilejami ludu; nie rodzi bynajmniéj ufności, iż zachowa przymierza i traktaty zawarte z sąsiedniemi państwami, które zabezpiecza tylko porządek.

Pośrednictwo takie przyniósło niejaką ulgę Kozakom, Ukraina cieszyła się swobodą, lecz tylko do pierwszego sejmu, na którym uchwalono prawa, któremi tym więcéj przygnębiono nieszczęśliwą Małorossyą.

Nareszcie lud stracił cierpliwość 1625 r. Metropolita Job Borecki wyprawił z Kijowa do Moskwy Izaaka biskupa łuckiego z prośbą do cara o przyjęcie Ukrainy i Zaporoża pod swą opiekę. Czy miał metropolita do tego prawo lub nie, niech czytelnicy osądzą, lecz barbarzyńskie prześladowania staną na jego obronę. Gdyby w Moskwie podobnie jak w Warszawie jezuici byli w około cara Michała, Ukraina i Kozacy przeszliby pod nowe zwierzchnictwo, lecz młody car nie chciał złamać wbrew honoru zawartego z Polską przymierza.

Michał polecił posłańcowi zapewnić Małorossyan o jego chęciach stania się im użytecznym; posłał metropolicie podarunki i obdarzył podobnież posła. Wtedy Zaporożcy wybrali sobie atamana Michała Doroszeńko, 1625 r.; byłto dziad słynnego Piotra Doroszeńki. Nowy naczelnik mimo zakazów i wojska polskiego stojącego na granicy, zebrał 4,000 Kozaków i poszedł do Krymu, zkąd powrócił obciążony zdobyczą.

Wtedy właśnie Murad IV sułtan turecki strącił z haństwa Mohamed-gireja, brat jego Szahin-girej postanowiwszy orężem utrzymać go przy władzy, uzbroił na prędce hordę i wezwał pomocy kozackiéj dla odparcia Kapudana paszy Redzeb'a, który z rozkazu sułtana prowadził na hanstwo Dzanibek-gireja. Przyszło do walnéj bitwy, Tatarzy z Kozakami pobili na głowę Turków i zmusili Redzeb paszę do uznania hanem strąconego Mohamed-gireja. Kozacy wynagrodzeni wrócili do domów, lecz han krymski począwszy mścić się nad swymi przeciwnikami, dał powód do buntu, dla którego przytłumienia powtórnie użył Kozaków. Przybyli niezwłocznie Zaporożcy, ale wnet postrzegli, że skoro minęła potrzeba ich usług, han począł godzić na ich zgubę, bo jeden z ich pułków otoczony w wąwozach od przemagających sił muzułmanów, po upartym boju w którym poległ jego dowódca, z niesłychaną trudnością śród ciągłych zapasów w odwrocie z tatarską pogonią, utrzymawszy szyki i obozowe ciężary mało niedoliczywszy się swoich, przebił do kraju.

Kozacy zapaleni zemstą przeciw Tatarów, zgromadzili w końcu października 1625 roku około 30 tysięcy dobrze uzbrojonego wojska pod Kryłowem, mając zamiar wtargnięcia do Krymu. Tymczasem nadeszły do króla skargi na Kozaków z Carogrodu, o złamanie przez nich świeżo zawartego pokoju, wraz z domaganiem się przykładnego ukarania. Zygmunt III-ci nie umiał odmówić żądaniu porty, poruczył przeto hetmanowi polnemu Koniecpolskiemu, aby te swawole Kozaków skarcił, oraz dawniejsze występki kozackie, rozboje po miastach królewskich, podżegania chłopstwa do buntu, powiększenie wojska nad przepis i potrzebę, poskromił. Hetman z wojskiem kwarcianem i nadwornemi chorągwiami znaczniejszych właścicieli dóbr na Ukrainie stanął pod Kryłowem i nakazał Kozakom broń złożyć. Po zuchwałéj ze strony Kozaków odpowiedzi, uderzył na nich i zadaną klęską tak przeraził, że ci już drugi raz z taborów wywabić się nie dali, dla większego nawet bezpieczeństwa, obóz przenieśli w lasy na uroczysko zwane Niedzwiedzie Łozy, nad jezioro Kukarowo. Koniecpolski poszedł za nim i po częstych szturmach w których od dział kozackich wiele piechoty niemieckiéj poległo, a jazda niemałą w koniach poniosła stratę; w których Tomasz Zamojski i Marcin Kazanowski, dali dowody świetnéj odwagi,—zmusił ich nakoniec do pokory i przyjęcia przepisanych przez siebie warunków.

Ordynacya Kozaków zaporożskich.

My Stanisław na Koniecpolu Koniecpolski, sandomierski, hetman polny koronny, wieluński, barski,
kowelski; Tomasz z Zámościa Zamojski, kijowski,
kruszyński; Jan z Żurowa Daniłowicz, ziem ruskich,
buski, korsuński; wojewodowie; Hawryło Hoscki, kijowski; Maciéj Lesniowski, bełzki, kaniowski, raciborski; Marcin Kazanowski, halicki, bogusławski, kasztelanowie; Stanisław z Potoka Potocki, podolski;
Stefan Niemierycz, kijowski, podkomorzowie; Jakób
Sobieski, krasnostawski, Alexander Bałaban, trembo-
welski, rohatyński; Adam Kalinowski, bracławski,
winnicki; Konstanty Korybut Wisniowiecki; Jerzy
z Ostroga Zasławski, książęta; Janusz Tyszkiewicz,
Mikołaj z Potoka Potocki, wojewodzic bracławski;
Tomasz Szkliński, zygalwiński; Teodor Jelec, chorąży, Filon Strybel, cześnik kijowski; Jan Bielecki;
starostowie od jego królewskiéj mości i rzeczypospolitéj, do wprawienia w przystojny porządek wojska zaporożskiego i do opowiedzenia mu woli J. K. M.
i rzeczypospolitéj kommissarze naznaczeni.

Oznajmiamy, iż czyniąc dosyć poruczeniu rzeczypospolitéj i powinności którąśmy na się wzięli, szu-
kaliśmy wszystkich sposobów, które nam czas i oka-
zyą podawała, aby się było intencyej i wolej J. K.
M. i rzeczypospolitéj potrzebie, jako najbardziej do-
godzić mogło z jaknajmniejszym rzeczypospolitéj za-
wodem i krwie przelaniem. Do czego z miłości naszéj i wiary powinnej ku rzeczypospolitéj, nietylko
prace, ale i odwagi, zdrowia nie żałowaliśmy i za

Bożą pomocą i zgodą nas wszystkich do takiego rządu i posłuszeństwa wojsko J. K. M. zaporożskie przywiedliśmy.

Naprzód, iż nabardziej rzeczpospolitą obchodziło i obchodzić słusznie miało, chodzenie z państw rzeczypospolitej na morze nad wyrazny rzeczypospolitej zakaz, także zbrodnie w miastach J. K. M. pewnych popełnione, te iż przez szable za nastąpieniem wojska koronnego znacznie są pokarane, tym ktorych szczęście i wola Boża od tej kaźnie zasłoniła, ostatek krwi swej przy której rzeczpospolita ich ostawiła na odwagi i usługi rzeczypospólitej ofiarują i obowiązują, cale imieniem J. K. M. i rzeczypospolitej odpuszczamy; tak, że ani tym którzy w służbie J. K. M. zostaną, ani tym którzy do obejścia swego według woli J. K. M. wrócą się spokojnie, szkodzić to napotem nie ma, byle jedno starostwom i urzędom swym, napotem powinne poszanowanie i posłuszeństwo oddawali i w żadne jurysdykcye, posyłki i rządy się nie wdawali. Widząc przytém rzecz przystojną, żeby wojsko zaporożskie z poddanych J. K. M. zebrane będąc, głowę albo starszego swego, jako dawnych czasów bywało, z ramienia J. K. M. miewało, tedy mając moc od J. K. M. i rzeczypospolitej sobie zleconą, Jaśnie wielmożny JM. pan w-da sandomirski, hetman polny koronny, wieluński, barski, kowelski starosta, za wiadomością nas wszystkich, za obraniem ich, z pośrodku ichże samych, podał im za starszego pana Michała Doroszeńkę i napotém temu tylko starszemu którego J. K. M. i następujący królowie polscy panowie nasi, przez hetmanów koronnych z pośrodka ichże samych obranego

podawać będą, posłuszni być mają; a jeżeliby powinności swéj dosyć nie czynił, tedy skargę nań
przed J. K. M. i hetmany koronnymi przełożyć i o innego z pośrodka ich podanie pokornie prosić mają;
toż i po zejściu każdego uczynić będą powinni. Je-
śliby jednak w wielkiéj odległości wojsko było od
J. K. M. i od hetmanów koronnych, tedy mogą obrać
po śmierci między sobą starszego, dla zatrzymania
rządu wojskowego do tego czasu, aż im król jm.
przez hetmana koronnego z pośrodka ich obranego
poda. Przysięgę jaką ten teraźniejszy starszy J. M.
panu hetmanowi przy bytności ich mm. pp. kommissarzów oddał, i insi na potem będący takową
przed zesłanymi od panów koronnych osobami, wykonać mają."

*„Ja Michał Doroszeńko przysięgam panu Bogu
w Trójcy jedynemu iż Najjaśniejszemu królowi polskiemu Zygmuntowi III i jego następcom i rzeczypospolitéj koronie polskiéj na tym urzędzie moim,
do woli i łaski J. K. M. będąc, we wszystkiem taką
wiarę i posłuszeństwo zachowywać będę, przestrzegać we wszystkiem rozkazania J. K. M. i rzeczypospolitéj, hamując wszelką swawolę i nie posłuszeństwo, a mianowicie: że ani sam, ani przez insze
jakie osoby przeciwko cesarzowi tureckiemu ziemią,
ani morzem oprócz rozkazania J. K M. i rzeczypospolitéj chodzić, ani wojować nie mam; owszem
jeżeliby kto chciał z wojska mnie zwierzonego, lub
ktokolwiek inszy uczynić, a jabym o tem wiedział,
tedy króla jegomości i hetmanów ostrzegać mam,
i sam się przeciwko takim zastawiać będę powinien;
na żadne też kupy ani ochotnika, ani tych wypi-*

sanych wołać i kupić bez woli jego nie będę, także też wszystkim kondycjom w najmniejszym punkcie, które w piśmie na Niedzwiedzich Łozach od Jchmości panów Kommissarzów są mianowane, ze wszystkiem towarzystwem mojém będę dosyć czynił.„

„A iż J. K. M. dla lepszego porządku o liczbie ich wiedzieć chce, i jako największy plac zasłużonym w wojsku uczynić i do służb rzeczypospolitéj sposobniejszym, zalecił to, aby spisek porządny wojska wszystkiego i wiele w którym mieście J. K. Mci ma ich przemieszkiwać, był uczyniony, tedy aby tem łacniéj i sposobniej w domach swych to uczynili, do czego nam łatwiejsze środki, niżby się to tu na tem miejscu stać mogło, pokazali od dnia szóstego listopada aż do dnia ośmnastego grudnia w teraźniejszym roku, wedle kalendarza nowego, to jest w sześci niedzielach zupełnych czas im naznaczamy; aby się wszyscy w liczbie sześci tysięcy zawarli, spisawszy porządnie w regestra, jako wiele w którém starostwie mieszkać ich będzie, które regestra lub JM. panu hetmanowi lub panom kommissarzom do téj sprawy naznaczonym oddadzą, a ztamtąd do skarbu koronnego oddane, ze skarbu zaś od panów starostow extraktem wyjmowane, a napotem każdemu staroście z kolei przy inwentarzach oddawane będą, a tym którzy zostaną wypisani, szkodzić nie będzie, karać ich podstarościowie nie mają, że w wojsku zaporożskiem byli. Którą liczbę sześć tysięcy wojska, powagą J. K. M. i rzeczypospolitéj na każdą usługę rzeczypospolitéj zachowujemy i służbę im imieniem rzeczypospolitej przypowiadamy, tak, iż liczba ta sześć tysięcy, którzy będą w regestra wpisani, wszyscy ogółem i każdy z osobna wolności, praw od królów Jchmość polskich i od króla J. M. szczęśliwie nam panującego nadanych, tak jako przedtem zażywali, zażywać będą. Także wolno im będzie zażywać przystojnego pożywienia, jako handlów, łowienia ryb i zwierza, tym jednak sposobem aby pożytkom starościnym nie czynili przeszkody i jazów i uchodów, do starostw zdawna należących zaniechali. Na które wojsko żołdu dorocznego na świętego Jlja ruskiego, złotych sześćdziesiąt tysięcy polskich, które w Kijowie mieście króla J. M. odbierać będą; a osobno przychęcając ich do służby J. K. Mci i rzeczy-pospolitej, iżby tym pilniej urzędów i powinności swoich przestrzegali, starszyznom jurgelty takie przeznaczamy: starszemu nad wszystkiem wojskiem jurgieltu rocznego sześćset złotych; oboźnemu złotych sto; asaułom dwiema, każdemu po złotych półtora set; pisarzowi złotych sto; pułkownikom sześciom po złotych sto; asaułom pułkowniczym po pięćdziesiąt złotych; setnikom sześciomdziesiąt po złotych piąćdziesiąt, a sędziemu wojskowemu złotych sto. Z tej liczby sześci-tysięcy, po tysiącu, albo jak wiele I. M. P. hetman za wiadomością od starszego ich według czasu i okazjej będzie rozumiał potrzebę, na nizu, za porohami mieszkać i powinności zwykłe w dawaniu wiadomości o nieprzyjacielu, bronieniu jemu przepraw, zatrzymaniu miejsca tamtego, oddawać rzeczy-pospolitej będą powinni; ostatek ich zaś za włością stojąc, za oznajmieniem hetmanów koronnych, do wojska kwarcianego, albo gdzie potrzeba ukaże, na służbę rzeczy-pospolitej ciągnąć; przestrzegać w ciągnieniu wszelkiego uciążenia ludzkiego i gdzie będą zawsze przebywali. Jeżeliby się też sa-

memu starszemu trafiło odejść na Zaporoże, tedy tu
na włości zostawiać ma na miejscu swojem człowieka
dobrego, któryby wszelkiego porządku a szczególniéj
ludziom ukrzywdzonym skutecznéj i nieodwłocznéj
sprawiedliwości pilno przestrzegał, ażeby się od nich
krzywda nikomu nie działa, tedy mają się w żadne
jurysdykcye zamkowe, duchowne, ani miejskie wdawać,
sprawiedliwość zaś każdemu przez wchód atamana
i starszych ich, przy obecności podstarościów, a im
zaś przez samych podstarościów, wedle opisania prawa pospolitego czyniona być ma, a sami, między sobą
sądzić się mają. Na morze, ani Dnieprem, ani żadnemi
państwom rzeczy-pospolitéj przyległemi rzekami chodzić
nie mają, ani pakt z cesarstwem tureckiém rwać,
ani lądem, ani wodą, żadnéj wojny z sąsiady rzeczypospolitéj, bez woli i rozkazania J. K. M. i rzeczypospolitéj, wszczynać nie będą. Czółny morskie zaraz
przy widzach których I. M. pan hetman zeszle na to
popalą i innych pod srogiem karaniem robić nie będą,
ani czołnów morskich, ani lip spuszczać Dnieprem, ani
inszemi rzekami nie będą, czego starsi ich pod łaską
J. K. M. i srogiem karaniem doglądać będą, także panowie starostowie temu zabiegać i bronić mają.
W dobrach ziemskich, szlacheckich i duchownych,
tym tylko mieszkać wolno będzie, którzy będą panom
swoim posłuszni i których oni cierpieć zechcą; także
chcemy mieć, aby żaden kto nie zechce być panu swemu posłuszny, daléj 12 niedziel, od daty tego pisania,
nie mieszkał w dobrach szlacheckich ani duchownych.
Wsi także, uchody, jary, grunty i insze dobra które sobie po te czasy niesłusznie uzurpowali, zarazem bez
wszelkiéj odwłoki starostom, dzierżawcom i panom dzie-

dzicznym puścić mają, na któreby prawa żadnego przed
pany kommissarzami których do spisania wojska naznaczamy, nie pokazali. A ktoby nie chciał być posłusznym panu swemu, a zatem nie mógłby też w dobrach dziedzicznych szlacheckich i duchownych mieszkać,
tedy przed wyjściem tych 12 niedziel, wolno mu będzie
dom i rozrobek jego przedać takiemu człowiekowi,
któryby panu swemu powinności i poddaństwo zwykłe
oddawał, osiewki jednak ich ozime i jare, starostowie
i panowie spokojnie mającemu pozwolić i ażeby się
wojsko w żadne rzeczy sobie nie należne nie wdawało,
za wolą J. K. M. i rzeczypospolitéj pilno to zachowywać mają, aby się przymierza z żadnemi sąsiedzkiemi
państwy zawierać, ani żadnych posłów od postronnych
panów przyjmować, ani się przez poselstwa znosić, ani
na służby panów obcych zaciągać, nie ważyli; inaczéj
musiałaby ich rzecz-pospolita nie za wierne poddane
swe, ale za nieprzyjacioły mieć, którzyby sobie coś
osobnego nad insze rzeczy-pospolitéj członki przywła-
szczali i nie kommissyami (ponieważ téj łaski J. K. M.
i pracy ludzi wielkich niewdzięcznymi by się pokazali) ale jawną i ostrą surowością, bez znoszenia się
z nimi dalszego, musieliby być pokarani, także iż za
powolnością ich rzecz-pospolita przy znacznem upoko-
rzeniu, nie tylko występki przeciwko rzeczy-pospolitéj
popełnione odpuszczamy; ale też w wielu punktach
łaskę im imieniem J. K. M. i rzeczy-pospolitéj oka-
zaliśmy, warujemy tedy to sobie i wszystkiéj rzeczy
pospolitéj że jeżeliby się niewdzięcznymi téj łaski J.
K. M. pokazali, a niedotrzymali słowa i przysięgi swojéj,
lub we wszystkich punktach, lub w którym kolwiek
z nich, wtedy jak prawa i wolności im nadane, jako

rzeczy-pospolitéj nie posłusznym pomagać nie będą, tak ani ta łaskawość nasza i odpuszczenie zbrodni i to cokolwiek się gwoli nim teraz uczyniło, żadnéj wagi mieć nie będzie, i owszem nie oglądając się na to, rzecz-pospolita jako przeciwko przestępcom woli J. K. M. postępować będzie. A iż te wszystkie punkta i kondycye wojsko Zaporożskie poczuwając się w powinności swojéj jako wierni J. K. M. i rzeczy-pospolitéj poddani przyjęli; i że onym dosyć czynić na potomne czasy będą, przysięgami potwierdzili, tedy na znak tego, pieczęć wojskową tu przycisnąwszy, kilku starszych rękami własnemi podpisali, a nadto, nie tylko starsi, ale i czerń wszystka podniesionym głosem, wte słowa przysięgę oddali."

„My attamani czerń wszystka i wszystko wojsko J. K. M. pana n. m. zaporożskie, wszyscy jednostajnie i każdy z nas z osobna, przysięgamy panu Bogu Wszechmogącemu w Trójcy jedynemu: iż czyniąc zadosyć woli J. K. M. p. n. m. od teraźniejszego czasu wierność poddaństwa królowi J. M. zachować, posłuszeństwo wszelkie starszym naszym oddawać, na morze i Dniepr nie chodzić, państw cesarza tureckiego nie najeżdżać, czołny morskie wszystkie popalić, przymierza z postronnemi pany, krom wiadomości J. K. M. zawierać i nic takowego, coby z obrazą majestatu J. K. M. i rzeczy-pospolitéj być miało czynić nie mamy, owszem temu wszystkiemu, co dnia dzisiejszego z ich mościami pany kommissarzami zastanowiło się, dosyć czynić mamy."

Działo się w obozie u Kurukowa na Niedźwiedzich Łozach r. 1625 (6 listopada).

A do spisania liczby wojska, także rewidowania praw na grunty, z pośrodka siebie j. m. pana halickiego (Marcina Kazanowskiego) i j. m. pana podkomorzego kijowskiego (Stefana Niemirycza), chorążego kijowskiego (Teodora Jelec) jm. pana starostę zygwalskiego (Tomasza Szklińskiego) użyliśmy. (*)

W następnym roku Doroszeńko znów wyprawił się łodziami na miasta tureckie, lecz otoczony przez flotę sułtańską na brzegach Rumelij stracił 20 swych czajek które zmuszony był zatopić, i dziesięciu towarzyszy którzy zginęli w straszliwych mękach.

Tymczasem sejm warszawski widząc wzburzenie umysłów i lękając się powstania Kozaków, postanowił ich zająć czémkolwiek, rozkazano im przeto strzedz granic a część wyprawiono przeciwko Szwedom z którymi wyszedł czas przymierza. Na Zaporożu rząd polski postanowił atamanem Hryćkę, poświęconego sobie starszynę 1628. Tym sposobem Kozacy zostali pozbawieni ostatniego przywileju obierania sobie dowódców. Postanowienie to zatém wywołało okropne wzburzenie umysłów, Zaporożcy zabili Hryćkę i wolnemi głosami obrali hetmanem całéj Ukrainy pułkownika korsuńskiego Tarasa Trasiło.

(*) Źródła do dziejów polskich Tom I. k. 3. *Malinowskiego, M. Grabowskiego i Przezdzieckiego.*

ROZDZIAŁ IX.

Taras Trasiło, Semen Perewiazka i Pawlug,
od r. 1628 do 1638.

aras otrzymawszy buławę, zebrał wojsko i zgromadziwszy znaczną liczbę armat z miast, pociągnął ku Pereasławiowi. Na wieść, że prawy hetman, wybrany własném natchnieniem zgromadza swe pułki, ze wszech stron biegło Kozactwo pod jego sztandary, a gdy hetman stanął pod Pereasławiem, już hufce jego liczyły do 30,000 ludzi. Taras rozłożywszy obóz pomiędzy wioskami Trubeżem i Altą, otoczył go rowem i wozami i oczekiwał nieprzyjaciół.

Pogłoska o uzbrajaniu się Kozactwa rozszerzyła się po Ukrainie i przejęła trwogą katolików. Wojska polskie stojące po miastach zaczęły się ściągać pod chorągwie hetmana koronnego Stanisława Koniecpolskiego, przybyłego ze swemi hufcami z Polski i rozłożyły się naprzeciw obozu kozackiego.

Przez kilkanaście dni, wielki hetman codziennie attakował obóz kozacki, lecz zawsze bezskutecznie, bo rowy i obwarowania broniły doń przystępu. Kozacy walczyli mężnie, a rozpacz uciśnionych była równa sztuce wojennéj Koniecpolskiego. Tymczasem zbliżało się święto Bożego Ciała; rozpoczęły się uroczystości; Polacy zaczęli stawiać ołtarze, zrana rozpoczęto ceremonje salwą armatną, nastąpiły processye a popołudniu zakończyły święto uczty i biesiady w taborze polskim.

Kozacy dzień cały nie poruszyli się ze swego obozu. O zmroku dopiero, część wojska Tarasowego przypełzła do jednéj z leszczynek otaczających obóz polski i tam oczekiwała umówionego znaku. Wkrótce nastała noc. Kozacy wyszli z za swych szańców i przed świtem uderzyli z dwóch stron na obóz polski, wielu jeszcze było bez szat i nie zdołało wytrzeźwić po wczorajszéj hulance. Trwoga odjęła możność obrony, Taras wdarł się do obozu, rozpoczęła się okropna rzeź, nieprzygotowane rycerstwo polskie pierzchało bęzbronne, część potopiła się w rzece, a reszta uszła ze swym hetmanem.

Cały obóz i artylerya dostały się w ręce Kozaków, mówią, że samych dworzan wielkiego hetmana zginęło w téj walce do 300 ludzi.

Bitwę pereasławską Kozacy nazywają tarasowską nocą.

Teraz hetman ukraiński pozbywszy się najgroźniejszego nieprzyjaciela, rozdzielił swe wojsko na kilka partyi i wysłał do różnych miast dla uwolnienia ich z pod władzy polskiéj; jak mówili Kozacy, dla oczyszczenia Ukrainy od Lachów i Żydów.

Wtedy cała zemsta padła na nieszczęśliwe plemie Izraela, na tych nikczemnych arendarzy, którzy ufni w opiekę panów, projektowali im różne dzierżawy, jako to z cerkwi, od ceremonii religijnych, od ciast wielkanocnych i t. p. zdzierali biedny lud ukraiński i dręczyli go okropnie; tysiącami padali dziś pod mieczami Kozaków, chodzących z zemstą od miasta do miasta.

Wkrótce doszła do Warszawy wieść o krwawych scenach na Ukrainie, lecz rzeczpospolita będąc zajęta wojną ze Szwecyą i Rossyą, nie mogła nic stanowczo przedsięwziąść przeciwko zuchwalstwu chłopstwa ukraińskiego, jak mówiono.

Koniecpolski otrzymawszy szczupłe posiłki obległ Pereasław, gdzie weszły znaczne wojska kozackie; trzy tygodnie wielki hetman dobywał miasta, lecz bezskutecznie, Kozacy będący w południowéj Ukrainie przybyli mu na odsiecz i przecięli Polakom dowozy żywności, popaliwszy promy na Dnieprze.

Koniecpolski rozpoczął układy z oblężonemi, przyrzekł im zupełne przebaczenie króla, byleby powrócili do posłuszeństwa. Nastąpiła ugoda, wielki hetman odstąpił od miasta i wyznaczył na hetmana Ukrainy Tymofija Arandareńkę, który zjechawszy się z metropolitą Jobem w Czerkasach, ułożył, by wyprawiono do króla dwóch reprezentantów z użaleniem na nieszczęścia jakie wojna sprawiła na Ukrainie. Niewiadomo co król odpowiedział na to przedstawienie, wiemy tylko, iż na miejsce Arandareńki przeznaczony był Piotr Życki, będący niegdyś nakaźnym atamanem przy Sachajdacznym 1631 r.? 1613

Co się stało z Tarasem, niewiadomo, znajdujemy tylko wiadomość że r. 1629 Zaporożcy z wodzem swoim

wypłynęli czajkami na morze Czarne, i łupiąc nadbrzeżne miasta doszli aż do Konstantynopola, nabawili trwogą jego mieszkańców i samego sułtana, a spaliwszy odle-
glejsze przedmieścia, powrócili do kosza z bogatą zdobyczą. Historya nie wymienia nazwiska tego wodza.
Zdaje się jednakże, że Taras złożywszy swą buławę
udał się do siczy i przedsięwziął wyprawę na Turków.

W tym czasie Gustaw Adolf przez gubernatora Rusel
zaproponował Kozakom, by oddali się pod jego opiekę,
przyrzekał im nienaruszone zachowanie wszelkich wolności, wiary i zwyczajów, jako szlachetnym rycerzom
i walecznym wojownikom. Lecz śmierć Gustawa przerwała wszelkie układy starszyn małorossyjskich w tym
przedmiocie, jeżeli istniały jakie, bo przez to poddanie
się narodowi obcemu, Ukraina postawiła by przeciw sobie i Rossyą. Car bowiem wymawiając się przymierzem
z Polską nie pozwolił posłom króla szweckiego przeja-
jazdu przez swój kraj na Ukrainę; gdyż zapewne
przewidywał, że prędzéj czy późniéj bogata Ukraina
przejdzie pod jego berło.

W końcu 1631 roku na prawej stronie Dniepru
zjawił się drugi hetman Gawryłowicz i ztąd powstały niezgody pomiędzy Kozakami, które stały się
przyczyną zguby tak Gawryłowicza jak Życkiego.

Wtedy Małorossyanie wybrali na hetmana Szy-
mona Perewiażkę pułkownego oboźnego 1632 r. Próżny ten człowiek, obsypany złotem i łaską panów
polskich, którzy w czasie dawnych prześladowań zawładnęli wieloma rangowemi dobrami, tajemnie pomagał ich zamiarom i uciemiężeniom, za jego czasów
zwolna wprowadzono wszystkie nieszczęsne ciężary
które zniósł Taras. Dla swéj obrony i wsparcia

Tom I. 21

panowie wprowadzili nanowo do miast wojska, na-
łożono ogromne podatki i daniny: z miodu, połowu ryb,
ubitego zwierza, zakazano palić wódki i piwa, a za-
prowadzono propinacye dworskie i arendy żydowskie,
opłaty przy narodzeniu dziecięcia płci męzkiéj, wyda-
waniu za mąż córek i t. p.

Kozacy spostrzegli się za późno, zrzucili z godności hetmańskiéj Perewjażkę i oddali go pod sąd wojenny, lecz żyd, kramarz Leybowicz przedawszy strze-
gącym więzienia usypiającej tabaki, ocalił Perewjażkę
od haniebnéj śmierci.

Generalny horąży Pawlug zastąpił jego miejsce
1633 roku.

W przeciągu tych dwóch lat, Zaporożcy nie przestawali nawiedzać ziemi hańskiéj i sułtańskiéj. W roku 1632 atamanem był Arłam.

Wtedy umarł Zygmunt, Władysław syn jego wstą-
spił na tron polski. Jeszcze przed koronacyą przedsięwziął pojednanie unijatów z Grego-Rossyanami, na
sejmie elekcyjnym 27 września 1632 r. postanowiono dwóch patryarchów na Ukrainie w dyecezyi połockiéj
i dwóch arcybiskupów, to jest unijackiego i prawosławnego, a dyecezye przemyślską, lwowską i łucką oddano nie unijatom.

Na sejmie koronacyjnym 18 lutego 1633 roku
Władysław zaprzysiągł zachowanie wszelkich praw
i wolności dyssydentów i nietykalność przywilejów
nadanych cerkwiom greckim; wtedy rzeczpospolita
potwierdziła dyplom dany przez króla greko-katoli-
kom duchownym i świeckim; a w patencie biskupa
mścisławskiego Bobrynowicza, król objawił, że każdy nie życzący sobie być unijatem, może z wszelką

swobodą odnosić się do biskupa nie unijatskiego. Nakoniec na sejmie warszawskim 1635 r. zatwierdzono konstytucyą i rzeczpospolita przyrzekła opiekę dla unijatów i nie unijatów.

Zdawało się, że powróciła pomyślność dla Ukrainy, bo w istocie przez lat parę Kozacy cieszyli się niejaką swobodą, lecz ta co rok była więcéj ścieśnianą. Panowie polscy posiadający ziemie na Ukrainie i ich namiestnicy, zaczęli lud uciemiężać, powróciły prześladowania za wiarę, samowolne podatki i zdzierstwa, przymuszenia Kozaków do robocizn poddańskich, nadzwyczajne pobory z dochodów, z pasiek, bydła, stad, drobiu, narzucono samowolne ceny przez dwory na ich połowy ryb i upolowaną zwierzynę i zmuszano kozaków do sprzedaży za taką cenę. Wszystko to zrodziło niepokoną nienawiść pomiędzy Kozakami a panami polskiemi, szlachtą i ich urzędnikami po dobrach rządzącemi, zgoła ku całemu imieniowi polskiemu.

Kozacy z początku udali się zażaleniem do króla, bo czując słuszność swéj sprawy spodziewali się zadosyć uczynienia. Odłożono ich sprawę do najbliższego sejmu, ale trudno było co uzyskać Kozakom którzy nieużywając praw szlacheckich, na sejmach nie mieli przez kogo popierać swych spraw. Wystawiono królowi Kozaków jako lud niespokojny, przez swe częste napady na Turków i Tatarów narażający rzeczpospolitą na niepotrzebne zatargi z Portą. Zatem na sejmie 1635 r. w miejsce zadosyć uczynienia, Władysław IV polecił wielkiemu hetmanowi koronnemu wystawić kosztem skarbu publicznego twierdzę Kaduk przy ujściu rzeki Samary do

Dniepru, jako w miejscu najzdatniejszym do powściągnienia swawoli kozackiéj.

Zaporożcy nie miłem patrzeli okiem na budowę twierdzy. Koszowym wtedy był Sulima, ten widząc iż warownia ta zagradzać mu będzie drogę w jego wyprawach morskich, napadł na Kaduk, robotników rozpędził, garnizon składający się z 200 ludzi wyrznął, dowódzcę pułkownika francuzkiego Marsona na pal wbić kazał, a roboty zaczęte zniszczył.

Koniecpolski rozgniewany taką zuchwałością Zaporożców, kazał przestępców surowo ścigać i mnóstwo wojska koronnego nad Dniepr ściągnął dla strzeżenia by budowa twierdzy przerywaną nie była. Potocki, hetman polny z rozkazu Koniecpolskiego otoczył Sulimę niedaleko Kudaku w uroczysku obozującego, do niewoli zabrał i do Warszawy odesłał, gdzie ataman został śmiercią ukarany..

Na widok ściągania się wojsk koronnych do Ukrainy, Kozacy swoje też siły zgromadzać poczęli, hetman wielki otrzymał o tem wiadomość, polecił Mikołajowi Potockiemu wojewodzie bracławskiemu, aby z jak największym pośpiechem udał się w miejsce ich zgromadzenia i nim się Kozacy zdołają zupełnie zebrać i urządzić, napadł na nich i rozpędził.

Potocki z kilkunastu tysiącami wojska wystąpił przeciwko nim 16 Grudnia 1637 r. i kiedy Kozacy według zwyczaju wybierali pochodną starszyznę, napadł na nich w stepie niedaleko Korsunia pomiędzy Moszną i Kumejkami i wpierw szyki swych hufców sprawił, nim oni wozami obóz swój otoczyć zdołali. Kozacy niespodziewanie napadnięci, nie przyszyko-

wani do walki, na głowę pobici zostali pomimo roz-
paczającego męztwa. Tam Stefan Czarniecki w urzędzie rotmistrza chorągwi usarskiéj, dał swéj waleczn-
ności dowody, także pułkownik Łaszcz, wpadłszy
z kilkoma rotami jazdy pomiędzy szyki kozackie, po
półgodzinnéj walce na dwie części złamał i rozproszył. Boplan, będący w téj bitwie, pozostawił nam
jej opis; liczył Kozaków pod Kuméjkami do 18,000,
z których 6,000 poległo, Polaków zginąć miało tylko 100, historyk jednak zdaje nam się bydź stron-
nym, niepodobna bowiem aby 6,000 Kozaków broniąc swego życia do ostatniego tchu, zabiło tylko 100
nieprzyjaciół.

Bitwa ciągnęła się do północy, w skutek któréj
cały obóz i zapasy kozackie dostały się w ręce zwy-
ciężców. Korzystając z ciemności nocnéj część kozaków do 4000 wynosząca pod naczelnictwem Skidania
schroniła się do Czechrynia, lecz liczniéjsza daleko
partja pod dowództwem samego Pawluga cofnęła się
ku Borowicy gdzie się okopała.

Potocki otoczył ich obóz i po kilkodniowym oblężeniu zaproponował pokój, przyrzekając imieniem króla,
nietylko przebaczenie, ale i potwierdzenie nawet dawnych
praw jeżeli do posłuszeństwa wrócą i dawnemu hetmanowi Perewjażcę jego urząd oddadzą.

Ugoda została podpisaną, Pawluga z czterema starszynami do hetmana wielkiego z oświadczeniem upokorzenia wysłanego z zapewnieniem że tym zakładnikom nic złego się nie stanie, do Warszawy odprawiono.

Lecz obietnica dotrzymaną nie została. Stany na
sejmie Warszawskim 1638 r. pragnąc wrazić po-

strach w kozakach przez ukaranie ich starszyn, nie zważając na przekładania Adama Kisiela posła z U-krainy na tym sejmie o potrzebie dotrzymania słowa danego przez hetmana w imieniu rzeczy pospolitej pod Borowicą, Pawluga z czterema starszynami Tre-miczem oboźnym, Letjaga, Szkurajem i Putiłą Asau-łami na śmierć publiczną skazały, a głowy ich publicznie w Niezynie, Umaniu, Baturynie i Czerkasach wystawić poleciły, i co większa zamiast potwierdzenia praw wydały ustawę następującą:

Wszelkie prawa przywileje i wybory Kozacy z po-wodu rebelii na wieczne czasy utracają, i od tego czas Kozak jest równy każdemu chłopu. Chociaż pozostawiają się regestrowi Kozacy w liczbie 6000, lecz ci nie będą już mieli własnego wodza przez nich samych z pośród siebie wybieranego, ale przejdą pod władzę kommissarza wyznaczonego z polskiej szlachty, który obowiązany będzie złożyć przysięgę wierności królowi i rzeczy pospolitej i który nie dozwoli im swawoli, zmusi do posłuszeństwa hetmanowi koronne-mu i wynagrodzenia wszelkich szkód poniesionych przez Polaków. Kommissarz ten winien mieszkać w Trech-temirowie a Kozacy w bliskości Czerkas, Kaniewa i Korsunia gdzie kommissarz wskaże. Za granicą tych okręgów nie wolno im posiadać ziemi ani majątków, i żadnych stosunków. Wszystko cokolwiek przedtem Ko-zacy samowolnie przyłączyli do trechtymirowskiego o-kręgu kommissarze mają zwrócić prawym właścicielom. Pułki jeden po drugim kolejno mają udawać się na Zaporoże dla pilnowania i bronienia Tatarom przeprawy przez rzekę, strzedz wysp dnieprowskich i porochów, nie przepuszczając kozaków na wyprawy czarno morskie. Prócz téj straży nikomu niewolno chodzić na wyspy i porochy inaczéj jak za świadectwem kommissarza; a kto będzie bez świadectwa pojmany na kudaku (*) na śmierć skazanym będzie. (**)

Ukaranie starszyn kozackich, mimo danego słowa o ich bezpieczeństwie, pozbawienie ich wszystkich praw, do których od wieków przywykli, które niejako zrosłe były z bytem Kozaków, do najwyższego stopnia ich oburzyło. Z jednéj strony rozpacz, z drugiéj nadzieja pomocy od państw sąsiednich uzbroiła ich na nowo. Kozacy odtąd o niczém więcéj nie myśleli, jak tylko o pozbyciu się nienawistnej władzy, a tak gdy pierwsze powstania zarody przez rostropne i łaskawe obejście króla, mogłyby być łatwo przytłumione, barbarzyńską srogością, pobłażaniem krzywd Kozakom wyrządzanych, przez prywatne osoby, wielkie nieszczęścia kraju spowodowano.

Panowie bowiem polscy władnący ogromnemi dobrami na Ukrainie a szczególniej ich namiestnicy, mimo wszelkich postanowień króla, gnębili lud niedouwieżenia, gdy niesiono zażalenia do tronu, magnaci mający przystęp do dworu uniewinniali swych officyalistów, potępiając skarżących, a tak zwykle zamiast zadosyć uczynienia, większe krzywdy i ścieśnienia wolności otrzymywali Kozacy. Zdawało się że już upadła hetmańszczyzna, i Ukraina została jak inne prowincye polskie, lecz ujrzemy, inaczéj się stało.

(*) Pierwszy z porochów.
(**) Volumina legum T. III K. 927.

ROZDZIAŁ X.

Stefan Ostrannica, Sawaltowicz, Karp półtora kożucha i Maksym Gulak od r. 1638 do 1646.

Śmierć Pawluga i rozesłanie głów starszyn po miastach, wcale nie wywarły skutku jakiego się spodziewały stany, zamiast postrachu, obrzydziły rząd barbarzyński i wzburzyły lud do zapamiętałości; odtąd walka i nienawiść stała się nie do pojednania, Kozacy nie lękając się ustawy sejmu pozbawiającéj ich prawa wyboru sobie hetmana, obwołują pułkownika nieżyńskiego Stefana Ostrannicę hetmanem, dodawszy mu na doradcę Leona Hunię z towarzystwa, starego i doświadczonego wojaka, których rozsądek i waleczność były znane całemu wojsku.

Potocki hetman polny, znów odebrał rozkaz wyruszenia przeciwko Kozakom. Ostrannica niemógł jeszcze zebrać rozrzuconych wojsk po Ukrainie, hetman polny przeto rozbijał pojedyncze drobne oddziały kozaków, a każde jego zwycięztwo oświęcone było barbarzyńską exekucyą, albowiem Potocki trzymał się systemu, że wpół dzikich Kozaków tylko okrucieństwem i postrachem zmusi do posłuszeństwa.

Nakoniec pułki kozackie zgromadziły się przerzynając się nocami ku Pereasławowi. Pierwszym przedsięwzięciem ich hetmana było opanować miasta po obu stronach Dniepru i ustanowić komunikacyą pomiędzy wojskami i mieszkańcami obu brzegów.

Naprzód uderzyli na oddział Stanisława Potockiego brata hetmana, zniósłszy go, zabrali bagarze i broń, którą uzbrojeni cofnęli się za Dniepr i nad rzeką Starczą obóz założyli. Tam rowem i wozami do koła gęsto ustawionemi tak się oszańcowali, iż przez całe dwa miesiące lipiec i sierpień dobywani, wszystkie natarcia dobywających mężnie odparli: ale nawet wycieczkami swemi wiele klęsk zadali. (*)

Nareszcie, czy niepokojeni o brak żywności, czyli też zamierzywszy raz zakończyć długie oblężenie, gdy Potocki najmniéj spodziewał się ich napadu, zrobili wycieczkę, wpadłszy na roty piesze niemieckiego zaciągu. Polacy wiedzieli jaka będzie zemsta Kozaków, walczyli przeto rozpaczająco. Kozacy zaś bili się z dziką zajadłością; wśród nieprzejrzanego dymu, po trupach towarzyszy, Kozacy z nieludzką wściekłością uderzyli na obwarowania, wdarli się na nie i zawiązała się krwawa walka. Krzyk i jęk żołnierzy, trzask włóczni i huk broni, był podobny do groźnéj burzy wszystko niszczącéj, mówi małoruska kronika Koniskiego. Porażka Polaków była powszechną, piechota wyginęła prawie do nogi, artylerya dostała się w ręce Kozaków,

(*) Piasecki w kronice k. 501,

a z rot usarskich na rozkaz hetmański nieostrożnie wśród nieprzyjaciół się wdzierających, co tylko było mężniejszego poległo, tak iż w téj bitwie więcéj szlachty i starego żołnierza Polskiego zginęło, niżeli na całéj niedawno wojnie w Prusach, mówi Piasecki. (*)

Koniski pisze że poległych Polaków naliczono do 11,317, Kozaków 4727, a w téj liczbie był i Hunia.

Kozacy pochowawszy trupów poszli w pogoń za Potockim i spotkali go pod miasteczkiem Połonnem. Oczekując pomocy z Polski hetman polny zamknął się w zamku. Ostrannica rozpoczął szturm, Potocki będąc pewnym iż się długo utrzymać nie zdoła, wysłał do Kozaków deputacją z krzyżem i ruskim duchowieństwem, które napominało hetmana i jego wojsko, by się skłonił do zawarcia pokoju.

Kozacy słuchać nie chcieli o żadnych umowach z przyczyny niedotrzymanéj Pawlugowi wiary, nakoniec, na skutek zaklęć duchowieństwa zeszli się delegowani obudwóch hetmanów do cerkwi, ułożyli warunki wiecznego pokoju, przyrzekli całą przeszłość oddać zapomnieniu i przysięgli na Ewangelją, iż punkta pokoju przez nich ułożone i podpisane, wiecznie chronione i nietykalne zostaną.

Ale i teraz nie lepiéj dotrzymano im obietnic, kiedy po zaręczoném bezpieczeństwie Kozacy obóz swój rozpuściwszy do domów się rozchodzili, wojsko koronne napadłszy na nich wielu wymordowało lub do niewoli zabrało; między innemi generalnego oboźnego Surmiłę i 6-ciu pułkowników.(**)

Ostrannica ufając zaprzysiężonemu przymierzu i nie wiedząc co się stało w obozie z generalnym starszyną

(*) Na karcie 502.
(**) Tamże.

i półkownikami pojechał do Kaniowa by w tamé-
czném monastyrze złożyć Najwyższemu dzięki za pomyślność swego oręża. Hetman udał się na święte
miejsce sam, bez wojska, gdyż był już czas pokoju.
Żołnierze koronni dowiedziawszy się o jego zamiarze,
nocą, manowcami, udali się ku monastyrowi i otoczyli
go do koła. Hetman dowiedział się o zdradzie gdy
klasztor został napełniony wojskiem. Opór byłby bez-
skuteczny, poddał się z 37 towarzyszami podróży,
związano ich i tajemnemi drogami, by uniknąć zemsty
Kozaków, wyprawiono do Warszawy, gdzie bez śledztwa, bez sądu zostali potraceni w oczach żon i dzieci
które przyszły za ojcami, a członki ich rozesłane
zostały po miastach ukraińskich.

Te straszne postępki oburzyły całą Mało-rossyą.
Natychmiast po rozszerzeniu się wieści o kazni ich
starszyn, Kozacy zebrali się pod Kaniów i wybrali
hetmanem Sabaltowicza, lecz w krótce podejrzewając
go w zdradzie zabili i na jego miejsce wynieśli 1639
r. Karpa Półtora kożucha.

Nowy hetman starał się zgromadzić jak najwięcej
wojska, by wskrzesić swobodę Małorossyi, rozesłał
powiestki po całej Ukrainie, i wkrótce zebrali się
Kozacy z Zaporożcami nad rzeką Merlą, lecz szczęście
nie posłużyło ich orężowi: książę Jeremiasz Wiśniowiecki rozbił i rozpłoszył ich wojska.

Wtedy wszystkie drogi komunikacyi z Ukrainą zadnieprowską zostały dla Karpa przecięte, hetman kozacki udał się ku granicom Ukrainy i step krymskich
od strony Zaporoża, gdzie zdołał uniknąć prześladowań
polskiego wojska.

Często wypadając z trzcin zabierał drobne podjazdy

nieprzyjacioł swoich i przedawał jeńców bisurmanom, lub mieniał na bydło i żywność dla swych
Kozaków.

Ukraina tymczasem była rządzona przez wojewodów, starostów i kommissarzy polskich. Kommissarz
taki, raz ten, drugi raz ów, od króla przeznaczany,
obchodził się z Kozakami jak z niewolnikami, korzyści tylko własnéj szukając. Obowiązkiem jego głównym było strzedz kraj od najazdu Tatarów, którzy szydząc z nowego Zaporożców urządzenia, co raz
częściéj napady swoje powtarzali.

I tak, kiedy w lutym 1640 r. Tatarzy silnie napadli na powiat pereasławski, korsuński i dobra księcia Wisniowieckiego, z kozackich załóg ogołocone po
ostatniej wojnie, bezkarnie kraj grabili, bo zaczém
hetman Koniecpolski zdołał z wojskiem na ratunek
nadbiedz, już Tatarzy obciążeni łupami 300,000 ludu w jasyr zabrawszy, w swe stepy uszli.

Ośmieleni powodzeniem bisurmani wkrótce napad
ponowili, bo lud ten wpół dziki, widząc bogaty kraj
sąsiedzki zupełnie otwarty i bezbronny, wystawiony
na zdobycz pierwszego lepszego napastnika, dosiadł-
szy swych rączych koni, tylekroć zagony swe ponawiał, plondrował, palił, ile mu się spodobało,
gdyż był pewny, że zanim rząd z głębi swego kraju po opieszałych naradach wyszle zbrojne zastępy
na obronę, na odbicie zdobyczy, lub w pogoń za
najezdnikami, oni już z powrotem w głębi step swoich łupem podzielić się będą mogli.

Otóż widziemy jaka korzyść wynikła dla kraju
z téj przemiany, z tego nowego urządzenia Ukrainy,
zysk prywatnych osób, a wielkie dla rzeczypospoli-

téj straty. W miejsce czujnéj i mało kosztującéj
straży z Kozaków, utrzymywać musiała na żołdzie
niewiele przydatnego żołnierza, żyjącego chlebem włościan, bo z poboru na biednych rolników nałożo-
nego.

Tak upłynęło lat trzy, w ciągu których Karp półtora kożucha tułał się po stepie i zakończył swe
życie w wojennym taborze, na gołym stepie, gdzie
nie było i deski by zbić trumnę dla hetmana.

Pułkowy oboźny Maksym Gulak zajął jego miejsce
1642 r., lecz napróżno usiłował wybawić rodzinną ziemię od ugniatającéj ją niedoli. Czarniecki, starosta czyhryński rozbił szczupłe jego wojsko nad Tasminą
i zabrał cały obóz, zapasy i artylleryą.

Wtedy Gulak widząc niepodobieństwo walczenia
z potęgą polską, stał się na wzór Lisowskiego na-
jemnym pomocnikiem każdego, kto zażądał jego po-
sług. I tak: gdy wezwał go han krymski, wojował
z Tatarami wołgskimi, Czerkasami i Kałmukami, gdy
potrzebowano go w Rossyi, walczył na jej żołdzie.
Zapłacił mu sułtan turecki, poszedł przeciwko sza-
chowi perskiemu.

Tak przez lat pięć wlókł awanturnicze życie. Po
jego śmierci uszczuplone jego wojsko na tylu wyprawach, połączyło się z Zaporożcami i osiadło
w nieprzystępnych kureniach na wyspach dnieprowskich, a Małorossya doprowadzoną została do najo-
płakańszego stanu, panowie zamienili Kozaków w swych
sług i poddanych, rozdzielili pomiędzy siebie ich ziemie. Dla samego Koniecpolskiego, Beauplan założył pięćdziesiąt wsi z których jak sam mówi w dedykacyi swéj
książki Janowi Kazimierzowi, powstało przez kilkana-

ście lat, do tysiąca sioł. Potoccy i Wisniowieccy posiadali podobneż dobra. Rządcy w takich majątkach darli lud i postępowali z nim jak z niewolnikami, bo gdzież biedny Kozak mógł się użalić?

Takie to postępowanie przyspieszyło burzę, która wstrząsła do posady Polską i zalała potokami krwi Ukrainę.

PERJOD IV.

Od 1646 do 1657 r.
Chmielnicki do czasu poddania się carowi.

ROZDZIAŁ XI.
Młodość Chmielnickiego, jego krzywdy, powstanie,
Żółte wody, Biała cerkiew.

Władysław z młodą małżonką swoją bawił w Wilnie, gdy doszły go wieści o nowem powstaniu Kozaków zaporożskich naczele których stanął Bohdan Chmielnicki. Jakie były początki pierwsze i postępki rebelli, współcześni historycy tak nam opisują.

Zenobjusz Bohdan Chmielnicki był synem setnika kozackiego Michała, któregośmy widzieli poległego w bitwie pod Cecorą, Michał Chmielnicki urodził się w miasteczku Lisiance; naprzód służył pod hetmanem koronnym Żółkiewskim, potem był pisarzem w Czychrynie. Jan Daniłowicz wojewoda ruski i starosta czyhryński, w nagrodę za gorliwą służbę dał mu wioskę Sobotów, która niegdyś miała należeć do jego przodków. Wtedy Michał jak go nazywano Chmielnik, ożenił się z Anastazyą córką po Teodorze Bogdanie i został wybrany na setnika w regestrowym czerkaskim pułku. Wkrótce urodził mu się syn, któremu na chrzcie nadano imie Zenobjusz, a drugie według zwyczaju owego czasu imie dziada matki Bohdan. Książę Sanguszko był jego ojcem chrzesnym.

Podrosłszy nieco, oddany był na nauki do szkoły kijowskiéj, potém do kolegium jezuickiego do Jarosławia a nakoniec do Warszawy.

Zenobjusz będąc jedynakiem swego ojca, wychowany został z największą starannością i kosztami, wrodzony dowcip i talenta usprawiedliwiły starania rodzicielskie i nauczycieli, z młodości zaraz okazywał zdatność do służby wojskowéj, był biegły w języku łacińskim a nawet greckim.

W roku 1620 zaszła bitwa pod Cecorą, bitwa nieszczęśliwa, gdzie w oczach Bohdana poległ ojciec jego. Bohdan widząc martwe ciało rodzica, powodowany zemstą wdarł się w szeregi nieprzyjaciół, został otoczony i do niewoli wzięty. Turki sprzedali go krymskiemu murzie Jarusowi. Przez dwa lata męczył się Bohdan w niewoli, tam nauczył się języka tureckiego i tatarskiego, poznał miejscowe obyczaje, nakoniec został wykupiony przez matkę. (*)

Wtedy wstąpił pod chorągwie królewskie, w 1629 roku w bitwie z Wołochami i Węgrami wziął do

(*) Pastorius Historiae Poloniae pars. prior. p. 32.—Kochowski Climacter 1. p. 19. 20.

niewoli dwóch książąt Kantemirów i przyprowadził do króla.

W owym czasie Beauplan wystawił twierdzę Kudak, Chmielnicki przybywszy do domu na urlop, spotkał Czaplińskiego gubernatora czyhryńskiego, jadącego obejrzeć roboty twierdzy, pod jego dozorem odbywające się, który zaprosił go z sobą.

Kudak nie mógł być przyjemny dla oczu Bohdana, będąc postawiony wyżéj porochów, miał na celu przeciąć związki Kozaków z miast i sioł ukraińskich z Zaporożcami. Była to zapora rozdzielająca rodzonych braci.

Chełpliwy gubernator zapytał przyszłego hetmana po łacinie „czy podobna zaprzeczyć, że twierdza ta będzie niezdobytą."

— Nie słyszałem i nie czytałem nigdzie, by cokolwiek utworzyły ręce ludzkie, odrzekł Chmielnicki, też ręce nie zdołały zniszczyć.

Urażony odpowiedzią Czapliński, uważajac ją za buntowniczą, aresztował Bohdana i odesłał go pod strażą do Czyhrynia. Lecz Chmielnicki uwolniony przez córkę gubernatora Annę, uszedł do Warszawy i podał królowi zażalenie na samowolny i obrażający postępek z oficerem królewskiéj chorągwi. Król skazał Czaplińskiego na oberżnięcie jednego wąsa i wyrok został wykonany.

W parę lat potém 1632 r. córka Czaplińskiego, mimowoli ojcowskiéj poszła za mąż za Chmielnickiego. Wtedy nienawiść pomiędzy teściem a zięciem zamiast zgasnąć, jeszcze się powiększyła. Do roku 1646 Chmielnicki żył śpokojnie w swych dobrach Sobotów. Czapliński prześladował go bezprzestannie, lecz Bohdan mało dbał na te drobne nieprzyjemności. W tym czasie umarła żona jego z domu Czaplińska, a w kilka lat późniéj, Bohdan ożenił się powtórnie.

Wkrótce po śmierci hetmana Koniecpolskiego, syn jego Alexander chorąży koronny, pragnąc od męztwa ojcowskiego nieodrodnym okazać się potomkiem; przybrawszy sobie kilku walecznych ludzi i do 4000 wojska, wtargnął w kraje tatarskie, gdzie kilka tysięcy niewolników uwolnił, wiele stad koni i owiec zabrał. Chmielnicki niewiadomo z jakiego powodu na téj wyprawie nie znajdował się, Czapliński korzystając z sposobności, za powrotem udał się do chorążego Koniecpolskiego i wystawiając, że Chmielnicki okryty dobrodziejstwami ojca jego, w miejsce jakiéjś wdzięczności, okazuje się krnąbrnym i nieposłusznym rozkazom, że pomimo wezwania, jako mieszkaniec starostwa obowiązany był wyjść na wyprawę jednak pozostał. Zaczął potém usilnie prosił Koniecpolskiego, aby wieś Sobotów oddał jemu, posiadłość ta bowiem na gruntach do starostwa należących wybudowana została, i jako ziemia od dóbr królewskich nieprawnie oderwana, z łatwością odebrana posiadaczowi być mogła, Czapliński przyrzekał panu swemu, iż będzie miał daleko więcéj z zasług jego użytku, niż z jednego niewdzięcznego Kozaka.

Wymawiał się zrazu chorąży Koniecpolski, lecz Czapliński nalegał prośbami swemi, by przynajmniéj dozwolił mu chorąży, Chmielnickiego jako tchórza z dóbr jego wypędzić, a gdy ten uda się późniéj do niego z zażaleniem i skargą, by odpowiedział: że to się działo bez woli i wiedzy jego i jeżeli pokrzywdzonym się czuje, niech krzywdy swéj drogą prawną dochodzi, bo nad Czaplińskim jako szlachcicem, sam nie może mu sprawiedliwości wymierzyć.

Jakoż otrzymał zezwolenie Czapliński i zgromadziwszy przyjaciół do Czyhrynia, gdzie był rządcą czyli gubernatorem, najechał wieś Chmielnickiego niespodziewającego się napadu, dziedzica wypędził i owładnął jego własnością. Chmielnicki pragnąc jednak ślad prawa do swéj wsi zachować, zostawił w niéj żonę z dziećmi, mniemając, że ta jako kobieta bezpieczną będzie.

Bohdan udał się do Koniecpolskiego, lecz z niczém odprawiony, rozpoczął process, ale nieposiadając prawnych dowodów, czyli zapisu w księgach właściwego województwa, nic wskórać nie mógł. Chmielnicki udał się zatém do Warszawy z zażaleniem.

Przybywszy na sejm, przełożył swą skargę o wydarcie mu majątku, odpowiedziano mu, że krzywdy swéj drogą sądową poszukiwać winien i zaprowadzony w téj mierze porządek, nie może być dla jednego człowieka zmienionym.

Wtém donoszą mu z Ukrainy, że Czapliński spalił jego młyny i gorzelnie, gdzie chroniła się jego żona, porwał ją i małoletniego syna Tymofieja publicznie oćwiczyć rozkazał.

Bohdan nową zaniósł skargę, lecz Czapliński odpowiedział, że kobieta ta nie była węzłem małżeńskim złączona z Chmielnickim, lecz tylko była nałożnicą, a zatém łatwo go mogła opuścić; i że obecnie już została jego żoną, przeto opuścić jéj nie może, ani ona sama więcéj do Chmielnickiego wrócić nie chce. Wreszcie ze wszystkiego żarty tylko w Warszawie robiono i zamiast niejakiéj pociechy w zmartwieniach, urągano się z pokrzywdzonego, mówiąc:

„Wiele jest pięknych kobiet na świecie, p. Chmielnicki, poszukaj sobie zatém inszéj, tę zaś zostaw drugiemu, do kogo przystała."

Tak pozbyty udał się do samego króla, został przedstawiony przez kanclerza koronnego Ossolińskiego. Władysław przyjął go łaskawie.

— Widzę wprawdzie, rzekł, wysłuchawszy go, że masz sprawę słuszną, ale nie prawną; więc od prawa nie możesz uzyskać pomocy. Ale widzę także, że i przeciwnik twój prawną drogą nie postąpił, lecz jak nam dowodzisz, gwałtem opanował co twoje; dla tego gwałt gwałtem odeprzéć wypada. Jeżeli Czapliński ma przyjaciół i ty ich mieć możesz.

I Chmielnicki powrócił do Małorossyi generalnym pisarzem.

Władysław pragnąc rozprzestrzenić władzę królewską, tak ścieśnioną w owym czasie w rzeczypospolitéj przez burzliwych możnowładców i sejmy, umyślił użyć do tego Kozaków, w czasie swéj młodości, walcząc razem z niemi, widział ich męztwo, wytrwałość i przywiązanie do swéj ziemi i wiary, uznał przeto Kozaków za najstosowniejsze narzędzie do dopięcia swych celów.

Ukraińcy gnębieni przez panów i unijatów burzyli się i zasyłali częste zażalenia do tronu. Władysław postanowił zatém zniósłszy się z ich naczel-

nikiem, tajemnie skłonić do powstania przeciwko cie-
mięźcom.

Nakaźnym hetmanem ustanowionym przez Polaków był wtedy Barabasz, lubiony przez panów, lecz
nienawidzony przez Kozaków, albowiem swéj korzyści tylko szukając, dozwalał na ucisk i krzywdy
wojska, tak, że część Kozaków powstawszy, wyszła
na Zaporoże na Nikityn-róg.

W nim zatém nie mogli położyć zaufania wysłani
przez króla jego agenci Ossoliński i Radziejowski, którzy pod pozorem obejrzenia zamków nad Dnieprem
udali się na Ukrainę; wtedy właśnie ukazał się królowi Chmielnicki. Władysław znalazł w nim to czego
szukał, młody, przedsiebierczy, waleczny, nienawidzą-
cy panów jako od nich pokrzywdzony, został więc
łaskawie przyjęty i mianowany pierwszym urzędnikiem po hetmanie, — generalnym pisarzem.

Wkrótce Kozacy spostrzegłszy zdrady Barabasza
oddali go pod sąd, lecz ten przysiągł, że odtąd będzie działał tylko na korzyść wojska. Chmielnicki
korzystając z tego zdarzenia, podał myśl, by nakaźny
hetman napisał zażalenie do króla na nadużycia żydów i unijatów. Barabasz musiał bydź posłuszny.

Prośba została przyjęta łaskawie przez króla i oddana senatowi i stanom dla rozbioru.

Lecz panowie a mianowicie prymas, przenikając lub
domyślając się może zamiarów króla, przeciwiali mu
się we wszystkiém, senatorowie zaś świeccy posiadający dobra na Ukrainie, dla własnego interessu niepo-
zwolali na żadne zwolnienia ani przywileje Kozaków.
Peticja nie otrzymała żadnego skutku.

Władysław dał przeto od siebie prywatną odpowiedź na suplikę hetmana kozackiego, upoważniając Małorossyan do odparcia siłą gwałtów.

Barabasz znaglony przez Kozaków, uwiadomił senat o naduźyciach panów polskich i niebezpieczeństwie powszechnego powstania, lecz dziś otrzymawszy prywatną odpowiedź królewską, ukrył ją przed wszystkiemi. Chmielnicki tylko, jako generalny pisarz wiedział o niéj jeden.

Kilka razy Chmielnicki namawiał Barabasza do ogłoszenia urzędom, ludowi i wojsku słów królewskich, bo wiedział, że tém pobłażaniem króla, ośmieli uciśnionych. Radził by dać poznać panom odpowiedź Władysława IV, i tym sposobem ukrócić ich prześladowania i gwałty; albowiem bojaźń powstania, dozwolonego przez samego króla, powstrzymać ich może.

Ale wszelkie te starania były daremne.

Barabasz posiadał związki tajemne z panami polskiemi, korrespondował z niemi i odbierał instrukcje jak ma postępować, więc swą korrespondencję razem z pismem królewskim chował troskliwie.

Chmielnicki tymczasem wyzwał na pojedynek Czaplińskiego, ale ten by uniknąć spotkania, oskarżył do sądu hetmana o knowanie spisków.

Bohdan został aresztowany i do więzienia wsadzony, zkąd wydostawszy się za wstawieniem panów polskich, jeszcze większą zemstę poprzysiągł prześladowcom.

Widząc że niepodobna skłonić Barabasza do ogłoszenia odpowiedzi królewskiéj, postanowił podstępem ją odebrać.

Chmielnicki zaprosił do siebie na chrzciny nakaźnego hetmana i podpoiwszy go winem, odebrał mu klucze, posłał zniemi do żony Barabasza służącego, który oznajmił, że mąż żąda listów królewskich i przysyła klucze. Sługa otrzymawszy papiery, przyniósł je Chmielnickiemu.

Nazajutrz Barabasz przebudził się i nie znalazł ani kluczy, ani Chmielnickiego, wziąwszy z sobą starostę Kriczewskiego pojechał w pogoń za kumem.

Lecz już było za późno, Chmielnicki 7 sierpnia 1647 r. przybył do siczy zaporożskiéj.

Udał się prosto na Nikityn-róg tam znalazł tylko 300 ludzi gotowych do walki, inni byli rozproszeni.

Chmielnicki wezwał Kozaków którzy pozostali jeszcze z komendy Gulaka i żyli w zimownikach zaporożskich, tych było 3015 ludzi. Wtedy zwołał radę, przeczytał jéj korrespondencyą Barabasza i odpowiedź królewską, wybierajcie co się wam podoba, rzekł,— albo śmierć ze sławą, lub zgubę ze wstydem! Kozacy nie dosłuchawszy końca jego mowy, oświadczyli jednozgodnie gotowość obrony i zarzucili go czapkami, na znak wyboru na hetmana. Lecz Chmielnicki nie przyjął godności, chciał zapewne być obranym przez ogół, by utrzymać się na urzędzie, przybrał tylko tytuł wodza i oznajmił, że koniecznie potrzeba opanować Kudak, dla otwarcia komunikacyi Kozaków hetmańskich z zaporożskiemi.

Lecz ponieważ wiedzieli Kozacy iż sami niepodołają przeciwko wojskom polskim, postanowili zażądać pomocy od Tatarów.

Gdy przyszło do obioru posłów, długo nie mogli zgodzić się Kozacy kogo mają wyprawić do Krymu, nareszcie Chmielnicki sam na siebie obowiązek ten przyjął.

Stanąwszy przed hanem, gdy mu przedmiot poselstwa swego wyłożył, z wielką radością został przyjęty
przez nienawistnych Polsce Tatarów i przyrzeczenie
pomocy otrzymał; lecz podejrzliwi Tatarzy wojska nie
wprzód nadesłać obowiązali się, aż ujrzą rozpoczęte
kroki wojenne przez samych Kozaków.

Skoro z tą wiadomością powrócił Chmielnicki, Kozacy
po całéj Ukrainie zuchwalszemi się okazywać zaczęli,
broń skupowali, od robót się wyłamywali, a nawet
przy pijatyce często odgrażali. Przeciwnie zaś Chmielnicki jak najspokojniéj zimę spędził, i nikt nawet
nie domyślał się, jakie zamiary w umyśle układał.

List jego który wtedy pisał dó Mikołaja Potockiego
hetmana wielkiego, a który podaje nam Grondcki, świa-
dczy o jego wyrachowanéj przezorności, wktóréj mówi:

„Nie żadna mnie swawola, lub rozruchów żądza,
ale najcięższe krzywdy, łupieztwa i zniewagi na te
skaliste i niemieszkalne wyspy z opuszczeniem własności moich zapędziły. Nadmiarę i wytrzymanie pa-
stwili się nademną i memi współbraćmi, nie tylko
staróstowie, ich namiestnicy, ale nawet żydzi, ten naj-
wzgardzeńszy lud gdzieindziéj w Polsce. Nadaremnie
przeciw łakomstwu i zuchwalstwu ich, królewską za-
słanialiśmy się powagą. Ani w pułkownikach swoich nie znajdowaliśmy obrony, gdyż ci żądzom mo-
cniészych pochlebiając, korzyści swéj osobistéj patrzą,
a litować się nad niedolą powierzonego im ludu nie
umieją, i na mordy i pognębienia nas nieszczęśliwych, spiesznie przybiegają ...... Słuszna więc
aby od niegodziwości złych panów oswobodzeni zostali i używali przywilejów nadanych przez królów ci, którzy woli królewskiéj i usłudze rzeczypo-

spolitéj siebie i wszystko swoje poświęcili. Nie duch
podniesienia buntu wypędził mnie z domu i zagnał na
tę ustroń, o który mnie obwiniają; ale złośliwe
oskarżenia, te nieprzyjazne na mnie zamachy, potwarze nieżyczliwych a naprzód Romana Pesty, który niegdyś sam podżegacz buntu, tą plamą mnie
schańbić pragnie"...

List ten zdawał się hetmanowi dla poparcia sprawy ułożonym i zupełnie wiary niegodzien. Zewsząd
bowiem dochodziły wieści Potockiego o knujących
się zamachach; z wielu stron odbierano listy od
panów ukraińskich, którzy od żydów swych arendarzy ostrzegani, donosili o coraz głośniejszych prze-
chwałkach i pogróżkach, oraz podejrzanych postępkach Kozaków nadziejami jakiemiś rozzuchwalonych.
Hetman koronny sądząc, że gdy dowódcę z siczy
zwabi, inni na umyśle upadną, bo gdy poradników
zabraknie, reszta w rozsypkę pójdzie; kazał przeto
napisać do Chmielnickiego, obiecując mu przepuszczenie
wszelkich dotąd spełnionych win i wynagrodzenie
krzywd, jeżeli opuści sicz zaporożską, do posłuszeństwa powróci i do niego przybędzie. Ale Bohdan
zwoławszy radę, przedstawił jéj list hetmana, i gdy
mu starszyzna jak najmocniej zawierzać Potockiemu
odradzała, odpisał.

„Że gdy do winy żadnéj się nie czuję, bo sam
tylko został pokrzywdzony i unikając zamachów na
życie, Ukrainę opuścić musiał, przeto wybaczenia
nie potrzebuje i pośród swych wrogów nie powróci."

Wtedy rozgniewany hetman myślał tylko o sposo-
bach przeszkodzenia wybuchnięcia powstania.

Byli jeszcze ludzie, co sądzili, że łagodnemi środkami i roztropnością raczéj, niż siłą zbrojną i surowością należy przeciwko Kozakom postępować.

Naczele takich był Adam Kisiel wojewoda bracławski a potém kijowski, nadto Lubomirski wojewoda krakowski, mąż z czynów wojennych i obywatelskich znakomity. Lecz obadwa hetmani utrzymując, że tylko postrachem na lud ten nieokrzesany działać należy, surowe środki nad te rady przeniésli. (*)

Na początku zaraz 1648 r. hetmani koronni wydawszy uniwersały wzywające i grożące aby wszyscy zbiegli z Chmielnickim, lub później do niego przybyli, odstąpili i do miejsc zamieszkania powrócili, a nieposłuszni na dzieciach, żonach i majątkach karani będą; rozkazali ściągać wojska z całéj Małopolski i na Ukrainę im pospieszać.

Lecz nikt z wezwanych nie powrócił, owszem hufce Chmielnickiego co dzień powiększały się w siczy nietylko przez zbiegów z pułków regestrowych Kozaków, ale i chorągwi nadwornych panów. Gdy tedy wojsko polskie zebrane w znacznéj sile zbliżyło się ku Ukrainie, na całéj prawéj stronie Dniepru, nie spotkało ani jednéj bandy buntowniczéj, owszem wszędzie ujrzano lud pokorny i posłuszny, a na tych co do zbuntowanych Kozaków na sicz zbiegli, szkaradne miotający przekleństwa.

Widząc to officerowie wojska polskiego, zaczęli sarkać, że ich dla zebranych gdzieś tam łotrów

(*) Pastorius in historia Polono, p. 38.

tyle mil bezpotrzebnie ściągnięto. Złożona więc u hetmanów rada wojenna, na którój, po rozważeniu, że
nie można z niewielkim wojskiem daleko w stepy
się zapuszczać i od twierdz i zamków oddalać, że
nie należy ufać tamtejszym mieszkańcom wspólnój
wiary z Kozakami będącym, którzy podawszy sobie
ręce, wszyscy w nieprzyjaciół zamienić się mogą,
postanowiono: aby wojsko w jakiem blizkiem miejscu
zatrzymać, donieść królowi i rzeczypospolitój, iż nieprzyjaciela dotąd niespotkano, lecz o powstaniu Kozaków niezawodne są dowody—prosić o posiłki liczniejszego wojska.

Tymczasem miano wysłać mocny oddział · wojska
na Zaporoże, z rozkazem, dopóty nie powracania, póki
nieprzyjaciela nie spotka i brańców nie ujmie z któ-
rychby hetmani o zamiarach nieprzyjaciół i ich sile
wyrozumieć mogli.

W skutku takiego postanowienia wyznaczył hetman wielki wojsko na ten podjazd, naczelnikiem
nad niem syna · swego Stefana Potockiego starostę
niżyńskiego postanowił, dodawszy mu do rady kommissarzy wojskowych: Jacka Szemberga, Jana Sa-
piehę, starostę owruckiego, Zacwilichowskiego rotmistrza, Krzysztofa Grodzickiego, pułkownika, Brzu-
chańskiego i Stefana Czarnieckiego, który już wtenczas zaczął być sławnym z okazanego w różnych
zdarzeniach męztwa i rozumu. Oddział ten składał
się z 6,000 wyborowego żołnierza.

Chmielnicki rozesłał tymczasem wezwania po ca-
łój Ukrainie zwołujące lud do obrony i opuszczenia
Barabasza. Posłał przedewszystkiem do metropolity
kijowskiego odpowiedź królewską, prosząc go o wspar-

cie swą powagą; który nietylko potwierdził [przed-
sięwzięcia Chmielnickiego, ale błogosławieństwo swoje
dołączył, z oznajmieniem, że jeżeliby byli tacy coby
mogli pomoc przynieść ogólnéj sprawie a odmówili,
klątwę na nich rzuci.

Wkrótce po tém wezwaniu zaczęli się gromadzić
Kozacy około Chmielnickiego, przybyło nawet całe
trzy pułki z pod komendy Barabasza, to jest: półtawski, mirgorodzki i hadiaczki, od których dowiedział
się o wyprawieniu przeciwko niemu oddziału Stefana
Potockiego.

Chmielnicki szykował się właśnie na wyprawę dla
opanowania miast ukraińskich i oczekiwał pomocy
Tatarów według ich przyrzeczenia, lecz otrzymawszy
wiadomość, że hetman koronny już wyszedł przeciwko niemu, cofnął się wgłąb step nad rzekę Jegorlik,
by wcześniéj połączyć się z hanem i na wynio-
słém miejscu, nad błotami, które od koloru swego
Żółtemi wodami nazwano, obóz swój założył, otoczywszy go rowem i wozami.

Tymczasem dziewiątego dnia po wyjściu swoim
z taboru hetmana, oddział Stefana Potockiego spotkał podjazdy kozackie wysłane przez Chmielnickiego. Potocki nie posiadając piechoty, bo wojsko jego
złożone było z 4,000 dragonij i 2,000 Kozaków
regestrowych (jak pierwsi, tak i drudzy byli wiary
greckiéj) nie mógł atakować obozu nieprzyjacielskiego, posłał więc do ojca, donosząc mu o spotkaniu
licznego i dobrze obwarowanego nieprzyjaciela, prosił o potrzebne posiłki piechoty do zdobycia okopów; lecz Kozacy jego posłańca przejęli. Tymcza-

sem schodziły dnie na drobnych utarczkach pomiędzy dwoma obozami.

Już kilkanaście dni upłynęło od czasu wyjścia podjazdu. Już i w obozie polskim zaczęli się niepokoić, że z Zaporoża żadnéj nie odbierają wiadomości, lecz zamiast wysłania pomocy lub zwiadów, poprzestano na różnych wnioskach i domysłach. A Stefan Potocki z Czarnieckim i innemi wodzami składają tymczasem naradę i postanawiają, aby ostrożnie postępując póki wojska więcéj hetman nie przyszle, obóz Kozacki obledz i niedopuścić połączenia się z napływającym ludem z Ukrainy. Zatem dla scieśnienia taboru nieprzyjacielskiego, postąpili bliżéj Polacy, wyszedłszy z dawnego obozu. Tymczasem nadeszli Tatarzy na wezwanie Chmielnickiego i spotkawszy jego posłańców do nich wyprawionych, dowiadują się o oblężeniu Kozaków przez nieliczne wojsko polskie, zachodzą im z tyłu i nacierają na zdziwionych i niespodziewających się napadu, co widząc Kozacy wypadają także z taborów swoich i z drugiéj strony uderzają, lecz nieposiadając dział, nic uczynić nie mogą. Polacy cofnęli się do obozu.

Po trzechdniowéj bezskutecznej walce, lękając się zapewne nadejścia hetmana koronnego, Kozacy żądają ugody. Polacy z łatwością na to przystają, bo już zaczynało brakować żywności z przyczyny trudnego dowozu, wyznaczają więc do czynienia układów Brzuchowieckiego i Czarnieckiego.

Kozacy przyjęli uprzejmie kommissarzy, ale zrobienie ugody zwłóczą, spodziewając się nadejścia większych sił tatarskich; nareszcie na mocne naleganie Czarnieckiego odpowiadają mu, że ponieważ w obozie polskim nie masz żadnego senatora, coby posiadał władzę do zawarcia umowy w rzeczach tak ważnych, jakie skłoniły ich do rozpoczęcia wojny, przeto układów żadnych czynić nie mogą i odkładają to do sposobnéj chwili, teraz zaś żądają tylko by im wszystkie działa polskie wydano, a oni wojsku polskiemu wolne wyjście otworzą.

Nie było nad czém się namyślać, lepiéj bowiem 12 armatek polowych poświęcić, jak sprawę kraju i życie kilku tysięcy ludzi; przystają przeto na żądanie, byleby Kozacy przysięgę wykonali, że wojska wolno do kraju przepuszczą i kommissarzy wydadzą. Przysięgli Kozacy, lecz oznajmili, że Czarnieckiego doputy nie uwolnią, dokąd armat nie odbiorą. Zostały wydane armaty, ale gdy w uwolnieniu Czarnieckiego Kozacy jeszcze trudności czynili, nadszedł Tohaj-bek z 40.000 wojska, uderzył na Polaków, wszczęła się zacięta walka i własne Polaków działa, przeciwko nim użyte zostały. (*)

Ze wszech stron otoczeni Polacy, zdradzeni i opuszczeni przez chorągwie dragońskie, dzień bronili się cały. Co tylko męztwo i odwaga dokazać potrafi, na co tylko siły ludzkie zdobyć się mogą, czynią, już trzy mile w nieustannéj cofają się walce, już pozbawieni wodzów, z których jedni polegli, inni śmiertelnie ranieni, inni nakoniec w niewolę pobrani, bronią się i walczą jeszcze, i z orężem w ręku do ostatniego na placu bitwy padają.

W bitwie téj dnia 15 Kwietnia 1648 r. zaszłéj, poległ Stefan Potocki 26 letni młodzieniec, śmiertel-

(*) Groudzki, kart. 59 i 60

nie ranni i do niewoli wzięci zostali, Stefan Czarniecki, Szemberg, Jan Sapiecha pisarz polny i brat
jego Krysztof krajczy litewski, Tomasz Uliński, Jan
Chreptowicz i wielu innych ze znaczniejszéj szlachty.

Z całego wojska jeden tylko prosty żołnierz uszedł
z nieszczęśliwéj bitwy i manowcami dostał do obozu
hetmana, ze smutną wiadomością.

Nie uwierzono mu i mając za wysłańca Chmielnickiego który pragnął ztrwożyć wojsko nieprzyjacielskie tak okropnemi wieściami, wsadzono do więzienia.

Hetman wielki rozesłał dla przekonania się rozjazdy w różne strony, lecz wysłani o mil kilka nikogo nie znalazłszy, donieśli, że wszędzie widzieli
domy puste, bez mieszkańców, wszyscy widać uszli
do Chmielnickiego.

· Wielu z pośród wojska polskiego radziło, aby upro-
wadzić spiesznie hufce z Ukrainy w bezpieczniejsze
strony i zatrzymać się na posiłki. Ruszono więc do
Czerkas, gdzie hetman odbiera list od Krysztofa Grodzickiego dowódcy twierdzy Kudaku, donoszący o klę-
ce nad Żółtemi wodami, o któréj dwaj zbiegli żołnierze z porażki, dokładną przynieśli wiadomość.

Hetman przeczytawszy listy, odesłał je natychmiast
do Warszawy na ręce kanclerza Ossolińskiego, prosząc by król zebrawszy jak najprędzéj posiłki i na-
kazawszy pospolite ruszenie szlachty, przysłał pomoc
jego szczupłemu wojsku, nie będącemu w stanie oprzeć
się licznemu nieprzyjacielowi.

Wkrótce też Potocki otrzymawszy wiadomość o wzięciu przez Kozaków Kamieńca Podolskiego i powsze-

chnem powstaniu, ruszył ku granicom litewskim
i przybył do miasteczka Korsunia.

Władysław IV, znajdował się w Litwie gdy przyszła doń wiadomość o powstaniu Kozaków, przewidywał
natychmiast niebezpieczeństwo, na które narażali się
hetmani wprowadzając swe szczupłe wojsko w głąb
Ukrainy, wysłał więc spiesznie do kanclerza, aby
imieniem królewskim wstrzymali pochód wojska
przeciwko Kozakom. Nadto król dążył do Grodna
mając zamiar sam udać się na Ruś, gdzie był pewny, że powagą swoją przywiedzie do porządku
Kozaków, którzy szanowali i lubili króla jako niegdyś swego wojennego towarzysza; spodziewał się,
że sam Chmielnicki z ufnością stanie przed obli-
czem monarchy i otrzymawszy zadosyćuczynienie,
zaniecha dalszych rozruchów.

Kanclerz wykonał natychmiast polecenie królewskie,
lecz rozkazy dla zbytniéj odległości zapóźno doszły
hetmana koronnego.

Chmielnicki tymczasem obwołany hetmanem Małorossyi rozesłał oddziały po całéj Ukrainie z poleceniem wypędzania żydów i Polaków ze wszystkich
miast i śledzenia poruszeń wojsk nieprzyjacielskich.

Naczelnikami tych oddziałów byli: generalny oboźny Nosacz i pułkownik Doroszeńko wyprawieni do
Galicyi i księstwa ostrogskiego; generalny pisarz
Krzywonos i Szabłuka przez Kijów do Słucka; generalny asauła Rodak, z pułkownikami: Ostapem,
Nestemem i Boguszem do Litwy nad Prypeć. Generalny horąży Bujnos i pułkownicy ochotnikow: Jakób Gładki i Konrad Chudorbaj do Polesia, Czernichowa i Sewerji, sam zaś pozostawiwszy w Ka-

mieńcu silny garnizon, poszedł środkiem Małorossyi
i zatrzymał się przy Białéj cerkwi z kąd wydał następujący uniwersał:

„Zenobiusz Bohdan Chmielnicki, hetman Sławnego
Zaporożskiego Wojska Regestrowego i całéj po obu
stronach Dniepru Ukrainy małorossyjskiéj.

„Wam wszystkim małorossyjskim, po obu stronach
rzeki Dniepru szlachetnym i pospolitym, wyższego
i niższego stopnia ludziom, a osobliwie szlachetnie uro-
dzonym Kozakom i braciom naszym, tym naszym
uniwersałem oznajmujemy.

„Nie bez słusznych przyczyn musieliśmy wszcząć
wojnę i podnieść oręż nasz na Polaków, przez co
przy najwyższéj pomocy Bożéj nad Żółtemi wodami
a potem pod Kamieńcem 16 Maja, co się zniemi
stało, to wam wszystkiém jest wiadomo. Teraz zaś
skoro o dwóch nad sobą nie równych bitwach naszych otrzymali wiadomość, tym nieszczęściem swym
rozgniewani i rozsrożeni będąc; nietylko sami panowie
i Książęta około Wisły i za Wisłą ogromne na nas
ściągają i łączą wojska; ale i samego Najjaśniejszego
Króla swojego Władysława, pana naszego miłościwego i ojca łaskawego na nas podmawiają i podbu-
rzają, aby z całemi swojemi siłami przyszedłszy w naszą Ukrainę małorossyjską, ogniem i mieczem nas
zawojować a mieszkania nasze zplondrowawszy, zniszczyć, w proch i popiół zmienić, a nas samych zaś
wybić, lub w nieludzką niewolę zabrać i na inne
dalekie miejsca za Wisłę wyprowadzić i sławę naszą
nie tylko w Europie, ale i w odległych za morzem
Czarném azjatyckich stronach głośną, mogli zniszczyć
i zaćmić.

Tom I. 25

„Postanowiliśmy w naszym zamiarze nie przeciwko Królowi Panu naszemu miłościwemu, ale przeciw dumnym Polakom, za nic uważającym przywileje Jego królewskiej Mości, nam Kozakom i wszystkim w ogólności małorossyanom nadane, prawa i wolności nasze dawne przez nas zachowywane i statuły naszém męztwem, odwagą serca, oraz orężem wyjednane. Dla tego przyciągnąwszy z pod Kamieńca i stanąwszy naszym wojskowym obozem, tu pod Białą cerkwią, piszemy do was ten uniwersał, którym wzywamy was wszystkich małorossyan braci naszych do kompanii wojennéj. A to przekładamy i oznajmiamy, iż Polacy, według świadectwa ichże kronikarzy od nas Sarmatów i Russów zrodziwszy się, powstawszy i za jedno spoczątku z samobytną bracią naszą Sarmatami i Rusami będąc, nie syci sławy i szukając bogactw; od przodków naszych oddzieliwszy się i inną nazwę to jest Lachy i Polacy sobie nadawszy, za Wisłę zaszedłszy, tam na cudzych ziemiach pomiędzy Odrą i Wisłą zasiedli. Wielum okolicznym ludom i państwom ziemie rozbójniczym sposobem ukradłszy, owładnęli, potem po upływie wielu lat, w siedzibach swych po nad Wisłą na cudzych ziemiach rozrodziwszy się i pomnożywszy, a nie będąc zadowoleni rzeczonemi cudzemi szkodami i grabieżami, powstali bez sumiennie jako niegdyś Kajm na Abla, na Russów albo Sarmatów; przeciwko własnym od wieków rodzonym braciom i pod naczelnictwem Króla swego Kazimierza Wielkiego już u nich tego imienia III^{go}, roku od narodzenia Chrystusa 1333 v. 1339 zwłaszcza w tedy zdrobniałym i upadłym kijowskim, ostrogskim i innym ruskim książętom naszym, a zawojowawszy ich w swéj chciwości, przywłaszczyli, i opanowali od dawnych wieków prowincye sarmackie albo kozackie, od Podola, Wołynia i Wołoch do samego Wilna i Smoleńska długie i obszerne granice mające; i nie tylko w spomnionych ziemiach i prowincjach sławne imie kozackie zagładzili, ale co najgorsza i najżałośniejsza, wszystkich braci naszych Roksolanów w niewolnicze poddańskie jarżmo, od wiary ojczystéj prawosławnéj oderwali i do zgubnéj Unii i rzymskich błędów siłą, gwałtém i mnogiemi bez sumiennemi męczarniami i tyraństwem przyciągali i przyniewolali. Wszystkich naszych książąt i swych królów polskich, szczęście nasze strzegących i utwierdzających, przywileje i mandaty w zgardziwszy, zniósłszy i cale przeciw polityki, szlachetności i dobréj wiary czynili. Lecz gdy i tego zabójczego dla duszy, schizmatycznego uczynku nie dosyć było, jeszcze honor kozacki w hańbę i zapomnienie zamienili, znakomitszych ludzi i Kozaków wygubili i wykorzenili, a samym gminem owładnąwszy, nietylko w jarzmo niewolnicze ich zaprzęgli, ale i po swéj bezbożnéj woli w potępiającą duszę, prawidłom ojców naszych przeciwną wciągnęli Uniją. Nie tylko wielu Kozaków i mieszczan braci naszych, psy dozorcy pańscy pożarli i lud fałszywemi plotkami panom swoim oskarżając o utratę głów ich przyprawili, a dobrami ich i majątkami zawładnęli, co i mnie Chmielnickiemu od niecnotliwego kłamcy Czaplińskiego dozorcy czyhryńskiego przyszłoby cierpieć i głowę nawet utracić; ale wiarę naszą prawosławną zawsze bluźnili, kapłanów naszych prawowiernych gdziekolwiek, i z jakiéj kolwiek choćby najmniejszéj przyczyny znieważali, lżyli, krwawili i włosy wydzierali.

Jakie was samych małorossyanie od nich Polaków,
i żydów ich arendaży i ulubionych faktorów do tychczas
spotykały zniewagi, poniżenia, najgrawania i zniszczenia, nie będziemy ich wyliczać, ponieważ sami wiecie
o nich i pamiętacie; to tylko tu przypominamy do jakiéj
przyszliśmy niewoli u Polaków, że dwom lub trzem
w mieście, na ulicy, w domu swoim spotykającym się
zakazano i niewolno było z sobą pomówić i o sprawach
gospodarskich traktować. Co za nieznośne brzemie,
zamknięcia ust nawet; ... Ponieważ łaska Boga wszech-
mocnego pomogła orężowi naszemu, tedy niech będzie
wychwalone i wyniesione imie Jego Boskie. On nie
wzgardzi westchnieniami bez ustnych i łzami waszemi
przez Polaków wylanemi i wylewanemi. A żeśmy
niniejszą wojnę zaczęli bez wiedzy i rady waszéj
całego narodu, za to nie lękajcie się nas, wszakżeśmy
dla lepszéj waszéj i naszéj korzyści nauczyli się ostrożności i lepszego wojennego porządku z przykładu pierwszych braci naszych pod Kumejkami i nad rzeką
Taśminą z Polakami niedawno wojnę prowadzących,
którzy ponieważ przed wojną swymi uniwersałami do
was po całéj Ukrainie rozesłanemi zawiadomili Polaków o swém przeciwko nim zamiarze. Tedy tym
zawiadomieniem ostrzeżeni jak należało zapobiegli
złemu, przygotowali się i do zwycięztwa wojsk kozackich przysposobili. I myśmy teraz dla tak nieszczę-
śliwego wypadku wstrzymali się aż do tego czasu,
z tym uniwersałem o rozpoczętych wojennych krokach
z Polakami donieść.

„A teraz, jak widzicie, wszystkim w ogóle Małorossyanom o tem donosimy i do dzieła wojennego
zniemiż was wzywamy i zachęcamy, komu miła wiara

prawa, od Polaków na Uniją przeistoczona, komu z was miła całość ojczyzny naszéj Ukrainy małorossyjskiéj i honor szlachecki przez Polaków poniżony, znieważony, zaprzeczony, niech taki każdy nie jak wyrodek, lecz jako życzliwy i kochający syn ojczyznę, po wysłuchaniu tego uniwersału, pod chorągiew naszą i do nas do obozu pod Białą cerkiew na dobrych koniach, z dokładnem uzbrojeniem, bezzwłocznie przybędzie. Gdyż jeżeli nie zechcecie dopomódz nam wobecnéj wojennéj kompanij, a jak Polacy nas przemogą to ujrzycie zapewne, i was wszystkich béz żadnéj różnicy i względu według dawnego złego zamiaru swego, ogniem i mieczem zrujnują i spustoszą; ale z prawéj wiary naszéj obrazą i zniewagą ostatki was wniewolę zagarną.

„Lepiéj tedy i przyzwoiciéj nam za wiarę świętą prawosławną i całość ojczyzny na placu walczyć i poledz, niż wdomach swoich jak nie wieściuchom być wymordowanym; gdyż jeżeli umrzem za prawą wiarę, to nie tylko sława i męztwa nasze rycerskie we wszystkich europejskich, i innych stronach głośnie się rozniesie, ale i nadzieja nasza że za prawość umieramy, będzie nieśmiertelnością napełniona i męczeńskiemi palmami od Boga uwieńczona.

Nie lękajcie się tedy waszmościowie bracia nasi, szlachetnie urodzeni Małorossyanie Polaków, chociażby i największe były ich wojska. Ale przykładem sławnych i wielkich Rusów przodków naszych, przy swéj prawdzie, za prawowierność świętą, za całość ojczyzny i za naruszenie dawnych praw i wolności naszych, wspólnie znami przeciwko naszym krzywdzicielom, zniezłomną nadzieją od obecnych nieszczęść oswobodzenia się i pomocy boskiéj, wprzyszłéj wojen-

néj sprawie, któréj pomocy już mamy oznaki: naprzód dwukrotne zwycięztwo; potém szczera przychylność całego wojska Nizowego Zaporożskiego na pomoc naszą gotowego, prócz tego że już przeszło 3000
jest ich przy nas; potrzecie, że Najjaśniéjszy han krymski z całą Ordą pomagać nam jest gotów, przy którym
dla lepszéj pewności starszego syna Tymofieja zosta-
wiliśmy, a teraz gotowéj od jego hańskiéj miłości
dobréj i walecznéj Ordy krymskiéj, idzie do nas 4,000
z panem Tugaj bejem znakomitym. Po czwarte że i
Kozaków regestrowych braci naszych 15,000, co od
hetmana koronnego z Barabaszem i z Niemcami wyprawieni byli w łodziach i pod Kojdakiem oddawszy
Barabasza nieprzyjaciela ojczyzny i pochlebcę Polaków głębiom Dnieprowym, do nas przystało i w obydwóch wojennych expedycyach znacznie nam dopomo-
gło, słusznie tę przysięgę złamawszy, którą na wierność
hetmanom koronnym pod bronią polską jako niewolnicy zmuszeni byli wykonać, kiedy sami Polacy do
złamania téj przysięgi byli winą i początkiém, sami
pierwsi połamawszy prawa i wolności Kozackie i małorossyjskie, przysięgą swą, na przyjaźń nietykalność i
całość dawnych praw i wolności Kozakom i małorossyanom uczynioną zapewnione; po piąte że z własnych
ludzi 3,000 dragunów przed Kojdacką (Kudacką)
bitwą w przedniéj straży będących wierność i przysięgę
złamawszy i hetmanów koronnych opuściwszy, do nas
dobrowolnie przyłączyło się; po szóste że łaska Boża i
pomoc Jego najpotężniéjsza przy nas i dla tego być
może; bo zmuszeni jedynie krzywdami zaczęliśmy wojnę z Polakami nie bez wiedzy i pozwolenia pana naszego Najjaśniejszego Króla Władysława IVᵍᵒ który

roku 1633 w czasie szczęśliwéj swéj koronacyi, nam będącym przy onéj i innym znakomitym wojska mało-rossyjskiego towarzyszom, przykładem dawnych najjaśniejszych Książąt i Królów polskich antecessorów swoich wszystkie nasze wojskowe i małorossyjskie dawne prawa i wolności, przy osobliwem zatwierdzeniu wiary naszéj prawosławnéj, nowym swoim na pargaminie własnéj ręki podpisem i przyłożeniem królewskiéj pieczęc istwierdziwszy, odprawił nas jako ojciec łaskawy, udarowawszy każdego podarunkami, a przy odjeździe Jego Królewska Mość do nas wyrzekł: abyśmy poda-wnemu hetmana sobie obrali i przy swoich prawach i wolnościach mocn o stali, nie poddając się Polakom, po-pierając się jego królewskiemi i innemi przywilejami. A jeżeliby panowie polscy albo dozorcy tych przywilejów nie słuchali, to macie, mówi Jego Królewska Mość, muszkiet i szable przy boku, temi możecie bro-nić swoje naruszone od Polaków prawa i wolności. Po-czém gdy w kilka lat bez przerwy czynione nam były krzywdy i najwyższe zniszczenia, wtedy znów wszyscy z Barabaszem suplikowaliśmy otem przez posłów narodowych do Jego Królewskiéj Mości Władysława pana naszego miłościwego, który przy odprawie ich, jak ustnie tak i prywatnym listem swym do Barabasza i wszystkich nas Kozaków też słowa królewskie przed tém wymówione: że na obronę praw mamy muszkiety i szable, powtórzył. Ponieważ pułkownik Barabasz niebył, przyjacielem i życzącym dobra naszéj ojczyźnie, takie miłościwe słowo królewskie taił i bez żadnéj korzyści krył u siebie, nie starając się o wybór hetmana kozackiego, ani o uwolnienie od niedoli ludu małorossyi-skiego, tedy ja, Chmielnicki, wziąwszy Boga na pomoc i odebrawszy podstępnym sposobem Barabaszowi pismo królewskie, musiałem tę wojenną z Polakami rozpocząć sprawę, na którą Jego Królewska Mość swą wielką osobą na nas nigdy nie wyjdzie, spodziewamy się, tak dla tego, że zaczęliśmy tę wojnę za zezwoleniem Jego Królewskiej Mości, jako i dla tego, że Polacy lekce ważą Jego wysoką królewską osobę, mandatów i rozkazów jego nie słuchają i nieprzestannie uciski Małorossyi czynią. A jeżeli Król co jest głową wojska swego, sam z wojskiem przeciwko nam nie pójdzie, to my panów polskich i ich licznie zebranego wojska, jako ciała, albo oka bez głowy najmniej lękać się nie potrzebujemy. Albowiem jeżeli wątły Rzym, co wszystkich europejskich miast matką nazywać się może, wielu państwami i monarchami włada i 645,000 wojska się pyszni, w dawnych latach przez daleko mniejszą od wspomnionej siły, walecznych Russów z Rusi od morza Baltyckiego zebranych pod dowództwem ich księcia, był wzięty i przez 14 lat władany, to któż nam teraz na wzór tych dawnych Russów przodków naszych, może zaprzeczyć dzielności i umniejszyć odwagi rycerskiej? Co wam braciom naszym w ogóle poleciłem przedstawić i do zdrowego rozważenia podać, pospiechu waszego do obozu naszego pod Białą Cerkwią pilnie oczekujemy i imże życzemy od Boga zdrowia i szczęśliwego we wszystkiem powodzenia."

Dan w naszym obozie pod Białą Cerkwią roku 1648 dnia 28 Maja."

Na takie wezwanie zbiegały się zewsząd tłumy ludu do obozu Kozackiego, a razem z Tatarami powiększyły siły Chmielnickiego do kilkudziesięciu tysięcy.

ROZDZIAŁ XII.

Korsuń i Pilawce.

Chmielnicki otrzymał tymczasem wiadomość od Krzywonosa, że hetman Kalinowski cofnąwszy się z pod Kamieńca, ze świeżem wojskiem dąży na Podole i że już przeprawił się przez rzekę Słucz; od Rodaka, że nad Prypecią usłyszał o pochodzie Radziwiła do Seweryi, udał się za nim w pogoń i gdy Radziwił obchodził tryumf z powodu zwycięztwa nad chorążym Bujnosem, pułkownikami, Gładkim i Hudorbajem, gdzie polegli dwaj pierwsi: a obóz ich, bagaże i artylerja stały się łupem zwyciężcy, Rodak napadł na biesiadujących nieprzyjaciół w Humelszczyznie, rozbił i zaledwie samego Radziwiła nie schwycił, lecz ten wpław przez rzekę ucieczką się ratował. Cały tabor ze wszystkiemi rynsztunkami dostał się w ręce Kozaków.

Wskutek tych wiadomości, Chmielnicki polecił Krzywonosowi połączyć się z korpusem obożnego Nosacza i powrócić na Podole trzymając się kierunku prawego skrzydła polskiéj armii.

Sam zaś wyszedł z Białéj cerkwi i udał się drogą korsuńską. Przeszedłszy przez miasto, otrzymał zawiadomienie, że armia polska się zbliża.

Rzeczywiście hetmani: Mikołaj Potocki i Marcin Kalinowski z wojskiem kwarcianem stali obozem pomiędzy Steblowem i Korsuniem, gdzie oczekiwali na posiłki wojsk nadwornych księcia Jeremjasza Wisniowieckiego, a które dla poprzecinanych komunikacyj zdążyć na czas nie mogły, bo Wisniowiecki z kilkoma tysiącami nadwornego swego wojska znajdował się jeszcze głęboko w Ukrainie za dnieprowskiéj.

Za zbliżeniem się Kozaków, hetman wielki kazał spalić miasteczko Korsuń, aby nie służyło za zasłonę dlanieprzyjaciela, sam tylko zameczek i cerkiew opodal położone zostawił.

Wojsko polskie najwięcéj 5000 ludzi liczące rozłożone było w obozie pięciu szańcami obwarowanym. Główny szaniec bronił Denhof pułkownik artyleryi z pięcioma chorągwiami dragonów i czterema działami; drugi z tylomaż działami, obsadzony był trzema chorągwiami Stefana Czarnieckiego i Jędrzeja Koniecpolskiego; trzeci strzeżony był od Bieganowskiego z lekką jazdą, ale bez żadnego działa, bo tylko ośm było w obozie, czwarty i piąty szaniec pod Odrzywolskim broniły: piechota i dragoni Sieniawskiego, tudzież lekkie nadworne pułki księcia Dominika Zasławskiego i Ostrogskiego wojewody sandomierskiego.

Chmielnicki pozostawiwszy obóz swój pod miastem,

piechotę i aitylleryą rozłożył po ogrodach i pasiekach miejskich; w nocy wysłał do Krzywonosa z poleceniem, by zbliżył się do polskiéj armii, lecz nie wszczynał bitwy czekając na pierwszy huk armatni z obozu hetmańskiego i wtedy napadł z tyłu na nieprzyjaciela. Tak Chmielnicki rozdysponowawszy, 22 maja (*) rozpoczął bitwę.

Naprzód Tatarzy naprawiwszy most na rzece na obóz polski natarli pragnąc wywabić Polaków z okopów i naprowadzić na ukrytą w ogrodach piechotę, lecz Polacy nie będąc pewni siły nieprzyjaciela nie ruszali się z za szańców, na pojedyncze tylko harce wybiegając.

Tymczasem coraz żywsze zachodziły utarczki, obie strony usiłowały dostać niewolnika i od niego dowiedzieć się o wzajemnych siłach. Nad wieczorem przyprowadzono do Potockiego kilku jeńców których kazał badać i wyznali, że Tatarów 40,000 znajduje się pod miastem a Kozaków 17 pod Chmielnickim i 20 przybyło, dnia dzisiejszego pod Krzywonosem. Nadto Islam Gerej już w stepach z większém wojskiem oczekuje wezwania.

Zatrwożeni Polacy tąk ogromną siłą nieprzyjaciela, choć późniéj pokazało się, że była bajecznie powiększoną, domagali się albo prędkiego stoczenia stanowczéj bitwy, nim się nowy oddział Tatarów połączy, albo cofnięcia w bezpieczniejsze miejsce.

(*) Pastorius in historia Poloniae utrzymuje, że bitwa ta odbyła się 22 maja, Rudawski 21 maja, Bogusław Maszkiewicz 11 maja, Markiewicz 27 lipca, ostatni mówi, że był to piątek, Pastorjus na karcie 78 i 79 twierdzi że poniedziałek.

Potocki opierał się temu żądaniu, nie chcąc staczać na los bitwy, która może narazić pomyślność całéj rzeczypospolitéj, tak też cofnięcie uważał za uwłaczające honorowi żołnierza. Ale gdy wielu ze starsyzny nastawać zaczęło, żeby ruszyć z Korsunia, nie tracąc czasu, albowiem nieprzyjaciel codzień wzrasta w siły nadzwyczajnym napływem ludu ukraińskiego i lękać się należy braku żywności dla wojska i furażu dla koni, gdyż Kozacy obóz opasali, skłonił się nakoniec Potocki i postanowiono, aby pozostawiwszy ciężkie i nieużyteczne wozy, resztę w tabor związawszy, cofać się powoli w szyku do bitwy gotowym.

Obożny Bieganowski wyznaczony był do urządzenia taboru, następnie rozkazano zsiąść z koni żołnierzom i w środku pieszo postępować, odstrzelając się i broniąc napadającemu nieprzyjacielowi.

Tak wśród najokropniejszych zapasów parę mil z pod Korsunia postąpiwszy, Polacy natrafili na korpus Krzywonosa pod Grochowcami i na równinie Krutaja Bałka nazwanéj, gęstym dębem i brzeziną zarosłéj, cały tabor zatrzymał się, albowiem Krzywonos wiedząc w którą posuwają się stronę Polacy, gaj ów strzelcami obsadził, rowy wśród drogi pokopał i drzewa powywracał. Kozacy ujrzawszy zatrzymane wozy natarli z przodu i tyłu rażąc uwięzłe wojsko gęstym ogniem z dział i ręcznéj broni, cztery godziny walczyli mężnie hetmani koronni pod tak morderczym ogniem, nakoniec część wojska widząc że wszelka obrona i męztwo nie potrafi ocalić taboru zagrzęzłego w błocie i zasiekach, pod dowództwem pułkownika Koryckiego wsiadłszy na konie,

szablą utorowała sobie drogę przez tłumy nieprzyjaciół, reszta zostawszy przy hetmanach wymordowaną
lub do niewoli zabraną została; tak Mikołaj Potocki
hetman wielki, Marcin Kalinowski hetman polny, dwa
kroć ranni, Odrzywolski kasztelan czernichowski,
Adam Hieronim Sieniawski, Kazanowski, Bałaban, Henryk Denhof, Bieganowski, Komorowski, Chomentowski,
Chmielecki, Jaskulski, Gdeszyński, Flik, Lakors, i wielu
znakomitych rycerzy w więzach do Krymu zaprowa-
dzonych zostało.

Ztąd Chmielnicki ośmielony powodzeniem wysłał
Krzywonosa do miasta Baru, gdzie jak otrzymał wiadomość zebrali się Polacy z Wołynia i Podola.

Książe Jeremiasz Wiśniowiecki stojąc ze swoją
chorągwią w Konstantynowie, usłyszał że Kozacy pod
dowództwem Krzywonosa ciągną w tę stronę, zbiera
więc wojsko w pobliżu stojące, łączy się z Tyszkiewiczem wojewodą kijowskim i Samuelem Osińskim
oboźnym litewskim, pułkownikami gwardyi królewskiéj, tudzież z szlachtą wygnaną z swych domów od
Kozaków, i w liczbie 3,000 zrezygnowanego rycerstwa
na korpus Krzywonosa uderzył. Kozacy widząc garstkę
nieprzyjaciół, bez porządku rzucili się na nich, Wiśniowiecki cofał się ze swemi hufcami by odwieść
Kozaków od ich taborów, a gdy jazda kozacka już
dosyć daleko odcięła się od swego korpusu, wtedy
odwróciwszy się, uderzył na nię; wszczęła się zawzięta
bitwa, gdy z boku wśród bagnistych błot ukryty Osiński wypadł na nieprzyjaciół i wsparłszy oddział księcia
Jeremiasza złamał ich i rozbił.

Wśród porażki Krzywonos uszedł z pola bitwy
z resztą swego korpusu. A ztamtąd pragnąc zemsty

podstąpił pod miasteczko Bar i zaczął go szturmować. Jędrzéj Potocki będący w mieście uczynił wycieczkę i z okropną stratą odpędził nieprzyjaciół, Krzywonos widząc że siłą nie potrafi nic dokazać, użył podstępu, w czasie mglistego poranku rozkazał nawiązać mnóstwo siana i słomy w snopy, zarzucił niemi rowy i zapalił; gęsty dym z mokréj słomy, pokrył tę stronę wałów miasta która była pod wiatrem. Piechota zyskawszy na czasie zbliżyła się w téj chwili pod wały z drabinami i wdarła do miasta; bo gdy mieszkańcy i żołnierze rzucili się na obronę od ognia budynków, Kozacy wśród pomroki dymowéj przebywszy mury, odbili bramę i wpuścili resztę swéj armii z artyleryą; oblężeni po zaciętéj walce cofnęli się do zamku, lecz Kozacy postępowali tuż za niemi, po kilkogodzinnéj bitwie, gdy garnizon prawie do nogi wymordowany został, a sam Potocki dostał się do niewoli, Kozacy owładnęli miastem i wyrznąwszy prawie wszystkich mieszkańców, oddali go w posiadanie tamecznych Małorossyan.

Wtém Władysław umarł w Mereczu na Litwie, rzeczpospolita pragnąc dla zajęcia się obiorem nowego króla ukończyć wojnę z Kozakami, na skutek przedstawień Kisiela wojewody bracławskiego wyznaczyła kommissarzy do zawarcia umowy z Chmielnickim, lecz pomimo wszelkich starań wojewody i pośrednictwa metropolity kijowskiego, ugoda nastąpić nie mogła.

Zatem rzecz-pospolita po zniesieniu się z prymasem wyznaczyła w miejsce będących w niewoli obudwu hetmanów, naczelnemi wodzami: wojska Dominika księcia Zasławskiego i Mikołaja hrabiego Ostroroga, tudzież Alexandra Koniecpolskiego chorążego koronnego.

Obrażony takim wyborem książę Jeremiasz Wiśniowiecki i Stanisław Lanckoroński ludzie waleczni i pełni zasług, niechcieli swych nadwornych chorągwi połączyć i przejść pod komendę młodszych od siebie Zasławskiego i Ostroroga. Tym sposobem nieprzyjaciel miał czas zgromadzić swe siły i wyjednać jeszcze większą pomoc u Tatarów.

Zbierały się także i wojska polskie pod Glinianami; w lipcu, liczono do 36,000 żołnierza porządnie nekwipowanego i uzbrojonego.

Chmielnicki nie próżnował, zgromadziwszy do 100,000 ludzi, naprzód twierdzę Kudak dobył i zburzył, potem zgromadził rozesłane oddziały z różnych stron pod Pilawce, gdzie płynie niewielka rzeczka ale błotnista, którćj brzegi zalegają obszerne łąki.

Ruszyło wojsko polskie przeciwko Kozakom, 6 sierpnia, we wtorek, stanęło pod Pilawcami. Był to dzień Przemienienia Pańskiego, o świcie wysłano lekkie chorągwie pod dowództwem pułkownika Łaszcza, by starły się z nieprzyjacielem harcując, ale oddział ten spotkał w zaroślach rozstawioną piechotę z samopałami, która ukryta w gęstwinie mocno raziła harcowników i zmusiła ich do cofnięcia się.

Z drugićj znów strony Michał Jordan, starosta lepszycki przebywszy błota, uderzył z tyłu na obóz Kozacki; gdy Osiński usypawszy szaniec nad drogą zatoczył tam bateryą którćj ciągłym ogniem zmusił Kozaków do cofnięcia się od grobli i drogę otworzył. Ze trzech tedy stron walczyły wojska polskie, i zdobyły dogodniejszą pozycyą, lecz wszystkie te korzyści utracili nazajutrz, Kozacy opanowali znów drogę i bród który przebył Jordan.

Trzeciego dnia rano Wołochy z dywizyi Tyszkiewicza przybywszy z podjazdu przynieśli wieść, że okropne tłumy Tatarów ciągną na obóz polski, wydano przeto rozkazy dla wstrzymania ataku hordy. Wyszły pułki w pole, Tatary z wrzaskiem uderzyli na nie, i wszczeła się zacięta walka, Stanisław Witowski widząc to, bez polecenia nawet poszedł na pomoc swoim z pułkiem sandomirskim, za niemi rzucili się podobnie pułki województwa mińskiego i inne, a walcząc wspólnie zmusili do cofnięcia się Tatarów i poszli za niemi w pogoń. Wśród wrzawy bitwy, dymu i ciężkiéj mgły nie spostrzegli, że większe tłumy nieprzyjaciół od obu skrzydeł zabierają im tył pośród błot nadbrzeżnych.

Chmielnicki polecił Tatarom aby na skrzydła polskiéj armii nacierali, sam zaś całemi siłami kozackiemi uderzył na środek. Okropna zawrzała bitwa wśród któréj ani słyszeć komendy, ani nawet widzieć się nie mogli walczący. Po długich i rozpacznych zapasach zaledwie Osoliński starosta stobnicki przedarł się do Witowskiego i nieprzyjaciela odparł. Przerznęli się Polacy, pod Witowskim zabito konia wśród walki i wielu wzięto do niewoli, a więcéj jeszcze poległo.

Noc położyła koniec bitwie, stoczonéj bez przygotowania, bez poznania pola bitwy i szyku. Złożono radę co czynić wypada nazajutrz. Jeden z ludzi znany z rozumu odezwał się, iż nieszczęścia dzisiejszego wetować trudno, ale lepiéj tabory wysławszy naprzód do Konstantynowa się cofnąć, gdzie lepsze mieć można stanowisko, i zyskawszy na czasie doczekać się posiłków margrabi Myszkowskiego ciągnącego w tę stronę i Wejera będącego już w pobliżu.

Ogromne wojska nieprzyjaciół i męztwo Kozaków dały się już we znaki w ciągu dni poprzedzających, wielu zatém uchwyciło się tego zdania i postanowiono wyruszyć w drogę. Dano przeto zlecenie Tobiaszowi Minorowi aby z kilku chorągwiami wozy uprowadził, wojsko zaś miało pozostać na temże miejscu w gotowości. Lecz skoro tabory ruszyły, wielu z panów pod pozorem iż idą dojrzeć by ich furmanki bez uszkodzenia z obozu wyszły, za niemi ujechało. Skoro tylko rozeszła się wieść, że panowie z obozu oddalili się, całe wojsko opuściło szańce obozowe uchodząc. Ossoliński i Arciszewski pułkownicy pułków pieszych pozostawszy sami, widząc oczewistą zgubę jeżeli ociągać się będą, udali się za innemi, zostawiwszy po za okopami piki i zatknąwszy lonty pozapalane, by ukryć tę haniebną ucieczkę. Nieprzyjaciel kilka godzin na dzień rozumiał że straże za szańcami odbywają warty, aż chłopstwo co do obozu woziło żywuość, oznajmiło Kozakom że obóz próżny. Rzucili się wtedy na rabunek Kozacy, znalezli wielkie mnóstwo sreber, futer i szat bogatych, bo Polacy wybrali się do obozu jak na wesele. (*)

Chmielnicki pewien tryumfu i ugody jakiéj sam żądać będzie od Polaków, napisał do stanów rzeczypospolitéj następujące przedstawienie:

„Świadczę się niebem, ziemią i samym Bogiem Wszechmocnym, że podniesienie przezemnie oręża i przelanie tyle krwi chrześcijańskiej jest sprawą niektórych magnatów polskich, opierających się władzy najjaśniejszego króla, tego pomazańca boskiego i ła-

(*) Kochowski k, 53.— Rudawski, 24.— Pastorjus, 27.

skawego ojca naszego, postępujących za tyrańską swą skłonnością i wymysłem na zgubę narodu ruskiego. Oni to pragnęli krwi ludzkiéj, oni szukali ofiar i niech się nasycą teraz, a ja umywam ręce przed ludem i całym światém; bynajmniéj nie jestem winien téj krwi chrześcijańskiéj i bratniéj. Wiadomo jest stanom, wiadomo królowi, bo nawet same archiwa rzeczypospolitéj zaświadczyć mogą, wiele wyszło przedstawień, wiele wyszło zażaleń i proźb gorzkich a przekonywających od władz i narodu ruskiego, o czynione im przez rozpustnych i samowolnych Polaków i ich rycerstwo, gwałty, grabieże, zabójstwa i wszelkiego rodzaju tyraństwa u najdzikszych ludów ledwie widziane.

„Lecz nikt tych żałób nie wysłuchał, nikt nie uczynił najmniejszego ich rozbioru ani zadosyć uczynienia; nakoniec same zażalenia poczytane zostały za występek. Opuszczony i rzucony został nieszczęsny ten naród na wolą samowolnego żołnierstwa i łakomego żydostwa i skazany na niewolą i zniewagi. Współbracia Polacy nietylko nie poznawali już w nim braci swych Sarmatów, ale nie uważali go za stworzenie ludzkie, nad wszelkie sposoby okrywali w zgardą i zniewagą, nadając poniżające nazwy chłopa i schizmatyka.

„Zasługi rycerzy ruskich, ciężkie ich walki z obcemi narodami dla obrony i rozszeżenia granic polskich, zapomniane, zaparte przez Polaków. Przelana za nich krew i poległych tysiące wojowników ruskich, nagrodzeni szubienicami, paleniem na miedzianych koniach i palami. Ale sprawiedliwość Boska przestała cierpieć podobne nieludzkie barbarzyństwa i podniosła naród ku obronie własnego bytu, a mnie wybrała słabym

narzędziem Jéj woli. Armia polska rozbita i rozproszona, wodzowie polegli lub popadli w niewolą tatarską,
tą miarą jaką mierzono, zostało odmierzone! Pozostaje
tylko burzyć ich mieszkania i mordować rodziny dla
odemszczenia.

„Lecz wzywam na siebie sąd Boży, że nie pragnę,
ani szukam zemsty hańbiącéj chrześcijaństwo i ludz-
kość.

„Do ciebie przeto odzywam się najjaśniejszy królu
kochany monarcho nasz, odzywam się i do was do-
radcóy jego i wszystkich panów polskich! Lękajcie
się Boga, ukróćcie wojnę i jéj klęski zgubne dla
własnych waszych ludów; ustanówcie pokój i ciszę,
niech odżyją i was błogosławią! To od was zależy
jedynie, a ja zawsze jestem gotów dopełnić to, czego
powinność i obowiązek mój względem Boga i narodu
odemnie wymaga.”

Lecz Władysław już nieżył od trzech miesięcy,
zawiadamiając o tém Chmielnickiego, wojewoda Adam
Kisiel pisał do niego.

„Wiadomo ci jest i twoim towarzyszom, że ja jeden
z senatorów broniąc wiary, cerkwi i praw ruskich,
zestarzałem się w téj obronie i pragnę umrzeć przy
niéj. Po bitwie pod Kumejkami nigdym nie zmazał
rąk we krwi swych współwyznawców i nie przyło-
żyłem się do ich niedoli: oni postępowali wbrew méj
woli i mych przedstawień.

„Mam przeto prawo do twego zaufania. Co przeszło
oddajmy zapomnieniu; wojna i jéj następstwa, głód
i morowa zaraza, są kary zesłane z nieba; i rzecz-
pospolita uczuła je w zupełności. Pragnąć ich przedłu-
żenia na zgubę ojczyzny jest rzeczą bezprawą; zem-

stę niebios, należy oddalać modlitwami; swoją zaś ukracać skruchą i starać się zagajać rany a nie jątrzyć je. Chmielnicki! Nie obrażaj wielkości Boskiéj, nie naruszaj powszechnéj spokojności, odeszlij Tatarów w ich stepy, rozpuść Kozaków, wypraw posłów do Warszawy z wyjaśnieniem prawdziwych przyczyn powstania waszego i zniewag wyrządzonych wojsku i tobie samemu. Przekonaj rzecz-pospolitą o swéj wierności, nigdy na przyszłość niezmiennéj, a ja przysięgam na kościół święty, powszechną matkę naszą, przysięgam na wszystkie święte prawa dawnego pokrewieństwa z ruskim narodem, że będę wspierał sprawę waszą z całą możliwą troskliwością. Jedyne moje życzenie jest powrócić prawy spokój ziemi i ojczystéj wierze, i uchronić ją od nieszczęść w których one tak długo jęczą."

Tak kierowany miłością ojczyzny wojewoda bracławski napominał Chmielnickiego i spodziewał się pogodzić obie strony. Może sam hetman pragnął ukończenia wojny, lecz poprzednicy jego doznali tyle zawodu ze strony Polaków, że Chmielnicki stał się ostrożniejszym od Kosińskiego, Naliwajki, Pawluga i Ostrannicy.

Otrzymawszy wiadomość o śmierci króla, Chmielnicki jeszcze więcéj oburzył się na Polaków. Władysław mając zawsze skłonność do Kozaków, przy których pomocy miał nadzieję ustalić władzę królewską, postanowił zakończyć walki pomiędzy niemi a Polską, utwierdzić dawne narodowe ich prawa, ogłosić Małorossyan narodem wolnym jakim byli zawsze. Lecz prymas, Jeremiasz Wiśniowiecki i inni panowie przeczuwając jego zamiary, sprzeciwiali się temu. Zasmucony takim oporem, tak powiedziano hetmanowi; król wpadł w ponurę jakieś zamyślenie, w smutek i wolnym krokiem zbliżył się do grobu.

Teraz z większą przeto nienawiścią rozpoczął wojnę Chmielnicki. Dnia 29 sierpnia gdy panowie polscy oddalili się do Warszawy na elekcyą a wojsko rozeszło, Kozacy wyruszyli z pod Pilawców do Galicyi.

W czasie pochodu, Chmielnicki i jego podkomendni, grabili i wyrzynali wsie i miasteczka, żydzi szczególniéj uczuli nienawiść i zemstę Kozaków.

W tym czasie spotkali hetmana bojarowie mołdawscy, przywiózłszy mu od hospodara Lipuli list zawierający prośbę o pomoc przeciwko hospodarowi wołoskiemu, który połączywszy się z Rakoczym księciem siedmiogrodzkim, bez wypowiedzenia wojny, napadł na Mołdawią, zrabował ją, samego Lipulę wypędził i odebrał onemu rządy. Chmielnicki odpowiedział hospodarowi, że uczyni zadosyć jego życzeniom, jeżeli przyszle mu pismienne zapewnienie od Porty, iż nic nie ma przeciwko jego wkroczeniu do Wołoch, inaczéj nie wejdzie dla żadnych widoków politycznych ani korzyści, do obcéj ziemi.

W końcu października przybyli do Warszawy posłowie od wojska z doniesieniem, że Kozacy rabują Galicyą i Lwów oblegli, że książę Jeremiasz Wiśniowiecki nie posiadał tyle siły, aby zdołał nieprzyjaciela powstrzymać. Lecz senatorowie rozumieli że rycerstwo naganione za haniebny postępek pod Pilawcami, straszy rzeczpospolitą, i nic z tego nie robiono sobie.

Książę Jeremiasz Wiśniowiecki tylko, z dywizyą swoją i pułkami niektórych panów, oraz garstką wojska kwarcianego, z własnéj ochoty bronił krainy ruskie, lecz kiedy zabrakło pieniędzy `na zapłacenie żołdu, żołnierze jego zniechęceni ciągłą pracą bez wynagrodzenia i pomocy, rozchodzić się poczęli; Wiśniowiecki więc osadziwszy resztę rycerstwa we Lwowie, na elekcyą odjechał.

Teraz już nieprzyjaciel swobodnie mógł grabić i niszczyć kraj do koła. Lwów stolica Galicyi, obronne miasto, posiadało w swych murach szczupły garnizon od księcia Wiśniowieckiego pozostawiony, nadto liczną szlachtę okoliczną z żonami i dziećmi chroniącą się w jego murach, lecz dla tylu ludzi nie miało stosownych zapasów żywności.

Zsiwiały w bojach Krzysztof Arciszewski, był komendantem garnizonu. 6 października przybył Chmielnicki pod Lwów i rozpoczął naprzód przyjacielskie układy, przyrzekając, iż miastu nic złego nie uczyni, jeżeli mu bramy swoje otworzy i wojsko wyda. Lecz gdy mieszkańcy odmówili zadosyć uczynienia jego żądaniom rozpoczął szturm.

Kozacy usypali szaniec od ulicy Garcarskiéj naprzeciw klasztoru Karmelitów bosych, zkąd przez dwa dni nie ustawał ogień z możdzierzy i armat, gdy współcześnie od bramy Halickiéj piechota pod naczelnictwem Głowackiego przypuściła attak z drabinami.

Arciszewski odparł napad i uczyniwszy wycieczkę przymusił do cofnięcia się nieprzyjaciół. W tymże czasie podobna wycieczka od Bazylianek i furty jezuickiéj powiodła się szczęśliwie.

Przed wieczorem odstąpili od miasta Kozacy, lecz następny dzień był nieszczęśliwszy dla oblężonych, od rzucanych bomb do miasta zapaliła się synagoga żydowska, od niéj zajęły się sklepy kupieckie; mieszczanie przeto lękając się zniszczenia całego miasta, wysłali deputacyą do Chmielnickiego z kapitulacyą, obowiązując się zapłacić kontrybucyą.

Lecz Arciszewski zamknął się w zamku z załogą odmówiwszy poddania, postanawiając bronić się do ostatniego tchnienia. Kozacy wciągnęli na wieżę kościelną kilka armat i ztąd zaczęli burzyć wnętrze zamku. Nakoniec po kilko-dniowéj upornéj obronie ukazała się na murach zamku biała chorągiew. Kapitulacya została podpisaną, załoga otrzymała pozwolenie swobodnego opuszczenia miasta po złożeniu broni. Lwów zapłacił 100,000 bitych talarów, nadto 75 postawów sukna, znakomitą ilość mąki i furażu.

Pozostawiwszy Lwów pod zarządem obywateli, Chmielnicki dał im garnizon i komendanta, swego stryjecznego brata, sam zaś udał się ku Zamościowi, rozsiewając wieść, że ztamtąd idzie do Warszawy.

Zamość miasto i forteca, przedtem mała wioska, Jelitów herbu gniazdo, trzema włóczniami przebitemu rycerzowi w bitwie z Krzyżakami zakupiona od złego sąsiada i darowana przez króla na uleczenie ran jego, dotąd w domu Jelitów zostawała; aż Jan Zamojski kanclerz i hetman wielki koronny założywszy miasto, fortecę zbudował Zamościem nazwawszy. Forteca ta miała wały murem obwiedzione, fossy naokoło wałów głębokie, lecz garnizon niezbyt liczny składający się bowiem tylko: z 400 ludzi kawaleryi Myszkowskiego, pułku piechoty niemieckiéj Ludwika Wejer kasztelana elbląskiego, 300 ludzi Stefana Oborskiego i chorągwi piechoty węgierskiej księcia Jeremiasza Wiśniowieckiego; przytem 800 ludzi ordynata Zamojskiego oraz około tysiąca zbrojnéj szlachty, szukającéj schronienia w téjże fortecy. Ogółem liczyć można 3500 żołnierza do boju zdatnego.

Kozacy zbliżywszy się do miasta, zostali spotkani gęstym ogniem ręcznéj broni z ogrodowych przedmieściowych rowów, gdzie rozstawiona była polska piechota. Chmielnicki wysłał przeciwko nim kilka pułków kozackich i zmusił do cofnięcia się do miasta. Dni kilka upłynęło na drobnych bitwach i harcach, w czasie których Kozacy sypali szańce i przygotowywali się do oblężenia, nareszcie naglony przez Kozaków którym jesienne słoty już dokuczać zaczęły, rozpoczął szturm 4 listopada.

Odezwał się z wszech stron ogień z dział i mozdzieży. Kozacy zasłonięci turami plecionemi z faszyn, napełnionemi wewnątrz ziemią i opatrzonemi kółkami podsuwać się zaczeli ku murom z drabinami i palnemi materjałami, lecz męztwo, przezorność i sztuka puszkarzy miejskich, odparły attak bezskutecznie. Kozacy pokilka-kroć powrócili z zaciętością, od gęstych wystrzałów ponury wieczór w jasny dzień się zmienił, a mury pękały od kul, wały się obrywały, jednak Kozacy nie zdołali wedrzeć się do miasta.

Nazajutrz mieszczanie bez wiedzy wojska wysłali deputacyą i poddali się Chmielnickiemu,—Kozacy zajęli miasto, wojsko polskie zamknęło się w zamku czyli właściwéj fortecy, komendantem któréj był Wejer. Przez trzy tygodnie gotował się Chmielnicki do szturmu, namawiając do poddania się Wejera i żądając od niego 200,000 dukatów; z całego miasta zebrano drabiny, nagromadzono pęki faszyn, lecz wszelkie usiłowania i próby były daremne. Nareszcie Ko-

zacy widząc że trudno dobyć jest Zamość a odstąpić hańbą, zgadzają się na małą kontrybucyą 20,000
złotych którą otrzymawszy, miasto opuszczają.

Z pod Zamościa udał się Chmielnicki w stronę
północno-wschodnią ku miasteczkowi Połonne. Po
drodze zrabował miasta Włodzimierz, Ostróg i inne.
Zbliżając się do Połonnego, Chmielnicki spotkał syna
swego Tymofieja jadącego z Krymu z murzą Tugaj-
Bejem i czterema tysiącami Tatarów. Han pisał do
hetmana, że opóźnienie przysłania posiłków jest powodem niezdecydowania się Porty w przedsięwzięciach
wojennych do których i on miał należeć.

Tymofiej opowiedział ojcu na osobności, że han nie
miał wcale ochoty pomagać Małorossyi, dla tego się
ociągał i oszukiwał go, bo w czasie zamieszania, lub
wrazie niepomyślności korzystać chciał z sąsiedztwa
bogatéj Ukrainy. Dla tego zawiązał stosunki z księciem Wiśniowieckim; ormianin Dżerdżyj bogaty krymski kupiec handlujący z Polską, woził od hana do
księcia i wzajemnie przez Mołdawią listy. Aż dopiero gdy przyjechał od Sułtana posłaniec z tajemnemi
poleceniami, wtedy han wysłał Tugaj Beja do Małorossyi z 4000 korpusem.

Tymczasem Tymofiej za pomocą podarunków zdołał się dowiedzieć od dworzan hańskich o treści papierów przysłanych z Carogrodu. Sułtan pisał o po-
powodzeniu Chmielnickiego, polecał hanowi by starał
się skłonić go do poddania się Porcie na prawach
Mołdawii, Wołoch lub Krymu, by nie szczędził się
dla usług i zjednania sobie Kozaków. Mimo-to jednak, jeden z dworskich urzędników na pożegnalnéj

audyencyi podsłuchać miał rozmowę hana, Islan wyrzekł do swego murzy:

„Pamiętaj zawsze, że koszula bliższa ciała jak kaftan."

Wtedy także Chmielnicki otrzymał list od Uzeg-Alego baszy sylistryjskiego, który objawiając wolę sułtańską prosił hetmana o pomoc hospodarowi mołdawskiemu Lipuli przeciw jego nieprzyjaciołom. Wojska tureckie, pisał, nie mogą działać w téj sprawie z powodu ważnych politycznych okoliczności, lecz sułtan bardzo będzie obowiązany hetmanowi i postara się odwdzięczyć mu wzajemną usługą.

Chmielnicki ucieszył się z niespodziewanéj sposobności pozbycia się Tugaj-Beja sposobem przyzwoitym.

Tatarzy bowiem znani z łotrostw wszelkiego rodzaju, niepokoili go potem co usłyszał od syna. Przyjął przeto Murzę najuprzejmiéj, potém wyprawił go grzecznie do Mołdawij z Tymofiejem, 8000 ochotników i regestrowych Kozaków, oraz 4000 Tatarów, posłał hospodarowi na pomoc. Główno-dowodzącym był Tymofiej, generalny obożny Nosacz został dodany mu do rady. Pułkownikami byli: Doroszeńko, Stanaj i Artazij. Korpus wyruszył w marsz 29 października.

Potem Chmielnicki rozpuścił swe wojska na zimowe kwatery; a sam z pod Połonnego ze swą gwardyą składającą się z pułku czyhryńskiego i 300 ochotników udał się do Kijowa.

13 Listopada odbył uroczysty wjazd do stolicy ruskich książąt, z okazałością z jaką zwycięzcy wjeżdżali do swych stolic. Urzędnicy, Kozacy, znakomitsi

różni obywatele zjechali się do Kijowa; Chmielnicki jechał na białym koniu, obok niego pułkownicy w bogatych szatach, jaśniejący złotem i drogiemi kamieniami, ukazując tym sposobem tłumowi swe zdobycze zagarnięte w Polsce. Przed niemi niesiono działa, chorągwie, buńczuki i inne wojenne rynsztunki. U bramy miasta spotkała go processya zakonników i duchowieństwa, oraz akademija z mowami i panegirykami i wprowadziła do soboru świętéj Zofii.

Wtedy poraz pierwszy wysłany był generalny sędzia Hulanicki do cara Alexieja Michajłowicza z przedstawieniem, że teraz pora odzyskania Smoleńska z jego obwodem, że Kozacy gotowi są pomódz w tem carowi.

Aleksy z ostrożności nie odpowiedział piśmiennie, ale przysłał do Kijowa Buturlina, dziękując za życzliwość Kozaków, lecz oświadczając, że nie może wszczynać wojny bez żadnych ważnych przyczyn, ale jeżeliby hetman i Małorossya połączyły się nazawsze z carstwem moskiewskim, wtedy razem mogliby przedsięwziąść cokolwiek dla ogólnéj korzyści.

Umowy te mówi małorossyjska kronika, były dla Chmielnickiego późniéj gorzką czarą, która nawet przyspieszyła śmierć jego.

ROZDZIAŁ XIII.

Kommissya do zawarcia przymierza. (*)

Jan Kazimierz po wyborze swoim wysłał do Chmielnickiego kommissarzy z darami: buławą i chorągwią, dla zawarcia z nim przymierza. Dnia 1 stycznia 1649 r. wyjechali z Warszawy: Adam Kesiel, wojewoda bracławski; Miastkowski, podkomorzy lwowski; Mikołaj Kisiel, chorąży nowogrodzki; Jakób Zieleński, podczaszy bracławski i sekretarz kommissyi Smiarowski.

Kommissarze ci przybywszy do Kijowa nie zastali tam już hetmana, Chmielnicki wyjechał do Pereasławia, gdzie przyjmował posłów: moskiewskiego, tatarskiego, wołoskiego, multańskiego i siedmiogrodzkiego, winszujących mu szczęśliwych zwycięztw.

Pułkownik Tysza z 400 Kozakami spotkał kommissarzy przy przeprawie przez rzekę Słucz i dla

(*) Według dijarjusza samychże posłów. Patrz Żródła do dziejów polskich M. Grabowskiego i A. Przezdieckiego. Wilno, 1843 roku, tom I, str. 3.

bezpieczeństwa towarzyszył im do Pereasławia; po-
trzebna bowiem była wtedy eskorta Polakom w Małorossyi, gdzie chłopstwo uzuchwalone szczęściem
Kozaków, zastępowało na drodze przejeżdżającym,
i właśni poddani Kesiela nie zważając na obecność
swego pana, we wsi Nowosielkach napastowali posłańców.

Nakoniec 19 lutego przybyli do Pereasławia, przyjęto ich salwą z 20 armat, poczém zaproszeni zostali
do pałacu hetmana na obiad. Nazajutrz kommissarze
złożyli radę czyli przed zawarciem przymierza, lub po,
wręczyć Chmielnickiemu regalia przysłane przez króla; postanowiono oddać je natychmiast, by tym sposobem ująć sobie wzrosłego w próżności hetmana.

Dla odbycia téj ceremonii wyznaczono szeroką uli-
cę, by posłowie zagraniczni i lud kozacki, widział
jak kłaniają się Chmielnickiemu Polacy, kommissarze
mając to za ubliżenie rzeczypospolitéj chcieli opono-
wać przeciwko temu, lecz Kisiel przedstawieniami
skłonił kolegów do poświęcenia czczych pozorów dla
dobra ogólnego.

Chmielnicki wyszedł okryty czerwoną szubą pod-
szytą sobolami w towarzystwie starszyn i pułkownika. Wojewoda rozpoczął mowę w któréj wyrażał łaskę króla i wręczył królewski reskrypt wraz z buławą, a Mikołaj Kisiel przyniósł hetmańską chorągiew
z białym orłem, Chmielnicki przyjął to wszystko sposobem dosyć przyzwoitym, lecz bez oznak radości,
papiery rozkazał przeczytać nagłos, potém zaprosił
panów kommissarzy do siebie na ucztę.

Wojewoda przez cały czas bankietu przedstawiał
hetmanowi z całą wymową: jak wielką łaską uczcił

go król w dniu dzisiejszym, uczyniwszy zadosyć jego życzeniom, udarowawszy przebaczeniem za dawne przewinienia, oznaczywszy wolność wyznania greko-rossyjskiego, zgodziwszy się na powiększenie stałego kozackiego wojska, zezwoliwszy na wskrzeszenie wszelkich dawnych praw i przywilejów Zaporożców, nakoniec pozostawiając mu zupełny zarząd Małorossyą.

Chmielnicki odrzekł na to po polsku:

„Za tak wielkie łaski jakiemi obdarza mnie jego królewska mość, jako też za przyznanie mi władzy nad wojskiem, dziękuję najpokorniéj; co się zaś tyczy czynności kommissyi względem zawarcia przymierza, ta zdaje się dziś prawie niepodobną. Wojska nie są zebrane w jedno miejsce, pułkownicy i starszyni daleko, a bez nich nic stanowić nie mogę i nie śmiem, albowiem w przeciwnym razie naraziłbym moje życie. Przytém nie uczyniono mnie żadnego zadosyćuczynienia z Czaplińskiego i Wiśniowieckiego, pierwszy musi mi być koniecznie wydany, a drugi przyzwoicie ukarany, albowiem oni pierwsi stali się powodem wzburzenia. Jest winien i pan wojewoda krakowski, który ścigał mnie z siłą i prześladował, gdym był zmuszony ocalić życie na wyspach dnieprowskich. Lecz on ma już dosyć za swoje: znalazł to czego szukał. Pan chorąży Koniecpolski podobnie jest winnym, albowiem wydarł mi moją własność i Ukrainę rozdawał Lisowczykom, którzy zasłużonych żołnierzy rzeczypospolitéj zamienili w chłopów. Nic nie będzie z przymierza, jeżeli pierwszy z tych nie zostanie przysłany tu do mnie, a drugi ukarany. W przeciwnym razie albo zginę z całym zaporożskiem

wojskiem, albo zginie lachska ziemia że wszystkiemi
senatorami, książętami i szlachtą. Czy nie dosyć tego, że wasi wyrznęli cały Mozyr i Turow, gdzie Radziwił jednego z naszych na pal wsadzić kazał? posłałem tam kilka pułków i napisałem do Radziwiła
że jeżeli śmiał postąpić tak z jednym chrześcianinem
to ja toż samo uczynię z 400 lachskiemi niewolnikami, których mam w mej władzy i odpłacę za
swoje.”

Mowa ta jak widać z relacyi poselskiej nie podo-
bała się kommissarzom i nie wiele rokowała nadziei
pomyślnego skutku ich missyi, żałowali, że pospieszyli się z darami królewskiemi, trzeba było zatrzymać je i po skończeniu układów oddać dopiero.

Tak skończyła się pierwsza audyencya. Nazajutrz
hetman został zaproszony na obiad przez wojewodę.
Dowcip, wesołość i grzeczność, mówi kommissarz,
nie wywarły na niego żadnego wpływu.

Kiedy powtórnie przybyli kommissarze do Chmielnickiego, zastali go przy bankiecie wpośród grona
swych towarzyszy. Hetman niekontent z ich obecności rzekł:

„Jutro będzie sprawa i rozprawa, bo dziś się we-
selę, potrzeba odprawić posła węgierskiego i rakus-
kiego. Krótko mówiąc, z tej kommissyi nic nie będzie i wojna musi się rozpocząć za trzy lub cztery
tygodnie. Was wszystkich Lachów przewrócę do góry nogami, potopię lub oddam w niewolę cesarzowi tureckiemu. Król niechże będzie królem: gdyby król
rznął szlachtę, byłby wolnym! Zawini książę uciąć
mu głowę, zgrzeszy Kozak, toż samo z nim uczynić!... Prawda, że jestem człowiek nędzny, ale Bóg

zrządził, że jestem samowładnym panem ruskim! Jeżeli król nie zechce być wolnym królem, to jak mu się podoba!

Zmartwieni odeszli kommissarze od Chmielnickiego, smutną mieli naradę widząc, że nie obejdzie się bez nowych rozlewów krwi, bez nowych mordów i nieszczęść.

Na trzeciéj audyencyi wojewoda Kisiel ze łzami napominał Chmielnickiego aby się upamiętał; aby nie łączył się z Portą, p. Markiewicz nazywa ten postępek podłością trudną do uwierzenia. Nie wiem czy rozczulenie gorliwego obywatela, opiekuna wiary, patrzącego na zbroczoną ojczyznę krwią rodaków, można nazwać podłością, czy poniżeniem są łzy wydarte mimowolnie na myśl nowych klęsk rodzinnéj ziemi, na myśl, iż obrońca Małorossyi i wiary, łączy się i oddaje śmiertelnym nieprzyjaciołom tejże wiary, dla nasycenia już tylko swéj zemsty, bo czegóż jeszcze pragnął Chmielnicki, gdy mu zapewniono wolność wyznań, władzę i prawa? Nie były to łzy upokorzenia się żebraka, ale łzy rozczulenia brata, przemawiającego do błądzącego brata, wszak obydwa byli jednego rodu i wyznania?

— Tak walecznemu wojownikowi jak Chmielnicki, mówił wojewoda, przyzwoiciéj byłoby obrócić swój oręż przeciwko wrogom imienia chrześcijańskiego i rozprzestrzenić płomień wojny za granicami ojczyzny, jak przelewać krew bratnią, krew swych współobywateli i zasłużyć u potomstwa na haniebne imie buntownika.

— Szkoda mowy, odrzekł Chmielnicki,—był czas do traktowania ze mną, jak Potocki prześladował mnie za Dnieprem, był czas po żółtowodskiéj i korsuńskiéj bitwie, pod Piławcami, Konstantynowém, Zamościem i gdym przez sześć tygodni ciągnął z Zamościa do Kijowa. Teraz już późno. Uczyniłem to o czem nie śmiałem i pomyśléć, zrobię to o czém myślę bezprzestannie. Wyswobodzę cały naród ruski od niewoli Lachów. Dotąd wojowałem za moją obrazę, teraz za wiarę naszą prawosławną. Cały naród do Lublina i Krakowa pomoże mi w tém przedsięwzięciu. Nie opuszczę mych współwyznawców, bo wy Lachy zajęlibyście ich przeciw Kozaków. Będę miał 200 i 400 tysięcy regestrowych Kozaków. Horda przyjdzie mi na pomoc. Mój brat, dusza moja, mój jasny sokół zrobi wszystko co zechcę i nikt nie zrujnuje naszéj kozackiéj wiary. Nie pójdę na Turków ani Tatar, dosyć dla mnie Wołynia i Podola, obszernych i obfitych prowincyi. Zajmę wszystko pod Lemberg, Kulm i Halicz, z nad Wisły Lachom powiem: Siedziéé Lachy! tam wypędzę wszystkich książąt i duków, a gdy będą się uzbrajać i za Wisłą i tam ich znajdę. Na całéj Ukrainie nie pozostanie ani jednego księcia, ani szlachcica, a jeżeli który z nich zechce z nami jeść chléb; niech będzie posłuszny wojsku zaporożskiemu i nic nie broi."

Według opowiadania kommissarzy, Chmielnicki mówiąc w ten sposób, uniósł się do tego stopnia, iż ogarnął go jakiś rodzaj szaleństwa. Utrzymują niektórzy, iż nadużywał trunków, a wtedy stawał się dzikim, okrutnym i tyranem, nawet dla swoich towarzyszy. Wychowski, generalny pisarz wojskowy, miał nad nim tylko jakąś władzę i uspakajał hetmana.

Tegoż dnia przedstawiono Chmielnickiemu, iż życzeniem jest rzeczypospolitéj, by miał tylko 12 do

15 tysięcy Kozaków regestrowych; Bogdan milczał; zdawało się, że się zgadza; proszono go przeto by podpisał ten punkt. „Na co podpisywać? Nas stanie i sto tysięcy; tyle ile ich jest, ile zapragnę," odrzekł hetman.

Wtedy mówiono o wydanie jeńców a w téj liczbie i Potockiego — przedstawiano, iż są to słudzy królewscy i król pragnie ich wydania; Chmielnicki odpowiedział zimno:

„Jestto zdobycz wojenna, niech król o tem nie myśli."

Podkomorzy lwowski rozpoczął przedstawienia.

„I niewierni na znak przyjaźni dają wolność jeńcom. Przed dziesięciu laty, Ibrahim, sułtan turecki powrócił królowi kilkaset niewolnika z galer i własnego seraju. Wy zaś panie hetmanie, wy poddany i sługa jego królewskiéj mości, otrzymawszy buławę i chorągiew swego monarchy, nie chcecie wypuścić sług królewskich. Cóż możemy myśléć na przyszłość o waszéj wierności, poświęceniu i posłuszeństwie?"

— Szkoda waszéj mowy! odrzekł Chmielnicki, Bóg oddał ich w moje ręce! Potocki niech zaczeka tutaj na swego brata, starostę kamienieckiego, który opanował moje miasto Bar. Krew chrześcijańska tam się leje; posłałem tam kilka pułków i kazałem przyprowadzić go żywym.

Jako odpowiedź na barską rzeź, kommissarze wskazali Kijów, gdzie pułkownik Nieczaj, mówiąc, że działa z rozkazu hetmana, niszczy kościoły i klasztory rzymsko-katolickie, Polaków topi w rzece, księży męczy, szlachtę obojéj płci szmaga.

Mogę rządzić tym krajem jak mi się spodoba, odrzekł Chmielnicki. Kijów jest moim miastem, jestem panem i wojewodą kijowskim, Bóg dał mi tę władzę, dozwoliwszy zdobyć ją szablą.

Wtedy widząc, że niepodobna uzyskać na Chmielnickim godziwych warunków ugody, wojewoda Kisiel domagał się od niego piśmiennéj odpowiedzi na punkta przysłane przez sejm. Chmielnicki skłonił się nakoniec do żądania kommissarzy i podał następujące warunki:

1. W województwie kijowskiem nie będzie wyznania unijatskiego, ani nawet nazwiska unii.

2. Metropolita kijowski ma być przypuszczony do zasiadania w senacie.

3. Wojewoda i kasztelan winni być wybierani z panów greckiéj wiary.

4. Kościoły rzymsko-katolickie zburzone przez Kozaków, mogą być odbudowane i pozostaną in statu quo ad praeteritum, wyjąwszy jezuitów jako dających początek tym zaburzeniom.

5. Jeremiaszowi Wiśniowieckiemu ma być odjęta komenda nad wojskiem, inaczéj Kozacy puścić go do Ukrainy nie mogą.

6. Przywiedzenie do końca czynności kommissyi i ułożenie regestru stałego kozackiego wojska odkłada się do wiosny, do zielonych świątek.

7. Kommissya składać się będzie z dwóch tylko członków.

8. W tym czasie Czapliński ma być wydany Chmielnickiemu, który pod tym koniecznym warunkiem obowiązuje się wrócić wolność jeńcom.

9. Do tego czasu wojska koronne i litewskie nie

mogą wstępować w granice województwa kijowskiego z jednéj strony do Horynia i Prypeci, a ze strony województw: podolskiego i bracławskiego, do Kamieńca Podolskiego.

10. Wojska zaporożskie także nie będą przechodzić oznaczonych rzek.

Kommissarze nie chcieli przyjąć tych punktów, żądali by wojska koronne mogły się posunąć do Baru, Bracławia i Winnicy. Długo Mikołaj Kisiel, Zieliński i Smiarowski, namawiali Chmielnickiego do zgody. Hetman pochwyciwszy punkta przywiezione z Warszawy, przekreślił je i oznajmił kommissarzom by powrócili do Warszawy i donieśli senatowi o mającéj wkrótce rozpocząć się wojnie.

Dwudziestego siódmego, kommissarze zaczęli wybierać się w drogę, prosili hetmana aby przybył do nich na pożegnanie; Chmielnicki nie przyjechał, lecz zaprosił ich do siebie, oddał im punkta przez siebie napisane i dwa listy: do króla i kanclerza, ostatniemu posłał konia swego w podarunku.

Jeszcze raz sprobowali kommissarze wymódz na Chmielnickim uwolnienie jeńców, ofiarując za ich wykup 24,000 złotych; ale naprożno—hetman domagał się wydania Czaplińskiego.

Tymczasem kommissarze wyjechali do Warszawy. W Brusiłowie słyszeli już, że Tatarzy idą do Białocerkwi, że Kozacy dążą w kierunku Ostrogu, że 3,000 Kozaków pod dowództwem Tyszy zrabowało to miasto, i wyrznęło szlachtę i żydów, a Krzywonos grabił Polesie.

Król otrzymawszy zdanie sprawy od kommissarzy i wiadomość o rozpoczętych już krokach wo-

jonnych przez Kozaków, natychmiast zwołał pospolite ruszenie przeciwko powstańcom, wydał polecenie Firlejowi, aby wojsko ściągnął, linij umówio-
néj pilnował, Kozakom, przestępować ją bronił i sam
za nią nie przechodził.

ROZDZIAŁ XIV.

Zbaraż i Zborów.

Punktami zbornemi wojsk polskich były: Łojew, Słuck i Zbaraż; liczba tych wojsk wynosiła około 12 tysięcy. Chmielnicki powiększył liczbę swych Kozaków do 200 tysięcy, zabrawszy nawet garnizony z miast, gdzie natomiast ustanowił milicyą ze starych Kozaków, czyli towarzystwa i młodzieży, z któréj kompletowano pułki regestrowe.

Otrzymawszy wiadomość o zbieraniu się wojska i szlachty, wysłał część swéj armii pod dowództwem pułkowników Nababy i Godkuszy ku miastu Łojewu nad Prypeć, by wstrzymać, albo przynajmniéj zająć pochód wojsk litewskich, drugą pod naczelnictwem generalnego asauła Bohuna i pułkowników Nieczaja i Głucha, wyprawił do Słucka, dawszy im polecenia wstrzymywać nieprzyjaciela o ile można, a potem utrudniać mu przeprawy przez rzeki, cofając się zawsze ku głównéj armii, która szła na Zbaraż.

Pod Ostropolem, Zwiaezelem i Barem, Kozacy byli
pobici, nareszcie sam Chmielnicki zbliżył się do Zbaraża; armja jego dochodziła ogromu bajecznego, Pasto-
ryusz utrzymuje, że łącznie z Tatarami liczyła przeszło
300,000 ludzi. Kochowski zaś wyliczając każdy pułk,
narachował samych Kozaków 200,000 prócz tego, han
krymski 100,000 Tatarów miał przyprowadzić, nadto
basza sylistryjski, Turków rumelskich 6,000 przysłał.

Wojska zaś polskie pod dowództwem Firleja, Koniecpolskiego, Wiśniowieckiego i Lanckorońskiego zostają-
ce 12,000 nie przynosiły, które cofając się przed tak
licznym nieprzyjacielom przybyły pod Zbaraż pierwszych dni czerwca.

Zbaraż miasto z zamkiem obronnym leżące na Wołyniu, było własnością książąt Wiśniowieckich. Od strony wschodniéj wznosił się wzgórek ukoronowany warownym zamkiem, a u stóp jego zbudowane było
miasto otoczone fossą i ostrokołem. Tam od południa
rozłożony był obóz polski, według planu Krysztofa
Przyjemskiego, inżeniera i generała artyleryi.

Dnia dziewiątego lipca, w piątek, wyprawiono zobozu
podjazd pod dowództwem Sierakowskiego, pisarza polnego koronnego, dla wywiedzenia się o czynnościach
nieprzyjaciela i dostania języka; lecz oddział ten nieostrożnie wpadłszy na nieprzyjaciela kilkaset ludzi
utracił i z niczem do obozu powrócił. Wtedy dopiero
mówi Kochowski, rzucono się do okopania obozu gdy
ujrzano nieprzyjaciela w blizkości i całe wojsko bez
różnicy stopni i powagi wzięło się do rydli a wkrótce
stanęły według przepisów wojennych obronne szańce.
Nazajutrz też zrana Chmielnicki i han z całą siłą
na obóz uderzyli. Wojsko polskie wszystko wyszło

w pole, książe Wiśniowiecki zajmował prawe skrzydło
i naprzód się potykał, Jan Sobieski chorąży koronny
walczył w środku ze swym pułkiem a inne pułki
śmiało szły za nim. W téj walce poległ Murza podskarbi hański i pole bitwy zostało przy Polakach.

Jedenastego lipca, Kozacy 30 armat w koło obozu
zatoczywszy, rozpoczęli powszechny szturm. Nieprzejrzane okiem tłumy nieprzyjaciela bez przerwy ponawiali attaki, kule z dział nieprzyjacielskich jak grad
padały na oboz polski, tak, że w każdéj chorągwi po
kilkanaście koni zostało zabitych, namioty pozrywane,
żołnierze upadali od znużenia i znoju, lecz Wiśniowiecki radą i przykładem dodawał im męztwa. Kozacy
także zachęcani przez Chmielnickiego nie zwracając
uwagi na gęsty ogień szli na wały. Już z téj strony
gdzie było stanowisko Firleja wdarli się na szaniec
i ich chorążowie już zatykali chorągwie; lecz husarze
uderzywszy na nich spędzili z okopów i do cofnięcia
się zmusili, znów z drugiéj strony gdzie był niedokoń-
czony okop, Zaporożcy uderzywszy na węgierską
chorągiew piechoty, spędzili ją, a Burłaj z Kozakami
już opanował szańce, lecz Przyjemski nadesławszy
pomoc, wyrznął Kozaków będących już wewnątrz okopów, innych do cofnięcia się zmusił.

Noc położyła koniec bitwie, Kozacy odstąpili, wście-
kając się z gniewu, albowiem Chmielnicki przyrzekł
Tatarom, że im sprawi dziś jeszcze bankiet w obozie
polskim. Postanowił zatem obledz go i głodem zmusić
Polaków do poddania. Przez miesiąc cały trwało to
okropne oblężenie, wciągu którego codziennie prawie
Kozacy ponawiali napady a siedmdziesiąt armat bez
przrewy zionęło morderczy ogień na oboz polski.

Z każdym dniém nieprzyjaciel ścieśniał oblężonych przysuwając się więcéj ze swemi szancami do obozu i sypiąc okopy przeciwko szanców jego, lub podkopując się pod wały tak daleko, że straże słyszały mowę i pogróżki kopiących. Polacy 30 lipca opuścili dawne obszerne wały a cofnęli się do drugich szczuplejszych, około zamku tylko i miasta obwiedzionych. Kozacy natychmiast zajęli poprzednie i w trzy godziny podobnéż okopy na około obozu polskiego usypali a co dzień bliżéj się szańcując, najdaléj na 30 łokci do obozu przystąpili. Z wysokiego wału swego widząc wnętrze obozu, wielkie straty rządzali; nocą nie zdążono grzebać poległych, a wczasie gorącego lata zgnilizna zarażała powietrze. Wśród hufców polskich zginęli: Sierakowski pisarz polny, Sielnicki, Sługocki, Sieniawski, Zbrożek; nawet kapłana odprawiającego mszę przy ołtarzu, kula rozerwała.

Już głód zaczynał dokuczać oblężonym; końskie mięso było jedynem pożywieniem, albowiem gdy zabrakło paszy dla koni, każdy swego zabijał; lecz wkrótce i tego niestało, do psów zaczęło się zabierać, a wkońcu żołnierze rzemienie od bryk i wozów odrzynali na pożywienie. Nareszcie dał się czuć brak amunicyi, wyczérpnęły się zapasy prochów, popsuła się strzelba od częstego użycia; Polacy, szabli, żerdzi, kamieni używać zaczęli do obrony, a gdy się z warły wojska, wyrywali zrąk nieprzyjaciół samopały, muszkiety, i rogi z prochem na własnę obronę. Tak, wprzeciągu tego oblężenia gdzie 9,000 oblężonych, przeciwko 300,000 nieprzyjaciół walczyć musiało, Polacy 20 główniejszych szturmów wytrzymali, 16 razy wyszedłszy wpole, wstępnym uderzali bojem, 4 razy wały, reduty i fosy kopane i przekształcane były, a 75 wycieczek uczynili na nieprzyjaciela.

Tymczasem Jan Kazimierz 24 Czerwca wyjechawszy z Warszawy do Lublina, dla połączenia ze zbierającem się tam wojskiem, 16 dopiero Lipca zdołał wyruszyć wdalszą drogę ku Zbarazowi na odciecz oblężonym, tak leniwo ściągały chorągwie. Przybył król nareszcie pod Zborów i usłyszawszy, że nieprzyjaciel ma znajdować się w bliskości, wysłał rotmistrzów Gdeszyńskiego i Puzowskiego na podjazd, aby przynieśli pewną wiadomość o nieprzyjacielu. Wyruszyły chorągwie lecz nie śmiejąc zapuszczać się daleko, powróciły, oświadczając że nigdzie nie widzieli nikogo.

Przez miasto Zborów płynie mała rzeczka Strypa: nie szeroka, ale głęboka; wtedy właśnie woda wniéj wezbrała mocno i zerwała most, król przeto kazał przeprawiać wojsko, sam naprzód z piechotą przewiozłszy się na drugą stronę, udał się do kościoła na nabożeństwo, albowiem był to dzień uroczysty wniebowzięcia Najświętszéj Maryi Panny. Chmielnicki tymczasem dowiedziawszy się od chłopstwa o przybyciu króla, pozostawił oblężenie Zbaraża Krzywokosowi, sam z Tatarami i częścią swéj armii udał się naprzeciwko Jana Kazimierza.

Zlewéj strony Zborowa była dębina, tam Chmielnicki ukrywszy się, widział przeprawę polaków przyjrzał się ich szczupłéj liczbie 12,000 tylko wynoszącej i dawszy informacyą hanowi wysłał go przeciwko nim.

Połowa zaledwie wojska była przeprawiona, reszta ztyłu na milę prawie rozciągnęła się, a pułk przemyślski i korycki z chorągwiami wojewody krakowskiego zostały na ostatku. Tatarzy zobaczywszy rozwlekłe wojsko zaczęli wśród mgły wychodzić z dębiny i zabierać tył Polakom. Naprzód napadli na Koryckiego który im mężnie bronił przeprawy przez rzekę, poszły na pomoc Koryckiemu: pułk przemyślski, Sapieha podkanclerz litewski z siedmiu swemi chorągwiami, Korniakt i Felicyan Tyszkiewicz; lecz z pułkami swemi pobici zostali: Osoliński i Tyszkiewicz, oraz książe Czetwiertyński starosta raciborski polegli, rozbite i rozproszone zostały dwie chorągwie Sapiehy i 400 dragonii. Chciał pułk lwowski zatrzymać natarczywość dziczy i poszedł mężnie za swym pułkownikiem podkomorzym lwowskim, zawiązała się zacięta bitwa, ale zginął pod napływem przemagającéj siły, poległo z niego do 200 znakomitszéj młodzieży, sam pułkownik został postrzelony w rękę, zabity Kowalski chorąży, stolnik lwowski i chorągiew wziętą. Rzeczywski starosta urzędowski i Czarniecki obożny wojska Jego Królewskiéj Mości polegli podobnież.

Gdy się to dzieje na jednéj stronie miasteczka, na drugiéj tymczasem król uszykował wojsko, na prawem skrzydle postawiwszy Osolińskiego kanclerza z Stanisławem Potockim wojewodą podolskim, Gabryelem Stępkowskim kasztelanem bracławskim, daléj dragonie Denhoffa i chorągwie Sapiehy, nakoniec województwo bełskie i szlechtę z ziemi przemyślskiéj. Na lewem skrzydle Jerzego Lubomirskiego generała małopolskiego i Jana Sobieskiego starostę jaworowskiego, oraz Karola księcia Koreckiego, pułki ordynatu Zamojskiego, Ostrogskiego i Witowskiego pułk sandomirski; za niemi szlachtę województwa ruskiego i posiłki panów ruskich. Dwie chorągwie rajtaryi Wawrzyńca i Tobiasza Minorów stały w rezerwie, by być gotowe na pomoc gdzie jéj będzie potrzeba.

Środek szyków zajmowała piechota niemiecka pod dowództwem Huwalda i artylerya. Król stał wtym miejscu, 500 koni husarzy z najcelniejszych rycerzy złożonych, stanowiło konwój królewski. Za niemi stała gwardya królewska pod komendą Wolfa.

W rezerwie był regiment pieszy Zamojskiego i świeżo przybyłe chorągwie Leszczyńskich.

Tatarzy z początku małemi oddziałami zaczęli się ukazywać, potem całą massą wysypawszy się na równinę ściśnionym szykiem uderzyli na prawe skrzydło, lecz otrzymawszy silny odpór, cofnęli się. Wkrótce zebrani na nowo pod dowództwem Agadjan Beja, pominąwszy piechotę Huwalda uderzyli na lewe skrzydło.

Starły się oba wojska z okropnym wrzaskiem, przez chwilę wśród zaciętéj walki ważyły się losy obu stron, bo dowódzcy dodając ducha przykładem, sami mężnie się ścierali; jednak niedługo przełamane ogromem nieprzyjaciół, cofać się poczęły chorągwie Lubomierskiego i wpadłszy na szyki w tyle stojące, zmieszały je i zatrwożyły. Widząc to król, przybiegł w to miejsce z dobytym rapirem wołając: „Nie odstępujcie mnie panowie i ojczyzny waszéj!„ a kiedy już wpół do obozu wparto uciekających, Jan Kazimierz spiąwszy konia ostrogami przybiega do chorążego, i uchwyciwszy za cugle jego konia, do zawrócenia się zmusza, grożąc, że przebije każdego kto krokiem dalej postąpi.

Wstrzymały się chorągwie małopolskie, tymczasem wysłana piechota zbliżywszy się ku nieprzyjacielowi, gradem kul zmusiła go do cofnięcia się, dozwoliwszy uszy-

kować się złamanym chorągwiom konnym, które odzyskawszy przytomność i męztwo, poszły w pogoń za
nieprzyjacielem. Po kilka razy Tatarzy odwracali się
i ponawiali attak, lecz mur kopii piechoty Howalda
i ich muszkiety wstrzymywały szalony zapęd dziczy.
Krwawa ta bitwa ciągnęła się do samego wieczora
i gdyby nie męztwo króla, okropna porażka byłaby
niewątpliwą.

Cały opis tej bitwy wzięty jest z kronik współczesnych
i listu naocznego świadka i uczestnika krwawéj tej
sceny Andrzeja Miastkowskiego, podkomorzyca lwowskiego, pisanego do brata królewskiego Karola; (1)
zatem nie ulega żadnemu zarzutowi, jednak rzecz dziwna, że nie widziemy tu Kozaków ale samych tylko Tatarów. W kronikach ruskich, np. arcybiskupa Konińskiego, znajdujemy zupełnie co innego, tam działali
sami tylko Kozacy, armia królewska została zupełnie
rozbita i rozpruszona, 20 tysięcy z niéj poległo.

Wśród porażki, król błąkał się pomiędzy Kozakami ale go nikt nie zaczepił, kazano owszem jechać gdzie mu się podoba; po zwycięztwie Chmielnicki wysyła do króla deputatów o pokój.

Rzecz widoczna, iż opis ten choćby nie był sprzeczny
ze wszystkiemi, przez samą niekonsekwentność zasługuję na małą wiarę.

Jakkolwiekbądź, bitwa ta prócz znakomitych strat
zgasiła cały zapał wojenny i zrodziła zwątpienie
w umysłach Polaków. W nocy rozpuszczono pogłoskę
że król uchodzi z obozu, strwożony umysł z łatwo
ścią daje wiarę każdéj wieści; wkrótce więc powstało zamieszanie, które sam Jan Kazimierz objeżdżając

(1) Pamiętniki o dawnéj Polsce J. U. N. T. II.

przy świetle pochodni pułki, uspokajać musiał przemawiając, zachęcając, przedstawiając, iż Tatarzy będący na stronie Kozaków, chcą ich odstąpić a z wojskiem polskiem się połączyć.

Nazajutrz Tatarzy wyszli nieprzyjaznemi kolumnami szykując się dla attaku na obóz królewski, Kozacy zaś pułki swoje przez wały przeprowadzili, by z tyłu na Polaków uderzyć lub uciekającym zastąpić.

Wyprowadzone w pole wojska, w tymże szyku jak dnia poprzedzającego stanęły. Agitymil-bej i Tochakaj murza na prawe skrzydło Ossolińskiego a Chmielnicki z Kozakami na lewe uderzyli. Z obu stron potykano się odważnie, lecz Kozacy przemagając liczbą, miel zawsze wyższość nad Polakami. Kozacy pragnęli za jaką-kolwiek cenę wziąść miasto, by odebrać Polakom wodę. Pułkownik Gładki wpadł między opłotki, pomagali mu mieszczanie wskazując gdzie łatwiejsza droga i słabsze miejsca.

Tymczasem pomimo całego męztwa ustawali znużeni Polacy, bo Kozacy zmęczone pułki świeżemi zastępowali, król zatem rozkazał wezwać ochotników, wystąpiła i czeladź którym Jan Kazimierz wyznaczywszy dowódzcę Zabuskiego, wysłał w pole. Zabuski uderzył na nieprzyjaciela pod miasteczkiem i odparł, ale gdy się za niem zbyt się zapędził został otoczony przez Kozaków i tylko dragoni Oleśnickiego starosty opoczyńskiego przybywszy mu na pomoc, wybawili od zguby, wielu jednak z czeladzi poległo.

Nieprzyjaciel cofnął się do swego obozu. Ustał całodniowy bój, bo Polacy znużeni postępować za nim nie śmieli. Zebrano radę wojenną. Ossoliński radził królowi by uczynił ugodę z Tatarami, tem więcéj iż chodziły wieści że Islan-Gerej nie widząc wielkich korzyści z wojny, chętnie przyjmie układy. Posłano zatem niewolnika tatarskiego do hana z listem, przypominając mu dobrodziejstwa jakie do Polski doświadczył i wzywając, aby Kozaków odstąpił.

Han odpisał:

„ Z łaski Bożéj szczęśliwy i miłosierny Assangirej han'' miłemu bratu naszemu Janowi Kazimierzowi pokoju i zdrowia dobrego życzy.

Naprzód jako się waszéj królewskiéj mości ma, czy źle czy dobrze? Ja życzę by wasza królewska mość w szczęściu i zdrowiu na potomne lata panował.

Przyjacielski list doszedł nas od waszej królewskéj mości w niektórych punktach do przyjaźni należących, i o niektórych upominkach; ale się temu dziwujemy że wasza krolewska mość i jednego człowieka do nas nie przysłał i jako mnie za człowieka tak i państwo moje za nic poczytał, nie pomnąc na to, że kiedykolwiek przyjaźni naszéj potrzebować będziesz.

Myśmy tu w te kraje zimować przyśli, Panu Bogu się poleciwszy gościem tu zostajemy. Jeżeli wasza królewska mość należące gościom traktamenta masz, wyszlij wasza królewska mość wezyra swego pana kanclerza i my naszego wyszlemy niech czyni intencyą waszéj królewskiéj mości. A jeżeli pana kanclerza nie wyślesz to wiernego swego racz wysłać coby się za słowo swoje nie wstydził, bo przez fałsz żadna sprawa nie stanie. Ofiarujem przytem waszéj królewskiéj mości ect.''

Ku wieczorowi obadwa kanclerze wyjechali w pole dla ułożenia warunków traktatu, przybył także wezyr

hana, rozpoczęto układy, han pragnął by mu zaległą
daninę wypłacono i 200,000 talarów bitych upominku
dla starszyzny wyliczyć obowiązano się. Nazajutrz na
miejsce układów przybył i Chmielnicki, oświadczając
gotowość do ugody, a gdy podał warunki które znagleni
król i panowie Polski przyjęli, stanęła ugoda zawarta
w punktach następujących:

Punkta traktatu z Tatarami.

1. Między najjaśniejszym królem polskim Janem
Kazimierzem i sukcessorami jego, a Islam Gerejem,
hanem tatarskim i sukcessorami jego, wieczny
i szczery pokój i przyjaźń stateczna odtąd zostawać
będzie.

2. Król polski każdorocznie żołd hanowi do Kamieńca wysyłając płacić deklaruję, a han królowi
i królestwu polskiemu w każdém miejscu i przeciwko każdemu nieprzyjacielowi dopomagać i towarzy-
szyć obiecuje.

3. Żadnych exkursyi i czambułów w granice królestwa polskiego han czynić nie będzie, i żeby Tatarzy samowolnie wpadając, kraju nie rabowali, bydła i ludzi nie zabierali, przestrzegać obowiązuje się.

4. Tatarskie wojska zaraz od oblężenia wojska
pod Zbarażem odstąpią, odchodząc, żadnéj przykrości, szkody i krzywdy wojsku czynić nie będą.

5. Tak Tatarowie krymscy, jako i inne, nohaj-
skie, tomruckie, budziackie, Petykorcy, Czerkasy,
Wołosza, Multani, Siedmiogrodzianie także Turcy

rumelscy, i inne narody z hanem przybyłe, spokojnie, nie zabierając jassyru, wynijdą zaraz z granic
państwa polskiego.

6. Król polski wzajemnie nagradzając effekt, dobry hana jmci, wojsku zaporożskiemu suplikujące-
mu, odpuszcza wszystkie urazy i łaskę swą dekla-
ruje, którzy wierne poddaństwo i stateczną usługę
przy posłuszeństwie prawdziwém poprzysięgają.

W obozie pod Zborowem dnia 18 sierpnia 1649 roku.

Nadto, rzeczpospolita, obowiązała się zapłacić za-
ległego żołdu 200,000 talarów, z tych 30,000 wy-
liczono natychmiast; na pewność wypłaty reszty, dany jako zakładnik Denhof, starosta sokalski.

Punkta traktatu z Kozakami.

1. Wojska zaporożskiego wolności w całości mają
być zachowane i approbowane przez wydane dyploma jego królewskiéj mości.

2. Komput wojska kozackiego ma być 40,000.

3. W regestr kozacki mają być zapisywane imiona ludzi, mieszkających w miastach królewskich
i szlacheckich wyjąwszy wsi. Miasta te z jednéj
strony Dniepru są następujące: Dymer, Gornostajpol,
Korostyszew, Powołocz, Pogrebiszcze, Pryłuka, Win-
nica, Bracław, a od Bracławia nawet do Jampola
ku Dniestrowi; z drugiéj zaś strony: Niezyn, Ostér,
Czernihów, Romen i aż do granic rossyjskich. Po
innych zaś miastach szlacheckich i Kozaków nie będzie, gdyby który przyjęty został do regestru z woli
hetmana, temu pozwala się przesiedlić z całym ma-

jątkiem i tam kozacką pełniąc służbę, używać wolności kozackich.

4. Miasto Czyhryń ma nazawsze pozostać przy buławie wojska zaporożskiego.

5. Nikt z panów nie może mścić się na poddanych swoich, którzy służyli u Kozaków w czasie obecnéj wojny.

6. Wojsko polskie nigdzie nie będzie lokowane po kwaterach w miastach i wsiach kozackich.

7. Żydy także pod żadnym pozorem nie mają mieszkać we wsiach kozackich.

8. Metropolita kijowski ma mieć miejsce w senacie z innemi senatorami.

9. W województwach: kijowskim, bracławskiem, czernihowskiem, mają być rozdawane urzęda i godności, tylko szlachcie wiary greko-rossyjskiéj.

10. Szkoły jezuickie jak w Kijowie tak i w innych miastach kozackich nie mają pozostawać ale przenieść się w inne miejsca.

11. Wódki nie wolno Kozakom sprzedawać na kwarty, a jeśli który chce, może przedawać na beczki.

12. Wszystkie te punkta mają być potwierdzone zaraz na następnym sejmie. (*)

Dziewiętnastego sierpnia przybył Chmielnicki do obozu polskiego złożyć królowi przysięgę wierności, wpierw jednak Lubomierskiego starostę krakowskiego musiano dać w zakład Kozakom. Chmielnicki przybył w towarzystwie stu starszyn, którzy zdaleka przed namiotem królewskim zsiadłszy z koni postę-

(*) Pastoriusz, k. 70, 71.

powali pieszo. Wojewoda Kisiel wprowadził ich do
króla, hetman kozacki w te odezwał się słowa:
Dawno pragnąłem upaść do nóg waszéj królewskiéj mości pana naszego miłościwego, ale niedoli
i wyrokom boskim przypisać należy nieszczęście, które te chwile odwlekło, dziś za winy nasze u nóg
pańskich dopraszamy odpuszczenia i niepamięci.

Podkanclerz litewski Sapieha w nieobecności Ossolińskiego odpowiedział od króla. Chmielnicki wyszedłszy z namiotu, przed delegowanemi wykonał przysięgę i natychmiast wojsko rozpuścił do domów, uwol-
niwszy oblężonych pod Zbarażem, lecz niedostatek,
trudy i znoje tak stargały siły bohaterów zbaraskich,
iż Firlej w sześć tygodni umarł, a Sieniawski wkrótce po nim, Wiśniowiecki zaledwie stał na nogach
z wycieńczenia. W skutek tychże układów, han wydał królowi jeńców, a między innemi Żółkiewskiego
starego żołnierza.

. W czasie oblężenia Zbaraża i bitwy zborowskiéj,
powrócili z Multan, Tymofej i Tugaj-bej. Nieprzyjaciele Lipuli zostali pobici w kilku bataliach a mianowicie pod Jassami i Bukarestem. Rakoczy uszedł do
Węgier a Lipuli objął rządy. W czasie powrotu jego
na hospodarstwo, Lipula dawał bankiety dla Kozaków i starszyzny tatarskiéj, w czasie których Tymofiej poznał córkę jego Irenę i powziął ku niéj
skłonność; młody Kozak umiał zyskać wzajemność
dziewicy i nawet przychylność matki, ale ponieważ
Wiśniowiecki zachwycony pięknością Ireny, wysłał
już dawniéj swatów do niéj, przeto hospodar przyrzekł mu rękę córki i dziś nie okazywał ochoty do
zmienienia słowa. Tymofiej zwierzywszy się o tem

ojcu prosił o pośrednictwo. Chmielnicki wyprawiając do Krymu Tatarów, napisał list do baszy silistryj-skiego, że stosownie do woli sułtana i jego prośby, zostały uspokojone usterki multańskie i Lipuli powró-cony na hospodarstwo, nadmienił przytém, że został obrażony przez hospodara, który zabrania córce iść za mąż za syna jego, ale mimo jéj woli wydaje ją za Wiśniowieckiego, wreszcie zakończył list proś-bą do baszy o protekcyą dla sprawy Tymofieja. Ba-sza przyrzekł nietylko wstawienie osobiste, ale za-wiadomić o tém sułtana, zapewniając, że jego po-średnictwo będzie skuteczniejsze.

Z pod Zbaraża hetman powrócił do Kijowa, gdzie z nowym przyjmowany był tryumfem, ztamtąd po odprawieniu modłów w Ławrze, udał się do swéj rezydencyi do Czyhrynia.

Tymczasem Jan Kazimierz przybywszy do War-szawy zwołał w końcu 1649 r. sejm, któremu przed-stawiono punkta przymierza zborowskiego. Panowie którzy nie byli na wojnie, nie uczuli osobiście tru-dów i niebezpieczeństw w jakich znajdował się król i Ossoliński, nie pojmowali przeto ich nadzwyczaj-nych ustąpień, zarzucili ich paszkwilami, szyderstwa-mi, przyganami i zaledwie potwierdzonym został tra-ktat zborowski. Na tymże sejmie wysłano Kisiela który został wojewodą kijowskim, do Chmielnickie-go, z Maxymilianem Brzozowskim kasztelanem kijo-wskim, dla spisania 40,000 regestru Kozaków i wpro-wadzenia szlachty polskiej do ich własności na Ukra-inie.

Metropolita kijowski Sylwester Kossow, według układów zborowskich, winien był otrzymać miejsce

w senacie obok prymasa; z rozpoczęciem przeto sejmu, przybył do Warszawy; lecz biskupi rzymscy
nie dozwolili tego, oświadczając, że wyjdą ze zgromadzenia, gdy wpośród nich zasiądzie nieprzyjaciel
papieża; naczelnik schyzmatyków. Senatorowie świeccy, ludzie rozsądni i posiadający więcéj wejrzenia
politycznego, przedstawiali, że ponieważ ruska prowincya przyłączona jest do królestwa z ich przywilejami duchownemi i świeckiemi, przeto metropolita
jako naczelnik ich kościoła winien posiadać miejsce
w senacie, że Adam Kisiel mimo swéj ruskiéj wiary, zasiada w senacie i okazuje tak ważne usługi
dla królestwa, że metropolita będzie niejako zakła-
dnikiem dotrzymania pokoju i jako posiadający wysokie poważanie od ludu i obywateli ruskich, utrzymywać ich będzie w posłuszeństwie dla rzeczypospolitéj, że nakoniec odmówienie mu miejsca, upo-
ważni Chmielnickiego do złamania wiary i nowych
zaburzeń; ale żadne przedstawiania nie mogły sprawić skutku na fanatycznych umysłach dawnych senatorów. Zrozumiawszy zatém wojewoda kijowski, że
upór biskupów niczém nie przezwyciężony, radził
metropolicie, aby odjechał raczéj sam, niżby z obrazą narodu miał być niedopuszczonym. Sylwester Kossów poszedł za jego radą i nim przybyli do Kijowa
kommissarze polscy, metropolita powrócił z wielkiém
oburzeniem Kozaków.
Wkrótce po nim przybyli: Kisiel i Maxymilian
Brzozowski kasztelan kijowski, wysłani przez rzeczpospolitą by przywieść do skutku układy traktatu
zborowskiego; przy nich szlachta, wygnańcy ze
swych dóbr ukraińskich jechała do domów swoich

z radością objęcia majątków, lecz omylone zostały ich oczekiwania. Zaledwie uniknąwszy śmierci od Kozaków dostali się do Chmielnickiego. Wojewoda i jego towarzysze zanieśli skargę do hetmana dowodząc, że żadne prawa nie pozbawiają ich własności za oddalenie się do Polski, tym więcej, że według traktatu zborowskiego własności te winny być powrócone właścicielom. Hetman pragnąc uniknąć niechęci Kozaków, oddał tę sprawę trybunałowi i skarżącym dozwolono objąć majątki ukraińskie, lecz pierw polecono wykonać przysięgę na wierność Małorossyi. Wjechał Kisiel do Kijowa, szlachta do swych domów, lecz wkrótce pułki: kijowski, pereasławski i białocerkiewski, powstały, Kozacy przyzwyczajeni do ciągnięcia dochodów z dóbr szlacheckich, niechętnie widzieli powrót dziedziców, wygnali przeto wojewodę z towarzyszami, wielu zrabowali i pomordowali. Kisiel udał się do metropolity, i za jego wstawieniem zaniósł powtórną skargę do hetmana, Chmielnicki zdawał się być zmartwionym tym wypadkiem, zarządził śledztwo a nawet winowajców śmiercią ukarać kazał.

Wtedy także kończono spisywanie regestru Kozaków, w którym pomieszczono tylko 40,000, reszta zaś przywykła do grabieży i swawolnego życia, mianowicie Kozacy osiedli w dobrach szlacheckich, do swych panów wracać nie chcieli, szczególniéj obawiali się dawnych ucieiniężeń poddani ogromnych dóbr Koniecpolskiego i Wiśniowieckiego; wybrawszy przeto z pośród siebie deputacye wyprawili do hetmana, by zasłużonych sobie żołnierzy nie opuszczał i nie poświęcał ich okrucieństwu Polaków, inaczej innego hetmana obrać będą zmuszeni.

Chmielnicki lękając się rozdwojenia, pozwolił im według woli osiąść na dawnych miejscach, lub zaciągnąć się do wojska ochotniczego ustanowionego pod nazwą dobrowolnych Kozaków. Wtedy rozdzielił Małorossyą na 15 pułków 40,000 ludzi liczących, lecz prócz tych, mimo traktatu zatrzymał Kozaków dobrowolnych bez liczby. Lecz widząc, że król z carem moskiewskim pomimo jego podburzania przymierze przedłożył i od Tatarów wykupił z niewoli hetmanów wziętych pod Korsuniem, postanowił udaną przychylnością uśpić podejrzenie Polaków. Wyprawił więc na początku maja 1650 r. do Warszawy swych posłańców, przesyłając stosownie do traktatu regestr kozacki i prosząc o zatwierdzenie onego.

Nie długo zaś potém, bo w końcu jeszcze tego miesiąca, skrycie przyjmował posłów moskiewskich i tureckich, czyniąc z niemi układy względem oddania Ukrainy pod opiekę ich panów, lecz sprawę tę tak prowadził, iż nie wiedział sułtan o stosunkach Chmielnickiego z Moskwą, ani car z sułtanem. Kroniki rossyjskie tak opisują te układy:

ROZDZIAŁ XV.

Rok pokoju na Ukrainie.

W maju przybyli do Czyhrynia posłowie: moskiewski: Buturlin i książę Prozorowski, oraz sułtański: Osman-Aga i Uzyn-Ali, basza sylistryjski, przynosząc mu dary, powinszowania i ofiarując opiekę swych panów, wraz z prawem sukcessyjnego hetmaństwa. Od sułtana otrzymał hetman drogą szablę, kaftan bardzo podobny do książęcego płaszcza, podbity gronostajami, buławę osypaną perłami i drogiemi kamieniami. Nadto podarunki z futer dla starszyzny.

Buturlin przywiózł znaczne summy dla wojska, drogie futra i materye.

Buturlin i książę Prozorowski pragnęli nadto zapewnić się o przyjaźni hetmana, którego potęga stawała straszną i car niepokoił się, czy Chmielnicki nie zechce szukać pomsty za odmówienie pomocy.

Osmanowi-Adze, posłowi tureckiemu, na jego przedstawienia o zawarcie przymierza i oddanie się pod
jego opiekę odrzekł hetman:

— Nie odmawiam związku i przyjaźni z cesarzem
i jestem gotów zachować z nim pokój, jako dar bo-
ski i człowiekowi pożyteczny, ale nie mogę oddać
się w jego opiekę, bez naradzenia się o tem z narodem i powszechnego zezwolenia. Godność dla mego
potomstwa nie pochlebia mi; albowiem sukcessyjne
następstwo przeciwne jest prawom i zwyczajom naszym. Pozostawił przeto tą odpowiedzią Osmana
w nadziei, że zamiary sułtana, przyłączenia potę-
żnego i walecznego ludu mogą się spełnić, tymczasem został z Turcyą zawarty traktat handlowy nastę-
pującéj treści.

1. Sułtan pozwala Kozakom i narodowi małorossyjskiemu swobodnéj żeglugi po wszystkich swych
morzach, dla handlu i zamiany.

2. Na lat sto uwalnia ukraińskich kupców od po-
datku myta i cła od towarów.

3. Pozwala przez lat sto zakładać we wszystkich
miastach i portach domy i magazyny składowe.

4. Rezydent małorossyjski będzie przebywał w Konstantynopolu.

5. Dla powściągnięcia swawoli kozackiéj od rozbojów morskich, wojsko zaporożskie założy kilka
miast poniżéj porochów, około ujścia Bohu do
Dniepru.

6. Gdyby kto z Kozaków sam owolnie przedsięwziął grabież morską, taki sądzony będzie przy
sułtańskim rezydencie, ale handel wolny przez to nie
ustaje.

7. Gdyby jaka galera przestąpiła prawa sułtańskie, naczelnika téj galery ukarać: lecz sam statek i osada zostaje wolną.

8. Jeżeli kozacki statek zostanie rozbity przy brzegach sułtańskich, wszystkie ocalone rzeczy winny być zwrócone właścicielowi, lub jego sukcessorom.

9. Poszukiwania dłużników winny być wzajemne.

10. Galer kozackich sułtan nie ma prawa używać na żadną służbę.

11. Gdy Kozak umrze w Turcyi, chociażby nawet zapisał tam swój majątek nie Kozakowi, ten winien być powrócony spadkobiercom.

12. Obie strony mogą wykupić swych niewolników, wydawanie zbiegłych niewolników także winno być dopełnione wzajemnie.

Następnie rozesłał polecenia do wszystkich miast i pułków, by przybyli do Czyhrynia deputowani od narodu i urzędów na generalny sejm, na wzór sejmu warszawskiego, prócz tych deputowanych zażądał po trzech starszych i czterech Kozaków z każdego pułku. Na zjeździe przedstawił listy od cara, sułtana dary i propozycye oddania się pod ich opiekę.

Czyhryńskie zgromadzenie nie mogło postanowić nic stałego, starzy a z niemi i sam hetman zalecali zwierzchnictwo Moskwy. Generalny asauł Bogusz a z nim wszyscy młodzi nie przystawali na tę propozycyą, lękali się bojar moskiewskich i ich władzy; obawiali się popaść w ręce nowych panów i arendarzy, starszyzna lękała się utraty swych praw. Tym więcéj straszną im była opieka turecka. Turcy nienawidzą chrześcijaństwa, prześladują greków, jakaż dla nas nadzieja i rękojmia wolności wyznania wiary.

Chmielnicki mimo swéj powagi, doświadczenia i wymowy, nie mógł wywrzeć żadnego wpływu na umysły Kozaków, w zgromadzeniu wszczęło się szemranie przeciwko hetmanowi, nazwali go zdrajcą, zaprzedanym, przekupionym przez posłów ruskich.

Sejm rozjechał się nic nie postanowiwszy. Chmielnicki odprawił posłów, opisawszy sułtanowi i carowi rezultat narad, zapewniał każdego, że będzie się starał nakłonić naród i wojsko na korzyść jego monarchy, że teraz lud czuje jeszcze wstręt do przyjęcia obcej opieki, lecz z czasem on zniknie.

Posłowie zostali odprawieni z honorem i podarunkami, oraz zapewnieniem przyjaznych uczuć.

Turcya jednak, wieczna nieprzyjaciołka chrześcijan a szczególniéj Polski i Rossyi, mając zamiar rozpoczęcia wojny z carem celem odebrania Astrachania, przez posła swego Agę Nuradyna, wzywa hetmana do wojny przeciwko Rossyi.

Tym sposobem Chmielnicki został uwikłany w nadzwyczaj trudne położenie; przyjąć wezwanie niepodobna, odmówić zaś, zdradzi swą nieszczerość i życzliwość dla cara, oburzy przeciwko siebie portę i utraci jéj protekcye i pomoc Tatarów. Nie wiedząc co czynić, oświadcza, iż przyjmuje wezwanie, zbiera wojska, szykuje zapasy, amunicye i bagaże, lecz przedewszystkiém zachowuje najgłębszą tajemnicę o celu tych przygotowań, spodziewając się, że jaka okoliczność przyjdzie mu w pomoc i dozwoli uwolnić się od téj wyprawy. I tak się też stało:

Potocki hetman wielki koronny, powróciwszy z niewoli, po krótkim odpoczynku w domu, otrzymał polecenie od króla, którego doszły posłuchy o zgromadzeniu się wojsk kozackich, aby udał się pod Kamieniec, wojsko ściągnął i dawał baczność na ruchy Kozaków.

Pewnego dnia dano znać Potockiemu, że bandy rozbójników kozackich nad Dnieprem ukrywających się, wypadając z lasów, konie wojskowe porywają, nawet ludzi łapią i do Wołoch sprzedają. Hetman wysłał przeciwko nim kilka lekkich chorągwi pod dowództwem Kondrackiego, który otoczywszy ich w legowisku wśród ciemnego lasu, dowódcę z 20 łotrami ujął i do Potockiego przyprowadził. Hetman rozkazał naczelnika na pal wbić i innym poucinawszy ręce, uszy i nosy, na wolność wypuścić.

Ci udali się do Chmielnickiego z zażaleniem. Hetman kozacki właśnie biesiadując przyjmował Kisiela i deputacyą od obywateli żalących się na swoich włościan, gdy wprowadzono pokaleczonych przez Potockiego Kozaków. Będąc po uczcie, uniósł się i w pierwszym napadzie gniewu rozkazał potopić deputowanych i wojewodę, szczęściem, Wychowski znając Chmielnickiego nie wykonał jego rozkazu który nazajutrz został zmieniony. Wysłał natomiast do Potockiego Kozaka Krawczenkę, który przybywszy do hetmana zapytał tonem opryskliwym:

— Przybywam od hetmana Małorossyi zapytać was z jakiegoście powodu w czasie pokoju rozłożyli obóz pod Kamieńcem Podolskim?

— Stoję tu z polecenia królewskiego, odrzekł hetman, bo według dawnego zwyczaju, utrzymuję gotowe wojsko na granicach.

— Królestwo nie potrzebuje straży granic, bo ją ma w Kozakach odpowiedział Krawczenko.

— Co to za straż, zarzucił Potocki, co dozwala chłopom obrażać swych panów, co sama napada i grabi wojsko jego królewskiéj mości i żołnierzy przedaje w niewolę, zresztą, stoję tu z polecenia króla i bez jego rozkazu ztąd się nie cofnę. (*)

Zaniósł Krawczenko tę odpowiedź Chmielnickiemu, który wezwawszy obecnego jeszcze posła sułtańskiego, przedstawił mu pokaleczonych Kozaków mówiąc:

— Oto pokój z Polakami! Widzicie, iż niepodobna mi dzisiaj połączyć się z sułtanem przeciwko Rossyi, bo z Polakami najprzód się rozprawić potrzeba; lecz jeżeli sułtan poleci Tatarom pomagać mi w téj wojnie, wtedy spiesznie ją załatwiwszy, będę na usługi jego.

Czemu uwierzywszy sułtan porzucił myśl wyprawy przeciwko Rossyi, polecił hanowi wysłać wojsko na pomoc Kozakom, który wyprawił do króla Mechmed-Gazy Attałykę z oznajmieniem, iż słysząc o krzywdach wyrządzanych Kozakom jako pośrednik zbrojnie ująć się ma polecenie, jakoż wkrótce z tłumami hordy wybrał się z Krymu dążąc na Pokucie.

Chmielnicki także zaczął się zajmować powiększaniem swego wojska, ukompletowano 18 pułków regestrowych, nadto korpus oddzielny pod dowództwem vice-generalnego oboźnego, cudzoziemca, Frydegajla z 4,550 ludzi złożony, piętnaście pułków ochotniczych, i 12,000 wojska zaporożskiego.

Wtedy hetman nadał całéj Małorossyi nobilitacyą; pod tym wyrazem rozumiał on nadanie godności kozackiéj. Nobilitowani byli wolni mieszkańcy miast i ziem wojskowych, a którzy w czasie poprzednich

(*) Pastorjus, k. 108, 109.

wojen, służyli w wojsku zaporożskiem lub w pułkach ochotniczych; do nabycia téj nobilitacyi potrzebne były koniecznie dostateczne świadectwa; dowody takie rozbierano nadzwyczaj skrupulatnie; tylko prawo urodzenia, lub dowody zasług, nadawały tytuł Kozaka, albowiem kozactwo uważane było za godność szlachecką. Nowych Kozaków otrzymujących ten tytuł, czyli według ówczesnego wyrażenia otrzymujących nobilitacyą, polecono wpisać w komputa kozackie, odebrać od nich przysięgę i uważać jak innych w jednakowéj z nimi godności.

Koniski mając w ręku regestra kozackie i komputy, mówi, że dostrzegł przy niektórych nazwiskach uwagi o niedawnéj ich nobilitacyi i dla tego dodaje w swéj kronice, że bardzo niesłusznie sądzą niektórzy, że w Małorossyi można było swobodnie przechodzić ze stanu kozackiego do włościańskiego i z włościańskiego w kozacki.

Tak zebrawszy, powiększywszy i przygotowawszy wojsko, Chmielnicki stanął na granicy Podola mając zamiar obledz Kamieniec gdy wojsko koronne rozejdzie się na zimowe leże.

Pokój wisiał na jednym włosku a pod pokrywką ciszy, wrzała nienawiść i wojna przygotowywała nowe mordy i pożogi. Jan Kazimierz skłoniony prośbami księcia Wiśniowieckiego i innéj szlachty wyzutéj ze swych dóbr i wszelkich prawie dochodów na Ukrainie, wysłał jeszcze do Chmielnickiego reskrypt, w którym naganiając samowolne wtargnięcie do Multan, nieposłuszeństwo włościan dla swych panów, polecał wprowadzenie tychże do ich dóbr i rozpuszczenie Kozaków na zimowe kwatery. Chmielnicki nie uznał za potrzebę dopełnić tych poleceń.

Wtedy król przekonawszy się, że już w dobry sposób niepodobna nic uczynić z Kozakami w końcu 1650 roku zwołał sejm do Warszawy, na którym przedstawiwszy stanom pogardę Chmielnickiego dla rzeczypospolitéj, lekceważenie poleceń królewskich, straty poniesione przez panów, jego zbrojenie się przeciwko Polsce, połączenie się przeciwko niéj z Tatarami, zawarcie tajemnych stosunków z Turcyą i Rossyą na zgubę Polski, jego jawne zamiary wybicia się z pod władzy polskiéj i utworzenia niezawisłego księstwa pod opieką sułtana, od którego w obecności urzędników polskich przyjął inwestyturę na księstwo ruskie; w skutek czego, pomimo powszechnego wycieńczenia i braku funduszów, przyznano jednozgodnie, że tylko orężem i wytępieniem Kozaków powrócić można spokój rzeczypospolitéj i odwrócić jéj zgubę, bo dziś królestwo ma dosyć sił do przytłumienia powstania w jego zarodzie, lecz później gdy dojrzeje, stanie się niebezpieczną dla Polski przepaścią. Dla tego wszelkie trudności przewyższyła chęć obrony rodzinnego kraju i własności, a senat porzuciwszy wszelkie inne przedmiota o obecnéj wojnie, tylko radził. Jednozgodnie przyjęto wniosek wniesiony od tronu przez kanclerza.

Dowiedziawszy się o zjeździe stanów, Chmielnicki przysłał także posłów do Warszawy, przyrzekając nagrodzić wszystko cokolwiek przeciwko zborowskiemu traktatowi wykroczył, jeżeli rzeczpospolita następne dopełni warunki.

1. Dla odwrócenia powszechnéj nieufności czte

rech najznakomitszych urzędników rzeczypospolitéj, to jest: prymas, arcybiskup lwowski, hetman koronny i kanclerz, potwterdzą przysięgą punkta zborowskie.

2. Jeżeli książę Wiśniowiecki, Koniecpolski, Kalinowski i Lubomirski, posiadający dobra na Ukrainie, jako zakładnicy, mieszkać w nich będą.

3. Jeżeli unijaci powrócą prawosławnym 38 zabranych cerkwi.

Lecz napróżno Kisiel przemawiał za współwyznawcami, został jeszcze obarczony wyrzutami i podejrzany o wspieranie powstańców; punkta te odrzucono, utrzymując, że Chmielnicki nie dla ustalenia pokoju, ale dla wywiedzenia się tylko o postanowieniach sejmowych i umyśle Polaków, przysłał swych posłańców, których z niczem odprawiono, gdy sejm już zbliżał się do końca, król przez 27 godzin nie przerywając obrad, wespuł z posłami i senatorami postanowił:

Jeżeli Kozacy szczerze wyrzekną się buntów, punkta zborowskie do skutku przyprowadzą, przed kommissarzami: Stanisławem Zarembą, biskupem kijowskim; Adamem Kisielem, wojewodą kijowskim; Grzegorzem Górskim, mścisławskim; Stanisławem Lanckorońskim, bracławskim; tudzież Jerzym Niemieryczem, Krysztofem Tyszkiewiczem, Czetwertyńskim i Kossakowskim, od stanu rycerskiego wyznaczonym, uśmierzą wszelkie trudności, wtedy przyrzeczone im tymże traktatem prawa zachowane zostaną. Jeżeli zaś tego nie dopełnią, dano rozkaz hetmanom aby ściągnąwszy wojska na linii stanęli, pilnując wtargnięcia nieprzyjaciół wgłąb kraju. Tymczasem kazano po całem państwie werbować i zaciągać cudzoziemców, zbierać uchwalone podatki i ogłosić pospolite ruszenie.

Nadto zachęcając Kozaków do wierności rzeczypospolitéj, trzem z nich nadano szlachectwo: Margienecowi, Gurskiemu i Doraszowi.

ROZDZIAŁ XVI.

Druga wojna Chmielnickiego od r. 1650 *do* 1653.

Zaledwie minęły pierwsze dni **1651** roku gdy zawrzała nowa wojna. Bohun pułkownik kozacki w kilkanaście tysięcy wojska napadł na dwie chorągwie Krysztofa Tyszkiewicza, starosty żytomierskiego i siekierzyńskiego pod Winnicą dla bezpieczeństwa okolicy stojące, które zniósłszy, zaczął swobodnie grabić wsie i miasteczka, a szlachtę tam mieszkającą odzierać i mordować. Hetmani koronni dowiedziawszy się o tem, wysyłają na pomoc Tyszkiewiczowi pułkownika Piasoczyńskiego, który spotkał Kozaków postępujących naprzeciw siebie pod miasteczkiem Kraśnem; Buhun ujrzawszy silniejszego jak się spodziewał nieprzyjaciela, wyprawił posłańca do Chmielnickiego z prośbą o pomoc, sam zaś zamknął się w mieście. Piasoczyński szturmem wziął miasteczko, w czasie którego kilka tysięcy poległo Kozaków

lecz większa daleko część uszła z Bohunem do Winnicy i tam się w monastyrze zamknęła. Piasoczyński
otrzymawszy posiłki poszedł pod Winnicę i obległ ją.
Piętnaście tysięcy Kozaków opatrzonych dostatecznie
w żywność i amunicyą, nadto spodziewających się
odsieczy Chmielnickiego broniło się mężnie i pomimo
całotygodniowego szturmu, nie mogli być wzięci.
Tymczasem Chmielnicki otrzymawszy doniesienie Bohuna, wysłał mu w pomoc nowy korpus pod dowództwem Głucha, który przybywszy w nocy pod Winnicę,
napadł na wojsko Piasoczyńskiego i strwożone niespodziewanym alarmem, rozbił. Wielu pragnąc ratować
się przez zamarzłą rzekę, na słabym już marcowym
lodzie załamawszy się, znalazło śmierć w nurtach Bohu,
między innemi zginął tu Kisiel starosta czerkaski,
druga połowa która udała się w przeciwną stronę rzeki,
i szczęśliwie uszła do Baru.

Chmielnicki zaś wezwawszy pomocy Tatarów nahaj-
skich, koczujących nad rzeką Orelą i Samarą i przyłą-
czywszy ich do oddziału Głucha, sam w 100,000 wojska
pociągnął pod Zbaraż.

Pod Barem hetmani powziąwszy wiadomość o ogromnych wojskach Chmielnickiego, uradzili, by cofnąć się
za Horyń i podjazdami tylko wkraczając na Ukrainę
znosić rabujące gromady Kozaków, a król otrzymawszy
wiadomość o sprawach Chmielnickiego, natychmiast
zaczął się gotować na wojnę i polecił porozsyłać
wici na pospolite ruszenie do województw.

Tymczasem Bohun połączony z Głuchem i Tatarami
zamierzył ścigać wojska polskie; hetmani otrzymawszy
o tem wiadomość od swych podjazdów, rozkazali wozy z ciężarami popalić, sami ku Sokalowi powoli po-

stępowali, by połączyć się ze zgromadzającem się tam wojskiem kwarcianem i pospolitem ruszeniem. Po kilku dniach marszu stanęli obozem na noclegu pod Kupczyńcami gdy nazajutrz zrana postrzegli zbliżające się ku sobie ogromne tłumy Tatarów i Kozaków.

Nieprzyjaciel był podzielony na trzy oddziały i ze trzech stron posuwał się ku obozowi, nie było zatem już sposobu uniknienia bitwy, pomimo znacznie nierównych sił wojska. Dwa pierwsze oddziały kozackie uczyniły fałszywy attak na obóz, pragnąc wywabić Polaków w pole, by tymczasem trzeciej kolumnie ułatwić sposobność wedrzeć się na szańce, lecz część armii uderzyła na dwie pierwsze kolumny i odparłszy je, przybyła w porę jeszcze wesprzeć towarzyszy ścierających się z trzecim oddziałem, który jednak opanował już blizki obozowi monastyr i wprowadziwszy działa na budynki klasztorne, zaczął z góry morderczy ogień do obozu. Polacy z muszkietami i szablami rzucili się na klasztor by wyprzeć ztamtąd nieprzyjaciela, lecz usiłowania ich były nadaremne; po trupach towarzyszy ponowili attak, ale znów odstąpić musieli i powrócić w okopy. Wtedy widząc bezużyteczność dłuższego oporu, postanowili przerznąć się przez nieprzyjaciela i wyszedłszy z okopu uderzyli mężnie na Kozaków, a wśród ciągłéj utarczki z pogonią tatarską, przybyli na koniec do obozu pod Sokal.

Chmielnicki wtedy ze 100,000 armią posuwając się ku Zbarażowi, niszczył ogniem i mieczem wsie i miasta szlacheckie, Bar, Międzybóż, Zieńków, Sokol, Satanow, Konstantynów, zamienił w stosy gru-

zów i popiołu, a otrzymąwszy od Bohuna doniesienie o bitwie pod Kupczyńcami i zgromadzaniu się
wojska pod Sokalem, oraz o zbliżaniu się drugiéj armii pod dowództwem księcia Czetwiertyńskiego, która po przechodzie swojem jak chmura szarańczy pozostawia tylko nagie pustynie; polecił mu by nie na-
padał na nieprzyjaciela, ale stanąwszy gdzie w do-
godnem miejscu, oczekiwał przybycia jego; sam zaś
pospieszał naprzeciw wojskom księcia. W bliskości
Żytomierza spotkał się z Bohunem i rozkazał mu
przechodząc przed polską armiją, rozgłaszać po
wsiach, że jego korpus idzie jeden tylko dla poszukiwania nieprzyjaciela, a potém zboczywszy z drogi,
stanąć spokojnie. Bohun wykonał polecenie i rozłożył obóz niedaleko Żytomierza. Czetwiertyński kierowany wieściami ludu zbliżył się ku taborowi jego,
a widząc nieliczne wojsko Kozaków, okrążył je
i rozpoczął bitwę, na głos armat zbliżył się Chmielnicki i gdy dym zasłonił widok, uderzył z tyłu na
Czetwiertyńskiego. Niespodziewany napad zrządził za-
mięszanie wpośród jego szeregów, co spostrzegłszy
Chmielnicki natarł tym śmieléj. Powstała zacięta
i mordercza bitwa, kawalerya księcia przerznąwszy
się przez nieprzyjaciół uszła z pola bitwy, część piechoty dostała się do niewoli.

Wojna, spustoszenia i pożary wyniszczyły część
kraju, będącą sceną tych wypadków, a wiele rodzin
kozackich nie mając pożywienia i przytułku, tułało
się około armii Chmielnickiego domagając się od niego
chleba, hetman rozdał im koni, wołów i zapasów
żywności i wysłał do mieszkań pułków: połtawskie-
go i hadziaczskiego; na wiosnę zaś polecił im osiąść

nad Sałą i Worsklą, na ziemiach bułavińskich (do bułavy hetmańskiéj należących) tam pasły się stada i tabuny hetmańskie, tam także znajdowały się stadniny głównéj małorossyjskiéj artylleryi. Wychodźcy z za Dniepra osiadłszy na tych ziemiach liczuemi słobodami, utworzyli pułki: sumski, achtyrski i charkowski, a ztąd powstały pułki słobodzkoukraińskie, które późniéj otrzymały oddzielnych hetmanów i niezależność od innych.

Jan Kazimierz usłyszawszy o porażce Czetwiertyńskiego pod Żytomierzem, zmartwił się mocno, albowiem pod jego dowództwem znajdował się kwiat rycerstwa polskiego. Naznaczywszy przeto Sokal miejscem zbierania się wojsk koronnych, przyspieszył wyjazd swój do obozu i w końcu Kwietnia opuścił Warszawę, a 14 Maja przybył pod Sokal.

Równina około Sokala była szczupła i niedogodna do uszykowania wojska. Jan Kazimierz zebrał radę która ciągnęła się całą noc. Niektórzy wnosili, by rezerwa pozostała pod Sokalem, a przeciwko Kozakom wysłać tylko pułki najemne, lecz król nie zgadzał się na podział sił i został wsparty większością głosów. Postanowiono udać się na spotkanie Chmielnickiego z całem wojskiem, najbliższą drogą, przez obszerne pola. 15 Czerwca zwinięto obóz i ruszono w pochód. Kiedy armia minęła błotne i lesiste okolice utrudniające drogę wozom i artyleryi, król rozdzielił wojsko na dziesięć korpusów, nad pierwszym sam objął dowództwo, inne oddał pod komendę: 1. wielkiego koronnego hetmana Potockiego; 2. hetmana polnego Kalinowskiego; 3. wojewody brzeskiego Jana Szczawińskiego; 4. wojewody ruskiego Jeremiasza Wiśniowieckiego; 5. wojewody podolskiego Stanisława Potockiego; 6. wielkiego marszałka koronnego Jerzego Lubomirskiego; 7. wojewody bracławskiego Stanisława Lanckorońskiego; 8. podkanclerza litewskiego Leona Kazim. Sapiechy; i 9. wielkiego chorążego koronnego Alexandra Koniecpolskiego. 16-go Czerwca armia przybywa pod Wiszniankę, gdzie otrzymano wiadomość, że Chmielnicki wyszedł z obozu pomiędzy Zbarażem i Wiszniowem i udał się na spotkanie Islan Gereja. Król pospieszył ku Beresteczku, kilka dni przeprawiał się przez rzekę Styr i wysłał 3,000-czny podjazd lekkiéj kawaleryi pod dowództwem Stempkowskiego i Czarnieckiego dla powzięcia wiadomości o nieprzyjacielu, który wróciwszy oznajmili, że han połączył się z Kozakami i Chmielnicki rozsyła rozjazdy dla zbadania armii królewskiéj.

Rzeczywiście Islan Gerej z 20,000 hordy zszedł się z hetmanem na dzień drogi od rzeki Styru. Han przyjął Chmielnickiego z pozorną przyjaźnią, lecz wymagał przysięgi dla potwierdzenia obietnic danych sułtanowi co do wyprawy na Rossyą, nie spuszczając z niego oczu i śledząc każde wejrzenie, każden ruch. Chmielnicki przewidując jakieś powikłanie, użył wybiegu, odpowiadając dwójznacznie, rozstali się więc sprzymierzeni z widoczną oziembłością i wzajemnem niedowierzaniem, miejsce dla obu obozów wyznaczone było razem, niedaleko rzeki, po nad błotami, w blizkości Beresteczka. Hetman, kozacki otoczył się wozami, okopał i uzbroił wały artyleryą; han umieścił swe juki w tyle wojsk swoich.

Kiedy Kozacy i Tatarzy zbliżyli się ku Styrowi w obozie polskim była rada wojenna: postanowiono wyruszyć przeciwko nieprzyjacielowi; już przedni tabor wyszedł na milę od miasteczka; gdy Wiśniowiecki zawiadomiony przez szpiega że Chmielnicki z hanem zbliżają się w tę stronę, doniósł o tem królowi. Polecono natychmiast powrócić się przedniéj straży i taborom do obozu, uszykowały się wojska w porządek bojowy, lasy i zarośla zajęła piechota, a skrzydłem oparły się o rzekę Styr.

Wieczorem 27 Czerwca oddział tatarski około dziesięciu tysięcy liczący, zbliżył się ku obozowi polskiemu i napadł na pułki w pierwszéj linii stojące, Alexander Koniecpolski i Jerzy Lubomierski uderzyli nań natychmiast, zawiązała się żwawa bitwa, Wiśniowiecki przyszedłszy na pomoc, zmusił Tatarów do ucieczki.

Dnia 29 bitwa się wznowiła, han z całemi tłumami swéj hordy zajął wzgórza naprzeciw miasta. Król postanowił spędzić go ztamtąd. Książe Radziwił, Sapiecha, kawalerya przemyślska i wołyńska poszli przeciwko Tatarom; bisurmanie natarli na zbliżających się. Polacy wstrzymali mężnie ich zapęd, Tatarzy srożyli się tym mocniéj i massą zaczęli otaczać już nieprzyjaciół, lecz znów wsparli walczących pułki Potockiego, Kalinowskiego, Wiśniowieckiego i Lubomierskiego, bitwa co chwila wzrastała, zapalczywość powiększała się. Oddział Potockiego werznął się zbyt daleko w kolumny tatarskie i został odcięty, lecz Sapiecha uwolnił go; wśród walki polegli: Kazanowski, podkomorzy sanocki; Stadnicki starosta lubelski; Ossoliński, miecznik przemyślski; Ligiza, miecznik sanocki; Wysoczański, Mikołaj Rzeczywski i chorągiew krakowska wzięta. Sekretarz hana został zabrany do niewoli i do tysiąca Tatar poległo na placu boju. Polacy powrócili do obozu Tatarzy; zostali na wzgórzach.

Wieczorem u króla była znów narada, rostrząsano, czy potykać się częściowo, czyli też stoczyć walną bitwę. Postanowiono uderzyć na nieprzyjaciela całemi siłami zaraz nazajutrz.

Liczba wojsk kozackich 200 tysięcy dochodziła, według zaś innych 93 tysięcy nie przenosiła.

Tatarzy w kształcie półksiężyca stali na pochyłości wzgórza i przyległych wzniesień, na prawem ich skrzydle uszykował swą armią Chmielnicki, wzmocniwszy ją spieszonymi Kozakami i uformowaszy wścieśnione kolumny, postawił działa naskrzydłach i w srodku, prawe skrzydło było przykryte, kawaleryą.

Armia królewska 100 tysięcy licząca, przed świtem została uszykowana w następny sposób: prawem skrzydłem dowodził wielki koronny hetman Potocki, lewem hetman polny Kalinowski, czołem król; na prawem skrzydle byli wojewodowie: poznański, Krysztof Opaliński; bracławski, Stanisław Lanckoroński; marszałek koronny, Jerzy Lubomierski; podkanclerz litewski, Leon Sapiecha; chorąży koronny, Alexander Koniecpolski i dwóch Sobieskich; pod hetmanem Kalinowskim na lewem skrzydle: wojewoda krakowski, książe Dominik Zasławski; wojewoda brzeski, Jan Szczawiński, wejewoda ruski książe Jerzy Wiśniowiecki; wojewoda podolski, Stanisław Potocki; Jan Zamójski i generał Denhof, główny korpus składały piechoty: polska i niemiecka pod dowództwem Jakóba Wejer, Krysztofa Hufald, Jakuba Denchow, Zygmuta Dechow i pułkownika Majdel. Pierwszą linią przykrywła artylerya pod dowództwem Zygmunta Przyjemskiego; nadworną chorągwią dowodził Kazimierz Tyszkiewicz; 1800 królewskiéj przybocznéj straży była pod naczelnictwem Wolfa. Rzeka i miasto z jednéj strony, retranszamenta z drugiéj, broniły obozu; garnizon piechoty strzegł szańców, husarskie różnokolorowe chorągiewki powiewały na wale, w całéj jego długości.

Dnia 30 czerwca od rana była gęsta mgła; obie armie zostały okryte jakby całunem, około dziewiątéj godziny mgła wzniosła się i odkryła widok cudowny, lecz straszny zarazem: blask broni odbijającéj promienie słońca, jęk ziemi pod kopytami konnicy, odgłos trąb wojennych, elektryzowały duszę najmężniéjszego. Rozpoczęła się bitwa.

Król wydał najsurowsze rozkazy pilnowania porządku, każde natarcie, każdy napad bez polecenia, zakazany był pod karą śmierci.

Kozacy uderzyli na lewe skrzydło, han na środek i prawe, lecz przyjęto ich ogniem zdział który prowadził Przyjemski. Artylerya grzmiała bez ustanku do południa, o godzinie drugiéj dwanaście wyborowych chorągwi pod dowództwem Wiśniowieckiego i Potockiego uderzyło na nieprzyjaciela. Chmielnicki spotkał ich mężnie, zawiązała się rzeź która trwała całą godzinę, kurz i dym pochłonęły walczących i zakryły okropności tej morderczej sceny, słychać było tyl-ko krzyk ludzi, grzmoty armat i rzenie koni. Kozacy zmuszeni zostali do cofnięcia się i uszli do swych szańców. Tymczasem król zbliżył się do wzgórz

gdzie stali Tatarzy, którzy natarłszy na czoło szyków królewskich, cofnęli się na swe stanowisko, król
widząc że lewe skrzydło opóźnia' się, posłał do wojewody bracławskiego aby spieszniéj następował, na-
tarto przeto na hordę, bisurmanie zaczęli się mięszać,
han sam szykuje swe wojsko, po dwakroć ponawia
attak, bitwa trwa ku wieczorowi, król wszędzie był
obecny gdzie widział potrzebę wsparcia, cztery kule
armatne przeszły koło niego, jedna znich upadła przy
samych jego nogach. Bitwa się jeszcze ważyła, gdy
Otwinowski tłómacz języków tureckiego i tatarskiego
spostrzegłszy chorągiew hańską, wskazał ją Przyjem-
skiemu, wielkość jej i białość służyły za łatwy cel,
i pierwszy wystrzał skierowanéj tam armaty, powalił jednego z hańskich murz i chorągiew.'

Z drugiéj strony na polu bitwy piechota Chmielnickiego już zmięszała niemiecką i wparła ją wśrodek
polskiéj armii, gdy spostrzeżono że cała tatarska linija
poruszyła się ze stanowiska, opuściła wzgórza, i odkryła lewe skrzydło Kozoków.

Natychmiast Polacy okrążyli i złamali piechotę
kozacką, Chmielnicki widząc popłoch uciekających
swych Kozaków, popędził wtę stronę na pomoc zkon-
nicą, lecz już było zapóźno, już niepodobnem było
przebić się do nich. Wróciwszy na powrót, a widząc
porażkę na wszystkich stanowiskach, puścił się za
Tatarami pragnąc ich wstrzymać i nakłonić do powrotu,
konnica jego poszła za nim, piechota otoczona ze
wszystkich stron, uformowawszy ścieśnioną kolumnę,
przerzuęła się przez szeregi nieprzyjaciół na błota
w łozy i tam się obwarowała.

Król uważając koniecznem ich wytępienie, polecił

'otoczyć zbiegów kilkoma pułkami, reszta udała się wpogoń za Tatarami i Chmielnickim, a doścignąwszy ich tylną straż, zabrała całe bagaże i juki, gdzie znajdowały się namioty chańskie, zbroja, chorągwie jego, wielki bęben srebrny wyzłocony, nadto odbili część niewolników, bo resztę Tatarzy w czasie ucieczki pomordowali.

Tymczasem noc zaszła, król z obozem przysunął się pod szańce kozackie, gdzie schroniła się część ich armii wparta przez księcia Wiśniowieckiego; pułkownik Dzelela objął nad tym oddziałem dowództwo, i postanowił bronić się do ostatniéj kropli krwi. Mimo znużenia całodziennym bojem, mimo ulewnego deszczu, Kozacy pracowali całą noc, do rana okopali się z trzech stron, zczwartéj przysunęli do rozległych błot beresteckich.

Wobozie ich panowało ponure milczenie, w stanowisku królewskim panowie bankietowali po zwycięztwie.

Rozświtało, Polacy oblegli kozacki tabor, czterdzieści armat rozwarło swe ogniste paszcze, lecz Kozacy odpowiadali na nie podobnąż kanonadą. O ile zjednéj strony honor narodowy podsycał męztwo, o tyle zdrugiéj rozpacz dodawała wytrwałości, więc oblężenie stało się uporczywe i przewlekłe, Kozacy czynili częste wycieczki zrządzając wielkie szkody wobozie polskim. Polacy tymczasem z każdym dniem ich obóz ścieśniali.

Naostatek oblężeni zamierzyli przebrnąć przez błota, lecz droga tamtędy prowadząca była wązka i niebezpieczna, albowiem oddział Lanckorońskiego strzegł ją bacznie, wszelkie pokuszenia zatem były bez owocne. Złożono wtaborze radę, czy bronić się dłużéj, czy

poddać królowi, czyli też iść na przebój, ale dla różności zdań nic nie postanowiono. Pułkownik Krysa
uszedłszy do nieprzyjaciół, wydał przykre położenie
współbraci. Król więc przysłał do oblężonych posłańca, żądając od nich wydania hetmana, Tymofeja i Wychowskiego, oraz wszystkich pułkowników, dział
i chorągwi, zarazem wykonania przysięgi wierności i powrotu do domów. Kozacy odpowiedzieli że
hetmana, jego syna i pisarza niemasz wobozie, i gdzie
by byli nie wiedzą, pułkowników i dział wydać nie
mogą, jednak do zgody są gotowi, ale nie inaczéj jak
według traktatu Zborowskiego.

Posłańca kozackiego nie dopuszczono do króla, ale
go przyjął wielki hetman, który wysłuchawszy warunków, zoburzeniem odprawił, mówiąc: Macie kilka
godzin jeszcze do namysłu, bądzcie posłuszni woli
królewskiéj, jeżeli wam miłe życie.

Nie wyszło kilka godzin które Potocki dał do namysłu oblężonym, gdy rozpoczęli nowy łogień zdział.
Dzelelę zastąpił Bohun.

Dnia 10 lipca nowy dowódza wybrawszy najlepszych rycerzy, i dwie armaty, udał się przeciw wojewody
bracławskiego Lanckorońskiego, by go odeprzéć od
drogi prowadzącéj zobozu oblężonych przez błota; tymczasem wtaborze rozniesła się wieść, że Bohun tajemnie ze staremi Kozakami postanowił ujść zobozu; powstało przeto szemranie, potem trwoga ogarnęła
wszystkich i całe wojsko zaczęło uciekać.

Drogi były zbyt ciasne, uciekający popychali jeden
drugiego spychali w błota i topili, starsi chcieli ich
wstrzymać, lecz zostali popchnięci przez tłumy.

Oblegający dowiedziawszy się o tym popłochu wpadli do obozu gdzie zastali jeszcze trzystu kozaków, otoczyli ich, nieszczęśliwi stawiali mężny opór, zdołali potopić swe tłomoki zkosztownościami i pieniędzmi nagromadzonemi wczasie wojny i rozsypawszy się, zamierzyli przerznąć przez nieprzyjaciół, lecz polegli prawie do ostatniego.

Zwycięzcy znalezli wobozie 18 armat wielkiego kalibru, 22 mniejszych, mnóstwo chorągwi, broni, chorągiew przysłaną przez króla Chmielnickiemu, sztandar dany przez Władysława, szkatułkę Chmielnickiego z listami od Rakoczego, sułtana tureckiego, hana krymskiego, cara moskiewskiego, drogie szuby sobolowe i 30,000 talarów. Wtej potyczce do 40,000 kozaków poległo i potonęło wbłotach.

Kalinowski i Wiśniowiecki poszli wpogoń za uciekającemi pod dowództwem Boguna i dognali ich wlasach niedaleko Dubna, nieszczęśliwi żyjąc tylko korą zdrzew, opadli z sił do tego stopnia iż nie byli wstanie dalej uchodzić.—Wszyscy zostali wyrznięci.

Król zamierzał iść na Kijow z całą armią, ale szlachta tęskniąc za domem sprzeciwiła się temu, przeto rozpuściwszy pospolite ruszenie, udał się do Lublina a ztamtąd do Warszawy.

Tym sposobem cała korzyść zwycięztwa stracona została.

Chmielnicki tymczasem dopędził Tatarów uchodzących zpola, pod Jampolem; napróżne były prośby i napomnienia hana. Jslan Geréj wyrzucał hetmanowi, że go zwiódł ukrywszy przed nim prawdziwą siłę polskiéj armii; groził mu że go odeszle do króla wzamian za jeńców tatarskich i murzów; żądał wynagrodzenia za koszta poniesione na wyprawe, nako-

niec oświadczył mu, że idąc na Ukrainę spotkał zbiega
kozackiego byłego sędziego Hulanickiego który mu
oznajmił o całych układach jego z carem moskiewskim,
zagroził że jeżeli car przyjmie opiekę nad Ukrainą,
wtedy on, do Małorossyi wprowadzi wszystkie wojska krymskie i tureckie i połączy się z Polską, nareszcie żądał by Kozacy natychmiast zostali wyprawieni przeciw Moskwy· z Turkami.

Chmielnicki wymawiał się swem położeniem, przegraną bitwy beresteckiéj, niepodobieństwem myślenia
o nowéj wojnie, kiedy jedna jeszcze nie skończona;
dowody te były napróżne, hetman i han rozstali się
nieprzyjaciołmi.

Po powrocie króla do stolicy, hetmani koronni o-
trzymali dowództwo nad armią i w początkach sierpnia
pociągnęli znią pod Kijów. Sądzono bowiem, że Chmielnicki zresztkami wojska ukrywa się gdzie w bliskości
granic, że nie będzie śmiał ukazać się na Ukrainie
i postanowiono użyć zwycięztwa zimując w stolicy
prowincyi ruskich.

Tymczasem książe Janusz Radziwił wojewoda wileński i hetman litewski, z wojskiem kosztem księztwa
zebranym, bronił tamtejsze okolice od rabunku i grabieży kozackiéj. 5 Sierpnia rozbił korpus Niebaby pod
Łojowem, w bitwie téj poległo czterech pułkowników
i sam Niebaba, następnie obległ Podobajłę w Czernichowie, poraził Antona Adamowicza i Horkuma; Lubecz i Czernobil poddały się Gąsicarkiemu.

Metropolita Silwester Kossów, archimadryt pieczarski Józef Trizna i całe duchowieństwo z magistratem
dowiedziawszy się o zbliżaniu się Radziwiła do stolicy,

wyszli naprzeciw niego, prosząc o łaskę i oszczędzenie ich miasta.

Radziwił przyrzekł im opiekę Kijowa, lecz mimo to 16 sierpnia spaliło się 60 domów, 17 do 200, kilka cerkwi, ratusz i kramy.

Pastorjusz utrzymuje że nie Polacy byli sprawcami tych pożarów, ognie wynikły niewiadomo z jakiego powodu.

Hetman koronny Potocki, dążąc do Kijowa dla połączenia się z Radziwiłem zmuszony był stanąć dla odpoczynku wojska w Powołoczy, gdzie słabość jednego znajznakomitszych rycerzy swego czasu, zatrzymała go czas niejakiś, po kilku dniach słabości umarł Jeremiasz Michał Korybut książę Wiśniowiecki, główny nieprzyjaciel Chmielnickiego i postrach niewiernych.

Po wyprawieniu zwłok księcia do Polski, wojsko ruszyło dalej w Ukrainę, wdrodze hetman otrzymał wieść o powstaniu miasta Trylisów, Przyjemski generał artyleryi, podpułkownik Berg i książę Bogusław Radziwił, zostali wysłani dla wzięcia miasteczka, mieszczanie i kozacy bronili się z rozpaczą, jednak po całodziennym szturmie Trylisy zostały zdobyte i spalone.

Wtym czasie zjawił się Chmielnicki, ukazaniem się swoim, rozsiał trwogę w wojsku polskiem, a radość w pośród Kozaków. Uniwersały zaczęły kursować zjednéj okolicy Ukrainy do drugiéj; i aby uspokoić trwogę rodaków i wzbudzić nadzieję, rozpuścił wieści o napadzie na Polskę bana Transilwanji.

Dotąd Ukraina zdawała się być zupełnie spokojną, bo Kazacy i lud stracił nadzieję, lecz od chwili ukazania się Chmielnickiego, znów podnieśli głowy, bo z fanatyzmem wierzyli, że z powrotem ich hetmana powrócił opiekuńczy geniusz Małorossyi i wkrótce 50,000 wojska stanęło pod chorągwiami Bohdana.

Radziwił połączył się z hetmanem koronnym pod Wasilkowem, niedaleko Białocerkwi, gdzie Chmielnicki stał obozem z Kozakami i hordą. Przez dni kilkanaście nie stoczono stanowczej bitwy. Chmielnicki bowiem oczekując na przybycie większych sił zbierających się Kozaków, nie wychodził z taborów, podjazdy tylko i harcownik, ścierały się bezprzestannie, lecz przewaga była na stronie wojsk królewskich.

Chmielnicki nie mogąc się doczekać posiłków, a widząc, że w częściowych bitwach wojsko się jego zmniejsza, gdy hetmana koronnego powiększone zostało przybyciem nowego dziewięcio-tysiącznego korpusu, pojął trudność walczenia i postanowił. do lepszej pory zawrzeć ugodę.

Wysłał zatem posłańców, prosząc o wyznaczenie kommissyi do ułożenia pokoju, uczyniono zadość jego życzeniom. Chmielnicki zażądał potwierdzenia pakt zborowskich, lecz gdy o tem słyszeć nawet panowie polscy nie chcieli, oświadczył, iż wojsko zaporożskie jest gotowe upokorzyć się przed królem. Hetmani nie wierzyli tej pokorze, podejrzewali, że Chmielnicki pragnie zyskać tylko na czasie przewłoką, że spodziewa się przybycia Tatarów krymskich, lecz przedstawienia niektórych roztropnych ludzi, straty poniesione przez wojsko królewskie, choroby szerzące się wpośród szeregów; skłoniły hetmanów do zawarcia prędszego pokoju.

Pułkownik Machowski został wysłany do obozu kozackiego na naradę z Wychowskim, hetmani ko-

ronni żądali, by Tatarzy bezzwłocznie zostali odesłani w swoje stepy i Chmielnicki przybył dla układów
do obozu polskiego. Kozacy niedowierzając hetmanom, odrzucili znów te warunki, naznaczono przeto
do zjazdu zamek białocerkiewski, Adam Kisiel, Jerzy Chlebowicz, Korwin Gąsiewski i Michał Kosakowski w towarzystwie 500 rycerzy przybyli do miasta. Kozacy zaczęli się burzyć, niedozwalając odjechać
Chmielnickiemu i wyrzucając mu, że myśli tylko
o sobie i starszynach a ich oddaje dawnemu prze-
śladowaniu.

Hetmani koronni rozkazali szykować się wojsku
do boju, armia polska zbliżyła się pod Białocerkiew,
wtem z miasta wyszło 12 deputowanych kozackich,
bez woli ich hetmana, domagając się od Potockiego
potwierdzenia traktatu zborowskiego. Potocki nie
chciał ich słuchać, już wojsko przygotowane było
do bitwy. Radziwił stanął na prawem skrzydle,
Kalinowski na lewém, Potocki z Przyjemskim w kor-
pusie. 20 października rozpoczęła się bitwa, która
trwała przez trzy dni i nocy, gdy nakoniec przybyła
nowa deputacya, żądająca, by Kozakom wolno było
zamieszkiwać w województwach: bracławskiem i czernichowskim, by wojsko polskie nie stało na Ukrainie, by Chmielnickiemu oddane zostały Czerkasy
i Borowica. Potocki odmawiał i żądał przybycia
Chmielnickiego i pułkowników. Chmielnicki wziąwszy
zastawników, syna koronnego hetmana i Sobieskiego
przyjechał do obozu i przyjął następne warunki:

1. Zamiast 40,000 regestrowych Kozaków, będzie
ich tylko 20,000 i zamieszkiwać będą w województwie kijowskiem.

2. Żydy mają prawo przebywania we wszystkich królewskich i szlacheckich dobrach.

3. Tatarzy zostaną odesłani, a hetman kozacki skłoni ich na stronę rzeczypospolitéj i zarazem wyrzeknie się wszelkich związków z innemi monarchami.

4. Czyhryń pozostanie przy Chmielnickim.

Obie strony zaprzysięgły te warunki i cofnęły wojska swoje. Chmielnicki Kozaków rozpuścił, hetmani koronni rozłożyli armią na zimowisko w różnych okolicach Ukrainy przed-dnieprowskiéj. Radziwił zaś oddalił się do Litwy.

Niedługo lud ukraiński przykrząc sobie utrzymywać w swych domach żołnierzy polskich, zaczął szemrać na traktat białocerkiewski, hetman polny Kalinowski wydał uniwersały, upominając chłopów, aby nie wszczynali zaburzeń i buntów, że żyjąc spokojnie w swych domach nie mają przyczyn obawiać się wojska polskiego mieszkającego pomiędzy niemi. Ci odpowiedzieli, iż wolni są od wszelkich ciężarów, poborów i kwater, albowiem są Kozakami i zostają zapisani do regestru, bo Chmielnicki komput dwudziestotysięczny stosownie do traktatu białocerkiewskiego królowi posłał, lecz rzeczywiście 40 tysięcy Kozaków spisał.

Panowie zaczęli gwałtownemi środkami zmuszać poddanych do robocizn, ci wyłamywali się, zasłaniając swém prawem kozackiem. Lud ze wszech stron zbiegał się do województwa kijowskiego; nie było go gdzie pomieścić; zostali przeto odesłani do nowych pułków, o których jużeśmy mówili, ostrogskiego, achtyrskiego, charkowskiego, sumskiego i izumskiego. Car przyjął łaskawie przychodniów, nadał im przywileje Kozaków małorossyjskich; a wypadek ten wznowił stosunki Chmielnickiego z carem.

Hetman wysłał do Moskwy Samuela Bogdanowicza sędziego wojskowego z listem, pisząc, iż całe zaporożskie wojsko pała żądzą przyłączenia się do Rossyi. Car jeszcze się ociągał, jeszcze lękał się przyjąć pod swą opiekę Małorossyą, nie chcąc zrywać bez powodu zawartego pokoju z Polakami.

Ta neutralność cara w wojnie Kozaków z Polską, zmusiła Chmielnickiego do zwrócenia się ku sułtanowi. Być może, iż car prócz tego, że nie chciał zrywać bez przyczyn pokoju, miał inny cel w tem ociąganiu się z pomocą dla Kozaków, dozwalając im walczyć z Polską, pragnął osłabić siły Chmielnickiego, by potém łatwiéj mógł rządzić burzliwemi Kozakami, lecz udanie się hetmana do porty, skłoniło nareszcie bojarów do zajęcia się sprawami Małorossyi.

Tymczasem Chmielnicki wezwawszy Tatarów, wysłał ich z synem swoim Tymofiejem i Kozakami do Wołoch, dla zmuszenia hospodara do oddania córki w zamęzcie synowi. Dowiedział się o tem Kalinowski, hetman polny koronny, a chcąc mu drogę przeciąć, i do wtargnięcia w granicę hospodara, hołdownika rzeczypospolitej przeszkodzić, bo i sam podobno jako wdowiec, miał zamiary względem córki hospodara, ściąga wojsko pod Batoh nad Dnieprem i nade drogą którą Tymofiej Chmielnicki obrał, obóz założył.

Hetman Chmielnicki posłał do Kalinowskiego posłańca swego, zapewniając, iż syn jego idzie do Wołoch i nic złego nie zamyśla przeciwko wojsku królewskiemu, jednak aby w przechodzie nie wszczęła się jaka kłótnia i zaczepka, prosił, by hetman koronny cofnął się z tych miejsc ze swém wojskiem. Kalinowski nietylko nie chciał korzystać z tego ostrzeżenia w jakimkolwiek duchu one uczynione było, ale nawet polecił Chmielnickiemu, by zabronił synowi wkroczenia do sąsiedniego państwa przyjaznego rzeczypospolitéj. Chmielnicki wymówił się, iż Tymofej czyni tę wycieczkę bez jego woli.

Wielu pułkowników radziło Kalinowskiemu, by cofnął się ze szlaku, lub przynajmniéj ściągnął więcéj wojska dla pewniejszego bezpieczeństwa, lecz hetman odrzekł, iż z siłą jaką posiada, bezpieczny jest od wszelkiéj napaści gromady zbieraniny.

Wkrótce ukazały się tłumy Tatarów, ciągnące prosto na obóz polski, które zbliżywszy się, napadły na pastwiska i zabrały wiele koni kawaleryi polskiéj, lecz wojska nie attakowali. Sądzono więc iż horda swojem zwyczajem otarłszy się, pójdzie w swą drogę, tym więcéj, iż ujęci niewolnicy oznajmili, że Tymofej z Kozakami ominąwszy Batoh, już udał się do Wołoch. Tymczasem Nuradyn po kilku godzinach zwłoki, zaczął szykować wojsko, mając widoczny zamiar attakowania obozu. Przyjemski radził hetmanowi, by wyszedł z szańców z kawaleryą i udał się ku granicom polskim, gdzie zebrawszy wojsko przybył na odsiecz piechotom pozostałym w obozie z Przyjemskim. Wszyscy chwalili zdanie generała artyleryi, lecz hetman był nieprzekonany, oświadczając, iż hańbą jest prawemu rycerzowi uchodzić przed zgrają łotrów i dziczy, że mając tył zam-

knięty taborami i okopy, niewątpliwie rozbije Tatarów.

Wyciągnęły w pole 9,000-czne hufce, Marek Sobiewski, starosta krasnostawski i Odrzywolski kasztelan czernichowski, wykomenderowani zostali przeciwko nieprzyjacielowi, Tatarzy odparci udali rozsypkę pragnąc odwieść nieprzyjaciół od obozu, lecz
Kalinowski zabronił zapędzać się daleko za bisurmanami, oba pułki wróciły na stanowisko. Tatarzy
znów ponowili attak, lecz artylerya z wałów okopo-
wych wstrzymała ich natarczywość.

Wtem nadszedł Tymofej a korzystając z wrzawy
bitwy i dymu zasłaniającego widok, zbliżył się z drugiéj strony okopów i przypuścił niespodziawany szturm
do obozu, Przyjemski ze swą piechotą i artyleryą
mężny stawił mu odpór, lecz zbyt rozległe okopy sy-
pane razem dla wojska mającego przybyć z Humania
potrzebowały wielu obrońców, Przyjemski widząc, iż
długo opierać by się nie zdołał, posłał na przeciwną
stronę obozu do hetmana, prosząc o pomoc. Kalinowski już miał wysłać żądane posiłki, gdy Tatarzy jakby
w zmowie z Kozakami będąc; uderzają na jazdę hetmana. Wszczyna się zatem rozpaczna z obu stron obozu bitwa, Tatarzy wabieni nadzieją bogatego łupu nie zważając
na stosy trupów swych braci po ich ciałach darli się
na szańce, daléj zaś drużyna zebrana przez Tymofeja
z Kozaków którzy przez długi czas tułali się unikając
ostréj sprawiedliwości polskiéj, popychana zemstą ku
temu hetmanowi który ich od czasu beresteckiéj bitwy
ścigał, nie widziała grożących im bagnetów ani kopij,
nie słyszała gromu dział ani świstu kul, ale darła
się na oślep do obozu, garstka rycerstwa polskiego

walczyła do upadłego. Wtem jakby na domiar złego styrty słomy i siana przygotowane dla koni wewnątrz obozu, przez nieostrożność, czyli też jak twierdzi Kochowski przez zdradę zapalone zostały, od tych zajęły się szałase żołnierzy i namioty starszyzny a wiatr roznosząc płomień przeszkadzał walczącym bronienia wałów; dym zasłaniał widok, Kalinowski nie widząc sprawy rycerstwa we wszystkich punktach, musiał sam biegać by nieść pomoc gdzie jéj było potrzeba. Nareszcie strzała tatarska przeszyła mu lewe ramie; upadł z konia hetman; Marek Sobiewski objął dowództwo; uderzył na wdzierających się już do obozu nieprzyjaciół, i zmusił do cofnięcia, lecz w tejże saméj chwili Złotarenko na czele swego pułku Kozaków przypuścił szturm od strony gdzie było stanowisko Odrzywolskiego i przełamawszy szczupłą chorągiew kasztelana czernichowskiego, wpadł do obozu, Sobieski ujrzawszy nieprzyjaciół na wale, spieszy z pomocą w tę stronę, walczy by przykładem zachęcić rycerstwo, lecz coraz większe napływają tłumy Kozaków, otaczają Polaków i wszczyna się okropna bitwa. Kalinowski złożony w namiócie i osłabiony dwukrotną raną dowiaduje się o niebezpieczeństwie, zrywa się na nogi i biegnie na pomoc walczącym. Kozacy poznali hetmana, otoczyli go natychmiast i żądają poddania. Kalinowski zamiast oddania broni powalił na ziemię najbliżéj stojącego, wtedy Kozacy rzucili się nań i na sztuki rozsiekali, zginął razem Marek Sobieski starosta Krasnostawski; Samuel Kalinowski, oboźny koronny syn hetmana polnego, Zygmunt Przyjemski pisarz polny, Górka, Kosakowski, Niepokojczycki, Bałaban porucznicy i wielu innych—Wogóle do 5,000 rycerstwa pol skiego poległo w téj bitwie, bo Kozacy powodowani zemstą, wymogli na Tatarach przyobiecując im zapłacić okop za jeńców, byleby żadnego nie zostawili przy życiu.

Bitwa batowska stanowczo rozerwała pokój pomiędzy Polską a Ukrainą, król bowiem widząc niebezpieczeństwo kraju, zwołał sejm extraordynaryjny na dzień 23 lipca, na którym uchwalono pospolite ruszenie przeciwko Kozakom.

Chmielnicki usprawiedliwiał się przez posłów wysłanych na ten sejm, iż nie jest winien klęski batowskiéj, że sprawcami jéj nie było wojsko zaporożskie, ale zebrani przez Tymofeja zbiegi i tułacze będący niegdyś w czterdziestotysiącznym regestrze, który przez traktat białocerkiewski zmniejszony został do 20,000, że on sam ostrzegał hetmana koronnego jak przekonywa list znaleziony przy Kalinowskim, by nie wstrzymywał Tymofeja ani Tatarów wich pochodzie; oświadczył przytem, że jeżeli król będzie zbyt surowym, to zmuszonym zostanie szukać opieki u innych monarchów.

Senat przyrzekł przebaczenie, lecz zażądał potwierdzenia traktatu białocerkiewskiego i oddania w zakład Tymofeja, Chmielnicki który nie miał zamiaru dochować stale pokoju, ale tylko czekał sposobności by oderwać się od Polski, nie chciałwięc dać syna w zakład i postanowił z bronią w ręku dobić się korzystniejszych warunków.

Po klęsce batowskiéj okropne grasowało w Polsce powietrze, Tatarzy przeto lękali się wracać do Krymu by nie zanieść do domu zarazy, Chmielnicki więc wzywa ich i razem oblega Kamieniec Podolski.

Komendantem twierdzy był w nieobecności Potockiego

Morowicki, ten widząc niebezpieczeństwo, zwołuje do obrony okoliczną szlachtę i z czterema tylko chorągwiami zamyka się w fortecy. Chmielnicki pragnąc zyskać na czasie, wezwał garnizon do poddania się, przyrzekając miastu swobodę a wojsku wolność, lecz przedstawienie jego odrzucone zostało. Wtedy widząc iż tym sposobie nic nie zyska, rozpoczął szturm, rozkazał po górach blizkich fortecy sypać szańce i z nich strzelać do miasta. Tak przez kilka tygodni szturmując byłby może wkrótce wziął twierdzę wycieńczoną z zapasów i ludzi, lecz zaraza wkradła się pomiędzy jego szeregi i dziesiątkując żołnierzy zmusiła do odstąpienia od Kamieńca.

Tymczasem król polecił Czarnieckiemu oboźnemu koronnemu wejść w Ukrainę; Lince, Lipowiec, i Pogrebiszcze zostały spalone. Czarniecki już postąpił pod Monastyryszcze, gdy nadciągnęli Kozacy z Tatarami i uderzyli na oboźnego, wśród zaciętéj walki Czarniecki został raniony a wojsko polskie cofnąć się musiało.

Jan Kazimierz widząc potrzebę użycia całych sił aby przytłumić wzrastający bunt, wyciągnął z wojskiem i pospolitem ruszeniem do Lwowa.

Chmielnicki zaś przewidując trudność oparcia się tym siłom i małą korzyść z przyzwanéj opieki sułtana, wysyła ostateczną prośbę do Moskwy.

Bojarowie tego tylko czekali.

Niebyło już Adama Kisiela, tego ciągłego pośrednika pomiędzy Kozakami i Polską, nie miał ich kto odwieść od zamierzonego czynu oderwania się od rzeczypospolitéj, dla tego w Kwietniu 1652 roku wyjechali do cara Alexeja Mikołajewicza: Birłaj i Siłuan Mużyłowski, prosząc o przyjęcie hetmana z całém wojskiem kozackiem pod jego wysoką protekcyą i wsparcie go orężem.

Nareszcie Chmielnicki doczekał się czego pragnął, w skutek téj deputacyi wysłani zostali posłowie do Warszawy: kniaź Borys Alexandrowicz Repnin Oboleński, okolniczy Bogdan Matwiejewicz Chytrów i Diak Ałmaz Iwanów, pod tytułem pełnomocnego poselstwa.

Dwudziestego Lipca przybyli posłowie do Lwowa gdzie znajdował się król z wojskiem zebraném przeciwko Kozakom, 22 zostali przedstawieni u króla domagając się na mocy traktatu:

1. Kary śmierci za przekręcenie tytułu carskiego przedstawiając jako dowody kilkádziesiąt oryginalnych pism od pogranicznych wojewód.

2. Podobnéj kary na szlachtę Okunia i Waska Lapanów z pogardą mówiących o carze.

3. Żądali zadosyć uczynienia dla moskiewskich poddanych za zniewagi uczynione im przez pogranicznych Polaków i Litwinów przedstawiając spis tych zniewag.

4. Domagali się by polscy kupcy nie wywozili do Rossyi wódki i tytoniu jako towarów zakazanych; nakoniec:

5. Oznajmili, że gdy od lat pięciu hetman Chmielnicki i całe wojsko zaporożkie użala się bezprzestannie: na nieznośne przygnębienie od rzeczypospolitéj, o prześladowania i pogardę prawéj wiary greckiéj, zniszczenie cerkwi i klasztorów, o wprowadzenie unii, o niedopełnienie przez rzeczpospolitą traktatów zawartych z Kozakami pod Zborowem i Białą-cerkwią i tenże hetman prosił cara o przyjęcie go pod opiekę a car już nie jednokrotnie odmawiał a nawet wstrzymywał Kozaków od oddania się w poddaństwo tureckie, pragnie pojednać

ich z królestwem, z warunkiem jednakże, by król zniósł w Małorossyi unją, powrócił cerkwie prawowiernym, nieścieśniał wiary greckiéj, przyjął hetmana i wojsko Zaporożskie pod opiekę i chroniąc wszelkie Kozaków wolności, potwierdził traktat zborowski.

Jeżeli król dopełni tego punktu, wtedy car niebędzie domagał się ukarania winnych przekręcania tytułu swego i zniewag zrządzonych.

Senat dał następną odpowiedź:

1. Co się tycze tutułów o tych w roku zeszłym posłowie Prończyszew i Iwanów już mówili. Znaleziono, że była to tylko pomyłka, niewiadomość a nie zły zamiar, dla tego wina niezasługiwała na karę śmierci i powtarzać kwestyę usprawiedliwioną nie godzi się.

2. Okun i Lapunow nie będzie ukarany dotąd, dopóki patryarcha moskiewski będzie wyświęcał w Polsce grekorossyjskich popów.

3. Wojna i bunt hetmana Chmielnickiego nie pochodzi z prześladowań religijnych których nigdy nie było, ale zpowodu wzbronienia mu swawoli, ligi z bisurmanami i grabieży sąsiednich państw, bez którój Chmielnicki żyć nie może. Człowiek ten zrządził tak w Polsce, Mołdawii jak Wołoszech okropne spuszłoszenia, jego grabieże, zabójstwa, pogwałcenie świątyń, upór, krzywoprzysięztwo, skłoniły Polskę do pozbawienia go wszelkich poprzednich praw. Traktat zborowski został unieważniony przez króla za to, iż Chmielnicki połączywszy się z hanem krymskim przybył pod Beresteczko, białocerkiewski zato, że syn jego napadł na hetmana koronnego Kalinowskiego.

4. Unii król nie zniesie, byłoby to naruszeniem przysięgi wychowanéj na pacta conventa, zniesienie w Pol-

sce wiary unickiéj byłobyto samo, co w Rossyi greko-
rossyjskiéj, lecz w Polsce są zatwierdzone prawa obudwu duchowieństw, tak uniackiego jak greckiego.

5. Król z radością przyjmuje pośrednictwo cara
w pojednaniu z krnąbrnemi jego poddanemi, lecz pragnie wiedziéć, czy car ręczy za Chmielnickiego,
wiadomo już bowiem, że hetman postanowił oddać
się pod władzę sułtana. Król idzie z wojskiem na
Ukrainę, jeżeli Małorossyanie złożą broń i spotkają
go z pokorą, wtedy powszechnemi uniwersałami
oznajmi im zupełne przebaczenie; w przeciwnym razie, car winien obowiązać się dać pomoc królowi
i razem ukarać winowajcę.

6. Co się tycze handlu wódki i tytoniu, zniewag,
te oddawna zostały zakazane surowo.

Siódmego sierpnia posłowie moskiewscy otrzymali
pożegnalną audyencyą; ósmego, król z całem wojskiem wyruszył ze Lwowa przeciw Chmielickiemu.

Tymczasem posłowie wrócili do Moskwy i zdali
sprawę ze swéj missyi, został zwołany sobor, na
którym sam car prezydował, przedstawiono odpowiedź królewską i prośbę Chmielnickiego, przyjęcia
go w poddaństwo, nakoniec przedstawiono zapytanie
czy przyjąć hetmana pod protekcyą, czy dać mu pomoc zbrojną.

Bojarowie i duchowieństwo postanowili:

„Przyłączyć hetmana Bogdana Chmielnickiego do
Moskwy ze wszystkiem wojskiem zaporożskiem z miastami i siołami, przez wzgląd nietylko na wspólność
wiary Małorossyan, ale i na niebezpieczeństwo wiszące nad nimi ze strony rzeczypospolitéj i grożące
jarzmo tureckie lub tatarskie."

I natychmiast wysłani zostali posłańcy do Chmielnickiego z oznajmieniem, że car przyjmuje go w poddaństwo, lecz posłowie ci nie zastali hetmana w Czyhrynie, Chmielnicki przed dwoma tygodniami połączywszy się z Tatarami, wyciągnął z Kozakami przeciw Janowi Kazimierzowi.

Król rozesłał uniwersały, oznajmiając mieszkańcom Ukrainy, iż przybył zwiedzić swe miasta i ziemie, że Kozacy i mieszczanie nie powinni go się lękać, ale owszem oczekiwać go spokojnie i z nadzieją.

Chmielnicki postępował ku Multanom, prowadząc 70,000 wojska, nad Bohem połączył się z Islamem, Białogórcami i hordą koczujących Tatarów. Tak zgromadzone wojska, pociągnęły ku Żwancowi, gdzie obszernym obozem stał król, postanowiwszy w tem miejscu stoczyć stanowczą bitwę, jako najdogodniejszem, tak z powodu obszernych równin, jako też blizkości Kamieńca i granic wołoskich, skąd spodziewał się pomocy.

Byli obecni przy królu: Potocki hetman polny, Lanckoroński ruski, Piotr Potocki bracławski i Tyszkiewicz czernihowski wojewodowie, przytem sandomierski, poznański, kaliski i halicki, kasztelanowie, marszałek wielki Lubomirski, Koryciński kanclerz i Trzebicki podkanclerz koronny, Bogusław Radziwił koniuszy litewski, Jan Zamojski kaliski, Jan Sobiewski jaworowski, Daniłowicz parczewski i brat jego czernogórski, starostowie, Sapiecha pisarz polski koronny, Dymitr i Konstanty Wiśniowiecki, Czarniecki obożny i inni pułkownicy.

Przez długi czas nieprzyjaciel odwłóczył stanowczą

bitwę, podjazdami tylko trapiąc armię polską. Tatarzy stojąc pod Oryniem znieśli podjazd królewski nieostrożnie zbliżający się do nich pod dowództwem
Talczyńskiego, nawzajem Szenberg połączony z Mi-
chessem pułkownikiem węgierkim pod Zynkowem
hordę pobili a Hohoł, porucznik Potockiego napadłszy w nocy śpiących Tatarów pod Smankowcami
znaczną klęskę w ich szeregach zrządził.

Wzięci jeńcy tatarscy, jednozgodnie mówili, że han
jeszcze nie zdecydował się do stoczenia bitwy, ale
otoczywszy wojsko królewskie i ogłodziwszy go, pragnie zmusić do poddania się. Gniewało króla, że czas
letni upływa bezużytecznie, słoty jesienne nastają,
a nieprzyjaciel unika stanowczéj walki. Związkowe
wojska pragną opuścić obóz królewski, by powrócić
do domów. Pospolite ruszenie król uwolnić był zmuszony, które w zamian 8,000 zaciągowego wojska
przysłało. Konie kawaleryi zdychały, bo Tatarzy zajęli pastwiska, piechota także z głodu umierała. Jesienne słoty zaczęły i Tatarom dokuczać i han postanowił nareszcie stoczyć bitwę, by bez jassyru do
Krymu nie wracał. 24 Września, Tatarzy zbliżyli
się pod obóz królewski, król wykomenderował Potockiego wojewodę Bracławskiego i Sapiechę pisarza
polnego koronnego, pierwszy rozbił Tatarów na przeprawie rzeki Smotrycza, drugi rozpędził gromadę tatarską pod Barszczowem. Dzień cały trwały częścio-
we ścierania się lecz nie przyszło do walnéj bitwy.

26 Września wielki wezyr hański napisał list do
Lubomirskiego, prosząc go niby o uwolnienie z niewoli sługi swego, a nadmieniając przytém, że przez
wdzięczność jeżeli to podoba się Polakom, nakłoni

hana do zakończenia wojny pokojem bez dalszego krwi rozlewu.

Rozpoczęły się zatém negocyacye, jednak bez zawieszenia broni i potyczki dawnym trybem odbywały się bezprzestannie, Tatarzy obóz polski oblegli i coraz więcéj ścieśniali jak niegdyś pod Zborowem, często gromadami wśród chróstów pod samemi wałami się ukazywali. W dzień S-téj Barbary gęsta mgła zasłoniła horyzont, król zatem wysłał kilka chorągwi dla przejrzenia okolicy, czyli czasem nieprzyjaciel korzystając z zasłony mgły, nie zbliża się z całą siłą pod obóz.

Podjazd polski spotkał Tatarów wysłanych z poduszczenia Chmielnickiego, którzy uderzywszy nań okropną massą, postanowili rozproszyć, na odgłos bitwy wysłał król posiłki dla wsparcia walczących, Tatarzy widząc męztwo chorągwi królewskich cofnęli się w chrósty, nie staczając formalnéj bitwy. Wojska polskie wróciły do obozu, a wkrótce przybył od hana Attałyka, oskarżając Chmielnickiego, iż on to wyprawił hordę nahajską przeciw Polakom, że han szczerze pragnie zgody. Wysłany zatem został z powracającym Attałyką porucznik Wojniłowicz, aby wyrozumiał czego han żąda dla zgody. Trzy dni upłynęło nim powrócił posłaniec, tymczasem Tatarzy bezprzestannie napadali obóz i wojsko nie miało spoczynku, by być zawsze w gotowości do obrony. Król przeto w dzień Niepokalanego Poczęcia Najświętszej Panny Maryi, kazał hufcom wyjść w pole by zakończyć raz to przykre położenie i stoczyć stanowczą bitwę.

Zaledwie uszykowały się wojska, gdy Tatarzy

z krzykiem natarli rozciągniętą linią, prawe skrzydło armii polskiej starło się z nimi, a artylerya spędziła z placu nieprzyjaciela.

Wtedy też powrócił Wojniłowicz z Osmanem Agą oświadczając, iż han szczerze pragnie zgody, że Chmielnicki tylko odwodzi go od tego i pobudza do napadów.

Krol więc stosownie do życzenia hana, wyznaczył pełnomocników: Lanckorońskiego wojewodę ruskiego, Lubomirskiego marszałka, Korycińskiego kanclerza koronnego, którzy po zamienieniu zakładników udali się na naradę.

Tatarzy domagali się aby rzeczpospolita zaległe pensye im zapłaciła, jasyru powracającéj hordzie nie broniła i Kozakom traktat zborowski potwierdziła.

Rzecz naturalna, iż tych warunków król nie mógł przyjąć, han też żeby wystraszyć na Polakach korzystniejsze warunki, wysłał hordę aby obóz attakowali. Król znów wyprowadził całe wojsko z obozu i uszykował do bitwy, rycerstwo też pragnęło najgoręcéj walki, by wydobyć się z oblężenia, albowiem głód, słoty, zimna i bezustanne trudy uprzykszyły się wszystkim.

Oba skrzydła polskiéj armii uderzyły z zawziętością na nieprzyjaciela, który według zwyczaju poszedł w rozsypkę. Polacy ścigali Tatarów, lecz lękając się zasadzki wrócili do obozu. Wtedy nareszcie widząc rezygnacyą Polaków, Tatarzy postanowili zakończyć układy i zawartą została ugoda.

Król przyrzekł Tatarom płacić zwykły żołd ro-

czny, obecnie część zaliczając, Kozakom traktat zborowski w całéj sile potwierdzony został.

Lecz ugoda ta nie obiecywała trwałego pokoju,
Chmielnicki opuszczony od Tatarów, szukał tylko
przewłoki i sposobności do formalnego oddania się
carowi. 16 Grudnia Jan Kazimierz ruszył z obozu
pod Żwańcem, za nim wyszło wojsko któremu w Polsce rozdano kwatery.

Wkrótce przybyli do Chmielnickiego posłowie tureccy: Nuradyn Aga i Efendy Selim, oraz krymski
murza Nagaj Bek, nakłaniając hetmana do wojny
przeciwko Moskwie razem z Polską, Turcyą i Krymem, dla odebrania carstwa astrachańskiego. Han
oświadczył, iż wtedy zapomni o wszelkich zmowach
hetmana z Rossyą przeciwko Krymowi, że powróci
mu wszystkich małorossyjskich niewolników (do 3000)
inaczéj uważać go będzie za nieprzyjaciela.

Wiele potrzeba było zręczności i taktu politycznego, by wywinąć się z draźliwego położenia. Chmielnicki tłomaczył się niepodobieństwem rozpoczęcia
nowéj wojny, po tylu walkach i zapasach niszczących kraj; przekładał by odłożyć to przedsięwziecie
na jakiś czas, dopóki nie spocznie i nie naradzi się
z wojskiem i narodem, lecz wszystko było nada-
remnem.

Posłańcy domagali się odpowiedzi stanowczéj—tak
lub nie, dawali do wyboru wojnę lub przyjaźń z ich
monarchami, oświadczając, iż mają polecenie wypowiedzenia mu wojny wrazie odmowy.

Chmielnicki prosił by go uważano za neutralnego
w téj sprawie, przyrzekając w takim razie wspierać
związkowych pieniędzmi i prowiantami; lecz prośbę

jego odrzucono, żądając armii. Nakoniec Chmielnicki odwołując się do nich samych, przedstawiał niepodobieństwo, nieukompletowawszy Kozaków rozpoczęcia nowéj zaczepnéj wojny, tłomaczył, iż takiem wojskiem może przynieść więcéj szkody jak korzyści swym związkowym, że źle rozpoczęta wojna, nie łatwo da się naprawić.

Nareszcie wymógł na posłańcach 10 miesięcy zwłoki do ukompletowania i wyszykowania armii. Han powrócił mu jeńców i uwierzył przyrzeczeniom.

Zaledwie posłowie wyjechali z Czyhrynia gdy tajny goniec został wysłany do Moskwy.

ROZDZIAŁ XVII.

Tymofej Chmielnicki.

ymofej po rozbiciu wojsk koronnych, udał się do Wołoch. Hospodarem wtedy w Multanach był Bazyli Lupuli człowiek obłudny i bigot, przytem charakteru dzikiego i zwierzęcych namiętności. Drukując święte księgi, fundując klasztory i darząc szczodrze duchowieństwo, gnębił i męczył lud; modlił się i w tymże czasie kazał obrzynać uszy Multańczykom i nosy Multankom. Przez 23 lata swego panowania skazał na śmierć więcéj jak 14 tysięcy mężczyzn i utopił tyleż kobiet.

Na domiar złego, hospodar miał synowca, rozpustnika, rozpasanego na wszystkie bezprawia. Młody ten człowiek po nocach wdzierał się do domów obywateli i porywał im córki. Rodziny zanosiły zażalenia, bojarowie i naród szemrali; nakoniec cierpliwość Multańczyków wyczerpnęła się, panowie odstąpili hospodara, wojsko odmówiło mu posłuszeństwa.

Maciéj Raduga hospodar wołoski i Rakoczy ban Transylwanii, korzystając z zewnętrzęnych zamieszek, zrzucili Lupulego z hospodarstwa. Widzieliśmy jak Bazyli udał się o pomoc do Chmielnickiego a hetman za dozwoleniem sułtana dał mu posiłki pod naczelnictwem syna swego Tymofeja.

Tymofej powrócił Lupulego na hospodarstwo, lecz z wyprawy przywiózł do małorosyi serce przepełnione miłością dla córki hospodarskiéj, Jreny. Bohdan Chmielnicki na prośby syna, udał się do baszy sylistryjskiego który przyrzekł u sułtana wyjednać wstawienie się do hospodara o oddanie ręki Jreny Tymofejowi, lecz Lupuli którego starsza córka była za Radziwiłem, nie chciał wydać młodszéj za Kozaka, ale idąc za radą zięcia, miał ją oddać starającemu się o nią księciu Wiśniowieckiemu i pomimo wstawień sułtana, wdzięczności dla Chmielnickiego, Bazyli był nieugięty.

Hetman rozgniewany odmową i uporem hospodara, rozkazał mu oświadczyć, iż wyszle do niego 100 tysięcy swatów, którzy nie pytając się o pozwolenie, poprowadzą Irenę do ołtarza z Tymofejem.

Lupuli udał się do hetmanów polskich z prośbą o ratunek przeciwko Chmielnickiemu; Wiśniowiecki dopomagał mu swem wstawieniem i dziesięć tysięcy wojska pod dowództwem Kalinowskiego zajęło stanowisko na drodze do Multan pod Batowem.

Widzieliśmy już jak straszna klęska wojsk koronnych, była skutkiem tego nierozważnego czynu.

Kalinowski posiadał zaledwie dziesiątą część wojska nieprzyjacielskiego, jednak niesłuchając przestróg

Bohdana Chmielnickiego, jakkolwiek one były życzliwe, lub nie, szukał sam bitwy.

Lupuli przelękniony straszną wieścią o porażce Kalinowskiego, napisał do Tymofeja, że nigdy z własnego popędu nie był przeciwny oddaniu mu córki, lecz zmuszony był postępować według rady silniejszego, dziś zaś, gdy się niczego obawiać nie potrzebuje, zaprasza go do siebie na wesele. Chmielnicki podziękował Bazylemu za zezwolenie, lecz zażądał 12 tysięcy dukatów jako zwrotu kosztów wojennych.

Tymofej przeprawiwszy się przez Dniestr pod Mohilewem zbliżył się do miasta Soroki, gdy z zarośli i ogrodów wypadł oddział wojska Wiśniowieckiego i otoczył Tymofeja, który z przednią strażą postępował ku miastu. Kozacy widząc przewyższające siły nieprzyjaciół, wbiegli za ogrodzenie cmentarza kościelnego i zaczęli się bronić oblegającym. Na odgłos strzałów przyspieszył na pomoc korpus kozacki idący z tyłu, żołnierze Wiśniowieckiego nie spodziewając się przybycia nieprzyjaciół, attakowali śmiało, gdy za niemi rozległ się ogromny huk muszkietów. Oblegający poszli w rozsypkę, sam tylko Wiśniowiecki z kilkonastu towarzyszami przerznął się przez szeregi Kozaków, lecz gdy uchodził przez most, spruchniałe bale zawaliły się i jezdzcy pogrążyli się w nurtach rzeki.

Tymofej przybył do Jass i zaślubił Irenę, lecz szczęście jego nie było długo trwałem. W Multanach powstały nowe zaburzenia; jeden z najbliższych hospodara urzędników, Stefan Burduc wielki logofet, zawiązał spisek przeciwko Bazylemu i byłby dopiął celu gdyby jeden z zakonników założonego przez hospodara klasztoru, nie ostrzegł go o niebezpieczyństwie.

Lupuli uszedł z Jass, synowiec jego dla opóźnienia pogoni, popalił mosty po drodze i tym sposobym zdołał ocalić życie swoje i stryja. Hospodar kilka dni zabawił w Chocimie, potem schronił się w Kamieńcu, wysławszy z prośbą o pomoc do Chmielnickiego. Żona jego Domna z córką, zamknęły się w Soczawie.

Lagofet tymczasem zdołał przyciągnąć do siebie wszystkich najznakomiszych Multańczyków, zdawało się że już ustalił się na hospodarstwie, gdy nadeszła wieść że Tymofej ciągnie z Kozakami. Czterdzieści tysięcy Multańczyków, Węgrów, Niemców, Wołochów i Serbów zebrało się około Stefana. W drugą niedzielę po Wielkiej nocy wojsko spotkało się z Kozakami; bitwa trwała całą dobę, Stefan został pokonany i uszedł zresztą niedobitków. Tymofej wszedł do Jass.

Miasto zostało zrabowane, a turcy i żydzi wyrznięci. Lupuli powrócił wtedy do swéj stolicy z Kamieńca przy odgłosie dzwonów i huku dział.

Tymofej z teściem poszedł szukać nieprzyjaciela, cztery razy pokonał oddziały węgrów i wołochów ale szczęście się przesiliło, nie długo do Jass przyszła wieść, że Kozacy zostali pobici na głowę, tylko resztki ich wojska uszły z pola bitwy. Niespokojność i trwoga opanowały umysły mieszkańców, miasto znów opustoszało, obywatele schronili się do klasztorów.

Rzeczywiście Tymofej po czterokrotnem zwycięztwie oddziałów Burdoca, doszedł na drugi dzień do Tergowistu. Maciéj hospodar wołoski wyszedł na jego

spotkanie, Bulgarczyki, Turcy, Grecy, Węgry, Serby
i Wołochy składali wojsko jego. Kozacy udrzyli na
nieprzyjaciela jak lwy. Matwiéj został raniony w nogę, lecz rozkazawszy ją sobie opatrzyć, przewodni-
czył daléj bitwie, ubito pod nim konia, siadł na
drugiego. Kozacy już zaczynali brać górę nad jego wojskami, gdy wszczęła się okropna burza, deszcz
z wiatrem lał prosto w twarze Kozaków, błyskawi-
ce i pioruny uderzały bezprzestannie, nareszcie ogromny jak kamienie grad zaczął ich ciąć, Kozacy nie
mogli strzelać, albowiem zapały ich broni i prochy
zamokły. Multańczycy zaś rozpoczęli morderczy ogień.
Wtedy wojsko Tymofeja poszło w rozsypkę. Maciéj
Raduga ścigał go przez trzy doby. Większa część
została wybita, inni zabrani w niewolę, bardzo mało
przybiegło do Jass, przynosząc straszną wiadomość
o klęsce.

Tymofej uszedł do Małorossyi. Bazyli pozostał
sam jeden bez żadnéj pomocy.

Stefan rozesłał po kraju proklamacye, lud zaczął
się burzyć spiesząc ku niemu. Hospodar nie posiadał żadnego wojska, posłał zatém do Tatarów prosząc pomocy, ale otrzymał odmowę, zaczął więc
najmować ludzi z pogranicznych mieszkańców. Wtem
przychodzi pomyślna wieść do Jass, że Tymofej
spieszy z kilkoma tysiącami Kozaków. Bazyli rozkazał rozbić dla nich namioty około miasta, uczęsto-
wał drogich gości chlebem i winem, obdarzywszy
pieniędzmi i szatami.

Piątego Lipca wyszedł z Jass; wojsko jego z Kozakami składało oddział około czterech tysięcy li-

czący, do tego przyłączyło się około jedenaście tysięcy Multańczyków.

Szóstego, spotkały się oba wojska; lecz Multańczycy przeszli na stronę Stefana i obrócili oręże przeciw Bazylemu, większa część Kozaków i Greków padła pod ich mieczami, hospodar z kilkunastu towarzyszami ocalił się ucieczką, dzięki szybkości ich koni. Żona Bazylego z dziećmi i skarbami wyjechała do Soczawy.

Stefan zajął Jassy i oddał je na pastwę żołnierzy, wysławszy część wojska dla zdobycia Soczawy, by zabrać rodzinę i kassę Lupulego. Tymofej wróciwszy z Ukrainy z nową pomocą, rozbił oddział Multańczyków i wszedł do Soczawy. Tam rozkazał usypać okopy około zamku, wpuścił w fosy wodę z rzeki i dwadzieścia armat ustawił na wałach.

Stefan Burdoc dowiedziawszy się o wejściu Tymofeja do miasta obległ go w 40 tysięcy wojska, Tymofej posiadał tylko ośm tysięcy Kozaków. Codziennie czyniono wycieczki, armaty z wałów grzmiały bezprzestannie. Codziennie hetmanic wyjeżdżał na swym ulubionym śnieżnym koniu i wpadając na nieprzyjaciół kładł kupami trupów. Pewnego wieczora otworzyła się jak zwykle brama fortecy, wyszła kolumna żołnierzy, naczele rycerz na śnieżnym koniu.

W nieprzyjacielskim obozie dwóch ludzi zbliżyło się do armaty, sami ją nakierowali, wystrzał wypadł i kiedy wiatr uniósł dym, biały koń bez jeźdźca powracał do twierdzy.

Mówią, iż dwaj Polacy z korpusu Kalinowskiego rozbitego pod Batowem przyszli do wojska Lagofeta i sami kierując działo zabili Tymofeja.

Od téj chwili sprawa oblężonych z każdym dniem chyliła się więcéj do upadku. Nareszcie miasto kapitulowało. Domna z dziećmi została wydana, skarby. Lupulego dostały się Stefanowi a Kozacy zabrali swe armaty; dwie beczki złota i ciało swego Tymofeja.

Bazyli Lupuli utracił nazawsze hospodarstwo, Stefan rozkazał synowi jego rozpruć nos, by go pozbawił panowania.

Dnia 22 Listopada przybyli Kozacy ze zwłokami Tymofeja do Czyhrynia. Całe duchowieństwo, hetman z żoną i synem Jerzym, oraz wojsko, spotkało ciało zamiastém. Skoro wniesiono trumnę do cerkwi rozległ się huk muszkietów, a z twierdzy odpowiedział wystrzał dział. 27 Grudnia odbyło się uroczyste pogrzebanie ciała w cerkwi w Sobotowie.

ROZDZIAŁ XVIII.

Chmielnicki składa przysięgę poddaństwa carowi.

W końcu 1658 roku generalny sędzia Jakób Gonzewski przywiózł od Chmielnickiego list do cara; list ten jako i odpowiedź na niego podaje nam arcybiskup Koniski.

„Wielokrotnie i wielu sposobami dawałem znać waszéj carskiéj mości o zamiarach sułtana tureckiego i hana krymskiego razem z królem polskim wypowiedzenia wam wojny o carstwo astrachańskie oraz inne pretensye i wciągnięcia mnie do téj sprawy mimo méj woli i życzeń; dotąd wymawiałem im się różnemi pozorami i ciągłą wojną z Polską, Zborowskim i Zwanieckim traktatami; przysłani od wszystkich tych państw umyślni posłowie, żądali odemnie koniecznie bym, wojował z nimi przeciw waszemu carstwu, w przeciwnym razie wypowiadają mi wojnę i wprowadzą do Małorossyi trzy swoje armie. Jakkolwiek wymawiałem się osła-

bieniem sił swoich i narodu, częstemi i ciężkiemi woj-
nami i najwyższém wycieńczeniem, potrzebującém wiele czasu do poprawy zepsutego i pokrycia wycieńczonego, jednak oni niezwracając na to uwagi, nie chcą słuchać tłómaczeń, podejrzewając mnie szczególniej w przy-
wiązaniu do waszéj carskiéj mości, według podania
zdrajcy mego. wysyłanego przezemnie do Moskwy, lecz
późniéj za występki na śmierć skazanego sędziego Hulanickiego, który zbiegłszy przed wyrokiem, kryje się
w Krymie i Polsce i na imie instyguje. Tak zaledwiem
mógł wyprosić od posłów wielkiemi ofiarami 10 miesięcy zwłoki dla przyprowadzenia mej armii do należytego
porządku, a wszelkie inne prośby, nawet pozostawienie
mnie neutralnym, zostały bezużyteczne. Zostawiam teraz waszéj carskiéj mości wybrać użyteczniejsze i pe-
wniejsze środki. Przysięgam na moją duszę że o wojnie z wami i waszem carstwem myśléć nie chcę i oddaję wiecznéj pomście i sądowi Boga tego, kto śmie myśléć nieprzyjaźnie przeciwko współwyznawcom i rodakom. Lecz jeżeli wasza carska mość i teraz nie zde-
cydujesz się uprzedzić nieprzyjaciół i dopuscisz im wejść
do Małorossyi z ich armiami na wasze carstwo; to wy-
baczcie mi i niepotępiajcie, że stanę się mimowoli waszym nieprzyjacielem i w takim razie świadczę się Bogiem i całym światem, że nie będę winny krwi współwyznawców chrześcian, przelanéj dla interessu narodów
niewiernych i niedowiarków. Dla odwrócenia tego złego,
albo przynajmniéj zmniejszenia go, jest środek nieza-
wodny: wypowiedzieć Polsce wojnę i wprowadzić bezwłocznie w ich granice dwie armie, albo dobre korpusy:
jeden do Białorusi na Smolensk, a drugi na Litwę. Polacy będą zmuszeni odwieść tam wszystkie swe siły,

tureckie i tatarskie zaś wojska spodziewam się z pomocą Bożą wstrzymać w tedy w ich granicach postępując
wedle systemy odpornéj. Jeżeli zaś wojskom waszéj
carskiéj mości powiedzie się szczęśliwie, wtedy mogę odważyć się na więcéj. Ale wszystkie te postanowienia potrzeba potwierdzić traktatem i przysięgą,
by nie było myśli o zdradzie. Całą mą·duszę wyja-
wiłem przed wami i Bóg moim świadkiem, że mówię
prawdę."

Car odpowiedział:

Możnemu i sławnemu małorossyjskiemu i kozackie-
mu hetmanowi Zenobiuszowi Michałowiczowi Chmielnickiemu nasze carskie pozdrowienie.

„Jesteśmy bardzo zadowoleni i wdzięczni wam do-
stojny hetmanie. Wojska nasze dawno stoją na granicach w dobrym porządku i nadziei, ale wstępować
im w granicę cudzą bez dobrego przyjaciela i zaufa-
nego pomocnika jest rzeczą niepewną, ale gdybyś
ty hetmanku zechciał z nami połączyć się, wtedy
by wszystkie powątpiewania zniknęły a my poruczy-
libyśmy wam całą armią swoją, jako człowiekowi
mądremu i sławnemu wojownikowi; a co piszesz
o traktatach i zobowiązaniach, to gotowi jesteśmy
wszystkiego dopełnić z wiarą i prawdą, jak zakon
chrześcijański i sumienie nakazują. Jednakowoż, by
nie było różności zdań i woli z obydwóch stron, to
dobrze by było połączyć się i wzmocnić jako jednéj wiary i rodu ludom przystoi, by wrogi nasze
nie szydzili z nas. Układy o tem, ustawy, prawa
i obyczaje stare małorossyjskie i kozackie zatwierdzamy i podpiszemy za siebie i następców naszych;
a nie będą wiecznie naruszone. A co obmyślisz lep-

szego z naszemi bojarami i swą radą, my na to zgo-
dziemy się. A skoro tylko zatwierdziemy ugodę, natychmiast i wojska wyprawiemy na nieprzyjaciół.
Z sobą zaś wojować niech nas Bóg broni! Sam tylko szatan to dopuścić może; a nam prawowiernym
myśleć o tak złym czynie w istocie jest grzechem.
Życzeniem naszéj duszy jest i będzie bronić i ochraniać naród prawowierny od wroga, czego i od was
żądamy, a Bóg widzi, żé szczerze i prawdziwie i pod
jego świętą ręką połączyć się wiecznie z wami i narodem waszym pragniemy i wam o tem z szacun-
kiem piszemy."

A więc spełniło się życzenie Chmielnickiego, czego
nie zdziałały jego liczne prośby i przedstawienia, to
zrządziły okoliczności.

Skoro list został przywieziony do Czyhrynia, Chmielnicki zwołał starszyzn i bogatszych Kozaków; przeczytał list cara, wystawił im żądania posłów: tureckiego i tatarskiego domagających połączenia się z niemi
przeciwko Moskwie i pytał o ich zdania, co ma czynić i czyją wybrać stronę.

Okoliczności zmuszają nas, mówił—byśmy obrali
jedną stronę, neutralnemi być nie możemy. Tak jak
dotąd byliśmy, daléj zostać niepodobna — interess
sąsiadów nie pozostawi nas na długo w pokoju,
sami nie zdołamy oprzeć się trzem nieprzyjaciołom.

Większa część Kozaków a prawie wszyscy młod-
si przekładali opiekę sułtana, lękali się bowiem władzy bojarów wielkorossyjskich i samego cara. „W Turcyi, mówili, niema inductów i ewectów(*) ani ma-

(*) Podatki nałożone od wprowadzanych i wyprowadzanych zapasów żywności.

gnatów; jesteśmy ludem wojowniczym a Turcy szanują waleczność, Turcy szanują przysięgi i dotrzymają nam przyrzeczeń. Jeżeli hetman znajduje konieczność czyjéjkolwiek zwierzchności, to opieka
Turków zdaje nam się być najdogodniejszą, najpe-
wniejszą i najlepszą."

Chmielnicki widząc tę niezgodność życzeń Kozaków z ukartowanym przez siebie planem, użył całej wymowy i przebiegłości by odwieść ich od tego żądania. Wystawiał w najczarniejszym świetle
hańbę połączenia się dobrowolnego chrześcijan z nie-
wiernymi, przedstawiał sprzeczność wiary i prześladowania przez Turków zrządzane Grekom, wystawiał, że Kozaków spotkać to samo może, tu
napomknął wspólność wyznania Rossyi i skłonił ogół
do potwierdzenia tego, co już oddawna bez jego rady dopełnił. Polecono sędziemu Bogdanowiczowi i pułkownikowi Teterze ułożyć punkta przedugodne z carem moskiewskim, przedstawić je do przejrzenia
hetmanowi a potém całéj radzie małorossyjskiéj. Skoro tylko hetman i rada podpisali je, natychmiast
poseł rossyjski wykonał przysięgę imieniem cara,
na zachowanie i ich nietykalność. Chmielnicki przysiągł za siebie i naród.

Tymczasem przybyło z Moskwy pełnomocne poselstwo z kilkunastu członków złożone pod naczelnictwem Wasila Buturlina do Percasławia, sześćset
Kozaków z setnikami i atamanami pod dowództwem
pułkownika Pawła Tetery spotkali posłów pod miastem. Starszyny kozackie i sam pułkownik zsiedli
z koni i wprowadzili orszak do miasta, przy odgłosie trąb, kotłów i grzmotu dział. Protojerej

Grzegórz przyjął poselstwo naczele duchowieństwa, z krzyżami, obrazami i chorągwiami.

Chmielnicki był w Czyhrynie i dopiero 6. Stycznia 1654 roku wieczorem przybył do Pereasławia: Za nim przyjechali: generalny pisarz Wychowski, pułkownicy, setniki i wszyscy starszyny kozaccy.

Ósmego Stycznia starszyzna wezwana była do hetmana. Przy wychodzie z zamku uderzono w bębny i bito w nie całą godzinę; lud zbierał się przed dom hetmana. Wkrótce ukazał się Chmielnicki pod buńczukiem i odezwał się do ludu, objawiając, że w skutek powszechnego żądania łączy się z carem rossyjskim dla niemożności czynienia inaczéj, „kto z nami się nie zgadza, niech idzie gdzie mu się podoba."

Wtedy Chmielnicki, Wychowski, obożni, sędziowie, pułkownicy, setnicy i atamani udali się do posłów. Hetman odebrał patent mianujący go hetmanem Małorossyi i polecił go przeczytać na głos Wychowskiemu. Buturlin oznajmił imieniem cara zgodę na połączenie Małorossyi z Wielkorossyą i przyrzeczenie wspierania jéj wojskiem. Nakoniec podał Chmielnickiemu horągiew mówiąc:

„Z Bożej łaski wielki monarcha, car i wielki książę wszech Rossyi samowładca i wielu krajów monarcha i posiadacz, rozkazał, przesyłając tę chorągiew tobie hetmanie oświadczyć:

„Wiadomo jest wszystkim; iż nic bez Boskiego dopuszczenia się nie dzieje. Jego to wyroki oddały w ręce twoje władzę nad ludem małorossyjskim byś był obrońcą prawosławia, cerkwi i ludu ruskiego. Niechże chorągiew ta jego cesarskiéj mości będzie

postrachem dla wszystkich nieprzyjaciół twoich, chorągwią zwycięztw, straszną i okropną w bitwach."

Potém oddając buławę rzekł: „Upokórz nią go-
dzących na prawosławie i niepokornych twéj władzy."

Nareszcie okryto go płaszczem i czapką hetmańską.

W takim ubiorze Chmielnicki odbył uroczysty przechód do swego pałacu, przed nim niesiono chorągiew i inne insygnia godności.

Tegoż dnia przysięgło miasto, posłowie wręczyli
dary starszynom i rozesłali po miastach urzędników
dla odbioru przysiąg.

Ośmnastego Stycznia przysiągł Kijów, 23 Niezyn,
28 Czernihów i wkrótce posłowie powrócili do Moskwy a natychmiast za niemi wysłani zostali: generalny sędzia Bogdanowicz i pułkownik Tetera z punktami na mocy których nastąpiło połączenie Małorossyi z carstwem wielkorossyjskim.

Warunki te były następujące:

1. Kozacy sądzą się własnemi prawami i nikt
z bojarów, wojewodów lub innych jakichkolwiek wielkorossyjskich urzędników nie ma prawa mięszać się
w ich rozprawę.

2. Wojska kozackiego ma być 60,000 regestrowych.

3. Szlachta małorossyjska pozostaje przy wszelkich poprzednich swych prawach; wybiera jak przedtém urzędników z pośród siebie.

4. W miastach urzędnicy będą z Małorossyan, będą sądzili lud a dochody odsyłać do skarbu carskiego.

5. Starostwo czyhryńskie zostaje przy buławie hetmańskiéj.

6. W wypadku śmierci hetmana; Małorossyanie wybierają nowego z pośród siebie i oznajmiają o tem jego carskiéj mości, by to nie zdawało się niestosowném jego carskiéj mości, ponieważ jestto dawny obyczaj wojskowy.

7. Majątków kozackich nikt nie ma prawa odbierać i te pozostają przy nich od ojca do syna.

Pensye:

8. Pisarzowi wojskowemu młyn i tysiąc złotych.

9. Każdemu pułkownikowi po młynie.

10. Sędziom wojskowym po 300 złotych i po młynie, pisarzowi sędziego 100 złotych.

11. Assaułom wojskowym i pułkowym po młynie.

12. Na wojskowe porządki i na oboźnego 400 złotych.

13. Prawa nadane przez królów zostaną nienaruszone.

14. Zagranicznych posłów hetman może swobodnie przyjmować, donosić tylko o tem winien jego carskiej mości.

15. Podatki do skarbu carskiego i Małorossyi, zbierać mają Małorossyanie.

16. Wojewodowie przy zjazdach nie mogą pozbawiać przywilejów i praw.

17. Przywileje dane przez króla winny być świętemi i dla carów.

18. O metropolicie i jego rezydencyi reskryptem należy dać zatwierdzenie.

19. Car poszle bezzwłocznie wojsko przeciw Smoleńskowi.

20. Na granicy Ukrainy i Polski winno stać 3000 straży.

21. Na pułkownika car przeznaczy po sto dukatów pensyi, na assaułów wojskowych po 400 złotych, na assaułów pułkowych po 200, na setników po 100, na Kozaków po 30 złotych.

22. Małorossya wrazie napadu Tatarów, ma prawo odwetu a Dońcy obowiązani są przybyć jéj na pomoc.

23. W Kudaku winno zawsze przebywać 400 ludzi garnizonem.

Car wszystkie te punkta podpisał i przybrał tytuł samowładcy Małéj i Wielkiéj Rossyi.

Stosownie do przyrzeczenia Chmielnickiemu danego, car wkrótce po otrzymanéj wiadomości o depełnionym obrzędzie przyłączenia Małorossyi do swego państwa, wysłał wojska na Ukrainę. Potrzebował bowiem Chmielnicki jak najspieszniejszéj pomocy, Turcy i Tatarzy wypowiedzieli mu wojnę, król polski zbierał wojska.

Hufce dwóch Rossyi podzieliły się na cztery korpusy, Chmielnicki z 30,000 udał się ku granicom tureckim i polskim i stanął pod Zasławiem, 30,000 wojska wielkorossyjskiego i 5,000 Kozaków stanęło w blizkości ujścia Worskły niedaleko Kudaku i pod dowództwem bojara Buturlina, groziły hordzie która gotowała się do napadu. Książę Chowański z 40,000 udał się na Białoruś nad rzekę Sożę dla niedopuszczenia Polakom przesłania posiłków ani obrony dla Smoleńska. Do tego zaś miasta wysłany został nakaźny hetman Zołotareńko we 25,000 wojska z poleceniem dobycia go szturmem.

Jan Kazimierz otrzymawszy wiadomość o tych wypadkach zwołał sejm do Warszawy lecz z powodu niezgód panów, nic nie postanowiono, poseł ziemi pruskiéj zerwał sejm.

Król w kilka miesięcy widząc gromadzące się zewsząd coraz większe nieszczęścia, a niechcąc kraju pozostawić bez żadnego ratunku, na początku Czerwca zwołał sejm extraordynaryjny pod laską Krysztofa Grzymułtowskiego podkomorzego kaliskiego, na którym uchwalono pospolite ruszenie i opatrzenie w załogę fortec a szczególniéj Smoleńska. Król dla zachęcenia do usług ojczyzny, na tym sejmie porozdawał wakujące buławy. Wielką koronną, dał Stanisławowi Potockiemu wojewodzie podolskiemu, polną, Stanisławowi Lanckorońskiemu wojewodzie ruskiemu, buławę wielką litewską, księciu Januszowi Radziwiłowi wojewodzie wileńskiemu, polną, Wincentemu Gąsiewskiemu podskarbiemu litewskiemu, którego Radziwił nienawidził a ztąd powstały emulacye i niezgody wtedy, kiedy Litwa najwięcéj potrzebowała ratunku i jedności.

W pierwszych dniach wiosny ruszył Lanckoroński hetman polny pod Zborów, ściągając wojsko dla zasłonięcia granic od wtargnięcia Kozaków do Polski.

Przeciwko carowi wysłany został Radziwił, żołnierz odważny, głośny z męztwa, lecz dumny i uparty w zdaniu; w ośm tysięcy wojska jakie miał z sobą nie-podobna było się oprzeć dziesięć razy liczniejszemu nieprzyjacielowi, lecz hetman z powodu nieporozumienia z Gąsiewskim nie chciał połączyć się z jego korpusem ani pospolitem ruszeniem.

Przybywszy pod Orszę, Radziwił wysłał podjazd

pod dowództwem Mirskiego i Ganckofa w 3,000 wojska, polecając, aby spotkali się z nieprzyjacielem dla dostania języka. Wojska w. rossyjskie niespodziewając się napadu stały obozem pod miastem, wtem Ganckof w 7 chorągwi manowcami przybywszy, na śpiących uderzył. Nieprzyjaciele dla większéj trwogi zapalili stogi siana. Litwini przy blasku ognia werznęli się w środek obozu roznosząc śmierć i zniszczenie w pośród nieprzyjaciół, dnieć zaczęło kiedy zatrąbiono do odwrotu i Ganckof z mnóstwem niewolnika, pomiędzy któremi było szesnastu bojarów do hetmana powrócił.

Ten szczęśliwy podjazd wzbudził zuchwałą śmiałość w księciu Radziwile, i z małem swem wojskiem na ogromną armią carską wyruszył, a pomimo napominań króla w 10 tysięcy na 40 tysięczny korpus pod Szkłowem uderzył. Spodziewał się, że nieprzyjaciel ustraszony odgłosem zwycięztw niegdyś dokonanych, cofnie się przed nim, lecz Rossyanie całą swą siłą we trzy kolumny zformowaną nań natarli, Radziwił stawił mężnie czoło pierwszéj kolumnie, tymczasem dwie inne z obu skrzydeł nań natarły. Zmięszały się szyki litewskie; hetman biegał wszędzie, zachęcając i wspierając swe hufce, lecz nie mógł wstrzymać natarczywości przemagającego nieprzyjaciela, Rossyanie opanowali jego tabory i artyleryą, najwaleczniejsi rycerze polegli, sam książę ratował się ucieczką i o mało nie utonął.

Nieprzyjaciel po rozbiciu Radziwiła otworzył sobie drogę do Litwy, sam car udał się pod Smoleńsk. Dwudziestego siódmego Maja Smoleńsk został oblężony.

Komendantem twierdzy i miasta był Filip Obuchowicz, człowiek bez talentu i wiadomości wojennych.
2,000 ludzi stanowiło garnizon samej fortecy czyli
zamku pod dowództwem Wilhelma Korfa starosty
orzelskiego, miasto zaś broniła szlachta do 4,000
licząca pod naczelnictwem urzędników ziemskich.

Po oblężeniu miasta, Rossyanie zaczęli sypać szańce
i reduty, cudzoziemscy inżynierowie kierowali robotą,
z miasta wysyłano częste wycieczki by przeszkadzać
sypaniom retranzamentów. I tak Plater z 400 ludźmi dnia 8 Czerwca wypadłszy z miasta spędził robotników i wały usypane rozrzucać począł, lecz przybyła
silna pomoc i zmusiła do cofnięcia się Platera ubiwszy
do 40 ludzi z jego komendy.

Przez kilka tygodni trwała ciągle kanonada do miasta, Rossynie usypali tak wysokie szańce, iż zrównały
wałom miejskim, wtedy ogień działowy tym większe
zrządzał szkody. Magazyny, koszary, domy, codziennie stawały się pastwą płomieni, garnizon się zmniej-
szał i wpośród żołnierzy widać było zniechęcenie.
Jeden z miejskich puszkarzy, żonę i dzieci opuściwszy, zbiegł do nieprzyjaciół i wydał tajemnice oblężonych, że obok bramy nad rzeką woda mur podmyła
i z łatwością można go zwalić. Zatém dnia 6 Lipca
przed świtem przypuszczono szturm do miasta, największe siły skoncentrowane były około bramy Mi-
chałowskiéj, już pod same fosy przybyli Kozacy pod
dowództwem Złotarenka, Krof wysłał przeciwko nim
dragonią z zamku, szlachta wypadła jéj w pomoc
z miasta, zawiązała się walka, Kozacy opanowali szaniec przedmieściowy, wtém podpalono miny

które z okropnym hukiem zerwały w powietrze szturmujących.

Nazajutrz musiano zawrzeć zawieszenie broni dla pochowania poległych. Następnych dni zwolniały szturmy, kanonada tylko z dział nie ustawała, oblegający sypali coraz bliższe szańce dla zasłonięcia swéj artyleryi, mury pękały i waliły się. Obuchowicz zakazał wycieczek, utrzymując, iż przez to umniejsza się garnizon, szlachta i żołnierze szemrali, że wojewoda nie znając się na wojnie, zgubi miasto i ludzi. Zwątpienie coraz było większe.

— Król daleko, Radziwił zniesiony, (*) Gąsiewski hetman polny, skarbem zatrudniony i nie wielkie ma siły, z nikąd pomocy spodziewać się nie możemy, mówili oblężeni, niestanie żywności i prochów na długie oblężenie, nieprzyjaciel nas czapkami zarzucić może, możemy przez traktaty i wiarę utrzymać i wolność, a jak przez potencyą dobędą, wszystko razem straciemy i sami zginiemy. (**)

Zatem dnia 29 Września 1654 r. Smoleńsk kapitulował, we cztery dni potém wojska polskie wyszły z mista, niektórzy zaś do cara przystali, mając w mieście żony i dobytki.

Po wzięciu Smoleńska car Alexej powrócił do stolicy pozostawiwszy 40,000 wojska swego pod dowództwem Buturlina i 20,000 Kozaków pod naczelnictwem Złotarenki, zlecił im dobywanie miast i zamków. Zołotarenko udał się ku Litwie i Białorusi a przeprawiwszy się przez Sozę obległ Humel. Po kilkudniowym upor-

(*) Pod Szkłowem.
(**) Panowanie Jana Kazimierza bezimiennego współczesnego autora, wydania Raczyńskiego karta 193 tom I.

nym szturmie miasto zostało zajęte, lecz garnizon zamknął się w zamku mającym obronną pozycyą na wzgórzu; długie oblężenie było bezowocne, szturm był niepodobny, albowiem warownia otoczoną była wodą. Zołotareńko zatém wciągnął na wieżę cerkwi miejskiéj kilka mozdzierzy i armat, by bąby i kule padały wewnątrz zamku. Budynki zapaliły się, zamek napełnił się płomieniem, ciągła kanonada niedozwalała ugaszać płomieni. Oblężeni postanowili zrobić wycieczkę i zapalić cerkiew zkąd strzelano do zamku. Brama otwarła się, ścieśnioną kolumną oblężeni wysunęli się na miasto, lecz szczupła ich liczba została z trzech stron otoczona przez dziesięć razy liczniejszego nieprzyjaciela i wśród zaciętéj obrony do jednego prawie poległa.

Z Humla Zołotareńko poszedł do Bychowa gdy drugi korpus armii nieprzyjacielskiéj zajął Witepsk, Szkłów i inne miasta litewskie.

Jan Kazimierz by nieść pomoc przywalonemu nieszczęściami krajowi, wyruszył z Warszawy do Grodna; lecz całe jego siły składały się tylko z 17 chorągwi, wezwał przeto obecnych senatorów na radę i postanowiono: by z posiadaną armiją wysłać Sapiechę do Mochilewa który nie dozwoli nieprzyjacielowi szerzyć się wgłąb kraju; król zaś zwoła pospolité ruszenie naczele którego uda się na Ukrainę. Lecz szlachta mając nieprzyjaciela w domu lub wkrótce spodziewając się go u siebie, nie chciała opuścić i pozostawić bez ratunku rodzin i siedzib.

Postanowiono nareszcie wezwać pomocy Tatarów. I wysłany został do Krymu Marjan Jaskulski strażnik polny koronny.

Han Islan Gerej już nie żył, rządy objął brat jego Mechmet-Gerej, który przyjął posła łaskawie. Dowiedziawszy się bowiem, że Chmielnicki połączył się z carem i może być strasznym dla Krymu, chętnie przyrzekł pomoc oświadczając posłowi: „Brat mój Islan Gerej sześć lat z Polakami wojował lecz w końcu żałował tego i uczynił przed śmiercią z niemi traktat; ja ni przyjaźnią ni nieprzyjaźnią jeszcze Polsce nie znany, przystępuje z nią do związku. O szczerości i przyjaźni niech uczynki nasze was przekonają."

Zawarłszy traktat, han polecił aby 30,000 hordy wyszło na pomoc Polakom.

Skoro dowiedzieli się hetmani o szczęśliwie zawartym traktacie z Krymem, ożywieni nadzieją, zbierać zaczęli wojsko i 28 Października przybyli pod Bar w liczbie 28,000, zkąd połączywszy się z innemi chorągwiami pociągnęli naprzeciw sprzymierzonych.

Wszedłszy na Ukrainę zajęli miasteczko Morachwę, Krasno i Czerniejowce, Busza miasto z zamkiem warownym niedaleko brzegów Dniestru na wyniosłej skale zbudowane, ufne obronnéj pozycyi zamknęło bramy. Tu schronili się powstańcy z ponad Dniestru, tam żony, dzieci i dobytki uprowadzili, postanowiwszy się bronić do ostatnich sił swoich. Pułk królewski pod dowództwem Czarnieckiego obożnego koronnego stanowiący przednią straż, najpierwszy przybył pod miasto a wszedłszy na przedmieście został przyjęty gęstym ogniem z murów. Obożny postanowił szturmować miasto, mieszczanie uczynili wycieczkę i ufnych w swe siły żołnierzy Czarnieckiego zmusili dó odstąpienia.

Wkrótce nadciągnęło więcéj chorągwi, Czarniecki wzmocniony przypuścił szturm do bramy od strony równiny, wybił ją i wszedł do miasta, mieszczanie zapalili budynki, schronili się do zamku i z baszt zaczęli razić szturmujących.

Polacy mając z przodu nieprzyjaciela a z tyłu ogień, nie zdołali dotrzymać placu i zaczęli cofać się w nieporządku, Czarniecki zabiega drogę pierzchającym pragnąc ich zatrzymać, lecz postrzelony w nogę ustąpić musiał. W czasie tego morderczego szturmu zginęło do 30 towarzystwa. Gembrat pułkownik dragonii, Janicki porucznik pancernéj chorągwi i Wiliczkowski porucznik husarski, ciężko został w głowę raniony.

Hetmani spodziewając się, że oblężeni otrzymawszy łaskę złożą broń, wysłali posłańca z oznajmieniem jéj jeżeli poddadzą miasto; lecz mieszczanie uzuchwaleni pierwszem powodzeniem, zabili z murów parlamentarza. Polacy oburzeni barbarzyństwem z zaciętością rzucili się ze wszech stron do szturmu, lecz oblężeni odparli attak. W wielu miejscach już szturmujący weszli na wały, ale odparci gęstym ogniem, cofnąć się musieli, Lanckoroński hetman polny rozkazał jeździe zsiąść z koni, czeladzi wdzierać się na skały i ponowił attak. Wśród powszechnéj walki Czarniecki który z powodu rany z daleka tylko przypatrywał się walce, spostrzegł, że od strony stawu najmniéj nieprzyjaciel broni wałów, porywa chorągiew i biegnie w tę stronę; żołnierze za jego przykładem przebywają wodę, przedzierają się do palisad, odcinają kłody które były

urządzone dla strącania wdzierających się na wały
i na czele młodego chorążego Balenta wchodzi na
okopy. Wśród zamięszania bitwy zapalają się drewniane fortyfikacye a od nich budynki, oblężeni nie
mogąc utrzymać się wśród płomieni, pragną opuścić
miasto by ratować się ucieczką, lecz wszystkie bramy były już opanowane, wtedy we wściekłości rzucili się na nieprzyjaciół i wśród morderczéj rzezi polegli do ostatniego.

Kochowski pisze, iż do 16 tysięcy ludzi zginęło
w czasie téj okropnéj nocy, a z miasta i jego siedmiu
cerkwi pozostały tylko stosy gruzów i popiołu. Hetmani by uniknąć więcéj podobnych zniszczeń, wydali
uniwersały wzywając lud do poddania się, ogłasza-
jąc im łaskę i zupełne przebaczenie, a nieposłusznym
grożąc losem Bussy. Lecz na nic się przydały publi-
kacye, lud nie ufał przyrzeczeniom hetmanów a bardziéj
sopdziewał się pomocy Chmielnickiego; trzeba było
cały kraj ponad Bohem orężem do posłuszeństwa
zmuszać.

Z pod Bussy hetmani udali się pod Bracław, jako
głowę miast ukraińskich. Chmielnicki także chciał
Bracław utrzymać, by nim całą Ukrainę zasłonił, dla
tego osadził tam Bohuna, Zalenickiego i Puszkarenkę
z 12,000 Kozaków. Czarniecki zbliżywszy się pod
miasto, ujrzał mury ogołocone z obrońców i bramy
otwarte jak wśród pokoju; poznał obożny koronny, iż
jest to podejście Bohuna, niepodobna bowiem aby nie
wiedział o zbliżeniu się nieprzyjaciół, gdy o tem lud
trzy dni naprzód wieść roznosił. Zbliżył się zatem
Czarniecki w szyku bojowym na pola bracławskie, gdy
nagle zabłysły paszcze armat z wałów miasta i na

murach ukazały się głowy obrońców, obożny nie mając dostatecznych sił do szturmowania, cofnął się z swym pułkiem przed wieczorem, by w nocy załoga nań nie napadła. Ośm razy Czarniecki okrążył Bracław, szukając dogodnego miejsca do napadu i pory, a bezskutecznie, tymczasem przybyli hetmani z całém wojskiem. Bohun ujrzawszy liczną armią nieprzyjacielską stracił nadzieję ocalenia miasta, wyprowadził więc Kozaków w pole i uszykował nad Bohem. Czarniecki wykomenderował przeciwko nim Jędrzeja Potockiego, Kosakowskiego, Borowskiego, Pruszkowskiego i Głuchowskiego poruczników, sam zaś ponad rzeką udał się ku prawemu skrzydłu walczących. Spotkali się Kozacy mężnie, lecz wśród walki napadł z boku Czarniecki i strwożył ich do tego stopnia, iż z pola uchodzić poczęli. Wśród popłochu ścigała ich polska kawalerya i wielu narąbała, Balenth młody chorąży, który tak zaszczytnie odznaczył się przy wzięciu Bussy, tu zapędzony za nieprzyjacie lem, otoczony i rosiekany został.

W kilka dni później, to jest dnia 19 Grudnia, Kozacy nocą fosę i wał zrównawszy, mury prochem wysadziwszy i zapaliwszy miasto opuścili go, zniszczywszy most na Bohu by przeszkodzić ściganiu. Polacy opanowali gruzy miasta.

Chmielnicki stał ze swą armią pomiędzy Zasławiem i Kamieńcem Podolskim, dla ochronienia tamtych stron od najścia Polaków i Turków, Buturlin zaś strzegł Ukrainy ze strony Krymu, gdy nagle otrzymali dwie przykre wiadomości, że hetmani koronni opanowali Bracław i dążą w głąb kraju, że Tatarzy już wkroczyli na Ukrainę. Menli-Gerej syn zmarłego hana, zebraw-

szy 18,000 hordy, niespodziewanie napadł nad Samarą
na korpus kozacki, pod naczelnictwem nakaźnego hetmana Jakóba Tomiły zostający i pobił go na głowę.
Tomiło poległ w bitwie, jedna część wojska uszedłszy
z pobojowiska, połączyła się z Buturlinem pod Sanza-
rowem, a reszta ukryła się w zaroślach dnieprowskich,
gdzie pozostawała do zmierzchu, w nocy nawiązawszy
pęki trzciny, przeprawiła się na nich przez rzekę i uszła
ku hetmanowi, gdzie spotkała wojska kozackie.

Chmielnicki otrzymawszy wiadomość o porażce Tomiły, wysłał nowe oddziały wojska ku Dnieprowi,
z poleceniem nie przepuszczania hana przez .rzekę.
Lecz han już się przeprawił, połączył z armią hetmanów koronnych w Obodowcach i napadł na korpus
kozacki będący w Humańszczyźnie. Naczelnikami tego
oddziału byli pułkownicy: Dzedzali, Bohun i Gogol.
Do zmierzchu Kozacy bronili się z całem rozpacznem
męztwem, w nocy spieszyli swą kawaleryą, sformo-
wali w ścieśnioną kolumnę, przerznęli przez tłumy
Tatarów i szeregi polskie i uszli do Białéj-cerkwi. Chmielnicki osłabiony już wysłaniem kilku oddziałów ze
swéj armii, dowiedziawszy się o niepowodzeniu swych
podkomendnych, pospieszył z pod Zasławia do Białéj-
cerkwi i wezwał do połączenia się wojewodę Buturlina,
który strzedz miał przeprawy Tatar na Ukrainę. Hetmani koronni właśnie przystąpili pod Humań, by go dobyć
i osadzić swą załogą.

Miasto to należące do dziedzictwa domu Kalinow-
skich, leżące na granicy Ukrainy, miało mieszkańców
wojowniczych, w częstych utarczkach z Tatarami za-
prawionych do wojny. Wały w około miasta wysokie,
obsadzone gęstą strażą, a w czasie nocy polane wodą,

którą silny mróz zeszklił, podobne były przy blasku słońca do owych bajecznych kryształowych gór, na które niepodobna wejść ani zejść żołnierzowi. Z powodu silnych mrozów, wałów kopać było niepodobna, ziemia stwardniała jak skała. Grodzicki generał artyleryi rozpoczął bombardowanie miasta, gdy Tatarzy przybyli z podjazdu, dali znać o ciągnięciu odsieczy hetmanowi, w silnéj armii połączonych wojsk kozackich i carskich, pod dowództwem Chmielnickiego i Buturlina.

Jakeśmy widzieli, wojska te ciągnęły do Białocerkwi i stanęły obozem pomiędzy Stawiszczem i Ochmatowem, gdy przednia straż armii koronnéj pod naczelnictwem hetmana polnego Lanckorońskiego i Czarnieckiego obożnego, dowiedziawszy się, że Puszkareńko wszedł do Ochmatowa, mając dwie armaty, zaczęła szturmować miasteczko.

Chmielnicki z Buturlinem, nie spodziewając się tak blisko nieprzyjaciela, po śniadaniu używali sanny, gdy usłyszeli oddalony huk armat. Natychmiast kazali woźnicy zawrócić do obozu, podjazd polski pod dowództwem Ruszyca ujrzawszy uchodzących, udał się w pogoń za niemi i byłby dopędził, gdyby nadbiegła pomoc nie ocaliła znakomitych zbiegów.

Natychmiast uszykowali swe konne hufce hetmani koronni i uderzyli na nieprzyjaciół, lecz już było nad wieczorem, gdy się zwarły oba wojska, w czasie starcia się przodkujących pułków, wodzowie formowali piechotę. Straszna była bitwa, tymwięcéj, że ciemność zstępująca na ziemię, zasłaniała razy nieprzyjaciół; huk tylko i łyskanie broni palnéj zdradzały stanowiska zastępów. Artylerya nieprzyjacielska bezprzestanny zio-

318

nęła ogień i przy tym tylko blasku widać było ich szeregi, siedmdziesiąt armat mogłyby okropne zrządzić straty w wojsku koronnem, lecz strzały ich przenosiły pozycyą, piechoty polskie przychylone były bezpieczne od kul, a utrzymując regularny ogień, raziły przeciwników. Wtem kawalerya złamała jazdę Buturlina; piechoty posuwać się zaczęły i werznęły się w środek nieprzyjaciół, który chwiać i mięszać się począł; wśród strasznéj ciemności powstała okropna rzeź, już nawet błyski armat nie oświecały bitwy, bo oba wojska zbliżone, rozpoczęły ręczny bój. Jazda koronna w środku szyków nieprzyjacielskich, roznosiła śmierć i zniszczenie, gdy odezwały się trąby nakazujące przerwanie walki i głoszące łaskę zwyciężonym.

Kochowski będący uczestnikiem téj bitwy pisze, że przez to niewczesne przerwanie walki, został stracony cały jéj skutek, bo nieprzyjaciel przyszedłszy do siebie, cofnął się do taborów i tam obwarowawszy się stosami poległych, bronił zapamiętale przez trzy dni. Chmielnicki nie dozwalał przyjmować żadnych układów, lecz gdy okropny mróz, brak furażów i żywności zaczął dokuczać oblężonym, wtedy postanowił siłą przebić się i uwolnić od nieprzyjaciela.

Uszykował w kwadrat wozy trzema szeregami i jeden do drugiego łańcuchami żelaznemi przymocował, postawił pułki we środku, wyznaczywszy każdemu miejsce które miał bronić, armaty porozstawiał na wszystkie strony, jazdę w środku kwadratu umieścił i dnia 2 Lutego ruszył z tym taborem.

O dwie mile była mała forteczka Buki, do któréj żadnéj nie było przeprawy, łatwo zatem tam się dostać, by tylko wojska nieprzyjacielskie w polu odeprzeć.

Jakoż pomimo ataków i ciągłego nacierania hetmanów koronnych, niepodna było rozerwać taborów, na końcu tylko do 200 wozów i siedm armat zabrano, z resztą uszedł Chmielnicki do Ochmatowa, a ztamtąd do Białocerkwi.

W bitwie téj poległo wielu znakomitych żołnierzy, jako to: Grodzicki, generał artyleryi; Paweł Celaryusz, pułkownik piechoty; Jakób Czarnowski, oberslejtenant, a więcéj jeszcze od mrozu pomarło, ale z przeciwnéj strony do 10 tysięcy trupa zostało na pobojowisku.

Lecz nie wiele przyniosły rzeczypospolitéj te zwycięztwa, albowiem na Litwie obrony nie było, po rozbiciu bowiem korpusu Radziwiłła nad Berezyną przez Chowańskiego, nieprzyjaciel zajął bez obrony będącą całą Białoruś i część Litwy. Witebsk, Połock, Mińsk, Wiazna, Dorohobuż, Rosław, Mścisław, Mohilew, Czeczersk, Szkłów i Propejsk zostały zajęte przez cara i wojska jego zatrzymały się aż pod murami Wilna.

Wkrótce i na Ukrainie zaniechano popierać odniesionych zwycięztw, gdy w Wielkopolsce nowy zjawił się nieprzyjaciel.

Hieronim Radziejowski podkanclerz koronny, niegdyś ulubieniec królewski, popadłszy w niełaskę jego z przyczyny swéj żony Elżbiety córki wojewody trockiego, któréj nie chciał zezwolić na potajemne miłostki z królem, został pozbawiony czci i majątku, za napad gwałtowny domu żony, bez względu na obecność króla. Chciwy zemsty Radziejowski uszedł z kraju przed surowym wyrokiem i udał się do Wiednia, postanowiwszy Austryą podburzyć na króla, lecz gdy nie zdołał dopiąć swych zamiarów, pojechał do Szwecyi, gdzie gotowych był pewny znaleźć nieprzyjaciół.

Król okazawszy listy Radziejowskiego do Kozaków z Szwecyi pisane i podbudzające ich do wojny przeciwko rzeczypospolitéj, łatwo otrzymał na sejmie roku 1652, odsądzenie go od czci i skazanie na śmierć.

Powiodło się tymczasem Radziejowskiemu w Szwecyi, Krystyna królowa szwedzka ostatnia z domu Wazów, sprzykszywszy sobie ciężar korony, złożyła berło, oddawszy go krewnemu po ciotce falcgrabi Karolowi Gustawowi. Pochopny do próżnych nadziei Jan Kazimierz, jako bliżéj spokrewniony dzierżąc tytuł króla szwedzkiego po ojcu i bracie, spodziewał się że łatwo otrzyma i samą koronę. Ztąd powstały niesnaki pomiędzy dwoma narodami; Szwedzi pobudzali Kozaków do buntu, gdyż wiedzieli że Jan Kazimierz użyć ich w wojnie przeciwko nim może. Wtedy właśnie zjawił się prześladowany od króla Radziejowski i został łaskawie przyjęty, pożądanym był bowiem taki sprzymierzeniec jako minister narodu nieprzyjaznego, wiedzący wszelkie tajemnice swego pana.

Karól Gustaw nowy król szwedzki, człowiek młody, chciwy laurów i zwycięztw, czekał tylko sposobności rozpoczęcia wojny z Polską, wystawiając ją sobie jako łup łatwy do zagarnięcia, a gdy Henryk Kanazil, poseł Jana Kazimierza uroczystą zaniósł protestacyą przeciw wstępowi Karola na tron szwedzki, Gustaw ze skwapliwością chwycił się téj zaczepki.

Feldmarszałek szwedzki Wittenberg, wkroczył przez Pomeranią do Wielkiéj Polski, a za nim sam Gustaw. Województwa: poznańskie i kaliskie bez żadnego oporu poddały się Szwedom. Dnia 25 ipca L1655 r. przybył od Jana Kazimierza Krzysztow Przyjemski do obozu szwedzkiego żądając ugody, ale Karol Gustaw odrzekł dumnie, że dopiero w Warszawie z Kazimierzem układać się będzie. Stolica nie posiadała wojska, król zatem opuścił ją w zupełnem zwątpieniu i udał się do Krakowa, a z tamtąd do Głogówka w księztwie opolskiém, które posiadał w zastawie od Austryi.

Miał zaiste przyczynę rozpaczać nieszczęśliwy król polski, większa część Litwy była w ręku Rossyan, a nieżgody między Januszem Radziwiłem hetmanem litewskim i Gąsiewskim hetmanem polnym, niszczyły wszelką nadzieję dalszego oporu. Radziwił bowiem opuścił Wilno i oddał się Szwedom, dnia 10 Sierpnia 1655 r.; 18 Sierpnia weszli Rossyanie do bezbronnéj stolicy litewskiéj, którą okropnie spustoszyli. Szwedzi zajęli Warszawę. Odwołany z Ukrainy Czarniecki na obronę Krakowa, nie zdołał go uratować. 17 Października wszedł Gustaw do dawnéj stolicy królów polskich.

Kozacy zaś nie znajdując oporu, horda bowiem nabrawszy jassyru pospieszyła do Krymu, oblegli Lwów, lecz miasto spodziewając się oblężenia było zaopatrzone w zapasy żywności i amunicyi, a przytem miało komendantem Krzysztofa Grodzickiego generała artyleleryi koronnéj, wytrzymało więc dwumiesięczne szturmy, znoje i głód i jedna ze stolic krain polskich ocalała.

Z pod Lwowa nieprzyjaciel skierował się na Brody, Zamość, i Lublin, miasta popalił, a mieszkańców wyrznął i aż o Wisłę się oparł. Wieść dopiero ciągnięcia z Krymu posiłków tatarskich, wstrzymała Chmielnickiego i zwróciła go do Czyhrynia.

Hetman Ukrainy przybywszy do swéj rezydencyi, napisał do cara moskiewskiego dziękując mu za wyswobodzenie Ukrainy z niewoli, nasuwając zarazem myśl, iż teraz jest pora odebrać na zawsze Polsce Wołyń, Polesie i Pokucie. Celem zaś tego rapportu było: naprzód pozbycie się wojska w. rossyjskiego z Ukrainy, powtóre, zatrudnienia Polski wojną by nie miała czasu niepokoić Kozaków, nareszcie, ujęcia sobie Aleksieja Michałowicza udaną pokorą.

Tymczasem sam rozpoczął życie książęce. Wymawiając się starością i starganiem sił przez długoletnie wyprawy nie wychodził odtąd na wojny, ale wysyłał wyćwiczonych w swéj szkole pułkowników, sam zaś zajmował się tylko sprawami kraju, przyjmował posłów obcych monarchów, zawierał traktaty i umowy stósownie do swego widzenia rzeczy i interesu.

I tak, zawarł ugodę z królem szwedzkim i posłał mu posiłki przeciwko Polsce i książętom niemieckim, którzy prowadzili wojnę ze Szwecyą o Inflanty, Holsztyn i Pomeraniją.

Zawarł traktat obronny z Rakoczym banem Transylwanji, hospodarem multańskim i wołoskim.

Nakoniec zarządawszy od rzeczypospolitéj kommissarzy, oznaczył następujące granice Ukrainy od Polski.

Od ujścia Dniepru do źródeł Dniestru, od Dniestru do źródeł Horynia a po jego korycie do Prypeci, Bychowa i przez Dniepr ponad Sozem do powiatu smoleńskiego ponad Rosław, ztąd ku morzu Czarnemu na Oczaków do zatoki dnieprowskiéj, by zostawić wolną drogę do morza małorossyjskim kupcom.

Jan Kazimierz by być spokojnym do swobodniejszéj chwili ze strony Kozaków, zmuszony był zezwolić na powyższe rozgraniczenie.

Nareszcie dnia 15 Sierpnia v. s. 1657 roku za-

kończył życie w Czyhrynie, naznaczywszy swym następcą syna Jerzego (Jurja) a jego doradcami Wychowskiego generalnego pisarza i Puszkarza pułkownika
pułtawskiego.

Tym sposobem Chmielnicki nawet wyborową godność hetmana zamienił na władzę sukcessyjną, ale
Jerzy nieposiadając przymiotów ojca, nie potrafił utrzymać dziedzictwa.

KONIEC TOMU PIERWSZEGO.

SPIS RZECZY

W TOMIE PIERWSZYM ZAWARTYCH.

stron:

Słów kilka do czytelnika 1

Wstęp 3

Naczelnicy kozaccy (*starszyny*) 24

Stany 54

HISTORYA KOZAKÓW.

Perjód I.

*Od zjawienia się w dziejach Kozaków do Lanc-
koroóskiego.*

ROZDZIAŁ 1. Początek Kozaków pierwsze ich
osady 55

Perjod II.

*Od Lanckoroóskiego do Wężyka Chmielnic-
kiego.*

ROZDZIAŁ 2. Czyny *Lanckoroóskiego i Daszkiewicza* 64

Hetmaństwo ks: *Dymitra Wiśniowieckiego* . . 71

— *Eustachego Rożyńskiego* . . 72

ROZDZIAŁ 3. *Wężyk Chmielnicki*. 77

Michał Wiśniowiecki. . . . 83

Grzegórz Swiergowski. . . . 86

ROZDZIAŁ 4. *Teodor Bohdan*. 90

Paweł Podkowa 99

Szach. 101

Damjan Szkalozub 103

Perjod III.

Od początku Unij do Chmielnickiego

ROZDZIAŁ 5. *Teodor Kosiński* 109

ROZDZIAŁ 6. *Paweł Naliwajko* 117

ROZDZIAŁ 7. *Piotr Konaszewicz Sahajdaczny.* 126

ROZDZIAŁ 8. Hetmani wybierani przez pojedyn-
cze oddziały Kozaków
*Oliwer Stebiewiec, Bohdan
Konha, Zara, Maksim Grygore-
wicz, Michał Doroszeńko i Hrycko
Czarny* 144

ROZDZIAŁ 9. *Taras Trasiło, Semen Perewiazka
i Pawlug* 158

ROZDZIAŁ 10. *Stefan Ostrannica, Sawałtowicz,
Karp półtora kożucha i Maksym Gulak.* 168

Perjod IV.

Chmielnicki do czasu poddania się Carowi.

ROZDZIAŁ 11. Młodość *Chmielnickiego,* jego
krzywdy, powstanie, Żółte wody,
Biała Cerkiew 175

ROZDZIAŁ 12. Korsuń i Piławce 201

ROZDZIAŁ 13. Kommissya do zawarcia przymierza
Pereasławskiego 220

ROZDZIAŁ 14. Żbaraż i Zborów 230

ROZDZIAŁ 15. Rok pokoju na Ukrainie . . 248

ROZDZIAŁ 16. Druga Wojna *Chmielnickiego* 258

ROZDZIAŁ 17. *Tymofiej Chmielnicki* . . . 291

ROZDZIAŁ 18. *Chmielnicki* składa przysięgę
carowi. 298

w Drukarni und Fir. J. Roczanowskiego.

HISTORYA KOZAKÓW.

UKRAINA I ZAPOROŻE

CZYLI

HISTORYA KOZAKÓW

OD POJAWIENIA SIĘ W DZIEJACH,
DO CZASU OSTATECZNEGO PRZYŁĄCZENIA DO ROSSYI.

WEDŁUG NAJLEPSZYCH ŹRÓDEŁ NAPISANA

przez

J. N. Czarnowskiego.

TOM II.

WARSZAWA,

Nakładem J. BRESLAUERA.

—

1854.

WOLNO DRUKOWAĆ

z warunkiem złożenia w Komitecie Cenzury, powydru-
kowaniu, prawem przepisanéj liczby egzemplarzy.

w Warszawie d. 20 Lutego (4 Marca) 1853.

Starszy Cenzor Assessor Kollégialny,

J. Paploński.

w Drukarni pod fir. J. Kaczanowskiego,
przy ulicy Senatorskiéj N. 403.

PERJOD. V.

Od śmierci Bohdana Chmielnickiego do upadku Mazepy, od 1657 do 1709 roku.

ROZDZIAŁ XIX.

Wychowski.

Pan Wychowski generalny pisarz wojskowy, oddawna marzył o osiągnięciu buławy hetmańskiej. Śmierć Chmielnickiego otwarła pole jego pragnieniom, lecz nie ziściła nadziei, albowiem Kozacy przez wdzięczność dla swojego Bohdana, ulegając woli konającego ojca, potwierdzili hetmanem syna jego Jerzego 16-to-letnie dziecko, Wychowski zaś z Puszkarzem pułkownikiem pułtawskim zostali opiekunami i doradcami małoletniego; otrzymał zatem władzę, lecz bez tytułu i podzieloną. Ale Wychowski nie darmo był przez lat tyle przy boku Chmielnickiego, wyćzwiczony zatem w jego szkole, postanowił pozbyć się naprzód nienawistnego współtowarzysza a potem objąć zupełną władzę nad Ukrainą.

Jerzy Chmielnicki nie odziedziczył wcale ani silnéj duszy, ani zdolności ojca, z łatwością zatem dał się nakłonić Wychowskiemu, do zwołania ludu i wojska i z powodu młodości zrzeczenia się rządu. Jerzy złożył w ręce narodu insygnija hetmańskie i wyszedłszy na ganek przemówił do wojska dziękując mu za urząd którym go zaszczycono. Wychowski oznajmił z kolei, że jeżeli Jerzy nie jest hetmanem, on nie chce być generalnym pisarzem. Nosacz przychylny Wychowskiemu zrzekł się godności oboźnego.

Wojsko zdziwione niespodziewanym wypadkiem zaczęło się burzyć, odrzuciło wszystkich kandydatów do buławy, wpadło do domu Chmielnickiego, wyprowadziło na ganek Jerzego i prośbami i przedstawieniami skłoniło go do przyjęcia buławy, dodając mu na doradców Wychowskiego, Nosacza i sędziego Leśnickiego, obu oddanych Wychowskiemu. Nadto postanowiono, że w razie wojny Wychowski odbierze buławę i buńczuk z rąk młodego hetmana, po ukończeniu któréj napowrót mu ją powróci.

— Lecz jaki będzie mój tytuł w takim wypadku? zapytał Wychowski.

Po długiéj naradzie polecono mu podpisywać się:
Jan Wychowski obecnie hetman wojska zaporożskiego.

Tym sposobem Wychowski był na wpół drogi do swego celu, pozbył się bowiem nieprzyjaźnego sobie Puszkarza i otrzymał tytuł czasowego hetmana. Lecz Wychowski nie zatrzymał się na wpół drogi, ale dążył dalej do mety.

W poufnéj rozmowie napomknął Jerzemu, że od niego samego zależy zamiast tytułu hetmana którego

władzę coraz ścieśnia Moskwa, otrzymać mitrę udziel-
nego księcia, potrzeba tylko odrzucić opiekę cara i wrócić pod protekcyą rzeczy-pospolitéj.

— Gniew sułtana, hana tatarskiego, cesarza rzymskiego i innych sprzymierzeńców Polski może zniszczyć
Ukrainę. Car nie zdoła nas ocalić, gdy pół Europy
podniesie przeciwko nam oręże.

Jerzy został olśniony blaskiem mitry, lecz nie miał
odwagi przyłożyć ręki do dzieła, oświadczył zatem:
Czyń co uznasz korzystnem dla Kozaków, oddaję ci
zupełne pełnomocnictwo, lecz spraw bym nie był od-
powiedzialny przed ludem za skutki twych zabiegów,
jeżeli nie będą mu się podobały.

Wychowski zatem wyprawił Jerzego pod pozorem
krztałcenia się do kijowskiej szkoły na trzy lata,
otrzymawszy od niego sto tysięcy talarów z prywatnéj
szkatuły ojcowskiéj dla użycia ich w przedsięwziętéj
sprawie. Sam zaś stósownie do postanowienia rady,
przyjął tytuł hetmana na 3 lata i wyprawił poselstwa do hana krymskiego i Polski, z uwiadomieniem,
iż został następcą Bohdana Chmielnickiego. Hana prosił o wznowienie dawnych związków przyjaźni. Kró- •
lowi ofiarował powrót z całą Ukrainą pod władzę jego.

Rzecz-pospolita czuła wiele utraciła na oderwaniu się
Kozaków, ze skwapliwością przeto przyjęła propozycyą i wysłano kommissarzy do Zasławia dla rozpoczęcia umów, gdzie wkrótce udał się i Wychowski ze starszynami, przybyli także posłowie od sułtana tureckiego i cesarza.

.Przedstawiono hetmanowi następujące punkta ugody:

1. Naród ruski zamieszkujący województwa kijowskie, bracławskie, czernichowskie, siewierskie, i wło-

dzimierskie, ze wszystkiemi ich miastami, powiatami i siołami według granic zborowskim traktatem ustanowionych, ma być wolnym, od samego siebie i rządu zależnym w zupełnéj jedności z narodami: litewskim i polskim jako z jednego plemienia pochodzący. Przeszłe zaś nieporozumienia, nieprzyjaźnie i wojny niech się skończą i pójdą w niepamięć.

-2. Władze ruskie mają się organizować według starodawnych praw i przywilejów w zupełnéj równości i i z temiż samemi atrybucyami co władze Litwy i Polski, pod cieniem jednéj korony polskiej dla wszystkich trzech narodów zarówno opiekuńczéj.

3. Głównym naczelnikiem narodu ruskiego i władz tamecznych będzie hetman wybrany z pośród swoich przez rycerstwo, władza jego uważaną ma być na równi z koronnym i litewskim, atrybucye takież same. Wojska regestrowego ma mieć 40 tysięcy, a ochotników i Zaporozców wiele zdoła zebrać i utrzymać.

4. Straż wewnętrzna i obrona zewnętrzna granic ziemi ruskiéj zależy od władzy hetmana i wojska kozackiego a w tym względzie uznaje się hetman samowładnym księciem ruskim albo sarmackim; w ogólnéj zaś obronie i wojnie całego królestwa uczestniczyć ma zarówno z innemi.

5. Zarząd prowinc... ...lny ziem ruskich należy do wojewodów, którzy podlegają hetmanowi i wysyłanie przez wojewodów posłów ziemskich na sejm generalny dziać się będzie za rozkazem hetmana i z jego instrukcyami.

6. W czasie służby i wszelkich zebrań rycerstwa i narodu ruskiego z polskim i litewskim przyznaje

się jedność i równość obustronna z poważaniem honoru każdego z osobna i wszystkich w ogóle.

7. Religija grecka z rzymską ma być w zupełnéj
równości i zgodzie bez najmniejszego ścieśnienia praw
i pierwszeństwa, a duchowieństwa obudwu tych religji
w zebraniach urzędowych zajmą miejsca przyzwoite
godności i głosy według praw swych i atrybucyi. .

Ukraina już wtedy rozdzieliła się na dwa stron-
nictwa: Wychowskiego i jego nieprzyjaciela Puszkarza,
czyli przychylnych Polsce i carowi w. rossyjskiemu.
Hetman czyto przez skłonność dla rodzinnego kraju,
czyli też samolubstwo i zwidoków czysto materyal-
nych, pragnął powrócić pod władzę króla, lękając
się jednak równie licznéj partji przeciwnéj i utraty
buławy, niechciał działać samowolnie, zwołał zatem
starszyn i przedstawił im powyższe punkta ugody, wystawiając ich korzyść dla kraju. Lecz partja Puszkarza
nie chcąc słuchać żadnych przedstawień nazwała Wychowskiego zdrajcą, burzycielem spokojności, utrzymując, że panowie polscy wiele przyrzekają, ale nic nie
dotrzymują i opuściła. radę. Pozostali oświadczyli, iż
gorąco pragną zrzucić władzę cara jako przyjętą
przez zmarłego hetmana bez wiadomości starszyn
wojskowych, wypędzić z Kijowa wojewodę Buturlina
i oczekują kommissarzy polskich dla dopełnienia osta-
tecznych układów połączenia Rusi z rzeczą-pospolitą.

Traktat ten tak jawny, nie mógł ujść przed śledczym
wzrokiem pułtawskiego pułkownika Puszkarza, który
wyprawił gońca do Moskwy z wiadomością o zamiarach Wychowskiego, nadto rozpuścił pomiędzy Kozakami wieść, iż hetman zagrabił skarby Chmielnickiego i użył ich na przekupienie głosów.

Kozacy zaczęli się burzyć, Jerzy przerażony uchodzi na Zaporoże, a Wychowski korzystając z okoliczności donosi carowi, że .młody Chmielnicki pragnie
oderwać się od Rossyi i zbiegł na Zaporoże, lecz wojska regestrowe go odstąpiły.

Alexy Michałowicz otrzymawszy razem prawie dwa
sprzeczne rapporta, wysyła bojarzyna Bohdana Ma-
twiejewicza Hytrowa dla sprawdzenia doniesień, ale
prostota, czyli też łakomstwo delegowanego zamiast
wyświecenia, zasłoniło przed oczami cara prawdę.
Hytrow ujęty przez Wychowskiego czynił co ten mu
natchnął i zamiast dochodzenia istotnego winowajcy,
oznajmia Kozakom: że ponieważ Jerzy Chmielnicki
z przyczyny młodości i niedoświadczenia nie jest zdolny do piastowania buławy, przeto zostaje usunięty
z hetmaństwa a z woli i łaski cara mianowany jest
hetmanem Jan Wychowski.

Zdziwieni takim kierunkiem sprawy nieprzyjaźni
hetmanowi starszyni, zwiesiwszy głowy, rozeszli się
do domów. Hetman zaś by więcej jeszcze utwierdzić
dobry o sobie sąd cara, czyni mu doniesienia przeciwko rzeczy-pospolitéj.

Polska wówczas jakeśmy widzieli była skołatana
tylu nieszczęściami, wycieńczona długą wojną z Kozakami, Szwecyą i Rossyą niektórzy zatem ze senatorów by przeciąć dalszy rozlew krwi i zatargi z dworem moskiewskim o Ukrainę, zaproponowali obrać
królem Alexego Michałowicza cara, a nawet oświadczyli mu swe chęci imieniem ogółu. Alexy przyjął
mile to przedstawienie i wysłał do Warszawy wspa-
niałe poselstwo z bogatemi podarunkami. Tymczasem
donosi mu Wychowski, że obietnica panów polskich

jest nie pewną, że król niedozwala przywieść jéj do skutku a rzecz-pospolita tymczasem odwłóczy stanowczą odpowiedź, by zyskać czas do zebrania armji.

Takim to sposobem wkradł się Wychowski w łaskę cara, jego niezachwiane przywiązanie zdawało sie być oczewistem.

Zawistny hetmanowi Puszkarz znów podaje przeciwko niemu skargę, lecz nie mogąc doczekać żadnego skutku, zbiera przychylnych sobie Kozaków i ciągnie do Czyhrynia by ująć Wychowskiego, odebrać mu korrespondencye prowadzone z Polską i Szwecyą i przekonać cara o zdradzie hetmana.

Wychowski dowiedziawszy się o poruszeniu Puszkarza, nakłania za pomocą podarunków bojarzyna Hytrowa by udał się do niego i skłonił go dobrym lub złym sposobem do powrotu do Pułtawy. Puszkarz nie chciał słuchać żadnych przedstawień i zaledwie na groźbę gniewu carskiego za powstanie, cofnął się, lecz wojska nie rozpuścił.

Wychowski tymczasem wysłał do Moskwy z zażaleniem na Puszkarza.

Wtedy przybyli do Czyhrynia posłowie: szwedzki polski i wołoski. Król i sejm przysłał Wychowskiemu dyplom na hetmaństwo, żądając stanowczéj ugody i powrotu pod władzę rzeczy-pospolitéj, lecz Wychowski mając zwrócone na siebie oczy tylu przeciwników nie śmiał nic uczynić.

Wtedy popędził do Moskwy trzeci goniec donoszący o przybyciu do hetmana cudzoziemskich posłów o zamiarach i układach jego, oraz usiłowaniu przeciągnąć naród na stronę rzeczy-pospolitéj. Lecz posłaniec został z rozkazu Wychowskiego przytrzymany, papiery mu odebrane a on sam powieszony. Wychowski nadto otrzymał pozwolenie ukarania orężem buntującego się Puszkarza, ale wyprawa nie powiodła się hetmanowi; Puszkarz dwukrotnie rozbił wojska jego. Wychowski widząc swoje niepowodzenie wysyła posłańca do Krymu dla zawarcia obronnego traktatu. Krol polski dał na to swoje zezwolenie i han przysłał pełnomocnego.

Car zaś otrzymał od Wychowskiego doniesienie, iż łączy się z Tatarami dla tego by ich odebrać Polsce.

. Tymczasem 16 Października 1658 roku przybyli polscy kommissarze do Hadziacza. Naczelnikiem poselstwa był kasztelan wołyński Stanisław Bieniewski i smoleński Ludwik Ewlaczewski. W wojsku zaś zaporożskiem pierwsze miejsce po Wychowskim zajmował Nosacz, potem Zieleniecki, Brzuchowiecki, Kowalewski i Leśnicki.

Rezultatem układów była ugoda zawarta w następujących ośmnastu paragrafach.

1. Unji na Ukrainie nie będzie, Polacy przy swojéj wierze, Małorossyanie przy swojéj pozostaną.

2. Metropolita kijowski z czterema ruskimi biskupami po arcybiskupie lwowskim w senacie zasiadać będzie.

3. Wojska zaporźsokiego nie może być więcéj ani mniéj jak 60,000.

4. Hetman ukraiński będzie zawsze pierwszym kijowskim wojewodą i generałem.

5. Senatorowie w rzeczy-pospolitéj nietylko z pośród Polaków ale i ze szlachty ruskiéj mianowani będą.

6. Cerkwie, monastyry i ich dochody Małorossyanom powrócone być mają.

7. Rusini mają mieć swoją akademiją, metryki,

kancellaryą, drukarnie gdzie prócz Polaków, ruscy będą nauczyciele.

8. Jakiekolwiek spełniono swawole i przestępstwa w czasie wojen Chmielnickiego, czybytebyły prawne lub nie, mają być darowane i zapomniane, by nigdy spokój nie był naruszony.

9. Żadne podatki do korony polskiéj płacone nie będą i obiedwie Ukrainy tylko pod hetmańskim rządem zostawać mają.

10. Gdyby hetman uznał którego ze swych Kozaków godnym szlachectwa, wtedy król za jego świadectwem będzie go nobilitował i dla tego hetman może mieć zawsze przysobie sto osób stanu szlacheckiego, którym król nadawszy herby obowiązany jest nobilitować.

11. Koronne wojska nie będą konsystować na Ukrainie, chyba gdy tego potrzeba wymagać będzie i wtedy nawet hetman nad niemi regiment i władze mieć będzie. Pułkom zaś kozackim po dobrach królewskich, duchownych i senatorskich stać wolno.

12. Hetman może bić monetę i używać jéj na płacę swego zaporożskiego wojska.

13. We wszelkich sprawach ważnych dotyczących rzecz-pospolitą Kozacy wzywani będą do rady.

14. Gdyby car zechciał wojować z Polską, Kozacy mogą pozostać neutralnymi, gdyby zaś na Ukrainę godził, Polacy dopomagać jéj będą.

15. Ci którzy stronę Kozaków przeciw Polsce trzymali i zostali pozbawieni urzędów i dóbr, własność i urzędy zwrócić należy.

16. Hetman niemoże szukać obcych protekcyi, królowi tylko polskiemu winien być wiernym. Przyjaźń z hanem krymskim przyjąć może, lecz z carem

ligować mu się niewolno, Kozacy zaś wszyscy winni rozejść się do domów.

17. Ponieważ hetman z wojskiem zaporożskiem powraca jako wolny do wolnych, przeto Jego Kr:
Mość i rzecz-pospolita dozwala temuż hetmanowi narodu ruskiego urządzić swoje sądy i trybunał hetmański i odprawiać je tam gdzie zechce.

18. Starostwo czyhryńskie pozostaje jako przedtem
przy buławie hetmańskiéj.

Do tych ośmnastu punktów dodane były następujące
drugiego rzędu.

a). W wojewodztwie kijowskiem wszelkie urzęda i go-
dności· senatorskie będą rozdawane tylko szlachcie wiary greko-rossyjskiéj w bracławskiem i czernichowskiem
na przemian.

b). Wolno jest hetmanowi założyć gdzie mu się podoba drugą akademją na wzór kijowskiéj.

c). Szkoły założone w Kijowie przez Polaków zostaną wyniesione z tamtąd.

d). W ruskich wojewodztwach ustanowieni być mają pieczętarze, marszałkowie, podskarbiowie a urzęda
te rozdane będą tylko Rusinom.

e). Król, prymas, biskup wileński, czteréj hetmanowie, kanclerze, podkanclerze i marszałkowie potwierdzą tę ugodę przysięgą na przyszłym sejmie.

f). Protokół tej kommissyi co do słowa wniesiony być
ma do konstytucyi.

g). Tytuł hetmana będzie następujący. Hetman Rusi i pierwszy senator wojewodztw, kijowskiego, bracławskiego i czernichowskiego. (*)

Dziesiątego Lipca następnego roku na sejmie war-

(*) Kronika Frolowska:

szawskim ugoda ta, tak ze strony rzeczy-pospolitéj przez krola, prymasa Leszczyńskiego. w. koronnego hetmana Potockiego, marszałka izby poselskiéj Glińskiego, posłów ziemskich, biskupów i senatorów na jéj nietykalność, jak ze strony Kozaków przez metropolitę Bałabana, Konstantego i Teodora Wychowskich, oboźnego Nosacza, generalnego pisarza Iwana Gruszę i starszyn kozackich, na posłuszeństwo i wierność królowi zaprzysiężoną została.

Jednak ten traktat nie przyniósł Polsce żadnych korzyści, Wychowski nie mógł dać królowi pomocy, bo sam jéj potrzebował. Zaufanie cara minęło; Alexy Michałowicz przekonany o przewrotności Wychowskiego, wysłał księcia Dołgorukiego i Chowańskiego z armją do Litwy a Trubeckiego na Ukrainę.

Wojna ta, mówi Kochowski, zrządziła do stutysięcy straty w ludziach z obudwu stron. Trubecki wkroczywszy na Ukrainę postanowił wodzem kozaków Jerzego Chmielnickiego, ale gdy ten wymówił się od przyjęcia dowództwa, jego miejsce objął Tetera.

Tymczasem i Wychowski nie pozostawał w bezczynności, zebrawszy wiele mógł uzbrojonego ludu, połączył się z Andrzejem Potockim wysłanym mu w pomoc przez króla i Tatarami którzy weszli w granice Ukrainy niedaleko Worskły, otoczył Pułtawę, postanowiwszy pojmać Puszkarza w jego rezydencyi, ale ten uprzedzony o zbliżaniu się przeciwnika, spotkał się z nim nad rzeczką Pułtawką. Puszkarz poległ na polu bitwy, obie zaś strony przypisując sobie zwycięztwo, opuściły trupem zasłane bojowisko 1 Listopada 1658 roku.

Wychowski w miejsce zabitego Puszkarza mianował

pułkownikiem pułtawskiem Filona Gorkuszę, ale Kozacy odmówili mu posłuszeństwa. Rozgniewany hetman
zaczął niszczyć ogniem i mieczem miasta ukraińskie
które nie były mu posłuszne. Naczelnicy Kozaków
przychylnych Moskwie palili i grabili oddane Wychowskiemu. Pułkownik partji hetmańskiéj dobył szturmem
Hadziacz i Łubna i wyrznął kilkuset nieposłusznych
Kozaków. Wychowski zaś obległ Zienków gdzie się
schronił nakaźny hetman Siłko, po wzięciu miasta oddał go na pastwę Tatarom. Wepryk, Raszawka, Lu-
tenka, Soroczyncy, Kowalewka. Baranowka, Obuchow
Bogaczka, Usliwica, Jareski, Szyszak. Burkow Chomu-
tec, Mirgorod, Bezpalczyk i wiele innych miast i miasteczek spotkał tenże sam los co Zienków.

Następnie Wychowski skierował pochód pod Kijów.
Już brat jego Daniel miał w tem miejscu dwie bitwy
z Szeremetjewem, gdy sam hetman zbliżył się do
miasta i postanowił dobyć go szturmem. Krwawa bitwa
ciągnęła się od świtu do ciemnéj nocy. Mnóstwo Kozaków i Tatarów legło pod jego murami a miasto nie
zostało zdobyte.

Tymczasem Kozacy przeciwnéj partji zgromadziwszy
się w Pereasławiu wybrali nakaźnym hetmanem pułkownika Bezpałego; i połączyli się z wielko-Rossyana-
mi pod dowództwem Romadanowskiego. Wychowski
lękając się rychłego nadejścia wojsk nieprzyjacielskich
odstąpił od oblężenia. Romadanowski ścigał go pod Konotop. Z miasta, mówi kronika ruska Koniskiego wyszła przeciwko księciu processya z krzyżem. Romadanowski żegnał się przed niemi po chrześciańsku, lecz
wszedłszy do miasta zrabował go i jego obywateli po
tatarsku, mówiąc: *Winnego Bóg znajdzie a wojsko*

trzeba ucieszyć i nagrodzić za trudy wojenne. Potem spalił Łubny, Piratin, Czamuchy, i Horoszyn.

Tak nierozsądne postępowanie Romadanowskiego, naraziło go wielu Kozakom, w partji moskiewskiéj powstało zniechęcenie a wojsko zaporożskie przy bojarzynie będące, zwolna zaczęło się zmniejszać.

Wtedy książe Alexy Trubecki objął dowództwo armji i odebrał od cara tajne polecenie: zjechać się z Wychowskim, nakłonić go do zaprzestania przelewu krwi i starać się zawrzeć nowy traktat z Kozakami o przyjęcie ich w carskie poddaństwo.

Zostały dochowane oryginały punktów ugody przedstawionych przez Trubeckiego Wychowskiemu, a te podaje nam historyk Małorossyi Bantysz Kamieński.

Polecono:

1. Zapewnić Wychowskiego o dawnéj dla niego łasce cara i przebaczeniu spełniohych przez niego przestępstw.

2. Potwierdzić go hetmanem jeżeli Kozacy tego zechcą.

3. Oddać mu województwo kijowskie jeżeli się tego będzic domagał.

4. Nagrodzić według żądania krewnych i przyjaciół jego.

5. Wrazie upornego żądania, wyprowadzić wojsko z Kijowa

6. Zobowiązać Wychowskiego do odesłania i nigdy więcéj nie przyzywania Tatarów.

Lecz Wychowski czyto przez wierność dla rzeczypospolitéj, czyli też nieufność bojarskim przyrzeczeniom, był niezachwiany. Czwartego Lutego 1659 roku hetman obległ Mirgoród, po trzech dniowem oblężeniu mieszczanie otworzyli mu bramy. Pułk mirgorodzki dotychczas będący na stronie przeciwnéj, przyłączył się do niego.

Wychowski przez Pułtawę pociągnął do Zienkowa Trubecki, Romadanowski i Bezpały połączyli się w Konstantynowie 29 Marca, poszli na Śmiełoje gdzie zamknął się Hulanicki z kilkoma pułkami Kozaków i Tatarami. Trzynastego Kwietnia spotkały się pierwsze straże. Hulanicki cofnął się o 15 wiorst od miasta, armia kozacko-rossyjska posunęła się pod Konotop i rozłożyła pod miastem zajętem przez Hulanickiego. Książę Trubecki dowiedziawszy się od jeńca, że Hulanicki nie ma więcéj nad cztery tysiące wojska, ropoczął szturmować miasto.

Po wypuszczeniu mnóstwa bomb i granatów armja sprzymierzona rzuciła się do szturmu. Zawiązała się krwawa bitwa; oblegający już wdarli się na wały, lecz zostali odparci i w nieporządku cofnęli się do swego obozu, pozostawiwszy mury i fossy zawalone trupami swych żołnierzy.

Długo potem niemógł Trubecki odważyć się na stanowczą bitwę. 29 Czerwca Hulanicki znudzony długiem oblężeniem, zrobił wycieczkę i opanował szańce i fortyfikacye nieprzyjacielskie, zrządziwszy znaczne szkody w jego wojsku. Trubecki widząc niepodobieństwo nietylko · prowadzenia dalszego oblężenia, ale utrzymania się pod miastem, tym więcéj iż chodziła wieść, że Wychowski ciągnie na odsiecz, odstąpił od Konotopa.

Jeszcze na początku wiosny Wychowski otrzymał pomoc od Andrzeja Potockiego i Jabłonowskiego. Serbowie, Wołochy i Mołdawianie połączyli się takie z hetmanem. Trzydzieści tysięcy. Tatarów pod dowództwem sułtana Kałgi i Nuradyna przybyło z Krymu i step nochajskich. Trubecki zaś otrzymał także 30 tysięcy wojska i Kałmuków pod dowództwem księcia Pożarskiego. Tak powiększona armja wielko-rossyjska w zamiarze odcięcia Tatarów od Wychowskiego posunęła się ku niemu całemi siłami, lecz pierw nim Trubecki zdołał stanąć na linii którą dążyli Tatarzy ku obozowi hetmana, Wychowski połączył się z niemi.

Czwartego Lipca spotkały się obie armje pod wioską Sosnówką, pierwszego dnia mówi kronika ruska Koniskiego, wygrana ważyła się na obie strony, lecz nazajutrz na wszystkich punktach wojska kozacko-rossyjskie zostały przełamane. Trubecki był dwa razy raniony, wojska jego pierszchły, a cały obóz, kassa wojskowa, chorągwie i srebrne bębny dostały się zwycięzcom. Siedm pułków wielko-rossyjskich poległo na polu bitwy a niezliczone mnóstwo utonęło w rzece. Przez trzy doby Wychowski ścigał zwyciężonych, Tatarzy jak chmura szarańczy niszczyła wszystko w pogoni. Trwoga doszła do Moskwy; książęta: Lwow, Czerkaski i Pożarski, dostali się do niewoli.

Trubecki uszedł do Putywla zkąd wyprawił oddział dla spalenia Kropa. Hetman stanął pod Hadziaczem, wysłał królowi trofea konotopskie i rozpoczął oblężenie Hadziacza, lecz po bezskutecznéj trzech-tygodniowéj blokadzie i szturmach, odstąpił od miasta i udał się za Dniepr.

W Warszawie z powodu zwycięztwa pod Sosnówką zwołany został sejm nadzwyczajny na który przybyli: Konstanty i Daniel Wychowscy oraz Nosacz i Niemierzyc, złożyć królowi powinszowawania szczęśliwego zniesienia armii nieprzyjacielskiéj i ofiarować trofea.

Na sejmie poruczono obronę Ukrainy od granic wielko-rossyjskich Stanisławowi Potockiemu, Lubomierskiemu od strony Prus, a Sapieszie zlecono bronić Litwę przeciwko carowi, Czarnieckiego zaś przyzwano z Danii dla zabezpieczenia Wielko-Polski.

Tymczasem Kozacy zebrali się na radę do Czyhrynia, dla obrania sobie nowego hetmana.

Jerzy Chmielnicki dowiedziawszy się o tem wysłał z Zaporoża do Czyhrynia swego dworzanina Brzuchowieckiego; przypominając zasługi ojca swego, pisał, iż zawsze jest i był gorliwy o dobro ojczyzny, że jego dobre chęci były niszczone przez oszukaństwa Wychowskiego, który nawet urząd przez całe wojsko i ojca powierzony, potrafił mu wydrzeć.

Kozacy zadnieprowscy nienawidzili Wychowskiego, Zaburzanie wyrzucali mu spustoszenie Pułtawy, Łubieńszczyzny i Mirogrodu, nawet zrabowanie miast przez ich sprzymierzeńca księcia Romadanowskiego przypisywali jego przyczynie, trudno mu zatem było utzymać buławę.

Jerzy Chmielnicki i pułkownik Cieciura byli kandydatami do hetmaństwa a trzeci tajemnie kopiąc pod oboma dołki, gotował dla siebie stopnie do władzy,— był to Brzuchowiecki.

Chociaż męztwo Cieciury dawało mu prawo do wyboru, chociaż usiłowania przychylnych Wychowskiemu starały się go utrzymać na hetmaństwie, jednak wspomnienia i wielkie imie Chmielnickiego przemogły na stronę Jerzego. Po długich sporach a nawet wal-

ce, rada oświadczyła Brzuchowieckiemu, by przywołał Chmielnickiego z Zaporoża. Jerzy w towarzystwie
Zaporożców i ich koszowego atamana Sierki wkrótce ukazał się wpośród zebrania, podziękował ludowi za wdzięczność pamięci ojca i wykonał przysięgę
na wierność wojsku i ojczyznie.

ROZDZIAŁ XX.

Jerzy Chmielnicki.

Skoro doszła do Warszawy wieść o wyborze na hetmaństwo Jerzego Chmielnickiego, natychmiast wysłany został kasztelan wołyński z dyplomem królewskim i pełnomocnictwem do ponowienia ugody hadziackiéj; lecz Chmielnicki oznajmił, iż po tylu nieszczęściach jakie poniosła Ukraina, postanawia zachować zupełną neutralność a związków żadnych czynić nie może bez zasiągnięcia rady narodu.

Wtedy także przybył od cara książę Trubecki z powinszowaniem Jerzemu hetmaństwa. Książę stanął w Perejasławiu, Jerzy zaś znajdował się na prawéj stronie Dniepru pod Ryszczewem powyżéj Trechtymirowa. Trubecki 30 Września 1659 roku wyprawił posłańca z listem, w którym opisywał carską łaskę ku Bohdanowi Chmielnickiemu, nakłaniając Jerzego do postępowania za jego przykładem. Czwartego

Października pułkownicy: Piotr Doroszeńko, Andrzej Odyniec i Jan Lizogub przybyli do obozu Trubeckiego, z zaproszeniem go do hetmana do trechtymirowskiego monastyru. Trubecki odmówił. Pułkownicy nalegali by wysłał przynajmniej towarzyszy, lecz książę i na to się nie zgodził.

Piotr Doroszeńko urażony dumą bojara, w traktowaniu z głową całego narodu zupełnie niestosowną, jako umocowany przystąpił do umów, lecz podał takie warunki ugody, jakich Trubecki przyjąć nie mógł.

Oto ich brzmienie:

1. Wszystko co zaprzysiężone zostało za Bohdana Chmielnickiego, winno być zachowane przez cara i za jego syna.

2. Wojewodom rossyjskim niewolno przebywać nigdzie prócz Kijowa, a wojska przysłane przez cara do Małorossyi, mają zostawać pod zwierzchnictwem hetmana.

3. Bez wiedzy, pisma i pieczęci hetmańskiéj car nie może nikogo z Małorossyan darzyć szczególnemi łaskami.

4. Wszyscy pułkownicy kozaccy obu stron Dniepru, mają uznawać jednego hetmana i jemu być posłuszni.

5. Wybór hetmana z pośród rycerstwa winien być swobodnym.

6. Wszyscy dotąd istniejący pułkownicy a szczególniéj starodubski i kijowski, pozostaną przy dawnych swych prawach i władzy.

7. Mając prawo przyjmowania posłów cudzoziem-

skich, hetman obowiązany jest przedstawiać carowi nie oryginalne ich pisma, ale tylko kopje.

8. Wszystkie urzęda wojskowe a szczególniéj szlachectwo, pozostają na poprzednich prawach bez najmniejszej zmiany.

9. Wrazie zawarcia traktatów cara z Polakami, Tatarami, Szwedami, kommissarze małorossyjscy mają swój głos.

10. Żadna władza nie jest mocną naruszyć praw duchowieństwa ani osób świeckich.

11. Jakiekolwiek byłyby do dziś winy wojska zaporożskiego, mają być puszczone w niepamięć.

12. Kijowski metropolita i całe duchowieństwo małorossyjskié nie zależy od nikogo, prócz patryarchy konstantynopolitańskiego.

13. Tylko nasz lud i nasze władze mogą wybierać metropolitę kijowskiego i biskupów.

14. Hetman może zakładać szkoły i klasztory według własnéj woli, nie pytając nikogo o pozwolenie.

Trubecki widząc niepodobieństwo przyjęcia tych warunków i domyśliwszy się powodu tak zbytecznych wymagań, wyprawił Władykina do hetmana z pismem carskiem i zaproszeniem do Pereasławia, przyrzekając przysłać do Trechtymirowa wojewodę Andrzeja Buturlina.

Nazajutrz powrócił Władykin z odpisem hetmańskim; Jerzy obiecywał przyjechać. Siódmego Października Buturlin przybył nad Dniepr, a z nim Doroszenko, Odyniec i Lizogub. Trubecki polecił wojewodzie nie przeprawiać się przez rzekę, dopuki nie przewiezie się Jerzy. Ósmego, hetman oświadczył przez posłańca Buturlina, że jeżeli nie chce zobaczyć się z nim na brzegu trechtymirowskim i on nie pojedzie do Pereasławia. Buturlin dał o tem znać Trubeckiemu; książę potwierdził swoje poprzednie polecenie i dozwolił jechać do hetmana tylko synowi Buturlina.

Już tutaj widać brak stałości charakteru i taktu w postępowaniu Chmielnickiego. Jan Buturlin dnia 9 Października przybył do Trechtymirowa i tegoż dnia Jerzy z pułkownikami, generalnymi starszynami i duchowieństwem, był już na przeciwnym brzegu. Tak naczelnik licznego narodu, hetman Ukrainy, uchylił głowy przed prostym bojarem.

Siedmnastego Października Jerzy potwierdził ugodę przez ojca podpisaną, z dodaniem następnych punktów.

a) Hetman obowiązany jest wysyłać pułki na służbę carską w każdym czasie i bez carskiego ukazu nie dawać nikomu pomocy.

b) Nie zawierać stosunków przyjaźni z Polakami, wichrzycieli karać śmiercią.

c) rossyjscy wojewodowie rezydować będą w Kijowie, Pereasławiu, Nieżynie, Czernichowie, Bracławiu i Humaniu, lecz w prawa i wolności wojska zaporożskiego mięszać się nie powinni.

d) Bez woli narodu i wojska hetman starszyn wybierać nie może.

e) Oczyścić Stary Bychów dla wojsk rossyjskich.

Takim sposobem Jerzy Chmielnicki znów przeszedł pod władzę cara.

Jakiś czas Ukraina używała błogiego pokoju, lecz to bardzo krótko. Wkrótce w Humańszczyznie zawrzała nowa wojna. Powodzenie oręża rzeczypospolitéj na Litwie pod Lachowicami, Słoninem i Połonką, przyspieszyły działania przeciwko carowi. Teodor Alexejewicz widząc niepowodzenie swych wojewód, poleca oddać kierunek wojny Chmielnickiemu.

Jerzy zebrał radę w Kudaku i postanowiono:

Szeremetjew z 40 tysiącami wojska, grożąc Tatarom pójdzie nad Kotelnią około Kudaku i Pułtawy.

Hetman z 40 tysiącznym korpusem na Lwów, a w granicach Polski zejdą się obie armje.

Wychowski stał pod Barem, Szeremetjew przeszedł Kotelnią i rozłożył się pod Lubartem. Tamże pospieszył Stanisław Potocki z chorągwiami zebranemi nad Dnieprem. Lubomirski prowadził pułki cofnięte z Prus. Sułtan Nuradyn szybko postępował z 20 tysiącami hordy.

Wychowski z poświęconemi sobie Kozakami ruszył z pod Baru i przyszedł pod Lubart. Główne dowództwo nad armiją objął hetman Potocki. Lubomirski wielki marszałek koronny był drugim po nim. Pod ich komendą znajdowali się: Jan Zamojski wojewoda sandomierski, z pułkami na sposób zagraniczny organizowanemi. Książę Dymitr Wiśniowiecki bełski, Czartoryjski, bracławski, Bieniewski czernichowski i Wychowski, kijowski, wojewodowie. Stan. Jabłonowski i Andrzej Potocki, nakoniec Jan Sobieski naówczas tylko chorąży koronny. Hetman Potocki był chory na febrę która tak go osłabiła, iż nie był w stanie usiedzieć na koniu, lecz nie chcąc słuchać rad przyjaciół i lekarzy, kazał się nosić na noszach.

Nadaremnie przekładano mu by spoczął, zawsze odpowiadał:

— Przestańcie towarzysze żądać niepodobieństwa, nieprzyjaciel rad będzie przedstawić wodza opuszczającego pole bitwy za zbiega.

Szeremetjew widząc się otoczonym nieprzyjaciołmi nie wychodził z szańców, ale obwarował się potrójnym łańcuchem wozów. Potocki widząc, iż niepodobna go wywabić w pole, rozkazał Sapieszę uderzyć na przednią liniją nieprzyjaciela, która nie mogąc znieść natarcia, zaczęła się cofać; hetman widząc jéj rejteradę, rozpoczął szturm obozu całemi siłami. Jego prawe skrzydło składało się z konnicy Wiśniowieckiego i Wychowskiego; na lewem była jazda tatarska, piechota w ścieśnionych kolumnach zajmowała środek. · Wojska Szeremetjewa opuściły wały i cofnęły się do obozu a noc położyła koniec bitwie.

Nazajutrz Szeremetjew jak najspokojniéj uszykował tabor, otoczony wozami wyszedł z okopów i udał się ku Czudnowu w nadziei zbliżenia się do Kozaków Chmielnickiego. Skoro rozwidniało i wojsko polskie dowiedziało się o ujściu nieprzyjaciela, poszło za nim w pogoń. Hetman Potocki prowadził sam prawe skrzydło, marszałek Lubomierski lewe, z którego pułki usarskie starosty spiskiego księcia Lubomierskiego napadłszy na nieprzyjaciela, urwały część jego taborów i siedm dział, jednak gęsty ogień armatni ziejący na wszystkie strony z taboru, zmusił je do cofnięcia się. Hetman posłał na pomoc kilka chorągwi ułanów które z jazdą niemiecką rzuciwszy się na nieprzyjaciela, usłały trupem ziemię, lecz nie zdołały rozerwać wozów.

Szeremetjew jednak mimo tylu przeszkód i strat, dostał się do Czudnowa i stanął obozem nad rzeczką na obszernéj dolinie, gdzie obwarowawszy się, kazał spalić miasto, by znajdująca się w nim żywność nie dostała się Polakom. Skoro ukończył obwarowanie obozu, otrzymał wiadomość o zbliżaniu się armii Chmielnickiego który już był pod Słobodyszczem o pięć mil od Czudnowa.

Wiadomość ta mówi kronika ruska Frołowska przyjęła go nadzwyczajną radością. Już postanawiał wziąść Warszawę, Kraków i samego króla, gdy poprzedniego dnia nie śmiał stawić czoła nieprzyjacielowi i wytrzymać dwudniowego szturmu.

Potocki dowiedział się także o pośpiechu z jakim Chmielnicki dąży na pomoc Szeremetjewowi i po naradzie z towarzyszami postanowił współcześnie uderzyć na Jerzego i obledz Szeremetjewa.

W tym celu wysłał marszałka Lubomirskiego przeciwko hetmanowi Kozaków, sam zaś zajął się bojarzynem. Mówi inny ruski historyk biskup Koniski, że Chmielnicki był już poróżniony z Szeremetjewem. Przyczyna zaś nieporozumienia była następująca:

Na radzie w Kudaku przedsięwzięto zdobycie Lwowa, Brodów, Zamościa, Lublina i Słucka, a rzecz jasna, że miasta te dadzą bogate zdobycze; Szeremetjew domagał się by cała ta zdobycz należała do wojska wiel.-rossyjskiego jako walczącego za Ukrainę. Jerzy utrzymywał, że winna być rozdzieloną w równi; od sporu przyszło do kłótni, przezwań i szyderstw. Chmielnicki użalał się carowi, ale ponieważ tron rossyjski był otoczony przez przyjaciół bojarzyna, zatem hetman w miejsce zadosyćuczynienia otrzymał ironiczną odpowiedź.

Zelżony i poniżony Chmielnicki zataił w duszy ura-
zę, lecz postanowił się zemścić, zbliżywszy się zatém pod Czudnów, wyprawił do Lubomirskiego pułkownika Doroszę z oświadczeniem, iż pragnie powrócić pod władzę króla. Lubomirski nie chciał wierzyć téj nagłéj zmianie i uderzył na niego, Kozacy
nieprzygotowani do obrony zostali rozbici.

Współczesny zaś historyk polski Wespezyan Kochowski (*) tak opisuje ten wypadek:

Lubomirski wysłany przeciwko Chmielnickiemu,
stanął pod Słobodyszczem. Nieprzyjaciel rozłożył się
na wzgórzu mającem bardzo trudny ze wszech stron
przystęp, mimoto jednak marszałek postanowił nie
dając mu czasu dla przygotowania się do walki, na-
natychmiast stoczyć bitwę. Skoro tylko nadciągnęły
piechoty z działami, zlecił dowództwo lewego skrzydła Janowi Sobieskiemu, prawego Andrzejowi Sokol-
nickiemu, a resztę jazdy uszykowawszy około piechoty która środek trzymała, pozostawił chorągwie
niemieckie i część dragonii w odwodzie—naczele tak
ustawionych zastępów uderzył na nieprzyjaciela.

Wojsko niecierpliwe walki z takim natarło zapałem, iż mimo miejsc nieprzystępnych, mimo urwisk
prostopadłe prawie mających spadzistości, mimo silnego odporu nieprzyjaciela, lewem skrzydłem wdarło się na wzgórze a żołnierze zeskoczywszy z koni, werznęli się do obozu i zatknęli swe chorągwie
na jego wałach.

Nastąpiły krwawe z obu stron zapasy. Wyćwi-
czeni w szkole Bohdana pułkownicy kozaccy, wie-

dli rozjadłych szeregowców którzy z bojaźni niewoli i rozpaczy nabierali coraz więcéj srogości. Polacy tym mężniéj walczyli im bliższa zdawała im się nadzieja zwycięztwa.

Tymczasem nie tak pomyślnie szła bitwa na prawem skrzydle.

Sokolnicki przebywając błonia pełne błot i jezior, lgnął z jazdą w trzęsawiskach, żołnierze jego unikając topieli, musieli złamać szyk i tym łatwiéj byli porażeni od nieprzyjaciół. Ciężko raniony sam Sokolnicki, stracił do 30 najwaleczniejszych towarzyszy, zginął Stefan baron d'Oedt dowódca jazdy niemieckiéj i major Klebek.

Lewe skrzydło już wdarło się do obozu opanowało działa i zwróciło je przeciwko samym ich właścicielom, gdy noc położyła koniec bitwie nie dozwalając korzystać ze zwycięztwa.

Dla ocalenia się, Kozacy postanowili oświadczyć Lubomirskiemu, iż pragną odstąpić strony cara. O ile szczerem było to oświadczenie, dowodzą słowa pułkownika Leśnickiego, który powiedział na radzie, iż opór i zguba Kozaków nie wesprze Rossyi, a ocalenie ich, może kiedyś być użyteczne. Wysłali zatém pułkownika Doroszę w celu czynienia układów, skutkiem których ugoda hadziacka została przyjęta i zaprzysiężona przez Chmielnickiego, Piotra Doroszeńkę, Krawczenkę i Haneńkę. Nadto hetman kozacki obowiązał się dopomagać Polakom w wypędzeniu Szeremetjewa z Ukrainy.

Punkta umowy z wojskiem zaporożskiem pod Czudnowem.

———

W imie Trójcy Przenajświętszéj,
Ojca, Syna i Ducha Świętego, Amen.

Ta była zawsze J. K. M. pana naszego miłościwego, uspokojenia wojska zaporożskiego, wiernych poddanych swoich *clementia*, że nie tak *armis*, jako *benignitate* z onemi postępować raczył; czego dowodem nietylko przeszła hadziacka z temże wojskiem zaporożskiem kommissya, ale też i na tę przeciwko Rossyi w Ukrainę wojnę, wojska koronnego i ichmość panów hetmanów wyprawa, którym J. K. M. mocno zlecić raczył, żeby ile być może, *absque omni armorum vigore*, mogły być pomienionego wojska zaporożskiego differentie uspokojone. Mając tedy wzgląd na to J. K. Mci rozkazanie, ichmość pp. hetmani i to uważając, że p. Jerzy Chmielnicki hetman ze wszystkiem wojskiem zaporożskiem, nie tak nieżyczliwością albo niewiarą ku J. K. M., jako nagłym a ciężkim następem Rossyan przywiedziony był do renuncyaciej uspokojenia hadziackiego, ręki jednak przez ten czas nie podniósł, ani przyszedł tu intencyą sukkursów jakich wojsku carskiemu dodania, jako *de facto* nie dał żadnych, ale zaraz do wszelkiéj ku J. K. M. i rzeczypospolitéj udał się obedienciej i życzliwości, z czem poselstwo swoje przez niżéj podpisanych pp. pułkowników i setników swoich *ultro* wyprawił; przetoż

wdzięcznie te propensyą ichmość pp. hetmani acce-
ptując, i tak *ex commisso* J. K. M. jako sami *pro-
prio instinctu* zatamowania krwie spolnéj, a szczęśliwej kiedykolwiek miłego pokoju w te kraje re-
inductiej, życząc, ichmość k-cia p. wojewodę bracławskiego., p. chorążego kor., p. stolnika sędomir-
skiego, p. chorążego lwowskiego wysadziwszy, te
punkta zawarli:

Kommissyą hadziacką tak jak się w sobie zawiera, ichmość pp. hetmani przysięgą swą potwierdzić
mają. Te zaś punkta które do księztwa ruskiego
w niéj należą, że się i wolnościom wojska zaporożskiego J. K. M. mniéj potrzebne znajdują i pokoju wiecznego stałości (którego zobopólnie od pana Boga szczerze życzemy) mniéj służące są, po-
przysięga i. p. hetman zaporożski wzajemnie, iż
przez pułkowników swoich do J. K. M. odeśle i ono
łaskawéj ojcowskiéj ręce podda.

J. p. hetman zaporożski ze wszystkiem wojskiem
odstępuje cara rossyjskiego i wojsk jego, w Ukrainie z Szeremetjewem jako i z kimkolwiek inszym
będących: tudzież tak cara jako i inszych panów
postronnych wszelkim protekcyom teraz i na potym
renuntiat, — samem tylko przyrodzonem J. K. M.
p. n. mił. panowaniem kontentować się będą.

A dla eliberowania fortec ukraińskich, które są
pod ręką i praesidiami carów rossyjskich, ze wszystkiém wojskiem powraca w Ukrainę i. p. hetman
zaporożski; zostawiwszy przy ichmościach pp. hetmanach i wojsku kor. dla dokończenia Szeremetjewa
i wojska rossyjskiego pułki dwa a najmniéj jeden.

Gdyby jednak Szeremetjew tymczasem ruszył się

nagle, tędy i. p. hetman ze wszystkiem wojskiem
zaporożskiem onego wespół z ichmościami pp. hetmanami bić i znosić będzie. O dalszym zaś przeciwko temu nieprzyjacielowi progressie, spólnéj rady ma być determinacia.

Cieciura nakaźny hetman, lubo osobliwym sposobem uraził króla imci i rzeczpospolitą, podniósłszy
z pułkami zadnieprskiemi rękę na pana swego przy
wojskach rossyjskich, za co słuszną naganę zasłużył, na instancyą jednak i. p. hetmana wojska J.
K. M. zaporożskiego. J. pp. hetmani condonują mu
to, jednak, aby hoc instanti obrócił oręże swoje
przeciwko temu nieprzyjacielowi i tem życzliwość
swoję J. K. M. i rzeczypospolitéj wyświadczył. Co
gdy uczyni, amnestya wszystkiego dana mu być ma
i zarówno we wszystkich z wojskiem zaporożskiem
wolnościach zostawać będzie, z tymi wszystkiemi
którzy są przy nim.

Pułk nizyński i czernichowski, które natenczas
przy Szeremetjewie zostają, za pierwszem i. p. hetmana zaporożskiego uniwersałem, który nieodwłocznie
ma do nich wyprawić, powinny się od Rossyan odłączyć i do państwa J. K. M. powrócić, przyłą-
czywszy się tam jeżeli można do wojska J. K. M.
przy ichmościach pp. wojewodach: wileńskim i ruskim będącego; albo, jeżeliby to być nie mogło, do
wojska J. K. M. zaporożskiego jako najprędzéj powrócą.

Czego gdyby uczynić nie chcieli, i. p. hetman
i wojsko zaporożskie wespół i z imciami pp. hetmanami nastąpić na nich ma jako na nieprzyjaciół.
A że i za tych i. p. hetman i wojsko zaporożskie,

wszystko królowi imci i rzeczypospolitéj przysięgają; tedy i oni powróciwszy, też przysięgę potwierdzić będą powinni: za któréj wykonaniem wszelkich wojsku zaporożskiemu należących wolności zażywać wiecznie będą.

A jeżeliby się kiedy tak na Zaporożu jako i kędykolwiek w Ukrainie pokazał bunt jaki, tedy przeciwko takiemu buntownikowi, jako przeciwko nieprzyjacielowi uspokojenie niniejsze wzruszającemu, i. p. hetman zaporożski z wojskiem swojem powstać i onego znosić będzie powinien.

Hana imci krymskiego pograniczne miejsca i całe państwa, żadnych od wojska zaporożskiego incursyj i szkód mieć nie będą, ale z nimi spokojnie we wszystkiem sąsiedztwo zachowane być ma, tak jako wyciąga zachodząca między J. K. M. i rzecząpospolitą a hanem imci i państwem krymskiem przyjaźń. W paszach także (jako z dawnych zwyczajów pozwalane były hordom) i teraz żadnéj nie ma być przeszkody.

Jmć pani wojewodzina kijowska z innemi paniami, osobliwie z panią Hruszyńską, ze wszystkiemi przy nich znajdującemi się dostatkami i osobami, mają być liberae i bezpiecznie przywrócone.

Więźnie któréjkolwiek kondycjej, a osobliwie i.p. Piaseczyński starosta nowogrodzki, i. p. Borkowski rotmistrz JKMci i inni wszyscy tak za Dnieprem, jako i pod Mohilewem, i tu natenczas wzięci, gdziekolwiek się znajdują, wypuszczeni być mają, tak nasi jako i tatarscy.

Ażeby tem śćiślejszy i wieczysty był obowiązek oddanéj ku JKMci subiectiéj, nietylko JP hetman zaporożski z wojskiem zaprożskiem przysięgą, ale w całéj Ukrainie wszystko pospólstwo przed zeszłemi od ichmość pp. hetmanów koronnych kommissarzami, wierność szczerę i poddanność JKMci i rzpltéj po horodach wszystkich przysięże.

Lubo w punkcie wyższym o hanie imci *generaliter* jest wyrażono, że wszystkie jego państwa cale mają mieć od wojska JKMci zaporożskiego bezpieczeństwo; za osobliwą jednak zesłanych od sułtana imci agow i bejów requisicią dokłada się, aby mianowicie Azak, Oczakow, Tehinia, Perekop, Białogrod, i inne tak cesarza tureckiego i hana imci krymskiego pograniczne miasta, żadnéj invasiej nie ponosiły od wojsk JKMci zaporożskich.

Te tedy wszystkie punkta postanowienia dzisiejsze, że wojsku JKMci zaporożskiemu, JKMść p. n. miłościwy i rzplta, także ichmość pp. hetmani kor. wiecznie dotrzymają i przysięgą potwierdzą, także i od i. p. hetmana i wszystkiego wojska zaporożskiego strzymane, we wszystkiem JKMci i rzpltej i ichmości pp. hetmanom będą przysiężone, ichmość pp. kommissarze *ad actum praesentem* z obudwu stron wysadzeni, rękami swemi podpisują.

Działo się w obozie pod Czudnowem, dnia 17 Octabris 1660.

Rota Juramentu
poprzysiężenia kommissyi czudnowskiej.

Przysięga ichmość panów hetmanów koronnych.

My Stanisław Potocki wojewoda krakowski, hettman wielki koron.; Jerzy Lubomierski marszałek wielki, hetman polny kor.; przysięgamy Panu Bogu wszechmogącemu w Trójcy ś. jedynemu, iż kommissiej, która pod Hadziaczem dnia 6-go 7-bris r. 1658 imieniem JKMości i wszystkiéj rzpltej, także i tej którąśmy dnia wczorajszego t. j. 17-go 8-bris króla imci i rzpltéj także imieniem w roku niniejszym 1660 pod Czudnowem, z wojskiem JKMci zaporożskiem odprawili, we wszystkiem przestrzegać będziemy, i JKMość i rzplta wszystka onę wiecznie wojsku zaporożskiemu trzymać będzie, tak nam Panie Boże dopomóż i ta ś. Ewangelja Pana Chrystusa.

Przysięga imci p. hetmana wojska zaporożskiego.

Ja Jerzy Chmielnicki hetman wojska JKMości zaporożskiego, przysięgam Panu Bogu wszechmogącemu, w Trójcy ś. jedynemu, na tej ś. Ewangelijej, swojem i po mnie następujących hetmanów wojska JKMci zaporożskiego imieniem, iż najjaśniejszemu Janowi Kazimierzowi królowi polskiemu i szwédzkiemu, wielkiemu książęciu litewskiemu i wszystkiej rzpltej koronie, wiernym i posłusznym będę ze wszystkiem wojskiem zaporożskiem, od starszych do najmniejszych, szczerą, prawdziwą i wieczną wiernością posłuszeństwem; wszelakiéj protekciej postronnych panów, a osobliwie cara w. rosyjskiego i innych wszystkich odstępuje i onych się wiecznie zarzekam, ręki na JKMść pana mego mił. i następców jego królów polskich i wielkich książąt litewskich, wszystką rzpltą i wojska jej nigdy podnosić, z postronnemi żadnego porozumienia mieć, poselstw przyjmować ani odprawiać, ani posyłać bez wiadomości JKMci i rzpltej nie będę. Przeciwko wszelakim nieprzyjaciołom JKMci i rzpltej, ochotnie i odważnie zdrowie swoje nieść mam, i będę zawsze z następcami memi i wszystkiém wojskiem zaporożskiem powinien. Kommissyi czudnowskiej która się dnia wczorajszego odprawiła, t. j. d. 17 Octobris r. 1660, we wszystkiem dosyć uczynię, i onej w każdym najmniejszym punkcie dotrzymam. A napotym ktoby ten święty pokój rwać chciał i bunty jakie wszczynał, przeciwko każdemu takiemu nietylko z wojskiem zaporożskiém, ale i z osoby mojej powstanę, i onego wojować tak sam i z wojskiem zaporożskiem jako JKMci i rzpltej będę. Tak mi Panie Boże dopomóż i męko Chrystusowa, jako sprawiedliwie przysięgam.

(Na tęż samą rotę, całe wojsko zaporożskie osobną przysięgę wykonało).

Wtedy Lubomierski połączył się z korpusem Potockiego i Tatarami i otoczyli Szeremetjewa. Oblężenie to trwało około ośmiu tygodni. Nadaremnie bojarzyn starał się odeprzeć nieprzyjaciół; coraz ścieśnianogo więcéj. Już głód czuć się dawał w jego obozie, żołnierze żywili się końskiem mięsem, choroby zaczęły przerzedzać szeregi, rozpoczęły się zimna i brak farażu, a przez jedną noc upadało po kilka tysięcy koni.

Szeremetjew zmuszony został nareszcie wysłać do hetmana Potockiego z oświadczeniem chęci poddania się. Książęta: Kozłowski i Szczerbatow przybyli do obozu polskiego i zmuszeni byli przyjąć wszelkie warunki, narzucone im przez zwycięzców.

Ugoda została zawarta w następujący sposób:

1. Wojska jego carskiego wieliczestwa z Kijowa,

Perejasławia, Niżyna i Czernichowa wyniść mają i wy-
wiedzionych w żadnych inszych miejscach nie osadza-
jąc, wyprowadzić do Putywla, zostawiwszy armaty,
kule, prochy i wszystek zapas wojenny na tychże horodach, także chorągwie, strzelbę, oręże konne i piesze
wszystko zostanie w taborze.

2. Wynijdą z taboru wszyscy bez oręża, jednak
wielkiemu hetmanowi Wasilowi Borysowiczowi· Szeremetjewowi, bojarom tym którzy w zastawie zostaną,
także pułkownikom, pozwala się broń ręczna.

3. Wielki hetman Wasili Borysowicz Szeremetjew
z ośmioma bojarami naczelnymi w trzechset ludzi w zastawie u ichmość panów hetmanów i sułtana imci
będą, póki z Kijowa, Perjasławia, Niżyna, Czernichowa,
wojska carskiego weliczestwa nie wynijdą, do tego czasu
zostawać będą po miastach tam, gdzie w województwie kijowskim naznaczone będzie.

4. A gdy do cara imci jego weliczestwa posłać
zechcą, dadzą jaśnie wielmożni panowie hetmani po-
słanikom list przejezdny, podwody i konwój.

5. Gdy z Kijowa, Perejasławia, Niżyna i Czernichowa kniaź Jury Nikitycz Boratyński i insi, jako gdzie
kto zostaje, wystąpią, armatę wojskową, kule, prochy i zapas wszystek wojenny oddadzą panom kommissarzom; bez zwłoki z ludźmi swemi do Putywla
pójdą, za konwojem ichmości panów hetmanów.

6. Cudzoziemcom którzy zechcą, wolno przyjmować
służbę jego królewskiéj mości i nie mają im tego bronić, żony i dzieci ich z dostatkami wydać powinni.

7. Kozacy wprzód z taboru wynijdą, chorągwie
i oręże do nóg ichmości panów hetmanów porzucą i na
woli ichmości panów hetmanów zostaną.

8. Wielki hetman Wasili Szeremietjew, bojarowie naczelni i pułkownicy poprzysięgną jako w państwie jego królewskiéj mości wojować nie będą, ani na horodach zostawać mają.

9. Więźniów wszystkich którzy są przy nich, tak polskiego, cudzoziemskiego i tatarskiego narodu wypuszczą.

Nazajutrz Tatarzy dowiedziawszy się o tej ugodzie i wolności wojska wielko-rossyjskiego, a widząc że spodziewane ominą ich łupy, w nocy napadają na bezbronnych i pomimo oporu polskich wojsk będących na straży, część wyrznęli, resztę zabrali do niewoli, a pomiędzy innemi i samego Szeremietjewa; tak zginęło 36 tysięcy wojska rossyjskiego i nikt nie pozostał, coby mógł zanieść do Moskwy wiadomość o ich stracie.

Ze zdobyczą Tatarzy oddalali się do Krymu, około porochów napadł na nich koszowy Sirko i odbił kilka tysięcy Rossyan, lecz Szeremietjewa Tatarzy poprowadzili w niewolę.

Przed końcem roku 1660 rzeczpospolita owładała prawie całą Ukrainę, spokój zdawał się powracać na przesiąkłą krwią mieszkańców mało-rossyjską ziemię, gdy żądza wyniesienia się znów uzbroiła przeciwko sobie ręce rodaków.

Dniepr dzieląc Ukrainę na dwie części, zdawał się rozdzielać i umysły ich mieszkańców. Na wschodniéj stronie lud walczył jeszcze za Rossyą, na zachodniéj przyznawał władzę Polski.

1. Wychowski wspierany przez Polaków pod dowództwem Jelskiego i Chłopickiego, starał się utrzymać w swéj władzy Ukrainę przed dnieprowską. Król

nadał mu godność senatorską. Dawniej Kozacy mu nie dowierzali, teraz strzegli go się wyraźnie.'

2. Na Zaporożu zjawił się nowy pretendent do buławy Jan Martynowicz Brzuchowiecki.

3. Piotr Doroszeńko spodziewał się otrzymać buławę za protekcyą sułtana tureckiego.

4. Jan Nieczaj miał nadzieję że pokrewieństwo z Bohdanem Chmielnickiem otworzy mu drogę do hetmaństwa.

5. Tetera obwołany hetmanem przez małą liczbę stronników, by uzyskać pomoc wyprawił posłów do Warszawy z oznajmieniem o swém wyborze i zapewnieniem wierności ku rzeczypospolitej i swemu prawemu monarsze królowi, lecz bezużyteczny tylko dyplom był nagrodą za tę odezwę, nakoniec.

6. Wasili Zołotarenko dla z jednania sobie umysłów kozackich i buławy, wyrzekł się szlachectwa nadanego mu przez króla.

Intrygi tych sześciu kandydatów zrodziły zaburzenia, których pozorem było przejście Chmielnickiego na stronę rzeczypospelitéj i wydanie miast Polakom. Jerzy przelękniony sarkaniem wojska regestrowego, uchodzi znów na Zaporoże, a pułki niezyński i czernichowski wybrały sobie nakaźnym hetmanem Joachima Samkę.

Po kilku drobnych potyczkach z Hulanickiem i oddziałami dragonii polskiej, nakaźny hetman wyparł za Dniepr wojska królewskie i wysłał do cara posłów z oświadczeniem, że naród ukraiński i wojsko zaporożskie pozostają w wierności ku carowi, że nieprzyjaciela niema za Dnieprem.— Sam zaś spodziewał się że Alexy Michałowicz swym wpływem pomoże mu do otrzymania buławy, ale otrzymał tylko pochwałę carską i podarunek na 240 rubli soboli.

Tymczasem Jerzy Chmielnicki przy pomocy polskiéj, w nadziei rychłych posiłków z Krymu obległ Czyhryń. Kozacy już nie lubili Jerzego i upornie się bronili; naprzykrzywszy sobie bezskuteczną blokadę, odstąpił od Czychrynia i udał się pod Perejasław, w drodze połączył się z Tatarami i obległ miasto, lecz i tu doznał podobnegoż niepowodzenia. Wtedy naradziwszy się z hanem wysłał go na północ przeciwko miastom wielko-rossyjskim, sam zaś przeszedł Dniepr i udał się ku siczy zaporożskiéj.

Samko z pułkami perejasławskim, nieżyńskim, czernichowskim, łubieńskim i kijowskim połączywszy się z wojskiem carskiem Romadanowskiego pod Kozielcem, udał się na dół Dniepru, przebył go pod misuryńskim rógiem, dopędził Jerzego blisko Irklijewa i rozbił na głowę, 1662 roku 22 Stycznia.

Zostawszy odcięty od Krymu i siczy Chmielnicki powtórnie przeprawił się przez Dniepr i udał się na zimowisko pod Nieżyn.

W tym czasie w Kozielcu zebrana była jedna rada, w siczy druga, pierwsza wybrała hetmanem Samkę, druga Brzuchowieckiego. Car z powodu kłótni obu hetmanów, rozkazał zwołać zgromadzenie i nowy uczynić wybór; lecz Jerzy przeszkodził temu.

Tatarzy zniszczywszy i zrabowawszy Nowogrod siewierski, Staradub, Mgliń i Sagar, połączyli się z Chmielnickim i zbliżyli się pod Perejasław. Tam przybył im na pomoc Czarniecki. W Perejasławie zamknął się Samko, miasto zostało oblężone. Już nakaźny hetman przywiedziony do ostateczności miał się poddać,

gdy przyszła mu odsiecz pod dowództwem Romadanowskiego, Jerzy dowiedziawszy się o zbliżeniu wielkorossyan, odstąpił od miasta w kierunku kaniowskiéj
drogi i okopał się nad Dnieprem. Samko połączony
z bojarem udał się w pogoń, 16 Czerwca odbyła się
mordercza bitwa, gdzie Jerzy był rozbity część wojska
jego padła na polu walki, a reszta cofnęła się do Czerkas. Chmielnicki doznając wszędzie niepowodzenia,
zniechęcony prześladowaniem losu, nienawiścią Kozaków, którzy nazwali go wyrodkiem, za sprowadzenie
przeciw rodakom Tatar, udał się do archymadryta
Ambrożego Tukalskiego, któremu niegdyś świadczył
dobrodziejstwa i złożywszy buławę w ręce Tetery, został mnichem w monastyrze żydyczyńskim.

Tetera był zięciem Jerzego, stary Chmielnicki kochał go jak syna, bo był to człowiek ukształcony.
Król potwierdził go na hetmaństwie.

Brzuchowiecki był na nowo obrany przez Zaporożców, Zołotarenko widząc w nim niebezpiecznego współ-
zawodnika, podał na niego skargę do cara, lecz Alexéj odpowiedział:

Ponieważ wybór hetmana małorossyjskiego podług
warunków ugody zawisł od starszyn i Kozaków, przeto
nie należy im sprzeciwiać się w tem z żadnych powodów,
i jeżeli Brzuchowiecki został wybrany na hetmana, więc
niech tak będzie, Zołotarenko niech szuka skłonności
Kozaków by i jego także po śmierci Brzuchowieckiego wybrali, a dotąd ma pozostać w swym stopniu,
spokojnie i bez wichrzenia.

Zołotarenko i Samko nie przestali na tym ukazie,
ale przedstawiali, że wybór Brzuchowieckiego był
podstępny, że prawa i traktaty małorossyjskie są na-

ruszone, car rozgniewany, wysłał jednak kommissyą
dla sprawdzenia skargi, ale Brzuchowiecki był jednym
z tych ludzi którzy zbierają nawet tam, gdzie nie
sieli. W raporcie przedstawionym carowi przez kommissyą oznajmiono:

„Jan Martynowicz Brzuchowiecki, jest człowiek
uczciwy i godzien być hetmanem, a chociaż nie uczo-
ny, jednak rozumny. Postawiwszy go na granicach,
można spać w Moskwie bez bojaźni."

Skarżący zostali skazani na śmierć przez sąd hetmański i zostali straceni w Borznie.

ROZDZIAŁ XXI.

Brzuchowiecki w Ukrainie wschodniej.
Tetera w zachodniej.

aki początek rządów Brzuchowieckiego wzburzył całą Ukrainę, wszyscy pułkownicy powstali; ale hetman pochwytał ich i wyprawił do Moskwy zkąd zesłani zostali na Sibir, ich miejsca zajęli żaporożcy, ludzie przywykli do życia niezależnego. swawolnego i rozpusty, rozwolnili mówi kronika ruska całą regułę pułków zaprowadzoną przez księcia Różyńskiego, a Bohdana Chmielnickiego zatwierdzoną. dla tego hetman dodał każdemu po stu ciało strażników.

W ten sposób urządziwszy interessa kraju, zajął się swojemi, udawszy się na zwiedzenie Małorossyi, ograbił wiele szlachetnych rodzin, w Pereasławiu zabrał kassę należną do skarbu Małorossyjskiego, podzielił się tą summą z Zaporożcami i udał się do Krzemieńczuka. W drodze spotkał rozjazd tatarski, wypędził go za Dniepr. Obległ nareszcie Krzemieńczuk, ale miasto broniło się mężnie, tymczasem nadeszła wieść o zbliżaniu się króla z wojskiem.

Gnębione przez dzikiego hetmana pułki zadnieprowskie pod dowództwem Doroszeńki, Bohuna, i Hulanickiego, łączą się z Teterą, i idą na lewy brzeg Dniepru, wraz z wojskiem polskiem prowadzonem przez samego króla.

Brzuchowiecki nie mogąc dobyć Krzemieńczuka i lękając się odsieczy, spalił przedmieścia jego, lecz cofnąwszy się, wysłał do cara z doniesieniem o wzięciu miasta i prośbą o nadesłanie pomocniczej armii.

Tymczasem car dowiedziawszy się o nierządzie Ukrainy wyprawił do Baturyna dziaków: Baszmakowa i Frołowa, z poleceniem zwołania starszyn i Kozaków dla wybrania nowego hetmana, ale posłowie zbyt opóźnili się w podróży. Obecni w Baturynie starszyni oświadczyli, że zwoływać rady teraz nie ma komu i kiedy, bo zadnieprze opuściło stronę Rossyi, że tutejsi pułkownicy muszą myśleć o ratunku własnych rodzin i Ukrainy, nakoniec, że król zbliża się z wojskiem niosąc wojnę na ziemię zadnieprowską.

Wysłani urzędnicy widząc, iż nie mają co robić na Ukrainie powrócili do Moskwy. Jan Kazimierz załatwiwszy sprawy buntującego się o zaległość żołdu wojska koronnego z 40 tysiącami żołnierza udał się ku Dnieprowi. Przy królu znajdowali się, hetman koronny wojewoda krakowski Stanisław Potocki, książę Dymitr Wiśniowiecki belski, Jan Zamojski sandomierski, Stefan Czarniecki ruski, Wychowski kijowski. wojewodowie, Stanisław Jabłonowski i chorąży koronny Jan Sobieski. Tatarzy oczekiwali przybycia królewskiego wojska od miesiąca, stojąc na polach cecorskich.

Zgromadzone wojsko pod Ryszewem, posunęło się pod Biały Kamień. gdzie zebrano wojenną radę i postanowiono: aby dla łatwiejszego wyżywienia armii rozdzielić ją na 3 korpusa. Jeden pod dowództwem Potockiego posłać na Tarnopol. drugi poprowadzi Czarniecki na Dubno, z trzecim Jan Sobieski uda się przez Wołyń i połączywszy się z Tatarami stanie pod Barem. Król miał przy sobie gwardyą pod dowództwem generała Fromhold de Wolfa, piechotę Stefana Niemierzyca, Ottona Grothaus, Jana Celerego, Krysztofa Koryckiego i innych.

Jan Kazimierz trzymając przednią straż przybył pod Podhajce, gdzie zmuszony był zatrzymać się z powodu trudności przepraw przez rzeki wzdęte jesiennemi deszczami i pozrywanych mostów. Ztąd udał się pod Szarogród i stanął obozem pod tem miastem, wkrótce otrzymał wiadomość, że wojsko litewskie pod dowództwem hetmana polnego Michała Paca oswobodziło od nieprzyjaciela Szkłów i Bychów. W tymże czasie 40 tysięcy Tatar połączyło się z Sobieskim; ich naczelnicy Sefer-Girej i Mengli-Girej oznajmili królowi imieniem hana, że na pierwsze żądanie królewskie stanie jeszcze drugie tyle hordy.

Jan Kazimerz zebrał radę wojenną na któréj postanowiono: że król pozostanie z tej strony Dniepru, a Czarniecki ze swym korpusem i Tatarami przeniesie wojnę na lewy brzeg rzeki. Stawiszcze wybrano na skład wojskowych zapasów, amunicyi i aparatów, tam mają być wystawione magazyny i lazareta; dla obrony i opatrzenia tego miejsca przeznaczeni byli:

pułkownik Sebestyan Machowski, rotmistrze: Chłopicki i Jelski z kilkoma lekkiemi chorągwiami i pierwszy pułk Czarnieckiego.

Lecz król pragnąc działać osobiście, zmienił plan w ten sposób: że całe wojsko przeprawi się przez Dniepr i wszystkiemi siłami uderzy na Ukrainę. Dla zabezpieczenia zaś przeddnieprowskiej Ukrainy, pozostanie hetman Tetera z 13 pułkami Kozaków, i kilkoma chorągwiami polskiemi pod dowództwem Machowskiego.

Przed wyjściem z Szarogrodu przybył poseł rossyjski proponując ugodę, tymczasem zaś żądał zawieszenia broni na rok jeden, lecz król domyślając się, iż nieprzyjaciel pragnie tylko zwłoki dla lepszego przygotowania obrony, odmówił rozejmu. Zaraz po jego odjeździe Jan Kazimierz odebrał powitanie duchowieństwa greko-rossyjskiego w orszaku którego znajdował się Jerzy pod nazwiskiem Gedeona. Na czele duchowieństwa znajdowali się: Jaskulski i Winnicki ubiegający się o arcybiskupstwo kijowskie, lecz obadwa odrzuceni zostali, albowiem król pragnął dostojeństwo to konferować Chmielnickiemu, ale Jerzy marząc jeszcze pod kapturem o mitrze i buławie wymówił się nieudolnością. Nazajutrz, to jest dnia 13 Listopada 1665 roku, pułkownik kozacki Hanenko wystawił na Dnieprze pod Ryszczewem most na siedemnastu wielkich statkach zwanych bajdakami. Naprzód przeszły po niem dwa pułki piesze i kilka szwadronów kawaleryi dla zabezpieczenia przeprawy od napadu, następnie zajęte zostały dwie wyspy dnieprowskie przez artyleryą; Tatarzy przebyli rzekę na pękach trzciny

i sitowia pod Trypolem i Stajkami a nakoniec 14 przeszła cała armia polska.

Król przywołał Teterę z prawéj strony Dniepru
i przyłączył go do tatarskiéj kolumny, razem z Hulanickiem b. pułkownikiem nieżyńskiem. Bohun ze
swojemi Kozakami został oddany pod dowództwo
Czarnieckiemu a armia polska podzieliwszy się na trzy
kolumny poszła na Boryszpol i Boryszówkę, pozostawiwszy Pereasław na prawo.

Wojska kozackie w połączeniu z wielkorossyjskie-
mi były rozłożone po miastach i twierdzach prócz kawaleryi, która niepokoiła szybkiemi napadami obóz
królewski i niszczyła lub zabierała prowianty. Lecz
słabość garnizonów a więcéj jeszcze nienawiść ludu
ku Brzuchowieckiemu były przyczyną, że miasto za
miastem poddawały się królowi, rzadko gdzie spotkano opór prawie zawsze bezsilny. Mimo to jednak,
ciągłe słoty, brak żywności, albowiem Kozacy napadając na prowadzących zapasy takowe często przej-
mowali, trwożąc wojsko dokuczały mu bezustannie.
Król pragnął jaknajprędzéj stoczyć stanowczą bitwę,
lecz Romadanowski unikał jéj, postanowiwszy najprzód znużyć armją.

Skargi ludu zmusiły nakoniec dowódzcę wojska
rossyjskiego, iż wysłał 18,000 żołnierzy polecając połączyć się z niemi Kozakom pod dowództwem Brzuchowieckiego dla rozproszenia plondrujących kraj Tatarów. Lud na samą wieść o zbliżaniu się Brzuchowieckiego uchodził ze swych siedzib i łączył się
z wojskiem królewskiem. Miasteczka: Boryszpole i Bo-
ryszówka poddały się pierwsze.

Tymczasem Czarniecki dowiedziawszy się o pochodzie Brzuchowieckiego udał się naprzeciw niego, lecz hetman ukrył się wgłąb kraju a Czarniecki wziął miasto Romny, gdzie znalazł znaczne zapasy żywności i bagaży.

W tymże czasie miasta: Monastyryszcze, Przyłuki, Oliszewka, Oster, zostały zajęte przez wojska królewskie.

W Ostrze postanowił król zimować, Potocki rozłożył się w Kozielcu, Sobieski w Dubrownicy, Czarniecki w Mostowcach. Tatarzy obciążeni łupami, zaczęli myśléć o powrocie do kraju. Naród ten dla nadziei zysku tylko wychodzący na wojnę, na tem zakładał przysługę sprzymierzeńcom, że kraj nieprzyjacielski niszczył ogniem i mieczem i jak tylko nasycił swą chciwość łupieztwy, nie zwracając uwagi na dalsze wypadki wracał do domu, odstępując sprzymierzonego. Napróżno król usiłował podarunkami ująć sobie sułtanów, aby ich wstrzymał jeszcze na czas jakiś; nie dali się nakłonić, twierdząc iż dosyć przysługi uczynili, gdy do tak póznéj zimy pozostali w kraju zasypanym śniegiem.

Skoro odeszli Tatarzy, Kozacy tym śmielej na wojska królewskie napadać zaczęli. Jan Kazimierz chcąc zaradzić temu, ruszył z wojskiem ku granicom wielkorossyjskim w przekonaniu, iż połączy się z wojskiem litewskiem i osłabione siły odstąpieniem Tatarów wesprze nowym oddziałem.

Dowiedziawszy się o poruszeniu głównéj kwatery Brzuchowiecki, przeciął jéj drogę pod Staryniem, mając z sobą 18,000 Kozaków. Zaledwie rozpoczął bitwę, gdy nadciągnęli: Czarniecki i Sobieski; Brzuchowiecki został rozbity. 4,000 Kozaków legło na polu bitwy, a ich hetman uszedł z niedobitkami.

Wojska polskie posunęły się ku Nowogrodowi siewierskiemu i stanęły obozem, kanclerz Prażmowski pragnąc mieć wygodniejszy nocleg jak go się spodziewał w obozie, obrał sobie gospodę w poblizkim miasteczku Nowomłynie. Ale skoro tylko noc zapadła, Kozacy pod dowództwem setnika Nużnego wpadli do miasta. Byłby Prażmowski wpadł w ręce nieprzyjaciół, gdyby rotmistrz Tarasowski powróciwszy z podjazdu nie zatrzymał Kozaków na czas jakiś, dając tymczasem sposobność kanclerzowi schronić się do obozu. Jednak wozy, sprzęty i kancellarya dostały się w ręce Nużnego, a kilkunastu z towarzystwa przypłaciło życiem nieostrożność.

Zamarzłe rzeki ułatwiały przeprawę wozów i artyleryi, jednakowoż pochód w czasie ostréj pory roku był nadzwyczaj nużący dla wojska i trudno opisać radość króla, skoro przybył z Krymu Paweł Wolski z wiadomością, że Karam-Bek prowadzi na pomoc wojsku koronnemu 20,000 Tatarów.

Król ominął Nieżyn obawiając się stracić znaczną liczbę żołnierzy przy jego dobywaniu, albowiem miasto było bardzo obronne i opatrzone w silny garnizon, lecz Sołtykowę Dziewicę dotknął los Monastyryszcza, w mieście tym był dowódzcą załogi sotnik Tokar. Król zbliżywszy się z wojskiem pod jego mury wysłał trębacza z żądaniem poddania miasta, lecz odpowiedzią był wystrzał z broni do parlamentarza. Rozpoczęto natychmiast szturm. Tokar został postrzelony w gardło i upadł na wałach, miasto dobyto i mieszkańcy jego wyrznięci, a Dziewica liczyła ich wówczas do 10 tysięcy. Daléj królowi poddały się bez oporu Mena, Nowe-młyny i Sosnica. W drodze pojmanych kilka Kozaków zeznało, iż powracający posłowie z Moskwy stoją w Sosnicy, z niemi znajduje się w mieście dozorca skarbu wioząc przeszło 30 wozów pieniędzy przeznaczonych na podarunki Kozakom. Pospieszyło więc wojsko i rozłożyło się pod miastem. Wezwani do poddania mieszkańcy, nie mając siły do oporu zdali się na łaskę króla. Przytrzymani więc zostali posłowie i badani zeznali: Że wieść o zaborach wojsk koronnych doszła do stolicy i nabawiła trwogą bojarów, że został wysłany Prozorowski dla wstrzymania postępu nieprzyjaciela, pieniędzy zaś żadnych nie było w mieście, że wieść ta puszczona była naumyślnie przez Brzuchowieckiego zamkniętego w Baturynie, który tym sposobem chciał odwieść króla z wojskiem idącego na niego, ku Sosnicy.

Nie broniona Małorossya, cała prawie została wyniszczona, sioła popalone, mieszkańcy wyrznięci we wzajemnéj walce, lub uprowadzeni do Krymu. Bojarowie wysłani przez cara na jéj obronę, kłócili się między sobą, równi stopniami i urodzeniem nie chcieli jeden drugiemu być posłuszni.

Król przebiegłszy Ukrainę przeprawił się przez Desnę 17 Stycznia 1664 r. obległ miasteczko Korab obsadzone liczną strażą. Postrach rzucony ukaraniem mieszkańców Dziewicy, odjął ochotę okolicznym do oporu. Wysłali zatem mieszczanie deputacyą do króla z oświadczeniem, iż zdają się na łaskę jego. Przyrzekł im król zachowanie ich swobód i praw jeżeli wiernymi będą dawnemu zobowiązaniu. Poczem ruszył ku Wielkim Łukom spodziewając się w tej stronie łatwiejszego dostania żywności, mając nadto doniesienie, iż Romadanowski ciągnie z wojskiem w tę stronę. Król miał nadzieję spotkać się z nim i stoczyć stanowczą bitwę.

Tymczasem wojsko litewskie dążyło ku granicom rossyjskim aby złączyć się z królem, książe Boratyński usiłował niedopuścić połączenia, zebrawszy przeto z różnych miasteczek straże, wsadził piechotę na sanie i spiesznym marszem ciągnął ku Brańskowi—15 tysięcy liczono wojsk pod Boratyńskim, siła litewska nierównie była słabsza. Hetman polny Pac dowodził piechotą a Sapiecha jazdą. Niedaleko Brańska nieprzyjaciel dopędził Litwinów, którzy ostrzeżeni już przez króla o zbliżaniu się wojsk rossyjskich mężnie wytrzymali napad. Wtem nadeszła piechota wieziona na saniach i niespodziewanym swem ukazaniem strworzyła Litwinów. Wojsko ich zaczęło się cofać, już nieprzyjaciel spędził z pola Paca, gdy zdążyła przybyć pomoc nadesłana przez króla pod dowództwem Połubińskiego. Ten spiesząc noc całą nadszedł właśnie gdy Litwini cofając się przed nastającym na nich nieprzyjacielem byli w wielkim niebezpieczeństwie. Boratyński napadnięty z boku, zmięszany niespodziewanem przybyciem posiłków, cofa się z jazdą. Opuszczona i złamana piechota, uchodzi w nieładzie. Chorągwie, działa, broń ręczna, dostały się zwyciężcom.

W tymże czasie podjazd polski, napadł na chłopów rossyjskich pędzących bydło do lasu aby je ukryć w zasiekach, którzy wyznali, że Czerkaski z 50 tysiącami wojska stoi pod Szreńskiem, oczekując na większe posiłki, które skoro tylko odbierze, uderzy na króla. Toż samo mówili inni jeńcy.

Jan Kazimierz jednak odebrawszy wiadomość, że Boratyński rozbity został pod Brankiem a Romadanowski złączyć się z nim nie mógł, gdyż Michał Wiśniowiecki wsparty posiłkami Jakóba Potockiego, Niezabitowskiego i Tatarów z drugiéj strony Dniepru bronił mu przeprawy, postanowił uderzyć na niego.

Czerkaski także nie mogąc doczekać się posiłków, naglony rozkazami carskiemi postanowił stoczyć bitwę. Stanąwszy pod Putywlem, kazał na zamarzłych jeziorach powycinać przeręble które przytrząsnął słomą, obsadził miasto i z resztą wojska stanął około niego obozem, otoczony wałami ze śniegów, które polane wodą obmarzły i stały się przezroczyste jak kryształ, nadto kazał osadzić bliski wzgórek artyleryą i wieś przy nim będącą zajął wyborem swéj jazdy.

Jan Kazimierz pragnąc oddawna spotkać się z nieprzyjacielem w otwartem polu, uszykował wojsko do bitwy i dał znak aby przednia straż uderzyła na nieprzyjaciela. Zaczęła się bitwa uderzeniem na jazdę nieprzyjacielską, za którą zapędzone aż do wsi lekkie chorągwie królewskie, zostały przyjęte gęstym ogniem artyleryi stojącéj na wzgórzu i otoczone przez piechotę rossyjską która nagle wybiegła z zawałów. Przybył na czas Czarniecki z ochotnikiem i zmusił nieprzyjaciela do cofnięcia się do obozu, a przyzwawszy swe pułki wyparował jazdę ze wsi i wdarł się na wzgórza.

Noc przerwała bitwę pod któréj zasłoną Czerkaski cofnął się do Putywla, gdzie oddawszy dowództwo załogi Zmijewowi, spiesznym marszem uchodząc, skrył się w lasach. Trudność dostania żywności w kraju wyniszczonym, zmusiły króla, iż ominął Putywl i udał się ku Siewierzowi gdzie wojsku pozwolił nieco odpocząć.

Cała korzyść którą Jan Kazimiérz odniósł z bitwy pod Putywlem, skończyła się na spędzeniu nieprzyjaciela i ucieczce Czerkaskiego, co drogo opłacili Polacy śmiercią tylu poległych.

Równie niepomyślnie puszło dobywanie Głuchowa, miasteczka warownego tylko drewnianą ścianą i wałem, ale osadzonego liczną strażą i mieszczanami. Powodem do tej wyprawy były częste wycieczki zamkniętych tam Kozaków, którzy napadając na oddziały wysłane dla szukania żywności, zabierały je do niewoli, lub rozpędzali.

Na pierwsze wezwanie do poddania miasta, mieszkańcy udając pokorę, przyrzekli zdanie się na łaskę króla, lecz odwłóczyli otwarcie bram jakoby dla naradzenia się z załogą. Ale Czarniecki znając zwykłe podstępy nieprzyjaciół, rozkazał natychmiast dobywać miasto. Rzucone bomby nie uczyniły żadnego skutku, więc objechawszy wały ustawił artyleryą i rozkazał z trzech stron słać ciągły ogień na miasto, sam zaś na czele oddziału rzucił się na największą bramę. Padło wielu Polaków w czasie tego attaktu, bitwa trwała do nocy, lecz brama została niedobytą.

Król widząc nadspodziewany opór mieszkańców, przyciągnął z resztą wojska i na przedstawienie Czarnieckiego rozkazał powtórnie uderzyć na miasto. Założono z dwóch stron miny, które chociaż nie zrobiły skutku, rzuciły się jednak pułki dla zrucenia parkanów i już zatknęli chorągwie na wałach, jednak gęsty ogień oblężonych skupionych zawsze w tę stronę

gdzie był wymierzony attak, zmusił dobywających
z nadzwyczajną stratą w poległych do cofnięcia; im
większe było męztwo ze strony Polaków, tym drożéj
go opłacali, albowiem Kozacy pod chorągwiami króla
będąc w zmowie z oblężonemi, wydawali im wszelkie
uchwały rady wojskowéj i poddawali prochu

Powtórny więc szturm na miasto, straty tylko bez
korzyści sprawiwszy; noc dopiero zakończyła.

Jan Kazimierz zamiast zaniechać dobywanie nic
znaczącego miasteczka, tak niezgodne z planem wojny, tracące tylko czas i ludzi, postanowił dopiąć
swego. Czarniecki także nie przywykły do oporu
i tym zawziętszy im większéj doznawał trudności,
popierał zdanie króla aby raz jeszcze uderzyć na Głuchów. Ale wysłany od cara poseł z propozycyą pokoju, tudzież smutne wiadomości z Ukrainy, iż zaburzona
na nowo odstąpiła króla, nakłoniły go nakoniec, że
zwinął oblężenie i udał się z wojskiem do Siewska.

Niepomyślne ze wszech stron wieści dochodziły Jana
Kazimierza po tak świetnych i pełnych nadziei początkach. Brzuchowiecki we 20 tysięcy Kozaków stanął
obozem pod Nieżynem. Bliższa Ukraina pobudzona
opieką rossyjską wszczęła nowe rozruchy; wojska koronne przerzedzone stratami i ucieczką, Tatarzy syci
zdobyczy, tem tylko byli zajęci aby zebrane łupy jak najprędzéj unieść do siebie; niedostatek żywności, głód
nękający wojska i konie, a nadewszystko nad-
chodząca wiosna w któréj rozlane rzeki zrzuciwszy
lody trudną wszędzie czyniły przeprawę; zniewoliły
króla, iż zwołał radę wojskową.

Powszechnem było zdaniem przyjąć pokój który car
ofiarował, jeżeli żądanie jego jest szczere; z tem wszyst-

kiem uchwalono: aby nie zwalniać prowadzenia wojny; aby król zdawszy zupełną władzę hetmanowi, ukrył swój powrót do kraju; aby wydać wojsku rozkazy by gotowe było do wkroczenia w granice rossyjskie, i aby nakoniec przy odgłosie trąb obwieszczono wojsku, iż wyjeżdżający za szukaniem żywności lub jakiejkolwiek zdobyczy ostrożni byli w kraju nieprzyjacielskiem i nie odłączali się od komendy, składać się mającéj z oddziału wyznaczonego przez pułkownika. Stefan Bidziński i Hilary Połubiński mianowani zostali dowódcami przedniéj straży, któraby torowała drogę królowi i wojsku wkraczającemu w głąb kraju.

Oddział przeto z 10 tysięcy najokazalszego wojska złożony, ruszył w zamierzoną drogę, za nim szło 30 rót konnych i 3 tysiące Tatarów, tudzież różny lud idący za szukaniem zdobyczy, tyléż rót litewskich postępowało pod dowództwem Połubińskiego z któremi złączyło się przeszło tysiąc ochotników. Oddział ten trzeciego dnia po wyruszeniu z miejsca spotkał nieprzyjaciela pod dowództwem Prozowskiego, który stał obozem pod Karczewiem i miał zamiar zajść drogę królowi pod Siewskiem. Noc ciemna nie dozwalała rozpoznać się obu stronom, ale Tatarzy przebywszy rzekę napadli na obóz rossyjski; nieprzyjaciel zaczął ogień z dział i ręcznéj broni, tým sposobem wskazał cel wojsku królewskiemu. Bitwa trwała do północy i gdy nadchodzące pułki litewskie zaczęły się przeprawiać, Tatarzy przebywszy powyżéj rzekę, chcieli zabrać tył nieprzyjacielowi, ten nie czekając świtu opuścił obóz i pod zasłoną taborów cofnął się ku Karczewiu.

Tymczasem poseł carski obecny w obozie królew-

skim w celu wyjednania pokoju, widząc grabieże Tatarów, tłumy jeńców codziennie spędzane do ich obozu, pożogę kraju, domagał się jak najspieszniejszéj
odpowiedzi, którą otrzymał wkrótce od kanclerza. Król
żądał Smoleńska i całéj Ukrainy, inaczéj orężem dochodzić ich będzie. Poseł prosił o zawarcie rozejmu
dopóki miejsce i osoby, do ułożenia traktatów wyznaczone nie zostaną. Jan Kazimierz był przeciwny
rozejmowi, który zwłokę tylko czyniąc podawał nieprzyjacielowi sposobność pokrzepienia sił na nowo i prowadzenia dalszéj wojny. Ale znękane trudami wojny
wojsko, konie wyniszczone i niedostatek żywności.
tudzież przykra pora roku, znagliły go, iż pozwolił na
trzechmiesięczny rozejm; w tym tylko zachodziła trudność, iż król żądał aby w obozie toczyły się układy
o pokój, poseł zaś domagał się aby wojska polskie
wyszły z granic rossyjskich i dopiero po ich powrocie
do kraju, car wyznaczy stósownie do woli króla miejsce i wyszle niezwłocznie osoby do czynienia układów pokoju.

Jan Kazimierz przewidując wszystkie trudności jakie czynić będzie nieprzyjaciel gdy ujrzy się wolnym
od wojny, niechętnie przychylał się do tego żądania, ale gdy Czarniecki, w którym największe wówczas pokładał zaufanie, prosił go równie z innemi
aby przez rozejm zyskawszy bezpieczeństwo powrotu,
zwołał za przybyciem swoim sejm i albo potwierdził
układy, albo obmyślił środki prowadzenia dalszéj
wojny z nieprzyjacielem; będąc przekonany, że gdy
inni sprzykrzywszy sobie trudy obozowe dla własnego interessu radzili mu powrót. Czarniecki i tak
mając zostać z wojskiem i dzielić z nim obozowe

trudy, dobro tylko kraju i bezpieczeństwo osoby królewskiéj ma na celu, podpisał rozejm i powrót wojska.

Dołączyły się do tego wiadomości z Ukrainy.

Trzydzieści tysięcy Kazaków pod dowództwem Sulimy i Wysogina, swych pułkowników podnieśli bunt przeciwko królowi na prawéj stronie Dniepru; Lisianka, Stawiszcze i Trachtymirów padły pod ich orężem. Sebastian Machowski pozostawiony przez króla z oddziałem dla utrzymywania w porządku i posłuszeństwie niespokojnego ludu, zmuszony był schronić się do Białéj-cerkwi i w niéj się zamknąć. Brzuchowiecki rozpuszczając wieści o porażce króla i Czarnieckiego, powiększał liczbę swych wojsk, łudził lud opieką cara i wysłał koszowego Sirkę dla oblężenia Machowskiego w Białéj-cerkwi. Przez cztery tygodnie Zaporożcy oblegali miasto, lecz usłyszawszy o zbliżaniu się Tetery, odstąpili. Sulima został pojmany i przez sąd wojenny skazany na śmierć. Wychowski był także posądzony o podburzenie do powstania i tajemne stosunki z nieprzyjaciołami. Wychowski nienawiedził Teterę, już to z powodu, iż go król uznał hetmanem kozackim, już z przyczyny iż widział go zbogaconym majątkiem który odziedziczył po swym teściu Bohdanie Chmielnickim. Tetera nawzajem widząc niechęć ku sobie Wychowskiego odpłacał mu równąż monetą, szpiegował jego sprawy i donosił królowi, że skrycie podżegał lud namowami do buntu i na pozór tylko odsunąwszy się od spraw publicznych, korespondował z metropolitą kijowskim mieszkając w jego dobrach w Chwastowie. Jest wielkim podobieństwem do prawdy, iż Tetera był potwarcą.

Machowski otrzymawszy skargę Tetery, wydawszy

wyrok na Sulimę, wezwał na radę wojenną Wychowskiego; ten niespodziewając się żadnej przykrości przybywa do Korsunia, ale na wstępie zaraz słyszy oskarżenie
o zdradę. Wychowski pragnie wykryć swoją niewinność, lecz świadek wymawia mu do oczu, iż był przez
niego wysyłany tajnie do buntownika Sulimy, który
już nie żyje. Wychowski podaje protest twierdząc, iż
jako hetman wojsk zaporożskich, wojewoda i senator, nie może być sądzony przez prostego pułkownika,
żąda okazania sobie pism któremiby Machowski był
umocowany postępować tak gwałtownie, że zdrada
nie jest mu dowiedziona a dla wydania wyroku same podejrzenia są niedostateczne, że nakoniec widzi w swych
sędziach stronność i jakąś tajną przeciwko sobie zmowę. Dziesięć godzin ciągnął się sąd i hetman, wojewoda kijowski, senator, zwycięzca z pod Konotopa,
obrońca polski jeszcze za czasów swego pisarstwa przy
Chmielnickim, został rozstrzelany.

Wistocie, Wychowski już oddawna zasłużył na podobny koniec, ale nie od Polaków którzy winni byli mu jakąś wdzięczność, zresztą jest wielkie podobieństwo do prawdy, iż stał się ofiarą nieprzyjaźni Tetery.

Rzeczpospolita przyznała na sejmie niewinność
Wychowskiego, a potomstwo jego z mocy konstytucyi
1666 roku powrócone zostało do władania pozostałej
po nim własności. Nie były to środki do przyciągnięcia
Ukrainy na stronę Polski, bo czyż mogli ufać jej Kozacy, po takim dowodzie mocy praw i urządzeń, kiedy
nie mogli być spokojni o życie, własność i bezpieczeństwo, nawet pierwsi urzędnicy.

Za prawdę, smutno jest czytać te karty hystoryj, za-
czernione wiarołomstwem, barbarzyństwem, i zdradą.

Wieść o bezprawym sądzie Wychowskiego wzburzyła Ukrainę od jednego końca do drugiego; główna armja królewska znajdowała się za Dnieprem, Czarniecki odprowadził króla do Mińska. Jan Sobieski chorąży koronny przyjął dowództwo nad wojskiem i skierował pochód ku Dnieprowi wydawszy proklamacye do ludu, aby zaprzestał przelewu krwi bratniéj, aby powrócił do uprawy ziemi i zapobiegł nieszczęściu które z niedostatku żywności spłynie na kraj cały; już z carem układa się pokój i wkrótce zgoda nastąpi, a tymczasem wolą jest króla, aby Ukraina została w tym samym stanie w jakim się obecnie znajduje, dostawiając tylko wojsku konieczną żywość, a wojsko przyjęte przyjaźnie, podobnież z mieszkańcami obchodzić się będzie.

Lecz Kozacy nie-wierzyli przyrzeczeniom, zewsząd zbierały się gromady zbrojnego ludu. Sobieski zmuszony był postępować w bojowym porządku. Jan Sapiecha prowadził straż tylną. Pod Sosnicą Kozacy napadli na chorążego, ale do dwóch tysięcy utraciwszy ludzi, zostali rozproszeni. Setnik zaś ich Skidan wzięty do niewoli na pal wbity został. Tymczasem Jan Kazimierz przybywszy do Mińska, zastał tam już posła rossyjskiego, który powrócił z oznajmieniem, iż kommissarze wyznaczeni przez cara do układu pokoju wkrótce przybędą i za miejsce zjazdu podawał do wyboru królewskiego Kraśne. i Zwierowice. Król złożył radę na któréj uchwalono aby zjazd kommissarzy odbywał się w Mochylewie, ale kommissarze carscy czyto dla uzyskania zwłoki czyli z przyczyny nieporozumienia przybyli do Kraśnego.

Ze strony rzeczypospolitéj wyznaczeni byli oprócz hetmanów i pieczętarzy, książę Radziwił kasztelan wileński, Czarniecki i Wierzbowski wojewodowie, Chlebo-

wicz starosta żmudzki, Morsztyn i Brzostowski referen-
darze. Ze strony cara: Odorowski, Naszczokin i dwóch
braci Dołgorukich.

Umowy szły bardzo tępo; kommissarze carscy na-
rzekali na króla, który słowy tylko oświadczył
chęć do pokoju, a w istocie był dalekim od tego, gdy
wprowadził w granice państwa oddział wojsk który
niszczy po nieprzyjacielsku kraj ogniem i mieczem.

Byli to Bidziński i Połubiński, którzy udali się w głąb
kraju nieprzyjacielskiego, gdzie nie znalazłszy żadnego
odporu, na kilkadziesiąt mil przeszło splondrowali kraju i rzucili postrach na całą okolicę.

Następnie gdy wezwani zostali o podanie warunków
ugody: zarządali najprzód aby wojska polskie połączone z ruskiemi udały się na pomoc cesarzowi przeciwko Turkom. Odpowiedziano im, że należałoby przedewszystkiem załatwić główną rzecz, to jest ustalić pokój
pomiędzy dwoma mocarstwy wojną się niszczącemi, a
potem dopiero można stanowić o posiłkach przeciw
wspólnemu nieprzyjacielowi chrześcijaństwa.

Gdy tak posłowie nasuwając coraz nowe trudności,
dali poznać, iż starają się tylko o zwłokę dopóki car nie
zawrze rozejmu ze Szwecyą z którą wiódł wojnę
w Inflantach, by potem całą siłę obrócił na Polskę;
król opuścił Krasnę i udał się do Wilna a potem
do Warszawy aby zwołał sejm i obmyślił środki
obrony.

Czarniecki opuściwszy króla pospieszył połączyć się
z wojskiem które zastał niedaleko Dniepru. Pozbie-
rawszy ze wszystkich stron promy i inne przewozowe
statki, przeprawił najprzód po lodzie lekkie chorągwie,
potem działa przeciągnął na saniach a gdy się lody ru-

szyły resztę wojska przeprawił na statkach. Sierko koszowy zaporożski ukrywszy się w zasadzkach oczekiwał na wojska Czarnieckiego, ale wojewoda kazawszy rozniecić ognie w znacznéj odległości od tego
miejsca gdzie się miał przeprawiać, oszukał nieprzyjaciela i przebywszy Dniepr pod Ryszczewem tak niespodziewanie na Kozaków napadł, iż ci złamani nie-
widząc innego ratunku, zsiadłszy, z koni, pieszą ratowali się przez błota ucieczką, pozostawiwszy zwycięzcy przeszło 1500 koni w zdobyczy.

Bidziński i Połubiński wysłani wgłąb Wielkorossyi
przebiegłszy znaczną przestrzeń kraju, pozostawili
wszędzie ślady swego pochodu; szczęśliwie bili nieprzyjacielskie oddziały; lecz nie mając żadnych wiadomości o królu i polskiem wojsku, widząc rzedniejące-
ce swe szeregi, skierowali pochód napowrót ku Dnieprowi. W Nowogrodzie Siewierskim dowiedzieli się
o przeprawie Czarnieckiego, udali się do Łubnów
i tam się rozdzielili. Bidziński niepokojony najazdami Kozackiemi poszedł po śladach Czarnieckiego;
Połubiński na Litwę za królem.

Czarniecki widząc wojsko swoje znacznie umniej-
szone szukał środków poprawy jego położenia.

Rozpoczynać wojny było niepodobna, od Tetery
żadnéj nadziei pomocy nie było; pozbawiony zaufania i znaczenia, upadły w powszechnéj opinii, obwi-
niony o śmierć Wychowskiego, Tetera był nienawidzony przez Zaporożców, unikając przykrych spotkań
zamknął się w Czyhrynie. Jedyną zatém nadzieją pomocy byli Tatarzy.

Rozłożywszy więc wojska swoje dla spoczynku,
piechotę w Pawołoczy i Białej-cerkwi, konnicę

w okolicach Korsunia, wziął trzynastu ludzi doświadczonych, zrezygnowanych i znających drogę, w naj-
głębszéj tajemnicy spiesznie udał się do Krymu dla
osobistéj umowy z hanem. Tam dowiedział się, że
Tatarzy wyszli z polecenia sułtana do Węgier, zwrócił się zatém do Tatarów budziackich, którzy paśli
swe stada w stepach bessarabskich za Kodymą. Radość widzenia znakomitego wojownika, dumnego magnata w swych stepach, pochlebiała miłości własnéj
Tatarów, postanowili więc na radzie swojéj w przeciągu trzech dni wystawić 20 tysięcy wojska pod
dowództwem Cefer-Kazy-Agi.

Pomimo tajemnicy w Ukrainie, wieść o wyjeździe
Czarnieckiego doszła nieprzyjaciół. Kozacy rozumiejąc, iż wojewoda udał się do Polski, chcąc korzystać z jego nieobecności, zebrali się w liczbie dwóch
tysięcy pod dowództwem Sierka, napadli na ośm
chorągwi Machowskiego i zmusili go do zamknięcia
się w Horodyszcu. Ale niespodziewane szczęście wy-
bawiło pułkownika z rąk kozackich. Bidziński po-
wracając z Wielkorossyi, usłyszał strzały niedaleko
od miasta, domyślił się, iż to jest bitwa Kozaków
z Polakami i spiesznie pobiegł w tę stronę; niespodziewany napad z tyłu złamał Kozaków, Sierko po
kilkakroć zbierał rozpierzchłych, nakoniec widząc się
otoczonym, większą połowę towarzyszy poległych, pozostawia konia a sam ratuje się ucieczką w zarośla.

Jeszcze ścigano nieprzyjaciół, gdy Czarniecki wracał od Tatarów. Radość jego była nieopisana gdy
ujrzał Bidzińskiego którego miał za straconego

i dowody·zwycięztwa w zabranych chorągwiach i innéj zdobyczy.

Wróciwszy na Ukrainę Czarniecki i jego towarzysze podróży złożyli radę względem dalszego postępowania. Towarzysze ci byli następujący: Stanisław Jabłonowski wojewoda ruski, Hieronim Sieniawski starosta lwowski, Leszczyński koronny oboźny, Stanisław Koniecpolski doliński i Piotr Połocki starosta halicki. Z Kozaków: Hulanicki, Chaneńko, Leśnicki, Sawa i Gogol. Wszyscy byli zdania aby użyć łagodnych środków i Czarniecki rozpoczął odezwą do ludu ukraińskiego. Nakłaniał Kozaków do powrotu do wierności i posłuszeństwa, porzucenia związków buntowniczych, zajęcia się domowem gospodarstwem i rolnictwem. Znając władze duchowieństwa nad umysłami, zaprosił do siebie metropolitę Józefa Tukalskiego i mnicha moszmińskiéj pustyni Gedeona, to jest Jerzego Chmielnickiego. Obadwa bez nieufności przybyli do obozu. Zaproszeni na radę wojenną byli gośćmi Czarnieckiego, gośćmi osłonionemi honorem gospodarza i swym stanem. Prezydujący zapytał ich o radę dla zabezpieczenia Ukrainy. Odpowiedzieli, że jako pokorni zakonnicy nie mięszają się do dzieł światowych. Czarniecki rozgniewany odpowiedzią, uważając w niéj nieprzychylność dla sprawy rzeczypospolitéj, mając przytém od Tetery doniesienia o związku metropolity z carem, rozkazał ich aresztować i odesłał do Warszawy, zkąd wyprawieni zostali do Marjenburga i skazani na wieczne zamknięcie.

W całéj Ukrainie słyszéć się dały narzekania·duchowieństwa, a 'sarkanie narodu zamieniło się w powszechne wzburzenie.

Koszowy zaporożski Sierko poszedł na Czyhryń w nadziei ujęcia tam Tetery, lecz doszedłszy do Bużyna został otoczony przez Czarnieckiego. W dzień Wielkiéjnocy Sirko wypadłszy z miasta z rozpaczą uderzył na wojska koronne i pikami Kozaków utorowawszy sobie drogę, przerznął się przez nieprzyjaciela i znikł w stepie.

Czarniecki spalił Bużyn i Sobotowo.

Widzieliśmy już z postępków Brzuchowieckiego jego dziki charakter, skoro tylko wojska polskie wróciły za Dniepr, siedziby zadnieprowskich mieszkańców stały się pastwą płomieni, starszyny umierali jeden za drugim na rusztowaniu. Brzuchowiecki karał ich śmiercią a własności palił. Całą ich winą było to, iż nie mogli utrzymać się przeciwko nieprzyjacielowi.

Wywarłszy swą zemstę na Ukrainę wschodnią przeprawił się przez Dniepr i wziąwszy z sobą wojewodów rossyjskich: Piotra Skuratowa i Bazylego Kikina, udał się na Czerkasy, gdzie stał Tetera; lecz ten dowiedziawszy się o zbliżaniu się dzikiego Zaporożca ze znacznym korpusem, cofnął się do Czyhrynia. Czerkasy zostały dobyte i obrócone w popiół. Wkrótce oblężono Czyhryń. Blokada trwała kilka tygodni, mieszczanie bronili się mężnie, Brzuchowiecki szturmował tym mocniéj, popychany zemstą za śmierć Wychowskiego i pożerany żądzą zagarnięcia skarbów hetmańskich jakie się znajdowały w dawnéj rezydencyi Chmielnickiego. Tetera nękany głodem już się miał poddać, gdy oblegający ostrzeżony o szybkim zbliżaniu się odsieczy pod dowództwem Czarnieckiego i Sobieskiego cofnął się z pod Czyhrynia, zostawiwszy pod murami trzynaście dział, których w nagłej rejteradzie zabrać nie zdołał.

Wodzowie polscy dowiedziawszy się, iż Brzuchowiecki zatrzymał się pod Kaniowem w miejscu bardzo obronnem i tam zamyśla się połączyć ze Strasbuchem pułkownikiem artyleryi rossyjskiej, który dąży ku niemu z kilkoma tysiącami ludzi, postanowili niedopuścić połączenia. Jan Sobieski pospieszył ze swym oddziałem aby zaszedł drogę pułkownikowi. Nazajutrz zrana chorąży napadł na nieprzyjacioł pod Kopysnikami. Strasbuch otoczywszy piechotę taborami, postępował jak mógł najspieszniej, chcąc uniknąć potyczki, ale okrążony przez Sobieskiego przymuszony był zatrzymać się.

Przy pierwszym zaraz attaku tabory zostały rozerwane, cały oddział rozbity, część dostała się do niewoli, reszta poległa. Strasbuch szybkości konia winien ocalenie. Chorągwie, działa, sprzęta wojenne, zapasy dostały się zwyciężcy. Czterech pułkowników wzięto do niewoli w liczbie których Kozak Nużny. Wojenny sąd skazał go jako zdrajcę na powieszenie, lecz Nużny prosił o zniesienie wyroku, nie żeby mu darowano życie, ale by był wbity na pal, ponieważ ojciec jego zginął podobnąż śmiercią.

Trudno było prowadzić wojnę z podobnym ludem.

Gdy się to dzieje na polu bitwy, układy w Krasnem idą z coraz większym oporem. Wojska rossyjskie gromadziły się nad Dnieprem pod dowództwem Chowańskiego i Czerkaskiego. Polskie stały obozem z drugiej strony rzeki. Kilkunastu Litwinów pasło konie za rzeką pomiędzy dwoma obozami. Ci pokłóciwszy się z przednią strażą Chowańskiego, zostali schwytani i na pal wbici przed obozem Paca.

Wojsko litewskie nie mogąc znieść téj hańby, pomimo zawieszenia broni uderzyło na obóz nieprzyjacielski, który został rozbity, Chowański uszedł z wojskiem pozostawiwszy znaczne zapasy żywności.

Ten czyn porywczy Paca był przyczyną wstrzymania układów pokoju, nastąpiły skargi obustronne, wyrzucano sobie nawzajem złą wiarę i pogwałcenie rozejmu, po długich zatargach zgodzono się nareszcie, aby na dzień 20 Sierpnia zjechali się znów kommissarze.

Czarniecki z Sobieskim po rozbiciu Strasbucha dowiedziawszy się o obronnem położeniu obozu Brzuchowieckiego, nie chcieli wystawiać wojska na niepewny los bitwy, ale mając oko na jego dalsze obroty, przedsięwzięli tymczasem dobywanie miasteczek w których nieprzyjaciel osadził swe załogi. Lisianka, Buki, Humań i Monastyryszcze, zostały wyznaczone do zabrania. Następnie wysłano Jana Sapiechę do Białéj Cerkwi i Korsunia wydawszy mu polecenie obwarowania tych miast; Niezabitowskiego wykomenderowano do Buszy a sam Czarniecki udał się do Steblewa.

Dobywanie Buszy poszło niepomyślnie. Niezabitowski dozwolił się oszukać chytremu Sierkowi. Ten bowiem udając chęć przejścia na stronę królewską, zwłóczył czas na układach, dopóki nie nadciągnęła mu odsiecz pod dowództwem młodszego brata i oblegający ze stratą odstąpić musiał od miasta.

Steblew został dobyty przez Czarnieckiego, albowiem skoro załoga zaczęła się ociągać z poddaniem miasta, natychmiast rozkazał attakować bramy. A gdy cerkiew mieszcząca w sobie składy prochu została wysadzona w powietrze, ·taka trwoga objęła oblężonych, iż opuścili mury i zaczęli się chronić po domach; żołnierze Czarnieckiego korzystając z tego wypadku wyłamują bramy i wdzierają się do miasta, a Tatarzy którzy byli uczestnikami szturmu, rozbiegają się po ulicach, łupiąc domy mieszczan; daremnie Czarniecki pragnął powstrzymać barbarzyńców; Tatarzy chciwi zdobyczy, z bronią w ręku utorowali sobie drogę przez szeregi broniących im rabunku Polaków i dokonali opustoszenia miasta.

Po zdobyciu Steblewa gdy nieprzyjaciel odstąpił z tych okolic, Czarniecki wyprawił Teterę z Marcinem Zamojskim dla zdobycia Humaniu, a sam resztę sił zwrócił na Stawiszcza. Lecz oddział Tetery nie był tak silny aby mógł dobyć Humań jedno z najobronniejszych miast Ukrainy, przeto nic nie wskórawszy powrócił do Czyhryna. Starosta Kamieński synowiec Czarnieckiego wysłany dla dobycia Lisianki został śmiertelnie raniony pod jej murami.

Jan Sobieski z Czarnieckiem stanęli pod Stawiszami. Sobieski starał się najprzód łagodnością nakłonić mieszczan do poddania się, oświadczył się być rękojmią ich bezpieczeństwa, dopóki od samego króla nie nadejdzie zupełne przebaczenie winy. Ale mieszkańcy czyli nie ufali nieprzyjaciołom, czyli też zbyt pewni siebie, nie chcieli słuchać rady, Czarniecki niecierpliwy na wszelką zwłokę wydał rozkaz Tatarom splondrowania całéj okolicy miasteczka, a następnie, dnia 14 Lipca 1664 roku rozkazał je dobywać, wyrzekłszy: że póty nieprzyjmie pokarmu ani spoczynku póki nierozbije tej jaskini łotrowskiéj.

Zaczęto sypać szańce niedaleko wałów miejskich, gdzie zatoczono działa i moździerze dla bombardowania miasta; mieszkańcy wypadłszy rozrzucili usypane już po części baterye. Dowódzcami Stawiszczan byli Daszko i Bułhak doświadczeni w bojach Chmielnickiego pułkownicy, którzy postanowili bronić się do ostatniej kropli krwi.

Daszko spędziwszy piechotę sypiącą baterye, rozkazał wykopać przed niemi głęboki rów, na nasypie którego ustawił armaty i raził ogniem oblegających, Czarniecki polecił Tatarom zarzucić rów faszyną, lecz gdy konie kawaleryi lękały się wejść na snopy chrustu, sam pierwszy zsiada z konia i pośród największego ognia dobywszy szabli prowadzi żołnierzy na bateryą, Kozaki poznają Czarnieckiego po jego rysiej szubie i krzycząc *rabaja sobaka*, wymierzają w tę stronę wszystkie muszkiety. Czarniecki nieustraszony przebywa rów, odbiera bateryą i całe pole aż pod bramy miasta zaściela trupami nieprzyjaciół, wpośród których legł i Daszko. Gdyby zstępująca noc nie przerwała bitwy, Stawiszcza byłyby niezawodnie zdobyte.

Nazajutrz znów wysłano parlamentarza do miasta z przedstawieniem mieszkańcom niebezpieczeństwa na jakie narażają siebie, żony i dzieci, ale Stawiszczanie odmówili poddania się.

Czarniecki, przeciął wszystkie drogi, aby nic nie wchodziło do miasta, stanął obozem pod wałami, uszykował pułki które pieszo potykać się miały i rozkazał Tatarom uderzyć z przeciwnej strony. Obadwaj wodzowie walczyli na czele szeregów. Już oblegający wdarli się na wały miejskie, już chorągwie ich powiewały na warowni, gdy nieostrożność polskiéj arteleryi, wstrzymała ich postępy. Kanonjerzy dając ognia do nieprzyjaciela tak mocno razili swoich, iż ich zmusili do cofnięcia się, widząc to oblężeni nabierają otuchy, wpadają na Polaków i zawiązuje się krwawa bitwa, która trwała dzień cały a noc dopiero położyła jéj koniec.

Czarniecki przejęty gniewem i żalem z przyczyny strat jakie poniosło wojsko, usiadł na kamieniu przed swym namiotem i długi czas nic nie mówił do obecnych, aż gdy mu pułkownicy podali spisy poległych, jak gdyby ocucony ze snu przykrego: — Tak się to dzieje, rzecze, na wojnie nie rodzą się ludzie.

Ta niepomyślność rozjątrzyła raczéj, nie przełamała chęci Czarnieckiego, rozkazał nazajutrz, jakby nie poniósł żadnéj straty na nowo dobywać miasto, ale spostrzegłszy przerzedzone pułki i niejakie zniechęcenie żołnierzy, postanowił nękać oblężonych głodem; otoczył więc miasto, zabraniając zewsząd dowozu żywności. Ten system okazał się wkrótce skutecznym; mieszczanie znękani bombardowaniem które już znaczną część domów obruciło w perzynę, wycieńczeni głodem, strudzeni ciągłem czuwaniem, wysyłają nakoniec księży prosząc o warunki kapitulacyi. Ale Czarniecki nie chce przyjąć żadnych warunków, oświadczając iż stali się niegodnemi łaski, tylekroć ją odrzucając. Pięć miesięcy bronili się Stawiszczanie, nakoniec złożyli broń zwycięzcy. Czarniecki zażądał wydania trzynastu naczelników buntu, których, aby dał dowód umiarkowania nie karał śmiercią, jak niegdyś, ale oddał jako zakładników Teterze. Miasto zaś skazane zostało na zapłacenie Tatarom polskiéj *donatywy.* Nadto odjęto cerkwiom dzwony jako narzędzia przyzywające naród do powstania i rozkazano miastu żywić dwie chorągwie przez cały ciąg wojny. Trzydzieści sztandarów czterdzieści armat i znaczny zapas prochu, dostały się zwycięzcom.

Czarniecki widząc konieczność dać wojsku spoczynek, rozłożył go po wsiach i miasteczkach na zimowe leże, i wysłał do króla z doniesiem o skutkach swéj wyprawy, oraz na sejm z prośbą o żołd ktory się wojsku należał.

Lecz król cały był zajęty sprawą Jerzego Lubomierskiego wielkiego marszałka koronnego, którą mu wytoczył o obrazę majestatu, a w istocie z namów królowéj, któréj marszałek się sprzeciwiał w wyborze następcy tronu za życia króla, jako przeciwnym prawom narodu.

Czarniecki zatem pozostawiony był bez żadnéj pomocy, a wojsko bez żadnéj pensyi, żywności i wygód. Kozacy bez przerwy się buntowali skoro tylko jaki dowódzca stanął na ich czele i całą zimę niepokoili wojska koronne. Wojsko to stojąc na zimowych leżach chociaż utrzymywane było w karności, jednakże domagało się przyzwoitych wygód, przeto stawało się ciężarem dla ludu wycieńczonego długo-letnią wojną. Zaniedbane rolnictwo sprowadzało głód, a gdy żołnierz polski ostatek zabierał ubogiemu chłopu, ten wpadał w dziką rozpacz a wpojona weń nienawiść od dzieciństwa ku Polakom przez okrutne obchodzenie się z niemi panów lub ich zastępców, pobudzała go do buntu i zrzucenia dolegliwego jarzma.

Tak zaledwie Czarniecki odstąpił od Stawiszcz gdy

odbiera wiadomość o nowym jego powstaniu, wysyła na uspokojenie miasta Machowskiego, lecz ten zostaje rozbity a dwunastu ludzi z jego oddziału legło na polu walki. Rozdrażniony zuchwałością mieszczan Czarniecki, zbiera pułki, idzie sam do Stawiszcz, dobywa je szturmem, chwyta naczelników powstania i karze śmiercią a miasto obraca w perzynę.

W Warszawie tymczasem zerwany sejm pozostawił rzeczpospolitą bez obrony. Zemsta kobieca i zazdrość dworskich oszczerców, którym się Jan Kazimierz dał powodować, gotowały Polsce nowe klęski. Lubomierski marszałek i hetman polny niewinnie skazany na śmierć, utratę honoru i urzędów, zbiera stronników i orężem od przemocy bronić się zmuszony został. Tak z drugiéj strony kraju zawrzała wojna domowa.

W tymże czasie Stefan Czarniecki znużony trudami wojny, przyciśniony brzemieniem lat, zachorował w pochodzie. Słabość jego stała się niebezpieczną nie mógł nietylko jechać konno ale i w powozie; niesiono go więc w lektyce.

Zbliżywszy się do Dubna otrzymał dyplom na polną buławę.

— Mówiłem, rzekł wojownik, że zrobią mnie hetmanem, kiedy ani siła do walki, ani ręka do szabli będą nie zdatne.

Niedaleko Dubna we wsi Sokołowie nadeszła godzina jego śmierci. Zadziwiające było współuczucie bezrozumnego zwierzęcia, jego konia.

Niepowściągnięty, bystry do czasu słabośi swego pana, nagle przestał jeść, zaczął grzebać kopytami ziemię i po śmierci Czarnieckiego zdechł także.

Czarniecki umarł, Sobieski oddalił się od wojska

dla zatrudnień domowych. Stanisław Jabłonowski wojewoda ruski objął główne dowództwo nad wojskiem, rozłożył się na kwaterach w Białej Cerkwi, i wprowadził do Korsunia i Czyhryna silne garnizony. Brzuchowiecki zimował w Kaniowie i jego okolicach.

Sierko nie próżnował także, dowiedziawszy się o szemraniu burzących się Kozaków, pociągnął do Bracławia, Tetera nie zdążywszy zabrać bogactw zagarniętych po Chmielnickim swym teściu, uszedł do swéj majętności otrzymanej od króla w Polsce. Sierko zabrał skarby Tetery znalezione w Bracławiu i zebrawszy więcéj ochotnika udał się przeciwko Krymowi. Akerman został zdobyty szturmem, zrabowany i spalony.

Budzak, Pałanka, Kauszany, nie zdołały utrzymać się także przed orężem koszowego. Tatarzy znajdując się w Polsce usłyszeli o utracie swych domów i dobytku i pospieszyli na obronę rodzin. Sierko dowiedziawszy się o ich szybkiem pochodzie wraca do Małorossyi obciążony bogatemi łupy.

Znużony podróżą, stanął koszowy pod Sarażyną; wtem niespodzianie otacza go Machowski, z Tatarami, rozbija na głowę i odbiera wszystkie zdobycze.

Tak skończył się rok 1664 lecz wojna domowa na Ukrainie nie miała końca, a w Polsce rozpoczęła się nowa pomiędzy własnemi jej współobywatelami.

Wojsko Jabłonowskiego nie otrzymawszy należnego żołdu, dowiedziawszy się, że sejm został zerwany, że pieniądzę dla niego przeznaczone, użyte zostały na zaspokojenie zemsty królowéj przeciwko Lubomirskiemu, zaczęło szemrać, utworzyło związek pod dowództwem Adama Ustrzyckiego i oddzieliło się od Jabłonowskiego, resztę zaś uprowadził wojewoda z Ukrainy. Wieść o tym wypadku sprawiła wielką trwogę u dworu, albowiem mniemano iż Lubomirski był sprężyną onego. Jednak wielki marszałek czynił ciągłe usiłowania przebłagania króla.

Tymczasem związek wojskowy wiedząc o poruszeniach które Lubomirski czynił na swą obronę, szukając wsparcia u wodza uwieńczonego tylu zwycięztwy, udał się do Podgórza i prosił marszałka o przyjęcie go pod swoją opiekę. Wojsko królewskie zbierało się pod Rawą, król przybył także tutaj z królową i stanęli w kollegium jezuitów. Lubomirski, jego przyjaciele i krewni połączeni ze związkowemi w liczbie siedmiu tysięcy wystąpili przeciwko piętnastu wojska królewskiego. Biskup Trzebicki starał się pogodzić obie strony, ale jego starania były bezowocowne. Nieprzyjaźne partye spotkały się pod Częstochową, Pac i Połubiński dowodzili pułkami królewskiemi, Kolanowski Lubomirskiego; zwycięztwo było na stronie uciśnionego; jego łagodność w obejściu z jeńcami powiększyła liczbę stronnikow, mimo to Lubomirski pragnął pojednać się z królem; ale nienawiść królowéj zerwała umowy, a domowa wojna stała się więcéj zawziętą, morderczą i pociągnęła się blisko lat dwóch.

Brzuchowiecki widząc zamieszki w Polsce udał się do cara z prośbą o nadesłanie posiłków dla zupełnego oswobodzenia Ukrainy, lecz otrzymał odmówną odpowiedź jakoby z powodu złego utrzymywania wojska w Małorossyi, które wycieńczone, nie jest zdolne stawić czoła nieprzyjacielowi. Hetman odniósł się do okólniczego Chytrowa wykazując niesłuszność obwi-

nienia, żaląc się na Romadanowskiego który niechcąc z nim ścigać Czarnieckiego dozwolił umocnić
się Polakom za Dnieprem. Na niejedność wojewodów
rossyjskich, którzy swemi kłótniami są powodem
niepowodzenia, ale nie złe utrzymanie wojska.

Czy to skutkiem przedstawień Chytrowa, czyli też
z własnego natchnienia, car polecił księciu Lwów udać
się do Kijowa z jednym oddziałem, z drugim wojewodzie Protaziewowi do Brzuchowieckiego.

Bitwy pod Targowicą, Olszaną i Lisianką były po
myślne dla Moskwy. Dnia 4 Kwietnia 1665 r. pułkownik Gamaleja owładnął Korsuniem i zabrał do
niewoli Tymofeja Nosacza, sędziego Krychowickiego
i pułkownika Uleska nakaźnego hetmana Tetery; Ka-
niow podobnież nie zdołał utrzymać się przeciwko nieprzyjacielowi, lecz Biała-cerkiew dała odpór Brzuchowieckiemu i zmusiła go do odstąpienia od oblężenia, który cofnąwszy się rozpuścił wojsko.

Dotąd sprawy Ukrainy szły dosyć szczęśliwie, domowe walki prawie ustały; lecz zjawił się Doroszeńko
i zaburzenia wewnętrzne dołączyły się do wojny
z nieprzyjacielem zewnętrznym.

Piotr Doroszeńko prosty Kozak za czasów Bohdana Chmielnickiego, pułkownik za Jerzego, przeszedłszy w r. 1660 na stronę krola, został assaułem
wojskowym pod chorągwią Tetery, a zdoławszy ująć
sobie Tatarów podarunkami, magnatów obietnicami,
wystąpił na pole życia historycznego tak sławnego
o ile pełnego przewrotności.

W tym czasie zaczęli się pojawiać na Ukrainie hetmani samozwańcy. Opara, Caryk, i Decyk. Doroszeńko przy pomocy swego przyjaciela hana krymskie-

go, zdołał ująć ich i odesłać do Warszawy, którzy
zostali osadzeni w Maryenburgu, a metropolita Tukalski i Jerzy Chmielnicki za wstawieniem się Doro-
szenki wypuszczeni na wolność, by jak mówił, tym
łagodnym środkiem uspokoić Ukrainę i utrzymać jej
mieszkańców w posłuszeństwie i życzliwości ku królowi i rzeczy-pospolitéj.

W Polsce ciągnęła się wojna domowa Lubomirskiego a Jan Kazimierz zmuszony był dla własnej
obrony wyprowadzić wojsko z Ukrainy. Warszawa
była pełna malkontentów, burza polityczna dojrze-
wała. Zwołany sejm dla załatwienia sprawy Lubomirskiego został zerwany przez Miaskowskiego dnia 9
Października 1666 roku. Nigdy tyle nieszczęść nie
zgromadziło się razem, ani w tak przykrem położeniu Polska nie zostawała jak obecnie. Zawieszenie
broni zawarte z Moskwą zbliżało się do końca, a Tatarzy nieotrzymawszy donatywy szykowali się do najazdu kraju. Ukraina, ta otchłań tylu wojsk do niej
wysyłanych, gotawała nowy cios, Doroszeńko zamyślał oddać ją pod władzę sułtana tureckiego, której lennym księciem miał być mnich Gedeon, wy-
swobodzony przez króla z Maryenburga.

Widząc się w tak przykrem położeniu, król zwołał
radę senatu, postanowiono na niéj przedewszystkiem,
by całą gotówkę znajdującą się w skarbie obrócić
na zapłatę wojska, aby tym sposobem zachęcić go
do znoszenia dalszych trudów wojny.

Zrujnowane zdrowie hetmana Potockiego nie dozwa-
lało mu przyjąć głównego naczelnictwa nad armją,
kasztelan Niezabitowski wymówił się od przyjęcia dowództwa, Machowski przeto mianowany został

regimentarzem i otrzymał polecenie udać sie na Ukrainę. Wszystkie prawie miasta powstały przeciwko Polsce prócz Białej-cerkwi, gdzie starosta Stachurski trzymał garnizon. Machowski zamierzył założyć główną kwaterę w Stawiszczach; ale widząc opór ich mieszkańców, którzy oświadczyli, iż wolą sami spalić resztę miasta pozostałą od pierwszego pożaru i umrzeć w płomieniach z dziećmi i z żonami, jak poddać się Polakom, obszedł więc Stawiszcza i stanął pod Brahyłowem by dozwolić wypocząć wojsku i znaleść dogodne stanowisko.

Doroszeńko zebrawszy 20,000 Kozaków połączył się z Tatarami których było 40 tysięcy. Kozacy oddychali nienawiścią przeciwko polskiemu regimentarzowi jako zabójcy Wychowskiego, Machowski posiadał tylko 6 tysięcy żołnierza, Tatarzy przeto otoczyli tę garstkę rycerzy i uderzyli na lewe skrzydło. Machowski dawał odpór nieprzyjacielowi zasłonięty taborami, wtem dowiaduje się jego wojsko od ujętego jeńca, że siła nieprzyjaciół jest sześć razy większa od polskiej. Wiadomość ta przeraża wszystkich i odbiera odwagę, całe wojsko zaczyna się cofać ku Ladyżynowi; już zbliżył się tabor pod Batoch gdzie niedawno zginął hetman Kalinowski, gdy opadnięty ze wszech stron został rozerwany, a żołnierze myśląc już tylko o ocaleniu życia, puścili się w rozsypkę. Mało uszło śmierci lub niewoli, Tatarzy bowiem ścigając uchodzących albo zabierali do niewoli, albo kładli na polu bitwy chcących bronić życia. Machowski z wielu rotmistrzami wzięty został do niewoli i uprowadzony do Krymu.

Tyle okropnych wypadków od wstąpienia na tron Jana

Kazimierza, ciągle i niszczące wojny, głód, powietrze i nędza powszechna, przytłumiły światło nauk . Nie miała Polska ani ludzi do rady, ani biegłych w sztuce wojennéj. Jan Sobieski jeszcze nie zaczął zbierać wawrzynów które mi późniéj swe skronie uwieńczył; Lubomirski znajomością sztuki wojennej, przywiązaniem wojska i znakomitym majątkiem, mógłby bardzo stać się użytecznym ojczyznie, lecz król nie umiał i nie chciał korzystać z niego, owszem by dokuczyć byłemu marszałkowi, przywrócił Radziejowskiego do dawnych godności i urzędów, Radziejowskiego który stał się zdrajcą podbudzając obce narody przeciw własnemu krajowi, który naszedł go pod zasłoną obcego oręża i był narzędziem wykonania woli najezdnika; człowiek taki nie powinien był wracać do urzędów, kiedy Lubomirski obraziwszy króla tem tylko, iż bronił dawnych praw krajowych, błagając go o łaskę i zdając się zupełnie na jego wolą, został wygnańcem, kiedy dzielnością swoją mógłby stać się wsparciem ojczyzny.

W tak przykrych okolicznościach Jan Sobieski mianowany został hetmanem wielkim koronnym. Nowy hetman zaczął zbierać wojska pod Skwarzowem; ściąga tam kawaleryą, rozkazuje wyruszyć piechocie rozstawionéj po miasteczkach i siołach, armaty, zapasy i ammunicyą zwiózł do obozu, nakreślił plan wyprawy, zawiadomił o niéj garnizony: korsuński, czyhryński i biało-cerkiewski nieodstręczając się żadną trudnością, czyni co może, a im więcej widzi przeszkód, tem więcej łoży starań aby je pokonał. W drodze dowiedział się o przeprawie przez Dniestr 80 tysięcy Tatarów, którzy rozdzieleni na trzy części z których jedna stanęła pod Jagelnicami, druga poszła czarnym szlakiem na Wołyń, trzecia udała się ku Sniatynowi. Na tę wiadomość udał się do Kamieńca, opatrzył go w furaż i żywność, wzmocnił garnizon oddziałem pod dowództwem Kwaśnoborskiego i sam postanowił przeciąć drogę Tatarom. Sobieski posiadał tylko 12 tysięcy wojska, gdy przybył do Podhajców i stanął tam obozem. Obwarowawszy się szańcami wyprawił oddziały: Stanisława Koniecpolskiego do Tarnopola, Jabłonowskiego do Złoczawy, Sieniawskiego do Brzezan, Sielnickiego na drogę lwowską, a Modrzejewskiego ku Polesiu.

Gdy się to dzieje na Ukrainie zachodniej, we wschodniéj tymczasem nader ważne miały miejsce wypadki.

Brzuchowiecki przestraszony wzrastającą popularnością Doroszeńki lękając się utracić hetmaństwa, które się już chwiało, postanowił szukać podpory silnej i pewnéj a widząc ją w łasce carskiej, wyjednał sobie pozwolenie wyjazdu do Moskwy. Oddalony bowiem od cara, dworu i bojarów, nie posiadał ani przyjaźni otaczających tron, ani zaufania samego monarchy.

Otrzymawszy zezwolenie rady na tę podróż i zebrawszy liczną kalwokatę, Brzuchowiecki puścił się w drogę i przyjęty był od cara łaskawie, albowiem hetman umiał zjednać sobie przychylność monarchy i przyjaźń bojarów myśląc tylko o sobie, a w drugim dopiero rzędzie kładąc interes narodu, który mu powierzył swój byt i prawa.

Brzuchowiecki podpisawszy punkta ugody został ogłoszony bojarem i zaproszony do carskiego stołu. Korzystną była mówi Bantysz Kamieński dla Brzuchowieckiego podróż do Moskwy, lecz w Małorossyi oczekiwała go nienawiść narodu.

Natychmiast po powrocie jego przybyli wojewodowie którzy przedtem przebywali tylko w Kijowie, Czernichowie, Perejasławiu i Nieżynie, teraz zjechali także do Hadziacza, Pułtawy, Mirgoroda. Lubnów, Przyłuków, Staroduba, Nowogroda siewierskiego, Głuchowa i Baturyna. Do mniejszych zaś miasteczek rozesłani zostali od wojewód przykaszczyki i przysiężni poborcy, którzy po targach i jarmarkach ściągali podatki i cła od każdéj kupionéj i sprzedanéj rzeczy, tak Kozaka jak chłopa, wojewoda zaś na całą Ukrainę, wszystkie powiaty, obywateli i gmin, nałożył dań z każdego pługa po ośm osemek żyta, po pięć złotych groszy, a od konia po pół kopy groszy i osemce żyta. Tegoż roku po wiośnie przysłani zostali z Moskwy na całą Ukrainę pisarze, którzy spisywali wszystkich ludzi po miastach i siołach, zamożnych i ubogich, ile kto ma synów, jakim zajmuje się przemysłem, czem handluje, jaką ziemią i zakładem włada, młyny, stawy, gorzelnie, browary, słodownie, pasieki i folwarki, a spisawszy, od wszystkiego tego nałożyli dań do zapłacenia.

Szemranie narodu coraz się wzmagało, nieprzyjaciele Brzuchowieckiego stawali się niezliczeni, przyszłość nasuwała mu okropne przeczucia, gdy na domiar jego obaw przybyli na Ukrainę posłańcy cara, uwiadamiając hetmana o zawarciu rozejmu z Polską, i zabraniając mu napadów na Litwę i Polskę, 1666 roku 1 Marca.

W czasie nieobecności Brzuchowieckiego, Doroszeńko się wzmacniał i z każdym dniem stawał się silniejszym.

Odciągając pułki zadnieprowskie od Rossyi, obiecywał królowi polskiemu poddaństwo na warunkach ugody hadziackiej. Ukraina rozdzieliła się na dwie części: zachodnią i wschodnią, a każda uznawała oddzielnego hetmana. W Perejasławiu naród powstał i zamierzył zamordować swego wojewodę, lecz lud ostrzegł go i wojewoda zamknął się w zamku. Miasto zostało spalone, a sprawcy tego czynu oddali się Doroszeńce, który pospieszył ku nim na Ukrainę wschodnią. Połączywszy się z Perejesławcami poszedł na Zołotonoszę, gdzie kwaterował z wojskiem książę Szczerbatów, wypędził księcia z miasta i wyrznął całą świtę. Po takim przykładzie rozpoczęła się powszechna rzeź wojewodów rossyjskich. Przyłuki, Nieżyn, miasteczka i wsie poddawały się Doroszeńce. Napróżno car usiłując przeszkodzić mu, wzmacniał wojska w Kijowie, Perejesławiu i innych miastach, napróżno wysyłał wojewodę Kosagowa na Zaporoże z poleceniem utrzymywania Zaporoża w posłuszeństwie, zaporożscy powstali i zmusili wojewodę do opuszczenia Kodaku.

Wtedy Polska nie wiedząc jeszcze w jakich zamiarach Doroszeńko pustoszy wschodnią część Ukrainy, ale widząc, że to wzburzenie i wyniszczenie rossyjskich wojewodów przeciwne jest carowi, zamyśliła korzystając z zamięszania oderwać Ukrainę i w tym celu wysłany został Jan Sobieski.

W czasie pochodu wielkiego hetmana ku Podhajcom, Moskwa kończyła układy o pokój z Polską. Trzydzieści zjazdów nie miały żadnego skutku. Nareszcie dnia 3 Stycznia 1667 roku ułożono rozejm na lat trzydzieści. 20 Stycznia oba państwa zamieniły warunki w Andrusowie pod Smoleńskiem.

Traktatat andrusowski składał się z 34 artykułów, lecz wyciągniemy to tylko, co się odnosi do Kozaków i Ukrainy.

Kozacy i Ukraina na wschodniéj stronie Dniepru pozostaną pod władzą cara, który przyrzeka nie mięszać się w sprawy Ukrainy zachodniéj i tamtejszych Kozaków; uwalnia ich od złożonéj mu przysięgi, uznaje nad niemi władzę króla i rzeczy-pospolitéj. Smolensk, Czernichów, Starodub ustąpione są Moskwie. Dniepr oznacza się za granicę obu mocarstw. Kozacy zaporożscy mają być posłuszni obudwom monarchom i odprawiać zwykłą służbę przeciwko tureckim i tatarskim napadom; każdy z nich ma prawo wolnego wyznania wiary, lecz niewolno im budować nowych miast i wyprowadzać ludzi gdziekolwiek z osad. Nad Kozakami którzy przechodzą pod władzę króla mścić się nie należy i jak po téj stronie Dniepru od Kijowa mieszkających Kozakow jego carskie wieliczestwo, tak i po drugiéj stronie tejże rzeki od Perejasławia jego królewska mość w obronę swoją przyjmować i do miast ich przez te lata rozejmu mięszać się, ani ujmować za nimi, nie będzie i nie każe. Miasto Kijów ze wszystkiemi przynależnościami i wojennemi apparatami oddaje się pod władzę cara na lat dwa z okręgiem nie więcéj jak na jedną milę, w roku 1669 5 Kwietnia miasto z okręgiem ma być powrócone rzeczy-pospolitéj.

Car obowiązuje się przysłać królowi pomocniczy korpus składający się z 5,000 konnicy i 20 tysięcy piechoty dla uspokojenia Ukrainy, oraz przeciwko Turkom którzy naszli granice rzeczy-pospolitéj przyjąwszy pod protekcyą Kozaków i Doroszeńkę. Prócz tego car óbowiązuje się z własnéj kassy nagrodzić polską szlachtę która traci swe majątki na lewym brzegu Dniepru znajdujące się. Z obu stron mają być wysyłani kommissarze dla ustanowienia granić Ukrainy. Nakoniec Doroszeńko nie może być hetmanem w jednéj ani drugiéj Ukrainie.

Andrusowski zetem traktat rozdwoił Ukrainę oddaną w ręce cara niepodzielną: Pokazuje się, iż nie tyle prześladowania i barbarzyństwa magnatów polskich, jak niespokojny charakter Kozaków był żywiołem tych krwawych zapasów przez półtora wieku szarpiących Ukrainę. Odtąd na całe sto lat Ukraina pozostała polską i ruską a w końcu była i turecką.

Tymczasem Doroszeńko dowiedziawszy się o skutkach andrusowskiego traktatu, że już hetmanem być nie może, postanowił zemścić się na Polsce krwawą wojną. Przywiązanie mnóstwa Kozaków, przyjaźń hana i protekcya sułtana, dawały mu środki do prowadzenia téj wojny. Na przedstawienie hana, konstantynopolitański dywan ujął się za Doroszeńką. Polski poseł w Stambule, Hieronim Radziejowski protestował przeciwko tej protekcyi Kozaków, przedstawiając, że oni są poddanymi rzeczy-pospolitej, że żadne państwo nie ma prawa mięszać się wsprawy domowe sąsiadów. Wezyr odpowiedział, że Porta nie wchodzi w rozbiór praw, ale ponieważ Kozacy prosili o opiekę, zatem im odmówioną nie będzie, w skutek tego Tatarzy otrzymali firman wydania 80 tysiącznej pomocy Doroszeńce.

Dereszeńko zatem wystąpił pod Podhajce z 24 tyciącami Kozaków i 80 tysiącami Tatarów.

Wojsko polskie pomimo wszelkich starań Sobieskiego liczyło tylko 12 tysięcy żołnierza zdolnego do boju, bowiem jakeśmy widzieli wielki hetman zmniejszył swe siły wysłaniem w różne strony kilku drobnych oddziałów. Nikt nie zaprzeczy, że złączone siły są zawsze mocniejsze, podzielone zaś słabną, i gdyby pomyślne zdarzenie nie posłużyło szczęściu Sobieskiego, czyn ten przypisanoby jego nieroztropności, pospolicie bowiem sądzimy o postępkach z ich skutków, mamy to za dzieło gieniuszu i bohaterstwa co pomyślny skutek uwieńczy, co się zaś niepowiedzie, chociażby było dziełem największego rozumu, poczytamy za nierozmyślność. Niewiadomo jakie mógł mieć Jan Sobieski powody iż szczupłe swe siły rozdrobnił i chociaż Kochowski wielbi ten postępek jako dzieło wielkiej przezorności, gdy jednak nie ono, ale wypadek losowy przyszedł w pomoc Sobieskiemu, szczęściu zatem tylko przypisać należy pomyślne wywikłanie się hetmana z tej sprawy.

Pierwsza potyczka pod Narajewem gdzie dowodził pułkownik Ruszczyć była szczęśliwą dla Polaków. Dwie choragwie królewskie rozpędziły przednią straż tatarską i zabrały kilku w niewolą; lecz wkrótce Doroszeńko z całą siłą przybył pod Podhajce, otoczył nieprzyjacielski obóz i widząc garstkę Polaków zapytał szyderczo Sobieskiego czy bronić będzie miasta, czy miasto jego. Wielki hetman wystąpił z obozu i uformował się do boju. Alexander Polanowski dowodził 13 chorągwiami kawaleryi i stał na prawem skrzydle; Władysław Wilczkowski prowadził lewe skrzydło; Jabłonowski dowodził środkiem; Sobieski był w rezerwie. Artylerya stojąc w reducie na wzgurzu rozpoczęła ogień, cała linia ruszyła. Kozacy rozpoczęli attak od starego miasta; Tatarzy ze zwykłym krzykiem uderzyli na prawe skrzydło; polska kawalerya natarła na nich tak dzielnie, iż spędziła z pola bitwy i rozproszyła; noc przerwała walkę, na pobojowisku legło do 400 Polaków a do 2-ch tysięcy nieprzyjaciół. Jednak w porównaniu liczby wojsk, znakomitsza była szkoda ze strony Sobieskiego.

Jakkolwiekbądź rozprawa ta dodała serca oblężonym, Doroszeńko stał się ostrożniejszym i otoczył polski obóz. 104 tysięcy ludzi przecięło wszelką kommunikacyę i wszelką dostawę furażów i żywności; przez taką massę ani żaden oddział pomocniczy, ani oblężonym w pole przebić się było niepodobna. Tak upłynęło dwa tygodnie a położenie Sobieskiego stawało się coraz przykrzejsze.

Wtem przybiega do Doroszeńki goniec z Krymu tamtejszy murża Umet-Koczuba, przywożąc wiadomość, że korzystając z nieobecności Tatar, Sierko koszowy zaporożski wpadł do Krymu, niszczy tamtejsze miasta, pali i rznie mieszkańców a hana samego zagnał w góry. Wypadek ten zatrwożył związkowych Doroszeńki, bojaźń o żony i dzieci zmusiła ich do przyjęcia układów z Sobieskim, który oddawna ich pragnął.

Dnia 9 Października 1667 roku wysłani zostali z obozu polskiego: Jabłonowski, Polanowski, Wilczkowski i Kuropatnicki; od Tatarów podobnież wyznaczeni zostali czterej murżowie i wkrótce umowa została ułożona. Han przyrzekał Polakom przyjaźń, spokój, wzbronienie napadów na granice Polski, nietylko Tatarom krymskim ale nawet hordom: budżakskiéj, nahajskiéj i białogórskiéj. Wszystkich jeńców polskich, a mianowicie Machowskiego, obowiązał się wyzwolić. Sobieski dał zapewnienie regularnéj wysyłki donatywy. Sułtani: Kirym-Girej-Kałga, Ombo-Girej-Nuradyn i Karasza-Aga-Attałyka, potwierdzili swemi podpisami tę ugodę.

Z Doroszeńką i Kozakami zawarty następujący traktat:

Sobieski obowiązał się imieniem króla i rzeczypospolitéj puścić w niepamięć całą przeszłość, wyznaczyć na przyszłym sejmie kommissyą dla rozbioru sporów i przyprowadzenia do porządku spraw ukraińskich, ulżyć gminowi co do dostawy żywności i potrzeb dla wojska; zmniejszyć garnizon białocerkiewski, rozpoznać zażalenie Kozaków na komendanta białocerkiewskiego pułkownika Stachurskiego i wymierzyć sprawiedliwość; zabrany majątek ruchomy i nieruchomy pułkownikowi Powołoczeskiemu oñemu powrócić. Doroszeńko przyrzekł posłuszeństwo królowi, wierność rzeczy-pospolitéj, wyrzeczenie się związków i protekcyi zagranicznéj i powrócenie majątków szlachcie polskiéj na Ukrainie.

Jan Sobieski z jednéj strony, Piotr Doroszeńko, obożny Iwan Demideńko, pułkownicy, asaułowie z drugiéj, podpisali ten traktat.

Dnia 16 Października wykonały przysięgi obie strony, Kozacy powrócili do domów, Tatarzy do Krymu.

Wkrótce Doroszeńko otrzymał z rąk hetmana Sobieskiego imieniem króla buławę, chorągiew i bębny i został ogłoszony hetmanem w miejsce Tetery, który sprzykrzywszy sobie nosić sam tytuł hetmański, straciwszy zaufanie i przywiązanie Kozaków, tęskniąc w bezczynności, wyjechał do Warszawy i złożywszy godność, oddał królowi regalia. Tetera postanowił zakończyć życie spokojnie w stolicy królestwa, lecz i w tym względzie życzenia jego nie spełniły się.

Zaporożcy podali do króla skargę na byłego hetmana, wysławszy swych deputowanych, którzy domagali się zadosyć uczynienia za zagarnięcia kościelnych skarbów i kassy wojskowéj. Tetera został aresztowany i oddany pod sąd. Polscy historycy mówią, iż zdołał się uniewinnić. i wyjechał do Adrjanopola gdzie zakończył życic na cudzéj ziemi. Historyk Małorossyi p. Mikołaj Markiewicz, twierdzi, iż znalazł dokument urzędowy, przekonywający, iż Tetera został śmiercią ukarany. W istocie zła to nagroda dla człowieka, który był wierny zawsze rzeczypospolitéj, zła zachęta dla jego następców.

Doroszeńko niedowierzając Polakom i lękając się losu podobnego Tetery za swe powstanie przeciwko królowi, zaczął znosić się z Portą. Wspólnikiem jego był Jerzy Chmielnicki (Gedeon) a doradcą metropolita Tukalski. Polacy dowiedzieli się o ich knowaniach i zamierzyli aresztować zdrajców, ale ci otoczeni przez Kozaków ratowali się ucieczką.

Wszelkie usiłowania rzeczypospolitéj celem przywrócenia porządku na Ukrainie były bezskuteczne. Tukalski postanowił mścić się do śmierci na Polsce, a Doroszenko oddał się pod protekcyą sułtana. Polska opierając się na traktacie andrusowskim prosiła cara o pośrednictwo. Wysłany został Wasil Dubecki, lecz ten zamiast pośrednictwa starał się skłonić hetmana na stronę cara. Ale Doroszenko odpowiedział: Od Tatar nie odłączę się, do nich bli-

żéj od nas jak do Moskwy, car nie zdąży jeszcze
przysłać wojska, gdy Tatarzy skoro poróżnię się
z niemi, zdołają już opustoszyć Ukrainę; a jeżeli będę w przyjaźni z niemi to i Rossya będzie cała. (*)
Po Dubeckim było jeszcze kilku posłów u Doro-
szenki, lecz wszystkie ich starania nie przyniosły
żadnego skutku, zamiar hetmana przyjęcia opieki
Turcyi był niezachwiany.

Gdy tak Doroszeńko jedna sobie stronników, z niemi radzi nad losem Ukrainy, Brzuchowiecki przez
swą dzikość i mściwy charakter powiększa coraz
liczbę swych nieprzyjaciół.

Wtedy andrusowski rozejm był już głośny po całéj Małorossyi, lecz szczegółów jego lud nie wiedział.
Zaczęły krążyć najdziwniejsze wieści po Ukrainie
przerażając jéj mieszkańców, a gdy wieści te roz-
szczerzyły się po obu stronach Dniepru i Zaporożu, powstanie przybrało charakter niebezpieczny. Według
powszechnéj rady, Kozacy postanowili wyprawić posłów do Moskwy od całej Małorossyi, prosić cara
o położenie tamy zniewagom nieznośnym od wojewodów i ich przykaszczyków w większych i mniejszych
miastach; żalić się o zdzierstwa poborców po targach
i jarmarkach i spis żon i dzieci. Lecz główny przedmiot poselski był dowiedzenie się o tem co postanowiono o Ukrainie w traktatach z Polską. Posłańcy
byli: Mokrewicz i Urbanowicz. Ci przybywszy do Moskwy dowiedzieli się, że Polacy i ich kommissarze
jaknajlepiéj byli przyjmowani, że im oddają wielkie
honory, lecz o treści traktatu nie mogli powziąść żadnéj wiadomości. Na ich zapytania bojarowie odpo-

(*) Historya Małorossyi Markiewicza, tom II, karta 150.

wiedzieli: że sprawy państwa do wojska nie należą, że zajęciem jego jest broń i jéj użycie, a interessa kraju należą do wojewodów miejskich i prowincyonalnych, którzy jeżeli są na Ukrainie to wiedzą o tem co wiedzieć powinni. Tak posłowie z niczém powrócili do hetmana. Widzieli, że szlachtę polską, obywateli i ludzi pospolitych z Litwy i Polski zabranych, wielkiemu posłowi polskiemu Bienieckiemu wojewodzie czernichowskiemu, po całéj Wielkorossyi zbierając wydawano. Donieśli zatem hetmanowi, że Kozacy będą skasowani i wkrótce Polakom jak litewscy i polscy niewolnicy wydani zostaną. Prawie w tymże czasie przyszedł do hetmana carski ukaz, oznajmujący, że kilkadziesiąt tysięcy wojska rozłoży się na Ukrainie na zimowych kwaterach. Kozacy nie pojmowali po co przyjdzie tó wojsko, a godząc z krążącemi wieściami, uwierzyli, że wojsko to przyjdzie po to, by wydać Małorossyą Polsce.

Biskup Metodjusz zapewniał lud, że bojar Naszczokin zbliża się z wojskiem do Kijowa i obróci w perzynę wszystkie miasta małorossyjskie, do Brzuchowieckiego zaś napisał następujący list:

„Dla Boga nie ociągaj się! Teraz targują się o nas, pragną, wziąwszy za kark wydać Lachom. Otaczaj się więcej Zaporożcami; wzmacniaj swojemi ludźmi nadgraniczne miasta. Tonący chwyta za brzytwę dla ocalenia. Bezbożny Szeremetjew teraz jest w ścisłéj przyjaźni z Polakami i z Doroszeńką. Strzeż go się a razem i Naszczokina. Miłą jest ojczyzna. Biada jeżeli ją ujarzmią. Lepsza śmierć niż zły żywot, lękaj się losu Barabasza. (*)

(*) Bantysz Kamieński, tom II, karta 106.

Wtedy mnóstwo Zaporożców ukazało się według
rady Motodiusza na Ukrainie i zaczęli wszczynać
kłótnie i bitwy z Wielkorossyanami. Pobudzony głosem narodu i niezaspakajającą odpowiedzią swych
posłów, Brzuchowiecki wyprawił powtórne poselstwo
do cara. Generalny starszyna Gamaleja i kancelista
Kacprowicz podali monarsze hetmańskie pismo:

„Z powodu tajnych umów z Polską, rozpuszczone
przez Polaków wieści o oddaniu im w poddaństwo
Małorossyi, wzburzyły wojska i mieszkańców ukraińskich; jeżeli rzeczywiście Małorossya jest skaza-
ną na oddanie jéj Polakom, to z obowiązku winien
jestem przedsięwziąść przeciwko nim środki obronne, lub wybrać nowe związki i protekcyą; jeżeli zaś
Ukraina pozostanie jak dotąd pod zwierzchnictwem
Rossyi, to wierność i przywiązanie ludu do państwa
rossyjskiego pozostaną niezmienne i niezachwiane.
A tajemnica i zdrada w takim wypadku byłyby grzechem i hańbą pomiędzy współwyznawcami, gdyż wiadomo jest całemu światu, że lud tutejszy wycier-
piał od Polaków niesłychane w ludzkości barbarzyństwa i wszelkiego rodzaju prześladowania, wyswobodził się od nich własną siłą i męztwem, połączył
się zaś z Rossyą z dobrej woli, jedynie z przyczyny
współwyznawstwa. A zatém ścieśniać go lub darowy-
wać drugiemu nie godzi się i nikt nie ma prawa do
tego; w przeciwnym razie jestem gotów znów bronić się
orężem do ostateczności i prędzéj zgodzę się zginąć,
jak znosić haniebne jarzmo swych nieprzyjaciół, a to
jest prawdziwa i niezmienna. O monarcho! jeżeli lud
powstał na wojewodów, to i tu główną przyczyną
nie był naród i starszyny ale bojarowie rossyjscy,

którzy przysłali wojewodów z instrukcyami przeci-
wnemi prawidłom i traktatom, instrukcyami· egipskie-
mi i babilońskiemi a rząd polski przeciągał naród przez
hetmana swego Doroszeńkę. Lecz z tem wszystkiem
rozsądek uczy, że za dziesięciu winnych nie odpowiadają miliony narodu niewinnego.‘‘ (*)

Alexy Michałowicz odpowiedział hetmanowi, że do
Małorossyi przysłany zostanie tysiąc ludzi strzelców
pieszych, z niedostającą liczbą wojewodów, ktorzy
rozstawieni będą po miastach i powiatach a będą
każdego według zasługi traktować, niespokojnych
i nieusłuchanych karać sądem i rozprawą. Do ciebie
hetmanie i starszyn kozackich należy wojsko i jego
potrzeby i tym winieneś się zajmować i służyć wiarą i prawdą a nie kłopotać się o wojnę lub pókój
i do traktatów z Polską nie mięszać się.

Brzuchowiecki sam sprowadził burzę i sam zniknął
w jéj pierwszym wichrze. W Styczniu 1668 roku
została zwołana do Hadiacza rada z generalnych
starszyn i pułkowników. Pułkownicy ci byli to pró-
ci Zaporożcy na ten stopień samowolnie przez hetmana wydźwignięci, zgodnie zatem z Brzuchowieckim uchwalili, by odrzucić władzę cara, a najprzód wyrznąć wojewodów rossyjskich po miastach.

W początkach Lutego nastąpiło powszechne powstanie Kozaków i wytępianie wojewodów i poborców. Od hetmana pognali gońcy, starszyna Greczany
do Krymu, prosząc związku z hanem; do Konstantynopola Grzegorz Gamalaja i kancellista Kacprowicz
prosząc o wieczną protekcyą. Miasta ukraińskie były
w płomieniach, mieszkańcy zrabowani przez Zaporoż-

(*) Kronika ruska Koniskiego.

ców; w czterech tylko miejscach: w Kijowie, Perejasławiu, Czernichowie i Nieżynie zdołali ocalić się
wojewodowie, w Starodubie książę Wołkoński, w Nowogrodzie siewierskim Kwasznin, zostali zamordo-
wani; w Głuchowie Kołogrywów, w Łubnach Bibi-
kow, byli oddani Tatarom; z Mirgorodu Przykłoński,
z Baturyna Kłokaczew, z Przyłuk Zegrażski, z Hadziacza Ogarew, zostali odesłani do Czyhryna, z Sośnicy Michajłów niewiadomo gdzie się podział.

Starzy Kozacy, czyli tak nazwane towarzystwo,
oddani wierze i chrześcijańskim obyczajom, brzydząc
się Brzuchowieckim i jego sprawami, donieśli carowi o pomordowaniu wojewodów, o poselstwach wyprawionych do Krymu i Turcyi i prosili Romadanowskiego aby jak najspieszniéj obległ Kotelwę,
gdzie złożone były wszystkie zapasy Brzuchowieckiego i gdzie zebrali się Zaporożcy. Wtedy także
wysłano do Doroszeńki, by przybywał jaknajprędzéj do Połtawy i przyjął hetmaństwo.

Otrzymawszy wiadomość od Kozaków car, rozkazał natychmiast wkroczyć na Ukrainę księciu Grzegorzowi Romadanowskiemu. Stolniki: książę Konstanty Szczerbatow, Iwan Licharew, Jakób Chytrow
i generał Filip von Bukowen, weszli z Romadanowskim; dwaj ostatni wysłani byli na Zaporoże.

Dnia 27 Lutego, goniec z Moskwy przywiózł
rossyjskim posłom w Polsce carski ukaz, polecający:
zawiadomić króla o powszechnem powstaniu Ukrainy, o rzezi i zamiarach Brzuchowieckiego i Doroszeńki oddania się porcie; przyrzec, że w roku przyszłym zawarty zostanie wieczny pokój z Polską za
pośrednictwem dworu cesarskiego, duńskiego, szwedz-

kiego, i brandeburgskiego, nakoniec prosić jaknajspie-
szniéj o wysłanie pomocniczéj armii.

Według rady towarzystwa Romadanowski udał
się do Kotelwy; na początku wiosny obległ miasto
i przeciął związki Brzuchowieckiego z Zaporożcami.
Sierko nie tracąc czasu, zaczął korrespondować z generalnym asaułą Damianem Mnogogresznym, względem przyjęcia Doroszeńki na hetmaństwo. Przestraszony przeczuciami dziki Brzuchowiecki stał się jeszcze okrutniejszym, prześladowania wyrządzone przezeń gminowi, przechodziły nawet podobieństwo do
prawdy, za małą winę rozkazał spalić pułkownikową
hadziacką Ostrową.

Na wezwanie starszyn, Doroszeńko obdarzywszy
szczodrze posłów przybył do Oposzny prawie razem
z posiłkami tatarskiemi sprowadzonemi przez Greczanego. Doroszeńko przekupił Tatarów i Greczanego.
Brzuchowiecki przybył do Oposzny dla wykonania
wzajemnéj przysięgi z Tatarami, a niepodejrzewając
Doroszeńki wyjechał naprzeciw niego; został przez
Kozáków pochwycony i przyprowadzony do Doroszeńki, a ten oddał go Oposznianom, którzy zabili go
kijami mszcząc się za prześladowania i śmierć wielu swoich starszyn. Jego doradzcy i część Zaporożców zginęła z nim razem, żona została odesłana do
Czyhrynia.

ROZDZIAŁ XXII.

Doroszeńko.

oroszeńko jako hetman Ukrainy obudwu stron
Dniepru ze wszystkiemi siłami Kozaków i Tatarów, wyszedł pod Kotelwę przeciwko Romadanowskiemu, uwolnił miasto od oblężenia i odpędził ku Putywlowi wojsko bojarskie. Wtem otrzymał wiadomość z Czyhrynia o tajnych miłostkach
swéj żony. Doniesienie to tak go zmartwiło, iż za-
pominając o własnym interessie, rzuca wojsko, po-
ruczając dowództwo człowiekowi mało sobie znane-
mu Damianowi Mnogogresznemu i biegnie do Czyhrynia.

Mnogogreszny czyli z poświęcenia carowi, czyli też
w nadziei otrzymania hetmaństwa, rozpoczął układy
z Romadanowskim; zasmuceni obrotem interessów
i nieobecnością Doroszeńki, Tatarzy wracają do
Krymu.

Wkrótce nadszedł carski manifest do ludu małorossyjskiego. Monarcha wzywając na pomoc wiary,
honoru i powszechnego dobra, groźno wyrzucał starszynom, pułkownikom i Zaporożcom, śmierć wojewodów i wspólnictwo ze zdrajcą Brzuchowieckim. Przyrzekł jednak ogólne przebaczenie, jeżeli Kozacy powrócą do posłuszeństwa. Nadto rozkazał uwolnić 250
jeńców kozackich wziętych do niewoli z bronią
w ręku w czasie bitw z wojskami carskiemi.

Tak karcąc lud językiem dla niego zrozumiałym,
używając na pomoc wiary i chrześcijaństwa, wracając jeńcom nietylko życie, lecz wolność i ojczyznę,
car przyciągał ku sobie serca Małorossyan z natury
dobrych i wdzięcznych, lecz nigdy niezapominających
krzywd i zniewag.

Zaporożcy jednak nie upokorzyli się, car przysłał
im w podarunku armaty, prochu, ołowiu, sukna i 2
tysiące rubli, ale i to nie pomogło. Doroszeńko zbierał nowe wojska, kiedy otrzymał wiadomość, że Zaporożcy korrespondują z Krymem i że han radzi im
wybrać drugiego hetmana; wtedy rządził niemi Iwan
Biełkowski; Sierko na żądanie hana nie był już koszowym i tułał się u budziackich Tatarów. Suchowy będąc pisarzem wojska zaporożskiego, widział
nieudolność Biełkowskiego, sam napisał i sam od-
wiózł od wojska pismo do hana; han przyjął go
uprzejmie, dał na pomoc kilkanaście tysięcy hordy
i Zaporożcy wybrali hetmanem Suchowego. Nowy
hetman wysłał do Doroszeńki rozkaz by nie ważył
się odtąd nazywać hetmanem, gdyż on jest hetmanem hana krymskiego, że on otrzymał pieczęć wojskową.

Zaporożcy niezadowoleni z Suchowego przybyli prosić Doroszeńki, by go usunął z hetmaństwa.

Doroszeńko przyjął ich z honorami, udarował szubami, czapkami sobolemi, butami safianowemi, ale nie zdołał jak zobaczemy dopiąć swego celu i zaspokoić ich żądania.

Do Czyhrynia przybyli posłowie hańscy z żądaniem, by Doroszeńko oddał buławę Suchowemu; hetman przyjął ich po grubijańsku i rozkazał wypędzić ze swego domu i z miasta.

Wtem pułki: czyhryński, humański i inne zabugskie, objawiają zamiar przejścia na stronę Suchowego, do niego przeszedł i Stefan Greczany. Mieszkańcy Hadziacza obawiając się Doroszeńki schwytali żonę i matkę Suchowego i sprzedali Tatarom, lecz Doroszeńko je wykupił. Hetman widząc słabnącą swą stronę, zmuszony został użyć podstępu, posłał brata swego Grzegorza z powinszowaniem Suchowemu hetmaństwa, prosił go o jedność, by połączonemi siłami można obronić się od obcych pretensyi.

Grzegorz udając przyjaźń, wywiedział się wszelkich tajemnic Suchowego, doniósł bratu, że Zaporożcy są wcale dla niego nieprzychylni, że zamierzają wprowadzić na Ukrainę Tatarów. Wtedy Doroszeńko spiesznie zaczął szykować prawą stronę Dniepru do wojny, a Grzegorz poszedł z Suchowym naprzeciw syna Romadanowskiego. Mnogogreszny dowiedziawszy się o pochodzie brata Doroszeńki, przedstawił młodemu księciu, by połączył swe wojska z Kozakami, przychylnemi carowi, lecz młodzieniec nie chcąc z nikim dzielić laurów, z zupełném zau-

faniem w sobie nie przyjął rady, uderzył na nieprzyjaciela, został pobity pod miasteczkiem Gajwo-
ronem w słobodzko-ukraińskiéj gubernii i wzięty do
niewoli. Mnogogreszny dognał Tatarów i Zaporożców pod Łochwicą rozbił ich, ścigał aż 'do Samary, odebrał jeńców i narabowaną zdobycz. Nadeszła zima, Tatarzy powrócili do Krymu, Suchowy
na Zaporoże a Grzegorz do Kaniowa.

Mnogogreszny rozłożył się obozem w okręgu pułku czernichowskiego; dziś już nie ukrywał swéj
przychylności ku carowi, łożył wszelkie starania.
by zjednać sobie miłość podkomendnych,—słał drogę
do hetmaństwa. Dla ukompletowania pułków przyjmował Kozaków na własny koszt i nazwał ich
kompanijcami, ci zobowiązani przez swego dobroczyńcę, sławili jego dobroć przed ludem i nakłaniali do obrania go hetmanem na pierwszéj radzie.
Mnogogreszny zwołał starszyn do Nowogrodu siewierskiego, przyjmował ich u siebie codzienie za
stołem, przedstawił konieczność wybrania nówego
naczelnika, radził być wiernym carowi dla spokojności Ukrainy. Starszyni znając usposobienie ku
niemu Kozaków, ofiarowali mu buławę. Mnogogreszny wymawiał się chociaż sam tego pragnął.

Nadszedł Styczeń 1669 roku i do Moskwy przybyli posłowie ukraińscy, biskup Baranowicz przysyłał Jeremiasza, Mnogogreszny obożnego Piotra Za-
białę, sędziego Iwana Domontowicza i asaułę Ma-
cieja Gwintowkę, którzy oddali carowi prośbę o przyjęcie Ukrainy i hetmana w poddaństwo, darowanie
winy i potwierdzenie kozackich wolności. Poruczono
im starać się o wyprowadzenie wojsk rossyjskich

z miast ukraińskich prócz Kijowa i o nie wydawanie Polsce téj najdawniejszéj stolicy ruskiéj.

Pełnomocnicy ci przyjęci zostali z honorami. Blizni bojar Orużejniczy i namiestnik rzewski Bohdan Matwiejew Chytrow, odpowiedzieli, że car dał królowi 200 tysięcy rubli dla wyswobodzenia Małorossyan od polskiego prześladowania, że za tak ojcowską opiekę monarchy winni brać przykład z Chmielnickiego, dopełnić przysięgi, służyć wiarą i prawdą carowi.

Posłowie powrócili z Moskwy, a natychmiast za niemi przybyli do Głuchowa pełnomocnicy carscy: książę Grzegorz Romadanowski, Artamon Siergejewicz Matwejew i Grzegorz Bogdanów. Tu także zjechali się kozaccy starszyni i czernichowski arcybiskup Lazar Baranowicz.

Dnia 3 Marca rozpoczęto radę i wybór hetmana wolnemi głosami; Mnogogreszny otrzymał z rąk Romadanowskiego insygnija, przysiągł na wierność carowi i podał następne waruki.

1. Hetmani i wojsko proszą o zapomnienie uraz.

2. Prawa za Chmielnickiego ustanowione potwierdzają się.

3. Lubo w warunkach Chmielnickiego postanowiono, iż wojska carskie i wojewodowie mieszkać będą w Perejasławie, Nieżynie i Czernichowie, jednak dla uniknienia sporów, wojsko z miast ukraińskich cofa się.

4. Starszynom i regestrowym Kozakom stanowi się carska pensya a mianowicie: hetmanowi 1000 czerwonych złotych, pisarzowi: wojskowemu i oboznemu po tysiąc złotych polskich, wojskowemu sę-

dziemu 300, pisarzowi sędziego takze 100, pisarzowi i chorążemu pułkowym po 50, chorążemu setni
po 30, buńczuczuemu hetmańskiemu sto złotych, na
pułkowników po sto talarów, na assaułów pułkowych po 200, na asaułów wojskowych po 400, na
setników po sto, na każdego Kozaka po 30 złotych
polskich.

Kozaków regestrowych ma być trzydzieści tysięcy, gdyby Kozaków niedostawało, to dopełniać regestr
z dzieci mieszczan i właścicieli ziemskich.

Miastom zniszczonym dać przywileje, a mianowicie:

Perejasławowi, Nieżynowi, Lubeczowi, Woronezo-
wi i Królewcowi na lat dziesięć. Ostrówi i Czerni-
chowowi na lat siedm. Miastom, miasteczkom i wsiom
na trzy lata.

5. Pisma przyrzekające dopełnienie wszelkich warunków ugody, mają być rozesłane przez cara po
wszystkich pułkach.

6. Kto został mianowany szlachcicem dawniéj
i dziś winien być potwierdzonym, komu hetman da
uniwersał na młyn lub wieś, car obowiązany jest
potwierdzić uniwersał swym ukazem.

7. Kijowa Polakom nie oddawać: *„Na sejmie bowiem postanowili wszystkie cerkwie zamienić na
kościoły rzymskie i świętych ojców relikwie chcą
rozwieść w różne miejca do Polski, a ztąd u nas
na Ukrainie niemałe poruszenie."*

8. Carscy posłowie, posłańcy i gońcy nie powinni stawać postojem u Kozaków i podwód brać nie
mogą u setników, atamanów po polach i dworach.

11. W wypadku śmierci hetmana wybór będzie wolnymi głosami.

12. Hetmani mogą odbierać listy od sąsiednich monarchów, swobodnie czytać je, a potem odsyłać carowi dając od siebie na nie odpowiedzi.

13. Wrazie pochodu carskich wojsk, we dworach kozackich postoi nie będzie, ale tylko u mieszczan. Wolności kozackie mają być nienaruszone i Kozaków chłopami nazywać, ani używać ich za przewodników nie wolno.

14. Małorossyanie wzięci do niewoli w czasie wojny przez Wielkorossyan pozostają w Rossyi; lecz jeżeliby który zbiegł do Małorossyi nie spełniwszy żadnego występku, może mieszkać w miejscu urodzenia.

15. Dawniéj Kozakom wolno było żenić się z córkami mieszczan, dziś wojewodowie tego zabronili, odtąd nie należy skracać żadnéj wolności.

16. Pułki Romadanowskiego i jego towarzyszy, oddadzą napowrot dzwony, ryzy, naczynia, księgi, obrazy i święte srebro zabrane cerkwiom, do których należały.

17. Jeżeli zdarzą się układy z królem polskim, lub hanem krymskim, należy upominać się i za Kozakami, a kozaccy pełnomocnicy mają być obecni przy tych układach.

18. Kozacy mają prawo prowadzić układy z królem i hanem w przedmiocie tyczącym miast ukraińskich.

19. Gdyby który z hetmanów chciał odłączyć się od cara, Kozacy nie powinni mu być posłuszni, ale donieść o tem monarsze.

20. Jeżeli hetman spełni jakieś przestępstwo prócz zdrady, bez carskiego ukazu nie wolno go zmieniać, a ukaz ten winien być zgodny z prawami narodu.

21. Jeżeliby wykryto jakie złe zamiary w miastach ukraińskich, hetman i starszyni winni baczną na to zwrócić uwagę, zawiadomić cara, spiskowych pojmać, i skazać na śmierć stosownie do praw narodowych.

22. Ponieważ doszło do wiadomości monarchy, że z powodu zaburzeń domowych, rolnicy, budniki, gorzelnicy, rzucając swe zajęcia gospodarcze, mianują się samowolnie Kozakami, prawdziwym Kozakom czyniąc zakałę i niszcząc okolicę, przeto należy wybrać jednego pułkownika u Małorossyan, zlecić mu ujęcie tych samozwańców i dla tego przydać onemu 1000 Kozaków regestrowych.

23. Pod surową karą zabronić Małorossyanom przywóz wódki i tabaki do miast wielkorossyjskich; w nadgraniczne zaś miasta mogą wwozić wódkę, ale tylko jako dostawcy.

24. Własności kozackie mają być nietykalne; żony kozackie owdowiawszy są wolne od podatków, postojów i podwód, do powtórnego zamęzcia; wrazie wyjścia za Kozaka są znów wolne, za chłopa, winny spełniać powinności włościańskie.

25. Gdyby Tatarzy, lub przeddnieprowscy Kozacy naszli wschodnią Ukrainę; wtedy hetman i starszyni mają prosić cara by wysłał spieszną pomoc, nie z kim innym jak jego carskiéj mości bojarami, wojewodą namiestnikiem białogrodzkim księciem Grzegorzem Romadanowskim, a dopokąd on nie nadejdzie, wojewodowie znajdujący się na Ukrainie obowiązani są bezwłocznie nadesłać swe wojska.

26. Wojewodowie obowiązani powrócić Kozakom armaty im zabrane. Stolica hetmańska i park artyleryi będzie w Baturynie.

27. Hetman, obożny, sędzia, asaułowie, pisarz, wszyscy starszyni i Kozacy z jednéj strony, książę Romadanowski i jego towarzysze z drugiéj, jednozgodnie postanowili: napisać do Ukrainy zachadniéj należącéj do korony polskiej, do hetmana Piotra Doroszeńki, że hetmanem wybrany został Mnogogreszny, który wykonał przysięgę i potwierdzony został przez cara, by domowa wojna pomiędzy dwoma brzegami Dniepru od dziś na zawsze ustała.

Takie były punkta kommisyi głuchowskiej, lecz car nie wszystkie zatwierdził.

Na trzeci odpowiedział, że wojewodowie i wojska rossyjskie koniecznie potrzebne są na Ukrainie, do obrony jéj od nieprzyjaciół; że jeżeli one zaczną ugniatać obywateli, będą ich karali wojewodowie, których rezydencyami będą: Kijów, Perejasław, Nieżyn, Czernichow i Oster.

Na dwunasty, dana była zupełna odmowa, wszelkie korrespondencye i układy z obcemi mocarstwami zostały zabronione.

Na piętnasty car odpowiedział, że wojewodowie winni będą surowo ukarani.

Ośmnasty, jako w związku z dwunastym został odrzucony.

ROZDZIAŁ XXIII.

Na wschodniéj Ukrainie Mnogogreszny,
W zachodniéj Doroszeńko — Chaneńko.

oroszenko widząc upadek swych nadziei, pojednanie się króla z carem, utwierdzenie się Mnogogreszego na Ukrainie wschodniéj, Suchowego na Zaporożu, odłączenie się od niego pułków: humańskiego, białocerkiewskiego, bracławskiego, powołoczskiego, postanowił szukać wsparcia i obrony u Porty.

Sędzia Białogrud i asauł Portianka z dwoma innemi starszynami udali się do Stambułu prosić sułtana o przyjęcie Doroszeńki pod protekcyą i wieczne poddaństwo z całą Ukrainą, któréj on, jako hetman jest głównym naczelnikiem. Prosili sułtana o insygnia i nadesłanie pomocniczej armii przeciwko przywłaścicielowi niektórych prowincyi, Mnogogreszemu. Sułtan zgodził się na wszystko, posłał Doroszeńce insygnia, chorągiew z półksiężycem i sześć tysięcy wojska pod dowództwem czausa Islan-Ekmeka, nadto podpisał następujący układ:

Zaporożcy obowiązani są walczyć przeciwko nieprzyjaciołom Porty. Porta zaś obowiązana wspierać Zaporożców za pomocą Tatarów.

Zaporożcy wolni są od wszelkich podatków; Doroszeńko będzie hetmanem do śmierci.

Pomocnicze tureckie wojsko nie powinno rabować cerkwi ani Kozaków i zabierać do niewoli obywateli.

Duchowieństwo pozostanie pod zarządem swego metropolity.

Sułtan, ani han, nie powinni rozpoczynać wojny ani zawierać pokoju z królem i carem, bez zniesienia się z hetmanem i Kozakami.

Jeżeli Kozaki i zdobędą jakie miasto, chociaż by to było z pomocą Turków, miasto to pozostanie przy hetmanie.

Nakoniec, jeżeli sułtan na to się niezgodzi, wtedy hetman będzie zmuszony starać się inszym sposobem zachować swoje kozackie prawa i wolności.

Posłowie Doroszeńki zaprzysięgli tę ugodę w katedrze konstantynopolitańskiéj, patryarcha z rozkazu sułtana dał posłom list odkryty, odłączający od kościoła i rzucający klątwę na wszystkich nieposłusznych hetmanowi Doroszeńce i przeciwko niemu buntujących się.

Wieść o poddaniu Porcie Ukrainy wkrótce rozeszła się po kraju, nikt nie chciał wierzyć, by chrześcianin udał się pod władzę śmiertelnego nieprzyjaciela jego wiary. Dotąd większa część Małorossyan była przychylna Doroszeńce, starzy Kozacy pragnęli go na hetmaństwo nazywając Mnogogresznego chłopskim synem, o Doroszeńce mówili „*to stary Kozak i zna pola*”; dziś postanowiono go wypędzić z Ukrainy razem z Turkami.

Tatarzy prowadzeni przez Suchowego szli przeciwko niemu, Doroszeńko korzystając z okoliczności oświadczył, że uprosił tylko sułtana o pomoc przeciwko Tatarom, lecz nigdy nie miał zamiaru być poddanym nieprzyjaciela chrześciaństwa; metropolita Tukalski nakazywał modły za błagoczastiwego i przez Boga danego hetmana Piotra Doroszenkę. Tymczasem Tatarzy zbliżali się, za niemi szło Zaporoże i przyłączone do nich w drodze, pułki regestrowe.

Niedaleko Kaniowa we wsi Kaniówce nieprzyjaciele otoczyli Doroszenkę, już życie jego wisiało na jednym włosku, wtem czaus turecki rozkazuje Tatarom imieniem sułtana odstąpić od oblężenia i oddalić się do Krymu. Suchowy osłabiony tem zmniejszeniem jego sił, przez odstąpienie go związkowych, obawiając się zemsty hetmana, pozostawia dowództwo nad wojskiem humańskiemu pułkownikowi Chaneńko, a sam chroni się do Krymu; Kozaki zmuszeni zostali uledz Doroszeńce; ale znienadwidzili go i nigdy nie mogli zapomnieć, że otrzymał buławę z rąk muzułmańskich, że na wojskowym jego sztandarze zamiast krzyża, błyszczy półksiężyc.

Chaneńko któremu Suchowy zdał naczelnictwo nad Zaporożcami, schronił się do Humania; Doroszeńko ścigał go do tego miasta, Humańczycy otworzyli bramy i oznajmili, że Chaneńko z Suchowym przeszli Boh dla połączenia się z hordami białogrodzkiemi, hetman udał się za niemi z niezliczonem wojskiem, gdy Chaneńko i Suchowy skłoniwszy Jerzego Chmielnickiego na swoją stronę, połączyli się z hordą krymską i niespodzianie otoczyli go pod Steblewem. Zguba Doroszeńki była nieuchronna: wtem Sierko z Tatarami białogrodzkiemi napada na oblegających, których nienawidził, że mu nie dozwolili zostać koszowym: rozbił i rozproszył na wszystkie strony. Suchowy i Chaneńko uszli do Krymu ze swemi sprzymierzonemi. Jerzy został pojmany pod Humaniem; Tatarzy odesłali znakomitego jeńca do Stambułu, gdzie na prośbę Doroszeńki został osadzony w twierdzy siedmiu wież.

Doroszeńko odłożywszy do wiosny zemstę nad Mnogogresznym, za wydarcie mu buławy na wschodzie, rozkwaterował Tatarów na zimę w okolicach Białocerkwi. Tatarzy jakiś czas zachowali się spokojnie, wtem nagle znikli, uprowadziwszy z sobą mnóstwo mieszkańców obojej płci. Doroszeńko uskarżał się sułtanowi; wezyr mu odpowiedział.

— „To powszechny chleb tatarski, oni nie mają innej płacy."

Tymczasem jeszcze w przeszłym roku na sejmie warszawskim rozprawiano o powrocie Polsce Kijowa według traktatu andrusowskiego. Dnia 4 Kwietnia 1668 r., przybył do Moskwy Stefan Medeczko pisarz kowieński i wręczył carowi pismo primasa zastępującego króla przed wyborem nowego, objawiając nadzieję rzeczypospolitej odebrania Kijowa z wojennemi aparatami i zapasami. Alexej Michałowicz odpowiedział: że gdy sejm lekceważąc przyrzeczenia byłego króla, nie przysłał wczasie właściwym posłów dla odebrania miasta stósownie do ugody, takiem odkładaniem uchylił wszystkie poprzednie zobowiązania, że Rossya święcie wypełniając traktat andrusowski zawsze wspierała Polskę wojskiem i czem mogła. Powszechne dobro wymaga, mówił car, nie naruszać ugody między Polską iRossyją wtedy, kiedy Turcy i Tatarzy uzbrajają się przeciwko Ukrainie; co się zaś tyczy Kijowa, buntownicze Kozaki, korzystając z jego oddania, przywołają do siebie Muzułmanów i wojna domowa znów rozpocznie się na Ukrainie. I jakąż odpowiedzialność miałby car przed Bogiem gdyby nie odwrócił tego nieszczęścia, wystawił na niebezpieczeństwo Kijów, który go kosztował tyle krwi poddanych, a który rzeczpospolita tak lekceważyła.

Taką odpowiedzią pozbyto posłańca polskiego, ale też wtedy i nie miał kto upominać się o oddanie Kijowa. Nowego króla jeszcze nie wybrano, Porta gotowała się do wojny, wpływ sułtana na zachodnią Ukrainę stawał się niebezpieczniejszym co chwila, przyjaźń z Moskwą była zatem potrzebną dla rzeczypospolitéj, spór bowiem o Kijów mógł spowodować wojnę na północy, gdy druga gotowała się na południu.

Wypadało zatem zawrzeć wieczny pokój i stanowczo postanowić o Kijowie. Dla tego postanowiono zjazd pełnomocników obu państw w Andrusowie w końcu 1669 roku. Bojar Naszczokin, Żelabuski i diak Gorochów ze strony Rossyi; Jan Gliński wojewoda chełmski, Cypryan Tychanowski wojewoda mścisławski; Paweł Brzostowski referendarz i pisarz litewski, Jan Ogiński krajczy litewski; Kazimierz Zapolski podkomorzy sieradzki i Stanisław Kowalewski łowczy kijowski, ze strony Polski przybyli dla czynienia układów.

. Naszczokin żądał, by układy odbywały się pod murami Kijowa, żeby i Małorossyanie mogli w nich uczestniczéć, posłowie polscy nie zgodzili się na to, narzekając; iż car nie dozwolił wydania Kijowa polskiemu pułkownikowi Piwo, przysłanemu od rzeczypospolitéj. Bojar odpowiedział, że Piwo miał zbyt mało z sobą wojska i gdyby mu miasto odstąpiono, to Doroszeńko korzystając ze słabości garnizonu, oddałby sułtanowi twierdzę tak ważną nietylko Polsce ale i Rossyi. To miało być przyczyną ociągania się wtedy; dziś zaś mówił bojar nietylko Kijów, ale ani jedna wioska przez cara nie zostanie odstąpiona Polsce, inaczéj pokój zawartym być nie może.

Nadaremnie kommissarze powoływali się na traktat andrusowski, bojar utrzymywał, że Kijów powinien wynagrodzić szkody i zniszczenia zrządzone przez zachodniego hetmana z Tatarami na Ukrainie wshodniéj. Na drugim zjezdzie, Naszczokin podał memoryał tych szkód przez polsko-ukraińskiego hetmana Doroszeńkę spełnionych. Czterdzieści ośm wiosk i miasteczek, zagarniętych przez niego w Ukrainie wschodniéj, rzeź i niewola wojewodów, strata wojska, zapasy żywności, artyleryi, broni palnej, prochu, kul sama nawet kassa carska były zabrane w tych miastach przez Doroszeńkę. A co najważniejsza w bojach z nim zginęło 1414 ludzi, a do niewoli zabrał 174.

Przyczyną zaś tego była Polska, iż nie dała żadnéj pomocy rossyjskim pułkownikom, nie utrzymała Doroszeńki w posłuszeństwie; a tem samem naruszyła traktaty: moskiewski i andrusowski, a nic prócz Kijowa nie może wynagrodzić tych krzywd Rossyi.

Kijów przeto został przy carze.

Na tron polski wyniesiony został syn księcia Jeremiasza Wiśniowieckiego i Gryzeldy Zamojskiéj. W owym czasie korona królewska w Polsce, była cierniową koroną, a berło ciężkim krzyżem. Dla Michała korona ta była jeszcze cięższą jak dla innych ; Korybut był ubogi i słabowity; wojna Ukrainy, przyłączenie jéj wschodniéj części do carstwa, pozbawiły Wiśniowieckich wszystkich bogatych dóbr w tej stronie.

Wkrótce po wyborze przybyli do niego posłowie od Doroszeńki; Taraseńko i Pietranawski. Kozaki żądali by na sejmie rozpoznano ich zażalenia i potwierdzono dawne wolności i przywileje. Po naradzeniu się w radzie senatu, wyznaczona została kommissya w Ostrogu. Lecz Doroszeńko odwłóczył wysłanie swych posłów na tę kommissyą; to uskarżał się na srogie obchodzenie się garnizonu białocerkiewskiego z mieszkańcami, to żądał dla bezpieczeństwa zakładników za każdego ze swych starszyn mającego być wysłanym na ową kommissyę.

Wtedy pułki: czyhryński, humański, brzegi Bohu i Dniestru do saméj Galicyi, wybrały sobie naczelnikiem Chaneńka, który przysłał posłów do króla, prosząc o przyspieszenie oddawna wyznaczonéj kommissyi. Chaneńko wyprawił do Ostroga Simeona Bogaczenkę, Iwana Maluka, Iwana Połtawca i Andrzeja Taraseńka. Ze strony Polski przybyli: Stanisław Bieniewski wojewoda, generał czernihowski; Franciszek Lubowicki kasztelan wołyński; Jan Piasoczyński, kasztelan chełmski; Jerzy Manecki stolnik kijowski i Stefan Piasecki starosta bracławski.

Imieniem i z upoważnienia króla oraz sejmu, komissarze wydali Kozakom *assekuracyą*, w któréj zostało przyrzeczone, że na najbliższym sejmie król udzieli Kozakom łaskę i dostateczną konstytucyą, którą za-

twierdzi wolność wyznań, greckie cerkwie i klasztory
oraz ich własności uczyni nietykalne, zapewni małorossyjskiemu duchowieństwu swobodę, władzę, prawo,
majątek i poważanie. Kozackim wdowom używanie
swobód ich mężów i posiadanie futorów przez nich
dzierżonych, wolny wybór hetmanów według dawnych
praw i obyczai, a król tylko będzie udzielał swe potwierdzenie; hetman, pułkownicy i starszyny, wykonają
przysięgę, że nie będą rościć pretensyi do cudzéj własności i ugniatać Kozaków; dla wszelkich zażaleń
otwarta będzie droga do tronu. A ponieważ Kozaki
powracają do prawdziwego swego władcy, zatém winy
ich zostaną i darowane i zapomniane.

Nawzajem assekuracya żąda wyrzeczenia się od
Kozaków wszelkich postronnych protekcyi, przyjmowania posłów bez wiedzy króla i koronnych hetmanów; ich obowiązkiem będzie bronić od nieprzyjaciół
rzeczpospolitą, stawać pod chorągwie polskie na pierwszy rozkaz koronnych hetmanów i uspokajać w swéj
ziemi wewnętrzne zaburzenia; król przyszle hetmanowi klejnoty, szlachta, duchowieństwo i wszystkie stany
będą używać swych praw i przywilejów.

Dnia 2 Września 1670 roku, umowy zostały podpisane obustronnie, potém odesłane do Warszawy,
potwierdzone przez króla i sejm i wniesione do konstytucyi pod tytułem: *Assekuracya wojsku zaporożskiemu.*

Haneńko nie był pewny, czy na radzie kozackiéj
utrzyma się na hetmaństwie, zaczął przeto wzmacniać
związki z Portą, oraz wysłał pułkownika Obidę do
cara, zapewniając o swéj życzliwości.

Król wiedział o wszystkiem, jednak starał się by Chaneńko został wybrany hetmanem, a nawet napisał do Alexeja Michajłowicza zażalenie na Mnogogreszuego, iż zatrzymał posłów kozackich, wracających do domów z ostrożskiéj kommissyi, którzy zostali z rozkazu wschodniego hetmana okuci i uwięzieni, a choragwie i inne posiadane przedmiota odebrane. Przyczyną do takowego postępku miało być pismo królewskie w którym Michał Korybut tytułował się między innemi: ruskim i smoleńskim, Mnogogreszuego zaś nazwał nie hetmanem ale nakaźnym północnym i bez zgody cara wyznaczał na Zaporoże starszyn, które zostawało pod wspólną opieką obu państw.

Car uznał słuszność postępku Mnogogreszuego. Doroszeńko tymczasem, pamiętając żawsze o wydarciu mu buławy przez Mnogogreszuego, wyjednał za pośrednictwem sułtana u patryarchy konstantynopolitańskiego klątwę na niego.

Mnogogreszny nie wiedział jeszcze o tém, jak wychodząc ze swego dworcu upadł we drzwiach i uderzył się tak mocno, że został ledwie wpół żywy. Nazajutrz bracławski protopop Roman Rakusza, przywiózł do Baturyna wiadomość o klątwie, wypadek hetmana przypisano wpływowi tej klątwy i Kozacy odmówili mu posłuszeństwa, lubo za staraniem cara klątwa zdjętą została.

Tymczasem Chaneńko został wybranym na hetmana i król posłał mu hetmańskie insygnia, a na mocy hadziackich traktatów, hetman przybrał tytuł: *Jego królewskiéj mości hetman wojska zaporożskiego i całéj Małorossyi do rzeki Słucz.*

Tym sposobem Ukraina rozdzieliła się na trzy partye i trzy hetmaństwa; we wschodniéj był stolicą Baturyn, hetmanem Mnogogreszny oddany carowi; w południowo-zachodniéj, Czyhryń, któréj hetman Doroszeńko uznawał nad sobą władzę sułtana; północno-zachodnia, gdzie hetman króla polskiego Michał Chaneńko, był czasową stolicą Humań.

Doroszeńko nie otrzymując od sułtana pomocy, ścigany przez wojska polskie, prześladowany od losu, upadłszy na duchu, zwrócił się nakoniec ku carowi, żaląc się na zmuszania do unii, odebranie cerkwi i inne prześladowania. Alexy odpisał mu: „Dla dobra Ukrainy odłącz się od Turków i według andrusowskiego traktatu, bądź wiernym poddanym króla polskiego"—car wiedział, że jego rada nie będzie wykonaną.

W tym także czasie król przedstawił Alexemu, że dla wspólnego dobra obaj monarchowie winni bronić się przeciwko tureckiéj potędze i prosił cara, stosownie do traktatu o nadesłanie pomocniczego wojska; Alexy nie odmówił, lecz pod różnemi pozorami odwłóczył nadesłanie posiłków, a tymczasem Polska, Ukraina i Turcya gotowały się do wojny i wzajemnego wycieńczenia. I dla tego też ani Polska, ani Doroszeńko nie otrzymali pomocy.

Widzieliśmy jak Mnogogreszny, jeszcze za czasów popularności Doroszeńki, mając sobie powierzone naczelnictwo nad jego wojskiem, sprzedał swego ufnego dobroczyńcę i prawie mimo powszechnéj woli wydarł z rąk jego buławę, wiele z wolności uzyskanych przez Chmielnickiego utracił, nie widząc środków ich utrzymania; nakoniec otoczył się krewnymi i przyjaciółmi. Prawie wszystkie pułki należały do jego krewnych, a obcy zostali oddaleni. Te powody zebrały przeciwko niemu prawie wszystką starszyznę generalną.

Pierwszych dni Marca 1672 roku, spiskowi w nocy przybyli do Baturyna, opanowali zamek, weszli do sypialni hetmańskiéj i otoczyli jego łóżko; zbudzony szelestem ujrzawszy około siebie tłum ludzi, hetman chwyta za pałasz leżący pod głową pragnąc się bronić, lecz Mokrewicz pisarz wojskowy wystrzałem z pistoletu rani go w rękę i Mnogogreszny wypuszcza z dłoni szablę; wtedy pochwycony, z zatkanemi ustami został wyprowadzony na dziedziniec, związany i na przygotowanéj bryce wywieziony do Moskwy.

Tuż za nim pojechali generalni starszyni: Piotr Rosławiec, Piotr Zabiała, Jan Samujłowicz i Jan Domontow, oraz Piotr Mokrewicz, donosząc carowi, że hetman miał tajny zamiar poddania się sułtanowi tureckiemu i prowadził korrespondencyą z Doroszeńką, prosili, by Mnogogreszny został ukarany śmiercią jak zdrajca i wiarołomca.

Car nie uwierzył skardze starszyn, ależ niepodobna było nie korzystać ze sposobności zrównania praw hetmana kozackiego z prawami innych poddanych. Było to pierwszy krok i bardzo trudny, ale dziś sami starszyni usuwali wszelkie trudności, czynili swego hetmana zwykłym urzędnikiem, którego sądzi już nie naród ukraiński, ale duma bojarska.

Niewinny, spotwarzony, nie został skazany na śmierć, ale według ówczesnych praw kryminalnych i sposobu prowadzenia śledztw, badany torturą, potém razem z żoną, dziećmi i krewnemi został zesłany na Sybir.

ROZDZIAŁ XXIV.

Hetmanowie:
Carski, Samujłowicz; królewski, Chaneńko
i sułtański, Doroszeńko.

Wkrótce po wykonaniu wyroku na Mnogogresznym, przybyli do Baturyna: Michał Samaryn i Szestaków, by zawiadomić Kozaków o wakującej buławie i przeczytać im carski manifest.

Potém przyjechał książę Grzegorz Romadanowski, Iwan Rzewuski i Atanazy Taszłykow; była zwołana rada pomiędzy Putywlem i Konotopem w kozackiej Dubrowie i dnia 17 Lipca 1672 roku, został wybrany hetmanem, generalny sędzia Jan Samujłowicz.

Wtedy bojarowie przeczytali warunki, pod którémi car zatwierdzał hetmana.

Warunki te były następujące:

1. Miasta Kijowa car nigdy Polsce nie ustąpi, inne zaś artykuły pokoju z królem zawartego odłoży do 1674 roku.

2. Hetman bez rady starszyn i sądu, nikogo śmiercią karać nie może, jak to dotąd bywało.

3. Nie może prowadzić żadnych układów z obcemi monarchami bez carskiego polecenia, a tym więcéj nie ma prawa wchodzić w stosunki piśmienne ani ustne z Doroszeńką.

4. Obowiązany jest ustąpić Polsce wszystkie miejsca nad rzeką Soż, w województwie mścisławskiém, w powiatach: mozyrskim i rzerzyckim, któremi władał Mnogogrzeszny.

5. Ponieważ Doroszeńko połączywszy się z sułtanem, rozpoczyna wojnę z królem polskim, przeto nowy hetman obowiązuje się nie dawać temuż Doroszeńce żadnéj pomocy.

6. Nie przyjmować rossyjskich zbiegów, a tych którzy za Mnogogresznego zostali przyjęci, powrócić bezzwłocznie.

7. Jeżeli w układach z Polską lub z hetmanem, będzie wzmianka o Ukrainie lub wojsku zaporożskiem, o tém piśmiennie będzie zawiadomiony hetman i koszowy.

8. Pułkownik czernichowski Wasili Mnogogreszny, odebrał wodę poddanym rossyjskim; a setnik tameczny Leontyn Połubotek zajął na Stryznie przewóz, wystawił płot i młyn; to wszystko zniszczyć.

9. Pułkownik z tysiącem regestrowych Kozaków, postanowiony na mocy 22 artykułu głuchowskiéj ugody, dziś na prośby ludu kassuje się.

Takim sposobem Ukraina carska zwolna przywykła do zmian, nie spostrzegając tego, że własnym popędem przystępuje do życia ogólnego, że wciela się w ogólny skład państwa rossyjskiego. Od Chmielnickiego, do Samujłowicza, wszyscy hetmani otrzymywali buławy w skutek swych zabiegów a nie powszechnego wezwania, i dla dopięcia zatém celu starali się o łaskę cara, a chcąc ją uzyskać czynili ustąpienia z praw narodowych. Zwolna zatém zlewała się Ukraina z Rossyą.

Doroszeńko straciwszy nadzieję uzyskania carskiéj protekcyi przeciwko królowi, użył wszelkich sposobów by wyjednać u sułtana pomoc przeciwko Polsce, która go pozbawiła buławy nad częścią Ukrainy, oddawszy ją Chanience. Porta ukończywszy pomyślnie wojnę z Wenecyą, dała się uprosić hetmanowi i niespodzianie przyszła do Warszawy wieść, że ogromna armja turecka idzie na Ukrainę, a na czele jéj postępuje sam Mahomet IV.

Wtedy także Cheneńko pisał do Sobieskiego, że Tatarzy idą w pomoc Doroszeńce. Sobieski polecił pułkom na Ukrainie stojącym zbierać się, napisał do podkanclerza Olszewskiego o grożącéj ojczyźnie burzy, prosił go o nadesłanie zapłaty wojsku, o poprawienie artylleryi, opatrzenie twierdzy białocerkiewskiéj, koniecznéj dla zabezpieczenia okolicy. Lecz skarb był próżny i żadna z próźb Sobieskiego nie została załatwiona. Pozostawiony samemu sobie, bez pomocy, nie wiedział co począć, król na mocy traktatu zażądał od cara pomocy, lecz Alexy postępując raz obraną drogą, poczytywał nadesłanie posiłków coraz słabnącéj Polsce za błąd polityczny, ograniczył się zatém na wydaniu polecenia hetmanowi Samujłowiczowi wyjścia przeciwko Tatarom; koszowy zaporożski udał się także niepokoić Turków na morzu Czarnem.

Król zwołał sejm, by uradzić środki ocalenia kraju, ale intrygi prymasa zerwały go, nie dozwalając nic postanowić. Michał Korybut nie widząc żadnego środka obrony, ogłosił pospolite ruszenie.

Hetman litewski Pac otrzymał polecenie, by i w Litwię oznajmił o grożącém niebezpieczeństwie, z zebraną szlachtą pospieszył pod Lwów i połączył się z wojskami koronnemi. Sobieskiemu polecono bronić przeprawy nieprzyjacielowi przez Dniepr. Hetman nie mając tyle wojska, by oprzeć się ogromnym siłóm sułtana, hana i Doroszeńki, dał z własnéj szkatuły 20 tysięcy złotych na zakupienie zapasów, żywności i opatrzenie niemi Kamieńca, rozkazał komendantowi bronić się do ostateczności, sam zaś zebrawszy chorągwie wyszedł z Husiatyna i stanął pod Glinianami.

Drugiego Sierpnia, Mahomet IV przybył pod Kamienie, a mieszkańcy jeszcze nawet nie zdołali zwieść do miasta zapasów żywności, zakupionych przez hetmana. Dwa pierwsze szturmy zostały odparte. Sułtan uczynił podkop pod niższy zamek, garnizon przeniósł się do górnego. Turcy uszykowali bateryę z 200 armat; przez dziesięć dni nie ustawała kanonada, mury się sypały. Nie widząc podobieństwa utrzymać się dłużéj, zgromadzona szlachta w Kamieńcu, zmusiła komendanta prosić nieprzyjaciela o kapitulacyą i Mahomet IV odbył uroczysty wjazd do Kamieńca Podolskiego.

Bezpieczeństwo życia i majątków ruchomych i nieruchomych; wolność religijna i publicznego odprawiania obrządków; swobodny wychód mieszkańców z całym majątkiem ruchomym do Polski, zupełna wolność rozrządzania własnością dla pozostałych; konwój dla każdego do bezpiecznego miejsca; podwody dla wywiezienia rzeczy należących do osób które zechcą się oddalić; wychód garnizonu z bronią w ręku; uwolnienie domów szlacheckich i duchowieństwa od kwater; Stanisławów, miejsce gdzie konwój opuszcza wychodźców. Takie były warunki kapitulacyi, lecz Mahomet ich nie dotrzymał. Kwatery zajmowano wszędzie, zamki i domy ludzi prywatnych zajęte zostały na sułtana; na zażalenia odpowiadano, że każdy może uprawiać ziemię i będzie miał utrzymanie, a zamki i sioła są własnością sułtana. Dozwolono cztery tygodnie czasu do wyjazdu, a nazajutrz zaraz rozkazano opuścić miasto. Świątyń zobowiązano się pozostawić trzy, a oddano tylko dwie.

Ośmnaśtego Sierpnia sułtan przeprowadził swe wojska ulicami Kamieńca a było ich przeszło 100 tysięcy. Powynoszono z kościołów obrazy i usłano niemi ulice dla wojska. Potem wszystkie świątynie zamieniono w meczety. Na farze wybudowano minaret który do dziś istnieje, lecz wyobrażenie Najświętszéj Panny depcze półksiężyc.

Przewidując taką zgrozę, major koronnéj artylleryi w czasie umów o kapitulacyą podłożył 200 beczek prochu pod zamek i wysadził go w powietrze, zginąwszy z tysiącem towarzyszów wybuchu.

Po wzięciu Kamieńca, Machomet wysłał Tatarów; z Doroszeńką i wezyrem pod Lwów. Mieszkańcy wiosek na drodze nieprzyjaciela kryli się po lasach i jaskiniach, wyszukiwali ich Tatarzy, a komu nie odebrali życia, zawlekli w ciężką niewolę. Horda oddzieliwszy się od wezyra, rozsypała się po całem Pokuciu i Wołyniu, grabiąc i paląc okolice. Sobieski ze swym małym oddziałem, ile mógł wstrzymywał i rozpędzał gromady bisurmanów.

Tymczasem Turcy oblegli Lwów, 14 dni nieprzyjaciel tłukł mury kulami stu armat. Komendant miasta, generał artyleryi Łącki, mężnie się bronił, lecz widząc niepdobieństwo odpędzenia nieprzyjaciela, zmuszony był się okupić.

Król widząc państwo na brzegu przepaści, ogłosił powtórnie pospolite ruszenie i wydał polecenie Sobieskiemu zbierania chorągwi pod Hrubieszowem, ale i to nie pomogło. Nieprzyjaciel z licznemi oddziałami, przenikał coraz głębiej; miasta: Międzybór, Bar i inne poddawały się jedno po drugiem. Korybut wysłał Jana Lanckorońskiego, kanclerza wołyńskiego; Silnickiego, czernichowskiego, i Szamborskiego podskarbiego koronnego, do sułtana z żądaniem pokoju.

Dnia 20 Października 1672 roku, zawarty został traktat w Budzanowie. Warunki tego pokoju, były bardzo uciążliwe dla Polski, król bowiem odstąpił sułtanowi znaczną część Ukrainy, Podola i Kamieniec, opanowane przez sułtana, granice tych prowincyi powinny zostać takiemi jak były w dzień zawarcia przymierza; za miasto Lwów, Polska obowiązała się wyliczyć 80 tysięcy talarów i córok płacić baraczu po 22 tysiące dukatów. Kozacy Doroszeńki zostali odstąpieni pod protekcyę sułtana.

Machomet za to wszystko obowiązał się tylko wzbronić Turkom, Tatarom i Kozakom, wszelkich szkód, napadów i najazdów na granice rzeczy-pospolitej.

Selim-Giréj, han krymski udał się do domu i Doroszeńko zaprzestał wojennych działań. Lecz Sobieski korzystając z rozdziału nieprzyjaciół, napadł na Tatarów pod Kałużą za Dniestrem, zmusił do ucieczki dwóch synów hana, odebrał im zdobycz i powrócił wolność jeńcom.

Doroszeńko widząc, że wojna z Polską, niedoprowadziła go do żądanego celu, że nie otrzymał hetmaństwá nad całą Ukrainą, przez pośrednictwo biskupa lwowskiego Szumlańskiego, zaproponował powrót pod władzę króla.

Tymczasem nadszedł 1675 rok i w Warszawie żgromadził się sejm. Stany wachały się czy potwierdzić haniebny traktat budzanowski; wtem Jan Sobieski przybywa na sejm i swą mową przeważa zdania senatorów, by odrzucić haniebne przymierze.

„Wiem, rzekł, wiem dobrze, jak słabe są nasze siły, jak ubogi skarb, lecz można wszystkiemu zaradzić.

Każdy rolnik czując się wolnym, może opuścić swe niwy, wziąść oręż i stać się dobrym żołnierzem, jeżeli posiadać będzie doświadczonego wodza. Niepotrzebuję więcej jak 60 tysięcy ludzi, wtedy i was oswobodzę od niewoli. Niepytajcie mnie z kąd wezmę pieniędzy na utrzymanie tego wojska, bo gdybym nawet radził przelać kościelne sprzęty złote i srebrne na pieniądze, i na to powinnibyście się zgodzić. Broniąc ojczyznę naczyniami religijnych obrzędów, broniemy wiary. Ale nie! rzecz-pospolita ma skarby w Krakowie, czyż będziemy czekali dopóki Machomet je zagarnie. Użyjemy ich zatem na skruszenie kajdan na nas włożonych. Może spodziewacie się pomyślnych skutków z układów? może ufacie w pomocy sąsiadów? O, układy zawsze postępują wolno: przyszłość niepewna, terażniejszość tylko w naszych rękach; nasi przodkowie prędzéj zgodziliby się na śmierć, jak na jedną chwilę niewoli."

Te szlachetne wyrazy nieulęknionego hetmana, zaufanie narodu jakie posiadał Sobieski, nadzieja w jego męztwie i doświadczenie w sztuce wojennéj, skłoniły umysły senatorów na jego stronę. Postanowiono zatem sprzadać koronne kosztowności, zerwać pokój budzanowski i nad haniebny traktat przenieść jakikolwiek los wojny.

Nie długo jéj czekano, nie wypłacony na czas haracz sułtanowi, stał się powodem do wznowienia nieprzyjacielskich działań. Siedm mostów rzuconych na Dnieprze było zapowiednią nowej burzy; Machomet zamierzył zawojować całe królestwo.

Przedniejsi panowie dzieląc z Sobieskim odpowiedzialność za złamanie traktatu budzanowskiego, postanowili dzielić z nim także trudy wojenne.

Tymczasem Sierko ujęty w roku zeszłym do niewoli przez Samujłowicza i odesłany do Rossyi, dziś został uwolniony na wstawienie się Zaporożców, dla strzeżenia brzegów Dniepru.

Tatarzy korzystając z jego nieobecności w siczy, przy przechodzie przez zaporożskie ziemie, upędzili mnóstwo tabunów i stąd a co gorzéj uprowadzili do niewoli część *malców*, to jest młodych synów kozackich ćwiczonych w siczy do spraw rycerskich. Rozgniewany postępkiem bisurmanów, Sierko postanowił odpłacić im z lichwą: Zebrawszy Kozaków udał się na Białogrodszczyznę, zniszczył wszystkie sioła do Akermana, dobył miasto, zrabował i obrócił go w perzynę; potem zebrał statki na rzece Hadzijbes, podpłynął z piechotą na półwysep, poleciwszy konnicy iść brzegami, i wylądowawszy pod Karasubazarem, zrabował wszystkie nadmorskie miasta, przebiegł bezbronny Krym, niszcząc wszystko na drodze, połączył się ze swą kawaleryą pod Perekopem i obciążony łupami powrócił na niedostępne wyspy dnieprowskie.

Sobieski objąwszy dowództwo nad trzydziestu kilku tysiącami wojska, w któréj liczbie znajdowało się ośm tysięcy Litwinów pod dowództwem Michała Paca, hetmana litewskiego i czterdziestu armatami, ruszył w pole.

Zamiarem Sobieskiego było wyminąć Podole, zostawić za sobą Kamieniec i Chocim oblężony przez Turków i udać się przez Multany wprost na Kapłan-Paszę, a zniósłszy go, zwrócić się na inne oddziały wojsk tureckich, wejść w układy z hospodarami, pociągnąć ku Polsce i wytępić w Chocimie, Bracławiu i Kamieńcu zastępy Machometa, zdumione napadem od strony ich ojczyzny, odcięte od swego kraju i zniewolone uchodzić chyba w głąb Litwy lub Polski.

Hetman dla zasłony swego pochodu wysłał najprzód Siemianowskiego, chorążego koronnego, poleciwszy mu znosić wszystkie rozjazdy nieprzyjacielskie. Siemianowski rzucił popłoch na całą linią turecką, zająwszy miasta, Satanów, Jarmolince, Ziekowce i Bar. Sobieski korzystając ze zręcznego obrotu chorążego, stanął z wojskiem nad Dniestrem. Nikt nie bronił tych brzegów; Sobieski pomimo gęstéj kry pokrywającej rzekę przebywa ją. Na drugiéj stronie spotkano Stefana Petryczajkę hospodara wołoskiego, zrzuconego przez Turków, Stefan przyrzekł pomoc i poprowadził Sobieskiego naprzeciwko Kapłan-Paszy postępującego szybkim krokiem z drugą armią ku Polsce.

Już wojsko minęło puszczę Bukowiny i weszło na błotniste brzegi Prutu, któremi przez dni kilkanaście postępując upadało ze znużenia, trwoga ogarnjała żołnierzy, zgromadzeni wodzowie oświadczyli, że nie pójdą daléj i odłączą się od hetmana, jeżeli będzie nalegał do dalszego pochodu. Musiał Sobieski uledz konieczności. Oczekiwać Kapłana-Paszę w tem miejscu było niepodobna. Zwrócił się więc na Chocim, postanowiwszy szybko uderzyć na Husejma stojącego pod miastem a potem wrócić się na Kapłan-Paszę.

Chocim był zamek warowny cztery mile odległy od Kamieńca, na skale prawego brzegu Dniestru, ze wszech stron otoczony głębokim wąwozem. Rzucony most przez te wąwozy łączył zamek z obozem Hussejma-Paszy. Obóz warowny szańcami rozciągał się wzdłuż rzeki na wzgórzach których stopy najeżone ostremi skałami ginęły od strony Multau w bagniskach nieprzebytych. Cała płaszczyzna nad którą panowały zamek i obóz, przerznięta była rowem i szańcem którego broniły palisady.

Pod taki to oboz broniony przez 80 tysięcy wojska wsławionego swemi zwycięztwy w Kandyi, pod dowództwem doświadczonego w bojach wodza, przybył Sobieski, na czele 40 tysięcy ludzi źle odzianych, źle karmionych i znurzonych długim marszem, zająwszy stanowisko prawie pod ogniem bateryi, tureckich.

Dnia 10 Października Sobieski sprawił wojsko do boju: Jabłonowski wojewoda ruski stanął na prawem skrzydle opierając się o Dniestr, mając pod sobą zamek Chocimski, Litwini zajmowali lewe skrzydło przeciwko Wołochom i Multańczykom, Dymitr Wiśniowiecki hetman polny, Czarniecki chorąży, trzymali środek a Kątski na przodzie tego rozległego półkola, ustawił 40 armat dla zburzenia palisad.

Wielki hetman już miał rozpocząć bitwę, gdy wieczny nieprzyjaciel jego Michał Pac, oznajmił, że niechcąc narażać Litwinów na oczewistą zgubę, oddziela się od niego, by ocalić swój oddział mogący jeszcze być użytecznym rzeczy-pospolitej. Lecz Sobieski z właściwą sobie stałością odpowiedział Pacowi, że wojsko litewskie będzie się biło pomimo woli swego hetmana, więc sam może się oddalić i być świadkiem bitwy. Spór ten oddalił szturm obozu do dnia następnego.

Lecz Zaporożców niepodobna było utrzymać od napadu. Nie czekając rozkazu rzucili się na Turków, zrządzili znaczne szkody w ich wojsku, lecz zostawszy otoczeni, zginęli wszyscy, wraz ze swoim dowodcą Samuelem Mołdawild. Człowiek ten przez lat siedmnaście męczył się w niewoli Machometa okuty w kajdany na galerze tureckiéj. Rozpacz podała mu szaloną myśl zbuntowania towarzyszy i wyrznięcia strażników. Zamysł ten powiódł się szczęśliwie, Samuel zabrawszy galerę ofiarował swe usługi Wenecyi. Od tego czasu oddychał niepowściągnioną żądzą zemsty przeciwko ciemiężcom i ta myśl sprowadziła go pod chorągwie Sobieskiego.

Ogień z dział trwał cały dzień, a pomimo ogromnego śniegu, wichru i zawiei wojsko polskie noc całą stało pod bronią. Przed świtem ośm wołoskich chorągwi oddzieliwszy się od Turków, przybyło do obozu Sobieskiego.

Hetman po wysłuchaniu mszy postanowił natychmiast uderzyć na nieprzyjaciela, jeszcze nierozwidniało, gdy Sobieski spieszył swój dragoński pułk, i poprowadził go na wały nieprzyjaciela, gdy tymczasem dla odwrócenia uwagi Hussejma, Czarniecki uczynił fałszywy attak z innéj strony. Piechota poszła za hetmanem, który zawaliwszy rowy i fosy, szybkim krokiem zbliżył sie pod same skały sterczące ü stóp obozu. Zaledwie to dopełniono, gdy piechota Petrykowskiego, Denhoffa i Koryckiego, wpadła na wały i zatknęła na nich chorągwie. Na ten widok okrzyki tryumfu zabrzmiały śród polskich hufców, napełniając trwogą nieprzyjaciół zdziwionych tak nagłym attakiem.

Tymczasem i Leszczyński z Jabłonowskim, wdarli się do obozu, od strony gdzie stali Wołosi. Nadaremnie Spacbowie i Janczary bronili każdego calu ziemi, obóz napełniał się coraz więcéj Polakami. Pac hetman litewski, będąc świadkiem tryumfu, rzucił się także do walki, Dymitr i Konstanty Wiśniowieccy wpadli podobnież do obozu, bitwa zamieniła się w rzeź okropną. Seraskier i Soliman-pasza wódz Spachów, byli wzięci do niewoli. Wtedy całe wojsko nieprzyjacielskie puściło się w rozsypkę. Pomiędzy Chocimem a Kamieńcem, urządzony był most pływający na Dniestrze. Tutaj biegli Turcy, aby dostać się do Kamieńca, ale Sobieski wszystko przewidział, Radziwił spuściwszy się w wąwozy, opanował most i bramę; pierzchający szukać musieli ratunku na wpół zamarzłéj rzece. Ussarze Miączyńskiego ścigali zbiegów aż do wpół rzeki. Powiadają że na kilka mil woda zarumieniona była krwią Turków.

Po trzech godzinach z ogromnego wojska które trwogą przejmowało Europę, pozostały tylko stosy trupów.

Na wieść o klęsce Hussejma, Kapłan-Basza będący już pod Cecorą spalił swój obóz i uszedł za Dunaj; wszystkie garnizony rozłożone po zamkach cofały się, zostawując za sobą zniszczenie i popioły, jako pamiątkę swego przejścia; Kamieniec tylko pozostał niewzruszony, była pora do łatwego odebrania tak mocnéj fortecy, lecz nagle rozeszła się wieść o śmierci króla; Sobieski wezwany przez prymasa, pospieszył do Warszawy na elekcyą.

Książęta: brandeburgski, lotaryngski, bawarski, Parmy, ban Transylwanji, Don Jouan austryacki, książę Oranii, i Alexy Michajłowicz, starali się o koronę polską. Wdowa po Michale, Eleonora, tworzyła partye za swoimi. Towarzysz i przyjaciel Sobieskiego, Stanisław Jabłonowski, wymienił imię zbawcy ojczyzny, zwyciężcy z pod Chocima, ruscy i pięciu małopolskich wojewodow powtórzyło je; Pac chciał się sprzeciwić, ale nie równe były jego siły, musiał ustąpić. Biskup krakowski Trzebicki, zebrał głosy i Jan Sobieski wstąpił na tron polski, prosząc o odłożenie koronacyi do czasu ukończenia wojny.

Car rossyjski, mówi historyk Małorossyi M. Markiewicz, został bardzo zmartwiony wiadomością o wyborze króla pełnego energii i męztwa. Berło polskie wypadło z rąk jego.

Już oddawna car Alexy Michajłowicz, i hetman Samujłowicz; proponowali Haneńce i Doroszeńce przyłączenie zachodniéj Ukrainy do wschodniéj, lecz jeden jak drugi odrzucali przedstawienia; pierwszy ufał w opiece króla, drugi sułtana. Ale dziś czas się zmienił, król Michał dobroczyńca Haneńki umarł. Sułtan, potężny protektor Doroszeńki został pokonany. Sobieski nie lubił Haneńki, tenże Sobieski skruszył potęgę sułtana, obadwa zatem hetmani kozaccy ochłodli w swéj wierności. Miasta Ukrainy zachodniéj jedno po drugiem bez bitwy prawie poddawały się Samujłowiczowi, Czerkasy, Moszna, Bogusław, Medwin, Steblów;

Kamienny Brod, Rzyszczew, Stajki, Trypole, Białogorodka, Trachtimirów, otwarły bramy hetmanowi wschodniemu. Doroszeńko widząc powodzenia Samujłowicza wpadał w szaleństwo z gniewu, wywierając swą zemstę na sioła i mieszkańców łączących się ze stroną rossyjską.—Oddani mu pułkownicy; Sołowiéj, Humaniec, Biełogród, bracia Grzegórz i Andrzéj Doroszeńkowie, Eustachy Gogol i Andrzéj Sobotski, udali się pod dowództwem generalnego asauła Gamalei pod Korsuń, by go bronić przeciwko Samujłowiczowi, sam zaś Doroszeńko udał się nad Dniestr, po pomoc do paszy sylistryjskiego, potem poszedł na Raszków i Lisiankę. Całą okolicę od Raszkowa, do Lisianki zniszczył ogniem i mieczem; tu przyszła mu pomoc tatarska, w drodze dowiedział się że Czerkasy poddały się Samujłowiczowi, Doroszeńko wysłał oddział Tatarów z bratem Grzegorzem na obronę miast, lecz wojsko to zostało rozbite pod Bogusławiem, a mieszkańcy Lisianki wydali Grzegorza Samujłowiczowi. Wtedy Doroszeńko schronił się do Czyhrynia jedynego miasta z Powołoczą które przy nim zostało.

Andrzej Cej, objął dowództwo nad wojskiem ruskiem, Iwan Lisienko nad Kozakami, a Samujłowicz i Romadanowski udali się do Perejasławia, gdzie 20 Lutego wszyscy starszyni wykonali przysięgę w katedralnéj cerkwi na wierność carowi.

Dnia 17 Marca przybył Haneńko i złożył przed radą insygnia hetmańskie, prosząc o zapomnienie krzywd przez niego im wyrządzonych. Samujłowicz odebrał od Haneńki przysięgę i dał mu humański pułk pozwoliwszy mieszkać w Kijowie.

Samujłowicz został hetmanem obu brzegów Dniepru; Romadanowski pojmując politykę swego monarchy korzystał z okoliczności, ugoda konotopska znów została zmieniona i spisano nowe punkta pod tytułem: *Nowych perejasławskich.*

W nich wskazany był punkt zborny dla wojsk kozackich, w razie najazdu nieprzyjacielskiego nad rzeką Rosawą pomiędzy Kaniowem i Korsuniem. Liczba regestrowych zmniejszona do 20 tysięcy. Doroszeńkę zabroniono uznawać hetmanem.

ROZDZIAŁ XXV.

Samujłowicz hetmanem obu brzegów
Dniepru.
Doroszeńko składa władzę.

W czasie zgromadzenia rady w Perejasławiu Doroszeńko wysłał Jana Mazepę, sławnego późniéj hetmana, z żądaniem od Romadanowskiego zakładnika jakiego z rossyjskich urzędników, by nim zabezpieczył swoich Kozaków względem ich wodza. Wymowny poseł skłonił księcia do wysłania zakładnika, lecz Doroszeńko będąc z niego niezadowolony, powrócił go z prośbą odłożenia rady do wiosny. Doroszeńko oczekiwał Tatarów, pragnąc odwlec połączenie obu Ukrain.

Jeszcze nie skończyła się rada, Samujłowicz nie zdołał zgromadzić wojsk, gdy Doroszeńko rozpoczął wojnę. Trzech krymskich sułtanów przyłączyło się do jego pułków złożonych z serdiuków i kompanijców. Wojsko to będące na żołdzie swojego wodza

szukając zysku w rabunku, wkrótce owładnęło oko-
licami Czyhrynia. Tatarzy uprowadzili do niewoli
mieszkańców przychylnych hetmanowi. Słabe garnizony nie mogły opierać się licznemu wojsku. Pułkownik perejasławski Dmitraszko, z dwudziestu tysiącami wojska wyszedł przeciwko nieprzyjacielowi,
Andrzej Doroszeńko z Tatarami udał się naprzeciw
niego. Spotkanie nastąpiło pod miasteczkiem Smiełoje, po zaciętej i krwawej bitwie Doroszeńko został pokonany i udał się do Taśminy pozostawiwszy
połowę swego korpusu na polu walki.

Wtedy Samujłowicz i Romadanowski zbliżyli się
do stolicy Doroszeńka, Czyhrynia. Tysiąc trzysta
Kozaków, z pułkownikiem Szulgoi; pięćset przy dzia-
łach; pułk z pięćiuset Zaporożców konnych pod dowództwem zięcia Doroszeńki Janenczenka; sto piędziesiąt konnicy pułkownika Mołczana; dziewiędziesiąt
dragonów, dwieście Czerkasów i dwa tysiące uzbrojonych mieszczan—oto były siły Doroszeńki—nadto
miasto opatrzone w żywność na rok wystarczyć mo-
gącą, zapas prochu kul i 200 dział broniły go od
nieprzyjaciela, i dla tego odpowiedź jego na żądanie
poddania się była tak stanowcza.—Żywy się nie
poddam ale prędzej siądę na beczkę prochu i wy-
sadzę ją w powietrze.

Oblężenie odbywało się od strony Sobotowa, z przeciwnej zaś błota i piaski Taśminy zostały wolne,
oblężeni zatem mogli z tej strony wysyłać posłańców i dowiedzieli się o zbiżaniu armii tatars ko-
tureckiej z Podola.

Tureckie wojska po zdobyciu miast: Baru, Podhajców i Medzybór, oraz po długiem oporze Łady-

żyna gdzie zginął pułkownik Muraszko, ciągnęły prosto na Czyhryń. Samujłowicz i Romadanowski usłyszawszy o ich powodzeniu, cofnęli się do Czerkas, a ztamtąd za Dniepr.

Wtedy rozpoczęło się pustoszenie zachodniéj Ukrainy, Mahomet IV, pragnąc pomścić porażkę wojsk swoich pod Chocimem, wyszedł z liczną armią nad Dniestr, umawiając się z mieszkańcami Chocima, że jeżeli przepuszczą go bez przeszkody, wtedy pozostawi ich w spokoju; lecz wszedłszy do miasta zrujnował go i zamierzył iść na Lwów, gdzie znajdował się Sobieski z nader szczupłem wojskiem i mógłby był wtedy Turek zagarnąć całą Polskę, ale na szczęście idąc za radą hana i prośbą oblężonego w Czyhryniu Doroszeńki udał się na Ukrainę.

Lud przerażony wieścią opuszczając domy i majątki rozbiegał się w różne strony; a machometanie zrabowawszy mieszkania palili je potem; miasta które się poddały bez walki, zostały oszczędzone po zapłaceniu machometanom daniny córkami; niektórzy schronili się za Dniepr, a najwięcéj uchodziło pod opiekę Sobieskiego.

Mahomet wszedłszy z tryumfem do Czyhrynia, wysłał dwonastu paszów i Doroszeńkę pod Humań. Turcy starali się skłonić mieszczan do dobrowolnego poddania się, lecz na próżno.—Rozpoczęto zatem szturm; podkopy i kule dział rozbijały fortyfikacye. Turcy opanowali miasto, rozpoczęła się walka na ulicach, strzelanie z okien i drzwi; walczący ale nie przywykli do broni mieszczanie, kobiety i dzieci były niemiłosiernie mordowani, krew płynęła strumieniami, z ujętych do niewoli żywo zdzierano skóry.—Za każdą chrześciańską głowę paszowie płacili po dukacie i wysyłali ich ogromne stosy sułtanowi.—Mahomet ustanowiwszy Namiestnika na Ukrainie w osobie ulubieńca sułtanki Walidy, wezyra Kára Mustafy, powrócił do Konstantynopola.

Tymczasem król przyszedł na Ukrainę, zrobił hetmanem Sierkę walecznego Zaporożca, który ceniąc męztwo królewskie ofiarował mu swe usługi i wierność z kilkoma pułkami.

Eustachemu Gogolowi polecił Jan strzedz przepraw dnieprowskich, a sam udał się do Niemirowa gdzie Tatarzy zajęci byli rabunkiem.

Wojna stawała się dla Doroszeńki coraz przykrzejszą, Sobieski był waleczny wódz. Polska chociaż wycieńczona, zawsze w porównaniu z garstką jego Kozaków była jeszcze bardzo silną; Moskwa była także przeciwko Doroszeńce, tylko okrąg Czyhryński był za nim i stał przeciwko dwom monarchom i całej prawie hetmańszczyznie. W tak trudnych okolicznościach Doroszeńko udał się do cara; przyrzekał nakłonić do poddaństwa Tatarów nohajskich, nienawistnych krymskim, obiecywał wstrzymać Turków od napadów na Rossyę, przyrzekał nakoniec zrabować i spustoszyć Krym, jeżeli Alexy uzna go hetmanem obu brzegów Dniepru i wojska zaporożskiego, oraz podniesie liczbę regestrowych Kozaków do trzydziestu-tysięcy.

Car nie odpowiedział wcale na tę odezwę; a Sobieski bił Nagajców, odbierał miasta zajmowane przez Turków. Bar i Bracław poddały się królowi, w Niemirowie nie zastał już Tatarów, uszli usłyszawszy o jego zbliżaniu się, w Raszkowie turecki garnizon został wyrznięty; Kalnik przysiągł wierność królowi. Napróżno Doroszeńko podbudzał mieszkańców do oporu, przyrzekał pomoc, korrespondencyą tę przejęto i oddano królowi.

Sobieski założywszy główną kwaterę w Bracławie, napisał do cara, zawiadamiał go o zwycięztwach i prosił o pomoc. Alexy odpowiedział, że Rossya cieszy się z powodzenia polskiego oręża, ale wojsk pomocniczych z powodu zimy przysłać nie może.

Oznaczono więc w Andrusowie trzeci zjazd pełnomocników.

Przybyli ze strony Moskwy, bojar książę Nikita Odojewski; z polskiéj, wojewoda trocki Maryan Ogiński, i referendarz litewski Cypryan Brzostowski. Rozpoczęto umowy względem zawarcia wiecznego pokoju i połączenia sił przeciwko ogólnemu nieprzyjacielowi, ale widząc obojętne traktowanie rzeczy Odojewskiego, pełnomocnicy polscy przeszli do żądania o wydanie Kijowa. Odojewski odpowiedział, że Rossya nie przeciwko układom włada zachodnią Ukrainą i Kijowem. Wszystkie te miasta i Kijów są zawojowane nie od Polski ale od Turków. Polska nie miała prawa bez zniesienia się z Rossyą odstępować sułtanowi zachodniéj części Ukrainy; lecz jeżeli już ją oddała, żatem nie ma prawa do żadnych o nią pretensyi.

Tak trzeci zjazd andrusowski skończył się tylko na potwierdzeniu rozejmu na lat 30 i pół, licząc od 10 Stycznia 1675 roku.

Czyhryń i Powołacz Doroszeńki nie chciały się upokorzyć Polsce; Doroszeńko wydał uniwersał w którym napominał lud, by się nie poddawał królowi, ale zabrawszy żony, dzieci i dobytek ukrył się w Korsuniu, gdzie im przyjdzie na pomoc z liczną hordą. Nie widząc końca walki i powstań Sobieski, wysłał do Czyhrynia kommissarzy: Józefa Szmulańskiego, biskupa lwowskiego i pułkownika Mortinsztejna. Kommisarzom tym polecono oznajmić Doroszeńce, że jeżeli upokorzy się przed królem, wszystkie winy Kozaków zostaną zapomniane i będą mieli powrócone sobie dawne prawa i przywileje.

W czasie układów przybyli Tatarzy i Doroszeńko porzuciwszy myśl pojednania się, rozpoczął wojnę.

Napisał do hana radząc mu, aby szybko napadł na Bracław, gdzie znajduje się główna kwatera króla. Sobieski uwiadomiony o tem, wysłał od siebie Miklaszewskiego, dla odwrócenia hana od zamiaru połączenia się z Kozakami. Piechota Doroszeńki połączyła się z Sierkiem. Król zamierzał wśród zimy uderzyć i odebrać Kamieniec, wtém wojsko królewskie podbudzone przez swego hetmana, szemrać zaczęło i odzywało się z chęcią powrotu do domów; król swą wymową nakłonił ich do pozostania, wtedy Pac zażądał pozwolenia na oddalenie się samemu i otrzymał je, lecz odjechawszy pociągnął za sobą swe wojsko; wielu Polaków nawet poszło za jego przykładem; siły armii zmniejszyły się. Weszli Tatarzy poprzedzając armią turecką i Sobieski zmienić musiał system. Słabe posiadając siły nie mógł myśléć o walnych bitwach, wzmacniał przeto zamki i miasta, sypał szańce i okopy, aby oblężeniami wycieńczyć groźnego nieprzyjaciela. Ufortyfikował Kalnik, Bracław, Mohilew, Raszków, Berszad i Szarogród; rozstawił garnizony, zachęcał wiernych Kozaków podarunkami, oddał Gogolowi główne dowództwo nad pułkami: bracławskim, kalnickim, humańskim i mohilewskim; rozstawił jego Kozaków w województwie bracławskiém, wojska koronne wyprowadził na Wołyń. Potém szybko udał się do Żółkwi, zwołał tu radę senatu i rozpoczęto narady względem sposobów dalszego prowadzenia wojny lub układów z Portą.

Sułtan tatarski Nuradyn przybył do króla, ofiarując się za pośrednika. Król zażądał by wojska tureckie wyszły z kraju, a on odstąpi Porcie Kamieniec z jednomilowym obwodem; lecz wojska nieprzyjecielskie nie opuściły swych stanowisk, ale posuwały swe zabory; zatém należało orężem dobić się pokoju. Niedługo król czekał na wojnę, do Żółkwi przyszła wiadomość, że Ibrahim-Seraskier połączony z sułtanem Nuradynem, prowadzi ogromne tureckie wojsko ku Lwowu. Piętnastu paszów, pięciu beglerbejów i hospodarowie wołoski i multański zostawali pod jego rozkazami. Król wydał garnizonom rozkaz nie poddawania się; Sierkowi napadać na nieprzyjaciela zajętego oblężeniem; o swych poruszeniach donosić hetmanom koronnym; chorągwiom polskiém zostającym na Wołyniu, prowadzić wojnę partyzancką, nurząc nieprzyjaciela z tyłu i boków ciągłemi napadami.

Seraskier zajęty był oblężeniem Zbaraża, który mając sto ludzi, mężny stawił opór, nim przez zdradę chroniącego się w jego murach chłopstwa został wydany nieprzyjacielowi. Stanisław Jabłonowski rozbił turecki oddział pod Złoczewem.

Druga armia przeprawiła się przez Dniestr i Seraskier objąwszy jéj dowództwo, poprowadził na Lwów w zamiarze zdobycia tego warownego grodu, ostatniéj zasłony stolicy i Krakowa. Król przybył do Lwowa, a wkrótce ogromna łona na niebie zwiastawała o zbliżaniu się nieprzyjaciela. Tatarzy stanęli niedaleko miasta i zaczęli rozkładać obóz, ale Sobieski nie zostawił im do tego czasu. Szczupłe jego wojsko stało w dolinie o ćwierć mili od miasta, opierając się o góry zajęte przez artyleryą. Obóz polski był silnie obwarowany, ze wszech stron reduty łączyły go z fortyfikacyami Lwowa, ale wewnątrz szańców tylko 5,000 znajdowało się żołnierzy. Nazajutrz po przybyciu nieprzyjaciela zerwał się ogromny wicher ze śniegiem i gradem prost na nieprzyjaciół i rzucił popłoch pomiędzy szeregi synów południa. Król pobłogosławiwszy wojsko wysłał je do ataku; zaczęta bitwa trwała dzień cały, król odniósł tryumf—z pięciotysiącami żołnierzy, pokonał i rozproszył 150 tysięcy Turków—czyn trudny do uwierzenia, a jednak prawdziwy.

Ibrahim-Seraskier zgromadziwszy znów swe siły, postanowił zająć stanowisko na granicy województwa ruskiego, by posiadać w swéj mocy Wołyń i w pobliżu Lwów, na który przy sposobności uderzyć i zabrać zamierzył, wtedy Warszawa w kilka dni mogłaby być zajętą.

Opanowanie Podhajców obronnego miasta na granicach Galicyi, było mu koniecznie potrzebne, jakoż dopiąwszy swego, poszedł na Trembowlę. Lecz tu nie udało mu się tak łatwo. Pułkownik Samuel Chrzanowski, wytrzymał czternastodniowe oblężenie, z trzystoma żołnierzami garnizonu. Tam żona jego Marya, dała dowód bohaterskiéj odwagi i stałości umysłu, widząc bowiem walące się mury, ustających w obronie żołnierzy i szlachtę okoliczną schronioną w zamku, radzącą już o poddaniu, wybiegła do broniących murów i prosząc o wytrwałość zapowiadała rychłą pomoc Sobieskiego. „Gdyby zaś on, zawołała wskazując męża, pomyślił o poddaniu się, jeden z tych dwóch sztyletów będzie dla niego, a drugi dla mnie!"

Z tém wszystkiem Trembowla już byłaby zgubioną, gdy nagle dał się słyszéć huk dział w oddaleniu, ożyły serca oblężonych, król Jan pospieszał na odsiecz. Se-raskier przerażony tą wiadomością, straciwszy przeszło dwa tysiące w poległych, odstąpił od Trembowli i udał się za Dniestr. Sobieski kazał go ścigać i Lubomierski wpadł aż do Wołoch, rozszerzył postrach imienia pol-skiego i cofnął się dopiero, gdy powietrze zaczęło dzie-siątkować ludność tamtejszą.

Król z obozu pod Czarnokozielcem, zawiadomił Sier-ka o wypędzeniu nieprzyjaciół i polecił mu przysłać posłów na sejm, naznaczony na 1 Lutego 1676 roku, gdzie Kozacy mają otrzymać potwierdzenie swych praw i wolności.

Dopóki trwała wojna, Samujłowicz rozsyłał uniwer-sały po zachodniej Ukrainie przeciwko Doroszeńce. Ten lękając się ich skutków, pisał do hetmana wschodniego brzegu Dniepru, zapewniając go o swéj życzliwości i przyjaźni, oraz czułości ku Ukrainie, mówiąc, że sprowadzając Turków na Polskę, odwracał ich broń od Ukrainy; przedstawiał, że nawet Bohdan Chmielni-cki przyzywał pomocy Tatar, że Brzuchowiecki, któ-rego Samujłowicz był doradzcą, zwracał się do nich w ostateczności; dziwił się nieprzyjaźni hetmana ku współbraciom; nakłaniał do zaprzestania rozsyłać pa-szkwilów pod pozorem uniwersałów, przeciwnych cno-tom, obywatelstwu i honorowi prawego rycerza.

Hetman odpowiedział, że czasowy kozacki starszy-na, nie powinien równać się z Bohdanem Chmielnickim,

że Doroszeńko wzywał Turków nietylko przeciwko
Polsce, ale i rodzinnemu krajowi, a chociaż ci nie byli
w Kijowie, to tylko z własnego wyrachowania, ale nie
z jego przedstawień, bo własnym uniwersałem z Kaniowa wydanym, groził Kijowowi i nakłaniał Turków
do oblężenia tego świętego miasta.

Doroszeńko był blizkim upadku.

Samujłowicz natychmiast po téj korrespondencyi,
wezwawszy pomocy Romadanowskiego, dobył Korsunia i mieszkańców jego wyprowadził na wschodnią
Ukrainę. Tymczasem znów Sierko niezadowolony
z układów Polaków z Tatarami, nakłania Doroszeńkę
do oddania się razem z nim carowi. Jakoż 23 Grudnia
obadwaj hetmani zachodniéj Ukrainy wykonali przysięgę wierności Alexemu i wysłany został posłaniec
do Moskwy z wiadomością o tym wypadku. Posłaniec
ten zastał cara na śmiertelnéj pościeli i przysięga Sierka i Doroszeńki została bezużyteczną. Alexy nazwał
ją postępkiem samowolnym i niegodnym, a odpowiedź
swą napełnił wyrzutami. Car pozostawiał młodego
następcę Teodora i nie chciał go plątać w wojnę
z znakomitym polskim wojownikiem; Doroszeńko obrażony do żywego odmową zmarłego cara, zebrał wszystkie siły by szkodzić Moskwie, użył podarunków i pieniędzy by skłonić ku sobie lud małorossyjski i wojsko
zaporozskie. Prosił sułtana o wsparcie czyniąc mu nadzieję oderwania całéj Ukrainy.

Lecz wszystkie starania były bezowocowe.

Sułtan rozgniewany otrzymaną wiadomością o wy-
konanéj przysiędze carowi, polecił odpowiedzieć Doroszeńce, że każe zedrzeć z niego skórę i wystawić ciało na
bramie seraju. Zagrożony ze wszech stron Doroszeńko,

przedsięwziął środek rozpaczny, z garstką Kozaków zamknął się w Czyhrynie, ztamtąd wezwał Tatar o pomoc i oczekiwał Samujłowicza, który połączony z Romadanowskim z polecenia nowego cara, szedł na Czyhryń.

Cztery pułki kozackie pod dowództwem generalnego buńczucznego Połubotka i 15 tysięcy wojska rossyjskiego pod naczelnictwem pułkownika Kosagowa, składało przednią straż, która przeprawiła się na brzeg królewski. Natychmiast poddały się im Kryłów i Woronówka,.potem został oblężony Czyhryń ze wszystkich stron. Doroszeńko nie widząc żadnego ratunku, wyszedł z miasta w pełnem ubraniu hetmańskiem na czele ludu i duchowieństwa, wykonał przysięgę na wierność carowi i oddał insygnia hetmańskie.

Wtedy Teodor Alexejewicz, wysłał poselstwo do Sobieskiego, zawiadamiając go, że wojsko rossyjskie wysłane do Czyhrynia przeciwko sułtanowi tureckiemu i Doroszeńce, wypędziło ztamtąd nieprzyjaciela i zabrało miasto. Król wiedział, iż pod Czyhryniem nie było Turków, jednak zajęty sprawami ciągle grożącéj Porty zmuszony był milczeć.

Doroszeńko został usunięty zupełnie od spraw publicznych i otrzymawszy posiadłości około Sośnicy, mieszkał tam jako człowiek prywatny.

ROZDZIAŁ XXVI.

Hetmanowie:
Carski, Samujłowicz; królewski, Gogol; sułtański,
Jerzy Chmielnicki.

Jan Sobieski oddał buławę po Sierku Stefanowi Eustachemu Gogolowi, polecając mu strzedz Polesia.

Turcy gotowali się do nowéj wyprawy, zbierając groźne wojsko nad Dniestrem, do 180 tysięcy wojska Seraskiera, przyłączyło się 80 tysięcy Tatarów. Cesarz niemiecki będący w nieporozumieniu z dworem francuzkim, trwożliwie patrzał na otwarte stosunki Jana Sobieskiego z Ludwikiem XIV, dla tego starał się przedłużyć wojnę rzeczypospolitej z Portą, by oręża polskiego nie zwrócić na siebie. Za podnietą gabinetu wiedeńskiego rozgłoszono w Polsce, że król zwodzi rzecz-pospolitą, że tajemnie z Turcyą zawarty został pokój, a pod pozorem wojny z Portą, Jan zbiera wojsko przeciwko elektorowi branderburgskiemu i dla korzyści Francyi poświęca Polskę.

Wieści te wzburzyły rzeczpospolitą. Polacy uwierzyli, że są wplątani przez osobiste skłonności króla w wojnę niszczącą, a niepożyteczną. Duchowieństwo i szlachta odmawiali pogłównego, a nowozaciążni rozbiegali się. Tymczasem wojska muzułmańskie przeszły Dniestr pod Chocimem. Jabłonowski wprawdzie sprzeciwiał się ich przeprawie, spalił most, jednak nie zdołał się długo opierać i 260 tysięcy mahometanów wtargnęło na Ukrainę. Teraz dopiero uwierzyli Polacy, że nie byli zwodzeni; król zgromadził spiesznie we Lwowie 20 tysięcy wojska i kilkanaście tysięcy Kozaków. Z tą garstką wojowników udał się naprzeciwko nieprzyjacielowi. Nowy wódz Turków Seraskier-Ibrahim-Szejtanpasza, naczelnik paszałyku Damaszku, był biegłym generałem; zamiast plondrowania po spustoszonym Wołyniu, Szejtan zwrócił się na Galicyą. Będąc panem Podola i części Rusi Czerwonej, szybko przyłączył Pokucie do swych zdobyczy. Król postanowił odzyskać tę krainę; pod Wojniłowem spotkała się przednia straż polska pod dowództwem Lubomirskiego z nieprzyjaciołmi, których rozproszyła.

Nazajutrz (25 Września) ukazali się muzułmanie niedaleko obozu królewskiego, wojsko polskie występowało do boju, nieprzyjaciel nie nacierał ale palił okolicę by ogłodzić Polaków. Sobieski zrozumiawszy jego zamiary, sprowadził przez noc wiele mógł zapasów żywności i wysłał za Dniepr rozkaz dostarczenia prowiantów pod eskortą oczekiwanych posiłków, a wszystkich żołnierzy, czeladzi, luźnych ciurów użył do kopania fos i okopów. Tył obozu zakrywał Dniestr, przednią linią szańce, a lewe skrzydło opierało się o zamek Żurawno. Siedmdziesiąt dział strzegło przystępu a rzeczka Swiecza, opasywała naturalnym kanałem te fortyfikacye.

Turcy oblegli obóz królewski, przez cztery blisko tygodnie trwało to okropne oblężenie króla z garstką żołnierzy, przez ogromne wojsko. Sobieski co ranek wychodził z okopów, uderzał na Tatarów wybiegających z obozu, lub przednie szańce nieprzyjaciół, gromił Turków wśród ich szańców i wracał znużony, aby dać wypocząć wojsku. Nieprzyjaciel zajął się podkopami zamierzając wysadzić szańce królewskie w powietrze. Jan kopał kontraminy lecz Polaków było zamało do téj pracy. Niebezpieczeństwo stawało się coraz groźniejszem, szczęściem zręczna wycieczka zniszczyła roboty oblegających i odparła pod sam obóz.

Nareszcie Szejtan-pasza postanowił zakończyć z tą garstką oblężonych i 8 Października ogromna armia wyruszyła ku obozowi, Sobieski ze swem osłabionem wojskiem, nie mógł oczekiwać nieprzyjaciela za okopami; wyprawił Jabłonowskiego na obronę Swieczy, którędy nieprzyjaciel przechodzić musiał. Wojewoda dzielnie się trzymał przez dwie godziny, nareszcie liczba przemogła i wielki hetman pospieszyć mu musiał na pomoc. Polacy wspierani przez artyleryą zamku Żurawna stawiali czoło tym massom natłoczonym już w szczupłéj przestrzeni pomiędzy szańcami a rzeczką, wreszcie Turcy przełamali i tę zaporę i wysypali się na równinę przed szańcami polskiemi. Wtedy wybiegł król dla wsparcia pierzchających ze swemi usarzami, którzy jeszcze w bitwie nie brali udziału. Turcy naciśnięci przez wojownika, którego samo imię przejmowało ich trwogą, ku pierwszéj linii którą złamali i pozostawili w tyle; wpadli we dwa ognie i po upornéj walce do szczętu wytępieni zostali; wtem nadbiega Szejtana-pasza z wyborem odwodowego żołnierza, wygrana wachała się, król nareszcie udaje ucieczkę, Turcy ścigają go pod szańce obozowe i dostają się w ogień bateryi wałowej. Janczarowie otaczają Jana, Lubomirski biegnie mu na pomoc, i uderza na Turków z drugiéj strony, a artylerya dopełnia zniszczenia; dwa tysiące machometan legło na równinie pomiędzy obozem i rzeką, a wpośród nich wielu znakomitych dowódzców.

Noc położyła koniec rzezi.

Cały dzień następny upłynął spokojnie; Kozacy królewscy śmiało nosili głowy murzów, bejów, paszów na swych pikach przed obozem Turków. Trwoga rozeszła się pomiędzy muzułmanami, han zaczął się niecierpliwić długiem oblężeniem i nalegał o pokój. Saraskier więc wysłał jednego z murzów do obozu królewskiego, oświadczając, że lubo jest wiadomy opłakany stan, w jakim się znajdują oblężeni, pozbawieni żywności i amunicyi, że niewiele dni potrzeba aby głód i nędza wydały ich na zemstę wielkiéj Porcie; lecz że Porta przekłada widzieć w takim królu jak Jan sprzymierzeńca, jak niewolnika i zezwala na pokój; żąda tylko ratyfikacyi traktatu budzanowskiego i przymierza zaczepnego przeciwko Rossyi.—Jan wysłuchał propozycyi i odrzekł: Jeżeli podobne propozycye podane będą raz jeszcze królowi polskiemu, każę powiesić tego, kto się podejmie podobnego posłannictwa.

W godzinę potem zaczęło się bombardowanie i pierwsza kula padła na królewski namiot, oblężeni nie mieli spoczynku we dnie ani w nocy, zabrakło im żywności i ammunicyi; król płacił żołnierzom za każdą przyniesioną kulę, któremi Turcy bombardowali obóz. Mahometanie widząc na nowo opatrzone baterye polskie, domyślali się, że Dniestrem przepuszczano posiłki Janowi.

Nareszcie 14 Października Sobieski wydał polecenie wojsku szykowania się do bitwy, która miała albo ocalić wojsko, albo też wszystko zakończyć. Widząc to Turcy zdumieli. Tatarzy nie wątpili, że jest jakiś urok w potędze króla polskiego. Turcy lękali się zbliżającéj zimy. Seraskier miał tajne polecenie wywalczyć pokój, ale nie prowincye i w chwili gdy Jan dawał hasło do boju, ofiarowano mu pokój. Ibrahim przysłał dwóch paszów i 24 janczarów dla zawarcia ugody. Treść jéj była następująca:

1. Dwie części Ukrainy gdzie Biała-cerkiew i Powołocz do Polski, a trzecia gdzie Bar i Medzybór do Turcyi należyć będzie.

2. Względem Podola stanie ostateczna ugoda w Stambule.

3. Zakładnikom ze Lwowa wziętym waruje się wolność.

4. Kościoły w ziemi świętéj odebrane katolikom, znowu im powrócone będą.

5. Haracz nałożony na Polskę, traktatem budzanowskim uchyla się.

6. Tatarom litewskim wolno będzie z żonami i dziećmi powrócić do Krymu, lecz nie późniéj jak w przeciągu roku.

7. Na żądanie posiłki tatarskie i tureckie będą dawane Polakom.

8. Turcy wojując w sąsiedztwie, nie postaną na ziemi rzeczypospolitéj.

9. Podległe Turcyi narody nie będą mięszać pokoju rabunkami. Gdyby zaś to się zdarzyło, król upomni się o to paszy w Kamieńcu i zadosyć uczynienie nastąpić powinno.

10. Handel wolny i cła zwyczajne.

11. Wielkie poselstwo wysłane będzie do Konstantynopola dla potwierdzenia pokoju i ostatecznéj ugody, a tymczasem mniejszy poseł wraz z wojskiem tureckiem pojedzie do sułtana i zostanie tam aż go wielki poseł uwolni.

Tym sposobem Polska lubo musiała ustąpić część Ukrainy Porcie, wszystkie jednak zamki i fortece wyjąwszy Kamieniec odzyskała. Turcy zwrócili także trzy tysiące wozów narabowanego dobytku, wyswobodzono **15** tysięcy niewolników; słowem; uzyskanie podobnego pokoju w obecnych okolicznościach, znaczyło więcéj jak zwycięztwo. Rozłożywszy wojska na zimowe kwatery, król polecił Jabłonowskiemu dawać baczenie, by nieprzyjaciel wychodząc z kraju nie rabował mieszkańców, sam zaś udał się do Złoczewa, gdzie zastał posłów angielskiego i francuzkiego, obadwa proponowali *dziś* pośrednictwo u Porty, ostatni przywiózł Janowi order świętego ducha.

W skutek traktatu Żurawińskiego, wysłany został do Stambułu wielki poseł wojewoda chełmski Jan Gniński dla rozgraniczenia Podola i Ukrainy i ratyfikacyi umowy zawartej przez Seraskiera.

Porta uspokoiwszy się z Polską, zaczęła się gotować do wojny przeciwko Rossyi; powodem była Ukraina oddana carowi przez Doroszeńkę, a będąca przedtem pod władzą sułtana. Według rady patryarchy konstantynopolitańskiego, Mahomet uwolnił z twierdzy siedmiu wież Jerzego Chmielnickiego, nadał mu tytuł *księcia sarmatskiego, hetmana wojska zaporożskiego*, polecił zbierać wojska w Ukrainie wschodniéj, na pustyniach zakładać słobody na swoje imię, a połączywszy się z Ibrahimem i Tatarami, udać się przeciwko Czyhrynowi i Kijowowi. Chmielnicki rozpoczął korrespondencyą z Zaporożcami i już zdołał skłonić Sierka na swoją stronę, gdy Samujłowicz przejął list jego i zaczął pilnie baczyć na postępki koszowego. A wiedząc że Doroszeńko nie omieszka także skorzystać z zamieszek, wyjednał dla niego od cara dobra pod Moskwą z tysiąca osady złożone i tam wysłał byłego hetmana.

Gdy Jerzy zbliżał się do Czyhrynia, na Ukrainie wschodniéj zawiązano spisek przeciwko Samujłowiczowi. Pułkownicy: Dmitraszko, Gorlenko, Piotr Rosławiec i Protopop Adamowicz byli jego naczelnikami. Rosławiec i Adamowicz udali się do Moskwy i oskarzyli Samujłowicza przed carem o zdradę. Potém prosili, by Teodor Alexejewicz oddzielił od hetmańszczyzny pułk starodubski i oddał go pod zarząd rossyjskich wojewodów, na prawie pułków słobodzkich. Monarcha domyślił się, że Rosławiec potwarza hetmana; wzięto go przeto z jego towaszyszem na torturę. W mękach wymienili spiskowych i zostali zesłani na Sybir, a dwaj drudzy zamknięci w więzieniu.

Tymczasem rozpoczęła się wojna z Turkami, pod dowództwem Chmielnickiego i Ibrahima Szejtana-paszy.

Sześćdziesięcio-tysiączna ich armia przeprawiła się przez Dniestr, 13 Lipca, czterdzieści tysięcy Tatarów przyłączyło się do niej i 3 Sierpnia połączona armia stanęła pod Czyhryniem, przy Chmielnickim całego kozackiego wojska było 60 ludzi.

W mieście znajdowało się prócz zwykłego garnizonu, jeden pułk kozacki i trzy seciny pułków łubieńskiego i hadziackiego, pod dowództwem pułkownika Krówki. Garnizon ten będąc zawiadomiony o rychłéj pomocy od hetmana, trzymał się mężnie; przez dwa tygodnie Turcy oblegali miasto. Siedmnastego Sierpnia hetman z Romadanowskim, wysłali na pomoc garnizonowi półtora tysiąca piechoty kozackiej i pułk rossyjskiej konnicy, którzy w nocy przerznęli się przez linią tatarską i wpadli do miasta. Seraskier widząc taką śmiałość Kozaków i dowiedziawszy się o nadchodzącéj pomocy kozacko-ruskiéj, postanowił przypuścić stanowczy szturm, by prędzéj załatwić sprawę. 27 Sierpnia, oblegający podpalili miny, skoro tylko nastąpił wybuch, mahometanie rzucili się w wyłom, lecz Kozacy bronili wejścia, albowiem wiedzieli jaki los ich czeka; noc nawet nie przerwała walki.

Gdy się to dzieje na murach Czyhryńia, nad Dnieprem podobnież walczono. Naumyślnie wysłany oddział tatarski zajął przeprawę na Dnieprze, by nie przepuszczać przez rzekę Samujłowicza i Romadanowskiego. W czasie nocy Kozacy przepłynęli na prawy brzeg, usypali szańce i pod ich zasłoną przeprawił się hetman i bojar. Zrana Tatarzy nie spodziewając się by już całe wojsko przebyło rzekę, uderzają na Kozaków, rozpoczęła się bitwa; Osman-Girej syn hana,

ośmiu murzów i 10 tysięcy Tatarów legło na pobojowisku.

Jeszcze ciągnęła się bitwa pod Czyhryniem, gdy
przyszła do Seraskiera wiadomość o téj porażce i strwo-
żyła hordę. Wtem z drugiéj strony książę Golicyn
zbliża się z liczném wojskiem. Ibrahim widząc się
ze trzech stron otoczonym, pozostawiwszy nieprzyjacielowi cały obóz, 29 Sierpnia uchodzi za Dniepr.
Pułkownik kozacki Lisienko i stolnik Kasagów ścigali
Turków aż do Ingułu, ale nadaremnie. Seraskier
i wszyscy naczelnicy tureccy zostali przez sułtana
śmiercią ukarani za tę nieszczęśliwą wyprawę. Jerzemu zaś polecono gotować się na przyszłe lato do nowego pochodu.

Tymczasem hetman zajął się odbudowaniem Czyhrynia, w nowo wzniesione mury wprowadził piętnaście tysięcy Kozaków, oddając ich pod dowództwo Grzegorzowi Krówce i wojewodzie Iwanowi Rzewskiemu;
poprzednich starszyn, w których nie miał zaufania,
wyprawił na Ukrainę wschodnią, sam zaś udał się do
Kijowa. Czerkasy, Zabotin, Moszna, Miedwiedowka,
Drabowka zostały ufortyfikowane i opatrzone garnizonem.

W tym czasie miał miejsce na Ukrainie nowy wypadek, który stał się powodem narzekania wielu Małorossyan na Samujłowicza; w skarbie nie było pieniędzy
dla zapłacenia żołdu Kozakom Doroszeńki, którzy się
oddali hetmanowi wschodniemu; Samujłowicz ustanowił monopolium na wódkę. Ten nowy podatek dopo-
mógł do zaspokojenia wojska, lecz lud pojmował że
hetman mógłby znaleźć inne środki do wzbogacenia
ogólnego skarbu. Samujłowicz ścieśniając przemysł,
nietylko ścieśniał wiele osób prywatnych, ale w ogól-

ności cały kraj, cały naród, od którego zależy dobry stan skarbu.

Murat-Girej nowy han krymski na miejscu wygnanego Selima, z rozkazu sułtana tureckiego rozpoczął układy o pokój; lecz gdy car domagał się powrotu całéj Ukrainy i Azowa, wielki wezyr rozgniewany zbytecznością żądania, odpowiedział posłowi rossyjskiemu: „Oznajmij carowi, że niedługo wystąpię przeciwko niemu z niezliczonem wojskiem i radzę mu, aby dla panowania na Ukrainie, Czyhrynie i Azowie wystawił taką armią, któraby mogła pokryć całą ziemię.

Teraz była sposobna chwila dla Sobieskiego powrócenia ojczyznie wszystkiego, co jego poprzednicy utracili, ale cóż mógł uczynić, jakkolwiek by był wielkim królem, przeciwko wichrzącym umysłom ówczesnych magnatów i sejmów. Spory i kłótnie bogatych domów, mięszanie się do spraw państwa królowéj; słabość Sobieskiego ku żonie, nie dozwalały skrócić nadużyć wkradających się do rządu. Sejmy zrywane nierozmyślnie, nie dozwalały nic ustanowić. Z powodu niedostatku funduszów skarbu, natychmiast po zawarciu pokoju żurawińskiego wojsko musiało być rozpuszczone. Cesarz Leopold zagrożony przez Turków, starał się wciągnąć Polskę do związku przeciwko nim. Jan długo się na to nie chciał zgodzić, znając nieżyczliwość Austryi przeciwko Polsce, aż nuncyusz papieża Innocentego skłonił go do traktatu.

Rozpoczął się rok 1647, car spodziewając się wojny z Portą, postanowił zapewnić sobie przychylność Zaporożców i ich koszowego Sierka. Zobaczmy różnicę środków używanych przez Alexego i Teodora, ze środkami Zygmunta III i jego następców.

Do Baturyna przybyli posłańcy cara przywożąc hetmanowi aksamitną ferezję podbitą sobolami, zdobną
kamieniami wartującemi 500 rubli, a starszynom jako nagrodę za obronę Czyhrynia sobolowe delie i po
kilkaset rubli. Na przedstawienie Sierka, Zaporożcom
przysłano roczny żołd, armaty, ołów i carską chorągiew. Nic nie mogło skłonić hetmana i koszowego
do powstania przeciwko carowi, napróżno Jerzy czynił starania, pisał na Zaporoże, Sierko odesłał Teodorowi jego listy.

Z pierwszem ukazaniem się wiosny, na początku
Marca, Chmielnicki naczele Tatarów przybył w okrąg
pułku perejasławskiego i zaczął niszczyć brzegi Ro-
sawy. Murat-Girej chciał tym sposobem okazać gorliwość sułtanowi.

Mieszczanie, gmin, rzemielśnicy, brali broń i stawali
w szeregi, a duchowieństwo ogłaszało wojnę z nieprzyjaciołami Chrystusa. Z Moskwy przybyły nowe wojska i połączone z Kozakami stanowiły 100 tysięczną
armią która oczekując przybycia Dońców, Czerkasów
i Kałmuków przeszła Dniepr i stanęła na prawym
brzegu Taśmini.

Wielki wezyr KaraM-ustafa, han krymski i hospodarowie, rozłożyli się z równém wojskiem pod murami Czyhrynia dnia 8 Lipca.

Krówka i Rzewski jeszcze pracowali nad zewnętrznemi fortyfikacyami miasta. Turcy napadli na nich,
lecz z warowni wybiegła pomoc i po czterogodzinnej
walce machometanie cofnęli się bezskutecznie. Wtedy wezyr wyprawił paszę Alepu nad Dniepr dla zwra-
cania uwagi na armią rossyjską, a Kapłanowi-pa-
szy polecił zająć wzgórza pomiędzy miastem a obo-

zem armii kozacko-rossyjskiéj. Wezyr z hanem oblegli miasto, szturmowali, rzucali nań granaty, ale oblężeni mężnie odpierali nieprzyjaciół i częstemi wycieczkami czynili szkody w ich obozie. Nakoniec dawno oczekiwani Dońcy, Czerkiesy i Kałmuki przybyli do ruskiego obozu w końcu Lipca. Romadanowski mając przewagę wliczbie wojska, 31-go rozpoczął bitwę z paszą alepskim, Turcy mężnie bronili przeprawy, ale ustępująo przewyższającym siłom cofnęli się i połączyli z Kapłanem-paszą.

Wtedy wojska rossyjskie posunęły się ku miastu, turecka armia rozłożona na górze wisiała jak chmura brzemienna piorunami nad głowami chrześcjan, zkąd szląc ciągły ogień roznosiła zniszczenie w szeregach hetmana i wojewody. Rossyanie musieli ustąpić. W nocy pułkownik czernichowski postanowił przedrzeć się do miasta wąwozem, ale oddział jego był zaledwie na połowie drogi, gdy przestraszony własnym czynem dał ognia do obozu śpiących Turków i zbudził go. Rozpoczęła się bitwa z nowym zapałem i cięgnęła dzień cały. Rossyanie otoczeni, zmuszeni byli zanocować na miejscu walki. By wybić się z przykrego położenia cała armia Romadanowskiego i hetmana ruszyła pod górę. Turcy zaczęli się cofać ku dołowi, Kozacy pędzili za niemi zapalczywie, wtem muzułmanie zatrzymują się i zmuszają nieprzyjaciół do rejterady rąbiąc ich do samych stóp góry; tutaj jeden z pułkowników by wstrzymać ucieczkę swoich, osłonił ich rogatką i zatrzymał zapał nacierających. Turcy zatrzymani na pochyłych urwiskach czują niedogodność swego położenia, by zyskać stósowniejszą pozycyą cofają się ku Taśminiowi. Wezyr polecił spalić most za sobą dla wygrania na czasie do uformowania wojska, polecenie jego zostało zawcześnie wykonane, jeszcze cisnęły się na pokładzie tłumy machometan, gdy most zabłysnął płomieniem i zapadł ze znajdującem się na niem wojskiem. Do dziś lud ukazuje to miejsce pamiętne śmiercią kilku tysięcy niewiernych.

Hetman i książę przysunęli się do miasta i stanęli pod lasem nad jeziorem, gdzie siedm dni odpoczywali po trudach ostatniej batalii, kontentując się tem, że mogli mieć związki z garnizonem.

Wezyr tymczasem gotował się do nowego szturmu; hetman wysłał do miasta nowe wojsko dla zmiany strudzonego garnizonu. Przywykli do ognia w czasie długiego oblężenia żołnierze, zostali zastąpieni przez świeże wojsko, których gęsto padające bomby i granaty jeszcze przerażały. Rzewski został zabity a z jego śmiercią powstał w mieście nieporządek. Turcy wybiwszy wyłom w murze, zaczęli zasypywać rowy. 10 Sierpnia w niedzielę cały-garnizon wyszedł do obozu święcić dzień uroczysty, wieczorem powróciwszy do Czyhrynia zasnął. Nieprzyjaciele korzystając z tego rzucili się do miasta przez wyłom. Zbudzeni żołnierze zamiast spieszyć do wyłomu, wybiegli z miasta i zostali napędzeni w rzekę gdzie połączyli się z wrogami którzy ich tam poprzedzili przed kilku dniami. Piechota kozacka w górnym zamku broniła się do nocy. Turcy rabowali i mordowali mieszczan.

W nocy pozostałe wojsko w zamku podłożywszy podeń kilka beczek prochu zapaliło go, potem sformowawszy ścieśnioną kolumnę przerznęło się wśród ciemności przez linią turecką i schroniło się w obozie hetmańskim. W tej chwili nastąpił wybuch zamku, który z okropnym hukiem wyleciał w powietrze przywalając kamieniami oblegających.

W poniedziałek przed wschodem słońca ruszył cały obóz kozacko-rossyjski i cofnął się za Dniepr na pierwsze stanowisko, przez cały dzień i noc pochodu attakowali go Turcy, we wtorek stanął w dawnych szańcach.

Kara-Mustafa zniszczywszy Czyhryń do fundamentów poszedł za nieprzyjacielem. Przez siedm dni trwał nieustanny szturm do obozu. Nakoniec Samujłowicz nakłonił księcia do stoczenia stanowczéj bitwy któraby wszystko rostrzygnęła. Wezyr poniósłszy znaczne straty cofnął się z wojskiem. Nieprzyjaciele zamiast go ścigać rzucili się na jego obóz, gdzie mieli nadzieję znaleść wielkie skarby, ale zastali tylko martwe ciała swych współbraci.

Wezyr wracając do Turcyi rozkazał Mimar-Adze założyć dwie nowe twierdze niedaleko Oczakowa, by powstrzymać Kozaków od wypraw na Czarne morze. Lecz zaledwie rozpoczęto roboty, napadł na pracujących Sierko z 15 tysiącami Zaporożców, zniszył fortyfikacye i wyciął robotników.

Car przysłał nowe podarunki hetmanowi i Kozakom, lecz Romadanowskiego odwołał do Moskwy i dozwolił spokojnie Turkom wyjść ze zdobyczami; hetman zaś pragnąc nagrodzić wojska broniące zamku czyhryńskiego, uformował z nich sześć pułków serdiuków, jak były za Stefana Batorego, przeznaczywszy żołdu po trzy ruble rocznie na każdego. Starszynom zaś stósownie do stopni, i mundur co dwa lata.

Mundur ten składał się z kurtki granatowéj z czerwonemi rękawami, z błękitnych sukiennych szarawarów, dolmana z białego sukna nazwanego *gaba* z peleryną do pasa. By pokryć ten nówy wydatek, nałożony został podatek na gmin, po autynie z dymu.

Tak Samujłowicz przygotował sobie własną ręką zgubę, ściągając nienawiść przez dzierżawy i podatki.

Turcy wychodząc z Małorossyi nie wyrzekali się nadziei opanowania Ukrainy. Jerzy Chmielnicki obwarowawszy Czerkasy, wysłał swego nakaźnego Janeńka z niewielkim oddziałem dla zajmowania miast. Wyprawa ta więcéj podobną była do napadu bandy rozbójniczéj, jak do walki syna hetmańskiego. Kaniów upadł pierwszy pod ciosami odrzutka, zniszczony ogniem i mieczem służył za przykład dla postrachu innym miastom. Moszna, Korsuń, Żabotin przelęknione okrucieństwem Janeńka poddały się; mała tylko liczba mieszkańców przeszła na lewy brzeg Dniepru. Samujłowicz wysłał do Kaniowa oddział Kozaków, lecz został rozbity przez najezdników. Jerzy założył stolicę w Niemierowie, Janeńko osiadł w Korsuniu, cała część zachodnio-południowa została zajęta przez Tatarów towarzyszy księcia Małorossyi.

W roku 1679 rozpoczęły się nowe rozlewy krwi; Janeńko powstał przeciwko Chmielnickiemu, ogłosił się hetmanem, wpadł na Ukrainę wschodnią połączywszy się z Tatarami białogrodzkiemi, zrujnował okolice Kozielca, Nosowki, Irklejewa, Jabłoniewa i nabrał do niewoli mieszkańców. Jerzy z czteroma krymskiemi sułtanami wystąpił przeciwko niemu. Symeon Samujłowicz syn hetmański udał się przeciwko obudwom burzycielom. W czasie wiosny spadły ogromne śniegi, nastały niezwykłe w tych stronach mrozy, większa część armii Jerzego wymarła i zmuszony był cofnąć się od Jabłoniewa, Janeńko uciekł do Czerkas. Młody Samujłowicz opanował Korsuń, Moszną, Drabowkę, Żabotin, a nakoniec i Czerkasy; Janeńko uszedł.

Wtedy nastąpiły układy z dworem wiedeńskiem pojednanym z Polską; car skłaniał cesarza do zawarcia przymierza zaczepnego i odpornego przeciwko Turcyi, prosząc zarazem o pośrednictwo z królem polskim. W tym celu wysłane zostało 12 Czerwca wielkie pełnomocne poselstwo do Wiednia. Cesarz przyrzekł starać się o wieczny pokój pomiędzy Rossyą i Polską. Ale mimoto dnia 26 Lipca stanął tylko traktat przedłużający rozejm andrusowski, los przeto Kijowa i Smoleńska nie został rozstrzygnięty, car wyliczył dwa miliony złotych, powrócić obiecywał Siwierszczyznę, a dziś oddał kilka powiatów litewskich. Gdy się ciągnęły układy, liczne carskie wojsko pod dowództwem księcia Michała Czerkaskiego przysunęło się ku granicom tureckim, a silne oddziały wojsk stanęły pod Kijowem na obronę tego miasta. Generał Gordon wzniósł fortyfikacye, a pułkownik Stefan Janów zaprowadził most na kotwicach. Wojska hetmańskie połączywszy się z rossyjskiemi utworzyły ogromną armią przeciwko Machometowi która lękając się o niego rozbić stała w zupełnéj bezczynności.

Tatarzy bezustannie trwożyli Ukrainę pustoszącemi napadami; to szybko znikając w stepach ukraińskich, to znów zjawiając się w jej siołach, a nawet pod Kijowem. Jedni tylko Zaporożcy mogli powstrzymać te napady hordy. Murad-Girej zwrócił przeciwko nim oręż, z janczarami wpadł w nocy do Siczy, lecz Sierko rozbił i rozproszył łupiezców, a poszedłszy za nimi z 15 tysiącami towarzyszy spustosył tatarskie siedziby, zabrał do niewoli 4 tysiące Tatarów, zrabował rabusiów i powrócił ze zdobyczą, napisawszy do hana następujący list, który lepiéj od wszystkich opisów charakteryzuje obyczaje walecznego koszowego.

Jaśnie wielmożny mości hanie krymski z wielu hordami bliski nasz sąsiedzie.

„Nie spodziewaliśmy się wszczynać nieprzyjaźni i wojny naszem wojskiem nizowem zaporożskiem; lecz widząc że wy sami staliście się pierwszym usłuchawszy szalonego i bezrozumnego wezyra carogrodzkiego, przyszliście z janczarami i wielu hordami i nocną porą wyrznąwszy naszą straż stojącą na Siczy, przysłali do nas 15 tysięcy janczarów z poleceniem (a to haniebne i nie po rycersku) wszystkich nas małodców śpiących i nie wiedzących o nieszczęściu wyrznąć, wydusić i naszą gromadkę siczową zniszczyć do szczętu. Sami staliście z hordami niedaleko Siczy, by uciekających przed niespodziewaną śmiercią nie puszczać."

„Ale Chrystus Bóg i zbawca najmiłosierniejszy przemienił wasz zamysł na nasze dobro. Naszą zgubę zwrócił na głowę janczarów; o czem sam wasza hańska miłość wie dobrze. My ludzie zajmujący się przemysłem rycerskiem, ludzie lubiący prawość, nigdy nie spodziewaliśmy się takiego zamysłu i niedyskrecyi. Nie strzegliśmy się ani przygotowali do odporu. Jeden Bóg był naszym obrońcą. Za przykładem przodków naszych postanowilismy nie tajemnie, ale jawnie odemścić waszéj hańskiéj mości. I Bóg znający serca ludzi pomógł nam pogościć w państwie krymskiem, lepiéj jak wam w siczy."

„Jeżeli wam niepodobała się nasza wizyta, tego jest taka przyczyna: Kozaki są nie jednéj matki i obyczajów, jeden z nich strzela w prawo, drugi w lewo, trzeci prosto, ale to dobrze, że nigdy nie chybiają, zresztą i tę niegrzeczność od was przejęli. Nie przyjęliście nas za gości i dobrych rycerzy, zajęliście przeprawę którą musieliśmy wracać i spodziewaliście się nas w całości połknąć; ale i tu Bóg za naszą prawość dozwolił nam tryumfować nad wami. Jeżeliśmy niepokoili waszą hańską miłość, jeżeli byliśmy niegrzecznemi, to winna nam wasza książęca mość wybaczyć przez uwagę na to, żeśmy przywykli za niedyskrecyą niedyskrecyą płacić. Dziwnem wam się musi wydawać, że ta garstka Zaporożców ośmieliła się wojować ludne i znamienite państwo. Tego by nie było, gdybyś sam nie podał okazyi."

„Nie wychodź drugi raz przeciwko nam, albo my znów do ciebie pójdziem, nie przez Siwasz, ale na Perokop prosto, i nie wyjdziemy z Krymu, dopóki przy pomocy Boga wszystkiego niezniszczemy."

„Samuś i Kuszka atamani koszowi wojowali na morzu Czarnem, po nich w 1575 roku Bohdanko cały Krym zburzył; 1609 roku koszowy Sachajdaczny zdobył Kafę, potem 1621 przed swem hetmaństwem Bochdan Chmielnicki opanował wasze okręta i szczęśliwie do Siczy powrócił. W 1629 roku nasi bracia dotknęli murów Konstantynopola, nieźle okopcili je dymem swych muszkietów; a w swych monoksilach Dnieprem zapłynąwszy na Meotyjskie jezioro omało Azowa nie wzięli. My dobywaliśmy Synopę i Trapezont, niszczyliśmy brzegi Azyi, Belgradowi przypala-

liśmy skrzydeł; Warnę, Izmael i wiele fortec dunajskich w nic obracalismy. Jeżeli wasza hańska miłość
nie wierzy, to niech rozkaże swym piśmiennym po-
szukać w kronikach; tam ujrzy nie przyćmioną sławę
kozacką. Następcy dawnych Zaporożców postępujemy
ich śladami; nie pragniemy kłócić się z wami, ale
jeżeli ujrzemy znów was u siebie, to nie będziemy się
lękali przyjść do was powtórnie.''

Wtem powrócili posłowie z Wiednia, układy z Austryą nie przyszły do skutku, Leopold oświadczył, że
związkiem z Rossyją naraziłby cesarstwo na. wojnę
z Francyą przyjazną Polsce.

Wtedy także znikł z pola historyi Jerzy Chmielnicki,
sułtan oddał księztwo Ukrainy hospodarowi multań-
skiemu Dukas. Co się zaś stało z synem Bohdana
niewiadomo.

Jedni utrzymują, że znalazł śmierć w bitwie z Zaporożcami pod Oczakowem, pan Markiewicz twierdzi, iż
widział urzędowy dokument, według którego Chmielnicki został stracony męczeńską śmiercią przez Polaków.

ROZDZIAŁ XXVII.

Hetmani:

*Carski, Samujłowicz; królewski, Gogol, Kunica,
Drachonicz, Mohiła; sułtański, Ducas.*

Rozpoczął się 1680 rok przynosząc dla Ukrainy przepowiednie nowych nieszczęść. Przez całą wiosnę nie upadła ani jedna kropla deszczu, trawy wyschły zupełnie, robactwo zjadło zboże. w ogrodach pozostała tylko goła ziemia, a lud z trwogą patrzał na ogniste słupy przez trzy jaśniejące noce.

Samujłowicz pragnąc uspokoić nieco Ukraińców zabezpieczeniem kraju ze strony Tatar, wysłał posłów do Krymu dla zawarcia pokoju, ale starania jego były nadaremne. Sułtan nie przyjął posła a wkrótce liczne hordy zalały dzisiejszą słobodzko - ukraińską gubernię. Na kilkadziesiąt mil wokoło, miasta zostały popustoszone a mieszkańcy uprowadzeni do niewoli. Golicyn i Romadanowski przyprowadzili wojska do Putywla, oczekiwano pomocy Zaporożców, gdy przyszła wiadomość o śmierci Sierka (1 Sierpnia.)

Mówią, iż han wybierając się na wojnę, nasłał łotra który otruł koszowego.

Tak zeszedł ostatni ze współzawodników. Doroszeńko tylko żył jeszcze, ale pod strażą w głębi Rossyi. Małorossya uspakajała się zwolna, przygotowana do zupełnego zlania się z Wielkorossyą pod władzą carów.

Teodor wyprawił powtórne poselstwo do Krymu, lecz i to nie przyniosło pożądanego skutku; nareszcie wysłany został Wasili Tapkin i Nikita Zotow, którzy po długich układach zawarli rozejm z Portą w Bakczysaraju na lat dwadzieścia. Dniepr miał być granicą pomiędzy Rossyą i Turcyą; Kijów, Wasilków, Trypole i Stajki zostały przy Teodorze i Rossyi.

Od Kijowa do Zaporoża miast budować nie wolno. Kozaki mają prawo przechodzić przez Dniepr, za połowem ryb, sianem, za opłatą ceł Porcie.

Dozwolono Rossyanom odbywać pielgrzymki do Jeruzalem i świętych miejsc.

Ułożono wymianę jeńców, a mianowicie Szeremetjewa.

Bakczysarajski traktat został potwierdzony w Stambule, w Kwietniu 1682 roku. Teodor nie doczekał odebrać go, umarł; a nastały intrygi siostry, kobiety łaknącéj rządów, zaburzenia strzelców i Golicyna.

Następny rok wzburzył całą Europę; wiara chrześcijańska i islanizm, Europa i Azya, zdawały gotować się do boju, dla roztrzygnięcia stanowczym ciosem zadawnionéj nieprzyjaźni. Kara-Mustafa wielki wezyr Mahometa, marzył bezustannie o podbojach, o zagarnięciu całéj Europy; a korzystając z próźb Tekellego magnata węgierskiego, który poddał się Porcie z całym krajem, pierwsze ciosy wymierzył na cesarstwo.

Mahomet zgromadził do Belgradu bajeczną armią, 300 tysięcy wojska, pięciu udzielnych książąt, trzydziestu paszów, 300 armat, przybyło na wezwanie sułtana. Cesarstwo rzymskie zaledwie mogło uzbroić 60 tysięcy żołnierza. Na odgłos pochodu muzułmanów wahający się Jan III król polski pomiędzy Francyą a cesarstwem, powziął stały zamiar przychylić się do żądania cesarza, i zawarł z nim przymierze. Potomność widziała w jego przedsięwzięciu dzieło rycerskie, natchnienie religijne, nie zaś czyn polityczny i użyteczny krajowi. Jednak gdyby zastanowiła się, że taż Turcya przeciwko którój uzbrajał się Sobieski, od lat 30 niepokoiła rzeczpospolitą, a bitwa pod Wiedniem starła hydrę ottomańską, że Polska nie była odtąd każdorocznie zagrożona nową wojną i niebezpieczeństwem, łagodniéj by sądziła ten czyn prawości.

Sejm przyjął wnioski króla, postanowioném zostało zaczepne i odporne przymierze; Cesarz zobowiązał się trzymać pod bronią 60 tysięcy żołnierza, rzeczpospolita dostarczy 40 tysięcy na cały czas zaczynającéj się wojny.

Tymczasem Mahomet i jego wezyr wystąpili w pochód ku Węgrom; han, hospodarowie, książę siedmiogrodzki, Tekelli, jednocześnie połączyli się pod Belgradem, gdzie Mahomet oddał zupełną władzę nad wojskiem Kara-Mustafie i rozkazał iść prosto na Wiedeń. Szybki pochód Kara-Mustafy, obudził powszechne zadziwienie, dotąd nie widziano, aby można wymijać twierdze. Wódz ogromnego wojska gardząc wszelkiemi radami, w kilku dniach przebył przestrzeń od Belgradu i stanął pod Wiedniem (14 Lipca). Cesarz jeszcze 7 Lipca o godzinie 9 wieczorem, z całą rodziną opuścił stolicę i z nadzwyczajnym pośpiechem przed Tatarami zalewającemi całą Austryę ujechał do Passau. Kara-Mustafa 14 Lipca wieczorem, rozpoczął pracę oblężniczą około Wiednia. Stolica cesarstwa zajmuje prawy brzeg Dunaju, ku południowi rozciąga się żyzna płaszczyzna ku Węgrom, na zachód aż do gór Kalemberg, Wienn, skrapia mury starego ogrodu.

Książe Lotaryngii w ciągu kilku dni po odjeździe cesarza, wzmocnił szańce palisadą i postawił gród w stanie obronnym. Obszerne przedmieścia rozciągały się do koła, większa ich część zamożniejsza była od samego miasta. Zniszczenia tych zabudowań domagał się krol polski, ostrzegając cesarza o pośpiechu Mustafy pod Wiedeń, ale Leopold ufając w pasmo fortec, nie uwierzył zuchwałości nieprzyjaciela, by pomijając one ciągnął od razu pod stolicę. Teraz dopiero pomyślano o wykonaniu rady Sobieskiego, mieszczanie własnemi rękami pracowali nad zniszczeniem swych domów. Od czterech dni Wiedeńczycy widzieli ze swych murów roztaczające się półkolem, okiem nieprzejrzane hufce różnych narodów. W dzień widzieli chorągwie, buńczuki, namioty bez liczby, wielbłądy i słonie, a wieczorem przy czerwonym blasku pożarów, żołnierzy stojących na straży z pochodniami w ręku.

Wiedeń szczupłą posiadał liczbę wojska, książę Lotaryngii wprowadziwszy swój oddział, powiększył załogę do 19 tysięcy. Stary hrabia Starenberg był komendantem Wiednia. Mustafa na wystrzał z muszkieta od murów rozpoczął podkopy.

Na tę wieść strach paniczny opanował Europę. Dwór cesarski napełnił Niemcy swojém przerażeniem. Innocenty list po liście pisał do króla polskiego. Cesarz, książę Lotaryngii, wszyscy książęta niemieccy słali gońców, prosząc Jana III aby raz jeszcze uczynił to dla Europy, co od lat 30 dla ojczyzny czyni, aby ocalił ją od jarzma niewiernych; Leopold nawet ofiarował mu na wieczne czasy królestwo węgierskie, byleby je odzyskał od mahometanów i zachował stolicę cesarstwa.

Sobieski 15 Sierpnia, wyszedł z Krakowa ku granicom Austryi; wieść o jego zbliżaniu się, wróciła jakąś nadzieję oblężonym, w nader już opłakanym zostającym stanie. Książę Lotaryngii pośpieszył na spotkanie Jana III, aż do Heilbrunu. Obaj wodzowie ułożyli plan obrony Wiednia i wzięli się do dzieła. Całe wojsko chrześcijańskie zaledwie dochodziło 70 tysięcy; w liczbie tej mieściło się przeszło 20 tysięcy cesarskich, 10 tysięcy Sasów, 12 Bawarczyków, kontyngens z obwodów wynoszący 10 tysięcy, mnóstwo ochotników i 18 tysięcy Polaków. W końcu przybyło 14 tysięcy Kozaków pod dowództwem Menżyńskiego.

Spadzisty łańcuch gór Kalemberg, pełny wąwozów i głębokich przepaści, rozdzielał dwa wojska, trzeba było przebyć tę zaporę, aby dostać się do nieprzyjaciela. 11 Września wojsko chrześcijańskie stanęło na nagim szczycie tych gór, bez wystrzału prawie zajęło zamek tegoż nazwiska. Na widok odsieczy Kara-Mustafa ułożył plan zuchwały, ale wykonanie jego było leniwe jak zwykle. Zamierzył przypuścić szturm i w tymże czasie zamknąć przejście od gór Kalembergu. Zatrzymawszy przy sobie janczarów i artyleryę, jazdę, Spachów, Wołochów i Tatarów wysłał na spotkanie Jana III pod dowództwem Ibrahima-paszy beglerbeja Budy.

W wojsku chrześcijańskiem, Polacy pod naczelnictwem Jabłonowskiego zajmowali prawe skrzydło, gotując się do napadu na lewe nieprzyjaciół i zajścia na równinę przyjazną obrotom ussarskim ku samemu środkowi obozu tureckiego. Lewe skrzydło opierając się o Dunaj, składało się z piechoty cesarskiéj i saskiéj pod dowództwem najznakomitszych wojowników niemieckich i groźne to skrzydło miało iść wprost na Wiedeń; książę Lotaryngii miał osobiście niem kierować. Środek składały dwie dywizye, cała jazda saska i bawarska i cała piechota bawarska, którą dowodził książę Waldeck. Sobieski objął najwyższe dowództwo.

O świcie rozpoczęła się bitwa na lewem skrzydle, o godzinie ósméj zaczęła być żwawszą i zajmowała całą przestrzeń Kloster Neuburga, gdzie odznaczyli się dragoni sabaudcy i jazda Lubomierskiego. Wojsko chrześcijańskie zaczęło się spuszczać z gór stromych w największym porządku. Przy każdym zakręcie toczono bój zawzięty. Nieprzyjaciel nie obwarowawszy się tam gdzie sama natura czyniła do tego przygotowanie, wikłał się w ciasnych wąwozach a nie mając pieszego żołnierza, nie zdołał się oprzeć piechocie niemieckiéj. Kara-Mustafa dotąd spokojny pomyślił nareszcie o obronie i wystąpił ze wszystkiemi siłami.

O godzinie 10 rano, pułki cesarskie wyszły już z wąwozów, a w miarę jak się rozszerzała przestrzeń kolumny stawały w szyku bojowym. O jedenastéj wyszły hufce polskie, które miały dłuższą o mil parę drogę. Natychmiast ussarze rzucili się na nieprzyjaciela z proporcami w ręku i przełamali go, ale w zapale męztwa zapędziwszy się za daleko zostali otoczeni.

Jan III wysłał księcia Waldeck na pomoc swoim, a wkrótce wystąpił sam na czele drugiéj linii. Muzułmanie przełamani usiłowali się bronić, ale zgnieceni, przyparci zostali do samego obozu. Przystępu do niego bronił rów głęboki i wybór wojska wokoło chorągwi wielkiego wezyra, który osobiście dowodził środkiem armii zagrożonéj przez Polaków. Jan III zwrócił się także przeciw wezyrowi. Książę Lotaryngii na czele 40 tysięcy Niemców, opierając się o Dunaj stał na odwodzie.

Król rozkazał piechocie zdobyć wzgórze, panujące nad stanowiskiem Kara-Mustafy. Hrabia de 'Maligny śmiało wykonał rozkaz i osadził tam artyleryą; na ten widok, Kara-Mustafa odwołał do siebie całą piechotę i odsłonił lewe skrzydło. Król posłał rozkaz księciu lotaryngskiemu do natarcia na środek, sam uderzył jednocześnie z drugiéj strony, wprost na namiot wielkiego wezyra. Tatarzy i Spachowie poznali go i cofnęli się. Ussarze królewicza Alexandra, trzymający czoło kolumny, rzucili się naprzód; inne hufce poszły za niemi, pędem przebyły fosy i rowy, gdzieby się nawet piechota wachała, uderzyły na nieprzyjaciela, rozrywając jego szyki na dwoje. Starcie tak było gwałtowne, że wszystkie proporce podruzgotały się. Paszowie Alepu i Sylistryi zginęli w walce, na prawém skrzydle czterech paszów poległo od Jabłonowskiego. Z drugiéj strony Karol lotaryngski i Waldeck, uderzywszy na obojętnych sprawie Wołochów, okrążyli ich i zagrozili obozowi. Kara-Mustafa starał się zgromadzić wojska w obozie i męztwem je ożywić. Ale żołnierze ze wszech stron pierzchali. Wezyr nie widząc ratunku, siada na koń i uchodzi, a całe wojsko rozprasza się bez wodza. O godzinie 6 wieczorem, Jan III zajął obóz turecki;

pierwszy wjechał w obrąb namiotów wezyra. Tu nad-
biegł niewolnik, prowadząc konia wezyra i podając
złote strzemię. Sobieski wziąwszy strzemię, wysłał
z niém do Polski, donosząc: że ten do kogo to strzemię
należało pokonany został.

Zwycięztwo nie kosztowało nawet wiele krwi, było to zwycięztwo geniuszu i męztwa. Jan III wszedł
do Wiednia przez ten sam wyłom, którędy gdyby
nie jego pomoc muzułmanie wchodziliby tego dnia,
a wysłuchawszy nabożeństwa napisał do królowéj
pod dniem 13 Września, donosząc jéj, że nieprzyjaciel zupełnie pokonany został, że wszystkie działa,
cały obóz, nieoszacowane dostatki dostały się w jego ręce. Prochu i ammunicyi pozostało więcéj jak
za milion. Kozacy za odznaczenie się otrzymali nowe przywileje.

Po zwycięztwie wiedeńskiem król wysłał Potockiego z Kozakami za nieprzyjacielem. Zaporożscy zdo-
byli Jazłowiec i Czartków, ścigali Tatar i zrabowali Multany. Soliman-Pasza wysłał przeciwko nim
nowy oddział Spachów. Koszowy wyparł go za
Dniestr; hospodar multański książę Kantemir, po-
wstrzymał zapędy kozackie. Sobieski postanowił
oswobodzić Węgry z pod władzy muzułmanów. Leopold w trwodze ofiarowawszy mu to królestwo, lękał się teraz utracić go, dla tego nieznacznie wstrzymywał swe hufce. Jak przekonywa list Jana III
pod dniem 18 Septembra pisany do żony...... „Między rzeczami cudownemi i ta tu nie mniejsza,
że jesteśmy tu jako błędni jacy. Spodziewaliśmy
się bo tak się należało, że się mnie spytają, albo
spytać każą, jak daléj prowadzić tę wojnę, aliści ani

pytano, ani pytają. Gdyby powiedzieli, że nas nie-
potrzebują, a sami robić co przynajmniéj z swéj chcieli strony" etc.

Mimo tych przeszkód nic nic zdołało Sobieskiego
odwrócić od zamierzonego celu. Iść w prost na da-
wną stolicę Węgier, to pierwszy był jego zamiar.
We trzy tygodnie dopiero po oswobodzeniu Wiednia,
stracone nadaremnie, połączyły się z nim cesarskie
wojska, dnia 5 Października przeprawili się Polacy przez
ramię Dunaju i udali się ku Ottomanom, Wezyr otrzymawszy nowe posiłki posunął swe wojska ku Stry-
goniowi, twierdza ta leży na prawym brzegu Dunaju, na lewym jest przedmieście zwane Parkanami.
Tu spotkały się pierwsze hufce polskie, piechoty jeszcze nie nadciągnęły i Sobieski poraz pierwszy został pobity.

Lecz w parę dni powetował przegraną, dobył Parkanów (10 Października). Kara-Mustafa na wieść o klęsce uciekł z Budy do Belgradu. 21 sama twierdza
Strygoń została zdobytą. Uciążliwy był pochód króla
polskiego; zdobywając dla cesarstwa jedną po drugiéj
twierdze oswobodził Węgry i napoczątku Grudnia powrócił do ojczyżny. Wiemy jaką wdzięczność za to
otrzymał od Leopolda.

Turcy dowiedziawszy się o powrocie króla do kraju, zasilili Kamieniec nowem wojskiem i zapasami,
lękając się, by Sobieski nie zechciał korzystać z osła-
bienia sił porty dla odzyskania Podola. Czterdzieści
tysięcy Tatarów wtargnęło na Ukrainę. Kunica nowy hetman z Kozakami, Jabłonowski z wojskiem
koronnem spotkali się z nimi pod Bielgrodem, doby-
li miasto, rozbili najezdników i poszli za niemi w po-

goń do Wołoch. Jabłonowski zajął się budowaniem twierdzy S-téj Trójcy przy ujściu Smotrycza do Dniestru. Wtem Turki napadli na Kunicę niedaleko wioski Gojana i pobili na głowę. Draginicz objął hetmaństwo po poległym Kunicy, l.cz wkrótce umarł i on od nadużycia trunków, po niem nastąpił Mohiła.

Carowa Zofia rządząca Rossyą za małoletności braci, chciała wstąpić do ligi z cesarzem i królem przeciwko Porcie; spodziewała się dokonać wytępienia Tatarów. Jan III przed wejściem w układy domagał się zwrotu Kijowa i Smoleńska, a polityka nakreślona przez Alexego swoim następcom, od któréj ci nie zbaczali, nakazywała posuwać coraz daléj granice państwa, ale nie scieśniać je. Zabiegi zatem nawet papieża który był niezmordowanym pośrednikiem, niepokonały stałości Zofii. Regentka wolała wyliczyć rzeczy-pospolitéj dwa miliony rubli, jak odstąpić prowincye.

Dnia 26 Kwietnia 1686 roku, zawarty został wieczny pokój w Moskwie zamknięty w ośmiu następujących artykułach:

1. Smoleńsk, Dorohobuz, Biełoe, Krasnoe, Rosław z miastami i obwodami, Czernihow i Starodob, Nowogród Siewierski i cała Małorossya z téj strony Dniepru ze wszelkiemi miastami i ziemiami, i z drugiéj strony Dniepru Kijów z ziemiami pomiędzy Prypecią i Stuchną, Wasilków, Trypole i Stajki z ich ziemiami pozostają wiecznie przy Rossyi.

2. Kozaki mieszkający za Dnieprem do ujścia Taśminia w Sieczy i Kudaku pozostaną podobnież przy Rossyi.

3. Polsce powraca się Połock, Witebski Dynaburg,

Newel, Siewierz, Wieliz, Lincyw, Reżyna, Marnaus, ze wszystkiemi obwodami i dodatkiem 146 tysięcy rubli.

5. Klasztory i cerkwie greko-rossyjskie znajdujące się w Litwie i Polsce nie będą zamieniane na unjackie, pozostaną przy swych prawach i księży będą miały ustanowionych przez metropolitę kijowskiego.

6. Za nieprawdy tureckie carowie zrywają rozejm z sułtanem i hanem i stanowią z królem i rzeczą-pospolitą związek zaczepny i odporny. W następnym roku Rossyanie wyjdą przeciwko Tatarom a Polacy przeciwko Turkom i Białogorodcom. Jedna strona bez zgody drugiéj nie zawrze ugody, król ręczy, że i cesarz bez zgody carów nie pogodzi się z Turkami.

7. Rossya obowiązuje się starać i skłonić do traktatu obronnego i zaczepnego Francyą, Anglią, Danią i Holandyą.

8. Zapewnia się swobodny handel dla kupców obu narodów w carstwie i królestwie.

Pokój ten podpisany został ze strony polskiéj przez wojewodę poznańskiego Krysztofa Grzymułtowskiego; kanclerza litewskiego, księcia Ogińskiego; podstolego koronnego, Alexandra Przyjemskiego; kasztelana kamienieckiego, Alexandra Potockiego i miecznika litewskiego, Mikołaja księcia Ogińskiego.

Ze strony Rossyi, przez księcia Wasila Wasilewicza Golicyna, Borysa Piotrowicza Szeremetjewa, Iwana Iwanowicza Buturlina, Piotra Dmitrewicza Skuratowa, Jwana Iwanowicza Czadajewa; Emiliana Ignatowicza Ukraincowa.

Dla Polski traktat ten był uciążliwy i źle przyjęty na sejmie, lecz Sobieski dla dopięcia swéj jedynéj myśli, pognębienia Ottomanów i zawojowania Wołochów i Multan wjelc bardzo poświęcał, a to stało się powodem tylu utrapień niepomyślności i nieufności narodu.

Tymczasem w wykonaniu warunków traktatu, książę Golicyn objąwszy naczelne dowództwo nad wojskiem wyszedł przeciwko Krymowi z 200 tysiącznym korpusem w którym znajdowało się 60 tysięcy Kozaków.

Cała armia szła razem i jedną drogą a ztąd żołnierze cierpieć musieli niedostatek żywności i nędzę, tak, że sama woda mówią ruscy kronikarze była rzadkością w obozie. Jednak w porządku doszły armie do końskiéj wody, rzeczki oddzielającéj ziemie zaporożskie od step krymskich. Za rzeką ujrzeli step wypalony jak oko zasięgnąć mogło we wszystkie strony. Nadzieja, że za tą pustynią znajdują się żyzne pastwiska dla koni i niezadowolenie z powodu przykrego marszu, skłoniła dowódców iść dalej; ale o ile starano się pokonać trudy i dojść celu o tyle przyspieszano dla koni nieuchronną zgubę. Nakoniec doszło do tego, że wszystkie konie artyleryi i bydło prowiantowe wypadło, a wodzowie zapasy żywności, bagaże i działa zmuszeni byli porzucić na drodze i powrócić do swych granic, z ogromnymi stratami w wojsku od głodu i pragnienia.

Mimoto jednak Zofia, ażeby nie zniechęcać do siebie narodu i utwierdzić się na tronie braci, nagrodziła szczodrze wojsko, wodza udarowała złotym medalionem z brylantami i włościami o tysiącu osady; cały ciężar niepowodzenia spadł na hetmana Kozaków.

Oto słowa arcybiskupa Koniskiego historyka ruskiego.

„Niepomyślność téj wyprawy i wycierpiane nieszczęście złożono na jednego hetmana Samujłowicza.
Wina jego podobną jest bardzo do owéj bajki, w któréj wilk winił owcę, dla czego mąciła mu wodę
na dole rzeki, z któréj on powyżéj pił wodę. Obwi-
niano hetmana, że dla korzyści Tatar rozkazał naprzód wypalić step, którym sam szedł z wojskiem
i poniósł większe od innych straty w koniach i zapasach. W innym czasie zwrócono by uwagę, że tak
ogromny step potrzeba otoczyć i zapalać przez kilka-set ludzi, których należałoby uchwycić i przekonać hetmana. Spostrzeżonoby, że bliżéj jest wypalić
step samym Tatarom jak prosić oto ludzi obcych; ale
takich szczegółów nie dochodzono i dosyć było do-
mysłów i gołosłownych doniesień potwierdzonych
znakiem krzyża. Książę Golicyn był wówczas w największéj potędze u dworu, sąd i łaska, śmierć i życie,
były w jego rękach.“

Na Samujłowicza spadły razem wszystkie nieszczęścia, sprawa Golicyna, nienawiść starszyn i niewdzię-
czność Mazepy generalnego asauła, który pragnąc
buławy, stanął na czele spisku przeciwko hetmanowi.

Samujłowicz wraz ze starszym synem został zesłany na Sibir.—Dwaj inni śmiercią ukarani a majątek
jego skonfiskowany został.

ROZDZIAŁ XXVIII.

Hetmani: carski Mazepa, królewski Mohiła.

Dnia 30 Czerwca zebrała się rada w pułtawskiej gubernii nad rzeczką Kołomaką dla wybrania nowego hetmana w miejsce upadłego z powodu intryg i potwarzy. Naczelnikiem zgromadzenia był sam książę Golicyn, a bojarowie: Szejn, Dołgoruki, Szczerbatow, Boratyński, Zmijew, Leontjew, Szepielew, Myszeski, Ukraincew, atentowali wyborowi.

Nikt nie wiedział kto obranym będzie, starszyni oddawali pierwszeństwo buńczucznemu Lizogubowi jako człowiekowi posiadającemu na Ukrainie największe zalety i poważanie. Generalny asauł, Jan Mazepa, dostrzegłszy to pierwszeństwo Lizoguba, poruszył wszelkich sprężyn, aby skłonić starszyn na swoją stronę. Dowiedziawszy się, że Golicyn przyrzekał hetmaństwo Burkowskiemu, generalnemu oboźnemu, człowiekowi zna-

nemu z bogactw za 10 tysięcy rubli, który dla skąp-
stwa wymówił się księciu, Mazepa wyżebrał prawie
od bogacza pożyczkę téj summy i ofiarował ją Golicynowi.

Książę jakkolwiek był potężny, nie mógł jednak
samowolnie ustanowić hetmana, należało połączyć
wolę jego z wolą narodu, a wola narodu była za
Lizogubem. Golicyn by skłonić na swą stronę głosy
wyborców, przeznaczył na korzyść wojska połowę
bogactw po Samujłowiczu, starszyni zawdzięczając
mu łaskę, prosili go, by im przedstawił swego kan-
dydata do hetmaństwa.

Tymczasem urzędnicy bojarscy zaczęli rozgłaszać,
że młodzi carowie polubili Mazepę w czasie poselstwa jego w Moskwie i będą wdzięczni ludowi
i wojsku skoro jego wybiorą. Przyrzeczenia wyso-
kich łask sprawiły swój skutek, odtąd codziennie
przychodzili starszyni do mieszkania Mazepy dla złożenia mu swego uszanowania, o Lizogubie zaś zapo-
mniano zupełnie. Mazepa obsypywał odwiedzających
podchlebstwami, nadziejami i częstemi ucztami.

Tak ważyło się szczęście pretendentów przez 25
dni, lecz szale były w ręku Golicyna i jak mówi p.
Mik. Markiewicz, pod ciężarem 10 tysięcy rubli prze-
chyliły się na stronę Mazepy.

Należało jeszcze przeprowadzić interess przez zwykłe formy; bojar wezwał do siebie pierwszych urzędników kozackich i 25 Lipca udał się z niemi do
cerkwi pod eskortą oddziału strzelców. Ośmset Kozaków konnych i 1200 pieszych poświęconych Mazepie otaczało świątynią. W środku, na stole okry-
tym bogatym kobiercem leżały hetmańskie regalia.

Rozpoczęto nabożeństwo. Wszystko to działało mocno na umysły wyborców, nadając jakąś tajną. uroczystą powagę Golicynowi.

Po skończeniu mszy, wyniesiono stół z regaliami przed cerkiew na plac, na którym zgromadzone było wojsko i lud; książę rozpoczął doń mowę a w końcu zapytał kogo mieć pragną hetmanem; naród milczał, Golicyn powtórzył zapytanie; niektórzy wymienili Mazepę, inni Burkowskiego; pierwsi byli 'głośniejsi. Książę zapytał jeszcze raz kogo naród pragnie mieć hetmanem? Wtedy powtórzyło się i powtórzyło głośniéj imie samego tylko Mazepy.

Bojarowie zbliżyli się do niego, otoczyli i winszowali hetmaństwa obu stron Dniepru i wojska zaporożskiego.

Wkrótce nowy hetman wypełniając święcie swe zobowiązanie, zapłacił Burkowskiemu 10 tysięcy rubli z procentami, ze skarbu wojskowego.

Następnie Mazepa podpisał następującą ugodę w 22 artykułach zawartą:

1. Prawa i wolności narodu i Kozaków w Perejasławiu przez Chmielnickiego przyjęte, potwierdzają się.

2. Wojewodowie mają przebywać w Kijowie, Czernichowie, Perejasławiu, Nieżynie i Ostrze; lecz w prawa, wolności, sądy i sprawy kozackie mieszać im się nie należy. Mieć mają nadzór nad wojskiem z Moskwy nadsyłanem; sądzić żołnierzy za krzywdy mieszkańcom wyrządzone, ale i przy takowych rozprawach winien się znajdować dla prędszego zadosyćuczynienia i czystej sprawiedliwości małorossyjski urzędnik.

3. Hetman pobierać będzie tysiąc dukatów pensyi; pisarz i oboźny po tysiąc złotych polskich, sędziowie wojskowi po 300, pisarz sędziego sto; pisarz i chorąży pułkowi po 50, chorąży setni 30, buńczuczny hetmański sto, pułkownicy po sto, pułkowi asaułowie po 200, wojskowi asaułowie po 400, setnicy po sto.

Regestrowych Kozaków ma być 30 tysięcy i pobierać będą po 30 złotych. Spisać, wiele w którym pułku jest Kozaków, a ilu niedostanie przyjąć z dzieci mieszczan i właścicieli ziemskich. Dobra klasztorne i wyższego duchowieństwa nie płacą podatków, podobnież i dobra starszyn generalnych są od nich wolne, z miast zaś ściągane będą dochody według dawnych prawideł.

4. Wrazie, jeżeli hetman nagrodzi kogo nieruchomym majątkiem i obdarzony będzie prosił o carski ukaz potwierdzający uniwersał hetmański, carowie winni wysłuchać proszącego. Kiedy hetman i starszyni przedstawią kogo carom do nagrody szlacheckim dostojeństwem, monarchowie dadzą i na to ukazy, tych hetman nie ma już prawa odbierać.

5. Posłowie, posłańcy, gońcy carscy nie mogą domagać się postoju we dworach kozackich i podwód od sètników, atamanów i towarzyszy wojskowych.

6. Po śmierci hetmana, wybór nowego odbywać się będzie według dawnych praw, a carowie przyszlą mu regalia z łaski swojéj.

7. Hetman nie może pisać do króla polskiego i innych monarchów, ani do hana krymskiego i od nich nie może odbierać żadnych odezw. Jeżeli zaś

przyjdą do niego jakie listy, obowiązany jest odsyłać je nie czytając do Moskwy. Pokoju z Polakami nie naruszać, kontentować się miastami należącemi do Ukrainy, a które odstąpione królowi tych nie tykać. Gdyby ze strony Polski rozpoczęło się zerwanie pokoju, zawiadomić o tem carów. Strzedz granice od Krymu; dla tego posyłać wojsko do Siczy; Zaporożcom jak dawniej wysyłać zwykły żołd; lecz ostrzegać ich by nie łączyli się z Tatarami, nie wprowadzali żadnych zapasów i żywności do Krymu, ani sprzedawali tam koni.

8. Postojów nie będzie u Kozaków i wszyscy którzyby nazywali ich zdrajcami, lub chłopami, karani będą; zbiegów ruskich powracać do Rossyi.

9. Małorossyanie zabrani do niewoli przez wojska rossyjskie, mogą mieszkać tam gdzie się dziś znajdują, lub powracać do ojczyzny; jeżeli przed powrotem nie będą obwinieni o jakie przestępstwo.

10. Jeżeli według przykładu Brzuchowieckiego, hetman będzie podmawiał Małorossyan do zdrady, wtedy lud nie powinien mu być posłusznym i donieść o tem carowi.

11. Jeżeli zaś hetman inne jakie przestępstwo spełni prócz zdrady, wtedy onego bez woli carskiej zmieniać nie wolno, ale pozostawić sądowi carskiemu.

12. Jeżeliby wydarzyły się jakie bunty po miastach, hetman i starszyni winni mocno tem się zająć, zawiadamiać monarchów. winnych chwytać i śmiercią karać.

13. Rolnicy, budniki, gorzelnicy, nazywają się samowolnie Kozakami i rozbijają; dla ujęcia takowych

ustanowić oddzielnego pułkownika i oddać mu pod rozkazy tysiąc Kozaków.

14. Zabrania się wprowadzanie tytoniu i wódki do miast małorossyjskich.

15. Wdowa kozacka jest zupełną sukcessorką męża i praw jego, lecz jeżeli powtórnie wyjdzie za chłopa, wtedy traci te prawa.

16. Wrazie napadu Kozaków zadnieprowskich i Tatarów, carowie obowiązują się nadsyłać pomoc, ale nie w czasie rozpuszczania lodów.

17. Stolica hetmańska Lędzie w Baturynie i hetmanowi tutaj przysłany będzie na straż przyboczną pułk strzelców.

18. Prawa nieżyńskich i kijowskich mieszczan pozostają w dawnéj mocy.

19. W Siewsku bitą była moneta z herbem carskim "czechy„ i rozdawana w żołdzie wojsku; ale z powodu podburzeń Samujłowicza, Kozaki i mieszczanie nie biorą tych pieniędzy, albowiem były hetman nie rozesłał w tym przedmiocie po miastach uniwersałów. Obecnie hetman obowiązuje się, by te czechy kursowały w Małororossyi według ceny moskiewskiéj; a kto nie będzie ich przyjmował tego karać śmiercią. Także hetman obowiązuje się wszelkiemi siłami łączyć scisłą zgodą oba ruskie narody, wszelkiemi możliwemi a mianowicie małżeńskiemi węzłami, by Ukrainy nie nazywano ziemią hetmańską, ale powszechnie uznawano jako ziemię zostającą pod jednem samowładném panowaniem cara, a ztąd dozwala się wolny przechód mieszkańcom z kraju do kraju.

20. Dla utrzymania Tatarów, Kozaki winni na le-

wym brzegu Dniepru usypać szaniec na wzór Kudaku; a nad Samarą, Orelą, oraz przy ujściach Be-
restowy i Orczyka wybudować miasta i osadzić żą-
dającemi tam zamieszkać.

21. Majątek Samujłowicza i dzieci jego przezna-
cza się w połowie dla skarbu carskiego, a w drugiéj
połowie do kassy wojskowéj.

22. Arend (monopolium na wódkę i tytoń) nie będzie w Małorossyi, starać się przytém hetman winien o ulżenie ciężarów kwaterunkowych i dostawy
żywności, nie zmniejszając liczby wojska rossyjskiego, koniecznego dla obrony Ukrainy w te wojenne
czasy."

Ugoda ta została podpisaną, hetman wykonał przysięgę wierności, carowie przysłali mu podarunki
i potwierdzenie.

Nim zaczniemy opowiadanie czynów Mazepy, winniśmy uprzedzić czytelnika iż był on uczniem jezuitów, zrosły i wychowany w Polsce, tam odebrał
edukacyą dosyć wysoką jak na ów wiek, a po bu-
rzliwie spędzonéj młodości zmuszony był szukać
schronienia na Ukrainie, gdzie został przyjęty jako
nauczyciel dzieci przez hetmana Samujłowicza, a zje-
dnawszy sobie jego łaski, wyniósł się na generalnego asaułę, dziś został hetmanem (*).

(*) Jan Mazepa urodził się we wsi Mazepicach, niedaleko Białocerkwi, z rodziców Małorossyan. Jeden z przodków jego Teodor Mazepa sędzia pułkowy, był towarzyszem
okropnej śmierci Naliwajki. Wolter, Golików i Simonowski
mylnie nazywają go Polakiem rodem z Litwy, bo na Litwie
nie było podobnej familii. Mazepa był Małorossyaninem

Nowy hetman rozpoczął rządy od pozbycia się nieżyczliwych sobie starszyn. Połubotek, Jan Sulima,

z urodzenia, lecz może z wychowania Polakiem. W dzieciństwie przyjęty przez króla Jana Kazimierza na pazia, odebrał nauki w Warszawie. krztałcony przez jezuitów, którzy dziecko skłonili do wyrzeczenia się wiary ojców, a przyjęcia katolickiéj. W téj szkole Jan odznaczał się gruntowną znajomością języka łacińskiego, porywającym darem wymowy i nadzwyczajną zręcznością władania piórem.

Czas dzieciństwa Mazepy upłynął na dworze, później przyjęty został przez jednego ze znakomitych panów, tam młodzieniec pokochał córkę magnata i uwiózł ją z domu ojca; lecz groźny pan rozsyła pogonie, Mazepa zostaje schwytany i wrzucony do lochu. Dumny magnat przemyślał nad sposobem ukarania zuchwalca, który shańbił dom jego; rozkazał nakoniec wyprowadzić go z więzienia, rozebrać do naga, ochłostać i przywiązawszy na grzbiecie dzikiego konia, wypędzić w step. Musiało to mieć miejsce niedaleko Dniepru; koń ukraiński biegnąc dzień i noc przyniósł swój ciężar nad prawy brzeg, a zmęczony upadł i zdechł.

Kozacy znaleźli Mazepę nawpół umarłego, zbitego i okrwawionego, odwiązali od konia, przywrócili do życia i zdrowia, uważając za swego współwyznawcę, prześladowanego przez unjatów za wiarę. Jan by ugruntować ich w tem przekonaniu, staje się gorliwym zwolennikiem prawosławia. Działo się to 1669 r. Mazepa wtedy miał lat 25.

Ukrztałcenie, ujmująca powierzchowność i zręczność zniewalania sobie umysłów osób otaczających Mazepę, otworzyły mu drzwi do domów starszyn kozackich, a zarazem zrodziły w jego głowie nadzieję łatwego wyniesienia się. Idąc za tą myślą, Jan żeni się z krewną hetmana Doroszeńki i wstępuje w służbę.

Widzieliśmy go w Perejasławiu, jako posła do Samujłowicza i Romadanowskiego; następnie wysłany został do

Dmitraszko, Apostoł i Grzegorz Gamaleja, zostali zde-
gradowani i wywiezieni do Moskwy pod strażą. Ta-

Krymu i Carogrodu, gdzie prowadził w darze hanowi od
Doroszeńki dziesięciu Tatarów, piętnastu Kozaków Samujłowicza i wiózł listy: jeden do hana Selim-Gireja, ze
skargą na dwóch krymskich sułtanów, którzy w czasie
potyczki z wojskami Samujłowicza, odstąpili Doroszeńki
pod Żabotinem; oraz prośbą o nadesłanie 10 tysięcznej pomocy; drugi do wezyra tureckiego, zawierający też skargę
i prośbę o pomoc wojska tureckiego, bez którego Tatarzy
sami nic nie są wstanie uczynić; nakoniec trzeci list, pod
adresem rezydenta Doroszeńki przy sułtanie, mieścił polecenie czynienia starań o szybką pomoc od Porty. Nadto
Mazepa miał ustne pełnomocnictwo, czynienia wszelkich układów z hanem i wezyrem. Lecz missya ta poszła niepomyślnie dla Mazepy. Koszowy Sierko uchwycił go poniżej porochów i wraz ze znalezionemi przy nim
papierami odesłał go Samujłowiczowi, a ten wyprawił do
Moskwy. Zdawało się, że wypadek ten zadał stanowczy
cios nadziejom Mazepy, tymczasem posłużył on jeszcze na
korzyść jego. Mazepa przedstawiony carowi, umiał tak mu
się podobać, iż na poręczenie Samujłowicza otrzymał wolność, z warunkiem jednak, nie powracania na prawy brzeg
Dniepru.

Mazepa był rzadkim w owym czasie człowiekiem, prócz
małoruskiego i polskiego, posiadał łaciński i niemiecki język; swą wymową, ujmującém obejściem i darem przypo-
dobania się, oczarował Samujłowicza i został nauczycielem
jego dzieci.

Jan był najlepszym pisarzem na Ukrainie, zatem hetman
zlecał mu przepisywanie ważniejszych papierów i Mazepa
został panem jego tajemnic. Pokilkakroć swą radą, wy-
wiódł hetmana z przykrego położenia, więc stał się wkrótce niezbędnym jego doradcą. W roku 1676 Mazepa był
pisarzem hetmańskim; w 1677, setnikiem, a 1681 był już

ki początek rządów przeraził Małorossyą, naród zaczął szemrać, burzyć się i powstawszy zrabował
poborców podatków.

znakomitym wojskowym towarzyszem. Wtedy hetman wysłał go do Moskwy, z przedstawieniem bachczysarajskiego
pokoju. Następnego roku jeździł z powinszowaniem carowi
zawartego małżeństwa, a po powrocie został generalnym
wojskowym asaułą. Wówczas już zdanie jego było na
dworze cenione i za takowe Mazepa zyskał przyjaźń najznakomitszego wówczas magnata, Wasila Golicyna.

W roku 1686 znów wyprawiony został do stolicy, dla
przedstawienia carowi jak niebezpiecznóm jest odstąpienie
Polsce części Ukrainy, a w następnym roku będąc w Moskwie, przedstawił potrzebę wyprawy na Turcyą i Krym,
zaborów tureckich naddnieprowskich miast, zyskania pomocy polskiej, zakazu wywozu do Krymu zboża i koni. Co
wszystko jak najlepiej przyjętém zostało.

Wtedy zabrawszy znajomość z bojarami w częstych
z niemi naradach zaczął przemyślać o hetmaństwie. Wyprawa krymska zachwiała potęgę Golicyna, carowa Zofja
by utrzymać swego ulubieńca, musiała winę złożyć na kogo
innego; poświęcono więc Samujłowicza, który upadł *za
projektem Mazepy*, jak mówi ruska kronika, a ten za pomocą pieniędzy pożyczonych od Burkowskiego, zajął jego
miejsce.

Głównym celem wszystkich spraw Mazepy, było wyniesienie się i zebranie bogactw; dla tego w czasie swego hetmaństwa, zgromadził ogromne, bajeczne niemal skarby,
a dla korony wielkoksiążęcej dopuścił się zdrady, bo trudno
przypuścić, żeby krok ten uczyniony był dla dobra Ukrainy. Mazepa bowiem zbyt był doświadczony, aby mógł
sądzić, że Szwedzi tak oddaleni od Ukrainy, zdołają ją
bronić przeciwko Rossyi, Turcyi i Krymowi.

Teofym Prokopowicz współczesny Mazepie, znający go
osobiście, tak mówi o nim: „Mazepa był oddany Polakom

Mazepa wysłał przeciwko nim wojska rossyjskie i bunt został uśmierzony.

Zadnieprowski hetman Mohiła, korzystając z zaburzeń, rozpoczął korrespondencyą z Zaporożcami; lecz list jego został przejęty i odesłany przez hetmana carom. Ówczesny koszowy Grzegorz Sahajdaczny, zebrał towarzyszy i postanowił zemścić się za to na Mazepie, ale hetman wysłał znowu swoją obronę, pułki rossyjskie.

Nienawidzony przez naród i starszyn, wiedział, że na każdym kroku grozi mu niebezpieczeństwo.

i nienawidził Rossyan, ale nikt tego uczucia nie zdołał w nim dostrzedz, zawsze bowiem okazywał im poświęcenie, miłość i poszanowanie. Umysł jego śledził postępki ludzi, ważył każde słowo, starał się przeniknąć myśl, a tak był skryty i ostrożny, że częstokroć zdawało się, iż nawet nie pojmuje dwuznaczności. Niekiedy udawał pijanego nie będąc nim, chwalił szczerość, powstawał na chytrych, rozpalał mówiących i chwytał ich tajemnice.

Mając zamiar połączyć Ukrainę z Polską, okazywał gorliwość dla Rossyan i prawosławia; murował cerkwie, wzbogacał klasztory, udawał chorego i zgrzybiałego, nie opuszczając na chwilę doktorów, nie mógł chodzić ani ustać na nogach etc."

Historyk Piotra W. opisując tak trafnie charakter Mazepy, myli się, nazywając go przychylnym Polakom, gdzie dowody tej przychylności. Mazepa nie żywił w swém sercu nienawiści ani życzliwości, bo namiętność bogactw i władzy, wszystkie inne pochłonęła, a zamiar oddania Polsce Ukrainy, był tylko postępkiem wyrachowania; on nie odstępował jej bezinteresownie, ale sprzedawał za książęcą koronę i niezależność, której kupić od Piotra W. nie widział sposobu.

ale Mazepa znał dokładnie Kozaków i dla tego postanowił zająć ich wojną. Z jego polecenia pułkownik konno-ochoczy Julian Nowicki poprowadził pułki: łubieński i mirgorodzki ku ujściu Taśminy i rozbił Tatar. Inny oddział zaszedł aż pod Oczaków, spalił wiele osad i przyprowadził znaczną liczbę jeńców.

Carowie za te czyny przysłali nowe nagrody Mazepie.

Gdy na Ukrainie wschodniej Mazepa utrwalał swą władzę, zachodnia razem z Polską walczyła przeciw Turkom. Ale pokój z Moskwą zamiast dopomódz rzeczypospolitéj, pozbawił ją jeszcze pomocy kozackiéj.

Zaporożscy Kozacy, lud waleczny, od którego tyle razy Polska miała silną pomoc, na zawsze zostali od niéj oderwani; pozostała tylko niewielka liczba Kozaków ukraińskich. Jan III, uganiając się za zawojowaniem Mołdawii i Wołoch, utracił mnóstwo ludzi, prowincyi i osłabił siły wojenne w czterech bezużytecznych wyprawach.

Zapuszczając się nieostrożnie w stepy budżakskie, sprzedał Rossyi Kijów i Zaporoże za dwa miliony rubli, a pieniądze te stracił na one wyprawy. 10 Maja 1687 roku, zebrało się 40,000 wojska polskiego; do niego przybył król z królewiczem Jakóbem, dla którego miały być zawojowane Wołochy. Armia podzieliła się na cztery oddziały: pierwszy pod dowództwem króla stanął nad Stryjem; drugi Jabłonowskiego, pod Stanisławowem; trzeci Potockiego i czwarty litewski Sapiechy, obadwa pod Trembowlą. Jabłonowski udał się przez lasy bukowińskie i opanował Jassy. Hospodarowie uszli do paszy Solimana do Budżaku; król zaś postanowił wyprzeć paszę za Dunaj, a potém iść na Krym i zawładnąć nim.

Część wojska posunęła się ku Bessarabii, a kilka pułków Ukraińców udało się na Budżak. Lecz lato było skwarne, deszcz nie padał wcale, rzeki powysychały; król musiał postępować brzegiem Prutu, lękając się braku wody; trawy wyschły, a co ocalało od suszy, zostało zniszczone przez Tatarów, którzy zapalili ten step jak wschodni, którym przechodził Golicyn. Rozpoczął się zatém odwrót i napady Turków i Tatarów. Znużone uciążliwym marszem i głodem wojsko, przyszło we Wrześniu i rozłożyło się na Pokuciu pod Śniatyniem.

Tak skończyła się wyprawa Sobieskiego, którą spodziewał się podbić dwa księstwa i Krym, a na które wydał tylko ogromne summy.

By uciszyć szemranie narodu, król polecił królewiczowi, pod nadzorem koronnych hetmanów obledz Kamieniec. Lecz i tu nie większe szczęście służyło orężowi polskiemu. Z dwudziestu moździerzy i trzydziestu dział, wyrzucono na miasto 750 kul, granatów i bomb, ale czterysta armat nieprzyjacielskich, zmusiły oblegających do zaprzestania kanonady. Królewicz opuściwszy mury Kamieńca, udał się do obozu ojca; wtem Turcy pod zasłoną 13 tysięcy Tatarów, wprowadzili do miasta cztery tysiące wozów z żywnością i wojennemi zapasami.

Tymczasem zbliżyła się zima, wojsko polskie rozłożono na kwaterach, Kozaki strzegli granic; kłótnie panów i nieporządek znów się rozpoczęły w Polsce, w skarbie nie było pieniędzy na zapłacenie żołdu wojsku; król wydał z własnych funduszów 200 tysięcy talarów na nową wyprawę na Wołochy. Ale deszcze i zimna wstrzymały armią, tak jak pierw upały i susza.

Tymczasem Kozaki skończyli twierdzę pod Samarą i Golicyn by złagodzić swą hańbę, przedsięwziął powtórną wyprawę na Tatarów. Zebrawszy ośmdziesiąt tysięcy wojska pod Samarą, rozdzielił je na dwie części; jedna poszła środkiem step i tę prowadził Mazepa; druga brzegiem Dniepru, tę wiódł Golicyn. Tatarzy dowiedziawszy się o pochodzie nieprzyjaciół, zaczęli napady na boki i tył wojska; zapalali stepy, psuli wodę w rzekach, zarzucając je trupami; Rossyanie ścigali ich, lecz synowie stepu niknęli na swych szybkich koniach. Dwunastego Maja 1688 roku, korpus stanął pod Perekopem, otoczył twierdzę i przygotował się do ataku.

Han zaproponował pokój i okup miasta; Golicyn otrzymawszy worek złota, z którego połowa była fałszywej monety, rozpoczął układy.

Upały, niedostatek żywności i wody, zniszczyły wojsko; Małorossyanie szemrali na Golicyna i hetmana, wściekali się, że im nie dozwalano zdobywać szturmem Perekopu, gdzie spodziewali się bogatych łupów. Golicyn lękając się powstania, wysłał Mazepę w poselstwie do cara i carowej z długą relacyą swych czynów, z licznemi pułkami kozackiemi, sam zaś wkrótce po nim udał się do domu z całem swem wojskiem.

Hetman bankietował przez dwa miesiące w Moskwie, wtem wybuchnął bunt strzelców, Zofia została zamknięta w klasztorze, Golicyn pozbawiony władzy i urzędu, a carowie: Jan i Piotr objęli ster rządu.

Mazepa korzystając z upadku faworyta, podał carowi notę, prosząc zwrotu wszelkich datków, jakie wymógł na nim Golicyn i otrzymał zadosyć uczynienie.

Wtem Zaporożcy zaczęli się burzyć z przyczyny wybudowania twierdzy samarskiéj, którą uważali jako kajdany swej wolności. Wszelkie zapewnienia, że pozostaną na zawsze przy swych prawach, że twierdza ta jest tylko wystawiona dla ich obrony od Tatarów, nic nie skutkowały. Dla utrzymania spokoju rozdano im podwójny żołd, w miejsce 500 przeznaczono im 1,000 dukatów, ale Mazepa przywłaszczył sobie tę przewyżkę, nadto zaczął przyswajać sobie inne dochody siczowe; i tak: przewóz pod Perewołoczą czynił rocznie 12,000 rubli, hetman odebrał go dla siebie; car przysyłał na Zaporoże pieniądze i zboże, Mazepa tem i drugiem dzielił się z niemi. Wojsko wolne i nie znające trwogi powstało. Lichopoj obrany koszowym po Sahajdacznym, został zmieniony; nowy koszowy Iwan Husak, przysłał Mazepie rodzaj wymówki, za wystawienie twierdzy. Hetman odpowiedział mu groźbą. Zaporożcy wysłali posłów do Polski z prośbą o opiekę i zawiązali układy z Krymem; hetman nie mógł wysłać wojska dla uśmierzenia powstańców, albowiem na Zaporożu panowała czuma. Nadto Mazepa zajęty był własném bezpieczeństwem; w Baturynie miał licznych nieprzyjaciół, przeciwko nim zatem formował gwardyą, którą składały trzy pułki piesze serdiuków, batalion żołdacki i pułk kompanijców, nazwany kompanią nadwornej chorągwi; wszystko to wojsko zebrane było z ochotników, otaczało hetmana i stolicę i było utrzymywane jego własnym kosztem. W Rossyi zaczynający świecić geniusz Piotra, niepokoił go i przeciwko niemu Mazepa fortyfikował się podchlebstwami, listami i udanem poświęceniem, a wkrótce tyle zdołał dokonać, że monarcha polubił go i nagradzał nietylko samego, ale jego krewnych i przyjaciół.

Gwardziści ci, byli to Mazepy aniołowie stróże, jak mówi ruska kronika, duchy spełniające najtajniejsze myśli hetmana. Biada człowiekowi, który wpadł w ich ręce. Wyżsi urzędnicy wzdrygali się, spostrzegłszy przysłanego po siebie którego z tych gwardzistów.

I mogliż kochać Mazepę Ukraińcy? Zaczęły krążyć paszkwile i szyderstwa, hetman żalił się przed carem, Piotr pocieszał go nowemi łaskami, a Ukraina jęczała pod ciężką buławą Mazepy.

Zaporoże zatem przyjęło zwierzchnictwo Polski. Lecz niedosyć było tego nieszczęścia. Bóg zesłał inne: w 1690 roku, chmury szarańczy niesione wiatrem z Persyi, okryły pola Ukrainy wschodniéj i południowéj; mówi arcybiskup Koniński, iż w czasie ich przelotu, w południe, nastąpiła ciemność nocy, bo straszliwe stada zasłoniły słońce; gdzie spadły, pozostawiały nagą ziemię, jakby okropnym pożarem wyniszczoną, a powietrze strasznym odorem zarażającym oddech.

W tym czasie pojawiają się na polu historyi imiona dwóch sławnych Kozaków, Samusia i Paleja w Ukrainie polskiej.

Pierwszy był pułkownikiem winnickim, odznaczył się swymi wyprawami przeciwko Tatarów. W bitwie z niemi pod Akkermanem (1690 r.), zabrał kilka tysięcy niewolnika i rozesłał go do Polski, Węgier i Moskwy, oswobodził wielu chrześcijan, upędził wszystko bydło Tatar i spalił ich mieszkania. Mazepa dla prze-

ciągnięcia go na swą stronę, mianował go swym na-
każnym hetmanem.

Drugi, był to rodzaj partyzanta, najemnego wojaka,
który walczył za tę stronę, która mu dobrze zapłaciła.
Mazepa zrobił go pułkownikiem chwastowskim, lecz
Palej, prócz tego pułku, trzymał zawsze na własnym
koszcie korpus ochotników, z nimi walczył przeciwko
Turkom z Sobieskim, to znów przeciwko Sobieskiemu
z Turkami. Żył jak udzielny książę w dostatkach
i uwielbieniu Kozaków, przyznając władzę hetmana,
gdy ta nie sprzeciwiała się jego widokom.

Palej będąc pokrzywdzony odebraniem mu łupów,
zdobytych przy wzięciu Budżaku, żalił się Jabłonowskiemu, lecz nie otrzymał żadnego zadosyćuczynienia;
zatém zbiera niechętnych Polsce Kozaków i oblega
Stawiszcze. Jabłonowski wychodzi przeciwko niemu
z wojskiem, Kozacy odstępują od Stawiszcz i cofnąwszy
się do Chwastowa zamykają w mieście. Hetman koronny dobył go szturmem; Kozacy cofają się do zamku
i tam zamierzają bronić. Jabłonowski miał ich atakować, lecz otrzymuje wiadomość, że Turcy wkroczyli
na Wołyń i Czerwoną Ruś, że rabują i pustoszą majątki szlachty i królewskie, że samego króla o mało
nie wzięli do niewoli w Złoczewie. Odstępuje zatem
od Chwastowa i spieszy na Wołyń.

Palej wolny od nieprzyjaciół wyjechał do Kijowa,
w drodze pojmał go polski oddział i odesłał hetmanowi zachodniemu, zkąd wysłany został do Magde-
burga i skazany na wieczne zamknięcie.

Ochotnicy Paleja zrobili wycieczkę w okolicę polską, niespodziewanie napadają na mieszkania szlachty
i zabierają do niewoli. Potem wysyłają posłańca

oświadczając, że jeżeli rząd polski nie uwolni ich pułkownika, sprzedadzą do Krymu swych jeńców. Car, a bardziej Mazepa który nie lubił Paleja, rozkazał uwolnić szlachtę polską, nic nie wspominając o magdeburgskim więźniu.

Ochotnicy jego wyprowadzili z Małorossyi kilkanaście bryk towarów ze skórami, zbożem i innemi produktami do Niemiec; pod skórami ukryło się 300 uzbrojonych ludzi. Karawana stanęła na nocleg w Magdeburgu. W nocy Kozacy wyszli z fur, powiązali straż zamkową, wyprowadzili Paleja z więzienia, uwieźli cztery polowe działa i znikli. Pogoń była bezowocna.

W tym czasie umarł Mohiła hetman Kozaków polskich, król oddając sprawiedliwość męztwu Samusia, mianował go hetmanem i przysyłając mu insygnia, potwierdził przywileje, a Winnicę przeznaczył na rezydencyę. Nowy hetman zebrał hultajów i Zaporożców, wyznaczył pułkowników i zajął się ulubioném rzemiosłem Kozaków—wojną z Tatarami.

Tymczasem Mazepa, to łaską monarchy, to postrachem i pomstą nad nieprzyjaciołmi, ustalał swą potęgę na lewej stronie Dniepru. Niekiedy gdy uważał potrzebę, był wspaniałym, łagodnym, wybaczającym; a gdy dopiął celu, stawał się znów groźnym i mściwym jak tygrys. Tak upłynęło lat sześć hetmaństwa Mazepy.

Han krymski wiedząc o nienawiści starszyn kozackich ku swemu hetmanowi, przedsięwziął korzystać z tego i wezwał do siebie ulubieńca Mazepy, wojskowego kancelistę Petryka. Ten pod tytułem posłańca hetmana, przejechał przez Zaporoże do Krymu. Uwiedziony nadzieją hetmaństwa, wziąwszy znaczny oddział Tatarów z hańskim synem, skierował pochód na sam środek Ukrainy, pod Perejasław. By ogłosić się hetmanem połączył się z Palejem. Przebył szczęśliwie step chersoński do baturyńskiéj dąbrowy; Mazepa wziąwszy swych kompanijców i Kozaków Gamalei, udał się naprzeciwko Petryka, który zniszczywszy okrąg pułku pułtawskiego, podstąpił pod Orel. Mianując się pobocznym synem Mazepy i jego jedynym następcą, wydał uniwersały, nakłaniając Ukrainę do powstania przeciwko Rossyi i połączenia się z Krymem. Taki uniwersał nie mógł uczynić żadnego skutku. Mazepa przeznaczył cenę za głowę Petryka 1,000 talarów i wysłał za nim trzy oddziały: jeden z pułkownikiem Krówką, drugi z Jakóbem Lizogubem, trzeci z Michałem Boruchowiczem, sam zaś wszedł do Pułtawy z licznem wojskiem.

Petryk uciekł z Ukrainy, ale w następnym roku znów powtórzył bezskutecznie swe pokuszenia o bułę. Dwa lat ciągnęła się ta walka. Hetman by pokryć wydatki, nałożył podatek z szynków, gorzelni i hurtowych spzzedaży wódki.

Po nowym roku, Petryk po raz trzeci sprowadził tłumy Tatarów na Ukrainę. Napad ten był zupełnie niespodziewany, albowiem poprzedniej jesieni, Kozacy zadali Krymcom tak straszne klęski pod Kizy-Kermeniem, Ingułem i Perekopem, oraz Kodymą, że obecnie nie można było się spodziewać ich wyprawy.

Mazepa jakieśmy widzieli, nie lubił Paleja i mimo, że ten prosił o przyjęcie go w poddaństwo cara, jednak hetman składając się traktatem zawartym pomiędzy Polską a Rossyą, odmówił mu tego i zabronił swym pułkownikom wchodzić z nim w wszelkie stosunki. Palej jednak dobrowolnie, a może dla nadziei łupów, które stanowiły jego utrzymanie, udał się przeciwko najezdnikom; w Lisiance przyłączyli się do niego: Paszkowski, Kuzmeńko i Mokiejewski, pułkownicy ochoczemonni; z Lisianki udali się stepem mimo Humania, a nie spoczywając dniem ani nocą, doszli do Bohu i zbliżyli się do Oczakowa. Na drodze spotkali Tatarów i zmusili ich do złożenia broni. Palej i Paszkowski stanęli na wiorstę od miasta. Mokiejewski i Kuzmienko poszli na miasto; z Oczakowa wyszedł przeciwko nim oddział Turków, pod dowództwem oczakowskiego beja i zaczął ścigać najezdników; wśród tumanów kurzu, Turcy nie spostrzegli zbliżania się nowego oddziału, był to Palej. Wtedy siły Kozaków stały się mocniejsze, uderzyli na muzułmanów i wpędzili ich aż do twierdzy. Dwustu nieprzyjaciół legło na polu bitwy, dziewięćdziesięciu wzięto do niewoli, zabrano trzy buńczuki, oraz stada owiec i wołów.

Car w tym czasie przygotował się do wojny z Turkami, wyznaczywszy zbornym punktem Woroneż, wystawił flotyllę i pierwszych dni wiosny 1695 roku, ruszyły dwie ruskie armje: jedna pod naczelnictwem Borysa Szeremetjewa licząca 100 tysięcy wojska, druga pod dowództwem Alexego Szejna miała 30 tysięcy. Pierwsza poszła ku Dnieprowi, druga ku Azowowi. Szeremetjew połączywszy się z Mazepą i Zaporżcami zabrał wiele twierdz a w téj liczbie Kizy-Kermen, Asłan-Kermen, Nustry-Kermen; wystawili fortece na wyspie dnieprowskiéj Tawań, która później po pokoju karłowieckim została zburzona; i osadzili w niéj znaczny garnizon. Najwięcéj z Kozaków odznaczył się w tej wyprawie pułkownik Daniel Apostół, ale Mazepa nie lubiał go; nie posłał go zatem do cara z jeńcami, ale Mirowicza, Mokiejewskiego i Boruchowicza, którzy powrócili z bogatemi podarunkami. Armia Szejna nie miała takiego powodzenia. Kapitan gwardyi Jansen zagwoździł carskie działa i uszedł do nieprzyjaciół. Rossyanie musieli cofnąć się z pod Azowa.

Sąsiedztwo Krymu i jego mieszkańców pałających ciągłą i wzajemną nienawiścią ku Kozakom, niepozostawiło w pokoju południowej Ukrainy. Na przyszłą wiosnę Tatarzy pragnąc się pomścić za swe klęski, wtargnęli w okręgi pułków: pułtawskiego i mirgorodzkiego, spalili wiele sioł i uprowadzili mnóstwo Ukraińców. Boruchowicz dopędził ich pod Sokółką, rozbił, zagnał w ujście Worskły i bardzo wielu natopił. Ale obie strony poniosły znaczne straty. Śmierć dowódcy ochotników Wieczorki, najmocniej zasmuciła Kozaków. Partyzant ten dążył zawsze tam, gdzie zjawił się nieprzyjaciel. W czasie tej wojny ujęty obietnicą Mazepy za głowę Pietrzyka, nacierał zawsze na środek Tatar, gdzie się spodziewał znaleść kozackiego zbiega. Niedługo w bliskości miasteczka Kiszenków, znaleziono ciało Pietryka, przebitego na wylot kopią, wiszące na gałęzi. Później wynalezione i trupa Wieczorki zeszpeconego, z wyrwanem sercem.

W tymże roku rozpoczęło się powtórne oblężenie Azowa, by powetować niepowodzenie Szejna; pięędziesięcio-tysięczny oddział kozacki dobył miasta 19 Lipca. Współcześnie prawie Zaporożcy pod dowództwem swego koszowego Całego, zabrali ośm tureckich okrętów ze zbożem i dziesięć z towarami, idących do

Oczakowa; Piotr darował im wszystkie towary z 10 okrętów.

W Ostrogożku nastąpiło spotkanie Mazepy z Piotrem car odwiedził starca i podziękował mu za usługi krajowi, hetman ofiarował monarsze szablę turecką w złotej oprawie, z drogiemi kamieniami i tarczę z takiemiż ozdobami na złotym łańcuchu.

W tym roku umarł Jan Sobieski i car Jan Alexiewicz brat Piotra, pozostawiwszy młodszemu niepodzielną władzę.

Piotr wyjechał do obcych krajów, książę Jakób Dołgoruki połączywszy się z Mazepą, strzegąc granic zawojowanych swieżo prowincyi, przedsięwzięli zdobycie Oczakowa. Danielowi Apostołowi polecili główne dowództwo nad wojskiem, przeprawili się przez Dniepr pod Kudakiem i ztąd udali się ku Kizy-Kermen. Rozbiwszy turecki oddział spotkany na drodze, weszli do fortecy i osadzili ją garnizonem. Han i Seraskier-Ali-Pasza zajęli Asłan-Kermen, opuszczony przez Zaporożców. Sułtan tatarski Kazy-Girej z hordą białogrodzką poszedłby odbić Kizy-Kermen. Tawań i Kizy-Kermen, zostały otoczone przez muzułmanów i rozpoczęło się oblężenie obydwóch twierdz. Kozaki Mazepy i wojsko Dołgorukiego odpierali attakujących, naprawiali potłuczone kulami mury i wały i czynili częste wycieczki na oblegających, ale Turcy odcięli (2 Sierpnia) oddział konnicy Kozackiéj i część wyrznąwszy, drugą wzięli do niewoli. Hetman i książę wzmocniwszy garnizony, odpłynęli na Ukrainę po świeże wojsko, szóstego dnia uciążliwéj podróży pod wiatr, przybyli do Tamakówki, hetman wysłał ztamtąd na pomoc oblężonym siedmset Kozaków, a książę pułk strzelców.

Przez dwa tygodnie Turcy szturmowali Tawań, bombardując go dzień i noc, nareszcie już przystawili drabiny do murów i mieli opanować fortyfikacye, gdy Jakobeńko koszowy zaporożski, strzegąc granic od nieprzyjaciół nad Dnieprem, opanował cztery statki tureckie, popłynął niemi pod Tawań i uderzywszy na oblegających przerznął się do miasta. Uradowani Kozacy przybyciem pomocy jeszcze uporniéj bronili twierdzy a Turcy z podwójną zawziętością silili się wejść w jéj mury. Ich szańce zostały podprowadzone pod samą warownię; nieprzyjaciel z dwóch stron wszedł w rów i podkopał trzy bastiony. Kozacy usypali sobie nowe wały wewnątrz twierdzy; pod Kizy-Kermenem podobnież odbywały się szturmy i podobnie uporną spotykały obronę.

Nareszcie znużeni długą walką Turcy rozpoczęli umowy.

Przyczepiony do tatarskiéj strzały papier, zawierał następujące słowa:

„Znajdującym się w tym mieście setnikom czerkaskim i Kozakom pozdrowienie! Jesteśmy z wami dawni przyjaciele, dla czegóż walczycie o nasze miasto i umieracie za Moskwę wam nieżyczliwą? porzućcie lepiéj opór i poddajcie twierdzę. Jeżeli się zgadzacie, przyślijcie kogokolwiek pod żółtą chorągiew. Jeżeli nie, wasza wola, niech wasze grzechy będą na waszych głowach."

Nazajutrz przyleciała strzała z powtórnym listem.

Pasza zapewniał Kozaków, że są rozmyślnie pozostawieni przez hetmana na oczewistę zgubę, obiecywał naczelnikom znaczne summy, jeżeli dobrowolnie poddadzą twierdzę. Ale wszystkie przedstawienia były bezużyteczne. Turcy więc rozpoczęli na nowo attak, a nawet wezwali na pomoc towarzyszy oblegających Kizy-Kermen. 30 tysięcy Turków, 10 tysięcy Tatarów przygotowali się do stanowczego szturmu, wtem przychodzi wiadomość, że pułkownik Iskra idzie na odsiecz, strwożony jego zbliżeniem się Ali-Pasza wszedł na statki i odpłynął od miasta.

W późnéj jesieni dopiero (1693 r.) wojska naprawiwszy twierdzę powróciły na Ukrainę. Mazepa nie zapomniał jednakże ustanowić przy pogranicznéj samarskiéj warowni liczną konną straż, która odbywała rozjazdy do Kizy-Kermena i odbierała wiadomość o stanie zawojowanych twierdz.

Tymczasem powrócił z zagranicy Piotr, wzbogacony wiadomościami i doświadczeniem, z nowymi światłemi i świeżemi pomysłami o przyszłem oświeceniu, szczęściu, sile i sławie swéj ojczyzny. Ukrucił burzliwych strzelców, zniósł ich na zawsze, groźnie choć sprawiedliwie odpowiedział Zofii na jéj niecne usiłowania, udał się do Woroneża, gdzie wabiła go zwycięzka flotylla, utwór rąk jego, przed którą upadł Azow.

Wojna z Turcyą została zakończona traktatem karłowieckim. Rossya i Polska zostały z téj strony zupełnie spokojne, mocą tego traktatu sułtan odstąpił Polsce Kamieniec i wszystko co na Podolu i Ukrainie posiadał, zrzekł się wszelkiéj nad Kozakami protekcyi i obowiązał się wzbronić Tatarom wszelkich napadów. Piotr wezwał do siebie do Woroneża Mazepę, obsypał go łaskami bez granic. Hetman też starał się zasługiwać na coraz większe względy.

W 1700 roku, monarcha powtórnie ściągnął go do siebie do stolicy i uczcił najwiekszemi honorami. Dwóch wojewodów przeznaczonych zostało dla doglądania porządku i wygody w czasie podróży Mazepy; pod przejazd jego wyznaczonych zostało trzysta piędziesiąt podwód, całej świcie jego, trębaczom i woźnicom wyznaczono miody, wino i piwo cesarskie. Na wstawienie się hetmana, Piotr darzył łaskami każdego bez przeciwienia się. Mazepa przybył do Moskwy 22 Stycznia, gościł u cesarza miesiąc i dni trzy; otrzymał order S-go Andrzeja i węgierski aksamitny kaftan na sobolach z brylantowemi zapinkami. Sam Piotr postawił się szóstym kawalerem orderu Andrzeja, a Mazepę drugim. Dwóch kapitanów, z 24 strzelcami odprowadzili go do granicy Ukrainy.

Wkrótce rozpoczęła się nowa wojna szwedzka, pierwszy krok był trudny lecz użyteczny dla Rossyi i bitwa pod Narwą przeraziła Rossyą, lecz nie Piotra. Kozacy w niéj nie uczestniczyli. W Sierpniu dopiero 1700 roku pułkownik Iskra otrzymał polecenie na czele 3,000 oddziału wyruszenia pod Rygę. Następnie zebrały się pułki: kijowski czernihowski, starodubski, mirgorodzki, przyłucki i ochotniczy pod dowództwem Obidowskiego i w liczbie 15 tysięcy udali się do Nowgorodu. Mazepie polecił Piotr pozostać na Ukrainie, by mieć baczność na sąsiadów. Mocno to martwiło samolubnego hetmana, który był pierwszą podnietą do rozpoczęcia wojny a dziś gdy ta wojna się rozpoczęła, on pozostał tylko jéj widzem. Wkrótce przybył do Baturyna poseł Piotra, dla powzięcia zdania hetmana w tajnych sprawach państwa.

Piotr połączony węzłami przyjaźni z Augustem II, królem Polski, zawierał z nim traktat, którym król obowiązywał się skłonić rzecz-pospolitą do wojny ze Szwecyą, lecz żądał za to od Piotra zwrotu Trechtimirowa, Trypola i Stajek, żądał zezwolenia, by Polska osadziła Czyhryń i inne miejsca spusztoszone na prawym brzegu Dniepru, oraz odstąpienia niektórych sioł pułku starodubskiego. Michajłow poseł Piotra, pytał, czyli nie będzie to przeciwne Małorossyanom. Hetman odpowiedział, że Trechtymirów, Stajki i Trypole można będzie ustąpić, lecz Czyhrynia, Kaniowa, Czerkas i Kryłowa, oddawać nie należy, albowiem sam Kijów pozostałby tylko z tej strony Dniepru przy Rossyi, pułk starodubski podobnież będąc oddzielony od Polski rzeką Sożą ma granicę naturalną, a granicy takiéj nie należałoby kasować.

I rzeczywiście pokój został zawarty podług rady hetmana.

Karól XII wkroczył do Kurlandyi, pokonał wojska saskie pod dowództwem generała Stejnau, zabrał całą prowincyę i wszedł do Litwy; w Grodnie spotykają go posłowie polscy żądając opuszczenia granic rzeczypospolitej, ale Karol odpowiada, że wtedy wyjdzie z Polski, gdy August z tronu złożony zostanie. Król za radą senatu zgromadza wojska polskie i litewskie, łączy z niemi Sasów, sam zaś do Krakowa wyjeżdża. Szwedzi biorą Warszawę.

Dwa oddziały wystąpiły Kozaków, jeden pod dowództwem Daniela Apostoła dla strzeżenia granic 20 tysięcy liczący, drugi pod naczelnictwem Boruchowicza połączył się z księciem Repninem; Mazepa zaś udał się dla uspokojenia zaburzeń wszczętych przez Samusia i Paleja.

Pierwszego Stycznia 1702 roku, Apostoł z Szeremetjewem pokonali Szwedów pod Erzstferem i wziąwszy do 2 tysięcy jeńców, wrócił na Ukrainę. Mazepa zżymał się z gniewu, że nie dozwolono zyskać sobie sławy, Szeremetjew codzień okrywał się nową chwałą zwycięztw, a hetman nienawidził Szeremetjewa. Korzystając więc z zwycięztwa odniesionego przez Rossyą nad Szlipenbachem, pojechał do Moskwy dla złożenia Piotrowi powinszowań i otrzymał pozwolenie wyjścia pod Bychów z 12 tysiącznym oddziałem, lecz będąc już na granicach Litwy, otrzymał polecenie powrotu do Małorossyi dla strzeżenia jéj granic przeciwko zbliżającemu się nieprzyjacielowi. Hetman opuściwszy wojsko, poruczył jego dowództwo młodemu człowiekowi Miklaszewskiemu, nie posiadającemu żadnego doświadczenia ani zaufania Kozaków. A było to uczynione rozmyślnie, by zemścić się na Piotrze za jego odwołanie.

Karól XII opanował już i Kraków a na miejsce Augusta wprowadził na tron przy pomocy prymasa Radziejowskiego, Stanisława Leszczyńskiego wojewodę poznańskiego. Stronnicy Szwedów i Stanisława opanowali Bychów, Miklaszewski z Kozakami zaczął szturmować miasto, dobył go i dowódcę Bielczymiewicza odesłał do Baturyna.

W zachodniéj Ukrainie i księztwie litewskiem, książę Radziwił zaczął prześladować lud wyznania greckiego. Samuś oburzony podnosi bunt, zabiera miasta: Korsuń, Niemirow i Berdyczew, 'a Palej Białącerkiew; chłopi podburzeni przez nich podnieśli broń przeciwko ciemiężcom, wyrznęli szlachtę i żydów, August II, udał się z zażaleniem do Piotra, ale ten będąc zajęty wojną ze Szwecyą nie mógł dopilnować téj sprawy, polecił jednak Palejowi złożenie broni, lecz rozkaz nie został wykonany. Wtedy król zmuszony był udać się do Mazepy i posłał mu order białego orła.

Ciągłe wieści, że Szeremetjew zdobywa miasto za miastem, że już zawojował całe Inflanty, były torturą dla hetmana. W jakimże celu Piotr zatrzymał Mazepę w Małorossyi? Piotr zawsze otwarty nie miał podejrzenia przeciwko hetmanowi, boby tego nie tail, ale rzeczywiście obawiał się wtargnięcia nieprzyjaciół na Ukrainę i lękał się połączenia z nimi Kozaków; nie ufał im, albowiem sam hetman bezprzestannie ich oskarżał o zaburzenia i nieżyczliwość.

Zamiar uspokojenia buntujących się Zaporożców i prośby Augusta, wyprowadziły Mazepę do obozu pod Kijów. 1500 Zaporożców zabrawszy wojskowe klejnoty i kilka dział, przebyli Dniepr pod Kudakiem, zburzyli zakłady wyrobu saletry nad Orelą i Samarą i zamierzyli udać się na rabunek miast małorossyjskich, lecz dowiedziawszy się o zbliżeniu hetmana, rozproszyli się.

W Kwietniu 1704 r., Mazepa otrzymał polecenie szykowania się na wyprawę. Radość napełniła serce starca, lecz jakże gorzki był jego zawód, gdy odebrał rozkaz udania się pod rozkazy króla polskiego.

Powiedzieliśmy wyżéj że hetman bezustannie potwarzał Małorossyan. Dziś, by wyłamać się z powinności zostawania pod rozkazami a nie rozkazywania samemu, dumny hetman zapewniał Piotra, że nietylko w siczy zaporożskiéj, w pułkach regestrowych i kompanijcach, ale nawet w najbliższych jego ludziach, spostrzega brak przychylności i chwiejącą się wierność ku cesarzowi, dla tego nie śmie względem nich być surowym i sprężystym zwierzchnikiem. Rzucając podejrzenie na Iskrę i Miklaszewskiego pytał jak ma obchodzić się z Samusiem i Palejem; czyli głaskać ich i utrzymywać stosunki, czyli też postępować jak z nieprzyjaciołmi przyjaciela cesarskiego, Augusta?

Piotr nie wierzył potwarzy hetmańskiéj na Iskrę i Miklaszewskiego i obadwaj pozostali na swych urzędach. Nakaźny półtawski otrzymał polecenie zwracać uwagę nad Perewołoczą na Zaporożców ; Apostoł udaje się z trzechtysiącznym oddziałem do Lubomierskiego; Mirowicz z dziesięciu tysiącami do króla; Mazepa do Połonnéj. Drugiego Sierpnia otrzymał hetman wiadomość od posła rossyjskiego w Stambule, z radą strzedz się Tatarów i pilnie baczyć na Krym. Ucieszony tą wiadomością Mazepa, udał się wolnym marszem w głąb Polski, napisał do Piotra oczekując nowego polecenia czy iść naprzód, czyli też powrócić na Ukrainę. Król wezwał go do Galicyi pod Sokal; hetman w połowie Września był dopiero pod Lubartem; Szwedzi wzięli Lwów, a Mazepa w odpowiedzi na swoje doniesienia o Tatarach otrzymał rozkaz pozostawienia w Polsce dwóch pułkowników: mirgorodzkiego i perejasławskiego i spiesznego wrócenia do Baturyna.

„Żałuję mocno, pisał do kanclerza Gołowkina, że będąc przez pół roku na służbie monarchy, nie mogłem okazać mu żadnéj znacznéj usługi, zostając pod naczelnictwem króla polskiego całe lato trzymającego mnie w bezczynności. Gdyby mi polecił iść w głąb Polski, to Lwów nie poniósłby takiego nieszczęścia a ja mógłbym być więcéj użyteczny jak mirgorodzki i perejasławski pułkownicy."

Widzieliśmy o ile szczerem i rzetelnem było użalanie się Mazepy. Widzieliśmy jak Palej i Samuś zająwszy miasta Białą-cerkiew, Niemierów i inne pomimo rozkazu Piotra nie zwrócili tych miast Polsce, ale z bandami śmiałych ochotników grabili, lub walczyli, gdzie ich wezwano i zapłacono. Potocki i Jabłonowski nie mogąc znieść ich rozbojów, pisali do Mazepy, by powagą hetmaństwa swego poskromił rabusia, lecz Palej nie był posłuszny Piotrowi wielkiemu, zatem tem mniéj i Mazepie. Hetman nienawidził Paleja zazdroszcząc mu jego siły, przywiązania Kozaków i bogactw, poprzysiągł, jego zgubę. Mazepa co postanowił tego dokonał.

Hetman wezwał Paleja jako swego pułkownika chwastowskiego na radę a uczęstowawszy go starem winem, rozkazał bez zmysłów będącego wtrącić do lochu. Nazajutrz Palej został wyprawiony do Moskwy, a ztamtąd, monarcha pomniąc nieposłuszeństwo jego zesłał go na Sybir do Jenisejska. Hetman opanował Białą-cerkwią i bogactwami Paleja.

Samuś lękając się podobnego losu, przybył do Mazepy, złożył hetmaństwo i przyjął dowództwo pułku bogusławskiego. Miasta przez nich opanowane powrócono.

Mazepa pozostał sam hetmanem Ukrainy po obu brzegach Dniepru, lecz Ukraińcy jeszcze go mocniéj znienawidzili.

ROZDZIAŁ XXIX.

Mazepa.

Tymczasem Apostoł walczył pod komendą generała Branta i dopomagał mu przy odbiorze Warszawy od generała Horna. Potem przeszedł z Mirowiczem pod dowództwo Patkula, ale obchodzenie się tego ostatniego z Kozakami zmusiło ich do powrotu na Ukrainę. Patkul odebrał naprzód towarzystwu konie, potem zaczął ich uczyć pieszéj mustry po niemiecku, bił niepojętnych a nawet groził śmiercią.

W następnym roku (1705) pułki: przyłucki i kijowski uczestniczyły w wypędzeniu Szwedów z Kurlandyi. Nakoniec w Lipcu, Mazepa z 35-tysiącznym korpusem przeprawił się za Słucz w granice Polski.

Na mile ciągnęły się wozy z żywnością i dostatkami, a było ich jedynaście tysięcy, koni sto pięćdziesiąt tysięcy. Zasiewy nikły na drodze którą przechodziło to wojsko. Obywatele polscy ponosili ogromne straty.

Szlachta zaczęła szemrać, użalała się, a nakoniec zaczęła grozić pospolitem ruszeniem. Mazepa prócz tego nakładał kontrybucyą na miasta na swoją korzyść, a dla usprawiedliwienia się w oczach cesarza, napisał do kanclerza Gołowkina: „tłomaczyłem szlachcie że tak liczna armia nie może bez uszczerbku obywateli przebyć okolice, ale Polacy grożą i nie mając z nikąd wsparcia znajduję się w wielkiem niebezpieczeństwie, jak baranek pomiędzy wilkami."

Baranek z wielkiem wojskiem a wilcy nie uzbrojeni.

We Wrześniu hetman wszedł do województwa lubelskiego i rozpoczął działania wojenne zajęciem Zamościa. Mazepa posiadał 35 tysięcy wojska i siedmdziesiąt armat. Tomasz Zamojski był komendantem twierdzy.

Hetman zażądał poddania, Zamojski odpowiedział: jeżeli nas zaczną attakować, będziemy się bronić. Hetman przygotował się do szturmu, Zamojski poddał się, lecz sam podyktował warunki; a te były następujące:

Twierdza zostawać będzie pod głównem naczelnictwem pana ordynata Zamojskiego i w każdym razie nie należy odnosić się do komendanta, ale do pana ordynata; garnizon w czasie bezpiecznym od nieprzyjaciela, znajdować się będzie w zupełném rozporządzeniu ordynata; przy wchodzie do fortecy, hetman obowiązuje się wypłacić garnizonowi miesięczny żołd na utrzymanie, potem tenże garnizon utrzymywany będzie z własnych funduszów ordynata, dla tego wszelkie dobra Zamojskich oswobadza się od dawania dla armii prowiantów, wojskowych przechodów i podatków, w razie nieprzyjacielskiego napadu na twierdzę i na dobra pana ordynata, daną mu będzie pomoc; jeżeli majętność jego ucierpi jakie szkody, hetman obowiązany jest wyjednać mu u cesarza przyzwoite wynagrodzenie; a nakoniec hetman użyje wpływów, by ordynat otrzymał 18 tysięcy talarów, wydanych przezeń na utrzymanie twierdzy.

Współcześni obwiniali Mazepę, iż będąc wysokim radcą, nie był mądrym zaborcą. Zarzut ten niesłuszny. Mazepa pojmował dobrze, że posiadając tak liczne wojska, może przepisywać warunki nieprzyjacielowi bezbronnemu. Lecz w duszy jego gnieździła się już myśl tajemna, chroniąca się w głębi duszy wychowańca jezuitów, a dla wykonania jéj uważał potrzebną przyjaźń Zamojskich.

Niedługo Mazepa wysłał do cesarza następny list z pod Zamościa, ze wszech miar godny uwagi i dla tego przytaczamy go w całości:

„Najjaśniejszy samowładny monarcho i panie mój najmiłościwszy !”

„Już to czwarte dla mnie pokuszenie, przez czas zostawania mego na hetmaństwie, nie od szatana, ale od zawistnych i nieżyczliwych waszej wielkości, zamierzających swojemi chytremi obietnicami skusić, a bardziej zmienić, moją nigdy niezmienną dla waszej cesarskiej wielkości poddańską wierność i oderwać mnie z wojskiem zaporożskiem od wszechwładnéj waszej cesarskiej prawicy. Pierwsze (pokuszenie), od nieboszczyka króla polskiego Jana III Sobieskiego, który przysłał do mnie niejakiego szlachcica nazwanego Domoryckim, z pięknemi swojemi listami, którego natychmiast z témi listami odesłałem do Moskwy. Drugie od hana krymskiego, który wtenczas gdym wracał z Perekopu z księciem Golicynem i już przeprawiłem się przez Końskie wody, przysłał do mnie pewnego niewolnika Kozaka z pułku pułtawskiego, ze zdradliwym listem, pobudzając do tego, bym albo połączył się z nim, o 10 tylko wiorst od obozów naszych znajdującym się i dopomagał mu związkiem przeciwko waszej cesarskiej mości, uzbroić się i walczyć, albo od wojsk waszych odstąpił, nie dając im żadnej pomocy, by on tym sposobem swobodniéj mógł te hufce waszej cesarskiej mości pokonać i w zamiarach swych pogańskich zupełnie uśpieć. O, i wiele innych rzeczy w tym liście swoim przedstawiał mi, który ja wtedy wręczyłem wspomnionemu księciu Golicynowi. Trzeci od dońskich powstańców, mianujących się kapitanami, od których przybył do mnie do Baturyna asauł tameczny doński, skłaniając do swego nieprzyjaznego zamysłu, abym z nim połączył się wspólnym węzłem, uzbroiwszy się na wasze państwo wielkorossyjskie, przyrzekając i czyniąc ułudne nadzieje, że han krymski ze wszelkiemi hordami stanie nam na pomoc; którego to asauła dońskiego odesłałem na wybadanie do Moskwy, co wszystko ma być w wydziale spraw Małej Rossyi zapisane. Dziś zaś to czwarte od króla szwedzkiego i króla polskiego bezprawnie w Warszawie ukoronowanego Leszczyńskiego, zawzięło się na moją duszę i nieprzełamaną wierność pokuszenie, którzy kusząc mnie swojemi fakcyami i zdrádliwemi pochlebstwami, przysłali z Warszawy w tych dniach do obozu mego niejakiego szlachcica nazywającego się Wolskim, któregom rozkazał badać torturą; posyłam jego zeznania do dworu waszej cesarskiej wielkości, z których dokładniej będzie wasza cesarska mość świadomy, po co ów Wolski i od kogo został posłany i co mu dla ujęcia mojej nieprzełamanej ku wam wierności powierzono tajemnie mnie zaproponować; samego zaś Wolskiego dla tego nie posyłam, że obecnie podróż jest bardzo trudna i niebezpieczny przejazd, boję się, by go kto z przeciwnej partyi posłańcom moim niespodziewanie nie odbił. I jako hetman i wierny waszej cesarkiej mości poddany z powinności mojej i przyrzeczenia,... ojcu Waszemu... i bratu waszemu,... przez cały wiek przeszłego życia mego wiernie i w niczem nieskazitelnie służyłem; tak i dziś wam z powinności mej hetmańskiej i wierności szczerze działam i jak dotychczas we wszystkich tych pokuszeniach i nieprzyjacielskich namowach jako filar niewzruszony i skała nieskruszona przebyłem, tak i tę małą usługę i poddańską wierność, której mnie i dziś źle myślących waszej cesarskiej mości nieprzyjaciół zdrada i niecne przekupstwa nie mogły ugiąć, skruszyć, skłonić i pokonać, z sobą samym rzucam pod najjaśniejszej waszej cesarskiej mości majestatu monarsze stopy, pod których cieniem zyskawszy dobre dla siebie schronienie do ostatniego tchnienia, niezmiennie zostaję etc.''

Zeznania Wolskiego co do otrzymanego polecenia od Stanisława Leszczyńskiego, były następujące:

1. Przekonać pana Mazepę, że bronić Augusta jest to przygotowywać zgubę praw i wolności rzeczypospolitej, czego zapewnie Mazepa nie uczyni, albowiem królowi nawet jest wiadomo, jak kochał zawsze swą ojczyznę.

2. Dla układów z panem Mazepą, dana została zupełna władza Burkowskiemu, ale ponieważ byłoby to bardzo długo, przeto przysłany został Wolski dla potwierdzenia ugody hetmana z królem szwedzkim, by ten nie poniósł wojny przeciwko Kozakom.

3. Tenże Wolski wystawi nieśmiertelną sławę, jaką okryje się pan Mazepa za uspokojenie swej ojczyzny;

przyrzecze wszelkie wolności jakie mu da król i rzecz-
pospolita za oswobodzenie z pod władzy ruskiej i nagrodę jakiej sam zapragnie.

4. Co Wolski zdziała, to zostanie wprowadzone jako
pierwszy artykuł przy pierwszym układzie z Rossyą.

5. Winien donieść ile wojska potrzeba na Ukrainę
i wiele pan Mazepa go zażąda.

6. Tym sposobem zdaje się, że można prędzej przyprowadzić sprawę do skutecznego ukończenia, niżeli za
pomocą pospolitego ruszenia, które jest bardzo niebez-
piecznem. A tajemnemi korrespondencyami sam pan
Mazepa poda środki ku korzyści króla, rzeczypospolitej
i własnej.

7. Prosić o stanowczą odpowiedź na każdy punkt
jak można najprędzej.

Zeznanie to nic stanowczego nie wykrywa, o warunkach ugody nic w niém nie wspomniano; widoczna,
że przyjazd Wolskiego był już naprzód ułożony i przyjęty przez Mazepę. Doniósł zaś Piotrowi o tem dla tego,
bo lękał się aby cesarz z boku sam się nie dowiedział,
posłał instrukcyą Stanisława daną Wolskiemu, ale takie tylko punkta, z których Piotr nic nie mógł się dowiedzieć. Co zaś do badań torturą, było to fałszem,
a jasnym dowodem tego jest zatrzymanie Wolskiego.
Mazepa był już wówczas nieprzyjacielem Piotra, obejście się z Palejem, jego zesłanie na Sybir, było już
dziełem zdrady hetmana, Mazepa starał się pozbyć
Paleja, by mu nie był na przeszkodzie w jego zamysłach.

Narodowa ruska dumka mówi, iż Mazepa miał zamiar opanować tron rossyjski, zdawało mu się, że od

buławy hetmańskiej do berła cesarskiego, mała tylko do przebycia przestrzeń.

Arcybiskup Koniński mówi, że osobista obelga Mazepy ze strony Piotra, była powodem do podniesienia broni przeciwko niemu. Powiadają, pisze w swej kronice, że hetman był z Piotrem na uczcie u księcia Mieńszykowa, przy stole monarcha za przeczenie sobie dał policzek Mazepie; a chociaż wkrótce pojednał się z nim, lecz Mazepa ukrywszy swą nienawiść, zamknął ją w sercu, a bojarowie nienawistni monarsze za wprowadzenie przezeń nowości, a więcej za straconych w buntach swych krewnych, poczytali ten wypadek za dar Boży i utwierdzili Mazepę w zuchwałym zamiarze przyrzeczeniami wszelkiej pomocy.

Słowa Konińskiego potwierdza nawet przemowa samego Mazepy do wojska, w miasteczku Siemienówce.

Wolter powiada, że Piotr obiecał go wbić na pal, a Siemonowski dodaje, że Mazepa bezwłocznie po tym wypadku wyjechał z Moskwy, nawet bez zezwolenia monarchy. Zdaje się jednak podobniejszem do prawdy, że wypadek ten, tylko przeważył stanowczo i ugruntował Mazepę w jego zamysłach, ale nie był powodem do powzięcia onych. Duma hetmana już od dawna usnuła plany, które z powodzeniem dojrzewały w jego głowie.

Mazepa jeszcze ukrywał swe zamiary, lecz już rozpoczął działanie. Niszczył całe oddziały nieprzychylnych sobie Kozaków, posyłał na jawną i oczewistą śmierć pułkowników, by pozbyć się ludzi, którzy mogliby stanąć mu na przeszkodzie i zdawali się być podejrzanymi.

Mówią nadto, że hetman będąc w pochodzie przeciwko Szwedom poznał w Polsce kuzynę Leszczyńskiego księżnę Dulską, zakochał się w niéj i postanowił w sześćdziesiątym roku żenić się, a dla ułatwienia skutku swego postanowienia, przyrzekł przyłączyć Ukrainę do Polski. Sam zaś miał pozostać hetmanem obu brzegów Dniepru, Zaporoża i bydź udzielnym i od nikogo niezależnym księciem siewierskim.

Wojsko kozackie skoncentrowane w Mińsku znacznie się zmniejszyło: pułk łubiński i pięćset ludzi starodubskiego poszły do Brześcia litewskiego. Pięć tysięcy Kozaków przyłączyło się do Meńszykowa i poszło do Grodna. Hetmanowi polecił Piotr zdobycie Bychowa. Ale komendant Siennicki uporczywie bronił twierdzy. Hetman tymczasem tajemnie znosił się z Leszczyńskim przez jezuitę Załęskiego i nareszcie powrócił do Baturyna, wymawiając się podagrą i gorączką, które nietylko nie dozwalają mu działać na polu chwały, ale nawet mówić.

W Lipcu 1706 roku, Ukraina ujrzała u siebie niespodziewanego gościa. Karol zamierzył wtargnąć w jéj granice, Piotr przybył ją zwiedzić. Pierwszego Lipca nocował w Czernichowie, czwartego przybył do Kijowa, i Mazepa otrzymał polecenie z całym wojskiem zaporożskiem spieszyć do tego miasta. Nazajutrz po przybyciu monarchy, przyszła wiadomość, że Karol XII spieszy w te strony i już znajduje się o 40 mil od Kijowa. Wtedy cesarz wezwał Mazepę do siebie, polecając mu, aby pięć do sześciu tysięcy wojska pozostawił księciu Meńszyków, z resztą spieszył do Kijowa. Hetman stawił się na rozkaz Piotra. Wtedy znów otrzymano wiadomość, że Karol skierował się na Saxonią i wojsko zebrane do Kijowa zostało rozpuszczone.

Piotr spostrzegłszy, że twierdza kijowska wystawiona jest na miejscu niedogodnem i błędnie rozłożona, obrał klasztor pieczarski do ufortyfikowania i własnemi rękami założył nową twierdzę (15 Sierpnia).

Dziewiętnastego, Mazepa podał mu siedm zapytań dla zdecydowania.

1. Czy długo ma pozostawać w Kijowie po odjeździe jego, co czynić, czy powrócić do Baturyna i komu pozostawić nadzór nad fortyfikacyami.

2. Jakie wojska wielko-rossyjskie będą przy nim dla obrony Ukrainy.

3. Do kogo się odnosić w ważnych sprawach.

4. Czy posyłać Zaporożcom żołd i fundusze zbierane z przewozu perewołoczeńskiego.

5. Czy posłańca hańskiego odesłać do Baturyna.

6. Czy wezwać Zaporożców na służbę cesarską.

7. Czy dozwolić Krasińskiemu żenić się w Małorossyi.

Monarcha rozkazał:

Naprzód załatwić się względem fortyfikacyi, a potem jeżeli zechce udać się do Baturyna na krótki czas, pułki wielkorossyjskie pozostaną przy hetmanie te same jakie były dotąd. Co do 3 i 6 pytania wskazał Gołowkina; posłańca hańskiego polecił odprawić, Zaporożcom rozkazał wypłacić żołd i summy zebrane z przewozu. Sprawę Krasińskiego pozostawił decyzyi hetmańskiéj i nareszcie 12 Września wyjechał do Petersburga.

W skutek polecenia Piotra, Wojnarowski, siostrzeniec Mazepy udał się z pięcio-tysiącznym oddziałem pod

Lublin do księcia Meńszykowa, Burkowski, na czele pułku starodubskiego Kozaków, zdobył po cztero-tygodniowém oblężeniu Bychów, w którym zamknął się generał Siennicki z partyą Stanisława.

Tymczasem Mazepa uznał za potrzebne pojednać się z ludem nienawidzącym go oddawna: prosił zatem Gołowkina o wyjednanie manifestu, którymby cesarz zapewnił Małorossyan o swojéj ku nim życzliwości i przyrzekł im nagrodzić po skończeniu wojny wszystkie straty i zniszczenia. Prośba została wypełniona. Piotr prócz tego potwierdził prawa i przywileje.

Budowa kijowsko-pieczarskiéj twierdzy postępowała naprzód, hetman żalił się przed czasem o różne zniewagi Kozaków, pisał do Gołowkina, że ukraińskie wojsko znurzyło się, przez jesień i zimę a na wiosnę, tak opadło z sił, że nie przyda się do żadnéj służby; pomiędzy nim zagęściły się choroby, a konie pozrywały się od wożenia darni, drzewa, cegły i wapna.

Piotr rozkazał natychmiast rozpuścić Kozaków do domu. Hetman z przyczyny słabości pozostał w Kijowie, do 22 Listopada. Wojnarowski powrócił do niego ze swym oddziałem, drugi oddział stał nad Słuczą blisko Połonnego, obadwa Mazepa uznał za niezdolne do nowych pochodów; cesarz polecił im stojąc na miejscach strzedz granic od nieprzyjaciela.

Tym sposobem całe wojsko kozackie było skoncentrowane w granicach Ukrainy i pozostawało w bezczynności; Karol zbierał hufce do wtargnięcia na Ukrainę.

Tymczasem w Moskwie rozpoznawano pierwszą denuncyacyą Koczubeja nakaźnego hetmana, przeciwko Mazepie tajemnie zaniesioną i badano mnicha Nikanora, który przyniósł doniesienie.

W miesiącu Lipcu 1707 roku, dwóch mnichów szło z Kijowa do Baturyna i usiedli za miastem dla wypoczęcia, wtem zbliżył się do nich jakiś Kozak, zaczął pytać ktoby byli, dokąd idą, zkąd; zaczął wychwalać gościnność Koczubeja i zaprosił do niego; mnichy poszli i zostali wprowadzeni do domu. Gospodarz przyjął ich gościnnie, nakarmił i napoił a pomówiwszy o różnych rzeczach, rozkazał odprowadzić do oddzielnéj izby na nocleg. Nazajutrz zrana mnichy wysłuchali mszy w domowej kaplicy Koczubeja, żona jego udarowała gości i mnichy chcieli już udać się w dalszą drogę, ale gospodarz uprosił ich by pozostali jeszcze na jedną noc. Nazajutrz przywołano do ogrodu starszego z nich, był to Nikanor i wprowadzono do altany, tu gospodarz nanowo zaczął wypytywać go o ród, miano, a potem przed obrazem Boga-rodzicy zapytał, czy może mu powierzyć tajemnicę. Nikanor przysiągł, że ją święcie zachowa, natenczas Koczubéj i żona jego zaczęli łżyć hetmana, nazwali go włóczęgą, łotrem, gwałcicielem praw. Mnich zapytał za co go tak nienawidzą. Odpowiedzieli, że za to, iż hetman będąc chrzestnym ojcem ich córki, chciał się z nią żenić, ale otrzymawszy ich odmowę, namówił ją do ucieczki z domu rodziców i schańbił.—O! wiemy bardzo wiele szkodliwych spraw Mazepy, które zmarły jego pisarz nam wydał, a gdyby cesarz przejeżdżał tylko przez Baturyn, natychmiast bym mu wszystko opowiedziała.

Mnichy zaczęli wybierać się w drogę. Koczubéj polecił Nikanorowi przyjechać do niego razem z archymadrytem i przyrzekał dać bogatą ofiarę, aby tylko nie omieszkali przybyć.

W Siewsku Nikanor oznajmił archymadrycie o przyrzeczeniu Koczubeja; ale ten będąc wstrzymany ważnemi sprawy, nie przyjechał sam, lecz przysłał Nikanora ze swym listem. Nikanor przybył do Baturyna w końcu Sierpnia, a Mazepa jeszcze był w Kijowie.

Nazajutrz przyszła ze dworu Koczubeja do niego Kozaczka i oznajmiła, że nakaźny hetman polecił mu przybyć do siebie bez meldowania, jednak wtedy gdy się dowie, że niemasz gości i by każdy raz gdy przyjdzie, zamykał za sobą drzwi na klucz.

Ciekawość popchnęła mnicha; bezwłocznie udał się do Koczubeja. Gospodarz zapytał go czy nie spotkał kogo na wschodach gdy wchodził i czy zamknął drzwi za sobą? mnich odpowiedział, że tak uczynił. Koczubéj zaczął szczegółowo wypytywać go o jego urodzenie, stopień i dawne życie, a niedowierzając czy ich nie podsłuchuje kto, obszedł wszystkie komnaty i obejrzał drzwi, nakoniec zapytał: Czy mogę powierzyć ci tajemnicę?

Nikanor przyrzekł ją zachować i gospodarz dał mu do pocałowania krzyż, na znak, że mówi prawdę. W téj chwili weszła i gospodyni z krzyżem wymalowanym na drzewie i płacząc powiedziała. „Jak Bóg cierpiał na krzyżu za nas, tak my powinniśmy czuwać za wielkiego monarchę." Wszyscy troje przysięgli zachowywać tajemnicę. Wtedy Koczubéj oznajmił Nikanorowi, że hetman Mazepa pragnie oderwać się od Piotra i połączyć z Polakami, sprawić wielkie nieszczęście całéj monarchii rossyjskiéj, ujarzmić Ukrainę i opanować miasta cesarskie. Jakie miasta? zapytał Nikanor.—To później powiem odrzekł

Koczubéj, i polecił mu jechać do Moskwy a nietracąc ani chwili, oznajmić o tem Janowi Alexejewiczowi Musni-Puszkinowi by zdążono ująć Mazepę w Kijowie i zasłonić jego przed Mazepą który może go zabić. Tu dał Nikaronowi ośm dukatów i na najmę podwód dwanaście talarów. Niedługo mnich był w Moskwie, podał skargę, wzięto go na torturę, i wszystko com tu podał jest dosłowne jego zeznanie. (*)

Zemsta władnąca kobiecem sercem żony Koczubeja, zepsuła całą sprawę; nakaźny hetman doświadczył losu każdego męża, którego żona zamiast zajmować się domem i rodziną, wdziera się w sprawy mężkie, Koczubej jako nakaźny hetman winien był zwołać radę w Baturynie, oznajmić jéj o sprawach hetmana, okazać dowody, pisma i świadków, ująć Mazepę w Kijowie, uczynić publiczne śledztwo a na mocy jednozgodnego wyroku zrzucić go z hetmaństwa i odesłać do Moskwy pod strażą. Piotr zostałby przekonany, lecz tajemna denuncyacya prawie zawsze prowadzi skarżącego na haniebną zgubę.

Piotr otrzymawszy doniesienie, natychmiast ze słów Nikanora wyprowadził wniosek, że zemsta za córkę spowodowała Koczubeja do tak szkaradnéj potwarzy; że nakaźny hetman podburzony przez nieprzyjaciół Rossyi, którzy rozrzucali po kraju buntownicze pisma drukowane zagranicą po rusku, zaniósł skargę, któréj skutkiem może być wojna domowa i rozruchy. Tem więcéj utwierdziła monarchę o tem mniemaniu okoliczność, że Koczubej do tak ważnego doniesienia nie mógł znaleść nawet pewniejszego posłańca, ja-

(*) Historya Małorossyi M. Markiewicza T. II. str. 394.

kiegoś przyjaciela, krewnego, zresztą poświęconego sługę, ale musiał użyć wędrownego mnicha.

Piotr Wielki zajęty był wówczas wojną, rozkazał przeto odłożyć do sposobniejszej chwili rozpoznanie fałszywej denuncyacyi i udał się do Polski. Tymczasem Koczubej nie słysząc wcale co się dzieje z jego posłańcem i skargą, podżegany zemstą przedsięwziął drugą.

Wyznawszy o swym zamiarze przed przyjacielem, byłym pułkownikiem pułtawskim Iskrą i setnikiem tegoż pułku Kowańką, oraz i krewnym Iskry księdzem Swietajłą, otrzymał radę, aby wysłał do Moskwy Piotra Jaceńkę mieszkańca Pułtawy z ustnem doniesieniem o zdradzie. Jaceńko udał się do cesarskiego spowiednika, a ten przedstawił go cesarzewiczowi Alexemu Piotrowiczowi; cesarzewicz polecił donosicielowi własnoręcznie napisać to wszystko co Koczubej kazał mu powiedzieć. Jaceńko napisał następującą notyskę:

1. Hetman Mazepa ma zmowę z królem Leszczyńskim i zamierzył poddać się jemu z całą Małorossyą, układy w tym przedmiocie prowadzi z jezuitą Załęskim, którego tajemnie trzyma w zamku swym w Bochniaczy, o dwie mile od Baturyna i którego co noc przywozi do niego jego pisarz Orlik.

2. Kiedy jechał od cesarza do Baturyna Alexander Kikin, wtedy hetman usłyszawszy jakoby sam monarcha jechał zaraz za Kikinem, postawił wokoło domu swego trzystu sierdiuków z nabitą bronią, rozkazał im być w gotowości i strzelać do wszystkich wchodzących do pałacu nie oszczędzając nikogo. Ale ujrzawszy że sam tylko przyjechał Kikin z łaskawem

cesarskiem słowem, rozkazał sierdiukom rozejść się do domów.

·3. Tajemnie wysłał pewnego pisarza na Zaporoże i rozkazał mu nauczyć Kozaków, że cesarz postanowił zburzyć Sicz, a ich wszystkich wyniszczyć.

4. Pewnego razu powiedział, że dobrze jest przyjaźnić się z Polakami, bo może nam będzie pod niemi lepiej. Resztę opowie dokładniej sam Koczubej gdy ujrzy cesarza.

Cesarzewicz odesłał Jaceńka i spowiednika z tem pismem do ojca, Piotr rozkazał rozpoznać skargę ze wszelką skrupulatnością.

Działo się to w Styczniu 1708 roku.

W miesiąc później Iskra posłał Swiatajłę do pułkownika achtyrskiego Osipowa, z zawiadomieniem, że przysłany jest od Koczubeja i ma mu odkryć nader ważną tajemnicę; lecz należy im się zjechać, tak aby nikt o tem nie wiedział.

Trzynastego Lutego Iskra przybył na folwark do Osipowa i oznajmił mu, że obadwa z Koczubejem przekonali się o zdradzie Mazepy, o jego układach z Leszczyńskim i Wiśniowieckim i zamiarach wydania cesarza w ręce nieprzyjaciół lub zamordowania. Przytém powtórzył ów rozkaz wydany serdiukom w czasie przyjazdu Kikina, z tą jednak zmianą, że hetman rozkazał im dać ognia do monarchy. Nakoniec opowiedział następujące okoliczności spisku, w obudwóch skargach nie zamieszczone.

W czasie upłynionego adwentowego postu, Mazepa miał zamiar napaść na miasta małorossyjskie, ale gdy Dniepr przez całą zimę nie stanął, przeto musiał odłożyć zamysł. Obecnie udał się ze wszystkiemi swojemi posiłkami i sierdiukami do Pryłuki, gdzie rozkazał przybyć i gorodowym Kozakom i zamierzył iść ztamtąd ku Dnieprowi, potém do Białejcerkwi; tam połączy się z Leszczyńskim i Wiśniowieckim i rozpocznie wojnę z cesarzem. Wojska zadnieprowskie są mu poświęcone, teraz przeszle tam wszystkie bogactwa swoje, a resztę uwiezie z sobą. By wzburzyć wojsko i lud przeciwko cesarzowi, nałożył na całą ludność najcięższe podatki; od każdego mieszczanina i Kozaka bierze po talarze od konia, od wołu po pół talara; czerni cesarza jakoby on rozkazał ściągać te pobory, a sam za owe pieniądze sztyftuje nowe pułki sierdiuckie; dawnym wydał naprzód żołd za trzy miesiące. Aby więcej jeszcze zniechęcić lud, rozgłosił, że Piotr postanowił Kozaków zamienić w wojsko regularne, za co to wojsko nadzwyczaj się oburzyło i oczekuje tylko by Mazepa podniósł chorągiew buntu. Zaporożcom zaś mówi o rychłem zniesieniu Zaporoża. Wszystka starszyzna i pułkownicy wiedzą o jego zamiarach; ale jedni z przychylności, drudzy z bojaźni, inni nareszcie znając cesarskie w nim zaufanie, milczą. Najlepiej zna wszystkie tajemnice spisku pisarz Mazepy Orlik, gdyż przez jego ręce przechodzi cała korrespondencya hetmańska.

Osipów spisawszy denuncyacyą, odesłał ją do Kijowa, do księcia Dymitra Michałowicza Golicyna, radząc mu, by strzegł Kijów od Mazepy, a gdy ten przybędzie do Kijowa, by go przytrzymał, nie dozwalając oddalić się do Białejcerkwi. Jeżeli bowiem Mazepa i pułki jego wejdą do tego miasta, wtedy już nic nie można mu będzie uczynić i należy spodziewać się wielkiego nieszczęścia, albowiem Mazepa posiada znaczne siły; lecz wszystko to należy do czasu ukrywać troskliwie, bowiem któś z bliskich monarszych sekretarzy i księcia Alexandra Daniłowicza, donosi mu o wszelkich sprawach państwa, jeżeli więc o tem dowiedzą się, natychmiast dadzą znać hetmanowi.

Piotr zajęty Szwedami, zlecił śledztwo tej sprawy przyjaciołom Mazepy: Gołowkinowi i Szafirowi; a Mazepie rozkazał wyjść z wojskami z Baturyna. Na początku Lutego hetman stanął nad Dnieprem naprzeciw Trechtymirowa, w końcu miesiąca był już w Chwastowie. Tam dowiedział się o denuncyacyach Nikanora, i Jaceńka i natychmiast napisał do cesarza przez Jana Skoropackiego swego krewnego, który wówczas był już pułkownikiem starodubskim.

„Najjaśniejszemu Piotrowi I, z Bożej łaski etc.

Iwan Mazepa etc.

„Chociaż już z przyczyny późnego wieku, słabości, i zmartwień, przybliżającemu się do bramy wieczności, nie należałoby tak gorąco domagać się oczyszczenia honoru i niepokoić was, mojego monarchę, obciążonego sprawami narodu, państwa i wojennemi; ale jednak starając się całą duszą, wszystkiemi siłami, nie o dobro obecne ale o to by i po śmierci nie pozostawała w ustach narodu pamięć o mnie jako zdrajcy, bym i po śmierci mojej dla moich następców hetmanów służył za przykład niezachwianej wierności ku waszej cesarskiej mości, dziś ośmielam się przystąpić do tronu na prawdzie i prawości ugruntowanego; przed nim z gorzkiemi łzami i pokorą, pokłonem do stóp waszych schylając skołataną mą głowę, z ścieśnionem smutkiem sercem użalam się przed tobą na moje ostatnie nieszczęście. Od początku mego ciężkiego urzędu do dzisiaj, szkaradna złość nienawistnych mych nieprzyjaciół nie ustaje, ale wzrasta i odnawia się. Otrzymałem z Pułtawy pewną wiadomość, że mieszkaniec tameczny nikczemnego pochodzenia, ochrzczony żyd, Piotr Jaceńko, posiadający w Pułtawie dom, żonę i dzieci i trudniący się w pułku achtyrskim według żydowskiego zwyczaju arendami, nie sam z siebie, ale nauczony od kogoś z mych podwładnych, został wyprawiony do Moskwy z nowemi kłamstwami i potwarzami, podał własnoręczną jakąś powiastkę przechodzącą wszelkie kłamstwa, jakobym był waszej cesarskiej mości niewierny.

Ale nie dosyć było dla mych zawistnych jednego kłamcy, oni i drugiego jakiegoś mnicha jeszcze wpierw wysłali do Moskwy. I mnich ten naprzód rozsiewał szalone rzeczy o mym honorze, pragnąc moją sławę w proch obrócić, a potem widząc że wszyscy szydzą z niego, podał na mnie denuncyacyą, więcej śmiechu jak wiary godną. Ja który ojcu i bratu waszej cesarskiej mości nieskazitelną, poddańską wierność dokazując, byłem niezachwiany licznemi pochlebnemi obietnicami, ale jak pomazańcom Boskim zachowałem prawość, służyłem i służę wiernie i szczerze, do końca dni moich, póki nie okryje mnie cień śmierci winienem służyć. Lecz aby nie mnożyły się te potwarze, psujące wierne sługi wasze jak dobrą rodzinę; dla udowodnienia kłamstw potwarców, dla udowodnienia mej niewinności i wiernej służby, w której nie szczędząc życia ani zdrowia i pragnąc umrzeć bez skazy trzydzieści ośm lat pozostaję; posyłam do waszej cesarskiej mości pułkownika starodubskiego Jana Skoropackiego, sędziego tegoż pułku Jana Romanowskiego, sędziego perejasławskiego Iwana Byrła, kancelistę wojskowego Daniela Bołbotę i żebrzę dla siebie u waszych najmiłosierniej-

szych stóp, na tego potwarcę Jaceńka i owego mnicha
decyzyi, i ze łzami błagam waszą cesarską mość, byś
raczyła o tych potwarzach i denuncyacyach przeciwko
mnie zaniesionych, wojewodzie waszemu w Kijowie,
księciu Dymitrowi Golicynowi, lub komu innemu, wyprowadzić śledztwo i do tego śledztwa owych potwarców przysłać do Baturyna na sąd, jak niegdyś mnicha
Salomona. Nie dla czego innego proszę o śledztwo, sąd
i świętą sprawiedliwość na Jaceńkę i mnicha, jak dla
tego, że tutaj w kraju przezemnie rządzonym, muszą
ukrywać się podburzający przeciwko mnie ludzie, którzy zazdroszcząc łaskawej dobroci ku mnie waszej
cesarskiej mości i pragnąc zaspokoić swą pychę, namó-
wili ich do tych kłamstw, potwarzy wyuczyli i do carskiego grodu Moskwy posłali. O taką łaskę i dobro-
dziejstwo nieskończenie z najgłębszem uszanowaniem
i gorzkiemi w mem umartwieniu łzami błagam, cału-
jąc wszechwładną prawicę dzierżącą sprawiedliwość
i władzę."

  w Chwastowie, 24 Lutego 1708 roku.

Ale posłańcy Mazepy zminęli się z cesarskim kuryerem,
wiozącym do niego list Piotra I. List ten dowodzi, jak
nieograniczone zaufanie wielki monarcha, który rzadko
mylił się na ludziach pokładał w Mazepie.

  „Panie hetmanie! Przed przybyciem mojem do Moskwy, przyszedł mnich z podobnąż skargą, jak niegdyś
Salomon, pragnąłem ściśle dochodzić od kogo ona pochodzi, lecz odjazd mój do Polski przeszkodził temu
i odłożyłem sprawę do swobodniejszego czasu. Ale gdy
złe nigdy nie może leżeć spokojnie, przeto dzisiaj znów
i już nie przez mnicha, ale przez umyślnych posłańców
wyjawili się, nie kryjąc, Koczubej i Iskra. Sądzę że ich

wspólnikiem jest Apostoł. Widząc to, obawiam się już odkładać dłużej tę sprawę i dlatego jako człowiekowi wiernemu oznajmiam wam, jak tych łotrów pojmać; albowiem sądzę, że w tej sprawie ukrywa się wielki zamach i szkaradny spisek. Względem pojmania ich objawiam wam moje zdanie. Odprawiemy ich posłańców jak gdybyśmy im wierzyli i polecimy, by Koczubej i inni dla lepszego objaśnienia sprawy przyjechali do nas sami. Gdyby jawnie posłano po nich, niezawodnieby uszli; ale tem podejściem spodziewamy się ściągnąć dwóch, a Apostołka złowiemy podobnymże sposobem. - Posyłam przez tegoż posłańca jawny do was list, w którym napisano, byś od siebie posłał do Baturyna nieco Kozaków z dobrym dowódcą; tym komendantem wyznacz Apostoła, a wtedy będziemy mieli w ręku wszystkich trzech. Jeżeli możesz i innym sposobem ich pojmać, to nie tracąc czasu, okuj ich i dostaw do nas; lecz jeżeli się obawiasz by nie uciekli, zatem lepiej uczyń jak piszę; a dopokąd nie zostaną pojmani, milcz o sprawie jakbyś nic nie wiedział. Dwa pułki zatrzymane w Smoleńsku, dzisiaj posyłam do was, przytem proszę, nie miej w tym przedmiocie żadnego smutku ani zmartwienia.

w Moskwie, dnia 1 Marca 1708 roku.

Radość Mazepy z odebrania tego własnoręcznego listu cesarza, z tryumfu nad nieprzyjacielem była nieopisana, lękał się jednak jawnie aresztować pułkowników, by inni ich koledzy nie powstali przeciwko niemu. Piotr polecił tymczasem Gołowkinowi podziękować piśmiennie Osipowowi i Iskrze, za wierność i gorliwość i wezwał ich przez kapitana Dubańskiego, by przybyli do monarchy dla złożenia ustnych objaśnień, jakoteż dla odebrania nagród. Gołowkin napisał zarazém do Kijowa, do Golicyna, by na żądanie Dubańskiego dał mu pomoc dla nadzoru nad denuncyantami, pod pozorem ochronienia ich. Wszystko to miało być wykonane w tajemnicy.

Jaceńko został szczodrze obdarzony i odesłany z Dubańskim do Pułtawy i listem od Gołowkina do Koczubeja; w którym minister z polecenia cesarza wzywa nakaźnego hetmana na konferencyą, oznajmia mu przytem, iż posłany został do niego oficer gwardyi, dla ustnego oznajmienia mu o miłościwém przyjęciu skargi i dla bezpiecznego przeprowadzenia go do cesarza.

W tym także czasie Piotr odpisał przez Skoropackiego Mazepie, powtarzając przyrzeczenia, że nie daje żadnej wiary potwarcom, a jego łaska nigdy się nie zmieni. Ze swej znów strony, Szafirów i Gołowkin uspakajali hetmana, donosząc, że dwaj oficerowie wysłani zostali po Koczubeja i Iskrę, jeżeli obadwa przyjadą, zostaną aresztowani, a tym sposobem wyrwany zostanie z Ukrainy korzeń buntu.

Mazepa odpisał Gołowkinowi:

„Wasza Wielmożność zdjąłeś po części z mej duszy ciężki i nieznośny smutek, z przyczyny którego świadczę się Bogiem, zaledwie włóczę życie. Zmartwienia te powiększyły chorobę i niemoc, które mnie popychają do grobu. Potwarzy się nie lękam, ona nie zmieni mej wierności. Ale obawiam się aby na blankietach z mym podpisem i pieczęcią wojskową, które dawałem Koczubejowi nie napisał cokolwiek przeciwnego mojej wierności. Także gdyby Iskra, znany kłamca, posiadał jaki list od pisarza lub koszowego, temu nie należy wierzyć, tam napiszą wszystko co zechce. Pisarz koszowego jest

mu szczerze poświęcony, bo przez niego został na pisarza tam wyniesiony etc."

Mazepa tymczasem pragnął ująć przeciwników, wysłał nawet oddział Kozaków, ale oni już wyjechali
na wezwanie Gołowkina. Towarzystwo ich było następujące: Koczubej, Iskra, Osipow, Swiatajło, Jaceńko,
Kowańko, Kolczycki, Głuchowiec, obaj pisarze Koczubeja, oraz ośmiu sług.

Ośmnastego Kwietnia przybyli do Witebska i stanęli
za miastem. W Witebsku była główna kwatera cesarza, ale Piotra już tam nie było. Gołowkin i Szafirów
byli prezydującemi przy śledztwie i sądzie.

Wezwano najprzód Osipowa i gdy ten potwierdził,
że wszystko co napisał do Golicyna było podane przez
Koczubeja i Iskrę, przywołano obudwóch, przyrzeczono
im cesarską łaskę i zażądano szczegółowych dowodów.

Koczubej podał następujące 27 kategoryi obwinia-
jących Mazepę, dla rozpoznania:

1. W roku 1706 będąc w Mińsku, hetman mówił
sam na sam ze mną, że księżna Dolska przyrzekła / 0
wyjednać mu przy pomocy Leszczyńskiego, który jest
jej krewnym, księztwo czernichowskie, z tytułem księcia, a wojsku małorossyjskiemu wszelkie wolności
i przywileje. Miało to miejsce w domu księżnej w wiosce Białokrynicy, kiedy Mazepa trzymał z nią do chrztu
księcia Iwana Wiśniowieckiego; hetman z księżną jest
w ścisłej przyjaźni. Dolska pomiędzy wielu podarun- / 0
kami przysłała mu łóżko i muzykantów, którzy dotąd
przy nim się znajdują.

2. Mazepa prześladował hetmana polskiego Ogińskiego, za to, że on jeden trzymał się strony cesarza,
kiedy wszyscy już odstąpili.

3. Cieszył się wiadomością, że krol August odjechał do Saxonii i objawiał przychylność Karolowi XII.

4. Kiedy w roku 1707 zostałem przysłany do niego, z wiadomością o spustoszeniach sprawionych przez Siennickiego około Propojska, to hetman tak okazał się na to obojętnym, że cały dzień ani razu o tem nie wspomniał.

5. Kiedy jedenastego Maja przyjechał do niego bojar Iwan Musin-Puszkin i potem oddalił po długiej z nim rozmowie, wtedy hetman przyzwał mnie i Skoropackiego, mówił że i cesarz już wie o tem, iż Siennicki pobił jego wojsko i śmiejąc się z tego, na znak radości pił wino i traktował obydwóch, wznosząc zdrowie Dulskiej, swoje i nasze.

6. Mówił do Koczubeja, że król szwedzki prosto z Saxonii pójdzie do Moskwy przez Polskę, z niezachwianym zamiarem złożyć cesarza i na jego miejsce wynieść innego, jak uczynił w Polsce. Leszczyński z Rejnszyldem zbliżą się pod Kijów. A gdy ja wiedząc o tem mówił Mazepa, prosiłem cesarza o pomocnicze wojsko, cesarz odpowiedział mi, że u nas dosyć jest wojska tak kozackiego jak rossyjskiego w Kijowie, a więc przyjdzie nam połączyć się z wojskami Stanisława.

7. Kiedy Koczubej zaręczył swą córkę Czajkiewiczowi i przybył prosić hetmana o zezwolenie, to lubo hetman nie odmówił mu tego, jednak kazał odłożyć wesele, mówiąc: kiedy będziemy z Polakami wtedy znajdzie się dla twej córki lepszy mąż ze szlachty polskiej, chociażbyśmy się im nie poddali dobrowolnie, to nas zawojują i niezawodnie będziemy do nich należeć, Koczubej wyszedł, oznajmił o tem żonie, a naza-

jutrz opowiedział i swatowi Czajkiewiczowi, potem
uprzedzając złe, za wspólną zgodą połączyli dzieci.

8. Dwudziestego osmego Maja, biskup serbski Rufin był u hetmana, słyszał jego użalenia się na cesarza,
który wymaganiem od narodu dani w koniach kraj
ugniata. Przybywszy od hetmana Rufin, opowiadał o tem
Koczubejowi.

9. Dwudziestego dziewiątego Maja, Mazepa z córką
Koczubeja trzymał do chrztu dziewczynę żydowską,
zatrzymał córkę na obiad i mówił do niej: „Oj Rossya,
jak ona silnie chwyta w swe pazury małorossyjską
Ukrainę."

10. Czajkiewicz otrzymał z obozu z pod Kijowa,
20 Września, od wiernego kancelisty Lisicy następującą karteczkę: „W Kijowie przy hetmanie znajduje się
ksiądz jezuita Załęski rektor winnicki, który mówił do
wielu osób w Pieczarskiej twierdzy, by Kozacy nie
lękali się wejrzenia szwedzkiego, albowiem Szwedy idą
nie na nich, ale na Rossyę. W innym czasie mówił:
nikt nie wie gdzie ukryty jest ogień i żarzy się, ale
wkrótce on wybuchnie." W następnej karcie pisał pod
dniem 4 Października, że jedna pani słyszała sama, jak
hetman łajał Portę za to, że zabrania Tatarom być z nim
w jedności.

11. Mazepa otrzymawszy 8 Października jakieś listy
z Mińska, do późnej nocy przy muzyce weselił się
z pułkownikami przyłuckim i mirgodzkim, a nazajutrz
posłał Załęskiemu odpowiedź.

12. Dziesiątego Października przybył do hetmana
w interesie służby pisarz pułtawski, lecz sługa hetmański Dmitro nie dopuścił go do hetmana, mówiąc że
hetman zamknąwszy się z pułkownikami, czyta tra-

ktat hadziacki, zawarty pomiędzy Wychowskim i Polakami.

13. Około 10 Grudnia 1707 roku, w czasie bytności Mazepy w Baturynie, zatrwożyła go wieść o rychłem przybyciu do niego Kikina i za nim cesarza, który zamierzył zabrać hetmana do Moskwy. Mazepa zebrał 300 serdiuków, oddał pod rozkazy pułkownika Czeczela, rozkazał im nabić bronie i strzelać do monarchy. A to tak rzetelnie, że słudzy hetmańscy na drugi dzień mówili do sądowego kancelisty Andrzeja Piewnego, iż całą zeszłą noc stali pod bronią.

14. Orlik spotkał przed Bozem narodzeniem jadącego do Baturyna jezuitę Załęskiego i wprowadził go tajemnie do hetmańskiego zamku pod Bachmaczem, zkąd przywoził go do hetmana nocami.

15. Hetman mówił, że gdyby ktokolwiekbądź ośmielił się sprzeciwiać jego przedsięwzięciom, zostałby przez niego zamęczony na śmierć.

16. Mazepa oddawna znosi się z białogrodzkiemi i krymskiemi Tatarami za pośrednictwem pułtawskich Kozaków, Kundaczeńka i Byjewskiego, których tam kilka razy posyłał z ustnemi zleceniami.

17. W roku 1707, 10 Czerwca, Mazepa będąc w domu Koczubeja podchmielony, gdy zaczęto pić za jego zdrowie, westchnąwszy rzekł: „cóż mi za szczęście podobne istnienie, nie mając nigdy stałej pewności życia, zawsze oczekując obucha jak wół, a kiedy Koczubej odszedł do drugiego końca stołu, on zwracając się do gospodyni która stała przed nim, zaczął chwalić Wychowskiego i Brzuchowieckiego, którzy zamierzyli wybić się z tej, jak nazywali niewoli rossyjskiej. W czemby, mówił—i dosięgli celu, gdyby im nie prze-

szkadzali źli ludzie, jak Puszkarz i inni. Tak i ja, mówił dalej Mazepa, myślę o swej całości i wolności wojska, ale ilekolwiek razy napomykałem twemu mężowi; nic mi nie odpowiedział i nie mam od nikogo pomocy; przytém hordy tatarskie nie są wolne mi pomagać. Namawiałem hana i dziś jeszcze wysłałem do niego agę, ale sułtan turecki zabrania mu przystać na moją propozycyę." Kancelista Lisica pisze do Koczubeja, że i w Kijowie hetman toż samo wiele razy mówił do pułkowników.

18. Hetman mówił do tych pułkowników: „Wielu mniema, że przygotowuje na mego następcę Wojnarowskiego (siostrzeniec Mazepy), ale tego wcale nie chcę. Pozostawiam to wolnemu wyborowi a nawet jestem gotów, złożyć hetmaństwo jeżeli wskażecie kogoś godniejszego, któryby mógł wam powrócić wolność. Ale jeżeli oddajecie mi hetmaństwo, to winniście we wszystkiem być mi posłuszni i za mym przykładem postępować. Nakłoniłem do przymierza poprzedniego hana, ale został zmieniony, dzisiejszy z początku zgadzał się, a potem okazał się przeciwnym. Wszystkie moje posłannictwa do niego, jako też do paszy sylistryjskiego są nadaremne. A więc należy nam zgodnie z królem Stanisławem wziąć się za szable." I dziś hetman nie przestaje korrespondować z hanem i paszą.

19. Do tych posyłek używa swych sług Polaków, których ma bardzo wielu.

20. Wbrew zakazowi monarchy, przeprowadza na prawy brzeg Dniepru ludzi. Jego matka ksieni kijowsko-pieczerskiego klasztoru, tutejszymi ludźmi osadziła tam liczne słobody. A z powodu różnych jego ucisków i pozostali tutaj pragną się także przenieść.

21. Zabrania Małorossyanom wchodzić w małżeńskie i inne przyjazne stosunki z Wielkorosyanami, a nawet ugaszczać ich chlebem i solą.

22. Wcale nie stara się o ufortyfikowanie miast małorossyjskich, by nie miały obrony od nieprzyjaciela, a swój dom Gonczarówkę mocno obwarował.

23. Wmawia w Zaporożców, że cesarz zamyśla ich znieść i burzy przeciwko monarchy. Kiedy przyszła wiadomość, że Zaporożcy połączywszy się z Tatarami, zamierzają wtargnąć w pułki słobodzkie, to Mazepa na jednéj biesiadzie powiedział: Niechby działali kiedy mają działać, ale nadaremnie rozgłaszają wieści jakby się drażnili.

24. Jeden blizki Mazepy niedawno fetując wiele osób, z powodu wszczętéj rozmowy o dawnych wojnach z Tatarami, rzekł: dajcie temu pokój, Tatarzy niedługo nam się przydadzą.

25. Siódmego Września 1707 roku, lwowski mieszczanin Rusanowicz będąc w Baturynie, mówił, że przywiózł do hetmana listy od Sieniawskiego, Tarły, Chmielewskiego, Potockiego i innych panów, że o mało nie wpadł w ręce Rossyan na drodze, i dla tego prosił hetmana, by odpowiedzi posłał przez kogo innego; że Sieniawski polecił mu dowiedzieć się o sprawach Ukrainy, o przychylności ku Polsce Kozaków, dowieść hetmanowi niepodobieństwo utrzymania się cesarzowi przeciwko Szwedom i że jedyny środek dla dobra Ukrainy zgoda z Polakami. Wtedy hetman przysiągł, że sercem i duszą jest Polakom przychylny.

26. Inny mieszkaniec lwowski, chytry i bogaty szwedzki partyzant, przyjeżdżał do Kijowa, jakoby dla zamiany stu tysięcy rubli na czechy; Mazepa

przyjąwszy go łaskawie, polecił rozmienić mu 20 tysięcy ze skarbu wojskowego.

Następnie Koczubej doniósł o nieprawnie przywłaszczonych sobie przez Mazepę dochodach, o jego bogactwie, a nakoniec dołączył pieśń, która miała być przez hetmana ułożona i w której widoczne są jego zdradzieckie uczucia.

Skarga ta była rzetelną, ale źle napisaną. Wszystko co nie jest wsparte gruntownemi dowodami w skardze, jest gorzej jak nieużyteczne, albowiem szkodzi temu co można dowieść.

I tak: ustęp drugi nie był uzasadniony świadkami, na trzeci Mazepa miał prawo odpowiedzieć, że wewnętrzne uczucia jego nie mogły być wiadome Koczubejowi. Na czwarty, że nie lubi mówić o tem co mu przykrość sprawia, w 6, 7, 9 i 15 Koczubej powoływał się na córkę i syna, którzy za świadków przyjęci być nie mogą. Dwudziesty drugi nie mógł nawet być przedmiotem skargi. Dwudziesty szósty także do niczego nie doprowadził, albowiem Rusanowicz i panowie polscy nie mogli być badani, ale za to ustęp pierwszy, piąty, ósmy, dziesiąty, jedenasty, dwunasty, trzynasty, czternasty, szesnasty, siedmnasty, ośmnasty, dziewiętnasty, dwudziesty pierwszy, dwudziesty czwarty, mogły być dowiedzione, lecz sędziowie nie wezwali, ani słuchali powołane osoby, jakoto kancellistę Lisicę, Orlika, Kondaczeńka, Byjewskiego i innych, zapytali czy był kto obecnym, gdy hetman mówił rzeczy wyrażone w ustępie 1, 6 i 7? Nikt prócz mnie, odpowiedział Koczubej. Córka mi o tem powiedziała, gdy go zapytano o ustęp 9. Andrzej Piewny to mi powiedział, odrzekł na punkt 13. Na 14, Lisicy powiedział sługa Wojnorowskiego, a mojéj żonie żona Orlika.

Co zaś do punktu 17, Mazepa mówił wspomnione wyrazy półgłosem i nikt im się zupełnie nie przysłuchiwał. Karteczkę otrzymaną od Czajkiewicza tyczącą kijowskich rozmów podarł, uważając ją niebezpieczną. O Zaporożu wszystko słyszał od Zaporożców ale od kogo w szczególe nie pamiętał.

Takie było pierwsze badanie Koczubeja.

Następnie wezwano Iskrę — ten oznajmił, że posyłał Swiatajłę do pułkownika Osipowa z zezwolenia Koczubeja, potem sam się z nim widział i wszystko co napisał Osipow do Golicyna, napisał z jego słów. O związku Mazepy z Leszczyńskim i Wiśniowieckim słyszał wszystko od Koczubeja; wszystkie inne zeznania jego były zgodne z Koczubejem.

Swiatajło, Jaceńko, Kolicki, Głuchowiec, nic także nie zeznali korzystnego dla sprawy, wszystko co wiedzieli, wzięło początek od Koczubeja i jego żony, a lubo Jaceńko twierdził, że słyszał o zdradzie hetmana od syna Grzegorza Gercyka, który przybywszy od wojska mówił: u nas w wojsku wszystko dobrze, tylko wkrótce będziemy wszyscy z Lachami i od Czernysza sługi który przywiózł pułtawskiemu Protopopowi Tymofejowi kartkę w któréj napisano było, że co przysłany będzie mówił, trzeba mu wierzyć i o tem donieść gdzie należy, bo cesarski ukaz został sponiewierany i wyśmiany przez Mazepę.

Lecz sędziowie, nie zwrócili uwagi ani na Czernysza, ani nie zapytali Protopopa Tymofeja z jakiemi skargami przyjechał ów sługa, ani nawet zapy-

tali o ową karteczkę, ale spostrzegłszy sprzeczność
nic nie znaczącą w zeznaniach Koczubeja i Iskry,
to jest: jeden twierdził że Mazepa rozkazywał strzelać nie oszczędzając nikogo, inny, że kazał dać
ognia do cesarza, stawili więc skarżących do nao-
cznéj konfrontacyi, któréj towarzyszyły groźby. Zmięszany Koczubej powiedział, że nigdy nie mówił
Iskrze o zamiarze hetmana zabicia monarchy w Baturynie. Iskra oświadczył, że żona Koczubeja była
świadkiem téj mowy. Koczubej zaparł i wzięto ich
na tortury.

Rozpoczęto od Iskry, zapytano go z czyjéj pod-
mowy donosi na hetmana, czyli jakiéj fakcyi, lub też
namowy nieprzyjaciela. ?

Iskra odpowiedział, że żadnéj namowy nieprzyjacielskiéj nie było, że już dwa lata jak Koczubej
podmawiał go do skargi, zapewniając, że czyni to
z poświęcenia dla monarchy. Sam z siebie nic nie
słyszał o zdradzie hetmana, że Koczubej radził z Apo-
stołem i Czajkowskim, by po zrzuceniu Mazepy obrać
hetmanem Apostoła.

Koczubej przerażony mękami, przyznał, że zabój-
stwo cesarza zamierzone przez Mazepę, zostało zmy-
ślone przez niego z nienawiści, że całe jego doniesienie jest fałszywe. Koczubej byłto starzec osłabiony, nic dziwnego, że bojaźń go złamała.

Wydano zatem następujący wyrok:

„Achtyrskiemu pułkownikowi Teodorowi Osipów,
wydać za okazaną przezeń wierność pochwalny list,
który zapublikować w całéj Ukrainie i pułkach słobodzkich. Jego pisarza, zostającego pod strażą
uwolnić.

Jaceńka uwolnić z warunkiem, by nigdy nie powracał do Małorossyi.

Swiatajłę, syna jego i mnicha Nikanora, zesłać ko klasztoru sołowickiego, nigdzie ich ztamtąd nie wypuszczać, a jeżeli Swiatajło zechce przyjąć regułę zakonną, postrzydz go.

Kowańkę, Kolczyckiego, Głuchowa i sługi Iskry oraz Koczubeja, zesłać do Archangielska i zaciągnąć do wojska, lub na co się przydadzą, według uznania tamecznego gubernatora.

Apostoła i Czernysza, zamięszanych w skardze; wydać hetmanowi i ukaranie obydwóch jemu pozostawić. Koczubeja i Iskrę ukarać śmiercią w wojsku zaporożskiem."

Stolnik Welaminow-Ziernów, przeznaczony był do odwiezienia Mazepie dwóch skazanych i ogłoszenia ludowi wyroku.

Utrzymują niektórzy, iż Piotr był przekonany o winie hetmana i wyrok przeciwko Koczubejowi i Iskrze, był koniecznym wynikiem polityki jego. Piotr bowiem walcząc z zewnętrznemi nieprzyjaciołmi i wewnętrznemi przesądami, uważał za krok bardzo niebezpieczny potępienie Mazepy, człowieka tak zręcznego i możnego, którego przytrzymanie zburzyłoby Ukrainę i wsparło nieprzyjaciół Rossyi. A ponieważ koniecznie potrzeba było kogoś obwinić, skarżących lub oskarżonego, Piotr wybrał pierwszych.

Lecz zdaje się podobniejszem do prawdy, że sąd obwinionych i ta kara na niezasłużonych była skutkiem z jednéj strony zbytniego zaprzątnienia monarchy sprawami Rossyi i jego uprzedzenia o wierno-

ści Mazepy, a z drugiéj, przedajności ministrów de-
legowanych do rozpoznania téj sprawy.

Dnia 14 Lipca, obudwóch nieszczęśliwych prze-
wieziono do miasteczka Borszarówki niedaleko Białej-cerkwi leżącego i tam wobec całego wojska, starszyn i zgromadzonego ludu ucięto im głowy.

ROZDZIAŁ XXX.

Rozwiązanie spisku Mazepy.

etman nasyciwszy swą zemstę, rozpoczął wykonanie dawno usnutych planów. Piotr ułatwiał mu drogę, rozkazał Mazepie przygotowywanie furażów i żywności dla wojska, fortyfikowanie miast, ustanowienie poczty przez Mołdawią i inne państwa, wysłanie listów i różnych pism do swych ministrów przy tamtejszych dworach; pytał o zdanie względem obecnéj wojny z Karolem i zapewniał go, że nie uwierzy żadnym potwarzom jakieby śmiano rzucić na niego.

Mazepa zaś nie tracił żadnéj sposobności ujęcia sobie monarchy. Wszystkie dążności Piotra zmierzały do jednego celu—oświecenia Rossyi, a z oświeceniem związane było i jéj szczęście. Najmniejsza rzecz, nic nie znacząca dla wzroku innych, zwracała jego uwagę, były to niedostrzeżone okiem włó-

:kna. z których uwiła się okrętowa lina. Takim był Piotr i Mazepa wiedział o tem. Dzisiaj przysłał mu tysiąc koni, jutro znachodził przy rozkopach kijowskiéj fortyfikacyi. assyryjskie numizmaty i zasyłał je w darze monarsze. A ten dar był milszy od pierwszego, tamtem bowiem kosztował coś naród, a ten ziemia powróciła. I monarcha był zachwycony swym hetmanem.

„Panie hetmanie! pisał do niego,—przyjeżdżaj do mnie do Moskwy na radę wojenną; niedługo będę cię zatrzymywał, powrócisz wkrótce. ale jesteś mi koniecznie potrzebny."

A Mazepa gotował mu cios, który miał wstrząsnąć w posadach odradzającą się monarchią; ale opiekuńczy geniusz Piotra odwrócił nieszczęście.

Panowie polscy żądali od Rossyi powrotu wszystkich zadnieprowskich miast zabranych Polsce i oddanych carowi Alexemu przez Chmielnickiego, a wtedy uznają Augusta królem. Piotr polecił z tych miast wyprowadzić garnizony. Hetman odwiódł monarchę od ustąpienia; cesarz jednak by ' nie odstręczyć zupełnie Polski, rozkazał powrócić jéj Białą-cerkiew z okręgiem. Ale nim przyszedł rozkaz cesarski, hetman dowiódł Sieniawskiemu, że podobna ugoda byłaby hańbą dla Polski. Sieniawski odmówił zgody Piotrowi i cała sprawa została wstrzymaną.

Tymczasem Mazepa zaczął już przewozić swe skarby do Białéj-cerkwi. Piotr tak zajęty sprawą ogólnéj reformy kraju, a będąc odrywany od niéj żądaniami Polski, znów rozkazał powrócić jéj wszystkie miasta.

Mazepa zażądał od Gołowkina ukazu cesarskiego,

jak ma postąpić z wydaniem miast, wrazie, jeżeli Polacy zażądają Kaniowa, Czernichowa i Czyhrynia.

„Wiadomem wam jest, pisał, że z mocy wiecznego pokoju między cesarzem a królem zawartego, granica zachodniéj Ukrainy nie została oznaczona. Albowiem zacząwszy od miejsca gdzie Prypeć do Dniepru wpada, idąc do Trypola, od Trypola stepem na pięć mil od Dniepru do Stajek, wszystko odmierzono na stronę Rossyi. A na dół Dniepru nie ma jeszcze żadnego oznaczenia i jeżeli ta ziemia i miasta na niéj wybudowane z siołami oddadzą się Lachom, to zniszczy obywateli wschodniéj Ukrainy a mianowicie perejasławskich, lubieńskich i innych nadbrzeżnych, którzy na wschodniém brzegu Dniepru mają swoje grunta i folwarki, a nie chcąc ich stracić, sami tam przejdą.”

Tym sposobem odwiódł Piotra od zwrotu zachodniéj Ukrainy i zatrzymał ją przy sobie.

Pozostawało jeszcze skłonić Portę do wojny z Rossyą. Poufnie doniósł wielkiemu wezyrowi, że Piotr pokonawszy Karola zwróci oręż przeciwko Porcie, że pokój, mocą którego oddany mu został Azow, wojny nie wstrzyma; że już dzisiaj w tym celu budują w Rossyi twierdzę i uzbrajają flotę. A wspierając podarunkami zapewnienia, przyrzekając Turkom i Tatarom za oswobodzenie Ukrainy od ruskiego tyraństwa, płacić dań; Mazepa skłonił sułtana do wojny. Ze Stambuła zostały wysłane tajne zlecenia do wojsk by były w pogotowiu na pierwsze wezwanie. Han donosił Mazepie, że już zgromadzono przeszło pięćdziesiąt tysięcy wojska ku jego pomocy; a cesarz otrzymał w tymże czasie ostrzeżenie i radę hetmana, by był ostróżny z Portą, która gotuje się zerwać pokój z Rossyą.

„Dziwi mnie to, pisał do Gołowkina, że stolnik Kantakuzyn, poseł nasz w Carogrodzie, Tołstoj i hospodar multański donoszą, iż Porta nie czyni żadnych przygotowań do wojny, kiedy współcześnie otrzymałem z Jass od Zgury pewniejszą wiadomość, że poseł turecki zawarł przymierze z Karólem i Leszczyńskim przeciwko Rossyi. Wymawiałem to paszy sylistryjskiemu, ale mi odpowiedział, że Porta nie ma powodu kłócenia się z Polską i Szwecyą, jednak z tego nie wynika, by miała zrywać pokój z Rossyą, wszakże pijani Tatarzy i Turcy, mówią o blizkiéj wojnie z cesarzem.

Tak zasiewając niepokój w państwie, kłócąc Rossyą z sąsiadami, nie tracił z oczu Ukrainy i używał wszelkich sposobów by podburzyć Ukraińców, Zaporożców i Dońców przeciwko Piotrowi, wzbudzał w nich nienawiść, nieufność ku rządowi, gnębił imieniem Piotra, radził zemstę i namawiał do podniesienia broni i oderwania się.

Tajemnemi stusunkami rozdymał bunt i zapewniał Piotra, że naród jest wzburzony przez emisaryuszów szwedzkich i polskich. Nie wykonywając cesarskich ukazów by podrażnić monarchę, utyskiwał na niepodobieństwa wykonania ich z taką dokładnością z jaką by pragnął dla dobra cesarskiego, narzekał na bunty; nieposłuszeństwa i sarkanie narodu.

· Otoczony wielu poświęconemi sobie ludźmi i podobnie jak on nienawidzonemi przez wojsko i lud, zamierzał przywiązać do siebie Zaporożców. Siczowi zrabowali kupców greckich. Porta zażądała zadosyć uczynienia, i wypłacono jéj ze skarbu sto tysięcy talarów. Mazepa nakłonił z tego powodu Piotra do zniesienia Zaporoża, siedliska buntu i gniazda nieporządku, ale Piotr ograniczał się tylko na naganie.

Mazepa zapewniał Zaporożców, że ocalenie jemu są winni, że on był ich protektorem i obrońcą, ale wyjednał zaledwie tylko odwłokę zniszczenia ich siczy, bo monarcha po wojnie zamierzył tego dokonać.

Stronnicy hetmana rozsiewali wieści, że wkrótce przybędą wojewodowie dla skasowania układów perejasławskich Chmielnickiego, dla odebrania Małorossyanom majątków i zamienienia Kozaków w wojsko regularne, oraz oddanie Ukrainy Polsce. Umysły Kozaków burzyły się. Piotr wiedział o tem zburzeniu dobrze, lecz nie znał jego powodu i był przekonania, że obecność Mazepy na Ukrainie jest koniecznie potrzebną i hetmàn nie może oddalić się z Baturyna, gdzie już zebrana była artylerya, zapasy żywności i amunicya.

Tymczasem Karol XII zbliżał się do granic Ukrainy i pod Gołowczynem rozbiwszy Szeremetjewa udał się do Mohilewa. Tam zatrzymawszy się czas jakiś bezczynnie w oczekiwaniu na Lewenhaupta, który miał mu przyprowadzić szesnaście tysięcy wojska, w Sierpniu 1708 roku pozostawiwszy za sobą Dniepr, ruszył w głąb kraju nie mogąc doczekać spodziewanego zasiłku. Wojska rossyjskie cofnęły się do Mścisławia, pod miasteczkiem Dobrem; Golicyn rozbił prawe skrzydło Szwedów i cofnął się jeszcze.

Król Stanisław szedł ku Smoleńskowi, lecz nagle zwróciwszy się przebył rzeczkę Soż i wkroczył na Ukrainę. Szeremetjew wysłany został przeciwko niemu. Cesarz udał się na spotkanie Lewenhaupta spieszącego

ze swym pomocniczym korpusem. Pod Leśnem nastąpiło spotkanie i skończyło się na porażce Szwedów.

Tymczasem Mazepa zawarł umowę z Karólem
XII-ym, hetman zobowiązał się wpuścić Stanisława
w okrąg pułku starodubskiego i wydać mu wszystkie
tameczne twierdze. Król miał w nich zimować by
Kozakom białogrodzkim i dońskim, niezadowolonym
z rządów Rossyi pozostawić czas do zbliżenia się
z małorossyjskiemi. Kiedy się ci połączą, Mazepa
wezwie hordę i hana kałmuckiego, Karol uda się na
Moskwę, a Ukraina będzie żywiła Szwedów. Leszczyń-
skiemu przyrzekł powrócić Smoleńsk i całą Ukrainę;
obaj królowie przyrzekli uczynić go udzielnym księciem połockim i witebskim, z prawami jakie posiadał
książę kurlandzki.

Ugoda ta wiadomą była tylko biskupowi bulgar-
skiemu, kanclerzowi koronnemu, hrabiemu Piper, Mazepie i obudwom królom.

Po zawarciu tego układu hetman pisał do Piotra:

...,,Otrzymałem od hrabiego Gołowkina radosną wiadomość, że potężny w bitwach Pan w Trójcy świętéj
sławiony, błogosławiąc niezwyciężony oręż waszéj
cesarskiéj mości, wsławił go potrójnym zwycięztwem.
Ucieszony sercem i duszą w oznakę téj radości win-
szuję waszéj cesarskiéj mości, życząc wierno-poddań-
skiem sercem, aby tenże Pan zastępów tak na morzu
jako i lądzie przeciwko każdemu nieprzyjacielowi,
a szczególniéj przeciwko Szwedom, oręż wasz wspierał, błogosławiąc błogosławił, życzenia wasze spełniał
i całą siłę nieprzyjacielską zniszczył i skruszył. Przy
czołobitym pokłonie całuję samowładną waszą prawicę."

Skargi przeciwko hetmanowi znów się wznowiły, cesarz im nie wierzył, a Mazepa by mocniéj ustalić jego zaufanie, odsyła mu listy w tych dniach otrzymane od marszałka koronnego i litewskiego strażnika Tarła, którzy nakłaniali go do prędkiego połączenia się z niemi; użalając się, że podobne korrespondencye nie dadzą mu pokoju. Gołowkin imieniem monarchy odpisał hetmanowi, by odpowiedział Tarle według własnego uznania i bez żadnéj obawy.

Było to nikczemne najgrawanie się zdrady nad szlachetnem zaufaniem.

Piotr pisał do niego:

„Panie hetmanie! Nieprzyjaciel zwrócił się ku dołowi z tego jak z innych powodów sądzę, że zamierzył wtargnąć na Ukrainę, a zatem polecamy wam:

1. Byś według swéj wierności miał baczność czyli nie ma jakich podsyłek do Małorossyi, czyli nie rozrzucono jakich skłaniających do buntu pism, do których to zapewne nieprzyjaciel założył w Gdańsku drukarnią sławiańską; strzeż i przecinaj mu ku temu wszelkie sposobności dając nam o tem wiadomość.

2. Nieprzyjaciel przyspiesza pochód i prędko posuwa się, widzimy potrzebę byś o ile można pospieszał ze swem wojskiem do Kijowa, tam pozostaw garnizon, umów się z Golicynem i wejdź ze wszelkiemi ciężarami w dogodne miejsce za Dniepr; a konnicę z dobrym starszyną przygotuj do lekkiego pochodu. Gdy nieprzyjaciel zacznie się przybliżać do wielko-rossyjskich lub ukraińskich granic, to my będziemy na przodzie z naszemi, twoja zaś konnica będzie bić nieprzyjaciela z tyłu i powinna niszczyć jego obozy. To sprawi wielką dywersią. Bardzo bym

pragnął byś sam mógł znajdować się przy téj konnicy, lecz jesteś cierpiący, nie namawiam cię, ale pozóstawiam własnym chęciom, tylko działaj bez straty czasu. Tu zwracamy uwagę na ostrożność po miastach; nieprzyjaciel wkroczy, zacznie rozsyłać uniwersały o dostawę żywności, należy zawczasu ostrzedz naród by ich nie słuchał. Zresztą prowadź ze mną częstą korrespendencyą, byśmy obadwa wiedzieli co się gdzie dzieje.''

Hetman otrzymawszy tę odezwę, miał silny podagryczny atak. Sam nie wyszedł z konnicą, lecz rozesłał uniwersały. Uwiadamiał w nich naród o rychłém przybyciu silnego nieprzyjaciela; radził zakopywać zboże, pieniądze kościelne i prywatne majątki; rozkazał odprawiać nabożeństwa o wyswobodzenie od nieprzyjaciół Rossyi, a nie śmiejąc jawnie opierać się woli cesarza, zapewniał naród, że Szwedy są nieprzyjaciołmi Ukrainy. Karól otrzymawszy egzemplarz takiego uniwersału, zaczął powątpiewać o szczerości hetmana, odwlókł wkroczenie na Ukrainę i tym sposobem zgubił Mazepę i siebie.

Cesarz dowiedziawszy się o słabości Mazepy, przysłał mu swego lekarza Cosoi, ale hetman obawiając się obecności wiernego sługi Piotra, podziękował mu za łaskę, pod pozorem, że Francuz nie rozumie po niemiecku ani po łacinie, a on zaś po francuzku, zatém nie może być użyteczny.

Ścieśniany coraz mocniéj okolicznościami, zaczął nakoniec przygotowywać się na przyjęcie Karola. Romny i Hadziacz były ufortyfikowane; Baturyn powierzony został wiernym jego serdiukom; arsenał, ciężka artylerya i amunicya gotowe dla Szwedów; magazyny pełne zboża, własne jego bogactwa zgromadzone w Białej-cerkwi i monastyr kijowsko-pieczarski ufortyfikowany według planu cesarza; cesarz naglił do wyruszenia, Mazepa wymawiał się to słabością, to bajaźnią o napad Szwedów na Ukrainę. Wszystko to jednak nie zupełnie przywiodło go do celu. Wojsko ukraińskie przygotowane na posiłki dla Szwedów, niespodziewanie się zmniejszyło. Sieniawski przychylny Augustowi, zażądał 10 tysięcy Kozaków, trzy tysiące pozostawało w głównej kwaterze Piotra, trzy tysiące z Troszczyńskim poszły do Polski; kilka tysięcy znajdowało się przy Szeremietjewie. By ściągnąć te posiłki, Mazepa postanowił wzburzyć lud i zawiadomił Piotra, że lęka się powszechnego powstania, o wydalenie Kozaków z Ukrainy przed samém wkroczeniem nieprzyjaciół.

Generalny pisarz wojskowy Orlik wykonywał pomysły hetmana.

Szwedzi już byli blisko granic starodubskiego pułku; cesarz polecił Mazepie pospieszać; hetman szedł powoli usprawiedliwiając się szczupłością wojska i buntami ukraińskiemi. Szeremetjew uradził się z ministrami by z powodu częstych powstań w Ukrainie polecić Golicynowi, aby pozostawiwszy w kijowskiéj twierdzy garnizon, z pozostałemi pułkami rozłożył się w środku Ukrainy, do Mazepy zaś napisali, by oddawszy kilka pułków kozackich Golicynowi, pospieszył do Nowogrodu Siewierskiego do głównéj kwatery na radę wojenną.

Nakaźny pułkownik mirgorodzki poprowadził swój pułk do Czernichowa, Mazepa zaś zachorował tak mocno, że słudzy przewracali go z boku na bok na łóżku.

Wtem przerażony nieufnością Karola i obecnością Meńszykowa, nagle wyzdrowiał, wyruszył z wojskiem, przebył Desnę, stanął obozem pomiędzy Nowogrodem Siewierskim i Starodubem pod Siemionowką.

Karól się zbliżał, Mazepa 26 Października stanąwszy w pośród swego wojska, odezwał się do niego w te słowa:

„Stojemy moi bracia nad dwoma przepaściami gotowemi nas pochłonąć, jeżeli nie wybierzemy bezpiecznéj sobie drogi by je obejść.. Walczący pomiędzy sobą monarchowie, którzy zbliżyli obecnie teatr wojny ku naszym granicom tak są zawzięci jeden na drugiego, że podwładne im narody wycierpiały już wiele nieszczęść, lecz jeszcze znieść muszą niezliczony ogrom klęsk. My pomiędzy nimi jesteśmy punktem albo celem całych walk i prześladowań. I dlatego pokonany i upadły pociągnie za sobą i swoje państwo i przywiedzie go do nicości. Przeznaczenie chce, by los tych monarchii rozstrzygnął się w naszych oczach, a nam patrzącym na tę burzę zebraną nad naszymi głowami, jakże nie pomyśleć i niezastanowić się o samych sobie?

Kiedy król szwedzki zwykle zwycięzca, pokona cesarza rossyjskiego i zrujnuje cesarstwo, to my niezawodnie zostaniemy przyłączeni do Polski i oddani w poddaństwo Polakom z woli zwycizęcy jak również jego kreatury i ulubieńca Leszczyńskiego; wtedy już nie będzie czasu ani miejsca do układów o nasze prawa i przywileje, bo i dawne układy i traktaty same przez siebie upadną, albowiem my naturalnie uważani będziemy za zawojowanych, a zatem będziemy niewolnikami wiecznemi i los nasz późniejszy, będzie gorszy od pierwszego jakiego doświadczyli nasi przodkowie od Polaków, samo wspomnienie o którym dreszczem przejmuje. Jeżeli zaś przypuściemy, że cesarz rossyjski będzie zwycięzcą, to już grożące nieszczęścia przygotowane nam są od niego samego. I któż tu nie przyzna, że tyran, zelżywszy tak haniebnie osobę przedstawiającą naród, uważa zapewne jego członków za bydlęta bezrozumne i własnych niewolników. I rzeczywiście za takowych ich bierze kiedy wysłanego do siebie deputata narodowego Wojnarowskiego, z użaleniami o gwałty i zniewagi wyrządzane ludowi bezprzestannie przez wojsko rossyjskie i z prośbą o potwierdzenie narodowych traktatów przy poddaniu się przez Chmielnickiego zawartych, których dotąd nie potwierdził, a winien był podług tychże traktatów potwierdzić, przyjął tego deputata policzkiem i więzieniem, skąd miał wyprawić go na szubienicę a od której ten ocalił się tylko ucieczką. A więc pozostaje nam z widocznych oczekujących nas nieszczęść wybierać mniejsze, by potomstwo wtrącone w niewolą przez naszą gnuśność, utyskiwaniem i przekleństwem nas nie obarczyło.

Ja go nie mam i zapewne mieć nie będę, zatem jestem bezinteresowany w przedmiocie następstwa i nic nie pragnę, prócz dobra całego narodu, który uczcił mnie obecnem dostojeństwem a z niem powierzył mi swe przeznaczenie. Byłbym potępiony i bez sumienia, gdybym wam oddawał złe za dobre i sprzedał was w swoim interessie. Ale już czas odkryć wam com przedsięwziął dla tego narodu i was samych. Długoletnia wprawa moja w interessa polityczne w zawodzie hetmana ruskiego narodu, otworzyła mi oczy na dzisiejsze położenie spraw ministeryalnych, o ile one zostały związane z interessem naszéj oj-

czyzny. Za pierwszy warunek w takich przypadkach
uważa się tajemnica nieprzenikniona od nikogo do samego rozwiązania, powierzyłem ją zatem jednemu
sobie, ta skrytość tłomaczy mnie przed wami swą wa-
żnością. Widziałem się z obóma walczącemi królami:
szwedzkim i polskim i całéj sztuki użyłem z niemi
by skłonić pierwszego do opieki i oszczędzania naszéj ojczyzny od wojennych poszukiwań i zniszczeń
w czasie zamierzonego nań najścia; a z uwagi współwyznawstwa i rodu Wielkorossyi wyjednałem neutra-
lizm, to jest wolność od wojowania tak ze Szwedami,
Polakami jak i Rossyą; zebrani z siłami w stosownych
miejscach bronić będziemy tylko własnej ojczyzny, od-
pierając tego kto ją napadnie, o czem winniśmy bezwłocznie oznajmić cesarzowi; a bojarowie jego nie za-
rażeni jeszcze niemczyzną i pamiętający niewinnie
przelaną krew ich powinowatych o tem wszystkiem
są zawiadomieni i zgodni ze mną. Dla wszystkich walczących wojsk winniśmy dostawiać za zapłatę prowiant i furaż, według możności i bez ujęcia samym sobie; a przy powszechnéj ugodzie wojujących państw;
postanowionc postawić nasz kraj w takim stanie, w jakim był przed rządem polskim za swoich rodzinnych
książąt, przy dawnych prawach i przywilejach, wolną
krainę oznaczających. Ręczą nam za to najznako-
mitsze Europy nacye: Francya i Niemcy: te ostatnie silnie nastawały o takie ustanowienie nasze, jeszcze
za czasów hetmana Bohdana Chmielnickiego i cesarza
Ferdynanda III, lecz nie przyszło to do skutku z powodu
wewnętrznych zaburzeń i nieoględności przodków naszych. Układy nasze o wyżej powiedzianem, zawarte zostały przezemnie z królem szwedzkim, piśmiennym

aktem, podpisanym z obu stron, i ogłoszonym w wymienionych państwach; teraz winniśmy uważać Szwedów za swych przyjaciół, związkowych, dobroczyńców, i jakby od Boga zesłanych dla oswobodzenia nas od niewoli i wzgardy, a dla wydźwignięcia na dawny stopień swobody i niezależności. Albowiem wiadomo, że dawniéj byliśmy tem czem są dziś Rossyanie; rząd, pierwszeństwo i same nazwanie Rusi od nas do nich przeszły, a my dziś u nich jesteśmy jak niewolnicy.

Traktat ten ze Szwecyą nie jest nowym i po raz pierwszy z nią zawartym, ale tylko potwierdzeniem, albo wznowieniem dawnych traktatów i związków przez naszych przodków z królami szwedzkiemi zawartych. Wiadomo bowiem, że dziad i ojciec dzisiejszego króla szwedzkiego otrzymali ważne usługi od wojsk naszych w czasie ich wojen z Liwonią, Niemcami i Danią; gwarantowali naszą ziemię i często ujmowali się za nią przeciwko Polakom, a dla tego od hetmana Chmielnickiego, już po połączeniu się z Rossyą otrzymali silny korpus kozacki pod dowództwem nakaźnego hetmana Adamowicza w pomoc przeciwko Polakom, który był tak użytecznym przy dobyciu obudwóch stolic polskich: Warszawy i Krakowa. A zatem dzisiejsze układy ze Szwecyą, są tylko przedłużeniem dawnych. Bo i cóż to za naród co o swojéj korzyści nie radzi i widocznego niebezpieczeństwa nie uprzedza? Taki naród nikczemnością swoją podobny jest w istocie do nieczułych bałwanów od wszystkich narodów wzgardzonych."

Skoro Mazepa skończył mowę, powstał szmer pośród wojska; jak zwykle, jedni pochwalali zdanie hetmana i twierdzili, iż związek ze Szwecyą będzie na dobro Ukrainy; inni zaś, że oderwanie się od cesarza i współwyznańców dla heretyków, jest rzeczą naganną i nastąpić nie może.

Wszystka prawie obecna starszyna była na stronie Mazepy i postanowiła wojsko pociągnąć za sobą. Nie dając przeto czasu do namysłu Kozakom, głośnym okrzykiem potwierdzili zdanie hetmana.

— Ura Mazepa!—rozległo się naprzód w kółku otaczającym Mazepę, potém jak echo odgłos ten powtórzyły pułki kompanijskie a nareszcie regestrowe. Lecz było to tylko chwilowe uniesienie, jak porwanie wirowe, po którém nastąpiła zimna rozwaga. Nakoniec nieprzychylni Mazepie zebrali starszyznę i uradzono opuścić go jako zdrajcę. W nocy podniosły się pułki i wyszły z obozu, pozostawiwszy hetmana z generalną starszyzną, kompanijcami i małą liczbą Kozaków.

Mazepa przyprowadził Karólowi zaledwie kilka tysięcy ludzi. Do 21 Października ciągnęły się układy z królem; w tym czasie Mazepa odebrał przysięgi od starszyn a 29 przybył do Karola ze starszynami generalnemi: oboźnym, sędzią, pisarzem, asaułami i kilkuma pułkownikami. Przed nim niesiono buńczuk i buławę. Mazepa łacińską przemową prosił Karola XII o przyjęcie Kozaków pod opiekę i dziękował Bogu, że natchnął serce króla myślą oswobodzenia Ukrainy od jarzma, ucałowawszy rękę jego usiadł, bo cierpiał na podagrę, król i starszyni rozmawiali stojąc, Rożnorodna i pociągająca rozmowa Karola ujmowała wszystkich. Następnie obecni zaproszeni zostali do królewskiego stołu. Mazepa, Karól i generalni starszyni obiadowali przy jednym stole, przy dwóch innych niżsi urzędnicy a Kozacy bankietowali w obozie. Po obiedzie, Karól oddalił się do swojego pokoju, Mazepa na swoją kwaterę; gdy siadł na konia odezwały się trąby wojskowe i świta odprowadziła go aż na miejsce.

Wieczorem 27 Października, w Pogrebkach, cesarz otrzymał zawiadomienie Meńszykowa o zdradzie Mazepy. Wieść ta nie tak przeraziła jak zdziwiła i zasmuciła Piotra. Ten którego obsypywał dobrodziejstwy, kochał, ufał jak samemu sobie, zdradził go nikczemnie. Ministrowie otrzymali natychmiast wiadomość o postępku hetmana; manifesty i proklamacye zagrzmiały po Ukrainie.

W nich Piotr oznajmił narodowi, że hetman Mazepa zapomniawszy bojaźni Bożej i swej przysięgi, zbiegł do króla szwedzkiego; postanowił w ugodzie z Leszczyńskim oddać naród pod władzę polską a prawosławne cerkwie unii; z tego powodu polecał, by bezwłocznie zjeżdżała się wszystka starszyzna do Głuchowa, dla obrania według praw swych wolnemi głosami nowego hetmana. „Przytem oznajmiamy, kończył monarcha swój manifest, że doszło do naszéj wiadomości, iż poprzedzający hetman nałożył na naród arendy i inne pobory, jakoby na zapłatę dla wojska, a w istocie dla swego zbogacenia. Ciężary te rozkazujemy dzisiaj zdjąć z narodu małorossyjskiego. Księciu Meńszykow polecono dobyć Baturyna."

W Baturynie jakośmy widzieli, zgromadzone były zapasy wojenne, artylerya, furaż i prowiant. Miasto było obwarowane. Pułkownik Czeczela, asauła Koenigsseg byli dowódzcami garnizonu i oczekiwali przybycia Szwedów. Menszyków obległszy miasto, skłaniał lud do poddania; sierdiuki odpowiedzieli, że się bę-

dą bronili. Rozpoczęto attak. Oblegający zostali zakażdym razem odparci od wałów miejskich. Rowy
zapełniły się trupami; powszechna bitwa ciągnęła się
do wieczora, ciemna noc rozerwała nieprzyjaciół.
Meńszykow odstąpił od miasta i miał się zupełnie oddalić, lecz wewnątrz warowni powstała niezgoda. Pułkownik Noss porozumiawszy się z dowódzcą załogi,
wysłał swego podkomendnego Sołomachę do Meńszykowa. Posłaniec dopędził księcia już kilka wiorst za
rzeką i oznajmił mu, by uderzył na miasto przed świtem w tem miejscu gdzie Kozaki poświęceni Piotrowi
będą leżeli na wałach. Serdiuki obchodzili w tém dniu
swoje zwycięztwo i upojeni po wieczornej uczcie, zasnęli snem twardym. O świcie Meńszykow był już
w mieście; sierdiuki zostali w części wyrznięci w czasie bitwy, a częścią wymordowani najokropniejszym
sposobem przez mściwego zwycięzcę. Miasto zosta
ło zrabowane i obrócone w perzynę i stosy gruzów.
Wszystkie publiczne budynki, świątynie, arsenały, magazyny, zostały spalone; ulice zawalone trupami poległych i ręką kata pomordowanych mieszkańców i obrońców miasta. Meńszykow obciążony niezmiernemi bogactwy tak narodowemi jak miejskiemi, zabrawszy
z Baturyna 305 armat, opuścił rozwaliny jego. Wszędzie po drodze obracał sioła w pustynie i zgliszcza
i Ukraina długo dymiła się po przechodzie jego.

Mazepa przygotował Nowygród Siewierski na przyjęcie Karola XII. Miasto było silnie obwarowane,
a w zamku zgromadzone zostały bogate magazyny.
Tam stały dwie setnie Kozaków regestrowych i pułk
serdiuków. Regestrowi zawsze nienawidzili serdiuków.
Piotr zbliżał się, już stał nad Desną w Pogrebkach.

Żurawka dowódca Kozaków regestrowych umówiwszy się z nowogrodzkim protopopem Lisowskim i kozackiemi starszynami, wysłał tajemnie do Piotra swego chorążego Chudobraja z wiadomością, że pragnie poddać miasto jeżeli zostaną nadesłane wojska od strony łąk w nocy. Cesarz wysłał znaczny oddział. Żurawka wprowadził go w bramę będącą pomiędzy klasztorem i zamkiem. Sierdiuki zostali wyrznięci a miasto opanowane. Piotr wszedł do Nowogrodu i stanął w domu Żurawki.

Karól XII najsurowiej zabronił swemu wojsku wszelkich rabunków, gwałtów a nawet bezpłatnych żądań żywności lub furażu, nadto wydał do ludu następujący manifest:

„Ścigając złośliwego nieprzyjaciela mego który podniósł przeciwko Szwecyi wojnę ze wszech stron, bez żadnych przyczyn ale z powodu swej tylko złościwości i rządzy sławy, przyszedłem na ziemię kozacką, nie dla zawojowań jej ani korzyści, ale jedynie dla podźwignienia jej praw i swobód za które i przodkowie moi królowie szwedzcy przeciwko Polski zawsze ujmowali się, a dotego obowiązani byli ważnémi zasługami kozackiemi, zawartemi z nimi traktatami i przymierzami. Jest mi bowiem wiadomo z sąsiedzkich wieści i protestacyi hetmana Mazepy, że cesarz moskiewski będąc nieprzyjacielem wszystkich narodów na świecie i pragnący podbicia ich pod swoje jarzmo, przycisnąwszy Kozaków swą niewolą, gardząc, odbierając i kasując wszelkie ich prawa i swobody, przymierzami i traktatami zatwierdzone, zapomniawszy przytem i bezwstydnie wzgardziwszy samą wdzięczność, przez wszystkie narody za rzecz świętą uważaną, jaką winna Kozakom i temu ludowi, Rossya przywiedziona przez domowe wojny i samozwańców do nicości i prawie nieistnienia, lecz przez ten naród ruski wsparta i wzmocniona. Wiadomo bowiem jest całemu światu że naród ruski ze swojemi Kozakami, będąc początkowo narodem samowolnym od samego siebie zależnym, pod rządem swych książąt, połączył się z Litwą i Polską dla dania oporu Tatarom krainy te niszczącym; ale za gwałty i nieludzkość Polaków oswobodziwszy się od nich własną swą siłą, wolą i męztwem, połączył się dobrowolnie z Moskwą dla jednéj wiary i uczynił ją taką, jaką jest dzisiaj. A teraz jest gnębiony i prześladowany bezwstydnie i bezsumiennie. A więc przyrzekam przed całym światem, uroczyście przysięgam na mój honor królewski, po złożeniu z tronu mego nieprzyjaciela, wznieść ziemię kozacką czyli ruską do pierwotnego jej stanu, od nikogo w świecie niezawisłą, co piśmiennemi aktami z hetmanem Mazepą obowiązałem się i potwierdziłem, a te układy gwarantowały pierwsze w świecie monarchje."

Wszystko to mało działało na lud ukraiński, w tymże czasie rozsiewane po Małorossyi baśnie, że hetman znieważa razem ze Szwedami świątynie, że deptał nogami cudowny obraz Boga-rodzicy we wsi Dektarówce, który wydawał żałosny jęk, a on stojąc na nim, wyprzysięgał się wiary, przyjmując szwedzką; mocniej nań działały i napełniały go wstrętem i oburzeniem przeciwko samemu Mazepie, jego czynom i sprzymierzonym.

Tymczasem zebrała się rada w Głuchowie. Trzeciego Września przybył tam na czele dragońskie-

go pułku książę Dołgoruki, potem zjechali się pułkownicy; szóstego przybył sam cesarz i rozkazał przystąpić do wyboru.   Po odprawieniu nabożeństwa, Dołgoruki powiedział mowę na placu; Michał Roztaniec
odczytał cesarski ukaz potwierdzający narodowe prawa, nakoniec przystąpiono do wyboru.   Naród przedstawił Połubotka, lecz Piotr oświadczył, że on jest
zbyt przebiegły i podobny do Mazepy. Starszyny i naród wymienili Jana Skoropackiego, lecz ten wymawiał się, nazywając się według zwyczaju niegodnym
dostojeństwa, a wyborcy potrzykroć ogłosili go godnym.
Dołgoruki więc podał mu insygnia i przedstawił cesarzowi.

Pułkownicy: Daniel Apostoł, Iwan Sulima, Dymitr
Gordeńko, Iwan Maksymowicz, Michał Łomikowski,
Gamaleja, Kandyba, Butowicz i Antonowicz, przybyli
od Mazepy do cesarza oświadczając swą wierność.

Mieszkańcy wielu miast przysłali przez deputowanych
pismienne zapewnienie posłuszeństwa i podaństwa.

Wszyscy którzy nie uczynili tego, jako podejrza-
ni o przychylność ku Mazepie, zostali wezwani do
Lebiednia dręczeni torturą i okropną śmiercią potraceni.

Kara ich była zwykłem Meńszykowa rzemiosłem,
mówi kronika Koniskiego, opisując okropności ich mąk;
powieszenie lub ucięcie głowy było zabawką w porównaniu z innemi.

Szóstego Listopada przybył do Głuchowa Maksymowicz arcybiskup czernichowski i odebrał przysięgę od pułkowników, starszyn i Kozaków, a nazajutrz po całéj Rossyi zagrzmiała klątwa rzucona na
Mazepę.

Z tego powodu zgromadzało się znakomitsze duchowieństwo w Głuchowie, gdzie odbyła się zupełnie nowa na Ukrainie ceremonia nazwana:

Przewodnicą· Mazepy do piekła.

Zebrane duchowieństwo pod naczelnictwem Teofana Prokopowicza złożyło sobór i uchwaliło następny obrządek.

Wyobrażenie Mazepy wiszące do tego czasu na szubienicy, we wszystkich orderach i pełnym stroju hetmańskim, ściągał kat i na stryczku powlókł do soboru, gdzie odczytano mu wyrok. Meńszykow i Gołowkin rozdarli ofiarowane Mazepie dyploma i zerwali order Ś-go Andrzeja, porzucili wyobrażenie katowi i rozkazali deptać go widzom. Duchowieństwo i kleryki w czarnem ubraniu, ze świecami z czarnego wosku, mówili nad niem psalmy i obwołując klątew miotali nań świece za każdą razą, klerycy powtarzali przekleństwo i strząsali ze świec gorący wosk. Teofan pastorałem arcybiskupim uderzył je w piersi wymówiwszy klątwę; a kat pociągnął je przez place i ulice do szubienicy.

Za katem postępowali klerycy śpiewając hymn kościelny: „*Dziś Judasz opuszcza Nauczyciela*" a pod szubienicą wyobrażenie spalono.

Po tym wypadku Mazepę wszyscy opuścili. Pierwszy odłączył się od niego Apostoł. Dwónastego Listopada przybył do Sorocznicy i ztąd napisał powinszowanie Skoropackiemu hetmaństwa, prosząc go o pośrednictwo do cesarza, a usprawiedliwiając się, że został zmuszony przez hetmana do postępowania z nim razem. Piotr żądał go widziéć, Apostoł przybył do Lebiedina, upadł do nóg monarchy i otrzymał łaskę.

Miał oświadczyć przytém Piotrowi, że Mazepa pragnie powrócić do cesarza; jeżeli otrzyma przebaczenie i hetmaństwo, przyrzeka wydać w ręce jego Karola z generałami. Gołowkin imieniem monarchy odpowiedział, że jeżeli nie króla ale chociaż generałów odstawi cesarzowi, będzie miał powrócone dawne dostojeństwo i łaski. Lecz Mazepa nie dał się uwieść.

Następnie przybył do Piotra pułkownik kompanijców Ignacy Gałagan i upadłszy na kolana złożył swą szablę pod nogi cesarza.

— Gałagan! rzekł Piotr patrząc nań swym sokolim wzrokiem, i ty razem z Mazepą mnie zdradziłeś?

— Nie, najjaśniejszy panie.

— Przecież z nim uszedłeś?

— Nie uszedłem najjaśniejszy panie, bo przychodzę, i jestem winny tego tylko, żem się dał Mazepie oszukać. On wyprowadził mój pułk przeciwko Szwedom i przed ich szeregami dopiero odkrył swój zamiar. Nie mógłbym oprzeć się licznemu nieprzyjacielowi, przysiągłem wierność Mazepie i królowi, lecz w sercu byłem wierny tobie. Umieszczono nas w środku obozu, później dozwolono mi wydalić się na rozjazdy, ale zawsze byłem pod dozorem; nareszcie zaufano mi, zostałem wolny. Rozrządzaj mną najjaśniejszy panie!

— Ale nie zrób ze mną takiego żartu jak z Karolem.

— Bądź pewny najjaśniejszy panie, że nie poniosę swéj głowy za Szwedów, oni za mnie poręczą.

Tak opowiadał tę rozmowę sam Gałagan Regelmanowi, który podał ją potomności.

Piotr przypomniał sobie Paleja i polecił wezwać go z Syberyi do objęcia dawnych godności i majątku. Wdowy Iskry i Koczubeja, otrzymały także dawne swe dobra.

Tymczasem Mazepa opanował Hadziacz i wysłał pułkowników: Duwera i Tauba do miasteczka Smiełoje, które rozkazał spalić za stawiany opór. Romny Przyłuki, Łubny, Łochwica, zostały zajęte przez Szwedów.

Mazepa z Hadziacza przyjechał do Romnów, jego uniwersałów nikt nie słuchał, chłopi zbierali się w gromady i uderzali na drobne oddziały związkowych przeklętego. Mazepa rozrzucał swe pisma po miastach zadnieprowskich, lecz lud odsyłał je cesarzowi. Wkrótce przyszła do niego nader przykra wiadomość. Golicyn dobył Białej-cerkwi i miliony Mazepy dostały się Piotrowi.

Dziewiątego Grudnia ogłoszony został manifest cesarski, polecający donosić o majątkach Mazepy; donoszący otrzyma połowę wykrytych funduszów. Z tego powodu, były hetman pozbawiony został wszystkich swych bogactw;— z całych niezliczonych skarbów pozostało mu tylko dwie baryłki złota.

W tym czasie pięć batalionów pod dowództwem cesarskiego pułkownika Kelina, zajęło Pułtawę. Piotr udał się do Wepryka, gdzie znajdował się garnizon półtora-tysiączny; zrekognoskował wojska Reua, pojechał do Hadziacza gdzie stały cztery pułki nieprzyjacielskie i powrócił do Lebiedina.

Wtedy wysłany został korpus dla zdobycia Hadziacza, a drugi do Romnów. Karol udał się na obronę Hadziacza.; Romny zostały zdobyte. .

Niedługo Karol zbliżył się pod Wepryk i dobył go za trzecim attakiem. Zima była straszna ale wojna nie ustawała. Po krwawéj bitwie pod Krasnem, król szwedzki cofnął się pod Oposznę, spalił Kuziemin, Aleszuę. Gorodnię. Murafę. Kołomak i Rublewkę.

Zaporożcy niezadowoleni z wystawienia kilku twierdz nad Samarą, zażądali od Piotra by je zburzyć rozkazał. Piotr odmówił. Koszowy Gordenko z ośmiu tysiącami Zaporożców 28 Marca 1707 roku udał się do Mazepy i połączył ze Szwedami. Za ich radą Karól obległ Pułtawę i szturmował ją przez sześć tygodni ale nadaremnie.

Tymczasem Gałagan i Jakowlew, korzystając z nieobecności Gordenka, wpadli do siczy, zburzyli ją z gruntu i zabrali do stu armat.

Dwódziestego Czerwca wojska rossyjskie pospieszyły na odsiecz oblężonéj Pułtawie i stanęły na wiorstę od obozu nieprzyjacielskiego; dwódziestego siódmego rozpoczęła się znakomita pułtawska batalia.

Szwedzi pierzchnęli ku Perewołoczny, Karól i Mazepa przeprawili się przez Dniepr, król pożyczył od hetmana 240 tysięcy talarów które przyrzekł wypłacić Wojnarowskiemu i schronili się w granice państwa tureckiego.

Skoropacki otrzymał portret cesarski z brylantami, starszyni złote medale, a Kozacy 200 tysięcy rubli z zabranej Szwedom kassy. Poświęceni zaś Mazepie Czajkiewicz, Maksymowicz, sędziowie Zieliński, Kożuchowski , i Andrzejasz , pułkownicy, Pokoliła , **Gamaleja,** Niewieńczanin, dowódcy serdiuków, i wojskowy towarzysz Symeon Lizogub, oraz kancelista Grygoriew zostali zesłani na Sibir.

Mazepa z Karólem zamieszkali w Benderze, Piotr przez posła swego zażądał jego wydania od sułtana, lecz niedługo przyszła do Moskwy wiadomość że stary hetman rozstał się z tym światem: (22 Września 1709 roku.)

PERJOD V.

Upadek Kozaków.

ROZDZIAŁ XXXI.

Skoropacki.

Piotr pomiędzy wielu przedsięwzięciami, uplano-
wanemi dla dobra swej ojczyzny, postanowił
znieść hetmańszczyznę i Ukrainę zrównać w prawach z innemi prowincyami Rossyi; widział niebezpieczeństwo mieć część państwa pod władzą prawie
samowładnego wasala, widział tam ciągłe powstania
i nieporządki od czasów Bohdana Chmielnickiego do
Mazepy, dla tego protegował wybór Skoropackiego,
albowiem ten hetman był tylko cieniem dawnych hetmanów kozackich. Za każdego innego przedsięwzięcie
Piotra mogłoby zrodzić wojnę i domowe zaburzenia,
a burza jeszcze nie ucichła nad Rossyą, jeszcze żył
Karol w Benderze; spór z hetmanem i Kozakami mógł
być bardzo niebezpiecznym.

Według dawnego zwyczaju, nowy hetman rozpoczął
swe urzędowanie od przedstawienia monarsze praw do

zatwierdzenia i 17 Lipca podane zostały następujące 17 artykułów :

1. W nieporównanej łasce swojej wasza cesarska mość przyrzekłeś potwierdzić i zachować wszystkie nasze prawa, wolności i porządki wojskowe; obecnie upraszamy zatem o najłaskawsze potwierdzenie tychże praw. Na to odpowiedziano:

„Prawa wolności i porządki dawne, a szczególniej te, z któremi przystąpił Bohdan Chmielnicki z narodem, pod wysoką opiekę cesarza Alexieja Michajłowicza przy wyniesieniu pana hetmana w Głuchowie na hetmański urząd, monarcha w reskrypcie przezeń podpisanym potwierdził już ogólnie i dzisiaj nienaruszenie utrzymać je z łaski swej przyrzeka. Prawa zaś szczegółowe dane będą hetmanowi później; dziś bowiem to jest niepodobne, z powodu braku czasu i pochodu monarchy do Polski."

2. W razie nie generalnego pochodu, ale wystąpienia części małorossyjskiego wojska na służbę, kto będzie nad tym oddziałem nakaźnym hetmanem, niech ten będzie z waszej cesarskiej łaski i polecenia niezależny od generałów i oficerów, by nie wozili nadal Kozakami drzewa, siana, ani zmuszali ich do paszenia bydła i koni, jak to bywało dawniej.

„By nakaźni byli niezależni od wielkorossyjskich generałów, to być nie może; lecz generałom zostanie surowo poleconém, nie używać Kozaków do niczego, prócz spraw wojskowych; gdyby zaś ci mimo zakazu tak czynili, wtedy nakaźni obowiązani o tém donosić cesarzowi, a winni ulegną srogiej karze.

3. Upraszamy waszą cesarską mość, byś wojskową artyleryą zabraną po zdradzie Mazepy z Baturyna, a dziś

znajdującą się w Siewsku, wojsku naszemu powrócić raczył.

„Część jej już powrócona na prośbę hetmana, a pozostałe użyte przeciwko monarchy przez zdrajców, na pamiątkę baturyńskiej zdrady, zostaną odesłane do rossyjskiego cechtauzu, według zwyczaju całego świata; wszędzie uważane jest za zdobycz wszystko, co znajdowało się w rękach nieprzyjacielskich choćby przez 24 godzin.

4. Upraszamy, by tymże ukazem poleciła wasza cesarska mość powrócić nam działa zabrane z różnych setni hadziackiego pułku i do Charkowa uwiezione. Także, by Kotelwa która zawsze należała do hadziackiego pułku, i dzisiaj napowrót doń została przyłączona.

„Najjaśniejszy pan poleci zwrócić zabrane z niefortyfikowanych miejsc działa, lecz wzięte z miejsc obwinionych o zdradę monarchy, nie będą zwrócone. Kotelwa zaś, której mieszkańcy sami prosili o przyłączenie jej do pułku achtyrskiego, z powodu bliskości i wygody, nie może być powróconą do Hadziacza. W tym przedmiocie wydany był ukaz monarchy, a ukazu zmieniać nie można.

5. By panowie wojewodowie, gdzie na dawnych miejscach pozostaną, w żadne rozporządzenia i sprawy miejskie i pułkowe nie mięszali się, by tylko zajmowali się zamkami; Małorossyan burzliwych i prawej władzy nie ległych na służbę nie przyjmowali; nie znieważali obywateli i sprawiedliwości sami sobie bez naszej starszyzny nie czynili. Także garnizony w niektórych miastach ukraińskich na nowo pomieszczone, dziś gdy nieprzyjaciel został zwyciężony i w ojczyźnie naszej już się nie znajduje, zostały z tych miast

miłościwym waszej cesarskiej mości poleceniem wyprowadzone.

„Wojewodom zostanie wydane zlecenie, by bez
ukazu do Małorossyan nie mieli pretensyi, wolności
ich nie naruszali i nie mięszali się w ich sądy i rozprawy, jeżeli zaś Małorossyanin będzie miał jaką ważną sprawę, to śledztwo i sprawiedliwość czynili ze
zgodą pułkowników lub starszyn, nie łącząc w to
spraw politycznych, o zdrady i temu podobnych. Co
się zaś tyczy garnizonów, te zostały już wyprowadzone
prócz Pułtawy, zkąd nie może być wyprowadzony,
albowiem większa część miast pułku pułtawskiego,
została wmięszana do buntu zaporożskiego.”

6. By na dworach kozackich nikt nie stawał z Wielkorossyan samowolnie, jeżeli zaś stanie posłaniec, to
powinni wskazać mu kwaterę starszyni. Bo przez to
wolność Kozaka za którą jedynie tylko służy, zostaje
naruszoną.

„Będzie to surowo zakazaném. W przeciwnym wypadku należy uskarżać się będącemu przy hetmanie
Andrzejowi Izmajłow, a w Kijowie i jego bliskości, jego
wojewodzie księciu Dymitrowi Golicynowi.”

7. By nie brano samowolnie podwód, by konie wzięte z podwodą nie uprowadzano, jak to się zdarzało tyle
tysięcy razy, by nie wymyślano badań na ratuszach,
bijąc i mordując ludzi i by wielkorossyjskie wojska
przy przechodach nie krzywdzili obywateli.

„Monarcha wyda rozkaz, by postojów bez gwałto-
wnej potrzeby u Kozaków nie było. Co zaś w szóstym
artykule względem cesarza wyrażono, że Kozacy służą
za samą kozacką wolność, tego pisać nie należało, cały
naród dosyć otrzymał łask cesarskich, on i dziś używa

przywilejów i wolności, a przytém monarcha oswobodził go od Szwedów, Mazepy i tyraństwa, zniszczeń polskich, tureckich i tatarskich."

8. Przez najście Szwedów, zdradę przeklętego Mazepy, pochody Kozaków, obywatele są do ostatka wyniszczeni, upraszamy na lat kilka, dopókąd naród się nie wzmocni, o uwolnienie od wojennej służby.

„Najjaśniejszy pan litując się nad ludem, uwolnił Kozaków na niniejsze lato od pochodu, prócz koniecznej potrzeby."

9. Dobrze, że przeklęci Zaporożcy za zdradę utracili sicz, ale Małorossyanie otrzymywali ztamtąd sól, ryby i zwierzynę, prosiemy zatem by nam wolno było jeździć tam po wspomnione produkta i żeby ani kamienno-zatorski wojewoda, ani garnizon tej twierdzy nie czynili przemysłowcom krzywd ani przeszkód.

„W tym przedmiocie wydane będzie później rozporządzenie, a dziś nie można; by pod tym pozorem buntownicy zaporożscy nie zagnieżdżali się na poprzednich miejscach i nie czynili zgromadzeń buntowniczych."

10. Jeden przeklęty Mazepa z małą liczbą wspólników zdradził waszą cesarską mość, a na wszystkich niezachwianych w wierności leży ciężar winy, nazywają nas zdrajcami.

„Było to już wzbronione i obecnie najostrzej zostanie ponowione."

11. Wojska ochotnicze, które wiernie służyły i służą waszej cesarskiej mości, jakoto: Kompanie Chwidkowa, Kowbasyna i Czuczyna, także pułk sierdiucki Barłajewa, z powodu zniszczenia miejsc w których dotąd stały, niemożności dania im żołdu z przyczyny uwiezienia

skarbu Mazepy, upraszamy waszą cesarską mość wziąć pod swą opiekę.

„Pułki te postawić w takich miejscach, które są mniej zniszczone; a dla zaspokojenia ich żołdu, potrzeba by hetman nadesłał wiadomość, jakie za dawnych hetmanów i zdrajcy Mazepy były nałożone na Małorossyą podatki, jakie dochody wpływały do skarbu wojskowego i jakie na inne wydatki. Wtedy cesarz uczyni oznaczenie bez obciążenia narodu."

12. W Czernichowie i za miastem, budynki na trzydzieści sążni od twierdzy przed przybyciem nieprzyjaciół rozwalono. Dziś prosiemy o pozwolenie właścicielom tych miejsc na nowo je zabudować, albowiem place drogo zostały kupione.

„Domy te zburzono dla bezpieczeństwa i fortyfikacyi Czernichowa, a dla tego na nowo budować się w tych miejscach nie można, ale wydać inne place właścicielom."

13. Upraszamy, by ukazy nie od wielu do Małorossyi były wysyłane i nie do pułków, ale jedynie od waszej cesarskiej mości i do samego tylko hetmana, on już będzie je rozsyłał gdzie należy.

„Ukazy zostaną wysłane do Małorossyi, wprost do samego hetmana i nie od kogo innego jak tylko z wydziału spraw Małorossyi i od ministrów monarchy."

14. Prosiemy o oznaczenie, z czyjem podpisem mają być marszruty o zbieranie podwód w Małorossyi.

„Z Moskwy, z podpisem sędziów małorossyjskiego i jamskiego wydziału; z pochodu, z podpisem feldmarszałków, ministrów spraw poselskich i generałów korpusów; z miast, z podpisem komendantów i wojewodów."

Decyzyę tę nie podpisał cesarz, ale hrabia Gołowkin. Pierwszy to przykład, że hetman wojska jego cesarskiej mości zaporożskiego obu brzegów Dniepru, miał do czynienia już nie z cesarzem, ale z ministrami, i stanął niżej od nich, albowiem od nich zawisły. Już nie istniały układy pomiędzy monarchą a hetmanem, ale z łaski tylko udzielone zostały prerogatywy. Artylerya prawie cała zginęła, wojewodowie mogli mięszać się we wszystkie sprawy Małorossyi, nąwet domowe, nareszcie dodany został hetmanowi nadzorca Izmajłow.

Wysłaniem jego już Piotr położył fundament zniesienia władzy hetmana; obowiązkiem Izmajłowa było: starać się o zachowanie spokojuości i porządku na Ukrainie, za pomocą chwytania wszystkich burzliwców. Winien on był zbrojną ręką bronić Zaporożcom osiedlania się w siczy, lub gdziekolwiekbądź; przyjmować razem z hetmanem cudzoziemskich posłów, odsyłać cesarzowi przywożone przez nich pisma i bez najwyższego zezwolenia nie odpowiadać, zarówno kozackich poselstw nigdzie wyprawiać; nie pozwalać hetmanowi bez cesarskiego ukazu, uwalniać ze służby starszyn i pułkowników, wybierać nowych nie inaczej, jak za wspólną naradą i za cesarskiem potwierdzeniem; nie dozwalać przyjmowania Polaków i innych cudzoziemców do służby; doglądać, by hetman bez cesarza nikogo śmiercią nie karał; spisać wszelkie majętności zdrajcy Mazepy i przysłać o nich wiadomość; nie pozwalać hetmanowi rozdawać i odbierać ziem i majątków bez woli monarchy; wyznaczać za powszechną zgodą generalnych starszynów i następnie składać o tem raporta cesarzowi; nie dopuszczać by hetman miał gdzieindziej rezydencyą prócz Głuchowa; ściągnąć z miast pułtawskiego pułku · należących do zdrady Mazepy po dwa talary z domu, a gdyby nie zdołali zapłacić, zburzyć je do gruntu, podobnież jak Baturyn i odebrać od hetmana i pułkowników szczegółową wiadomość o dochodach wojskowych.

Takie zostały wydane jawne zlecenia Izmajłowi, były one przeciwne traktatowi Chmielnickiego, lecz okoliczności je usprawiedliwiały. Zmiana była nagłą i niespodziewaną, lecz w podobnych wypadkach pół-środki użyte być nie mogą. Przytém Piotr miał powo-dy, by po nauce danej mu przez Mazepę, nie powierzać się zupełnie hetmanom. · Niedowierzanie to skłoniło monarchę do wydania tajnych poleceń Izmajłowi, by miał ciągłą baczność na postępki hetmana, starszyn i pułkowników; nie dozwalał im żadnych stosunków z Turcyą, Polską i Tatarami, oraz Szwedami i Kozaka-mi przeciwnej partyi, w wypadku nieposłuszeństwa lub zaburzeń, miał żądać pomocy od wojewody kijówskie-go i innych najbliższych, a nawet dla szybszego po-wrócenia porządku, używać pieszych wielkorossyjskich pułków, które znajdowały się przy Mazepie; wywia-dywał się z rozmów i postępków, który ze starszyn jest więcej przywiązany do monarchy i na jaki stopień zasługuje.

Skoropacki widząc, a przynajmniej słysząc od swych przyjaciół, że hetmańszczyzna chyli się do upadku, zaczął szukać przyjaźni ulubieńców cesarskich i posta-nowił podarunkami zjednać sobie Meńszykowa i Sza-firowa. Widzieliśmy, że hetman został pozbawiony prawa, nadawać i odbierać majętności narodowe. Da-wniej nietylko hetman, ale nawet pułkownicy rozdawali wsie swym podwładnym; dzisiaj mógł tylko rozporządzać swemi własnymi i rangowemi dobrami, które za czasów Piotra były nader szczupłe. Ale Skoropackiemu dostały się niektóre z dóbr Mazepy i jego towarzyszy, i hetman postanowił poświęcić one dla dobra Ukrainy. Było to prawdziwie po hetmańsku, obdarzać możnego księcia Meńszykowa, mógł tylko cesarz albo hetman. lecz zobaczemy jak odwdzięczył mu książę.

Już cała Ukraina uległa przed wielkim monarchą, Zaporożcy tylko zostali nieugięci. Gordeńko z garstką siczowych poszedł do Benderu za Karolem XII. Reszta zaś która ocalała przy zburzeniu siczy, pod dowództwem nakaźnego atamana Bogusza, osiadła nad Dnieprem, przy ujściu Kamionki, pod opieką hana krymskiego. Piotr starał się onych ściągnąć do siebie, przyrzekał przebaczenie, jeżeli tylko zrzucą z godności Godeńka; lecz nic nie pomogło. Karol przysłał im reskrypt zachęcający do dalszej wierności i zawiadomił, że wkrótce zamyśla rozpocząć wojenne działania przeciwko wspólnemu nieprzyjacielowi. W tymże miesiącu zatwierdził na hetmaństwie w miejsce zmarłego Mazepy, Filipa Orlika.

Chwilowy ten hetman zawarł z wojskiem zaporożskiem umowę, którą tu przedstawiemy w zupełności: Gordeńko najwierniejszy ze stronników Mazepy, będąc w zgodzie z uczniem i prawą jego ręką Orlikiem, pisał do Zaporożców; wzywając Imienia Bożego, przebiegając historyą Ukrainy. dowodził, że Chmielnicki przy pomocy Karola X-go, wyswobodził Kozaków od Polski, a obwiniając hetmanów o ich bezprawną samowolność, przedstawiał następujące artykuły ugody:

1. Pomiędzy trzema teologicznemi cnotami, wiara jest pierwszą, przeto w tym pierwszym punkcie należy

zacząć o wierze świętej prawosławnej. Oświecony nią został znakomity naród kozacki z Carogrodu, jeszcze za czasów kaganów kozackich; zawsze przetrwał w niej niezmiennie i żadnym sektarstwem nie został zachwiany. Bohdan Chmielnicki powstał na rzeczpospolitą, nie dla innych powodów, jak dla gwałtownego zmuszania do unii i katolicyzmu, a ponieważ poddał się Moskwie, z powodu jej jednowierstwa, przeto nowy hetman winien się starać, by nikt tajemnie ani jawnie do Małorossyi nie wnosił żadnego różnowierstwa; a gdyby się zjawiło, całą władzą winien go wykorzeniać, a szczególniéj wiarę żydowską. I po oswobodzeniu się, hetman jest obowiązany wyjednać u patryarchy konstantynopolitańskiego władzę ekzarchalną dla stolicy metropolity kijowskiego.

2. Oznaką całości każdego państwa, jest nietykalność granic. A więc ojczyzna nasza Małorossya, według wszelkich pactów przez Polskę, Portę i Moskwę zatwierdzonych, winna być jak za Chmielnickiego, po rzekę Słucz; hetman obowiązany jest starać się, by to nie zostało naruszone i by obrońca nasz i protektor król szwedzki, nietylko nie dopuszczał nikomu naruszać naszych praw i wolności, lecz i granic naszych bronił. Po skończeniu wojny winien prosić króla, by on i jego następcy tytułowali się protektorami Ukrainy, oraz by żądał od cesarza rossyjskiego zwrotu i sam zwrócił małorossyjskich jeńców, jacy się tu i tam znajdują.

3. Ponieważ nam zawsze potrzebną jest sąsiedzka przyjaźń hana krymskiego, która nieraz nas ochraniała, przeto hetman obowiązany jest wznowić z nim bractwo, wojenny związek i wieczną przyjaźń, na które bacząc

sąsiednie państwa, nie śmiałyby zamyślać o gwałtach i podbiciach Ukrainy. I kiedy Bóg dopomoże hetmanowi po ukończeniu wojny osieść na swej stolicy, powinien się strzedz, by swawolnicy z naszej strony nie naruszali tego bractwa i związku.

4. Wojsko zaporożskie na morzu wszędzie zasłużyło na nieśmiertelną sławę swą odwagą; było bogatem swemi przemysłami i ziemiami; ale gdy Rossyanie pobudowali na wojskowych ziemiach, to miasta samarskie, to twierdze naddnieprowskie; kiedy ścieśnili rybołówstwo i przemysł zwierzyną; wszystko się zmieniło; przeto hetman obowiązany jest przez króla starać się by Dniepr został oczyszczony z rossyjskich miasteczek i fortec, by ziemie wojskowe były powrócone wojsku, by nikt i nigdzie nie ośmielił się budować miasteczek, osadzać słobód, ani pustoszyć folwarków, a w przeciwnym razie hetman winien jest dawać obronę wojsku zaporożskiemu.

5. Ponieważ miasto Trechtymirów oddawna należało do wojska zaporożskiego i nazywało się jego lazaretem, zatem i obecnie to miasto z jego przewozem zostanie wojsku powrócone i kosztem wojska wybudowany w nim szpital dla starych i rannych Zaporożców; Dniepr z góry od Perewołoczny, sama Perewołoczna z przewozem, miasto Koreberda i Worskła z młynami znajdującemi się w pułku pułtawskim, winny być oddane w posiadanie siczy, i nigdzie do samego Oczakowa na tych miejscach, niech się nikt nie ośmiela ani bić tam, ani budować lub grodzić, ani obozowisk lub rybołownych zakładów stanowić.

6. Jeżeli w państwach zachowuje się chwalebny i użyteczny zwyczaj według którego w czasie pokoju i woj-

ny, celem ustanowień dla dobra narodu, zbierają się monarchowie, ministrowie i radcy, przeto my generalna starszyzna, ataman koszowy i całe wojsko zaporożskie postanowiliśmy z hetmanem, że od tego czasu na zawsze nadczelnymi radcami będą: Generalna starszyzna, pułkownicy, po nich z każdego pułku po jednej osobie znakomitej, sędziwéj, rozumnej i zasłużonéj będzie wybrane na radców.—Z niemi będzie się hetman naradzał względem powszechnego dobra o sprawach narodu i bez nich nie jest mocen nic własną wolą przedsiebrać, stanowić i do końca przywodzić. Do tego oznaczają się trzy coroczne rady. Na Boże Narodzenie jedna, na wielkanoc druga, na święto Opieki Matki Boskiéj trzecia (*). Na te rady nietylko panowie pułkownicy ze starszyzną i setnikami, nietylko generalni radcy ale i od wojska zaporożskiego przybyć winni bezzwłocznie deputowani nie uchybiając terminu. Tam co zostanie przedstawione hetmanowi, to będzie rozstrząsanem, bez stronności, kłótni i zawiści, z zachowaniem uszanowania hetmańskiego, dla uniknienia ciężarów, zniszczeń i co niedaj Boże zguby kraju. Sprawy nadspodziewane jakie potrzeba będzie ukończyć nie czekając tych trzech rad, hetman obowiązany jest załatwić z generalną starszyzną. Jeżeli do hetmana zostaną nadesłane listy z innych państw, winien je okazać generalnéj starszyznie nie tając przed nią ani swych odpowiedzi, i bez szkody ludu natychmiast odpisywać.

Ażeby pomiędzy hetmanem a generalnymi starszynami była zupełna jedność, każdy przy wstąpieniu na urząd, obowiązany będzie wykonać przysięgę, któréj rota zostanie ogłoszoną. I gdyby w sprawach het-

(*) Święto to w kościele wschodnim przypada dnia 1 Października.

mańskich okazało się coskolwiek przeciwnego powsze-
chnemu dobru, prawom i wolnościom wojskowym, to
zgromadziwszy się i postanowiwszy przez głosowanie,
wszyscy ci urzędnicy winni bezwłocznie na radzie dać
naganę jego wielemożności, nie ubliżając jednak uszanowania, a hetman nie powinien mścić się za tę naganę, ale starać się o poprawę. Wszyscy starszyni, pułkownicy, radcy, winni uległość i poszanowanie hetmanowi; on zaś ze swej strony obowiązany ich kochać,
nie uważać za sługi, niewolników, ani też zmuszać
do stania przed sobą.

7. Gdyby kto ze starszyn, pułkowników, radców, znakomitego towarzystwa i innych urzędników ubliżył hetmanowi, lub w czemkolwiek innem przewinił, to hetman nie
może swą władzą go karać, ale obowiązany jest oddać
pod sąd wojskowy generalny, i jaki wyrok sąd ten wyda, takiej karze każdy winowajca ulegnie.

8. Odnosić hetmanowi i od niego odbierać dekla-
racye o wszelkich rozprawach wojskowych, obowiązani są starszyni generalni, ale nie słudzy domowi.

9. Ponieważ przedtem byli w wojsku zaporożskiem
generalni podskarbiowie, którzy zawiadywali wojskową
kassą, młynami i wszelkiemi przynależnemi do wojskowej własności dochodami i rozchodami, a za wiadomością hetmana później ich zmieniano, przeto i dziś taki
porządek stanowi się, by podskarbi generalny był człowiek znakomity, zasłużony, bogaty i prawy, by za-
wiadując wojskową własnością, używał jej na korzyść
powszechną wojskową nie swoją własną. Hetman do
wojskowego skarbu i przychodów nie wtrąca się i nie
może używać nic ztąd na swą osobistą korzyść, ale
kontentować się swojemi obrokami (podatek płacony

zbożami w naturze), przychodami z dóbr rangowych i jego
własnych, induktem, pułkiem hadziackiem, dobrami po-
czepskiemi i obłońskiemi, oraz innemi oddawna prze-
znaczonemi do hetmańskiego urzędu. Więcéj hetman
nie powinien przywłaszczać samowolnie sobie, dóbr
wojskowych rozdawać ludziom zasłużonym, a tem
mniej mnichom, popom, wdowom bezdzietnym, urzędnikom, gminowi i sługom. Nietylko przy hetmanie
w jego rezydencyi będzie podskarbi, ale w każdym
pułku po dwóch ludzi znakomitych i bogatych mają
być wybrani, którzy winni zawiadywać pułkowemi
i miejskiemi dochodami i poborami z gminu; ci odnosić
się mają rapportami do generalnego podskarbiego. Pułkownicy do pułkowéj kassy nie mają prawa i winni
kontentować się przychodami i dobrami przynależnemi
do ich urzędów.

10. Hetman winien strzedz we wszystkiem i wszędzie nietykalność ustanowionego porządku, ale największą i ciągłą zwracać winien baczność na to, by
ludzi wojskowych i pospolitych nie przygnębiano po-
datkami i zdzierstwami, przed któremi rzucając mieszkania zmuszeni by byli szukać spokojności w obcych
ziemiach. Dla tego setnicy, atamani i wszyscy wojskowi i cywilni urzędnicy niech się nie ważą dopełniać prac prywatnych i pańskich Kozakami, ani gminem do ich urzędów nie przynależnem, albo w ich
własnem majątku nie zamieszkałem; jako to: kosić
siana, żąć i zbierać zboża z pola, gnoić i grodzić tem więcéj, odbierać im gwałtownie osiadłe
przez nich miejsca, albo rzemieślnikom ich narzędzia
i ruchomości. Wszystkiego tego winien hetman zabraniać swą władzą a dla przykładu niech i sam nie

czyni nic podobnego. A ponieważ podobnemi ciężary, przygnębieniami i zdzierstwami zwykłe obciążają lud ludzie, którzy nie przez zasługi, ale przekupstwo wciskają się na stopnie pułkownickie i inne a chciwi zbogacenia się na urzędach, gnębią lud; przeto by hetmani przekupieni wziątkami i przyjaźnią, nikogo nie stanowili na urzęda samowolnie, wszyscy wojskowi i cywilni urzędnicy a mianowicie pułkownicy, będą wybierani głosowaniem a przez hetmana tylko potwierdzani. Wybory te winny być dopełniane z wolą hetmańską w pułkach, a setników w setniach, takowych urzędników nikt prócz wolnych głosów nie ma prawa dymissionować.

11. Wdowy Kozaków, ich osierociałe dzieci i żony kozackie, znajdujących się na służbie lub w pochodach wojskowych, w czasie nieobecności mężów wolne są od wszelkich podatków.

12. Miasta ukraińskie jeszcze i przez to zostały obciążone, że część gminu który odbywał powinności, przeszła pod władzę ludzi duchownych i świeckich a pozostali, też samą powinność odbywają mimo zmniejszenia się ludności. A więc po skończeniu wojny, uczyni się generalna rada, na której będzie rozstrząśniętem i postanowionem, kto ma władać wojskowemi dobrami i majątkami a komu nie należy. Z tego także powodu ubogim ciężar się powiększył, że Kozacy wziąwszy do siebie bogatych ludzi z gminu za dostarczycieli, ochraniają ich od ogólnych powinności, zamożni kupcy obowiązani dawać także pomoc, wyłamują się od niéj to opieką pułkowników, setników, to uniwersałami hetmańskiemi; takie nadużycia jaśnie wielmożny hetman winien przeciąć.

13. Miasto stołeczne Kijów i inne miasta ukraińskie ze swemi magistratami pozostają przy swych prawach i przywilejach, jakie zostały im od dawna nadane.

14. Gmin najazdami i podwodami a Kozaki przewodnictwem najwięcéj byli obciążeni, a nawet przywodzeni do żebractwa. Od dziś na zawsze kassują się powinności podwodne i przewodnictwa; nikt nie ma prawa domagać się obroku, pojenia koni i wziątków, gdyby nawet jechał kto w interessie narodu, to i wtedy winien posiadać marszrutę od samego jaśnie wielmożnego hetmana i niech nie waży się brać więcéj podwód jak w niéj wyrażono. Szczególniej niech starszyni, ich słudzy i słudzy hetmańscy, jadący w interessie własnym, niczego tego niedomagają się. To bowiem niszczy naród, ludzie biedni przychodzą do nędzy, a pan albo sługa jego, jadą w interesie wcale nie wojskowym i bez marszruty. Odtąd tacy mają jeździć za własne pieniądze a nie gwałtownie wymuszonemi podwodami.

15. Arendy zaprowadzone dla zebrania żołdu dla kompanijców i sierdiuków, inne rozchody wojskowe, oraz postoje kompanijskie i sierdnickie, są to środki bez prawe i uciążliwe i dla tego kassują się, a o utrzymaniu kompanijców zostanie na radzie postanowione.

16. Po stokroć razy lud biedny jęczał i użalał się' że induktorzy, faktorzy i objezdni jarmarków (*) czynią nadzwyczajne zdzierstwa, tak, że człowiek, ubogi nie mógł się ukazać na jarmarkach; niepodobna było przedać co ani kupić, a niech Bóg zachowa zostać obwinionym, wtedy objezdni całego obedrą.

(*) Officyaliści hetmańscy do zbierania cel.

Dla tego od dziś induktorzy i ich faktorzy, nic zbytnego wymagać nie mają od kupców i ludzi ubogich, obowiązani będą odbierać cła do kassy wojskowego skarbu takie tylko, jakie wykazane są w przepisach.

Nigdzie lepiéj jak w tych układach nie są opisane obowiązki wszelkich starszyn i urzędników. Orlik, który przysiągł je zachować narodowi 5 Kwietnia, został potwierdzony przez króla. Pomimo jednak ich korzyści dla narodu i wojska ukraińskiego, Kozacy od czasów Wychowskiego do Mazepy, widząc u siebie tylu oszustów, burzycieli spokojności i zdrajców, nie chcieli, a może nie śmieli dowierzać obietnicom Orlika i nie słuchając jego uniwersałów, zostali wierni prawéj władzy. A Piotr Wielki zbliżał się bez przeszkód do celu. We Wrześniu, Izmajłow został odwołany do Moskwy, jego miejsce zastąpił diak Winjus i stolnik Protasjew.

Na Ukrainę spadły wszystkie na raz nieszczęścia: napady Zaporożców, mór i szarańcza. Nadto kijowski wojewoda książe Golicyn, oskarżył Skoropackiego o stosunki z Orlikiem. Skarga była nierozsądna, jakież bowiem stosunki mogły istnieć pomiędzy hetmanem a pretendentem do hetmaństwa. Cesarz jéj nie uwierzył, ale użył tego pozoru do zmiany rządu Ukrainy, zmiany te następowały szybko jedna za drugą.

Tymczasem Piotr skończył wojnę z Turkami zawarciem pokoju nad Prutem (12 Lipca 1712 roku). Orlik, Łomikowski, Gordenko, Mirowicz i Gorlenko widząc upadek swych nadziei przez zawarcie tego traktatu, starali się o rozerwanie onego; rozpoczęli korespondencyą ze swemi ziomkami na Ukrainie, podburzając ich przeciw cesarzowi i przeciwko rządowi. Hetman dowiedziawszy się o tem, rozkazał wszystkich krewnych buntowników wysłać do Moskwy.

Lecz na tem jeszcze się nie skończyła kara Ukrainy; w 1712 roku Piotr polecił hetmanowi ogłosić uniwersałem mieszkańcom Niemirowa, Bracławia, Humania, Czyhrynia, Kaniowa, Bogusławia, Białejcerkwi i Chwastowa, rozkaz przesiedlenia się natychmiast za Dniepr, do miast wschodniej Ukrainy. Hetman zmuszony był zagrozić starszynom i narodowi, nawet duchowieństwu, że wypędzi ich wojskiem, jeżeli dłużej będą się ociągali, a mieszkania ich spali. Ukraina przeddnieprowska została pusta.

Przy tych wszystkich zmianach, władza hetmańska tak osłabła, że Skoropacki nietylko nie mógł nominować urzędników i starszyn, ale nawet przedstawienia jego nie były zatwierdzane. W końcu roku 1712, przybyło na zimowiska do Ukrainy sześć pułków dragońskich. Hetman w swej prostocie ofiarował dla nich furaż, na następne lato ofiara ta zamieszczoną została w powinności i podobny korpus wyprawiany był na Ukrainę corocznie pod nazwą konsystentów. Z czasem weszły do miast znaczniejsze wojska wielkorossyjskie i utworzyły stałe garnizony w Głuchowie, Kijowie, Perejasławiu, Nieżynie, Czernichowie, Łubnach i Półtawie. Utrzymanie tych wojsk i ich koni, nałożone zostało na mieszkańców a nawet słudzy kozaccy nie zostali pominięci. W roku 1713 Kozacy zostali rozpuszczeni, a konsystenci strzegli granic; tak Ukraina pozbawiona została nawet prawa obrony własnego kraju.

Tymczasem posłowie cesarscy w Konstantynopolu: Tołstoj i Szafirów, skłaniali stronników Mazepy i Orlika

do powrotu do domów, zapewniając o przebaczeniu monarchy, prawie cały rok wychodcy wacha-
li się, nakoniec 1715 roku przybyli do Głuchowa; byli to: Gorlenko, Butowicz, Maximowicz, Łomikowski
i Antonowicz, zkąd odesłani zostali do Moskwy i tam
skończyli życie.

Najmocniéj zaś dręczyło Kozaków to, że ich używano zewnątrz kraju do prac przy kopaniu kanału
pomiędzy Wołgą a Donem. Piotr obdarzał hetmana
dobrami i honorami, lecz coraz odejmował mu więcej
władzy.

W roku 1718 gdy hetman i duchowieństwo wezwani zostali przez Piotra do St: Peterburga, w Kijowie wszczął się ogromny pożar i obrócił w popiół
znakomity klasztor, napełniony przez wieki zbieranemi
skarbami, spaliła się tam słynna biblioteka z kilkudziesięciu tysięcy książek i rękopismów złożona.

W tym czasie Meńszyków przybył dla obejrzenia
swych dóbr poczepskich, nadanych mu przez hetmana,
ale które własną swą wolą powiększył o dziesięć
razy, zająwszy okoliczne okręgi wojskowe, objął wszystko swem ograniczeniem, postawiwszy słupy ze swemi herbami i tytułami, które kończył jak udzielny
książe, wyrazami etc. etc. etc.

Skoropacki przekonał się, co to jest dać powód do
pretensyi grabicielom, a znając sprawiedliwość monarchy, spodziewał się w nim znaleść bezstronnego sędziego, Piotr wydał do senatu ukaz stanowiący, że
wszystko co hetman dał księciu Meńszyków ma przy
nim pozostać, co zaś nadto nadmierzono i zajęto, ma
być zwrócone.

Meńszyków przysiągł zemstę nad Skoropackim.

Przejeżdżając przez Głuchów, rozkazał przy sobie wystawić kamienny słup z pięciu na nim żelaznemi szpicami, stosownie do liczby głów jakie obiecał tam zatknąć, to jest hetmańskiéj i generalnych starszyn.

Hetman znów się użalał przed cesarzem, Piotr zganił Meńszykowa i tym sposobem jeszcze powiększył jego nienawiść przeciwko Skoropackiemu.

Od tego dnia sypały się ciągłe nieszczęścia, prześladowania i przygnębienia na hetmana i lud ukraiński. To wysyłano tysiące ich wojska ze znakomitymi starszynami do kopania kanałów aż około Ładogi i Astachania, gdzie wszyscy wymarli od ciężkiej pracy i klimatu. To konfiskowano liczne dobra obywatelom, pod pozorem, że przyjmują do nich zbiegów wielkorossyjskich i polskich—przysłano ostrą naganę przez Piotra podpisaną, za nieporządne utrzymywanie kancellaryi.

Orlik tymczasem korespondował bezprzestannie z Zaporożcami przez Mirowicza, Hercyka i Nachimowicza, Karól XII odjechał do Sztokolm, Orlik udał się za nim. Król umarł, pseudo-hetman pozostał przy dworze Ulryki i Fryderyka I, pobierając 500 talarów pensyi rocznéj. Pragnąc podnieść Polskę i Tatarów przeciwko Rossyi, wysyłał Nachimowicza do hana a Hercyka do Polski, lecz obydwa powrócili bez skutku, aż pokój nejsztadski położył koniec jego zamysłom. Wtedy Orlik wyjechał do Francyi, gdzie wydawszy córkę za generała Steflichta umarł zapomniany od rodaków.

Nastał rok 1721, a Małorossya coraz była więcéj ograniczana w swych wolnościach. 20 Grudnia przybył do Pułtawy jako komendant miasta kapitan gwardyi Bohdan Pisarew z poleceniem nie dozwalać Ukraińcom żadnych stosunków z Zaporożcami tułającemi się nad Dnieprem, później ustanowiona została kancellarya sądowa pod prezydencyą generalnego sędziego Czarnysza.

Nejsztadski pokój i powinszowania, znów ściągnęły hetmana do Moskwy. Spotkano Skoropackiego z nadzwyczajnemi honorami; w senacie przyjmował go naczelny prokurator, posadzono go pomiędzy admirałem i wielkim kanclerzem, a za stołem monarchy, obok niego samego. Ale wkrótce wydany został ukaz, mocą którego ma być przy hetmanie brygadjer i sześciu sztab, oficerów, dla położenia tamy nieporządkom w wojsku i sądach.

Czwartego Maja sam cesarz Wszech-Rossyi był na obiedzie u hetmana, a w 13 dni później ustanowione zostało małorossyjskie kollegium. Obowiązkiem jego było:

„Doglądać szybkiego i bezstronnego załatwienia spraw przez wszelkie władze i pokrzywdzonym wymierzać zadosyć uczynienie.

„Posiadać pewną wiadomość, o wpływach pieniężnych, obozowych i innych, i odbierać one od małorossyjskich urzędników i wojska.

„Wyznaczać z tych funduszów żołd według rady hetmańskiej dla sierdiuków i kompanijców. Założyć księgi przychodu i rozchodu i corocznie przedstawiać je prokuratorowi do senatu.

„Nie dozwalać według zdania hetmana, generalnym starszynom i pułkownikom męczyć robotami Kozaków.

„Doglądać, by dragoni mieli kwatery, bez wy-

jątku, nawet w hetmańskich dobrach, prócz dworu
gdzie ma mieszkanie i dworów starszyn, księży i kościelnych.

„Roztrząsać wspólnie z pułkownikami, zażalenia sze-
regowych małorossyjskich.

„Doglądać, by przysyłane do hetmana ukazy były zapisywane w generalnéj kancellaryi i w swym czasie
nadsyłać rapporta. Zabraniać pisarzom hetmańskim
podpisywać za kogo innego uniwersały."

Teraz hetmaństwo i hetmańszczyzna stały się tylko czczemi wyrazami. Smutek zabił starca, umarł
4 Lipca; mówi Bautysz Kamieński, że mało go ża-
łowano na Ukrainie chociaż z powodu dobroci swego serca zasługiwał na współczucie. Lecz za jego
czasów, Małorossya nadzwyczaj wiele ucierpiała,
wiele utraciła i już nigdy nie miała powrócić do
swych dawnych praw. Skoropacki był dobrym i prawym członkiem, ale żadnym jako hetman.

ROZDZIAŁ XXXII.

Nakaźny hetman Połubotek.

Po śmierci Skoropackiego, Małorossyanie wysłali z pośród siebie deputowanych: Semeona Rubca i Wasila Bykowskiego, z prośbą o dozwolenie wyboru nowego hetmana. Piotr był w Persyi; senat polecił posłańcom udać się do Astrachania i tam czekać na przybycie monarchy.

Paweł Połubotek postanowionym został nakaźnym hetmanem z poleceniem znoszenia się we wszelkich ważniejszych sprawach i radach z brygadierem Weliaminowiczem. Trubecki i Wisbach udali się nad granice od Krymu i Zaporoża.

Połubotek nie mógł się pogodzić z Weliaminowiczem, ten ostatni był to człowiek czynny lecz grubijańskiego obejścia; nie lubił dzielić się władzą, ani ustępować z pola, pragnął wszelkie przeszkody pokonać siłą, idąc prosto do celu, i zamyślał sam rządzić Ukrainą. Nakaźny hetman był wierny tronowi, człowiek pełen zdolności, zaparcia się dla dobra kraju, który kochał nadewszystko,—był to prawdziwy potomek dawnych bohaterów. W każdym innym czasie stałby się użytecznym swemu narodowi, ale dziś zjednał sobie tylko zgubę, Połubotek prosił o opiekę cesarzową, a senat w czasie nieobecności monarchy, ukrócił samowolności Weliaminowicza. 2 Grudnia 1722 roku, Piotr odpowiedział narodowi ukraińskiemu, że wybór hetmana odkłada na później.

Po nowym roku znów 12 tysięcy Kozaków wysłanych zostało dla obwarowania granic od Persyi i Krymu a pięć tysięcy nad Ladogę. Połubotek ponowił prośbę o przyspieszenie wyboru hetmana, ale nie otrzymał odpowiedzi.

W tym czasie kłótnia dwóch ulubieńców Piotra zwróciła na siebie uwagę monarchy. Powodem jéj był zarzut uczyniony Szafirowowi przez Meńszykowa, iż pochodzi z familii żydowskiej, Szafirów rozgniewany rozpoczął skargi na Meńszykowa o przywłaszczenia poczepskie, śledztwo wykryło, że Losiew mierząc ziemię poczepską, postępował nierzetelnie z namowy księcia Meńszykowa, i wiele innych nadużyć. Meńszykow zmuszony został podać regestr wszelkich datków otrzymanych od hetmana, starszyn, pułkowników i obywateli, wszystko wrócić i prócz tego skazany został na karę 231,571 rubli.

Wkrótce Golicyn otrzymał ukaz, uformowania w Ukrainie Landwickiego korpusu około siedmiu tysięcy liczącego, oficerów wybierać miał z Wołochów i Serbów a wreszcie z Wielkorossyan. Wtedy także Weliaminowicz uniosłszy się gniewem w czasie ze-

brania urzędowego zelżył jego członków, hetman
i starszyni wysłali do do cesarza z zażaleniem na
Weliaminowicza. Ten zaś skarżył hetmana, że rozsyła uniwersały nie radząc się jego.

Piotr rozkazał Połubotkowi, Czarnyszowi i Sawi-
czowi stawić się w Petersburgu, a małorossyjskiemu kollegium wybrać innych na ich miejsce urzędników. 3 Sierpnia nakaźny hetman ze starszynami
przybył do stolicy, straż natychmiast otoczyła dom
jego, stawieni zostali przed cesarza, gdzie Połubotek
zbyt prawdą tchnącą mową rozgniewał monarchę,
wkrótce wszyscy zostali wtrąceni do więzienia, rodziny ich wygnane z domów, majątek skonfiskowany.

Ze śmiercią Połubotka, władza małorossyjskiego
kollegium jeszcze więcéj wzrosła. Weliaminowicz zupełnie opanował nowymi starszynami: Iwanem Le-
weńcem, Iwanem Mamujłowiczem i Teodorem Gre-
czanym. Prawie wszyscy starzy pułkownicy i setniki
zostali zrzuceni z urzędów, prawie wszyscy na ich
miejsce wyniesieni zostali Rossyanie. Milicya Golicyna rozłożyła się w Małorossyi.

Kozaków regestrowych było 38 tysięcy konnych
i 16 pieszych; liczba większa jak ruskich konsystentów, ale rozproszona po całem cesarstwie.

Podatki były coraz uciążliwsze, kollegium do tego
je doprowadziło, że nareszcie same zmuszone zostało je zmniejszyć na następne lata.

W roku 1722 było ogólnego dochodu 45,563 rubli
i w zbożu 16,785 czetwierti.

W roku 1723 było . . . . 85,926 rubli i w zbożu 57,524 czetwierti.

W roku 1724 było ogólnego dochodu 141,421 rubli i w zbożu 40,693 czetwierti.

W roku 1725 było . . . . . . 118,552 rubli i w zbożu 36,774 czetwierti.

W końcu 1724 roku przybyli na Ukrainę komendanci do wyboru pułkowników, w łubieńskim tylko i przyłuckim pułkach, dawni pułkownicy Markiewicz i Gałagan pozostali na swych miejscach.

W takim stanie była Ukraina gdy nadeszła do niej wiadomość o śmierci cesarza. Cesarzowa ujęła berło, ale Meńszykow zatrzymał rządy państwa.

Baturyn i hadziacki zamek, wszystkie sioła i miasteczka należące do buławy hetmańskiéj oddane zostały Meńszykowowi na wieczne czasy. Ukraina zajęczała pod jego władzą, lecz szczęściem władza ta niedługo trwała.

Dziesięć tysięcy Kozaków wykomenderowanych zostało w pochód, lecz nie zdołali opuścić kraj, przyszedł ukaz senatu zawiadamiający, że Kozacy mogą się odkupić od wyprawy, zapłaciwszy po dwa, bogatsi po trzy ruble od osoby.

Kozacy podali protest, oświadczając, że jeżeli należy wyjść na wyprawę, to są gotowi, lecz hańbą byłoby dla nich wykupować się od pochodu. Senat odpowiedział: „nie wysyłać w marsz wojska ale ściągnąć po trzy ruble od osoby."

Niedługo cesarzowa Katarzyna I, umarła. Meńszykow został wysłany na Sybir. Ukraina odetchnęła od prześladowania, otrzymawszy pozwolenie, wybrała sobie hetmanem Apostoła, znanego nam już pułkownika z czasów Mazepy.

ROZDZIAŁ XXXIII.

Daniel Apostoł.

Młody monarcha pozbywszy się nienawistnego opiekuna i chciwego władzy magnata, z namiętnością obalał wszystkie plany jego, gnębił protegowanych, bo ich sądził godnemi swego opiekuna a wynosił prześladowanych, jako niewinnie cierpiących w sprawie przeciwnéj Mieńszykowowi.

Takim powodom przypisać można i upadek małorossyjskiego kollegium, oraz powrót hetmanów na Ukrainę. Czyn ten był szkodliwym imperyi i przeciwny zasadom Piotra Wielkiego, lecz Piotr II, był jeszcze dzieckiem.

Zamiast kollegium polecono zasiadać w generalnym wojskowym sądzie brygadjerowi Arseniejew, a w razie niezadowolenia stron z wyroku, odwoływać się do hetmana, który będzie rozstrzygał sprawy ostatecznie z Naumowym tajnym radcą.

We Wrześniu przybył Naumów, pierwszego dnia zrana dano sygnał z 41 dział rozstawionych na wałach miejskich i rozpoczął się zbiór starszyn i wojska do katedralnéj cerkwi, przed którą był wystawiony obszerny amfiteatr. W towarzystwie licznego oddziału konnicy i piechoty przyniesiono insygnia hetmańskie i rozłożone w amfiteatrze na przygotowanych stołach. Minister cesarski poprzedzając insygnija niósł cesarski reskrypt i położył go przed senatorem. W cerkwi rozpoczęła się liturgija odprawiona przez zgromadzone duchowieństwo, potem odezwał się wystrzał z 41 armat. Wtedy wszyscy starszyni i Kozacy przystąpili do amfiteatru. Generalny pisarz odczytał im cesarski reskrypt dozwalający obiór hetmana któremu salutowano wystrzałami z ręcznéj broni i armat.

Rozpoczęto uczty — pierwsza dana była przez ministra od cesarza, druga naród, tu zostali zaproszeni starszyni i znaczniejsze duchowieństwo.

Pierwszego Października Naumów wyjechał w karecie sześciokonnéj do cerkwi S-go Mikołaja, przed którą wybity czerwenem suknem pomost, był otoczony wojskiem i narodem; 24 kawalerzystów jechało przodem, czterech oficerów niosło buławę, buńczuk, chorągiew i pieczęć. Sekretarz Naumów wszedł na pomost, odczytał ukaz cesarski, oznajmujący, że Piotr II, zezwalając na wybór, spodziewa się, że ten padnie na człowieka godnego rządzić narodem. Starszyni i naród jednozgodnie okrzyknęli hetmanem Daniela Apostoła.

Starzec liczył już 60 rok, utyskując zatem na późne lata, Apostoł wymawiał się od przyjęcia godno-

ści, ale naród znaglił go prośbami i okrzykami. Tegoż dnia hetman wykonał przysięgę.

Starszy syn Apostoła Paweł, otrzymał po ojcu dowództwo pułku mirgorodzkiego, młodszy Piotr wysłany został do Petersburga jako zakładnik. Wasili
Koczubej, syn męczennika nakaźnego hetmana, otrzymał pułtawski pułk. · Naumów pozostał przy hetmanie w stopniu ministra cesarskiego do rady z pensyą
2270 rubli rocznie, prócz tego wyznaczone mu zp-
stały wsie i młyny, które posiadał Weliaminów
i powierzony mu został zarząd skonfiskowanych dóbr
Meńszykowa.

1728 roku nastąpił termin koronacyi młodego cesarza. ·Apostoł, Naumow i kilku starszyn pojechało
do Moskwy z powinszowaniami.· Monarcha przyjął
hetmana łaskawie, a nawet odwiedził go w jego
mieszkaniu i potwierdził prawa dla Małorossyi zawarte w dwudziestu paragrafach. W tych przepisach
widać raczéj łaskawy manifest, ale nie potwierdzenie dawnych praw Chmielnickiego. O 60 tysiącach
regestrowych nawet nie wspomniano, Piotr dozwolił
tylko mieć hetmana, a w perejasławskich punktach
powiedziano:

„Małorossyanie ,wybrawszy sobie hetmana, zawia-
domią o wyborze cesarza." Dziś zabroniono przyjmować posłów, a wtedy byli swobodnie przyjmowani.
Jednem słowem, wszystko skasowano, lecz gnębieni
Małorossyanie, przerażeni potęgą Piotra Wielkiego,
uradowali się, że znów mają hetmana, nie śmieli ani
pragnęli domagać się innych praw.

Hetman powróciwszy do Ukrainy, wyprawił do cesarza deputowanych, z prośbą o wybór generalnych

starszyn zniesionych przez ojca jego. Monarcha zatwierdził przedstawienie hetmańskie (1729 roku).

W końcu roku hetman pojechał do Moskwy i był świadkiem śmierci cesarza. Szczęście Ukrainy niedługo trwało, po długich prześladowaniach zajaśniał promień pociechy i nadziei, lecz wkrótce pobladł i zgasł. Dobroczyńca Ukrainy, młody monarcha Piotr II, umarł na ospę.

Anna Joanowna wstąpiła na tron, pierwsze dni jéj panowania były pomyślne dla Małorossyi. Podatek od pszczół i tytoniu, pobór od mostów i płotów, zostały zniesione. Dobra Hadziacz zostały darowane na wieczne czasy Apostołowi, lecz do urzędu przywiązane 4167 osady, w któréc policzono dobra ropskie i bykowskie oraz szeptakowskie. Syn hetmana Piotr został powrócony ojcu i otrzymał pułk łubieński.

Anna Joanowna wysoko ceniła Apostoła, wezwany do Moskwy, otrzymał order S-go Alexandra Newskiego, za jego staraniem zostały zmniejszone postoje, tylko sześć dragońskich pułków pozostało na Ukrainie. Członkowie generalnego sądu zostali cofnięci do Moskwy.

Ale w tymże czasie 20 tysięcy Kozaków i 10 tysięcy chłopów małorossyjskich, zostało wysłanych z pułkownikiem Tańskim dla sypania wałów z basztami od Dniepru do Donu dla obrony podwładnych prowincyi od Tatarów. Linia ta formowana przez długie lata, pożarła wiele tysięcy ludzi; co rok wysyłany był inny pułkownik z podobnym jak pierwszy oddziałem.

Wtem przyszła do dworu wiadomość o śmierci

Augusta króla polskiego i powtórnym wyborze Leszczyńskiego.

Cesarzowa, która przyrzekła Augustowi protegować
syna jego, wyprawiła do Polski na żądanie Wiśniowieckiego, Lipskiego, Hoziusza i Małachowskiego,
swe wojska. Nakaźny hetman Jakób Lizogub i pułkownik Ignacy Gałagan, poprowadzili Kozaków w liczbie 12 tysięcy.

Wtedy także zmienił się los Zaporoża, Anna na
prośbę Apostoła przebaczyła im winy i posłała buławę, buńczuk, piernacz, wielką chorągiew i kotły,
poleciła im złożyć przysięgę w Białéj-cerkwi, daro-
wała około 5,000 rubli i zatwierdziła koszowym Jana Bielickiego. Nadaremnie han krymski i sułtan,
starali się zatrzymać Zaporożców przy sobie; osiedli
w starym i nowym Kudaku i nad Samarą na 25
wiorst od jéj ujścia.

Apostoł przeżywszy panowanie dwóch cesarzy i ce-
sarzowych, widząc Ukrainę udzielną i w połączeniu z Rossyą, szacowany od monarchów, kochany od
narodu i Kozaków, umarł w 76 roku życia, od pa-
raliżu.

ROZDZIAŁ XXXIV.

Bezhetmaństwo.— Rząd sześciu członków.

Wybór nowego hetmana został odłożony, a Małorossyą oddano pod zarząd sześciu członków;
księciu Alexejowi Szachowskiemu, Jakóbowi Lizogubowi, księciu Andrzejowi Boratyńskiemu,
Wasilowi Gwojewowi, Michałowi Zabiale i Andrzejowi
Markiewiczowi.

Asaułem był przy nich Teodor Liseńko, a w razie
nieobecności Boratyńskiego zasiadł w radzie Jan Sie-
niawin.

Rozkazano członkom stosować się do praw zatwierdzonych dla Apostoła, członkowie byli równi między sobą.
Wielkorossyanie mieli siadać po prawej, Małorossyanie
po lewej stronie; zażalenia na członków miały być
zanoszone do senatu; podskarbiowie zajmowali się
dochodami.

W roku 1735, Kozacy uczestniczyli w wojnie tureckiéj, pod dowództwem Leontiewa; w roku 1736 w dru-

giéj kampanii pod naczelnictwem hrabiego Minicha, byli przy zdobyciu Perekopa, Kozłowa, Bachczysaraju i Kimburna. Tam odznaczył się setnik Kapinist, za co został wyniesiony na pułkownika. Tutaj także generalny buńczuczny Gałecki, uprosiwszy od głównodowodzącego hrabiego Minicha komendę, nad dwoma pułkami dragońskiemi i czterema kozackiemi, w nocy napadł na Tatarów, kilka razy silniejszych od niego i otoczony zginął z całym swym oddziałem. Skoro wiadomość o tém doszła do Petersburga, hrabia otrzymał surową naganę za utratę tylu ludzi i dozwolenie Gałeckiemu na tak niebezpieczne przedsięwzięcie. Minich rozgniewany na Kozaków, których sądził przyczyną tej nagany, stał się ich nieprzyjacielem i długo Ukraina czuła ciężką jego rękę.

Nastąpiła zima, cała armia Minicha stanęła w Ukrainie; a Kozakom polecono strzedz granic od napadów tatarskich. Łatwo pojmiemy, jak uciążliwy był postój tak licznej armii. Książę Boratyński był wtedy naczelnikiem Małorossyi, ale mimo swej dobroci nie mógł ulżyć narodowi.

Po nowym roku 1737, znów rozpoczęła się wojna. Kapinist wyprowadził Kozaków pod Oczaków. Zaporożcy wypłynąwszy na morze Czarne, rozsieli postrach do samego Benderu i powrócili obciążeni zdobyczą. Tak upłynęły dwa następne lata; lato przechodziło na bitwach, zima sprowadzała ogromną armią na biedną Ukrainę.

A ponieważ Minich dokuczał rozmyślnie Kozakom, za Gałeckiego, przeto ci zawsze zostali posyłani w najniebezpieczniejsze miejsca. Pewnego czasu polecono im przebyć wpław zatokę Sywasz i uderzyć na straż linijną Tatar. W wojsku kozackiém znajdowało sie dosyć ludzi doświadczonych, którzy mieszkali w Krymie, i znali na Szywaszu mielizny i brody. W nocy zatém przeprowadzili wojsko przez zatokę i napadli na Tatarów, zbudzeni niespodziewanie muzułmanie, zaczęli cofać się w kąt, mający kształt półksiężyca i znajdujący się pomiędzy fortecą a zatoką, tam Kozacy wyrznęli ich, zarzucili ich trupami rowy linii i po nich bez faszyny przebyli szańce.

Zdobycie linii ułatwiło przejście armii do Krymu. W nagrodę za to, polecono pobierać na Ukrainie wypadłe w pochodzie bydło i konie dla wojska rossyjskiego. By Tatarzy nie wpadli po lodach Dniepru i Samary do kraju, Kozacy wyrąbywali te rzeki, do tej czynności wyjść musiała druga armia, która nie mając się gdzie ogrzać, wystawiona przez dzień i noc na okropne mrozy w stepie, wymarła prawie cała.

Tak gnębił Minich Ukrainę.

Prócz wojny i nadzwyczajnych postojów, znów ją nawiedziła morowa zaraza; z Jass i Bukarestu przeszła przez Kamieniec Podolski, Bar, Mohilew dnieprowski na lewy brzeg Dniepru.

W następnym roku zakończyła się długoletnia wojna z Turcyą. Rumiańcow wyniesiony w miejsce Boratyńskiego na ukraińskiego sztatchaltera, został wysłany do Stambułu jako nadzwyczajny i pełnomocny poseł, a na jego miejsce przybył do Głuchowa generał Kejt. Byłto człowiek rozumny i kochany przez Ukraińców. Kejt przez rok swego rządu, zrobił dla nich więcej dobrego, mówi historyk Mansztejn, jak jego poprzednicy przez lat dziesięć. Kejt tryumfował z każdej sposobności, powiada inny historyk Małorossyi (Ruban), która podawała mu sposobność wyświadczenia dobrego komukolwiek.

·W rozbiorze sądowym, a mianowicie spraw kryminalnych, zwracał największą baczność, by kara wyrównywała występkowi i przyzwyczajał wszystkich zasiadających z sobą, nie stanowić lekkomyślnie wyroku w takich sprawach, gdzie szło o los, majątek, życie i honor, najwinniejszego w towarzystwie człowieka. Obejmował całą rozciągłość okoliczności. Był nieprzyjacielem tortury i odrzucał ją, o ile mu dozwalała szorstkość wieku i obyczajów miejscowych. Lecz wojna szwedzka odwołała z powszechnym żalem do obozu tego szacownego męża.

Jego miejsce zajął swarliwy i ostry żołnierz, nieszczęśliwy wódz Leontjew, po nim wkrótce nastąpił Nieplujew.

Tak Ukraina przywykała do wspólnego bytu z cesarstwem. Już za Anny Joanownej, miała u siebie w miejsce hetmanów generał-gubernatorów, lecz były to jeszcze jakby okolicznościowe zdarzenia, gubernatorowie zastępowali hetmanów, hetmanowie gubernatorów, ale nic nie postanowiono stałego.

Prowincya ta, bogata, żyzna i ludna, rodziła chciwość w niejednym owładnięcia nią; Meńszykow pragnął być jej władcą, a dziś Minich upraszał cesarzowej, · by go ustanowiła księciem Ukrainy, lecz obaj nie otrzymali spełnienia swych życzeń.

Wkrótce zmarła Anna; Elźbieta córka Piotra Wielkiego weszła na tron i wysłała do Małorossyi Alexandra Baturlina, wkrótce po nim przybył Iwan Bibików. Za jego czasów cesarzowa nadała Kijowowi nowe przywileje. W 1744 roku, imperatorowa zwiedziła Ukrainę, była tryumfalnie przyjmowana, w Kijowie, gdzie starszyni i wojsko, podali jej prośbę o dozwolenie wyboru nowego hetmana. Elzbieta przyjęła. ją łaskawie i poleciła przybyć deputatom do Petersburga, na uroczystość weselną Piotra Teodorowicza z Katarzyną II.

Deputowani byli: Lizogub oboźny, Chanieńko chorąży i Wasili Gudowicz buńczukowy towarzysz. Senat wyznaczył im na utrzymanie po 10 rubli miesięcznie, lecz cesarzowa dowiedziawszy się o tem, napisała do senatu:

„Dowiedzieliśmy się, że małorossyjskim urzędnikom wyznaczono na najmę mieszkań, drzewo i światło po dziesięć rubli na miesiąc, na wzór wydatków poniesionych w roku 1727 w Moskwie. Ale ponieważ ci, przyjechali do nas z powinszowaniem szczęśliwego małżenstwa ukochanego naszego siostrzeńca, przeto rozkazujemy dać im rządowe mieszkanie i po sto rubli miesięcznie."

Cesarzowa przyrzekła dozwolić Małorossyanom wyboru hetmana, lecz wybór ten odłożyła do przybycia z zagranicy tego, komu miała zamiar oddać buławę. a obdarzywszy deputowanych wysłała do domów. Bibików umarł w następnym roku, a Ukrainą rządzili członkowie generalnej wojskowej kancellaryi: Iliin, Izwolski i Czeliszczew, Lisieńko, Skoropacki i asauł Walkiewicz. Kapinist i Boskietow, zajmowali się ułożeniem mappy Ukrainy zachodniej i skończyli ją w Lipcu 1745 roku.

W tym czasie Zaporożcy napadłszy na dobra generała saskiego Wajsenbacha. zostającego w służbie króla polskiego, blisko Kaniowa i Bogusławia, zniszczyli

je i zrabowali; koszowym u nich był Grygoriew i mieszkali na ziemi tureckiej, niedaleko Oczakowa.

Wtedy hrabia Grzegorz Rozumowski powracał z zagranicy. Rozumowski był synem biednego regestrowego
Kozaka Jerzego Rozumowa, który miał dwóch synów:
Alexego i Grzegorza. Starszy był pastuchem ogólnych
stad, w wiosce Lemieszach czernichowskiej gubernii,
gdzie mieszkała jego matka. Żadnych nadziei ani widoków nie było dla młodych Kozacząt. Pewnego roku
przejeżdżał przez wieś pułkownik Wiśniewski, usłyszał dźwięczny i miły głos ładnego pastuszka i zabrał
go z sobą. Elzbieta będąc już księżną, ujrzała młodego
chłopca, ten jej tak się spodobał, że uprosiła jego
opiekuna by jej go odstąpił i powierzyła mu zarząd
swych dóbr, a wkrótce zostawszy cesarzową, zrobiła
go kamerherem, kawalerem orderu Ś-tej Anny i ober-
jegermajstrem; w roku 1742, został kawalerem orde-
rów: Alexandra Newskiego i Ś-go Andrzeja, a w 1744
hrabią i generał-feldmarszałkiem.

Po wyniesieniu się Alexego, brat jego Grzegorz
został wezwany do Petersburga; wyprawiony do obcych
krajów na nauki, w 15-tym roku został kamerjunkrem;
w 16 hrabią; rzeczywistym kanclerzem w 17; prezy-
dentem akademii nauk w 18; w 20 roku pułkownikiem,
a w 22 hetmanem Ukrainy.

Wstąpienie na hetmaństwo Rozumowskiego, w niczem nie było podobne do dawnych wyborów.

Chanenko i hrabia Gendryków przybywszy z Moskwy,
przywieźli wiadomość o rychłém przybyciu hetmana
Ukrainy. Starszyni, pułkownicy i lud, zebrali się w Głuchowie 22 Lutego 1750 roku; huk dział dał znać
o zbliżeniu się do miasta Rozumowskiego. Generalny

asauł wyprowadził pułki na plac przed cerkiew Świętego Mikołaja, gdzie urządzone było wzniesienie na trzech stopniach, okryte kobiercami i otoczone poręczą. O godzinie ósmej dano drugi znak. Generalni wojskowi starszyni, buńczukowi towarzysze i szlachta małorossyjska przybyła do hrabiego Gendrykowa. Duchowieństwo zgromadżiło się w cerkwi. O dziesiątej rozpoczął się ciągły grzmot dział. Z pałacu Gendrykowa wyjechało szesnastu kompanijców, za niemi hetmańscy wojskowi muzykanci; za niemi sekretarz kollegium spraw zagranicznych Stefan Pisarew w karecie sześciokonnej, wioząc na srebrnym półmisku cesarski reskrypt; w około postępowało 12 generałów; potém nieśli insygnia trzej buńczukowi towarzysze i białą chorągiew z dwójgłownym orłem, za nią szedł generalny chorąży z dwunastu buńczucznemi towarzyszami; niesiono na aksamitnej poduszce buławę, za niemi szli generalni: podskarbi, sędzia i pisarz; za temi 24 buńczukowych towarzyszy. Niesiono pieczęć na aksamitnej poduszce, za tą szedł pisarz generalnego sądu i dwóch buńczukowych towarzyszy, z kancellistami generalnaj wojskowej kancellaryi i sądu. Wojskowy proporzec niósł buńczukowy towarzysz, w asystencyi wszystkich wojskowych towarzyszy. Za niemi jechał w bogatej karecie szóstką, hrabia Jan Gendrykow, otoczony grenadjerami i nadwornemi lokajami; zamykał poczet oddział pieszych kompanijców.

Pełnomocny zbliżył się do wzniesienia, reskrypt i insygnia złożono na dwóch stołach. Gampleja z dwoma towarzyszami trzymał chorągiew, metropolita z duchowieństwem wszedł na wzniesienie, za nim Gendrykow z generalnem starszynami; szlachta zaś wojskowa i lud stali na dole.

Gendrykow oznajmił im łaskę cesarzowej, dozwalającą obrać sobie hetmana wolnem głosowaniem. Pisarew zapytał po trzykroc zgromadzonych kogo pragną mieć hetmanem? Nazwisko Rozumowskiego rozległo się ze wszech stron i Gendrykow zbliżywszy się do wybranego, złożył mu powinszowanie. Sto jeden wystrzałów z dział i huk ręcznej broni powitało hetmana.

ROZDZIAŁ XXXV.

Rozumowski.

wudziestego czwartego Kwietnia 1751 roku, przybyli deputowani kozaccy do Petersburga, którym cesarzowa przez hrabiego Bestniewa Rumina objawiła, że zatwierdza wybór. Hetmanowi dano miejsce w czasie uroczystości dworskich pomiędzy generał-feldmarszałkami licząc według starszeństwa od dnia awansu. Sicz zaporożską poddano hetmanowi. Baturyn wyznaczony na rezydencyą hetmańską, kommissye zamknięte, urzędnicy wielkorossyjscy wysłani do Rossyi z Ukrainy; ministerska kancellarya zniesioną została.

Hetmanowi zostały darowane wszystkie dochody zebrane od roku 1734 to jest za lat szesnaście. Otrzymał prócz tego Jampol i Baturyn z okręgami, zamek hadziacki z włościami czechowską i bykowską, Poczep z okręgiem; dobra szeptakowskie, połać Bokłański.

sioło Litwinowiczy; futor budyjski; przewóz na Perewołoczny; Kuczerówkę, Soficz, Potapowkę, Popowkę,
Maszew i Żadów.

Hetman objąwszy obowiązki, otrzymał polecenie
wysłania dwóch tysięcy Kozaków do dzisiejszéj cher-
sońskiej gubernii dla budowania twierdzy Stéj Elzbiety
dzisiejszego Elizabetgrodu. A ponieważ inżynierowie
długo szukali miejsca stosownego do założenia warowni,
przeto Rozumowski wyprawił Kozaków dopiero w Maju
1754 roku.

Tymczasem hetman wyjechał z Baturyna dla zwie-
dzenia Małorossyi; wszędzie przyjmowano go z radością
a dwa miesiące jego podróży można uważać za jedną
świetną ucztę. Jeden tylko mały wypadek pomroczył
uroczystość. Gdy hetman objeżdżał konno twierdzę
Ś-tej Katarzyny w Czernihowie, zerwał się wicher,
i uniosł z ramienia hetmana wstęgę orderu Ś-go Andrzeja. Tiepłow poskoczył, uchwycił ją i oddał hetmanowi. Lud wróżył ztąd zły wypadek Rozumow-
skiemu, a stara matka jego nalegała, by oddalił od siebie
Tiepłowa, który stanie się przyczyną jego nieszczęścia.

Tymczasem Baturyn wznosił się na nowo, cała
Ukraina zdawała się ożywiać, gdy cesarzowa wezwała do siebie hetmana zkąd powrócił obsypany
nowemi łaskami a tych połowa spływała na Małorossyą.
Wtedy Elzbieta rozpoczęła wojnę z Prusami, pięć tysięcy Kozaków wyszło w pomoc Wielkorossyanom
pod dowództwem generalnego asauły Jakóba Gałagana, prócz tego wysłano dla armii ośm tysięcy fur-
mana dla powożenia wozów z zapasami. Większa
część z nich wymarła w Niemczech z głodu i złego
obchodzenia się naczelników wielkorossyjskich; w roku

1757 pułki kozackie uczestniczyły w bitwie pod Egersdof, gdzie zginął znany nam już Kampinist.

W tymże czasie hetman poruczywszy zarząd Ukrainy Koczubejowi, Skoropackiemu, Bezborodkowi, Walkiewiczowi i Chaneńce, pojechał do Petersburga; w następnym roku zmarli Skoropacki i Walkiewicz, oraz Obołoński i Jakubowicz, Żurman został wybrany generalnym sędzią, Wasili Godowicz podskarbim, a Żurawka asaułem. Ci przejrzeli projekt do małorossyjskiego prawa, ułożony przez oddzielną kommissyą.

Hetman powrócił w 1760 roku.

Znów dwa tysiące kozaków pod dowództwem Jerzego Gałagana wysłano do armii pruskiej. Generalny sąd, dawniéj główna w Małorossyi władza sądowa, gdzie zasiadali wszyscy starszyni, za Rozumowskiego składał się tylko z jednego generalnego sędziego i wyrok jego ulegał appellacyi do generalnéj kancellaryi. Zatem pięć było instancyi. Sąd setniany, sąd pułkowy, generalny sąd, generalna wojskowa kancellarya i hetman. Rozumowski pragnąc skrócić przewłokę spraw, polecił w generalnym sądzie zasiadać dwom generalnym starszynom i 10-ciu deputatom z pułków. Wyrok ten szedł już prosto pod jego zatwierdzenie. Każdy z deputatów gdy sprawa toczyła się z jego pułku wychodził z sądu.

W tym czasie przyszedł ukaz, oddający hetmanowi na własność wieczystą i sukcessyjną dobra rangowe hetmańskie, wiadomość ta wzburzyła całą Ukrainę, darowano fundusze wyznaczone na utrzymanie hetmanów, zatem tych hetmanów już więcéj nie będzie, inni utrzymywali, że hetmaństwo zostanie sukcessyjną godnością w domu Rozumowskiego.

Wkrótce hetman ogłosił uniwersałem, że gdy Małorossyanie gardząc uprawą roli i hodowaniem bydła
zajmują się zbytniem pędzeniem wódki, niszczą lasy
przez gorzelnie, a potrzebując opału, kupują drogo drzewo i oddają się nałogowi pijaństwa, zabrania przeto
palenia wódki wszystkim prócz obywatelom i Kozakom
mającym swe grunta i lasy. Pułkownicy pod utratą
stopni mają doglądać wykonania tego rozporządzenia.

Hetman winien był pamiętać, że Ukraina nie posiada spławnych rzek, któremi by można wieść handel
zbożem, że dla tego zboże, bydło i wełna nie mają
wartości, że niepodobna utrzymać się samem zbożem
i bydłem, ale potrzebne są pieniądze: że palenie wódki nadawało cenę zbożu i podawało jedyną sposobność opłacenia podatków.

W ostatnich dniach Października, Rozumowski znów
wezwany był do Petersburga; poruczywszy sprawy
Ukrainy Koczubejowi, Gudowiczowi, Żurawce i Bez-
borodce wyjechał do stolicy. Około tego czasu Kijów został odebrany z pod władzy hetmańskiéj a oddany pod zarząd senatu.

Było to boleśnie dla hetmana, lecz przyjazd jego
do stolicy był nieporównanie boleśniejszy. W dzień
Bożego Narodzenia umarła jego dobrodziejka cessarzo-
wa Elzbieta. Piotr III, wstąpił na tron rossyjski.

Na Ukrainę został przysłany Naruszkin dla odebrania przysięgi od wojska i starszyn.

Na przedstawienie hetmana, cesarz uwolnił od służby z awansem: generalnego bunczuckego Józefa Za-
krzewskiego, generalnym oboźnym; generalnego pisarza Andrzeja Bezborodka, generalnym sędzią; czernichowskiego pułkownika Jana Borysa, brygardierem.

Na próżne miejsca zostali wybrani: na generalnego sędziego Dublański, na pisarza Wasili Tymański,
assaułę Iwan Skoropacki, chorążego Daniel Apostoł,
buńczucznego Jakób Tarnowski. Wasili Gudowicz
wyniesiony został na tajnego radcę i otrzymał order
Ś-go Andrzeja, Andrzej zaś syn jego został generał-
Adjutantem i wysłany dla czynienia układów z Fry-
derykiem Wielkim.

Tak Małorossyanie zaczęli już wstępować w służbę wielkorossyjską, zlanie się dwóch narodów już
było bardzo bliskiem, a wstąpienie na tron Katarzyny
II-éj jeszcze je przyspieszyło.

Rossya doświadczyła dobroczynnego wpływu jéj
rządów, a Ukraina miała także w tem udział: Dozwo-
lony został bez opłaty cła przywóz drzewa z Polski,
zniesione monopolia tabaki i inne.

Hetman znów zaprowadził zmiany w sądownictwie:
generalnéj kancellaryi polecił znosić się z generalnym
sądem, postanowił sądy ziemskie, grodzkie, podkó-
morskie, Małorossyą rozdzielił na 20 powiatów, w każdym był sąd ziemski, w którym zgromadzano się trzy
razy do roku. Sędzia, podsędek i pisarz ziemski wybierani byli głosami ze szlachty powiatu i byli nie zmie-
niani. Od tego nie wyjmowała się i szlachta polska. Dla
spraw kryminalnych postanowiony był w każdym pułku
sąd grodzki i pułkownik był w nim prezydującym,
sędzia nie nazywał się już pułkowym, ale grodzkim,
podobnież i pisarz. Pułkowa i setniowa kancellarya
załatwiała sprawy wojskowe i policyjne.

Hetman i starszyni prosili o zrównanie urzędów
ukraińskich z rossyjskiemi, cesarzowa je zrównała.

Około ſego czasu ukazały się w Małorossyi pikiniery i werbunki, Melgunów przechodząc Małorossyą
stawał po szynkach, poił ubogi lud i pijanym przedstawiał by się zapisał do pikinierów, że pikiniery
lepsi są od Kozaków, bo pikinier nie lęka się prze-
łożonych, czapki przed nikim nie zdejmuje i t d. bie-
dacy zapisywali się z radością, wkrótce całe sioła
zamieniały się w pikinierów. Wszystko było dobrze
dopóki nie zaczęto ich uczyć mustry, wtedy zaczęło
się zbiegostwo na Zaporoże i do Ukrainy zachodniej.

W tymże czasie w generalnym sądzie napisano prośbę
do cesarzowéj imieniem całéj Ukrainy by hetmaństwo było sukcessyjne w domu Rozumowskiego. Te-
płow obsypany dobrodziejstwy od hetmana pierwszy
wniósł projekt napisania téj prośby i sam ją późniéj
denuncyował w Petersburgu.

Zwołana szlachta i urzędnicy mając sobie odczytaną
ową prośbę celem jej podpisania, odmówiła podpisów,
albowiem wyłuszczone w niéj przyczyny skłaniające
starszyn i szlachtę do żądania sukcessyjnego hetmaństwa były znieważające całą Małorossyą.

Cesarzowa wezwała hetmana do Petersburga, Rozumowski pojechał, przybywszy do stolicy otrzymał
zawiadomienie, że nie wolno mu jest ukazywać się
u dworu dopóki nie poda się do dymissyi.

Hetman udał się z prośbą, został uwolniony; otrzymał 60 tysięcy pensyi, bykowskie dobra, hadziacki klucz
i baturyński dom w którym umarł 1803 roku.

Starszyni otrzymali urzęda wielkorossyjskie, i hetmańszczyzna upadła. Zaporoże tylko miało jeszcze koszowych, a zachodnia część Ukrainy należała do Polski.

ROZDZIAŁ XXXVI.

Hajdamacy.

Kiedy zachodnia Ukraina powrócona została Polsce, i panowie rozebrali pomiędzy siebie jéj włości, wtedy wielu Kozaków przeszło na lewy brzeg Dniepru, inni zamienieni zostali w poddanych magnatów i unija zaczęła się znów rozprzestrzeniać, i zpoczątku łagodnie, a późniéj coraz gwałtowniéj gnębiła lud, radząc wzajemne prześladowania. Piotr Wielki rozciągał swą opiekę nad grekorossyanami, i przez posłów swoich domagał się tolerancyi, lecz fanatyzm zaślepiał prześladowców. Uniaci wspierani przez jezuitów rozszerzali coraz więcéj swą władzę, gwałtowne missye i nadużycia, a chciwi namiestnicy panów, pod pozorem gorliwości religijnéj, gnębili lud uporczywie przywiązany do wiary swych ojców, obdzierali go, najeżdzali, grabili i męczyli.

Podobne obchodzenie się zrodziło gwałtowną nienawiść pomiędzy prześladowanemi a prześladowcami. Nadużycia coraz się powiększały i przybierały postać coraz groźniejszą i więcéj krwawą. Piotr Wielki umarł, a śmierć jego pozbawiła Ukrainę wszelkiéj opieki. Piotr II i Anna Joanowna nie rodzili wielkiéj obawy w prześladowcach, Elżbieta nic więcéj była szczęśliwą. Wtem wstąpiła na tron Katarzyna II. cesarzowa niepokojona ciągłemi zażaleniami greko-rossyan przez Kejserlinga i Reptina, zażądała położenia tamy tym szalonym nadużyciom i krwawym gwałtom, arcybiskup białoruski Jerzy Konicki swą mową wystawił królowi wszystkie szkaradzieństwa, bezprawia, i zniewagi religii, oraz skutki jakie ztąd wyniknąć mogą dla rzeczy-pospolitej. Setnik kozacki Charko zebrawszy kilkaset Kozaków, napadł na domy prześladowców i okropnie zemścił się za krzywdy swych współ wyznawców.—Król ogłosił wolność wyznawania wiary; konfederacya barska powstała przeciw niego; Charka pojmano gdy wszedł do Żabotina, i wyrzynał tam szlachtę i żydów, i ucięto mu głowę. Katolicy mszcząc się za czyny Charka, w Smiełoje dobrach księcia Lubomirskiego zburzyli cerkiew, księży jednych okuli, innych pomordowali. W Mosznie i Korsunin, podobnież obeszli się z duchowieństwem. Marszałek Puławski wziąwszy pułk kawaleryi, nawerbował szlachty i wszedł do starostwa czyhryńskiego skłaniać lud do unii zbrojną ręką.

Wzburzone duchowieństwo greckie zbiegało się do czyhryńskiego monastyru, do Arhimadryta Melchizedecha Jaworskiego. Melchizedech pomnąc swoje niedawne uwięzienie przez metropolitę uniackiego Wołodkowicza, za przeszkody w rozprzestrzenieniu unii, pałał nienawiścią przeciwko uniatów i w imieniu duchowieństwa czychryńskiego odniósł się do perejasławskiego biskupa Gerwazego prosząc o błogosławieństwo na powstanie, które zostało mu udzielone. W monastyrze złożono radę, wysłano na Zaporoże z prośbą o pomoc, a Maksym Żelezniak posługacz klasztorny w siczy podjął się bronić wiary.

Zebrawszy ochotników i Zaporożców łotrujących po okolicznych lasach, udał się do Malchizedecha po błogosławieństwo, następnie powrócił do swego obozowiska stojącego pomiędzy klasztorem czychryńskim a młynem i ułożył, by znieść się z nadwornymi Kozakami księcia Jabłonowskiego pod dowództwem Kwaśniewskiego zostającymi, by przyłączeniem do siebie oddziału wojska zjednać sobie jakąś powagę i zrodzić zaufanie innych kozackich starszyn. Rozesłano gońców do wszystkich okolicznych urzędników i setników, sam Żelezniak udał się do Miedwiedowki do Kwaśniewskiego, ale pułkownik lękając i Żelezniaka i swéj zwierzchności, ukrył się przed dowódzcą hajdamaków. Żelezniak zwerbował za to mieszkańca Medwiedówki Usacza. Ze wszech stron biegł gmin i tułający się Kozacy, znosząc z sobą do obozu Żelezniaka żywność, proch, broń, i sprowadzając konie. Z lasów moszyńskich, kaniowskich, trechtymirowskich i czyhryńskich schodziły się tłumy hajdamaków, Melchizedech dał Żelezniakowi uniwersał pisany złotemi literami i nazwany od ludu złotą gramotą. Banda obwołała Żelazniaka swym pułkownikiem i udała się drogą żabotińską na mordy i zniszczenie.

Żelezniak wszedł do Żabotina, schwycił tameczznego rządcę i oddał go w ręce swej bandy, któ-

ra go najokropniej zamordowała, mieszkańców wy-
rznęła, a domy ich rabowała. Te same sprawy po-
wtarzały się w każdym miasteczku po drodze, lud
greko-rossyjskiego wyznania spotykał bandę Żelezia-
ka z uniesieniem, słuchał złotej gramoty z uszanowaniem i łączył się z nią opuszczając domy, by nieść
pomstę na prześladowców. Usacz przyszedłszy pod
Smieloe otoczył miasto i zapalił go ze wszech stron.
Hajdamacy stojąc do koła, wrzucali uciekających na
powrót w płomienie. Przez trzy dni trwał ten okropny pożar, potem banda udała się na Bogusław
gdzie zawaliwszy fosy ciałami wymordowanych żydów, poszła do Zwienigrodu.

Krwawym tropem Żelezniaka ciągnęły bandy ludu
które napadając na okoliczne wsie, folwarki, rabowali, palili i pustoszyli je, wyrzynając panów i dzier-
żawców. Król nie był wstanie dać obrony pustoszo-
nym prowincyom, albowiem zajmowała go konfederacya barska. Szlachta i panowie nie widząc z nikąd pomocy chronili się po zamkach i większych
warownych miastach. Ze wszech stron zjeżdzali się
do Lisianki, Białej-cerkwi, a najwięcéj do Humania,
Żelezniak dowiedziawszy się o tem, postanowił udać
się ku tym miastom i trzema zamachami zniszczyć
wszystkich nieprzyjaciół. Humań był mocno obwarowany, lecz całą siłę wojenną jego składali Kozacy.
Humański kozak Dziuma zbiegł do Żelazniaka i wydał mu cały stan miasta. Żelezniak udał się sam
na Humań, a przeciw Biało-cerkwi i Lisiance wyprawił dwa oddziały.

Lisianka własność księcia Jabłonowskiego została
wydana w ręce hajdamaków, wyrznięta i zrabowana.

Biała-cerkiew dzięki swéj obronnéj pozycyi została ocalona, całe siły Żelazniaka połączyły się przeciwko Humaniowi.

Miasto to, serce własności Potockiego na sto pięćdziesiąt wiorst rozciągających się, było jedno z największych i najobronniejszych na zachodniej Ukrainie. Grecy, Ormianie i Żydzi prowadzili w niem bogaty handel, sześćdziesięciu posesorów trzymających w dzierżawie dobra humańskie, mieszkało prawie zawsze w mieście; szkoły Bazylianów liczyły do 400 uczniów. Dwa tysiące sześćset Kozaków zostających na koszcie Potockiego, stanowiło obronę miasta, do którego tyle natłoczyło się żydowstwa, że nie mogły go pomieścić domy humańskie. Kommissarz hrabiego Młodzianowski, odebrawszy przysięgę wierności od Kozaków, wysłał ich przeciwko Żelezniaka. Dowódzcą pułku był szlachcic polski Obuch, lecz ten nie miał pomiędzy Kozakami żadnego znaczenia, ale główną osobą był setnik Gonta. Potocki lubił Gontę, a ten był mu przychylny. Gonta wyszedłszy za granicę Humańszczyzny, stanął obozem w stepie i oczekiwał nieprzyjaciela. W końcu trzeciego tygodnia przybyli do Gonty posłańcy Żelezniaka, by się z niemi połączył, ale setnik odpowiedział że nie podniesie ręki na swego pana..

Wtém w Humaniu, nie wiadomo przez kogo rozpuszczona została wieść, że Gonta uczynił zmowę z Żelezniakiem. Szlachta skłoniła Młodzianowskiego, by przywołał setnika i jako zdrajcy rozkazał uciąć głowę. Kommissarz wysłał gońca z poleceniem, by wszyscy setnicy przybyli na radę, setnicy i atamani przyjechali do Humania i wtedy kommissarz na czele duchowieństwa wyszedłszy przeciwko nim, rzekł: „Panie Gonta!

doniesiono mi, że wiedziesz układy z Żelezniakiem, nie chciałem temu wierzyć, ale mnie przekonali świadkowie." Gonta zaprzeczył, zmuszony został wykonać nową przysięgę i odjechał do obozu, ale obrażony postanowił się zemścić. Tegoż dnia otrzymał list od Żelezniaka, skłaniający go do jedności ze współbracią i odpowiedział, że oczekuje ich pod Humaniem. Przez kilkanaście dni nie było żadnej wiadomości w mieście o pułku kozackim; trwoga owładnęła umysłami, cały garnizon składał się tylko z 60 ludzi. Wtém ukazał się Gonta, sądzono że Żelazniak został pobity i pułk powraca. Lecz wkrótce z daleka wzniosły się tumany kurzu i niedługo ujrzano ogromną pstrokatą bandę ludu pieszego, konnego i rozmaicie uzbrojonego, która zatrzymała się w równej linii z pułkiem Gonty.

Komendant miasta Kostecki rektor Bazylianów, rozkazał uderzyć we wszystkie dzwony; rozpoczęto nabożeństwo po kościołach. Żydów rozstawiono na murach dla ich obrony.

Tłumy Żelezniaka i pułk Gonty, posunęły się ku miastu i uderzyły nań z zapalczywością fanatyzmu, odparto ich po kilkakroć ogniem kartaczowym. Nastąpiła noc, nazajutrz znów rozpoczęły się nowe szturmy, i tak ciągnęło się przez dni kilkanaście. W mieście zabrakło wody, gaszono pragnienie trunkami. Wkrótce wyczerpały się zapasy prochu i hajdamacy wdarli się do miasta, ulice zalały się strumieniami krwi; 15 tysięcy zginęło tu ludzi. A dzień ten pamiętny jest u ludu pod nazwą humańskiej rzezi.

Żelezniak stanął obozem pod Humaniem, gdzie założył główną kwaterę, dzień i noc banda jego bankietowała i ogłosiła go hetmanem Ukrainy i księciem

smoleńskim. Gontę pułkownikiem i księciem humańskim. Żelezniak rozsyłał oddziały do różnych miast:
Granowo, Monastyryszcze, Teplin, Daszewo, Tulczyn,
Gajszyn, Basówka, Żydiaczyn, Ładyżyn, zostały zburzone, zrabowane, a mieszkańcy katolicy wyrznięci.

Król zajęty uśmierzeniem barskiéj konfederacyi, nie
mógł wysłać znacznego wojska przeciwko Żelezni-
kowi, wyprawiony ze szczegółowym oddziałem Stemp-
kowski, połączywszy się z pułkiem cesarzowej Katarzyny II, poszedł pod Humań.

Hajdamacy z Kozakami zajęci byli w obozie po-
działem zdobyczy, w nocy napadnięto ich, Gonta
z dwoma tysiącami Kozaków dostał się do niewoli
a reszta obozu rozproszyła się na widok nieprzyjaciela.

Ztąd wojsko rossyjskie udało się do Berdyczewa
a polskie do Mohilewa. Tam w wiosce Serbowie zginął Gonta z ręki kata wśród najokropniejszych mąk.
Jego towarzysze rozesłani zostali po miasteczkach
ukraińskich i tam dla postrachu ludu traceni publicznie. Ukraińcy obojętnie patrzeli na śmierć swych
braci i przysięgali w duszy zemstę.

Tak zakończyło się to straszne powstanie religijne, któremu łotrostwa rozjadłego ludu nadały piętno
najazdu rabusiów, lecz drobne napady hajdamackie
długo jeszcze nie mogły być powściągnięte, Watia-
gi zaporożcy co lato udawali się w czyhryńskie lasy i humańszczyznę, zkąd wypadając mordowali ludzi,
zabierali bydło i rabowali domy. Żydzi zwykle najwięcej od nich ucierpieli.

Czasy te nazwał lud Koliszczyzną i Poliszczyzną,
to jest od rodzaju mąk mieczem i ogniem.

W tymże czasie Zaporoże zostało zniesione przez cesarzową. Zaporożcy zażądali od Katarzyny II, wszystkich ziem, nawet zajętych przez osady w noworossyjskiej gubernii. Zaczęli przywłaszczać sobie ziemie odebrane przez cesarzową Porcie. Niedozwalali dopełniać przemiaru granic państwa. Uprowadzili z pułków rossyjskiego i pikinierskiego do ośmiu tysięcy ludzi. Na kilka-set tysięcy ograbili mieszkańców noworossyjskich. Cesarzowa rozkazała im, by przysłali deputowanych dla przedstawienia swych praw. Zaporożcy nie odpowiedzieli.

Postępki te razem z rozbojami dopełnianemi przez nich w okolicach, nie mogły być cierpiane. Imperatorowa wysłała generała Tekellego który zajął sicz i zburzył ją. Kozakom dozwolono osiąść w Tawanie pod nazwą Czarnomorców.

Wielu wyszło do Turcyi. W roku 1793 nastąpił podział Polski i obie Ukrainy połączyły się znowu pod władzą monarchów rossyjskich.

23 JU 58

KONIEC.

SPIS RZECZY

w Tomie Drugim zawartych.

Perjod V.

Od śmierci Bohdana Chmielnickiego, do upadku Mazepy, od 1657 do 1709 roku.

Stron.

ROZDZIAŁ XIX. *Wychowski.* 1

» XX. *Jerzy Chmielnicki.* . . . 18

» XXI. *Brzuchowiecki* w Ukrainie wschodniej, *Tetera* w zachodniej. 40

» XXII. *Doroszeńko.* 90

» XXIII. Na wschodniej Ukrainie *Mnogogreszny*, w zachodniej *Doroszeńko — Chaneńko.* . . 99

» XXIV. Hetmanowie: carski, *Samujłowicz*; królewski, *Chaneńko* i sułtański, *Doroszeńko.* 110

» XXV. *Samujłowicz* hetmanem obu brzegów Dniepru. *Doroszeńko* składa władzę. . . . 125

» XXVI. Hetmanowie: carski, *Samujłowicz*; królewski, *Gogol*; sułtański, *Jerzy Chmielnicki.* 136

» XXVII. Hetmani: carski, *Samujłowicz*; królewski, *Gogol*, *Kunica*, *Drachonicz*, *Mohiła*; sułtański, *Ducas.* 155

ROZDZIAŁ XXVIII. Hetmani: carski, *Mazepa*;
královski, *Mohiła*. . . . 168

,, XXIX. *Mazepa*. 198

,, XXX. Rozwiązanie spisku Mazepy. . 230

Perjod VI.

Upadek Kozaków.

ROZDZIAŁ XXXI. *Skoropacki*. 254

,, XXXII. Nakaźny hetman *Połubotek*. 276

,, XXXIII. *Daniel Apostoł*. 280

,, XXXIV. Bezhetmaństwo.—Rząd sześciu członków. . . . 285

,, XXXV. *Rozumowski*. 293

,, XXXVI. *Hajdamacy*. 299

w Drukarni pod Fir. J. Kaczanowskiego.

9 781241 792374